LES VOYAGEURS

10

Les soldats de Halla

DANS LA MÊME SÉRIE
DÉJÀ PARUS

Pendragon n° 1, *Le Marchand de peur*
Pendragon n° 2, *La Cité perdue de Faar*
Pendragon n° 3, *La guerre qui n'existait pas*
Pendragon n° 4, *Cauchemar virtuel*
Pendragon n° 5, *La Cité de l'Eau noire*
Pendragon n° 6, *Les Rivières de Zadaa*
Pendragon n° 7, *Les Jeux de Quillan*
Pendragon n° 8, *Les Pèlerins de Rayne*
Pendragon n° 9, *L'Avènement du corbeau*

D.J. MACHALE

BIBLIOTHEQUE
VILLA STE-MARCELLINE

BOBBY

PENDRAGON

10

Les Soldats de Halla

Traduit de l'anglais (États-Unis) par Thomas Bauduret

éditions du
ROCHER
JEUNESSE

Titre original : *Pendragon 10. The Soldiers of Halla*.

La présente édition est publiée en accord avec l'auteur, représenté par Baror International Inc., Armonk, New York, USA.

Tous droits de reproduction, de traduction et d'adaptation réservés pour tous pays.

© D.J. MacHale, 2009.

© Éditions du Rocher, 2010, pour la traduction française.

ISBN : 978-2-268-06963-0

Pour Rob, Julie, Peter, Michael, Richard, Lisa, Eileen, Rick,
et tous ceux qui ont dit « oui ! » avant tout le monde.

PRÉFACE

Ça y est, c'est fini.

Il y a maintenant huit années que j'ai eu l'idée qui devait m'amener à créer Halla et ce type dont le destin serait de protéger tout ce qui est, tout ce qui a été et tout ce qui sera. Je sais que, pour la plupart d'entre vous, cela semble bien lointain. Pour moi, c'est comme si c'était hier. Mais j'ai tort. Dans une vie, n'importe laquelle, huit années, c'est long. Pendant ce laps de temps, j'ai vu naître ma fille et mourir mon père. Evangeline et moi nous sommes mariés. J'ai vu mes nièces et mes neveux grandir et devenir adultes, j'ai produit une série télé, et j'ai vu le monde se modifier de bien des façons. Certains de ces changements étaient bénéfiques, d'autres beaucoup moins. Mais quoi qui ait pu se passer durant ces années, que ce soit bon, mauvais ou entre les deux, j'ai toujours eu un point d'ancrage… Bobby Pendragon. Alors que la réalité tournoyait autour de moi, je savais que je n'avais qu'à fermer les yeux, entrer dans le flume, et m'amuser à inventer de nouveaux défis pour Bobby et les Voyageurs.

Mais plus maintenant.

C'est la vie. On sait toujours ce qu'on fait pour la première fois, mais jamais pour la dernière. (Enfin, sauf si on saute du haut d'un pont.) Et c'est très bien comme ça. La vie regorge d'opportunités, et il est enthousiasmant de savoir que tout reste possible; mais il est également un peu triste de savoir qu'une porte est sur le point de se refermer. Cela n'arrive pas souvent, mais lorsque c'est le cas, c'est dur à avaler. Je le sais. C'est vrai qu'il est difficile de taper les deux mots qui, il n'y a pas si longtemps, semblaient être à des années-lumière de cela: « La fin ». Et pourtant, je viens de les rédiger. La saga de Bobby Pendragon touche à sa fin.

Avant d'aller de l'avant, comme dans l'histoire de Bobby, je tiens à jeter un coup d'œil en arrière pour remercier tous ceux qui ont permis à la saga de Pendragon de voir le jour.

Lisa Abrahams est la troisième et dernière correctrice de la série. Elle est arrivée juste au bon moment. Non seulement elle a travaillé dur sur les romans consacrés à Bobby Pendragon, mais elle s'est également chargée des romans dérivés, les trois tomes d'« Avant la guerre », des bandes dessinées et a supervisé tout ce qui touche à Pendragon chez mon éditeur américain, Simon & Schuster. Lisa, merci d'avoir pris soin de Bobby et de m'avoir aidé à raconter son histoire du mieux que je le pouvais.

Tous mes amis de chez Simon & Schuster méritent également leur part de remerciements. Carolyn Reidy, Rick Richter, Rubin Pfeffer, Bethany Buck, Mara Anastas, Ellen Krieger, Justin Chanda, Lucille Rettino, Paul Crichton… La liste n'en finit pas. Ce ne sont que quelques-unes des personnes qui sont derrière l'édition des Pendragon. Sans leur confiance et leur soutien, ce livre ne serait pas actuellement entre vos mains. Je leur dois toute ma gratitude.

Mon éditrice de choc Heidi Hellmich est la seule personne au monde, à part moi, à avoir soupesé et analysé chaque mot de chaque épisode de cette saga. Merci, Heidi, pour avoir gardé la foi et mené Bobby jusqu'à la ligne d'arrivée.

Je me souviens encore de ma première conversation avec Richard Curtis, l'homme qui devait devenir mon agent et également mon ami. J'avais rédigé une proposition pour une série de romans. Je n'avais encore jamais écrit de saga, si bien que pour moi, c'était un domaine nouveau, si l'on peut dire. La proposition comprenait un synopsis, soixante pages du premier roman et les grandes lignes des neuf suivants. Richard a lu le tout et, de sa voix calme et pondérée, m'a dit : « Vous devriez écrire le premier tome avant qu'on se lance à la recherche d'un éditeur. » Ce qui fut un excellent conseil. Le meilleur. Sauf que je ne l'ai pas suivi. Je tenais ce qui me semblait être une bonne histoire, et je l'avais rédigée pour m'amuser. Pour être franc, je ne croyais pas que quelqu'un voudrait la publier. Du coup, je lui ai répondu : « Non, si je l'écris, je prendrai ça trop au sérieux, et je serai vraiment déçu s'il n'est pas publié. » Je croyais qu'il me dirait d'aller me faire voir et de chercher un autre agent. Mais, toujours de cette voix douce et rassurante, il m'a dit : « D'accord, je vais voir ce que je peux faire. » Eh bien, Richard, tu as bien fait. Il n'y a rien d'autre à ajouter, sinon : merci.

Comme toujours, Peter Nelson et Mark Wetzstein méritent ma gratitude pour s'occuper de tout ce qui touche à Pendragon. Vous êtes les meilleurs.

Danny Baror a contribué à répandre l'histoire de Bobby dans le monde entier. Grâce à lui, la liste des langues dans lesquelles les romans ont été traduits ne cesse de s'allonger.

Comme toujours, il me faut remercier mon épouse, Evangeline, qui me sert de lectrice-test. Depuis le début, je me suis fié à son bon goût et son sens du récit pour garder l'histoire sur les rails… et le nez dans le guidon. Merci, Evander.

Ma fille, Keaton, est encore un peu trop jeune pour Pendragon. Il y a peu, je lui ai montré un épisode plutôt innocent de *Fais-moi peur !*, et il l'a terrorisée pendant plusieurs jours. Oups. Il faudra encore attendre quelques années avant de l'envoyer prendre un flume. Je lui suis reconnaissant d'être cette petite fille givrée qui s'assure que je continue de penser comme un gamin. C'est un talent précieux… pour tous les deux.

J'ai eu la chance de pouvoir voyager un peu et de rencontrer bien des libraires qui ont recommandé Pendragon à leurs lecteurs. J'en suis honoré et reconnaissant. J'ai aussi croisé des professeurs et des bibliothécaires qui ont encouragé leurs élèves non seulement à lire *Pendragon*, mais à lire tout court. Ils savent, comme nous tous, que les livres rendent intelligent. C'est aussi simple que ça. Nous leur devons tous un grand merci.

Entre mes séances de dédicaces et les e-mails que j'ai reçus, j'ai discuté avec des milliers de parents de lecteurs. C'est bon de savoir qu'il y a tant de gens qui encouragent leurs enfants à lire. À vous tous, et surtout à ceux qui emmènent leurs gamins me voir en dédicace et doivent endurer une conversation à base de quigs, de territoires et de Voyageurs, vous êtes des héros.

Un grand merci à vous, mes lecteurs, qui avez fidèlement visité mon site internet ou posté sur le forum. Certains d'entre vous sont là depuis le début tandis que de nouveaux acolytes ne cessent de voir le jour. C'est formidable de vous voir participer aux aventures de *Pendragon*. J'espère que vous continuerez pendant longtemps.

La dernière pièce du puzzle n'est autre que… vous, qui lisez ces lignes. Je présume que c'est évident, mais sans vous, il n'y aurait pas de *Pendragon*. Pour ceux qui sont là depuis le début comme à ceux qui viennent de découvrir Halla, je vous remercie d'avoir fait un bout de chemin avec moi. C'était le plus beau des voyages. Merci.

Et qu'y a-t-il après Pendragon ? Bien des choses. Vous ne vous débarrasserez pas de moi si facilement. Comme cette préface est consacrée exclusivement à ce volume, je ne vais pas faire une liste. Tout ce que je peux dire, c'est que lorsqu'on se reverra, ça ne sera pas dans un flume, mais sur une mystérieuse autoroute nommée *La route de Morphée*.

Bon. J'oublie quelque chose ?

Ah, oui. C'est vrai. Le livre. Oui. Celui que vous tenez entre vos mains.

Au fil des années, on m'a posé la même question des milliers de fois. Elle a pris bien des formes, mais c'était toujours la même : « Que va-t-il arriver à Bobby et aux Voyageurs ? » Et je crois que l'interrogation numéro un était : « Reverra-t-on l'oncle Press ? » Bien sûr, je sais ce qu'il en est depuis le début, mais j'étais tenu de répondre de façon évasive : « Désolé, ce serait gâcher. » « Vous verrez bien. » « Continuez de lire. » Les techniques habituelles : éviter, contourner, détourner. Après avoir éludé la question pendant si longtemps, j'ai adoré écrire le dernier chapitre de « L'avènement du corbeau », parce que j'ai enfin pu y répondre.

À la fin du Livre 9, Bobby touchait le fond. Il avait échoué. Halla était fini. Saint Dane avait gagné. *Game over*. Non ?

Eh bien… non. Pour ceux d'entre vous qui ont suivi, la victoire de Saint Dane n'était pas forcément ce qui pouvait arriver de pire. J'ai toujours su que le jour où tout semblerait perdu, Bobby sentirait une tape sur son épaule et entendrait une voix familière lui dire : « Alors, fiston, tu passes une sale journée ? »

Oui. L'oncle Press est enfin revenu. Et les neuf autres Voyageurs avec lui. Comment est-ce possible ? Où étaient-ils passés ? Comment tous ces gens pouvaient-ils être revenus d'entre les morts ? Qu'était devenue la précédente génération de Voyageurs ? Mark et Courtney étaient-ils morts ? Qu'allait-il arriver aux Territoires ? À Halla ? À Bobby ? Ahhhh !

Eh bien, mes amis, votre attente touche à sa fin. Fini les questions. Fini le suspense. Fini les « à suivre ». Tout est là. La conclusion d'une aventure à travers le temps et l'espace. Il ne s'agit plus de romans individuels et d'histoires distinctes. Avec ce roman, la saga de *Pendragon* prend sa forme définitive. Maintenant, il n'y a plus qu'une seule histoire découpée en chapitres, et il est temps d'y mettre le point final.

Pour moi, cette saga est désormais complète. Pour vous autres, il reste encore un volume. Encore un voyage en flume. Encore une aventure.

Bobby Pendragon n'est pas encore vaincu.

Et vous non plus.

Certainement pas.

Je vous demande de faire preuve d'indulgence et de me laisser dire une dernière fois :

Hobie ho, c'est parti !

D.J. MacHale

Journal n° 37
Fin

Oui. C'est la fin. Ou du moins, elle est proche. La bataille pour Halla a atteint sa conclusion. Pour de bon, cette fois-ci. Il n'y aura plus de surprise. Plus de retournements de situation. Plus de faux espoirs. C'est fini. Je vous le promets. Je présume que cela ne vous étonnera guère si je vous dis que je suis toujours là. Ce n'est pas ce qu'il y a de plus important au monde, mais si j'avais cessé de vivre, je n'écrirais pas ces mots, non ?

Et pourtant, il reste encore une question, la plus importante de toutes. Et maintenant ? Que vais-je devenir alors que ma tâche de Voyageur touche à sa fin ? Tout est différent. Notre combat contre Saint Dane a changé Halla, et je ne sais plus trop où est ma place. L'avenir qui s'ouvre devant moi me terrifie encore plus que tout ce que j'ai vécu ces dernières années. Et ce n'est pas peu dire.

Donc, il faut croire que j'ai menti. Ce n'est pas vraiment la fin. Le dernier chapitre de l'existence de Bobby Pendragon reste à rédiger. Je sais qu'à un moment ou à un autre, je vais devoir l'affronter, mais pas maintenant. Avant de me tourner vers l'avenir, je dois d'abord gérer le passé.

Je termine ce journal dans la petite pièce spartiate qui est devenue mon chez-moi. J'ignore combien de temps on me permettra d'y rester. Au moins jusqu'à ce que j'aie fini ce journal. Je ne sais pas non plus si je dois me dépêcher de conclure le plus tôt possible ou traîner pour retarder le moment où je devrai affronter la prochaine phase de mon existence. Comme toujours, rédiger ces journaux m'apporte un certain réconfort. Ce doit être parce que je sais déjà ce qui s'est passé. Écrire est sans danger. Sans surprises. Revivre ces événements est rassurant, mais également douloureux. Je préférerais oublier tout ce qui nous est arrivé, à moi comme à mes amis. Mais ce n'est pas le but du jeu. Ce n'est pas uniquement une forme de thérapie personnelle. Il s'agit d'archiver tout ce qui m'est arrivé durant mon aventure à travers le temps et l'espace. C'est ce que je fais. C'est ce que j'ai toujours fait. Pourquoi m'arrêter maintenant ? Ce dernier chapitre doit être conclu.

Vous qui lisez ceci – qui que vous soyez –, si vous avez suivi mes derniers journaux, vous vous doutez que je n'ai pas eu beaucoup d'occasions de les tenir à jour. Tout allait beaucoup trop vite. Ce n'est qu'une fois que je me suis retrouvé dans cette pièce que j'ai pu souffler un peu, reprendre mes esprits et coucher le tout sur le papier. J'ai aussi rédigé plusieurs autres épisodes. Si j'ai mis le point final à mon journal n° 36 là où je l'ai fait, c'est parce que cela me semblait être le bon endroit où conclure un chapitre important avant d'entamer le suivant. Lorsque je repense à ce moment, c'est avec des sentiments mitigés.

J'étais au plus bas. La Seconde Terre était fichue. Des milliers de personnes avaient été aspirées dans un flume monstrueux créé par Alexandre Naymeer. Mark et Courtney étaient morts. Patrick Mac s'était fait tuer. La Convergence de Saint Dane était complète.

Et j'étais devenu un meurtrier. J'avais tué Alexandre Naymeer. Par colère. Par faiblesse. C'était exactement ce que Saint Dane voulait que je fasse. Cet acte odieux lui avait donné la victoire. Halla lui appartenait. Comme il n'avait plus besoin des flumes, ils se sont autodétruits. J'ai été projeté dans l'espace pour me retrouver dans un désert. Défait. Vaincu. Seul. Je n'aurais pas pu me retrouver plus bas. J'avais échoué. Lamentablement.

Donc, pourquoi ai-je parlé de sentiments « mitigés » ? Bien que j'aie touché le fond, j'ai vite découvert que je n'étais pas seul. L'oncle Press avait tenu parole. Il était revenu. Et tous les autres Voyageurs avec lui. Mes amis. J'avais vu périr une bonne partie d'entre eux, y compris l'oncle Press, et pourtant, nous étions ensemble à nouveau. Comment était-ce possible ? Étions-nous tous morts ? À ce stade, pour moi, cela n'avait pas vraiment d'importance, parce que tout ceci ressemblait à un rêve. Or c'était la réalité. On était vraiment réunis.

C'est alors que l'oncle Press nous a dévoilé notre ultime défi. Un jour, il m'avait dit qu'on ne pourrait vaincre Saint Dane qu'au moment où il croirait avoir gagné la guerre. Or pour moi, il n'y avait pas l'ombre d'un doute : Saint Dane l'avait emporté. Mais pour l'oncle Press, c'était une bonne chose. Bizarre, non ? Et alors qu'on se tenait là, dans ce mystérieux désert, l'oncle Press m'a posé une question simple, mais lourde de sous-entendus : « Est-ce que tout est déjà fini ? »

Je m'étais alors tourné vers les autres Voyageurs. Gunny Van Dyke. Vo Spader. Elli Winter. Siry Remudi. Patrick Mac. Aja Killian. Kasha. Alder et Loor. Les regards qu'ils m'avaient renvoyés étaient éloquents. Ils n'avaient aucune envie d'abandonner. C'est leur conviction qui m'a donné la force de décider que, aussi désespérée que puisse être la situation, quelles que soient les erreurs que j'aie commises, malgré tout ce qu'on avait encaissé, les Voyageurs étaient toujours en lice.

Ce qui m'a insufflé assez de confiance en moi pour dire à l'oncle Press :

– On est loin d'en avoir terminé.

C'est là que j'ai conclu mon dernier journal, et là que je vais commencer le prochain. Le n° 37. La dernière des aventures de Bobby Pendragon à travers le temps et l'espace.

Mais avant d'aller de l'avant, il me faut revisiter le passé.

Une dernière fois.

Journal n° 37
Chapitre I

Le missile a frappé sans prévenir.

Je n'avais pas réalisé qu'on nous attaquait jusqu'à ce que… eh bien, jusqu'à ce qu'on nous attaque. Ce fut rapide. Et violent. Je ne savais pas ce qui se passait. Cela ne faisait que quelques minutes que j'étais sur ce territoire, et j'avais déjà envie d'être ailleurs.

L'oncle Press avait pris la tête des Voyageurs et marchait à une quarantaine de mètres des autres. Le petit missile nous est tombé dessus dans un hurlement et s'est écrasé dans l'espace entre nous. S'il s'était abattu vingt mètres plus en avant, l'oncle Press aurait été liquéfié. Vingt mètres en arrière, les Voyageurs de Halla auraient été oblitérés, tous jusqu'au dernier. Notre ultime combat contre Saint Dane aurait pris fin avant même d'avoir commencé. Un sacré coup de chance.

De chance ? Tout est relatif. Après le premier *boum*, je ne me suis pas vraiment senti en veine.

– À terre ! a crié l'oncle Press tout en se précipitant au milieu des débris embrasés.

Trop tard. J'étais déjà plaqué au sol. La force de l'explosion m'avait renversé. Mes yeux, remplis de poussière, me brûlaient. Mes oreilles sifflaient. Comme j'étais en tête du groupe, j'espérai avoir encaissé le pire. Je me suis frotté les paupières avec la manche de mon pull de Seconde Terre dans ma hâte d'y voir à nouveau et de reprendre mes esprits avant l'arrivée du prochain missile.

Trop tard, une fois de plus. Deux autres explosions ont retenti, mais plus éloignées que la première. J'étais à moitié relevé et me suis fait à nouveau jeter à terre. J'ai entendu un cri d'effroi. Pas de douleur, d'effroi. C'est toujours préférable. J'ai cru reconnaître la voix d'Elli. C'était une femme frêle et relativement âgée. Elle n'avait encore jamais rien connu de tel. Si l'un d'entre nous avait besoin d'aide, c'était elle.

– Ça va ? m'a lancé l'oncle Press.

– Oui. Où est Elli ?

– Avec moi, a-t-il répondu avant d'ordonner aux autres : Dispersez-vous ! Cachez-vous dans les ruines !

Les ruines ? Quelles ruines ? Tout ce que j'avais vu de ce désert, c'était de la poussière. À un moment donné, j'avais entrevu un grand bâtiment de guingois, mais il était bien trop éloigné pour qu'on puisse l'atteindre tout en évitant une pluie de missiles. J'ai essuyé mes yeux pleins de larmes pour chercher quelque chose de plus proche.

J'ai entendu un *whoosh* sonore et senti, plus que je n'ai vu, une silhouette sombre passer au-dessus de moi. J'ai levé les yeux pour apercevoir un avion volant à basse altitude. Il ressemblait à un petit hélicoptère, mais il était trop trapu. Je n'ai pas non plus entendu le bruit typique des pales d'un hélico. Quel que soit le moteur qui propulsait cet engin, il était silencieux. Était-ce lui qui nous tirait dessus ? Il a survolé la cime des arbres. Enfin, si toutefois il y en avait eu dans ce désert, mais cela vous donne une idée de la hauteur à laquelle il se trouvait. Alors que je le regardais, un puissant faisceau de lumière m'a frappé. Je me suis retourné d'un bond pour voir deux autres de ces engins volants foncer vers nous. Chacun d'entre eux était muni d'un projecteur balayant le sol. Cherchant une cible.

– Il faut qu'on trouve un abri, a déclaré une voix calme derrière moi.

C'était Loor. J'ai eu le bonheur de constater qu'elle était encore en un seul morceau. En regardant autour de moi, j'ai remarqué que les Voyageurs semblaient tous indemnes. L'oncle Press avait passé un bras autour de l'épaule d'Elli et l'emmenait… quelque part. Les autres ont suivi les instructions de l'oncle Press et se sont éparpillés aux quatre coins du désert pour chercher une cachette.

Kasha, Gunny et Spader ont couru dans une direction, Alder et Patrick dans l'autre. Siry a emmené Aja en la prenant par la main comme un grand frère prévenant. Pour lui, c'était une légende vivante venue du lointain passé de son propre territoire. Je savais qu'il ferait de son mieux pour la protéger. Ils ont tous disparu dans le tourbillon de poussière et de fumée. Il n'est plus resté que Loor et moi, droit dans la ligne de mire de l'avion en approche.

Boum ! Boum !

Deux autres missiles ont déchiré le sol. Ces appareils ne se contentaient pas de reconnaître les lieux. Ils passaient à l'assaut. J'ai agrippé le bras de Loor et suis parti de toute la vitesse de mes jambes. Je ne savais pas où j'allais, mais j'ai foncé, Loor sur mes talons. On a traversé le nuage de poussière. J'ai entendu encore des explosions. Certaines à bonne distance, d'autres plus proches. Tout ce dont j'étais sûr, c'est que personne ne leur retournait leurs tirs. Pas de doute, ces avions étaient en chasse. J'étais complètement désorienté. La seule chose qui me semblait réelle, c'était ce rugissement assourdissant et le sol qui tremblait sous les coups des missiles continuant de détoner tout autour de nous comme un feu d'artifice violent.

– Des bâtiments, a annoncé Loor en scrutant l'horizon.

À travers la poussière, j'ai vu les contours de plusieurs petites constructions de pierre. Aucune ne semblait mesurer plus de deux étages. Elles étaient rassemblées autour d'un espace central qui, un jour, avait pu être une cour. Je dis « un jour », parce que ces bâtiments n'étaient plus que ruines. Les bombes les avaient éventrés. Ils étaient vides, morts, de simples carcasses battues par les vents. Cette guerre à laquelle nous nous trouvions mêlés malgré nous ne datait pas d'hier. Tout ce décor témoignait de sa puissance destructrice. Ces épaves d'immeubles semblaient faites d'une pierre grise éboulée ou noircie. En me rapprochant, j'ai vu qu'il y avait un grand trou béant en plein milieu de cette espèce de cour. Ce n'était pas un cratère de bombe : on aurait plutôt dit un genre de piscine. Ou un fossé, puisqu'il s'agissait d'un chenal entourant un amas de rochers. Mais il n'y avait pas d'eau, uniquement de la terre et des débris.

– On peut s'y cacher, a suggéré Loor.

On a couru jusqu'au bord du chenal pour sauter dedans. Il était de la taille d'un homme. J'ai dû me tenir sur la pointe des pieds pour regarder par-dessus le rebord.

– Où sommes-nous ? a demandé Loor, qui n'était même pas hors d'haleine. Quel est ce territoire ?

– J'espérais que tu pourrais me le dire.

– Je l'ignore. Et les autres également.

– Les flumes ont volé en éclats. Je l'ai vu de mes yeux. J'étais en train de flotter dans l'espace ou quelque chose d'approchant, et… ils se sont autodétruits.

– Je sais, a-t-elle repris, très calme. Je l'ai vu également. Comme nous tous. Je ne sais pas où nous sommes, Pendragon, mais on ne peut pas repartir.

Deux hélicoptères noirs sont passés au-dessus du champ de bataille, nous faisant baisser la tête. C'était inutile : ce n'était pas nous leur cible. Les ombres en maraude semblaient foncer vers un bâtiment long et bas qui s'étendait à une quarantaine de mètres de nous. Ils se sont immobilisés au-dessus de l'édifice. Leurs projecteurs ont transpercé le nuage de brume pour se fixer sur une large crevasse qui avait dû être une porte.

Une voix amplifiée s'est élevée d'un des appareils.

– Sortez du bâtiment, a-t-elle ordonné.

La poussière retombait lentement, me permettant de mieux voir les hélicos. Car c'en était bien, même s'ils étaient dépourvus de queue et d'hélice arrière. À la place, ils semblaient contrôlés par un seul rotor. En dessous, il y avait deux patins larges comme des flotteurs. Mais c'était ce qui y était accroché qui ne me disait rien qui vaille : des lance-roquettes.

Qui étaient-ils ? Pourquoi nous avaient-ils attaqués ? Et d'abord, où diable étions-nous tombés ? Ma joie momentanée de revoir l'oncle Press et les autres Voyageurs virait au cauchemar.

– Je veux y voir de plus près, ai-je dit à Loor avant de contourner les rochers au centre de la piscine vide.

Elle a voulu m'arrêter, mais j'étais déjà parti d'un pas vif vers l'autre côté du fossé pour me rapprocher du bâtiment pris pour cible. Loor m'a suivi. Tous les deux, on a regardé par-dessus le rebord la scène qui se déroulait un peu plus loin.

– Est-ce que des Voyageurs sont partis par là ? a-t-elle demandé.

– Pas la moindre idée. Peut-être. Ils se sont éparpillés dans toutes les directions.

La voix amplifiée a résonné à nouveau :

– Il n'y a pas d'alternative. Rendez-vous immédiatement.

– Ou sinon ? ai-je soufflé à Loor.

J'ai perçu un mouvement sur ma gauche. Quelqu'un s'approchait de nous en douce. Je me suis crispé. Loor aussi. Je lui ai jeté un bref coup d'œil comme pour dire « parée ? »

Elle a acquiescé. Elle savait.

On s'est empressé de filer chacun dans une direction différente. Si quelqu'un nous attaquait, il devrait choisir. J'ai atteint la paroi intérieure du fossé et me suis accroupi, prêt à tout. Loor a tiré le casse-tête de bois qu'elle portait dans son dos et l'a tenu devant elle, prête à repousser quiconque serait assez débile pour vouloir s'en prendre à elle. On s'est figé sur place. Incapables l'un comme l'autre de comprendre ce qu'on voyait. En fait, je pigeais un peu mieux que Loor, mais ça ne voulait pas dire que je n'étais pas soufflé.

Là, devant nous, alors qu'on était prêt à affronter un adversaire inconnu, il y avait un pingouin. Non, je ne plaisante pas. C'était bien un pingouin noir et blanc de soixante-dix centimètres de haut. Ce drôle de petit oiseau était planté là, au milieu du fossé, à nous regarder comme pour dire : « Qui sont ces deux clowns ? »

– Il est dangereux ? a demandé Loor, ébranlée.

En fait, c'était plutôt marrant de voir cette guerrière farouche sur le qui-vive, prête à affronter une telle bestiole. J'imagine que c'est plus drôle maintenant que je revois la scène avec le recul. Mais sur le coup, je n'avais aucune envie de rire.

La voix suramplifiée a retenti à nouveau :

– Vous êtes prévenus.

Ce qui a suivi peut être qualifié d'éradication. Les deux appareils ont déchargé leurs armes. L'un a dérivé vers la droite, l'autre vers la gauche, alors qu'ils balançaient leurs missiles sur le bâtiment déjà bien amoché. Des bouts de pierre ont volé. Le pingouin a dû prendre peur, parce qu'il s'en est allé. Un incendie a éclaté à l'intérieur des ruines, les flammes léchant les fenêtres aveugles. Une épaisse fumée noire s'est échappée de toutes les fissures, anciennes ou récentes, comme du sang s'écoulant de plaies ouvertes. Si l'un des nôtres se trouvait là-dedans, il était mal barré. J'ai fait mine de sauter du fossé pour aller voir si quelqu'un avait besoin d'aide, mais Loor m'a retenu.

– Qu'est-ce que ça changera ? m'a-t-elle dit.

Elle avait raison. Je ne pouvais rien faire. Juste regarder et espérer.

– Là ! s'est exclamée Loor.

Sur le côté gauche du bâtiment, des gens sortaient par une fenêtre pour échapper aux flammes. Des gens qu'on ne reconnaissait ni l'un ni l'autre. Ils portaient des vêtements quelconques et élimés. Si j'étais chez moi, dans le Connecticut, je les aurais pris pour des SDF. Ils n'étaient pas crasseux comme des Utos, mais de toute évidence, ils avaient vu des jours meilleurs. Certains des hommes portaient ce qui ressemblait à des costards d'homme d'affaires défraîchis. Certaines femmes, des jeans et des pulls. Il y avait également deux enfants.

Un type avec de longs cheveux noirs cascadant sur ses épaules se tenait devant la fenêtre et aidait les autres à sortir. Il était vêtu simplement d'un jean et d'un pull déchiré aux couleurs passées. Apparemment, c'était lui le chef. Il semblait s'inquiéter davantage de la sécurité des autres que de la sienne.

Les hélicos ne les avaient pas vus. Pas encore. Ils continuaient leur mouvement méthodique vers chaque extrémité du bâtiment tout en continuant de le canarder.

Le type aux cheveux noirs faisait tout son possible pour inciter ceux qui étaient encore à l'intérieur à se dépêcher. Il était trop loin pour que je puisse voir à quoi il ressemblait exactement. Il n'était pas particulièrement baraqué, mais certainement athlétique. Son menton était mangé de barbe. Il tirait les autres hors du bâtiment et, surtout, assistait les enfants. Il leur fit signe de se presser. À peine un rescapé avait-il échappé à cet enfer qu'il se précipitait vers le suivant.

– Quel courage, a dit Loor dans un souffle.

Venant d'elle, c'était un sacré compliment.

– Il ferait mieux de s'en aller, ai-je remarqué.

Les missiles se rapprochaient dangereusement des fuyards. Le bon samaritain ne cessait de lorgner les hélicos, calculant combien de temps il lui restait, tentant de sauver un maximum de monde avant de fuir à son tour.

Le tir de barrage s'est interrompu. Un instant, j'ai cru que tout était terminé. Je me trompais. J'ai vite compris ce qui se passait. Ceux qui pilotaient ces engins, qui qu'ils soient, avaient repéré les fuyards. Le second hélico a cessé le feu et a fait un écart pour rejoindre le premier. Ils devaient communiquer entre eux. Ils sont restés suspendus là, côte à côte, leurs lance-roquettes pivotant lentement vers la fenêtre d'où s'écoulaient ces innocents terrorisés.

Le bon samaritain ne s'est pas arrêté pour autant. À chaque fois qu'un fuyard franchissait cette fenêtre, il faisait un bond de côté pour le laisser partir.

– Ils n'ont plus besoin de mitrailler au hasard, a commenté Loor. Ils ont trouvé leur proie.

– Je me demande s'il va se rendre.

Les assaillants n'ont pas fait d'autre annonce. Ils n'ont pas ordonné aux fuyards de ne plus bouger. Ils ne se sont pas posés pour les capturer.

Ils ont ouvert le feu.

Les deux hélicos ont tiré dans le tas. Ceux qui se tenaient à la fenêtre sont retournés à l'intérieur, mais ils ne pouvaient pas survivre à un tel barrage. L'homme qui avait contribué à sauver tous ces gens a plongé à l'angle du bâtiment. À ce stade, je n'aurais su dire s'il avait échappé aux missiles. Ou pas. Une chose était sûre, qui que ce soient ces gens, ils ne voulaient pas qu'on les prenne vivants. Quoique, pour autant que je puisse en juger, leurs assaillants ne cherchaient pas à faire des prisonniers.

– C'est un massacre ! ai-je déclaré.

Un autre bruit a enflé, couvrant les roquettes et les bris de pierre. Un bruit complètement aberrant. Creux, hanté, surnaturel, comme le brame d'un animal désespéré. C'était sonore et venait de derrière nous. Je me suis retourné d'un bond pour voir qu'on n'était plus seuls dans ce fossé de béton. À quelques mètres de nous, il y avait un énorme ours polaire apparemment furieux.

Ses yeux étaient fous et terrifiés. Il avait l'air d'avoir aussi peur du bombardement que ses victimes. Voire plus. Et on ne pouvait pas lui échapper. Le fossé ne faisait que quatre ou cinq mètres de large. Les parois étaient trop hautes pour qu'on puisse les escalader rapidement. Enfin, au cas où cet ours aurait décidé qu'il ne nous aimait pas, on pouvait toujours tourner les talons et s'enfuir, mais à voir la taille de cet animal, il n'aurait qu'un bond à faire pour nous rattraper. On a compris tous les deux qu'on n'avait qu'une seule chance. Si l'ours nous attaquait, on devrait lui tenir tête.

– Il est peut-être apprivoisé, ai-je chuchoté sans quitter le monstre des yeux.

En guise de réponse, il s'est dressé sur ses pattes de derrière, nous dominant de toute sa masse. Il a levé deux énormes battoirs prolongés de griffes dangereusement longues, a rugi… et nous a sauté dessus.

Non, il n'était pas apprivoisé.

Journal n° 37
Chapitre 2

On n'a pas eu le temps de réagir. Loor a brandi son casse-tête. J'ai pivoté pour éviter un éventuel revers de ces monstrueuses griffes. Les pattes de devant de la bête sont retombées sur le sol, et d'un bond, il s'est précipité sur nous.

Sauf qu'il ne nous a jamais atteints.

Dans un feulement de défi, un énorme félin a jailli des rochers entourant le fossé pour atterrir sur le dos de l'ours. Surpris, celui-ci s'est relevé à nouveau, mais le nouveau venu n'a pas reculé. Il a plongé ses griffes dans le dos de l'animal et ses crocs se sont refermés sur son épaule. Ce n'était pas un chat ordinaire.

C'était Kasha. La Voyageuse d'Eelong.

Elle s'est cramponnée avec ténacité alors que la bête furieuse agitait la tête pour la déloger. Une vision dérangeante – et à plus d'un titre. C'étaient deux animaux sauvages qui s'affrontaient sous nos yeux. Il n'y avait ni règlement, ni restrictions, et pour autant que je sache, c'était un duel à mort. C'était terrifiant. Et rendu encore plus surréaliste par le fait qu'un de ces fauves n'était autre que Kasha. Je l'avais vue mourir quelques années plus tôt, écrasée sous des tonnes de pierres lorsque le flume d'Eelong s'était effondré. Et pourtant, elle était là, sous mes yeux, aussi vivante qu'il était possible de l'être, en train d'affronter un ours enragé.

Loor a tenté de l'aider avec son casse-tête, mais le combat était trop violent. L'énorme animal se débattait comme un possédé. Elle ne pouvait rien faire. Un seul coup de griffe bien placé pouvait lui sectionner un bras. J'ai entraîné Loor en arrière et l'ai poussée vers la paroi extérieure du fossé. On a sauté pour nous accrocher au rebord, puis nous hisser. Maintenant, Kasha devrait lutter seule. Triompher… ou périr. Une fois de plus.

Elle se cramponnait toujours au dos de l'ours. Celui-ci savait qu'il était en train de perdre la partie. Il a fait tout son possible pour s'en débarrasser. Finalement, le monstre s'est jeté de tout son poids contre le mur intérieur. Kasha ne s'y attendait pas. Elle a fini par lâcher prise et atterrir au fond du fossé, sonnée, mais loin d'être hors de combat. Elle s'est relevée d'un bond, prête à repartir à l'assaut.

Du sang souillait la fourrure de l'ours, sa couleur écarlate se détachant sur ses poils blancs salis. Il y eut un moment chargé d'électricité. Allait-il attaquer à nouveau ou battre en retraite ? Je pense qu'il se posait la même question, et heureusement, il en est arrivé à la bonne conclusion. Il avait sa dose. Il ne voulait plus affronter cette furie. Avec un dernier grognement torturé, il s'est levé, s'est retourné et s'en est allé vers l'autre côté du fossé. D'un bond étonnamment gracieux pour une bête de cette taille, l'ours a sauté vers le rebord et a griffé le ciment pour l'escalader. Une fois sorti de ce trou, il est vite parti lécher ses plaies ailleurs.

– Hobie, Pendragon, cet endroit est un vrai tourne-boule ! a lancé une voix depuis les pierres au centre du fossé.

J'ai levé la tête pour voir Spader assis sur les rochers. Il ouvrait de grands yeux. À côté de lui se tenait le pingouin, l'air tout aussi stupéfait. Du moins autant que puisse l'être un oiseau. Un pingouin et un ours polaire. Que faisaient des animaux habitués aux climats glaciaires dans ce trou ? Il n'y faisait même pas froid. Au contraire. Je me suis retourné pour voir l'immeuble qu'attaquaient les hélicos. L'assaut était terminé. Les deux engins avaient cessé le feu. Ils sont montés tout droit dans le ciel pour disparaître dans les nuages. Quelques secondes plus tard, je n'entendais même plus le bruit de leurs moteurs. Quelle que soit leur mission, elle était accomplie. Ils laissaient derrière eux les ruines d'un bâtiment quasiment rasé. Je préférais ne pas savoir combien de morts ou de blessés s'y trouvaient encore.

– Ça va ? ai-je demandé à Kasha.

La klee s'est dressée sur ses pattes de derrière pour se tenir debout comme un être humain.

BIBLIOTHEQUE
VILLA STE-MARCELLINE

– Bien sûr, a-t-elle répondu fermement. Cette bête était loin d'être aussi féroce qu'un tang.

Elle a essuyé quelques gouttes de sang étalées sur son museau.

Oui, je sais. Dégoûtant.

Je me suis tourné vers Loor, qui a haussé les épaules et levé un sourcil. Elle était impressionnée. Kasha était son genre de fille. Ou de klee. Peu importe.

– Il faut retrouver les autres, a-t-elle déclaré.

– Je m'en charge, a répondu Kasha.

Avant que j'aie pu la remercier de nous avoir sauvé la vie, elle s'est remise à quatre pattes et a sauté du fossé pour se mettre en quête des autres Voyageurs.

Spader, Loor et moi sommes restés plantés là. Je ne peux parler en leur nom, mais j'étais sacrément secoué. Tout ce qui nous était arrivé en quelques heures dépassait largement les bornes du possible.

On avait perdu la bataille de Seconde Terre. Naymeer et son culte ravinien avaient attiré soixante-dix mille personnes au Yankee Stadium, puis créé un monstrueux flume qui les avait avalés. J'avais tué Naymeer en le jetant d'un hélicoptère dans l'embouchure de ce même flume. C'était ce geste qui avait scellé la victoire de Saint Dane. L'hélicoptère avait alors été aspiré à son tour, emportant Saint Dane, Nevva Winter et moi. Mais au lieu de m'écraser, je m'étais retrouvé à flotter dans l'espace, tout seul, et de là, j'avais assisté à la destruction des flumes.

Peu après, je me retrouvais sur ce territoire de désolation pour retrouver l'oncle Press et les autres Voyageurs. Des amis décédés qui, tout à coup, ne l'étaient plus. Ensemble, nous avions décidé d'affronter Saint Dane une dernière fois.

C'est alors que les hélicos avaient attaqué, bien qu'ils ne nous aient pas pris pour cible. Ils en avaient après ceux qui étaient dans ce bâtiment. On était juste dans leur ligne de mire.

Ah, oui, et Loor et moi avons failli nous faire écharper par un ours polaire.

Et Spader traînait avec un pingouin.

Donc, je pense qu'on peut comprendre que j'étais un rien secoué.

Loor a rompu le silence :

– Est-ce qu'on est morts, Pendragon ? a-t-elle demandé.

Bonne question. Parmi toutes les explications qui me venaient à l'esprit, celle-ci se trouvait bien placée sur ma liste. En fait, elle comptait parmi mes deux préférées. L'autre ? Que tout ceci ne soit qu'un rêve. Mais un rêve ne durerait pas si longtemps. Et ne me ferait pas tousser. J'aurais vraiment voulu disposer d'une troisième explication toute aussi valable, mais pas moyen d'en trouver une.

Abandonnant son pote le pingouin, Spader a traversé le fossé pour nous rejoindre.

– Tout ça ne rime à rien ! a-t-il déclaré. Gunny et moi étions là, à réparer un bateau sur la rivière de la Cité des Eaux Noires, et tout à coup, on se retrouve à errer dans… et d'abord, où sommes-nous ?

J'ai parcouru des yeux les bâtiments trapus et décrépits. Je n'en avais pas la moindre idée.

– J'ai une meilleure question, ai-je dit. Où nous emmène l'oncle Press ?

– Il nous ramène chez nous, a fait une voix douce dans notre dos.

Je l'ai aussitôt reconnue. Même si ça faisait des années que je ne l'avais pas entendue, je n'ai pas eu l'ombre d'un doute. J'ai regardé Loor, qui a ouvert de grands yeux en poussant un hoquet de surprise. Je n'avais jamais vu Loor stupéfaite : c'était une première. Elle m'a dévisagé. C'était comme si elle n'osait pas y croire de peur de constater qu'elle se trompait.

Ce n'était pas le cas.

– Bonjour, ma fille.

On a tous levé les yeux. C'était bien Osa, la mère de Loor, qui se dirigeait vers nous. La guerrière Batu était aussi belle que la dernière fois que je l'avais vue – ce jour où elle était morte pour me protéger des guerriers Bedoowan. Si elle me semblait moins grande, c'était parce que j'avais moi-même gagné une poignée de centimètres. Malgré la poussière et le sable qui tourbillonnaient autour de nous, sa peau noire restait immaculée. Elle portait une longue robe-portefeuille rouge qui drapait une de ses épaules et s'étirait jusqu'au sol. Elle paraissait aussi forte et gracieuse que dans mes souvenirs.

– Mère ?

C'est tout ce que Loor a réussi à émettre. Je ne l'avais jamais entendue aussi troublée.

– Tu m'as manqué, ma chère fille.

Loor a alors eu une réaction qui ne lui ressemblait guère… et qui, pourtant, était la plus appropriée. Elle a laissé tomber son casse-tête et a couru vers sa mère. Les deux femmes se sont étreintes comme pour effacer des années de deuil. Pendant un instant, Loor est redevenue une petite fille. Des larmes ont dégouliné sur ses joues.

– Je suis si fière de toi, lui a chuchoté Osa. (Elle a levé les yeux et a ajouté :) Je suis fière de vous tous.

Je ne savais que dire. *Vraiment.* Je n'avais pas l'impression de mériter un tel compliment, mais surtout, j'essayais d'assimiler ce qui se passait. Osa était morte sous une grêle de flèches. J'y étais, j'avais tout vu. Pas d'erreur possible. Et pourtant, elle était là, tout aussi vivante que nous. Enfin, *si* on était toujours en vie.

Loor s'est détachée de sa mère, mais sans la lâcher pour autant.

– Aide-moi à comprendre, a-t-elle murmuré à travers ses larmes.

Osa lui a décoché un sourire plein de chaleur, puis nous l'a fait partager, à Spader et à moi.

– Vous allez tous rentrer chez vous, a-t-elle déclaré. C'est là que vous apprendrez ce qu'il en est.

– Chez nous ? a répété Spader, surpris. Hobie, je ne sais même plus où c'est !

– Alors il est grand temps que je te le montre, espèce de poisson-boule ! a fait une voix rocailleuse que je ne connaissais pas.

Mais Spader si. Il s'est retourné d'un bond pour voir un homme en tenue d'aquanier marcher vers nous.

– C'est mon *père* ! a hoqueté Spader.

– Tu attendais quelqu'un d'autre ? a lancé le nouveau venu.

Il ressemblait au Voyageur de Cloral, mais en plus âgé, avec des cheveux légèrement grisonnants. Il avait même le drôle d'accent australien de Spader. Or son père avait été tué sur Cloral, par des provisions empoisonnées. Bien sûr, nous savions tous qui était vraiment responsable de sa mort. Saint Dane. Le meurtre de son père avait tourné la tête de l'aquanier. La vengeance était devenue sa seule motivation. Plus d'une fois, il avait perdu le contrôle de ses émotions et nous avait mis en danger lorsque la colère avait supplanté son bon sens. Mais c'était du passé. Maintenant, son père était de retour. Si l'on veut.

– Laisse-moi te regarder ! a crié l'homme en jetant ses bras autour des épaules de Spader pour l'étreindre avec chaleur. Pas de doutes, tu as grandi, mais pas assez pour te mesurer à ton vieux père !

Spader l'a serré contre son cœur, éperdu d'émotions.

– Comment ? a-t-il fait.

– C'est bien la question, crevette. Maintenant, allons-y, a-t-il ajouté en emmenant son fils.

Celui-ci a fait un pas en arrière pour nous regarder.

– Mais, Papa… a-t-il dit en nous désignant d'un geste de la main.

– Ne t'en fais pas, matelot, a affirmé son père. Tu les reverras, tu peux me faire confiance.

Spader a jeté un regard circonspect. Il avait envie de suivre son père, mais ne voulait pas nous abandonner.

– C'est bon, a affirmé Osa. Vous vous retrouverez bientôt.

Spader a acquiescé, comme étourdi. Tout aussi vite, il a retrouvé son sourire et s'est cramponné à son père. Et les voilà partis, bras dessus bras dessous en se marrant comme de vieux copains. Ils se sont éloignés au milieu des tourbillons de poussière… pour disparaître, comme ça. Littéralement. Je ne savais pas si les nuages de poussière les avaient avalés ou s'ils étaient vraiment ailleurs.

– C'est ce qui se passe avec tous les Voyageurs, Pendragon, a remarqué Osa.

J'ai entrevu deux hommes qui s'avançaient à l'autre bout du fossé. C'était Gunny, accompagné d'un autre Noir qui avait l'air encore plus vieux que lui. Il avait posé une main paternelle sur son épaule. Je ne pouvais pas entendre ce qu'il lui disait, mais

Gunny l'écoutait en hochant la tête. L'instant d'après, ils disparaissaient à leur tour dans la poussière.

– Où vont-ils ? ai-je demandé.

– Je te l'ai dit, ils rentrent chez eux, a répondu Osa. Tous.

– Sur leurs territoires d'origine ?

– Non. *Chez eux*. Et tu en feras bientôt autant.

Sur ce, elle a emmené Loor.

– On ne peut laisser Pendragon comme ça, a protesté cette dernière. Notre destinée est d'être ensemble, tous unis !

– C'est vrai, a affirmé Osa, et vous le serez. Mais d'abord, tu dois apprendre.

Loor m'a fixé, attendant mon avis.

– Vas-y, ai-je affirmé. Je m'en sortirai. Je crois.

– C'est vrai, a renchéri Osa. C'est valable pour vous tous.

Loor s'est détendue. Elle avait confiance en sa mère. Après tout, avant que Loor ne prenne le relais, c'était elle la Voyageuse de Zadaa. Tout comme le père de Spader était celui de Cloral avant lui. Et l'oncle Press celui de Seconde Terre avant moi. Si on ne pouvait pas leur faire confiance, à qui d'autre ? Il y avait longtemps que le poids du monde, non, le poids de Halla pesait sur nos épaules. C'était bien de savoir qu'il y avait désormais quelqu'un pour nous conseiller. Et nous aider. Et peut-être même soulager un peu de ce poids.

Loor a acquiescé et a suivi sa mère. Les deux guerrières se sont éloignées de moi. À ce moment précis, elles se ressemblaient comme jamais. Peu après, elles étaient hors de vue. Avaient-elles continué leur chemin ? Ou avaient-elles disparu à leur tour ? Je l'ignorais. J'espérais le savoir bientôt. J'ai regardé autour de moi, cherchant les autres Voyageurs. En vain. Rien ne bougeait. Il n'y avait pas un bruit, à part les gémissements du vent. Je me suis tourné vers l'immeuble en ruine. Je voulais savoir à quoi rimait toute cette histoire, mais n'arrivait pas à me décider à mener l'enquête. Je le saurais bien assez tôt. Et je n'avais aucune envie de retomber sur cet ours polaire furieux.

– Oncle Press ? ai-je crié.

Pas de réponse. Où étaient-ils tous ? Je craignais que certains n'aient été blessés lors de l'attaque des hélicos.

– Elli ? Kasha ?

Toujours rien.

Le pingouin n'avait pas bougé de l'endroit où il se tenait au côté de Spader. Qu'est-ce qui se passait ? Où étais-je ?

En guise de réponse, le vent s'est levé, soulevant mes cheveux. Lentement, la poussière en suspension s'est dissipée. J'ai pu discerner des silhouettes tout autour de moi. Je me tenais dans ce fossé situé au centre d'une grappe de bâtiments peu élevés. Qu'était cet endroit ? Une sorte d'avant-poste au milieu de nulle part ? Alors que la poussière se dissipait, j'ai pu voir ce qu'il y avait au-delà des ruines. Soit pas grand-chose, uniquement un désert aride. Ça m'a donné l'impression d'être dans une oasis. Je me suis souvenu de ce grand bâtiment que j'avais aperçu par moments. Pourvu que je puisse le distinguer un peu mieux.

Je me suis retourné lentement pour décrire un cercle complet, cherchant ce bâtiment de guingois. Maintenant que les brumes se dissipaient, j'ai constaté que je n'étais pas entouré de terres plates et désolées. Loin de là. Des formes massives s'interposaient entre moi et ce mystérieux bâtiment. Il y avait d'autres constructions, plus grandes que celles qui s'élevaient à mes côtés, bien qu'elles aient l'air tout aussi décrépites. J'ai vite compris qu'il s'agissait d'une ville en ruine. Elle avait quelque chose de familier tout en restant étrangère. Étais-je déjà venu ici ? Étais-je sur Terre ? À Rubic City ? La cité de Rune ? Ni l'une ni l'autre ?

La poussière a continué de retomber. Je m'attendais à voir une pyramide d'Utopias, ou peut-être ce château d'où Veego et LaBerge dirigeaient leurs jeux violents. J'ai plissé les yeux, me creusant la cervelle en cherchant ce que cet endroit me rappelait.

Je ne sais pas vraiment ce qui m'a fait percuter. Peut-être était-ce quelque chose de subliminal que je n'aurais pu situer. Une odeur, peut-être, ou les ombres allongées par les rayons du soleil tentant de percer les nuages gris. Ce pouvait être bien des choses, mais je crois que c'est surtout le pingouin et l'ours polaire qui m'ont aidé à comprendre ce qu'il en était.

Je me trouvais effectivement dans une oasis. Du moins bien des gens la considéraient comme telle. C'était un lieu magique qui existait dans une cité incroyable. J'y étais déjà allé. Bien des fois.

– On t'a emmené ici un jour avant la naissance de Shannon, a repris la voix féminine familière. Tu te souviens ?

Je me suis figé sur place. Était-ce possible ? C'était bien la dernière chose à laquelle je m'attendais. Je ne sais pas pourquoi. Peut-être parce que c'était trop demander ? Peut-être avais-je perdu l'espoir. Peut-être refusais-je d'accepter cette possibilité de peur d'être atrocement déçu. Quelque chose m'a caressé les chevilles. Je n'ai pas sursauté. Je savais très bien ce que c'était. J'avais déjà connu cette sensation des centaines de fois, dans une autre vie. Des souvenirs comme celui-ci deviennent une partie de vous. Passant sa tête entre mes jambes pour attirer mon attention, ce n'était nul autre que mon chien, Marley. J'ai reconnu son gros museau de retriever doré, suivi par ses grands yeux marron. Sa queue battait si vite que tout son corps en tremblait. J'ai pris sa tête entre mes mains.

– Salut, Marly-Mar, ai-je dit entre deux sanglots. Où étais-tu passé ?

C'est alors que j'ai su où j'étais. Les bâtiments. L'ours polaire. Le pingouin. Je me trouvais à côté de la mare aux otaries en bordure de Central Park, à New York. Du moins ce qu'il en restait. Ce grand bâtiment de guingois dans le lointain était on ne peut plus familier. C'était l'Empire State Building. J'étais sur Terre. Ce que j'ignorais, c'était *quand*. Et à ce moment précis, je m'en fichais.

– Fallait-il vraiment que tu grandisses si vite ? a déclaré la femme.

J'ai dû faire de mon mieux pour ne pas fondre en larmes. Ou exploser de joie. L'un ou l'autre, ou les deux à la fois. Je me suis retourné et les ai vus. Ma famille. Maman. Papa. Shannon, ma petite sœur. Quoique, elle n'était plus si petite maintenant. Quel âge avait-elle ? Treize ans ? C'était désormais une jeune fille en jean et pull rose. Elle était parfaite. Les autres également.

On est restés là, face à face, sans trop savoir comment réagir. Soudain, j'ai ressenti une bouffée d'angoisse. J'étais déjà passé par là, et cela s'était plutôt mal terminé.

– Je suis dans un saut d'Utopias ? ai-je demandé.

– Un *quoi*? a demandé Shannon avec un air arrogant tel que seule peut en prendre une gamine de treize ans qui a travaillé dur pour le perfectionner.

– Non, Bobby, a répondu mon père. C'est bien nous. Pour de bon.

Je ne pouvais pas bouger. C'était plus que je ne pouvais admettre. Je n'avais pas revu ma famille depuis ce jour où j'étais parti de chez moi pour jouer un match de basket au lycée de Stony Brook High. Ils avaient disparu. Et ma vie avec eux. Les retrouver était une des principales motivations derrière tout ce que j'avais fait en tant que Voyageur. Peut-être la seule. Et maintenant, ils étaient là, devant moi.

– Alors, qui a gagné le match? fut la première question qui me vint à l'esprit.

Shannon a levé les yeux en l'air.

– Non, mais quel ringard!

Elle a compensé par un petit sourire rusé. Je l'adore.

– Stony Brook a perdu, a répondu Papa. Dans les grandes largeurs. Tu leur as manqué.

– Et vous m'avez manqué.

– Je sais, a repris ma mère en retenant mal ses larmes. C'est pour ça qu'on est là.

Voilà qui m'a achevé. J'ai couru vers eux pour les prendre dans mes bras. Ma famille. Le moment que j'attendais depuis toutes ces années était enfin arrivé. On était réunis. Les Pendragon formaient à nouveau une famille. Je ne sais combien de temps on est resté blotti comme ça. Une semaine? Je m'en moquais. Je ne risquais pas de m'en aller. Je ne voulais pas les lâcher de peur qu'ils disparaissent à nouveau.

Papa a posé sa main derrière sa nuque. Ses yeux étaient aussi rouges que les miens.

– Je suis fier de toi, mon fils.

J'ai acquiescé en guise de remerciement avant de fondre en larmes. Je n'ai pas pu m'en empêcher. Les portes de l'émotion et du soulagement étaient grandes ouvertes. À partir de maintenant, tout irait bien. Lorsque j'ai enfin repris mes esprits, je me suis redressé et me suis essuyé les yeux:

– Alors que vient faire l'oncle Press là-dedans ? Vous allez me dire ce qu'il est exactement ?

– Oui, a répondu Maman en gloussant. Bientôt, tu sauras tout. Mais d'abord, il faut qu'on rentre chez nous.

– À Stony Brook ? ai-je demandé, plein d'espoir.

– Non, a déclaré ma mère. Là où tu es né.

J'ai assimilé cette remarque avant de demander :

– Mon petit doigt me souffle qu'on ne retourne pas en Seconde Terre.

– Non, a-t-elle répondu très simplement.

C'était la bonne réponse, la seule possible. Même si elle me terrifiait. J'allais enfin apprendre la vérité. Sur moi. Sur les Voyageurs. Et peut-être plus important encore, sur Saint Dane.

– Alors allons-y, ai-je lancé.

Papa a ouvert le chemin. Maman a gardé un bras sur mes épaules et celui de Shannon entourait ma taille. Marley courait devant nous en agitant la queue.

On a fait deux pas avant de comprendre…

… qu'on n'était plus sur Terre.

Journal n° 37
Chapitre 3

On venait de sortir d'une situation étrange pour en aborder une nouvelle.

Il n'y eut pas de flume et, pour autant que je puisse en juger, pas même de voyage. Je n'ai pas vraiment eu l'impression de me déplacer d'un endroit à un autre. Sauf qu'à moment donné, on parcourait les ruines battues par le vent du zoo de Central Park, et l'instant d'après, on était dans un environnement que je ne peux qualifier que d'étranger. Quoique, « étranger » peut avoir bien des significations. Je suis resté là, à contempler le bout de terrain le plus triste, le plus aride qu'il m'ait été donné de voir.

L'air était pur. C'est bien le seul point positif. Il faisait nuit, mais pas noir pour autant. Le ciel était piqueté d'étoiles. Beaucoup d'étoiles. Plus que je ne pouvais en imaginer. Je n'ai pas reconnu une seule constellation. Le firmament s'ourlait de minces nuages vaporeux qui défilaient à toute allure. Enfin, je présume que c'étaient des nuages, bien que je n'en aie jamais vu de semblables. Certains étaient baignés de lumière. Rouge, verte, orange et jaune. D'autres n'étaient que des ombres noires. Aucun d'entre eux n'était assez épais pour cacher les étoiles, mais ils avaient de la substance, pas de doute là-dessus. Je pouvais voir à travers ces masses translucides qui sillonnaient le ciel à toute vitesse. La plupart d'entre eux brillaient comme s'ils crépitaient d'énergie, créant un feu d'artifice permanent dans cette immense voûte céleste. Toutes les formes imaginables étaient représentées.

Quant au sol, j'ai eu l'impression que mon regard portait sur des kilomètres, même s'il n'y avait pas grand-chose à observer.

Ce décor se composait uniquement de roches grises aux contours déchiquetés. J'ai aperçu des pics dans le lointain, des crevasses entre deux sommets et des étendues désolées. J'ai pensé aux formations qu'on avait visitées à Hawaii, où de la lave s'était répandue avant de refroidir pour donner un paysage gris et minéral. C'était à peu près ça, multiplié par un million. Il n'y avait pas d'arbres, pas de bâtiments, pas la moindre trace de civilisation. On se tenait au pied d'un désert de pierre qui s'étendait à perte de vue. Y avait-il des cavernes creusées dans cette matière sombre ? Pouvait-on habiter dans la roche ?

La matière sombre. C'était ce qui était censé composer les flumes. La substance la plus ancienne de l'univers. La pierre grise qui composait ce décor ressemblait fortement à celle de ces couloirs reliant les territoires. Y avait-il une connexion ?

Ce monde semblait mort, et pourtant, il n'était pas vide. C'est difficile à décrire, mais je vais essayer. J'ai perçu quelque chose de vivant. Ce n'est pas comme si j'avais vu des humains ramper sur ces strates rocheuses, non. Rien de tel. Mais j'ai senti une étincelle, une trace de vie. J'ai aperçu des ombres et des lumières qui se déplaçaient rapidement à la périphérie de mon champ de vision. Mais à chaque fois que je tentais de les distinguer un peu mieux, elles disparaissaient. Parfois, je croyais entrevoir l'image d'un humain, mais le temps que je me retourne… plus rien. Ces images agaçantes dansaient au-delà de ma capacité à les identifier. C'était comme si j'étais encerclé par des fantômes.

Curieusement, je n'avais pas peur. J'étais troublé, mais pas effrayé.

La seule chose de normal dans ce décor était ma famille. Quoique, leur présence dans un endroit comme celui-ci n'avait rien d'habituel. Papa portait un de ses éternels pantalons kaki foncé et son pull Villanova préféré. Maman, une jupe en jean et un col roulé noir sous un gilet blanc. Comme je l'ai déjà dit, Sharon était vêtue d'un jean et d'un pull rose. Marley, uniquement de son collier bleu brodé de motifs en forme de poissons. Ils correspondaient parfaitement aux souvenirs que j'avais d'eux. Une famille du Connecticut typique… de passage sur Mars.

Ils m'ont laissé assimiler ce décor sans dire un mot. J'imagine qu'ils voulaient que je m'y habitue en douceur. Ben voyons. Après avoir vu tout ce qu'il y avait à voir, c'est-à-dire pas grand-chose, une question a devancé toutes les autres.

– Donc, heu, c'est là que je suis né ? Pas très accueillant.

– Ce lieu n'a pas toujours été comme ça, a répondu Papa. C'est ce qu'il est devenu.

– De quel territoire s'agit-il ?

– Ce n'est pas un territoire, a dit Maman.

– Alors qu'est-ce que c'est ? ai-je demandé, vaguement angoissé.

– Nous l'appelons Solara, a fait Papa. Bien qu'on lui donne d'autres noms. C'est l'essence même de Halla.

J'imagine que j'aurais dû m'exclamer avec surprise : « Qu'est-ce que tu veux dire par là ? » Mais non. Je ne comprenais rien à ce qu'il me racontait, et pourtant, cela sonnait juste. Comme si, à un niveau subliminal, je connaissais déjà la vérité. Et pourtant, c'était loin d'être le cas. N'est-ce pas ? Au moins, j'étais sûr qu'à un moment ou à un autre, je finirais par l'assimiler. Je n'ai pas paniqué. Je devais apprendre. J'ai donné un coup de pied à une pierre grise, l'envoyant rebondir sur la surface rocheuse. Un million de questions tournoyaient dans ma tête. Le plus dur était encore de déterminer laquelle poser en premier.

– Vous avez une idée de ce qui m'est arrivé ? ai-je demandé. Je veux dire, après que je sois parti de chez nous ?

À ma grande surprise, c'est Shannon qui a répondu.

– On est au courant, Bobby. De tout. En fait, on en sait même plus que toi.

Je n'aimais pas l'idée que ma petite sœur soit aussi bien renseignée, mais qu'importe. Si c'était mon seul problème, la vie était belle.

– Et vous, ai-je fini par demander, que vous est-il arrivé ? Je veux dire, où étiez-vous passés ?

Ils se sont regardés, tous les trois. C'était le grand jour. J'allais enfin savoir pourquoi ma famille avait disparu sans laisser de traces.

– Asseyons-nous, Bobby, a répondu Maman. On a tant de choses à te raconter.

Ce qui m'a mis sur les nerfs. C'était comme s'ils avaient de sales nouvelles à me transmettre et qu'ils voulaient m'y préparer.

– C'est bon, je préfère rester debout.

Shannon s'est assise sur un bout de rocher et a serré Marley contre son cœur. Elle voulait qu'il soit heureux, ce qui ne nécessitait pas beaucoup d'efforts. Marley était un bon chien.

– Avant d'aller plus loin, a commencé Maman, il faut que tu comprennes une chose. Quoi que tu puisses entendre ou apprendre, n'oublie jamais que nous t'aimons. Depuis toujours. Et rien ne changera jamais cet état de fait.

Oh, misère !

– Tu commences à m'inquiéter, Maman ! Et après tout ce que j'ai enduré, ce n'est pas peu dire.

– Mais il faut que tu le saches. C'est important pour nous.

– Je sais, Maman. Et je vous aime aussi. Raconte-moi ce qui s'est passé.

– Une fois que tu avais appris que tu étais un Voyageur, a commencé Papa, on n'avait plus besoin de nos services. En fait, il était même essentiel qu'on disparaisse. Sinon, il était possible que tu refuses de suivre ta destinée.

– Donc, vous étiez au courant dès le départ ? Vous avez toujours su que j'avais été choisi pour devenir un Voyageur ?

– Tu n'as pas été choisi, a répondu Shannon. Tu as été *créé* pour être un Voyageur.

C'est là que j'ai changé d'avis. Je me suis assis.

– Tu n'étais pas le seul, a ajouté Maman. C'est la même chose pour tous les Voyageurs. Chacun d'entre eux a été déposé sur son territoire pour y grandir, apprendre sa culture et devenir une partie de ce monde. Tout ceci dans le but de les préparer à leur grand dessein : arrêter Saint Dane.

– Sur chaque territoire, a repris Papa, les anciens Voyageurs devaient servir de mentor à la nouvelle génération. Les aiguiller et leur donner un sens moral, basé sur les codes de leurs mondes respectifs, qui les guiderait lorsqu'ils devraient remplir leur mission.

C'est alors que j'ai vu quelque chose à la périphérie de mon champ de vision. Cette fois, lorsque je me suis retourné, j'ai cru distinguer une image fugitive dans le lointain. On aurait dit Kasha qui marchait au côté d'un autre klee. Seegen. Son père. Le Voyageur d'Eelong qui l'avait précédée. Lui tenait-il le même discours que mes parents ? Est-ce que tous les Voyageurs étaient rassemblés dans ce désert stérile pour apprendre leur véritable histoire ?

– Donc, les Voyageurs de la génération précédente n'ont pas affronté Saint Dane ?

– Non, a répondu Papa d'un ton sans réplique. Ils vous préparaient à ce combat, toi comme les autres.

J'ai acquiescé en me laissant le temps d'assimiler.

– Mais vous-mêmes n'êtes pas des Voyageurs. Non ?

– Pas tout à fait. Mais nous sommes comme toi. Il était prévu que tu aies un Voyageur pour mentor, mais les circonstances ont changé. Saint Dane s'en est assuré. Il a entamé sa croisade avant que tu ne deviennes une partie physique de la Seconde Terre. Il a fallu changer nos plans. Nous sommes devenus ta famille, et Press a reçu la tâche de t'éduquer.

– Mais qui a démissionné ? Si ce n'était ni vous, ni l'oncle Press, *qui* était censé être mon guide originel ?

– Alexandre Naymeer, a répondu mon père.

Servez chaud ! Heureusement que j'étais assis.

Bon, c'est vrai que Naymeer était bien un Voyageur. Mais il s'était laissé corrompre par Saint Dane, comme Nevva Winter avant lui.

– Savez-vous où il est maintenant ? ai-je demandé en hésitant.

J'espérais que non, puisqu'en vérité, je l'avais tué. Le genre de petit détail gênant qu'on préfère cacher à sa famille.

– Je t'ai dit, a repris Shannon avec une pointe d'impatience digne d'une gamine de treize ans. On sait tout.

Au temps pour vouloir leur dissimuler quoi que ce soit. Je me suis relevé d'un bond et me suis mis à faire les cent pas. Cela faisait longtemps que je voulais connaître la vérité, mais ça ne la rendait pas plus facile à avaler. Pas mal de choses tournoyaient dans ma tête, et on n'en était qu'au début.

– Saint Dane m'a dit qu'on était des illusions, ai-je déclaré. Je ne sais pas, peut-être que je refuse d'affronter la vérité, mais c'est difficile d'admettre qu'on n'est même pas réels.

– Parce qu'on l'est bel et bien ! a répondu Maman avec passion. (Elle s'est empressée de faire un pas en avant pour me prendre les mains.) Comme je te l'ai déjà dit, chéri, l'amour qu'on te porte, et celui que tu nous rends, je n'en doute pas, n'est pas un fantasme. Ou un mirage. Tout ce qui t'est arrivé avant ton départ de Seconde Terre était bien vrai. Tout ce que nous avons fait. Tout ce que nous avons partagé. C'était la réalité. On nous a fait un don. On a vécu sur Terre plus de quatorze ans, à expérimenter tout ce que ce monde avait à nous offrir. Ça, nul ne pourra jamais nous le retirer. Nous étions aussi humains que n'importe qui.

– Mais plus maintenant ? ai-je repris.

Elle n'a pas répondu. Du moins pas par des mots. Mais ses yeux tristes étaient assez éloquents.

C'était bizarre d'apprendre que ma famille avait toujours su la vérité, et me l'avait dissimulée. Ça devait faire partie du marché, mais tout de même. C'étaient mes parents ! Dès mon plus jeune âge, mon père et ma mère m'avaient appris que c'était mal de mentir. Et pourtant, ils n'avaient cessé de me cacher l'essentiel !

– Tu devais croire que tout était normal, a déclaré ma mère, comme si elle lisait mes pensées. Désolée d'avoir fait toutes ces cachotteries, mais il était impératif que tu appartiennes pleinement à la Seconde Terre. Tu devais être un humain comme les autres avec l'expérience et la perspective de ton territoire natal. Tu allais lutter pour le peuple de Seconde Terre, et pour ça, tu devais être persuadé d'en faire partie.

J'ai regardé le ciel étoilé et les nuages colorés qui le sillonnaient. C'était impressionnant, mais le sol autour de nous, noir, désolé et sinistre, formait un contraste saisissant avec ce magnifique spectacle.

– Qu'est-ce que c'est que cet endroit ? ai-je continué. J'ai peur que vous me répondiez qu'en réalité, on est des petits hommes verts de la planète Nimrod ou quelque chose comme ça.

Lorsque j'ai baissé la tête pour regarder ma mère en attendant sa réponse, j'ai cligné des yeux. Elle était là, devant moi, à me tenir la main, mais je pouvais voir à travers elle. Littéralement. Je distinguais Shannon et Marley par transparence.

– Maman ? ai-je hoqueté.

– Tout va bien, a-t-elle répondu d'un ton rassurant.

Non, tout n'allait pas bien. Ma mère était en train de disparaître. Ses mains n'avaient déjà plus aucune substance ! J'ai jeté un coup d'œil vers Papa et Shannon. Eux aussi clignotaient, comme s'ils n'étaient que des ampoules qui tombaient progressivement en panne d'électricité. Papa a marché vers nous, devenant transparent par intermittence.

– Je t'ai dit que Solara n'avait pas toujours été comme ça, a-t-il continué d'un ton empreint de tristesse. Voilà ce que Saint Dane en a fait. Son seul espoir de contrôler Halla passe par l'éradication de ce qui nous entoure. Ou du moins par l'éradication de ce que ce lieu devrait être.

Marley a poussé un aboiement sec. Lorsque j'ai voulu le regarder, il n'était plus là. Il avait disparu.

– Que se passe-t-il ? ai-je demandé, pris de panique.

– Notre existence physique dépend de tout ce qui nous entoure ici même. C'est l'essence de Halla qui nous nourrit. Cette essence que Saint Dane s'emploie à détruire méthodiquement.

Ça devenait un peu trop cosmique pour moi. Il me fallait des réponses, et apparemment, Maman et Papa ne seraient bientôt plus là pour me les donner. Shannon s'est levée d'un bond et a couru vers moi pour me faire un bisou sur la joue. Je n'ai rien senti, juste la caresse d'une douce brise. Elle n'était déjà plus tout à fait là.

– Tu me manques, Bibs, a-t-elle dit. Ne t'en fais pas pour nous. Casse la baraque, d'accord ? On n'en perdra pas une miette.

La dernière fois qu'elle m'avait appelé Bibs, elle n'était qu'un bébé et n'arrivait pas à prononcer « Bobby ». Ça, au moins, c'était bien réel, non ? J'ai tendu la main vers elle, trop tard. Elle avait disparu. J'avais perdu ma sœur une seconde fois. Au-dessus de moi, dans le ciel, j'ai entendu un grondement évoquant celui du tonnerre. J'ai levé les yeux pour voir un nuage noir briller soudain d'une lueur rouge.

– Maman ? ai-je hoqueté avec l'énergie du désespoir.

Mes parents étaient là, l'un à côté de l'autre. Eux aussi s'étaient presque entièrement dissipés.

– C'est normal, Bobby, a repris ma mère de sa voix rassurante. Tu n'as pas besoin de nous. Si nous sommes revenus, c'était pour te voir et te dire que nous allons bien. Que *tu* vas bien. Tu n'as plus à t'inquiéter pour nous.

– Mais… où allez-vous ?

– Nulle part, a répondu Papa. Et partout. Shannon a raison. Nous garderons un œil sur toi. Ta tâche n'est pas encore tout à fait accomplie.

– Vous ne pouvez pas me faire ça ! ai-je crié. J'ai encore plus de questions à vous poser qu'avant !

– On t'aime, Bobby. On est fiers de toi. Et on croit en toi, ce qui est peut-être plus important encore.

– Je ne veux pas vous perdre une seconde fois ! ai-je hurlé.

– Alors mets fin à cette guerre, a dit Papa.

Une seconde plus tard, ils n'étaient plus là. J'avais perdu ma famille. Une fois de plus. Du moins je le pensais. Là-haut, dans le ciel, j'ai vu deux autres nuages crépiter de lumière. L'une jaune, l'autre bleue. Qu'est-ce qui se passait ? Je me retrouvais seul sur un bout de pierre au milieu d'un monde désolé qui était censé être mon lieu de naissance. J'avoue que je n'imaginais pas finir ma journée comme ça. Mais étais-je vraiment seul ? Comme je l'ai déjà dit, je sentais des présences tout autour de moi. Des choses vivantes. Mais plus des énergies ou des esprits que des créatures physiques. Je sais, c'est bizarre. Pour moi également. Mais je n'avais pas peur. Pas même lorsque j'ai entrevu des silhouettes qui pouvaient être des êtres humains flottant dans l'espace. Je ne cessais de me tourner d'un côté et de l'autre dans l'espoir de voir un de ces ectoplasmes de façon plus précise, mais en vain. L'un d'entre eux pouvait-il être Shannon, ou mon père ou ma mère ? Était-ce ce qu'ils voulaient signifier en précisant qu'ils n'allaient nulle part ? Étaient-ils toujours là, juste derrière moi, sous une forme spectrale ? Ou s'étaient-ils envolés pour devenir des nuages multicolores ?

Solara. Qu'était-ce exactement ? *Où* était-ce ? Et pendant que j'y suis : *quand* était-ce ?

– Hello ? Vous êtes toujours là ?

Je ne m'attendais pas à recevoir une réponse, et pourtant…

– A qui tu parles ? a fait une voix grave.

Je me suis retourné d'un bond pour voir l'oncle Press qui se tenait à quelques mètres de moi, tout sourire, les mains sur les hanches.

– Heu, Papa et Maman. Enfin je crois, ai-je répondu sans trop savoir s'il me comprendrait.

– Ne sois pas en colère contre eux, a-t-il répondu. Je veux dire, ne leur reproche pas de t'avoir caché la vérité. Et d'ailleurs, essaie de ne pas m'en tenir rigueur à moi non plus.

– Ne t'en fais pas pour ça, ai-je assuré. Je comprends. Mais pour l'instant, je suis encore sous le choc.

– Le contraire serait étonnant. Après tout, ta base de référence est ton existence en Seconde Terre. C'était le but du jeu. Pour tout ce qui importe, tu *es* de Seconde Terre. Et maintenant, les autres Voyageurs apprennent la vérité sur le sens de leur propre existence, comme toi.

– Alors ils sont tous passés par ici – où que puisse être cet « ici ».

L'oncle Press a acquiescé, puis a regardé dans le lointain. J'ai lu de la tristesse dans ses yeux.

– Je n'aurais jamais cru devoir en arriver là, a-t-il murmuré.

– C'est ma faute ? ai-je demandé d'une petite voix.

L'oncle Press s'est aussitôt tourné vers moi.

– Non. On n'a peut-être pas réussi au-delà de nos espérances, mais tu n'as rien à te reprocher. Ni toi ni n'importe lequel des Voyageurs. C'est Saint Dane qui nous a obligés à changer nos plans.

– Vas-tu me dire qui il est ?

– Oui.

– Et ce qu'est ce monde de pierre ?

– Oui.

– Une autre question…

– Une seule ? a-t-il repris, moqueur.

– Bon, plein de questions. Mais il y en a une qui est plus importante que toutes les autres.

– Vas-y.

– Est-ce qu'on a vraiment une chance de pouvoir l'arrêter ?

Une fois de plus, l'oncle Press a parcouru des yeux cet étrange monde. Une drôle de sensation est montée en moi. L'impression que je n'étais pas le seul à attendre une réponse. Quelles que soient les forces en jeu, quels que soient les êtres habitant ce bout de pierre, ils voulaient savoir ce que l'avenir leur réservait.

– J'ai bien peur qu'il n'y ait qu'une personne qui puisse le dire, a fini par déclarer l'oncle Press, et ce n'est pas moi.

– Alors qui ?

– *Toi*, Bobby Pendragon.

Journal n° 37
Chapitre 4

Mon cœur s'est mis à battre la chamade.

Et voilà. J'allais enfin, enfin apprendre la vérité. Sur tout. Sur ma propre existence. Sur Halla. Sur Saint Dane. Alors que je me tenais là, dans ce lieu désolé du nom de Solara, en compagnie de l'oncle Press, j'ai compris que j'allais enfin savoir.

– Alors vas-y franco, ai-je affirmé. Je ne me contenterai pas d'une phrase énigmatique qui me fera péter un câble, suivi d'une sentence genre « Ne t'en fais pas, le moment venu, tu comprendras ce que je veux dire » avant que tu disparaisses à nouveau. D'accord ? Parce que là, je serais vraiment en rogne.

L'oncle Press a éclaté de rire. Drôle de réaction, vu les circonstances. Quoique, cela lui ressemblait bien. Voilà enfin quelque chose d'approprié. J'avais besoin de me cramponner à tout ce qui pouvait m'être familier. Ces détails étaient tout ce qui m'empêchait de devenir fou.

– Non, il est grand temps que tu saches ce qu'il en est.

Ouf. Super. Sauf que c'est là que mon cœur s'est *vraiment* emballé. En fait, étais-je prêt à recevoir la vérité ? J'aimais bien être Bobby Pendragon de Stony Brook, Connecticut. Mon ancienne vie me convenait. Ce qui m'avait soutenu durant toutes ces années, c'était l'espoir de la reprendre un jour là où je l'avais laissée. Maintenant, l'idée d'un retour à la normale semblait être la plus grande de toutes les illusions. Ou alors un retour à ce que je considérais comme normal. Pourvu que le nouveau sens que je devrais donner à ce mot me convienne. Quoique, je n'avais pas vraiment le choix.

– Marchons, a dit l'oncle Press.

Il m'a mené le long de la surface de ce monde mystérieux. Notre pas était tout naturel, comme lors de nos nombreuses promenades chez nous. Ou plutôt en Seconde Terre. De temps en temps, je levais les yeux vers le ciel et ces nuages aux couleurs éblouissantes qui le sillonnaient. Ce qui suffisait à me rappeler qu'on était bien loin de chez nous.

– Solara est l'essence même de Halla, a commencé l'oncle Press avec un grand geste de la main.

– Oui, c'est ce que m'a dit Papa, me suis-je empressé de répondre. Mais j'avoue que, jusque-là, ce lieu ne m'a pas fait grande impression. Bien que ces jeux de lumière soient plutôt sympa.

L'oncle Press a souri avant de continuer :

– Je crois qu'on peut dire qu'on est aux frontières de l'existence. Mais pas au sens physique. En fait, Solara est partout. Ou du moins partout où il existe une vie intelligente. Nous sommes aussi vieux que l'humanité et serons là tant qu'il restera un être humain.

Je n'ai pas fait de commentaire. Je me suis dit qu'il valait mieux le laisser vider son sac.

– Solara fut créée à partir de l'énergie qui compose l'humanité. Tous les peuples des différents mondes de Halla. Solara est leur esprit. C'est la somme de toute vie intelligente qui ait jamais existé.

Il s'est tu pour me laisser assimiler tout ça.

– Oh ? ai-je répondu d'un ton nonchalant. C'est tout ? Et moi qui croyais que c'était autrement plus compliqué. Genre, qu'on était des extraterrestres, ou des superhéros, ou quelque chose d'un peu plus tiré par les cheveux. Mais là, bof.

L'oncle Press m'a jeté un regard noir.

– Non, mais qu'est-ce que tu racontes ? ai-je continué. Créés à partir de l'énergie ? Qu'est-ce que ça veut dire ? Si c'est *ça* ta grande explication, tu n'aurais pas dû prendre cette peine.

Il a souri. Ma tirade ne lui avait fait aucun effet. Quoique, j'imagine qu'il doit être difficile de prendre de court quelqu'un qui représente la somme de toutes les vies intelligentes qui ont jamais existé. Quoi que ça puisse signifier. Pfft.

– Donne-moi une chance, a-t-il repris d'un ton enjôleur. Je sais que c'est dur à comprendre.

– C'est le moins qu'on puisse dire.

– Chaque vie qui existe dans Halla est unique, a-t-il repris. Quel que soit son territoire d'origine, tout le monde est différent. Chacun choisit sa voie. L'un peut devenir un criminel là où un autre préfère se faire juge. Certains ont de l'empathie, d'autres ne s'occupent que d'eux-mêmes. Un individu peut avoir le talent de créer une peinture chargée d'émotions là où un autre est incapable de tracer un trait. Mais cette même personne peut être douée pour les maths là où un artiste n'y comprendrait rien. Parfois, on hérite de ses dons. Ou ils viennent avec l'éducation. Il y a tant de chemins à parcourir. Tant de choix à faire. Mais ce qui alimente tout ça, c'est l'esprit qui rend chaque individu unique. Bobby, pour comprendre Solara, tu dois savoir que l'esprit, cette flamme qui fait de chacun d'entre nous ce qu'il est, brûle si fort qu'elle ne peut mourir. Même lorsque l'enveloppe charnelle finit par lâcher, l'esprit, l'essence de ce que tu es, survit… et devient une partie de Solara.

– Tu veux dire que c'est… le paradis ?

– Non, s'est empressé de répondre l'oncle Press. Ce n'est pas une récompense. Solara… est, tout simplement.

– Tant mieux, ai-je répliqué en gloussant. Parce que ça ressemble plutôt à l'enfer.

Je crânais, je sais, mais je crois que c'était surtout un mécanisme de défense. Ce qu'il m'apprenait était assez angoissant. L'oncle Press n'a pas ri avec moi, au contraire, il était clair qu'il était on ne peut plus sérieux. J'ai donc cessé de faire mon intéressant.

– On n'est là uniquement parce que l'humanité existe, a-t-il expliqué. La somme de l'énergie qui anime et informe l'espèce humaine est si puissante qu'une fois libérée de son enveloppe charnelle, elle crée sa propre réalité.

– Solara.

– Oui. Solara n'est pas régie par le temps et l'espace. C'est une création purement intellectuelle. Ce n'est pas qu'un reflet de la vie, *c'est* la vie elle-même. Ce monde que tu vois existe en bordure de la réalité physique. Cette pierre est la base de tout ce qui est. C'est la plus élémentaire de toutes les formes intelligentes. C'est le commencement, mais pas la fin, puisqu'il n'y en a pas. Halla ne cesse de s'étendre et, donc, Solara également. De là, on peut observer n'importe quel lieu à n'importe quelle époque. Tout ce qui a existé. Comme je l'ai dit, c'est l'esprit de tout ce qui a jamais été. Solara est l'essence même de Halla.

Je me suis arrêté et ai regardé mon oncle. Comment vouliez-vous que je réagisse à cela ?

Il a haussé les épaules et a continué :

– Je sais, c'est dur à avaler, parce que tu vois les choses avec la perspective d'un natif de ces mondes. De la Terre. Ce n'est pas vraiment ce qu'on t'apprend à l'école.

– Oui, j'ai dû rater ce cours. Mais je suis de *Seconde* Terre, non ?

– Il n'y a qu'une seule Terre, Bobby. Si ces territoires existent à des époques différentes, c'est à cause des moments de vérité distincts que Saint Dane a pris pour cibles. Mais ne nous emballons pas.

– Non, en effet, ai-je rétorqué. Donc, tu prétends que la force vitale de chaque personne quitte son corps à l'instant de sa mort pour devenir une partie de cette grande entité que tu appelles Solara ?

– Exactement.

– Et lorsque tu parles de « l'espèce humaine », tu veux dire tous les habitants de Halla ? Y compris les klees et les gars d'Eelong ?

– Tout à fait. De n'importe quel monde. L'espèce humaine signifie « toutes les races intelligentes ».

– Et toi, alors, qu'es-tu exactement ? Un fantôme ?

– Tu sens l'énergie qui nous entoure, n'est-ce pas ?

J'ai acquiescé :

– Je vois des silhouettes, enfin, disons plutôt que je les entrevois. Mais je sais qu'il y a quelque chose.

– C'est bien plus que ça. Ce que tu perçois, ce sont les forces vitales qui composent Solara. Elles sont tout autour de nous. Elles n'ont pas de forme physique, du moins pas comme l'entendent les peuples de Halla. Mais elles sont bien réelles.

– Et toi ?

– Je suis l'une d'entre elles, Bobby. Je fais partie de Solara.

Malgré tout ce que j'avais entendu jusqu'à présent, apprendre que l'oncle Press était un esprit était difficile à avaler. On n'entend pas ça tous les jours. Quoique, c'est vrai, il était mort. Je l'avais vu se faire tuer dans le flume de Cloral. Et il était là, bien vivant et en pleine forme. Comme Kasha. Et Alder. Et Patrick. Et Osa. Et… et… et… ils étaient tous morts, et pourtant, ils étaient loin d'être enterrés. Ce qui expliquait bien des choses. Si l'on veut.

– Donc, tu n'es pas mon oncle. Tu es un esprit qui flotte avec d'autres fantômes à l'autre bout de l'univers. C'est bien ça ? Ce monde n'est qu'un bout de pierre hanté ?

L'oncle Press a gloussé.

– C'est une façon de voir les choses. Mais ce n'est pas une simple histoire de fantômes. Cela a trait à la vie plus qu'à la mort. Je suis là depuis le jour où la vie et l'intelligence ont fait leur apparition dans Halla.

J'ai émis un sifflement admiratif.

– Hé, tu as de beaux restes pour quelqu'un qui a, oh, deux millions d'années ? Bravo !

– Merci, mais bien sûr, ce corps physique n'est pas si âgé.

– Bien sûr que non. Comment est-ce possible ? Ce serait n'importe quoi. Tu as une idée de quand je vais me réveiller ?

L'oncle Press m'a poussé doucement, amicalement.

– Tu t'en sors bien, a-t-il dit avec chaleur, et à ce moment-là, j'ai retrouvé mon oncle Press, pas un esprit plusieurs fois millénaire.

– Alors si tu es un fantôme, pourquoi puis-je te voir ? Pourquoi es-tu le seul à avoir une forme physique ?

– Une chose à la fois. Revenons à ce qu'est Solara.

– D'accord, ai-je dit. À quoi sert-elle ? Pourquoi tous ces esprits flottent-ils sur ce bout de roche ? Solara a-t-elle une utilité ?

– Absolument. Il y a sept mondes habités dans Halla. Ne pense plus en termes de territoires, mais de planètes. Sept d'entre elles ont vu se développer une vie évoluée. Chacune a une histoire qui lui est propre. Mais aussi différentes qu'elles soient, elles ont un point en commun : elles abritent une espèce intelligente. Or l'intelligence ne meurt jamais. L'esprit est éternel. Solara contient le savoir et la sagesse des temps anciens. C'est notre identité même. Et en tant que tels, nous sommes la conscience de l'humanité.

– Explique-toi.

– Solara n'existe que tant que l'espèce humaine survit. Nous ne sommes pas distincts ou séparés. Solara évolue parallèlement à l'humanité parce que nous *sommes* l'humanité. Et en même temps, nous pouvons observer le déroulement de la vie sur ces sept mondes.

– Qui est ce « nous » ? ai-je demandé. Tu veux dire que chaque vie qui a vu le jour tout au long de l'éternité continue d'exister ici ?

– Oui.

– Vous devez vous marcher sur les pieds.

– L'espace physique ne compte pas.

– Et qui est le chef ?

– Il n'y a pas d'organisation rigide. Solara *est*, c'est tout.

J'ai froncé les sourcils. Je faisais de mon mieux pour assimiler ce qu'il me disait. Si, c'est vrai.

– Bien qu'on se situe sur un plan différent, a continué l'oncle Press, nos existences et celles des univers physiques ne sont pas distinctes. Solara est un reflet direct de la vie qui se développe sur les sept territoires de Halla.

J'ai regardé ce décor sinistre. Croyez-le ou non, mais je commençais à comprendre. Si l'on veut. En tout cas, je commençais à voir comment la quête de Saint Dane avait pu affecter cet endroit.

– Nous n'interférons pas avec le monde matériel. Néanmoins, comme nous avons le savoir et l'intelligence des siècles passés, nous servons de guides. C'est notre responsabilité. Je présume que sur Terre, on nous qualifierait d'anges gardiens. Ce que nous proposons, c'est l'équilibre. L'harmonie. Nous n'intervenons pas et ne passons pas de jugement pour distinguer le bien du mal ; nous nous contentons d'offrir nos lumières.

– Hum, comment ?

– Nos capacités physiques sont extrêmement limitées. Nous sommes de purs esprits. Lorsque des individus sont à un tournant critique de leur vie et ne savent trop quel chemin prendre, nous leur rendons visite en rêve et leur montrons les deux faces de leur dilemme. Tu as entendu ces histoires de gens prétendant recevoir des images venues de leur passé ? Eh bien c'est vrai. Parfois, la simple présence d'un être cher disparu peut aider un individu à voir les choses plus clairement et à reprendre confiance en lui. La plupart des gens ne se souviennent pas de leurs rêves. Mais nous les avons orientés. Nous ne leur disons jamais ce qu'ils doivent faire, nous ne le *suggérons* même pas. Ce que nous leur offrons, c'est la clarté et la confiance. Nous les convainquons que la décision qu'ils vont prendre est la bonne et leur soufflons qu'il ne faut pas avoir peur de suivre son instinct. Notre but n'est pas de changer le cours de leurs existences, mais de leur faciliter le chemin. Et il en est ainsi depuis l'origine de l'humanité.

Le plus étrange, c'était encore qu'au fur et à mesure qu'il me racontait tout ça, j'avais l'impression de le savoir déjà. Si comme il le disait, je considérais tout ça avec la perspective du Bobby Pendragon de Stony Brook, Connecticut, cela ressemblait à un conte de fées. Mais lorsque j'ai laissé son récit s'imprimer sans réagir par mon scepticisme habituel, j'ai eu l'impression de m'en être toujours douté.

– J'ai bien peur de voir où tu veux en venir, ai-je déclaré.

– Éclaire ma lanterne, a répondu l'oncle Press avec enthousiasme.

– Tu parles de gens qui sont à un tournant critique de leur existence et doivent faire des choix cruciaux pour leur avenir. Ce qui veut dire que les peuples de Halla décident encore de leur destin – vous les aidez à prendre un peu de recul, c'est tout. À t'entendre, on dirait vraiment des anges gardiens.

– C'est exactement ça.

– Mais un tel pouvoir peut être grisant. S'il vous prenait l'envie d'influencer ces mêmes décisions, vous en auriez la possibilité.

– En effet. Mais nous ne le faisons pas.

– Jusqu'à présent, ai-je rétorqué.

L'oncle Press eut un soupir las.

– Oui, jusqu'à présent.

– Saint Dane vient de Solara, n'est-ce pas ?

– Oui, Bobby.

– Ce qui veut dire qu'il est encore plus puissant que je ne le croyais.

– Oui, mais il y a autre chose que tu dois savoir.

– Quoi ?

– Il n'est pas le seul à détenir ce pouvoir.

L'oncle Press m'a regardé avec un sourire moqueur. Il attendait que je percute. Ça n'a pas tardé.

– Tu veux dire…

– Oui, s'est-il empressé de répondre. Le destin de Solara et l'avenir de Halla ont été mis entre tes mains, Bobby Pendragon. Tu as plus de puissance que tu l'imagines.

J'ai acquiescé d'un air pensif.

– Parle-moi de Saint Dane.

Journal n° 37
Chapitre 5

L'oncle Press s'est penché pour ramasser une pierre grise de la taille d'une balle de baseball et l'a soupesée dans sa main. Un instant, j'ai cru qu'il allait la jeter, mais non : il l'a reposée, presque avec révérence. J'imagine qu'on ne traite pas ainsi une matière qui est la base de tout ce qui existe.

– Saint Dane fait partie de Solara, a commencé l'oncle Press. Une de ses âmes les plus anciennes. Il a contribué à guider l'humanité à travers les âges.

– Guider ? ai-je rétorqué. C'est comme ça que tu appelles ce qu'il fait ? Je croyais que vous n'étiez pas censés interférer ni décider ce qui est bien et ce qui est mal ?

– En effet, s'est-il empressé de répondre. Et lui non plus. Mais au fil du temps, il en a eu assez. Au fait, il ne s'appelle pas vraiment Saint Dane. Il s'est attribué ce nom lorsqu'il a commencé à changer. Il trouvait ça « ironique ».

– Alors quel est son vrai nom ?

– Nous n'en avons pas. Comme je l'ai dit, nous ne sommes pas des êtres matériels.

– Mais tu es Press Tilton.

– Parce que j'en avais besoin.

– Bon, passons à autre chose. Qu'est-il arrivé à Saint Dane ?

– Une fois de plus, notre but n'est pas d'influencer ou de modifier le cours naturel des événements. Puisque nous sommes des reflets des humains, notre seul but est de leur procurer un certain équilibre et leur permettre de réaliser leur potentiel, quel qu'il puisse être. Mais ça n'a pas suffi à Saint Dane. Je ne sais pas pourquoi. Peut-être en avait-il trop vu, ou il avait eu une expérience pénible de trop. Mais en fait, peu à peu, il n'a ressenti que de la colère envers les humains. Ce qui est un drôle de concept, puisque nous *sommes* les humains. Il est devenu obsédé par les erreurs commises par les habitants de tous les mondes. Ou du moins ce qu'il considérait comme des erreurs. Au lieu de se réjouir des nombreux succès de l'humanité, il n'a vu que ses défauts.

– Comme dans la vieille histoire du verre à moitié plein, ai-je remarqué.

– Tout a commencé lorsqu'il s'est mis en tête de jouer un rôle plus important dans le destin de Halla tel qu'il se façonnait au quotidien. Au lieu de laisser les peuples décider par eux-mêmes, il a influencé leurs choix.

– Parce qu'il croyait savoir mieux qu'eux-mêmes ce qui était bon pour eux.

– C'est exactement ça. Pour lui, seule Solara avait une vraie perspective permettant de définir l'évolution de l'espèce humaine, et il était de notre devoir d'orienter les mondes de Halla dans la bonne direction. Du moins celle qu'il croyait être la bonne. Il pensait que nous étions plus sages et plus importants que l'humanité. Ce qui, en soi, est une erreur. Nous ne sommes pas des dieux. Nous ne sommes pas omniscients.

– Oui, ai-je raillé, tu devrais aller le lui dire.

– Je l'ai fait. Comme beaucoup d'entre nous. Mais nous n'avons pas réussi à le convaincre. À l'entendre, il déplorait l'état de l'espèce humaine. Il pensait que notre refus de guider cette même vie qui est à l'origine de notre création était une preuve de faiblesse. Pour lui, nous ne prenions pas nos responsabilités.

– Un peu comme le monstre de Frankenstein se retournant contre le savant qui l'a créé.

– Sauf que Saint Dane se considérait supérieur. Ce qu'il n'arrivait pas à accepter, c'est qu'il n'y a ni bien, ni mal. Uniquement la vie. Avec tous ses défauts et ses triomphes. Altérer cet état de fait reviendrait à modifier le cours même de l'évolution, ce qui pourrait conduire à la fin de tout.

Ces derniers temps, j'avais entendu des choses incroyables. Cela faisait même quelques années que ça durait. Mais je n'avais jamais reçu un tel choc.

– Un instant ! Tu veux dire qu'altérer le cours de la vie pourrait mettre fin à la vie elle-même ?

L'oncle Press s'est éloigné de moi et a désigné ce désert qu'était Solara.

– Ton père t'a dit que ce monde n'avait pas toujours été comme ça. C'est vrai. Solara était une merveille de lumière et d'harmonie. Comme elle n'a pas d'existence physique, sa nature est différente pour chacun d'entre nous. Solara est telle que tu veux la voir.

– Comme Utopias ?

– À sa façon. En fait, Saint Dane a influencé la création d'Utopias. Il a implanté ce concept dans la tête du Dr Zetlin, de Veelox. Il voulait faire cadeau à l'humanité d'une existence semblable à celle dont on profite sur Solara. Et tu sais ce que cela a donné.

– Oui. L'horreur.

– Exactement. Saint Dane n'a pas toujours rêvé de pouvoir et de conquête. Du moins pas au début. Il croyait sincèrement bien agir en faisant profiter de sa sagesse les peuples des territoires. Il refusait d'accepter la simple idée qu'il n'ait pas forcément réponse à tout, et même dans le cas contraire, qu'il ne devait pas imposer ses vues au reste de Halla.

– Cette arrogance lui ressemble bien. Alors qu'est-il arrivé à Solara ?

– Comme je l'ai dit, l'esprit de l'humanité nous a créés. Mais en même temps, il nous donne notre énergie. Nous sommes semblables aux humains. Nous sommes le reflet spirituel de l'état de Halla. Nous n'avons que peu de pouvoir sur la réalité. (Il a désigné les nuages multicolores sillonnant le ciel.) Ce que tu vois, ce sont les composants basiques de l'univers. Celui-ci ne cesse de s'étendre. C'est là que tout commence. Ce qui flotte là-haut est de la matière qui deviendra bientôt une partie tangible de Halla

Du coup, j'ai ressenti un respect nouveau pour ces jeux de lumière. Ce n'étaient pas des nuages. Ces images électriques étaient les germes de tout ce qui était. Ou allait être.

– Oh, misère.

C'est tout ce que j'ai pu piailler. Rien de vraiment transcendant, je sais.

– Saint Dane s'est immiscé dans le cycle naturel, a continué l'oncle Press avec une pointe de colère. Comme je l'ai dit, nous ne sommes pas des dieux. Nous ne créons rien. Mais Saint Dane a violé un tabou. Il a manipulé ces éléments basiques pour obtenir de la matière. De la matière physique.

– Il a assez de pouvoir pour ça ?

– Non. Pas au début, et pas à lui tout seul. Il a rassemblé d'autres esprits pour créer des forces supérieures à toute existence individuelle. Il ne les voulait pas pour leurs idées ou leur sagesse, mais pour leur énergie. Il est devenu puissant, bien plus que n'importe quelle entité de Solara. Ce pouvoir lui permettait de manipuler la matière des mondes. La première chose qu'il a faite, ce fut de se créer un corps physique bien vivant. Il est devenu celui que tu ne connais que trop.

– Beaucoup trop, en effet.

– Mais il n'était pas tout à fait humain. Il pouvait manipuler son apparence physique pour prendre la forme qu'il désirait. N'importe quel individu, n'importe quelle créature. Il a continué de puiser le pouvoir de Solara et a créé les flumes.

– C'est Saint Dane qui les a fabriqués ? ai-je répété, stupéfait.

– Afin de connecter les mondes. C'était la partie cruciale de son plan. Pour capter la puissance de Halla, il devait l'unifier. Mais pour ça, il devait trouver un moyen de joindre matériellement ses différents composants. Donc, il avait besoin des flumes. Et des quigs pour les garder.

– Et il a accompli tout ça en utilisant la puissance spirituelle de Solara afin de manipuler la matière ?

– Oui. Non seulement c'était mal, mais il y avait un prix à payer. À chacune de ses créations, à chaque fois qu'il manipulait les mondes de Halla, il tuait une partie de Solara.

– Tuait ?

– Solara se meurt, Bobby. Les actes de Saint Dane ont épuisé son esprit. À chaque fois qu'il triture la matière, Solara agonise à petit feu. Que ce soit en créant ce flume gigantesque au beau milieu du Yankee Stadium en Seconde Terre ou en se changeant en corbeau, il épuise les forces vitales de Solara. Tu sais qu'il a sauvé Courtney Chetwynde de la mort ?

– Oui.

– Ce simple geste a bien failli donner le coup de grâce à Solara.

Je ne savais que répondre à ça. Des émotions contradictoires, en effet. L'oncle Press a continué :

– Je t'ai dit que l'esprit de l'humanité est si fort qu'il ne peut mourir. Ce n'est pas tout à fait vrai. Utiliser Solara pour manipuler Halla détruit lentement cette force vitale. Et ce système de reflet est à double tranchant. Si Solara meurt, Halla est fichu.

– Oh. C'est ce qu'on appelle changer ce qui était écrit.

– Et ce n'est pas tout.

– Quoi, il y a pire que la destruction de Halla ?

– Saint Dane ne veut pas détruire Halla. Il veut le contrôler et, donc, à travers lui, Solara. Sa quête visait à changer l'état d'esprit de l'humanité. Bobby, je crois que tu as compris que l'homme est fondamentalement bon, avec des buts positifs et un réel désir de paix et d'ordre. Bien sûr, il y a des guerres, des conflits et toutes sortes de perturbations, mais en gros, l'humanité recherche le bien. Peu à peu, Saint Dane a changé ça. En trouvant les moments de vérité de chaque territoire et en altérant leur destin, il a fait de Halla un endroit sombre et dangereux. Ses peuples vivent dans la terreur. Les morts se comptent par milliers, et ceux qui restent doivent lutter pour leur survie. Et bien sûr, il y a les élus. Sur chaque territoire, Saint Dane a créé une légion d'êtres supérieurs qui vivent en paix et en sécurité, mais eux-mêmes s'entre-dévorent pour conserver leur pouvoir.

– Les Raviniens.

– Oui.

– Mais Saint Dane ne comprend donc pas ce qu'il a créé ? Je veux dire, voulait-il vraiment engendrer un tel chaos ?

– Je doute qu'il se soucie vraiment de Halla.

– Heu, comment ça ?

– Peut-être qu'il s'en inquiétait réellement – un jour. Peut-être avait-il vraiment l'impression de savoir ce qui était bon pour l'humanité. Mais ses buts ont changé. Je pense qu'au fil du temps, il s'est mis à croire qu'il pouvait aussi bien convoiter la récompense suprême.

– Je croyais que Halla était le grand tout ? Que peut-il y avoir de plus important ?

– En détruisant l'esprit de l'humanité, il pourra contrôler Solara. Et s'il y parvient, ses mondes ne signifieront plus rien, parce qu'il aura le pouvoir de manipuler l'énergie détenue par les anciens esprits pour créer son *propre* Halla.

– Quoi ! ai-je crié.

– Voilà le but ultime de Saint Dane, Bobby. Il n'aura plus à se soucier de ce qui était là avant sa venue ou de remodeler des mondes à sa guise, parce qu'il pourra en fabriquer de nouveaux. Des mondes multiples. Pourquoi s'arrêter à sept planètes évoluées là où il peut en faire naître dix ? Vingt ? Cent ? Et toutes seront conformes à sa vision. Plus simplement, il va devenir un dieu, puisqu'il aura le pouvoir de créer. C'est ce qu'il a toujours cherché, Bobby. Il a semé le chaos à travers Halla afin de se donner le pouvoir de façonner un nouvel univers. Et il sera sous son contrôle exclusif.

J'ai regardé ce monde désolé avec un émerveillement nouveau. J'avais raison dès le départ. Cet endroit était mort. Ou du moins à l'agonie. Saint Dane le tuait à petit feu. Tout ce qu'il avait accompli visait à briser ce qu'il y avait de meilleur dans l'espèce humaine, ce qui, en retour, affaiblissait Solara et lui permettait de contrôler son pouvoir.

Je le prenais pour un tyran arrogant et égoïste. J'ignorais à quel point j'avais raison. Sa vision avait une portée tellement supérieure à tout ce que je pouvais imaginer que cela en devenait presque risible. Presque. Chaque territoire, chaque bataille, chaque moment de vérité n'était qu'un fragment du crime le plus incroyable de tous les temps. Saint Dane ne voulait pas la fortune, ni contrôler un pays ou un groupe, une planète ou même plusieurs. Il désirait créer un univers pour son usage personnel. Et d'après ce que m'avait révélé l'oncle Press, il n'était pas loin de réussir.

– Je peux poser une question idiote ? ai-je demandé.

– Vas-y toujours.

– On dirait que ça fait un bail que tu es au courant de ce qu'il mijote.

– Depuis le début. Lui et moi avons été proches pendant des éons. Je crois le connaître mieux que n'importe qui sur Solara. Je présume que d'une certaine façon, on peut dire qu'on était amis.

– Bon, d'accord, c'est bizarre, mais si tu savais ce qui se passait, pourquoi n'as-tu rien fait pour l'arrêter ?

L'oncle Press a souri. Une réaction surprenante, vu qu'on était à deux doigts de l'Armageddon.

– Tu as raison, a-t-il repris, c'était une question idiote.

– Pourquoi ?

– Parce qu'on a bien fait quelque chose pour l'empêcher de nuire. En un acte désespéré qui, par bien des façons, était contraire à la nature même de Solara, nous avons créé la seule chose qui, du moins nous l'espérions, pourrait contrecarrer son plan démentiel.

– Qu'était-ce ?

– Nous t'avons créé *toi*, Bobby.

Journal n° 37
Chapitre 6

Depuis le premier jour où je suis parti de chez moi pour suivre l'oncle Press, il y a maintenant bien longtemps de cela, rares sont les moments où je me suis senti à la hauteur de ce qui m'attendait.

C'est vrai, à moment donné, j'avais repris confiance en moi. J'étais devenu un combattant digne de ce nom. Je crois que je me suis assez bien débrouillé pour déjouer les plans de Saint Dane. Enfin, certains d'entre eux. J'avais foi en mes camarades Voyageurs. On formait une bonne équipe. Mais lorsque je commençais à voir un peu plus loin, à envisager les implications cosmiques de notre affrontement, j'avais toujours l'impression d'avoir une longueur de retard. Je ne savais pas pourquoi j'avais été choisi pour être le chef des Voyageurs. Je n'étais qu'un gamin comme les autres. J'avais toujours gardé en moi l'impression qu'ils auraient pu choisir quelqu'un d'un peu mieux équipé pour lutter contre Saint Dane. Entendre l'oncle Press me dévoiler ce qu'était Solara n'arrangeait rien. Ce combat ne visait plus à sauver une tribu, une ville, un pays ou une planète. Ce n'était même plus Halla l'enjeu. Il s'agissait d'arrêter un type qui s'était attribué les pouvoirs d'un dieu et était sur le point de créer son petit univers privé. Comment étais-je censé lutter contre ça ?

Alors qu'on était là, sur ce monde mystérieux, à l'autre bout de la réalité, j'ai vraiment, vraiment prié pour que l'oncle Press ait la réponse à cette question.

– Je ne veux pas te critiquer, ai-je affirmé. Après tout, tu détiens le savoir et l'expérience des siècles passés et tout ça, et je ne suis qu'un gamin, un vulgaire joueur de basket. Mais, comment dire… non, mais qu'est-ce qui t'a pris ? Tu veux arrêter un démon qui a le pouvoir de contrôler la force de tout ce qui a jamais existé, et c'est *moi* que tu choisis pour le faire ? À mon avis, ce n'est pas vraiment ce que tu as fait de mieux.

– C'était ma seule option, a répondu l'oncle Press.

– Alors Saint Dane avait gagné avant même que la partie ait pu commencer, ai-je conclu.

– Tu te trompes. Je t'ai observé, Bobby. J'ai suivi tout ce que tu as accompli. Et je pense que nous avons bien fait.

– Tu veux dire que tu as tout vu ? Tu sais ce qui m'est arrivé ?

– Tout. Je te l'ai dit, Solara est partout.

– Partout. Bon. Tu me surveillais même lorsque j'étais aux toilettes ?

Il m'a décoché un nouveau regard noir.

– Désolé, c'est devenu une déformation. Parfois, si je ne prends pas tout à la plaisanterie, j'ai l'impression que je vais exploser.

– Ça aussi, je le sais.

– Donc, si tu as tout vu, tu n'ignores pas que je n'ai cessé de me faire avoir. Même lorsque je croyais avoir remporté la victoire, elle se retournait contre nous. Tous mes efforts n'ont servi à rien.

– C'est là que tu te trompes. Saint Dane savait que toi et les Voyageurs étiez les seuls à pouvoir déjouer ses plans. Pour lui, t'empêcher de nuire était aussi important que de modifier le destin des Territoires. Il aurait pu se contenter de t'ignorer, mais il ne l'a pas fait.

– Il m'a demandé plus d'une fois de me joindre à lui.

– Bien sûr. Et maintenant, je crois que tu comprends pourquoi.

– Pas vraiment.

– Je sais que tu t'es souvent demandé comment se déroulerait la bataille. Ce que t'a dit Saint Dane est vrai. Il cherche à prouver que sa façon de voir les choses est la meilleure. C'était ça la vraie bataille. Sa philosophie élitiste où une minorité règne en maître contre ta version qui veut que les peuples soient libres de choisir leur propre destin.

– Ah, oui ? Alors *qui* est-ce qu'on cherche à convaincre ? Est-ce qu'il y a une sorte de tribunal suprême sur Solara ? Les grands manitous de l'espace et du temps qui départageront les vainqueurs des perdants ?

– D'une certaine façon, vous vouliez faire vos preuves devant les plus importants de tous les juges. Les seuls qui comptent vraiment.

– Qui ça ?

– Les peuples de Halla.

– Hein… comment ?

– Saint Dane voulait modifier la nature même des territoires. Les humains sont naturellement bons. Saint Dane voulait changer ça. Il désirait créer une atmosphère de méfiance. Une compétition constante à base de désespoir latent et de peur. Sur chaque territoire, il en a appelé aux pires instincts humains. L'avidité, l'arrogance, l'égoïsme, la paranoïa. Mais pour parvenir vraiment à ses fins, ses valeurs perverties devaient s'imposer de façon universelle. Sur *tous* les mondes de Halla. C'est pourquoi il a déniché des moments de vérité dans l'histoire de ces mêmes mondes. Lorsque chaque territoire aborderait un tournant qui aurait le plus grand impact négatif sur son avenir. En les écartant de leur destinée naturelle, qui est de suivre la nature positive de l'homme, il les pousserait vers le chaos. Ce qui, bien sûr, a fait ressortir les plus bas instincts. Comme Solara est un reflet de l'humanité, son esprit a changé en même temps. L'énergie positive qui nous a créés s'est modifiée. C'est pour ça que tu peux à peine percevoir les esprits de Solara. Ils s'affaiblissent et meurent à petit feu. Ce monde désolé que tu vois est le résultat direct de l'intervention de Saint Dane sur la nature humaine.

– Et comment suis-je censé empêcher ça ?

– Il n'y a pas que toi. Les autres Voyageurs également. Sur Halla, Saint Dane est devenu une présence matérielle. Pour lui, il ne s'agissait plus de visiter les rêves des gens pour leur chuchoter à l'oreille. Une fois qu'il a localisé ces moments de vérité, il s'est mêlé aux affaires des sociétés humaines. En apparence, il les aidait à prendre les bonnes décisions, mais en réalité, il les menait droit à la catastrophe.

– Oui, ça, je sais.

– La seule façon de l'arrêter était de nous doter d'une présence physique au cœur de Halla. Nous avons sélectionné dix âmes et leur avons donné une vie matérielle. Une pour chaque territoire.

L'oncle Press s'est interrompu. Il avait dû voir mon expression.

– Comment ça, « nous avons sélectionné dix âmes » ? ai-je demandé.

– Tu es natif de Solara, Bobby. Comme tous les Voyageurs.

Je savais qu'il allait dire ça. C'était exactement ce qu'avaient déclaré mes parents. Mais l'entendre de façon aussi claire m'a tout de même désarçonné. Peut-être que, dans un coin de mon esprit, j'espérais recevoir une autre explication, mais je me berçais d'illusions.

– Donc, je ne suis pas vraiment Bobby Pendragon ?

– Oh, si, tu es Bobby Pendragon à cent pour cent. C'était le but du jeu. Nous avons choisi un esprit fort, sage et compatissant et lui avons donné une vie en Seconde Terre. Nous avons créé une famille avec pour mission de t'élever et de nourrir cet esprit tout en t'apprenant ce qui fait l'identité de ce monde. Et c'est ce qui est arrivé sur chaque territoire. Chaque Voyageur a reçu un mentor venu de Solara chargé de le préparer à combattre Saint Dane. C'est pour ça que je suis devenu un être matériel. Je n'ai cessé de passer d'un territoire à l'autre pour m'assurer que les Voyageurs étaient bien entraînés et, le moment venu, leur révéler leur véritable destin.

– Ainsi, Press Tilton est né.

– Né, pas vraiment. Mettons plutôt créé. Notre seul espoir de contrer l'influence de Saint Dane était de devenir des êtres de chair et de sang. Mais au lieu d'un seul, nous en avons choisi dix. Saint Dane était devenu trop puissant : un seul Voyageur n'aurait eu aucune chance face à lui. Nous voulions que les Voyageurs forgent des liens entre eux et l'affrontent en leurs termes, et c'est exactement ce qui s'est passé.

Un million de questions se sont bousculées dans mon esprit.

– Mais n'était-ce pas aussi grave que ce que faisait Saint Dane ? Je veux dire, ces esprits de Solara ne sont pas censés altérer la réalité, non ?

– Tu as raison. En créant les Voyageurs, nous avons contribué à saper les forces de Solara. D'une certaine façon, nous sommes également responsables de sa chute. Les outils que nous avons fournis aux Voyageurs nous ont coûté cher. Nous vous avons montré comment utiliser les flumes de Saint Dane. Nous les avons désignés par des étoiles et avons fabriqué des anneaux pour vous permettre de les retrouver. Nous vous avons conseillé de rédiger des journaux et de les envoyer à vos acolytes. À chaque fois que vous preniez un flume, nous nous assurions que vous arriviez au bon moment et au bon endroit pour continuer la lutte contre Saint Dane.

– Et nous avons le pouvoir de nous guérir entre nous, ai-je ajouté.

– Oui, bien qu'humains, vous aviez également cette capacité. Mais à chaque fois que vous l'employiez, un autre pan de Solara disparaissait. C'était le prix à payer. L'alternative était bien pire. Sinon, autant remettre Solara entre les mains de Saint Dane sans même combattre.

– Pourquoi est-ce qu'on ne nous a pas dit tout ça dès le départ ? On aurait peut-être eu plus de chances de réussir.

– Non, malgré nos manipulations de la réalité matérielle, votre mission restait conforme à l'esprit de Solara. Vous vous comportiez exactement comme des habitants des territoires parce que c'est ce que vous étiez. Tout ce que vous faisiez, chaque décision que vous preniez, découlait de votre expérience en tant qu'êtres humains, avec les défauts, les craintes et les atouts qui l'accompagnent. Nous comptions sur votre force et votre personnalité pour vaincre. Et c'est ce qui s'est passé. Vous avez remporté bien des victoires, Bobby. Et à chaque fois, Solara regagnait un peu d'énergie. Ce qui l'a restaurée, ce n'est pas le fait d'avoir remis un territoire sur sa trajectoire naturelle. C'est votre essence même qui nous a redonné des forces. Vous étiez l'incarnation du triomphe de l'esprit humain.

On a continué de marcher, en silence cette fois-ci. L'oncle Press me laissait digérer toutes ces informations. Et je commençais à m'y faire. C'était incroyable, mais logique. J'avais enfin les réponses à mes questions. Je ne peux pas dire qu'elles me plaisaient, mais au moins, je n'étais plus dans le noir.

– Tu dois savoir à quel point tout ceci m'a l'air impossible, ai-je fini par déclarer. Tu m'apprends que je suis un ancien esprit venu d'un univers alternatif situé à la frontière de la réalité, et pourtant, j'ai l'impression d'être toujours ce bon vieux Bobby Pendragon. Je m'attends presque à ce que tu éclates de rire en disant « je t'ai bien eu ! » et annonces que tu m'as mené en bateau.

– Tu as l'impression d'être Bobby Pendragon parce que tu es Bobby Pendragon.

– Le Voyageur en chef.

– Oui, le Voyageur en chef. Toi plus que les autres, tu as été créé pour être le cœur des Voyageurs. Avant même que tu mettes le pied en Seconde Terre, nous comptions sur ta force de caractère.

– Et j'ai tout gâché en tuant Alexandre Naymeer, ai-je répliqué.

L'oncle Press a froncé les sourcils.

– Tu as fait exactement ce que désirait Saint Dane. Tu as laissé les instincts les plus sombres de l'humanité guider tes gestes. Tout d'abord, en mélangeant audacieusement les destinées des territoires…

– Que voulais-tu que je fasse ? ai-je rétorqué. Que je laisse les dados détruire Rayne ?

– Oui.

Oh.

– Je ne pouvais pas faire ça.

– Je le comprends bien, mais cela nous a coûté cher. Ç'a été le commencement de la fin. À la suite de cette bataille, Solara a été condamnée à l'obscurité. Pas seulement à cause du tak que tu as amené sur Ibara, mais parce que tu as rendu cette arme aux tribus de Denduron, les Milago et les Bedoowan, qui s'en sont servis pour envahir les Lowsee et les réduire en esclavage. La chute de Solara fut un reflet de la tienne. Plus elle s'affaiblissait, plus nous comptions sur ta force de caractère pour tenir bon. Le coup final fut le moment où tu as tué Alexandre Naymeer. Tu avais touché le fond, et Solara avec toi. Nous avons donc pris une mesure désespérée en détruisant les flumes.

– C'est *vous* qui avez fait ça ? ai-je demandé.

– Nous ne pouvions pas faire autrement. Comme Halla tombait en miettes, il fallait ralentir sa chute en empêchant les Raviniens de voyager entre les territoires. Mais j'ai bien peur qu'il soit déjà trop tard. Saint Dane n'en avait plus besoin pour parvenir à ses fins. Sa Convergence est un succès. Chaque territoire est déjà sur la pente descendante.

Parfait. J'étais plus ou moins responsable d'avoir laissé Saint Dane détruire tout ce qu'il y avait de bon dans Halla et d'avoir permis au mal absolu de prendre le pouvoir.

– Je suis désolé, ai-je fait doucement.

Que pouvais-je dire d'autre ? Je me sentais plus que nul, mais n'avais rien à lui proposer. J'ai perçu un mouvement tout proche. En levant les yeux, je m'attendais à voir l'image fugitive d'un esprit. Mais non : c'était Spader, debout sur une avancée rocheuse, qui me regardait. Il avait l'air ébranlé, ce qui ne lui ressemblait guère.

– Tu parles d'un tourne-boule, hein ? Je ne m'attendais pas à ça.

Loor s'est approchée derrière lui. Son visage était dépourvu de toute expression. Je présume qu'elle était aussi stupéfaite que moi. Les autres Voyageurs nous ont rejoints : Gunny, Patrick, Kasha, Elli, Siry, Aja et Alder. Ils n'avaient pas l'air très faraud, eux non plus. La dernière fois que nous nous étions retrouvés au complet, ils avaient tous dans les yeux une étincelle de défiance montrant qu'ils étaient prêts au combat. Maintenant, on aurait dit qu'ils avaient vu un fantôme. Ce qui était le cas, sauf que ces fantômes étaient eux-mêmes. Lorsqu'ils furent tous là, je me suis tourné vers l'oncle Press :

– Alors c'est râpé. J'ai tout gâché.

– *On* a tout gâché, fiston, a ajouté Gunny.

– Peu importe, ai-je rétorqué. Tout est fini. Saint Dane n'a plus qu'à revenir sur Solara pour prendre le contrôle de ce qu'il en reste.

– C'est ce qu'il compte faire, a répondu l'oncle Press. Lorsque Halla aura été définitivement chamboulé, les forces négatives qui ont vaincu l'humanité engendreront une renaissance de Solara –

sous une forme bien différente. Elle sera toujours peuplée par les esprits de l'humanité, mais ce sera une version sombre et négative. Ensuite, Saint Dane pourra l'utiliser à sa guise pour manipuler la matière et créer un Halla entièrement nouveau. C'est ce qui nous attend.

– Et que va-t-il nous arriver ? a demandé Siry.

– C'est à vous de choisir, a répondu l'oncle Press. Vous pouvez accepter ce qui s'est passé en considérant que c'était inévitable, ou vous pouvez faire une dernière tentative.

Aja eut un reniflement de mépris :

– Une tentative ? Contre quoi ?

L'oncle Press lui a décoché un de ces sourires rusés que je ne connaissais que trop. Il gardait une carte dans sa manche. Il ne nous avait pas encore tout révélé.

– Saint Dane n'est pas infaillible. Vous avez tous pu le constater. Malgré la haute opinion qu'il a de lui-même, ce n'est *pas* un dieu. Il a commis pas mal d'erreurs.

– Et pourtant, il a gagné, a remarqué Elli.

– Pas encore, s'est empressé de répondre l'oncle Press. Il reste un territoire. Il ne tient plus que par un fil, mais il n'est pas encore tombé.

– La Troisième Terre, a fait Patrick avec révérence.

– Saint Dane a commis une erreur, a repris l'oncle Press avec l'air de bien s'amuser. Une grosse. À nous de faire en sorte qu'elle lui soit fatale.

– Alors tout n'est pas encore terminé ? ai-je demandé.

L'oncle Press m'a décoché un clin d'œil.

– Tu crois vraiment que je vous aurais rassemblés ici si je pensais que tout était perdu ?

Journal n° 37
Chapitre 7

Nous voilà à nouveau réunis.

On était un peu plus sages et, après toutes ces révélations, peut-être encore un peu sonnés. Mais au moins, on était ensemble. C'était bon de savoir que je n'étais pas le seul à devoir me relever après un tel choc.

L'oncle Press s'est adressé à nous tous :

– Malgré tout ce que vous avez pu entendre, Solara n'est pas morte. Du moins celle qui a toujours été. Vous sentez tous la présence de ses esprits, non ?

J'ai regardé autour de moi. Mes amis ont tous acquiescé.

– Solara est au plus bas. Le bilan de cette bataille est lourd. Son esprit se meurt. Ici, vous avez retrouvé ceux qui vous sont chers – les esprits qui sont devenus des Voyageurs pour vous guider sur vos territoires d'origine. Leur donner une présence physique pour qu'ils puissent vous accueillir a coûté encore plus d'énergie. La seule raison pour laquelle nous les avons convoqués ici même était de vous faciliter la transition. Ils sont toujours là, mais nous ne pouvons maintenir leur apparence matérielle.

J'ai revu la façon dont mes parents avaient clignoté avant de disparaître. On aurait dit une ampoule en panne d'électricité. En fait, j'avais touché juste. C'était ce qui s'était probablement passé la première fois que j'avais quitté la Seconde Terre. Toutes les preuves de l'existence de ma famille avaient disparu. Ce devait être une création des esprits de Solara, qu'ils avaient effacée lorsqu'elle avait rempli sa fonction.

Bizarre, non ?

L'oncle Press a continué :

– Les mondes de Halla sont tombés. Chaque territoire est en plein chaos. Les plus bas instincts de l'humanité ont triomphé, comme le souhaitait Saint Dane.

Gunny a fait un pas en avant et demandé :

– En ce cas, pourquoi Solara s'accroche-t-elle ?

– Parce qu'il y a toujours de l'espoir pour la Troisième Terre ? a tenté Patrick.

– Il y *a* de l'espoir pour la Troisième Terre, mais je ne crois pas que ce soit la véritable raison. Ce territoire est devenu une zone de guerre. C'est là que nous nous sommes rassemblés avant de venir ici.

Ça se tenait. Le zoo, les bâtiments démolis, l'Empire State Building de guingois. La Troisième Terre était mal barrée, pire que la dernière fois que Patrick l'avait quittée.

– Croyez-vous que la sauver suffira à arrêter Saint Dane ? a demandé Elli.

– Je ne sais pas. Je vous mentirais en prétendant le contraire. Mais je vais vous dire le fond de ma pensée. Je pense que ce qui importe vraiment, c'est *comment* nous sauvons la Troisième Terre.

On a échangé des regards incertains. On n'avait pas la moindre idée de ce qu'il voulait dire, ce qui, à ce stade, n'avait rien de bien surprenant.

– Ne vous y trompez pas, a continué l'oncle Press, c'est notre dernière chance. Les esprits sont désormais incapables de se déplacer dans le monde matériel. Maintenant, ils sont tous là, sur Solara. Ou du moins ce qu'il en reste. Il nous est impossible d'apprendre ce qui se passe, sinon par vos yeux.

– Nous ? s'est écrié Siry, surpris. Comment pouvons-nous le savoir ? On est piégés, nous aussi. Et les flumes ont été détruits.

– Vous avez tous entendu la même vérité : créer les Voyageurs était notre seul moyen de lutter contre Saint Dane. C'est toujours vrai. Plus que jamais. Les esprits de Solara se sont rassemblés afin de vous insuffler le peu d'énergie qui leur reste. De *nous* la donner. Je serai à vos côtés jusqu'au bout.

– Ça fait au moins une bonne nouvelle ! s'est écrié Spader, tentant d'être positif.

– C'est comme ça que nous pourrons maintenir une présence physique pour notre dernier combat. Ce qui reste d'énergie positive sur Solara nous est donné. À nous, les Voyageurs.

– Bonjour la pression, a marmonné Aja, lugubre.

– Mais, a objecté Alder, comment pourrons-nous voyager sans les flumes ?

– Vous n'en aurez plus besoin, a affirmé l'oncle Press.

Du coup, tout le monde s'est mis à parler en même temps. Moi comme les autres. Qu'est-ce qu'il voulait dire par là ?

– Hé là, on se calme, a lancé l'oncle Press pour nous faire taire.

– Alors explique-toi, ai-je répliqué.

– Saint Dane a créé les flumes pour relier les territoires. Il avait besoin de faire circuler à son gré des objets et des technologies, et finalement des êtres humains, afin de mélanger les territoires. De préparer le terrain pour la Convergence. Ainsi, il pouvait passer à sa guise d'un monde à un autre. Où qu'il soit, il traversait l'océan du temps et de l'espace instantanément et sans effort. Vous avez tous vécu une telle expérience lorsque vous êtes venus de Troisième Terre.

C'était précisément ce qui s'était passé. Ma famille et moi avions fait deux pas – le premier en Troisième Terre, le second ici, sur ce mystérieux monde pétrifié. Mais apprendre qu'on aurait pu avoir ce don depuis le début me mettait quelque peu, comment dire ? En colère. Oui. C'est le bon mot. Et les autres Voyageurs n'avaient pas l'air content, eux non plus.

Loor fut la seule à avoir assez de discipline pour poser la question sans exploser :

– Et pourquoi ne nous a-t-on jamais parlé de ce pouvoir ?

L'oncle Press a répondu tout aussi calmement :

– Parce que vous n'en disposiez pas encore.

Une réponse évidente.

– Et pourquoi ? ai-je rétorqué. Ça nous aurait été bien utile, tu ne crois pas ?

– Tout d'abord, nous voulions maintenir l'illusion que vous étiez bien natifs de vos territoires respectifs. Vous obliger à faire de l'auto-stop dans les flumes de Saint Dane nous évitait de devoir vous révéler votre véritable origine.

– Bien joué, mais je ne m'en contenterai pas, ai-je insisté.

– Mais la principale raison, a-t-il repris, c'est que les flumes étaient déjà là. Ils fonctionnaient. Changer vos personnalités matérielles à chaque fois que vous traversiez l'océan du temps et de l'espace aurait vite épuisé l'énergie de Solara. Et ç'eût été pareil si vous aviez modifié vos apparences comme le fait Saint Dane. À chaque fois qu'il devient quelqu'un d'autre, il arrache une fraction de l'esprit de Solara. Si vous l'aviez tous imité, nous ne serions pas là. Manipuler la matière coûte trop cher.

Spader a fait un bond en avant :

– Tu veux dire qu'on aurait pu avoir les mêmes pouvoirs que Saint Dane ?

– Non, ai-je tranché. Certainement pas. Moi-même, j'ai tenté plus d'une fois de changer d'apparence. Mais ça n'a pas marché. Il doit y avoir un bouton bien caché quelque part.

– C'est parce qu'on ne t'a pas laissé faire, a répondu l'oncle Press. Nous voulions que vous vous comportiez comme des humains normaux, pas comme des esprits.

– Mais Nevva Winter, elle, pouvait changer de forme, ai-je remarqué.

– Parce que Saint Dane l'y autorisait. Comme je l'ai dit, peu à peu, il s'accapare les pouvoirs de Solara. Si on ne vous a pas accordé les mêmes capacités, c'est parce que Solara n'y aurait pas survécu.

– Et maintenant ? a demandé Gunny.

– Maintenant, a répondu l'oncle Press, il n'y a plus de flumes. Vous avez les mêmes dons que Saint Dane. Les esprits de Solara s'en assureront. Mais nous devons nous en servir avec prudence. Nos ressources sont presque épuisées. C'est un sacré coup de dés, mais bon, nous n'avons plus trop le choix.

Je me doutais bien de ce que tout le monde avait en tête. C'était incroyable de penser qu'on pouvait voyager entre les territoires sans se soucier de trouver une porte donnant sur un flume. Mais c'était aussi effrayant. La prochaine fois qu'on se servirait de ce nouveau pouvoir, Solara en souffrirait. Mais jusqu'à quel point ? Quoi qu'il puisse arriver, il ne fallait pas compter passer d'un monde à l'autre en un éclair. Ou nous transformer en corbeaux.

Je ne sais à quoi ressemblera la dernière bataille, mais elle sera comme toute les autres. En temps réel. Avec nos enveloppes charnelles. Quitte ou double.

J'ai repris la parole :

– Tu as dit que Saint Dane avait commis une erreur.

L'oncle Press a levé les yeux vers le ciel. J'ai suivi son regard. Était-ce moi qui m'imaginais des trucs ou est-ce que les nuages multicolores étaient moins nombreux ?

– Halla est tombé, a déclaré amèrement l'oncle Press. La nature de l'humanité a été chamboulée. On ignore où en est la Troisième Terre, mais même sans ça, Solara devrait être plongée dans le noir. Or ce n'est pas le cas.

– Bien sûr que non, a repris Aja. Ravinia peut dominer les territoires, mais il y a toujours des individus qui n'ont pas abdiqué. Leur esprit doit nourrir Solara.

– Ce n'est pas ça, a contré l'oncle Press. Halla est en plein chaos. Pour ceux qui n'ont pas pris part à la révolution des Raviniens, la vie en dehors du Conclave est pénible. Comme je l'ai dit, tout ce qui compte pour eux, c'est survivre. Ils doivent constamment chercher de quoi se nourrir. La maladie et le désespoir sont leur lot quotidien. Ils vivent dans la terreur d'être agressés et tués pour leur prendre le peu qu'ils ont. Ils ne connaissent ni la joie, ni l'espoir d'un avenir meilleur. Maintenant, voilà le genre d'esprit qui alimente Solara. Vous n'avez qu'à penser aux Utos de Veelox. Leur mode de vie est devenu la norme. Halla n'émet plus beaucoup d'énergie positive, et c'est exactement ce que voulait Saint Dane.

– Alors qu'est-ce qui empêche Solara de succomber ? a demandé Siry.

– Il existe une source de lumière, forte et concentrée, a répondu l'oncle Press. Une fontaine d'espoir. Comme le dernier ruisselet d'eau dans une oasis asséchée. Ce n'est pas grand-chose, mais elle est là, quelque part. C'est tout ce qui empêche Solara de s'écrouler.

– Qu'est-ce que c'est ? a demandé Aja.

– C'est l'erreur qu'a commise Saint Dane, a répondu Press. En Seconde Terre, au moment même où les Raviniens allaient prendre le pouvoir, ils se sont débarrassés de bon nombre de leurs ennemis. Plusieurs dizaines de milliers d'opposants à Ravinia ont été précipités dans un flume.

– Le massacre du Bronx, a acquiescé Alder.

– Soixante-dix mille êtres humains ont été effacés de la surface de la Terre, ai-je renchéri.

– Selon les rapports historiques, a continué Patrick, ce fut une exécution en masse.

– C'est ce que tout le monde a cru. Soixante-dix mille personnes ont été victimes de Ravinia afin de mater tous ceux qui étaient susceptibles de s'y opposer. Un plan diabolique, mais qui a marché. Peu après, Ravinia prenait le contrôle de la Seconde Terre.

– Alors où est l'erreur ? a demandé Patrick.

– Saint Dane s'est servi de ces gens pour asseoir son pouvoir sur Terre, mais s'il avait vraiment voulu s'en débarrasser, il aurait mieux fait de les tuer.

– Il ne l'a pas fait ? a demandé Patrick, plein d'espoir.

– Non. Ils sont toujours là, quelque part, en exil. Ce sont les seuls êtres de Halla qui ont eu le courage de s'élever contre Naymeer pour tenter de mettre fin à Ravinia. Je crois sincèrement qu'ils sont toujours en vie. Dieu sait où. Ils sont la dernière source d'énergie spirituelle positive qui soutienne encore Solara.

– Qui sont ces gens ? a demandé Siry.

– Je ne sais pas, a répondu l'oncle Press. Pas moyen de les retrouver. Sont-ils sur un territoire ? Ou éparpillés dans tout Halla ? De ces soixante-dix mille exilés, combien en reste-t-il ? Sont-ils sains et saufs ? Où qu'ils puissent être, je pense qu'ils représentent les derniers ressortissants de l'ancien ordre qui n'ont pas été corrompus par la Convergence. La force de leur esprit en est la preuve. Sans eux, Solara cesserait d'exister, et les ténèbres envahiraient l'univers.

– Et la Troisième Terre ? a demandé Patrick.

– Les Voyageurs sont son dernier espoir, et les exilés sont le dernier espoir des Voyageurs. Si nous voulons nous dresser contre Ravinia en Troisième Terre, il nous faudra compter sur l'énergie positive des exilés afin de continuer à alimenter Solara, ce qui en retour, nous donnera la possibilité de maintenir notre apparence physique et de voyager. S'il leur arrive quelque chose, tout sera terminé.

– Alors il faut les protéger, a conclu Alder.

– Oui, s'est empressé de répondre l'oncle Press. Mais d'abord, nous devons les retrouver et nous assurer qu'ils ne risquent rien avant de nous concentrer sur la Troisième Terre.

J'imagine que le fait que tout tourne autour de ce monde n'a surpris personne. La Troisième Terre. Le dernier des territoires. Qu'est-ce que Saint Dane pouvait bien y manigancer ? On n'en avait pas la moindre idée. Mais à moins qu'on trouve et protège les exilés, cela n'aurait aucune importance, parce que les Voyageurs n'auraient même pas l'occasion de l'affronter. Oui, c'était bien la seule chose qui comptait vraiment. Mais j'avais une autre raison de croire à ce plan. Je ne l'ai pas dit aux autres, parce qu'au final, cela ne concernait que moi. Alors j'ai gardé mes sentiments. Ils me donnaient de l'énergie et de la confiance. Bien sûr, je voulais retrouver les exilés et avoir une dernière chance d'affronter Saint Dane. Mais j'avais une autre raison, beaucoup plus personnelle.

En cours de route, j'aurais peut-être une chance de tomber sur Mark et Courtney.

Journal n° 37
Chapitre 8

– Il faut que vous les retrouviez, a dit l'oncle Press, très sérieux.

Siry avait l'air ébranlé.

– Oui, mais comment?

– Ça, je n'en sais rien. Vous tous en savez plus que quiconque sur vos territoires d'origine. Servez-vous de votre expérience. Retournez chez vous et lancez-vous en quête des exilés. Mais je dois vous avertir: tout a changé. Partout. La Convergence de Saint Dane s'en est chargée. Ce sera dangereux.

– Mais ça n'a pas vraiment d'importance, a déclaré Siry. Pas si l'esprit de Solara est avec nous.

– C'est vrai, a répondu l'oncle Press, mais si vous n'en faites pas bon usage, vous ferez plus de mal que de bien. Résistez à la tentation d'abuser de vos nouveaux pouvoirs et n'y ayez recours que contraints et forcés. Solara ne peut se permettre de perdre encore plus d'énergie.

– Et si on réussit à localiser ces gens, demanda Elli, que devons-nous faire?

– Faites tout votre possible pour les mettre à l'abri du danger, puis revenez ici. Tous. Une fois rassemblés, nous examinerons les informations et définirons notre stratégie. D'ici là, il faut espérer que nous aurons appris ce que manigance Saint Dane en Troisième Terre. Peut-être devrons-nous nous contenter d'assurer la sécurité des exilés. Si c'est le cas, ainsi soit-il. Tout ce que je sais, c'est que leur esprit peut être le noyau d'un Halla revitalisé. Il le faut. C'est tout ce qui nous reste. Non, ce n'est pas vrai. Il nous reste également… vous tous. C'est l'ultime mission des Voyageurs. D'une façon ou d'une autre, tout sera vite terminé.

– Et lorsque ce sera fini pour de bon, qu'allons-nous devenir ? a demandé Aja.

L'oncle Press a soupiré.

– La question est plutôt de savoir ce qui restera de Halla ou Solara à ce moment-là. Et la réponse dépend de chacun d'entre nous.

– Alors on ferait mieux de s'y mettre, a conclu Alder.

Nous nous sommes regardés. Chacun d'entre nous voyait ce qu'il avait à faire, enfin, à peu près, mais personne ne savait par où commencer.

Spader fut le premier à l'admettre.

– Heu, je ne veux pas faire mon boulet, mais comment sommes-nous censés voyager exactement ? Là, je nage un peu.

L'oncle Press a souri avant de répondre :

– C'est plus facile que vous l'imaginez. Non, je me trompe. C'est *exactement* comme vous l'imaginez. Concentrez-vous sur l'endroit où vous voulez aller et faites un pas en avant. Les esprits de Solara vous déposeront là où on a besoin de vous.

Spader n'avait pas l'air convaincu. Il ne croyait pas que ça puisse être si simple, et je pense qu'il n'était pas le seul. Ça ne pouvait pas être aussi facile.

N'est-ce pas ?

– N'en déduis pas que je n'ai pas confiance, a repris Spader, mais ça m'a l'air tiré par les cheveux.

– Essaie toujours, a affirmé l'oncle Press.

Spader a regardé autour de lui, a gloussé nerveusement, a fermé les yeux, fait un pas en avant…

Et a disparu.

Elli a hoqueté. Je crois qu'on a tous eu un geste de recul. Avant que quelqu'un ait pu dire quoi que ce soit, on a entendu un grondement évoquant un roulement de tonnerre. Au-dessus de nous, un autre nuage a viré au noir. Ce bruit sourd a résonné dans le vide, puis Spader a réapparu, surgissant de nulle part.

– Hobie ! s'est-il écrié en ouvrant de grands yeux. Je me suis retrouvé sur Grallion ! Je vous jure !

Le grondement s'est amplifié. Un autre nuage s'est éteint.

– Vous voyez ? a remarqué l'oncle Press. Ces deux voyages ont coûté cher à Solara. Vous comprenez maintenant pourquoi il faut éviter d'abuser de ces pouvoirs.

– Il y a autre chose, a dit Spader, qui semblait encore plus ébranlé qu'avant. Grallion était en flammes. Les matelots couraient dans toutes les directions. Je crois que la barge a cogné quelque chose. Peut-être même qu'elle va sombrer.

– Comme je l'ai dit, a répondu l'oncle Press d'un air sombre, tout a changé.

Il y eut un moment de silence. Le temps qu'on comprenne. La vérité. Notre histoire. Notre mission. Toutes ces révélations étaient dures à admettre et encore plus à accepter. Oh, bien sûr, nous avions encore des doutes. Moi plus que tout autre. Mon esprit battait la campagne pour chercher d'autres possibilités, d'autres explications, d'autres façons de mettre fin à cette guerre et sauver Halla.

En vain.

Le chemin à suivre était tout tracé. Il était temps de s'y mettre.

Je me suis dirigé vers Spader et ai dit :

– Ça y est. Tu es à nouveau dans la course.

Spader s'est redressé. Il n'avait plus peur. Au contraire, il arborait cet air confiant que je connaissais bien.

– Comme je te l'ai dit, matelot, je suis prêt. (Il a regardé les autres et a lancé :) Au fait, cette nouvelle façon de voyager est sans douleur. C'est même plutôt agréable. Ne vous inquiétez pas. Bonne chance, les gars ! (Puis il m'a regardé droit dans les yeux :) Ça fait longtemps que je ne t'ai pas dit ça, matelot.

– Quoi ?

Il a souri, m'a fait un clin d'œil et s'est écrié :

– Hobie-ho, allons-y.

Spader m'avait manqué.

– Hobie-ho.

Il a regardé les autres et a ajouté :

– Ce n'est pas le moment d'avoir des doutes. On n'a plus rien à perdre. Si vous voulez mon avis, il n'y a qu'une chose à faire.

– Quoi ? a demandé Gunny.

– Les gars, il est temps de devenir dangereux.

Il a fait un pas en arrière et a disparu. Au-dessus de nous, le tonnerre a résonné. Je n'ai pas levé les yeux. Je ne voulais pas voir s'éteindre une nouvelle lumière.

– J'imagine qu'il vaut mieux que j'y aille, moi aussi, a dit Gunny. Cela fait un bail que je ne suis pas passé par chez moi. Est-ce que je dois me méfier de quelque chose en particulier ?

– J'aimerais pouvoir te le dire, Gunny, a répondu l'oncle Press.

Il a haussé les épaules et m'a regardé :

– Alors je vais me tenir à carreau. Fais attention à toi, demi-portion, m'a-t-il lancé.

– À bientôt, ai-je répondu.

Gunny a fermé les yeux, a fait un pas en avant, et disparu.

Il y eut un autre coup de tonnerre.

Un par un, les Voyageurs s'en sont allés. Elli, Aja, Siry, puis Kasha. Tous se sont empressés de faire leurs adieux avant de quitter Solara, en partance pour leur ultime mission. Et à chaque départ, il y eut un nouveau roulement de tonnerre. Ces grondements sont devenus si forts que le sol en a tremblé. Ce qui ne présageait rien de bon.

– Je ne veux pas t'abandonner, Pendragon ! m'a lancé Alder.

– Moi non plus, a renchéri Loor. Peut-être qu'on devrait voyager de concert jusqu'à nos territoires respectifs ?

– On ferait une meilleure équipe, a ajouté Alder.

– Et vous en formerez une à nouveau, a ajouté l'oncle Press. Pour l'instant, vous devrez être ensemble en esprit. Maintenant, vous savez qu'aucun d'entre vous n'est jamais vraiment seul.

Alder a acquiescé. Il avait compris.

– En ce cas, je vous dis au revoir, et soyez prudent.

Il a fait un pas en avant et a disparu. Loor a croisé les bras et s'est dirigée droit vers l'oncle Press :

– Et toi, où iras-tu ? a-t-elle demandé.

– Et Troisième Terre. Patrick et moi allons y retourner pour essayer d'apprendre ce que Saint Dane prépare pour…

– Non, ai-je tranché.

L'oncle Press m'a jeté un regard surpris.

– Pardon ?

– Tu dois rester ici même, au cas où les Voyageurs reviendraient avec des nouvelles des exilés.

– Bobby, a repris patiemment l'oncle Press, tu as entendu ce que j'ai dit. La Troisième Terre est toujours en lice. C'est peut-être le dernier des territoires. Il faut que j'y aille.

– Non, ai-je rétorqué. Il faut que j'y aille *moi*. *Toi*, tu dois rester ici.

Nos regards se sont affrontés. Je crois que l'oncle Press ne savait pas comment réagir à ma requête. Il avait tout calculé, sauf que je le contredise.

Patrick s'est interposé entre nous deux.

– Heu, l'idée que Press vienne en Troisième Terre me plaît bien, a-t-il déclaré d'un ton soumis.

– Bobby, a repris l'oncle Press, va en Seconde Terre. C'est ton territoire.

– Les exilés n'y sont pas, ai-je argumenté. Après tout, c'est là que Naymeer les a balancés dans le flume.

Ce qui lui a cloué le bec.

– Il a raison, a repris Patrick pensif. Les Raviniens ont jeté tous ces gens dans le flume au début du XXIe siècle. À moins qu'ils soient revenus en arrière d'une façon ou d'une autre, les exilés ne sont pas en Seconde Terre. Si notre mission est de les localiser, s'y rendre ne serait qu'une perte de temps.

– Il n'y a pas que les exilés, a contré l'oncle Press. Il faut qu'on retrouve Saint Dane en Troisième Terre.

– Exactement, ai-je rétorqué. Et qui est le plus à même de le faire ? Cela fait des années que je lui cours après aux quatre coins de Halla. Tu peux connaître ses origines, mais moi, je sais comment il *pense*.

Il a regardé Loor, qui a acquiescé. Elle était de mon côté.

– Oncle Press, tu te souviens de ce soir à Stony Brook et de la façon dont tu m'as convaincu de te suivre ?

Il m'a fait un petit sourire. Il n'avait pas oublié.

– Bien sûr. Je t'ai dit que des gens avaient besoin de ton aide.

– Je suis venu avec toi parce que je voulais les secourir. Et ça n'a pas changé. Maintenant plus que jamais. Et même si tout ce que tu m'as raconté semble impossible, je le crois. Tout. J'ai du mal à admettre que je puisse être autre chose que Bobby Pendragon de Seconde Terre, mais ça n'est peut-être pas plus mal, parce que Bobby Pendragon a des comptes à régler. Je suis le Voyageur en chef, non ? Saint Dane m'a répété plus d'une fois que ce combat était entre lui et moi. Hé, après tout, tu me l'as dit toi-même. Maintenant, ça y est. J'ai compris. Oncle Press, si je t'ai suivi ce soir-là, c'est parce que j'avais confiance en toi. Maintenant, je te demande de me rendre la pareille. Fais-moi confiance. C'est ma bataille, laisse-moi la mener à ma guise. Je crois que c'est ce qui était écrit.

On a tous levé les yeux vers le ciel, où nous attendait une vision encourageante. Plusieurs nuages noirs ont étincelé comme s'ils revenaient à la vie. Des couleurs brillantes ont illuminé les cieux.

– C'est toi qui as fait ça, Pendragon, a déclaré Loor, admirative.

L'oncle Press a éclaté de rire et secoué la tête.

– Je présume qu'on est revenus à notre point de départ. J'ai dû t'entraîner dans cette guerre, et maintenant, je n'arrive pas à t'en détourner.

– On n'en est pas encore là, ai-je contré. Pas tant que je n'aurai pas arrêté Saint Dane.

Le ciel a crépité d'énergie.

L'oncle Press a souri :

– En tout cas, il y a un point sur lequel je ne me trompais pas. L'esprit de Halla n'est pas mort. Il vit toujours dans ces exilés, et il coule en vous, les Voyageurs. En toi, Bobby. Tu es tout ce que représente Halla. Oh, tu n'es pas parfait, loin de là. Mais tu comprends que pour trouver ce qu'il y a de mieux au monde, il suffit de regarder en chaque individu. C'est pour ça que tu es le chef des Voyageurs. C'est ce qui était écrit. J'aurais dû le savoir.

– Tu le savais déjà. Tu veux l'arrêter tout autant que moi. Comme nous tous.

– C'est vrai. Tu as raison. Va en Troisième Terre.

J'ai senti quelque chose changer en moi. Pas vraiment une différence physique, plutôt dans ma propre attitude. L'oncle Press avait toujours été mon mentor. Il avait contribué à la création des Voyageurs afin de combattre Saint Dane. Mais jusqu'à ce jour, je ne m'étais jamais vraiment vu dans la peau d'un meneur d'hommes. J'avais toujours eu l'impression que l'oncle Press était la lumière que nous devions suivre, même s'il n'était pas physiquement là. C'est lui qui nous avait montré la voie. Il connaissait la vérité ultime. Maintenant, nous étions tous au courant. Les esprits de Solara m'avaient invoqué pour guider les Voyageurs dans notre lutte contre Saint Dane et, pour la première fois, je n'avais plus le moindre doute : je voulais tenir ce rôle. L'oncle Press nous avait donné ce qui, je l'espère, était le plus important de tous les pouvoirs. Il nous avait donné son savoir. À nous de nous en servir avec sagesse. Ou plutôt à moi.

L'horreur.

– La bataille finale est proche, Pendragon, a déclaré Loor. Je le sens. Si les exilés sont sur Zadaa, je les trouverai et les ramènerai ici. Je veux être avec toi jusqu'au bout. Contrairement à ce qui s'est passé sur Ibara.

– Si tu n'étais pas à mes côtés, ai-je repris, c'est parce que je voulais que tu sois en sécurité. Au cas où tu doives mener les Voyageurs par la suite. L'avenir, c'est maintenant. Et on l'affrontera ensemble.

Et Loor m'a serré dans ses bras. C'était à la fois bon et un peu bizarre, parce que pour la première fois, physiquement parlant, j'étais son égal. J'avais grandi. J'étais fort. J'étais un guerrier. Ensemble, on allait faire des dégâts.

– Trouve-les, a ajouté Loor en se séparant de moi. Et lorsque ce sera fait, c'est ensemble qu'on s'occupera de Saint Dane.

Elle a hoché la tête en direction de Patrick et de l'oncle Press, puis a passé une main dans son dos, s'emparant de son casse-tête de bois pour le brandir devant elle, à la verticale, prête à affronter tout ce qu'elle pourrait trouver sur Zadaa.

– Sois prudente, ai-je conseillé.

– Comme toujours.

Elle a fait un pas en avant et a disparu.

J'ai ignoré les grondements dans le ciel.

Il ne restait plus que nous trois : l'oncle Press, Patrick et moi.

– Tu es sûr que Press ne peut pas venir avec nous ? a demandé nerveusement Patrick. Je veux dire, je comprends que tu doives y aller, Pendragon, mais à trois, on…

– Non, Bobby a raison, a coupé l'oncle Press. Il vaut mieux que j'attende le retour des autres Voyageurs.

– Tu as une idée de ce qui s'est passé en Troisième Terre ? ai-je demandé.

L'oncle Press a secoué la tête.

– Rien de plus que ce qu'on en a vu lorsque les hélicos ont attaqué.

– Elle n'était pas comme ça la dernière fois que je l'ai quittée, a proposé Patrick. Lorsque j'étais…

Il n'a pas fini sa phrase. Les souvenirs lui revenaient. Il avait été tué en Troisième terre. Saint Dane lui-même me l'avait dit.

Saint Dane.

Je voulais avoir encore une chance de lui rentrer dans le lard. S'il croyait que la guerre s'était terminée au moment où j'avais tué Alexandre Naymeer, il allait avoir une sacrée surprise. Les Voyageurs étaient loin d'être finis. On allait suivre l'avis de Spader. On allait devenir dangereux.

– À nous de jouer, Bobby, a dit l'oncle Press. C'est notre dernier espoir.

Je me suis approché de Patrick. Il n'avait pas l'air rassuré. Il n'était pas fait pour la bagarre. C'était un professeur et un bibliothécaire. Mais il ne manquait pas de courage, il l'avait prouvé maintes et maintes fois. Avec ses cheveux bruns qui lui tombaient sur les yeux, il semblait bien plus jeune que ses vingt et quelques années. Vingt ans ? Ai-je vraiment écrit ça ? Qui pouvait dire quel était son âge réel ? Et c'était valable pour n'importe lequel d'entre nous. On était des esprits. Ou du moins on l'avait été. Natifs d'un monde bien différent de celui qu'on connaissait. On était des Voyageurs.

Et on avait encore une chance de venir à bout de notre mission.

– Ça ira ? lui ai-je demandé.

– Oui, a-t-il répondu en inspirant profondément. Ça ira.

– Alors allons lui faire la peau. (Je lui ai pris le bras et ai décoché un clin d'œil à l'oncle Press.) Et c'est reparti.

On a fait un grand pas en avant…

Et un fracas de tonnerre a aussitôt assailli nos oreilles. Oui, on était bien de retour dans les tourbillons de sable du zoo de Central Park, en Troisième Terre. Je savais ce qui allait se produire, et pourtant, ça restait déconcertant. J'étais désorienté. Ce grondement continu ne m'aidait guère. Tout d'abord, j'ai eu peur qu'en retournant chacun sur notre territoire respectif, on ait endommagé Solara. Mais ce n'était pas ça. Quoique, ma solution aurait peut-être été meilleure, parce que la réalité n'avait rien de bien engageant. Ce n'était pas le tonnerre qu'on entendait.

Les hélicos étaient revenus.

Deux de ces engins noirs hérissés de canons volaient à basse altitude. Ils se dirigeaient droit sur nous.

– Filons ! ai-je crié à Patrick en le poussant hors de la trajectoire des oiseaux de proie.

On s'est cachés sous une arche de briques qui n'était qu'à une vingtaine de mètres du bâtiment pulvérisé par les hélicoptères. Ceux-ci sont passés au-dessus de nous pour continuer leur chemin vers Dieu sait où. Heureusement, ils n'ont pas ouvert le feu. Lorsqu'ils furent partis, j'ai fait mine de sortir de notre cachette, mais Patrick m'a retenu.

– Attends, a-t-il chuchoté. Regarde !

Quelque chose bougeait au niveau du sol. L'air était si lourd de poussière tourbillonnante que tout d'abord, je n'ai pas pu voir de quoi il s'agissait.

– Dis-moi que ce n'est pas encore un ours polaire en maraude, ai-je marmonné.

En fait, j'aurais préféré que ce soit un fauve. Une rangée d'hommes est apparue, marchant dans notre direction. La première chose que j'ai remarquée, c'est l'éclat doré de leurs casques.

– Des dados ? ai-je demandé à Patrick.

Il a haussé les épaules.

Ils étaient dix, et portaient des armes argentées ressemblant à des fusils et des uniformes bordeaux.

– Des Raviniens, a chuchoté Patrick.

– Ils cherchent quelque chose. Ou quelqu'un.

– J'espère que ce n'est pas nous.

– Les ours polaires ne sont jamais là lorsqu'on a besoin d'eux.

Cette patrouille était bien en mission. Le long bâtiment détruit par les hélicoptères était toujours la proie des flammes. Ce qui voulait dire qu'on était revenus juste après cet assaut dévastateur.

– Je doute que ce soit nous qu'ils cherchent, ai-je chuchoté. Mais je préférerais qu'ils ne nous trouvent pas.

Soudain, un bruit évoquant une cloche d'église a résonné directement au-dessus de nos têtes. J'ai sursauté. Patrick aussi. Je crois que les soldats ont fait de même. Ils étaient aussi surpris que moi.

Et ils se sont tournés vers nous.

J'ai agrippé Patrick et l'ai ramené vers les ruines du bâtiment. Les cloches ont continué de carillonner. J'ai réalisé qu'elles jouaient un air précis. « Frère Jacques ». Ou « Au clair de la lune ». Peu importe. En tout cas, c'était le même morceau.

– C'est l'horloge de Central Park, ai-je murmuré.

Ce n'était probablement pas la même que celle que j'avais vue en Seconde Terre. Après tout, c'était il y avait trois mille ans. Mais durant ce laps de temps, ils devaient l'avoir restaurée, parce qu'au-dessus de nos têtes, au sommet de l'arche, il y avait une horloge élaborée, avec des animaux de bronze qui tournaient en rond pendant que les cloches sonnaient une comptine. C'était plutôt sympa. Du moins pour un gamin par une belle après-midi ensoleillée. Pour nous, ça ne présageait rien de bon, parce que ça attirait l'attention des soldats dans notre direction.

– Ils arrivent, a chuchoté Patrick.

On ne pouvait pas entrer dans le bâtiment à côté duquel on se cachait: la porte était bloquée par les débris. On était pris au piège.

– Il va falloir se défendre, ai-je chuchoté.

– Je… ne sais pas me battre, a balbutié Patrick.

– Je vais m'emparer du pistolet du premier. Ne te mets pas dans mes pattes.

J'ai repoussé Patrick. Apparemment, notre mission en Troisième Terre commencerait par une explosion de violence. Les soldats se sont rapprochés. Je me suis tendu, prêt à bondir.

– Là ! a crié un des dados.

Le premier de la file s'est arrêté et a couru vers les autres. S'il avait fait un pas de plus, je lui aurais sauté dessus. J'ai dû me forcer à rester immobile. C'est dur de se préparer à passer à l'attaque, puis de devoir se retenir. Comme lorsqu'on attend un éternuement qui ne veut pas venir. Bon, pas vraiment, mais vous me comprenez.

– Ils ont trouvé quelqu'un, a annoncé Patrick.

On a jeté un coup d'œil pour voir les soldats extraire un homme des ruines du long bâtiment qu'ils avaient bombardé. Et ce type n'était pas beau à voir. Je n'aurais su dire s'il était malade, inconscient ou mort. Ils le tenaient par les épaules pour le traîner, ses pieds raclant le sol. Lorsqu'ils l'ont amené au centre du groupe, ils l'ont laissé tomber comme un sac de linge sale. Il a rebondi sur le sol avec un grognement. Aïe.

– Il est en vie, a affirmé un des soldats.

Sans hésiter, un autre l'a relevé et lui a donné un coup de pied dans l'estomac. Le pauvre bougre a protesté et s'est cassé en deux sous l'effet de la douleur. Oh, oui, il était bien vivant. Mais combien de temps le resterait-il face à cette bande de brutes sadiques ?

– Combien sont-ils ? a demandé le soldat qui l'avait frappé.

Le type a répondu par une toux qui l'a fait cracher du sang. Comme la plupart de ceux que j'avais vu sortir des fenêtres pour échapper à l'assaut, il était en haillons. Ses cheveux étaient sales et ébouriffés et il ne s'était pas rasé depuis un bail. Une fois de plus, ce n'était pas un épouvantail comme les Utos, mais il était clair que ça faisait longtemps qu'il n'avait pas vu une barre de savon.

– Où sont-ils ? a demandé un autre soldat avec colère.

Le premier dado lui a décoché un autre coup de pied. J'imagine que c'était lui le méchant de service. Crétin. Une fois de plus, la victime a répondu par un grognement de douleur et une toux grasse. La brute allait frapper à nouveau lorsqu'un autre soldat l'en a empêché.

– On ne veut pas le perdre, a-t-il lancé à son ami le sadique. Amenons-le au Conclave.

Aussitôt, il a tiré ce qui devait être un walkie-talkie ou quelque chose comme ça et a aboyé des ordres.

– Il a bien dit le Conclave ? a chuchoté Patrick.

Je pensais la même chose que lui.

Un instant plus tard, on a de nouveau entendu le bruit de l'hélicoptère. L'appareil est passé au-dessus de nos têtes à basse altitude pour atterrir près de la mare aux lions asséchée. Les soldats ont traîné leur victime dans cette direction et l'ont jetée à l'intérieur. Deux dados sont montés à leur tour, puis l'hélico s'est élevé. Toute l'opération n'avait pas duré plus de vingt secondes. Le reste des soldats sont repartis par où ils étaient venus. Ils avaient fait leur office…

Et « Au clair de la lune » n'avait même pas fini de jouer.

– Il a bien parlé du Conclave, non ? a demandé Patrick.

– C'est ce que j'ai entendu.

– Est-ce possible ? Le Conclave de Ravinia peut-il se tenir encore au flume du Bronx ? Il n'y était pas la dernière fois que je suis venu en Troisième Terre.

– Tout a changé, Patrick, ai-je dit en sortant de notre cachette. Je crois qu'on va tomber sur pas mal de choses qui n'étaient pas là précédemment.

– Mais si le Conclave est toujours là, ça veut dire que les Raviniens sont toujours en activité.

J'ai regardé autour de nous ce qui avait un jour été une belle barre de bâtiments s'élevant au milieu d'un parc luxuriant. Maintenant, ce n'était plus que des ruines.

– Et si les Raviniens sont toujours actifs, ai-je répété, ça veut dire que Saint Dane n'est pas loin.

– On va dans le Bronx, alors ?

– Oui. On va dans le Bronx.

C'st ainsi qu'a commencé notre voyage vers le Nord. En cours de route, une question n'a cessé de me tarauder. Je n'en ai pas parlé à Patrick : il était déjà sur les nerfs, et je ne voulais pas qu'il pète un plomb. Cela avait rapport au concept même de Solara et la façon dont son esprit positif nous servait de carburant. Ça, je pouvais le comprendre, enfin, à peu près. Mais si l'énergie de Solara était presque complètement épuisée, et que Saint Dane était un de ses esprits, d'où tirait-il sa propre puissance ? Je ne pouvais m'empêcher de penser que la réponse à cette question était soit la clé nécessaire pour vaincre Saint Dane… soit la preuve qu'il était devenu invincible.

Mais pour le savoir, il faudrait d'abord le retrouver.

Journal n° 37
Chapitre 9

Heureusement qu'on avait débarqué au zoo !

Pas que je le porte spécialement dans mon cœur ni que j'aime me faire pourchasser par des ours polaires, mais parce que c'était bien le seul indice que nous étions à New York. En effet, quand on est sorti des ruines, on n'a pas trouvé un seul point de repère. Il ne restait rien de la ville que Patrick et moi connaissions. Alors qu'on continuait notre chemin vers le nord et le Bronx, on est passé devant des rangées de fenêtres béantes s'ouvrant sur des coques de béton évidées, étripées qui avaient jadis été des immeubles. Cela m'a rappelé des photos que j'avais vues de l'Europe après les bombardements de la Seconde Guerre mondiale. Eh bien, comparé à cette New York de Troisième Terre, Rubic City était un centre de vacances.

On a marché comme deux zombies, assommés par les preuves du carnage qui s'était déroulé. Il n'y avait pas un chat. Personne. Pas même des hommes-rats vivant dans la crasse comme les Utos. La ville était morte. Bien sûr, cela soulevait la question de savoir comment pouvait bien se nourrir l'ours polaire. Je préférais encore ne pas y penser.

– On dirait que la ville a été bombardée, ai-je fini par chuchoter.

– C'est peut-être le cas, a répondu Patrick. C'est bien pire que la New York que j'ai quittée.

– Je me demande en quelle année nous sommes. Je veux dire, est-ce que la Troisième Terre a encore changé ou cela s'est-il produit après ton départ ?

Nous n'avions la réponse ni l'un, ni l'autre, et on ne pouvait pas vraiment prendre un journal pour regarder la date. Tout ce qu'on pouvait faire, c'était continuer notre chemin. Tandis qu'on crapahutait au milieu des débris, l'air s'est éclairci. J'aurais préféré qu'il s'abstienne, parce qu'on a pu mieux voir ce décor d'apocalypse. À un moment donné, je me suis tourné vers Patrick. Des larmes brillaient dans ses yeux. Lorsqu'il a vu que je le regardais, il s'est empressé de les essuyer.

– Désolé, a-t-il dit, gêné. C'est dur à avaler, non ?

J'ai acquiescé, bien que je ne puisse dire s'il parlait de la destruction de la ville ou des révélations qui nous avaient été assénées. Les deux, sans doute.

– Je présume que c'est mon tour, a-t-il repris avec un gloussement ironique.

– Comment ?

– La Troisième Terre. Mon territoire. La guerre l'a rattrapé.

– Oui, rien ne vaut son chez-soi, ai-je repris d'un ton qui se voulait léger.

Patrick a souri, mais de façon peu convaincante. Une autre larme a coulé qu'il a aussitôt écrasée.

– Je ne sais si j'en suis capable, a-t-il fini par marmonner.

– Bien sûr que si, ai-je répondu, confiant. Tu l'as déjà prouvé.

– Pendragon, je suis un enseignant. Pas un guerrier comme Alder, Loor ou… toi.

– Tu es un Voyageur, me suis-je empressé de répondre. Ne te considère pas comme « Patrick Mac, le prof ». Plutôt comme quelqu'un qui maîtrise le pouvoir de Solara.

Il m'a jeté un regard torve.

– C'est tout de même bizarre.

Je n'ai pu m'empêcher d'éclater de rire.

– Ça, tu peux le dire. Mais ça sonne bien, non ?

Patrick a haussé les épaules et ri à son tour. On ne s'était toujours pas remis du choc qu'on avait reçu en apprenant la vérité sur Solara. J'étais toujours Bobby Pendragon de Seconde Terre et il était toujours Patrick Mac de Troisième Terre.

– Tu sais, ai-je repris, je crois que c'est ce qu'on est censés ressentir. Je veux dire, on fait face aux événements comme n'importe quel natif de Halla, non ? C'est le but du jeu. La seule chose qui puisse arrêter Saint Dane, c'est l'esprit humain. L'humanité dans toute sa réalité, et ses imperfections. Si ces esprits, ou quoi qu'ils puissent être, de Solara pouvaient l'empêcher de nuire, ils l'auraient fait. Mais ils en étaient incapables. C'est pour ça qu'on est là. Ils ont fait de nous des gens comme les autres. Je crois qu'on doit avoir peur. Et ressentir un mélange de colère, d'indignation et d'insécurité. C'est comme ça que réagiraient des êtres humains normaux. C'est comme si on était les représentants de ces gens ordinaires. Et si l'humanité est incapable de se sauver elle-même, c'est peut-être qu'elle ne le mérite pas.

Patrick a acquiescé d'un air pensif.

– Chouette discours, mais il n'a rien pour me réconforter.

J'ai éclaté de rire.

– Comme tu dis. C'est l'horreur.

Pour la première fois, le moral de Patrick parut remonter.

– Mais t'entendre le formuler *est* réconfortant. Si tu as peur, ça signifie que je ne suis pas le seul qui se sente largué.

Pas de doute, j'avais peur. De bien des choses. Mais il y avait une angoisse en particulier que je ne voulais pas partager avec Patrick, et qui allait plus loin que la bataille qui nous attendait. Quelle qu'en soit l'issue. J'avais peur de ce qu'il adviendrait de nous lorsque tout serait terminé. D'une certaine façon, il serait plus facile de laisser Saint Dane remporter la victoire. Non, sérieusement. En ce cas, je suis sûr qu'on cesserait d'exister. Je ne sais si on « mourrait » vraiment, mais tout ce qu'il y a de positif dans l'esprit humain serait soufflé comme une chandelle, et les Voyageurs avec lui. C'était terrifiant, pas de doute, mais au moins, c'était quelque chose que je pouvais comprendre. Ce qui me tourmentait, c'était ce qu'on deviendrait si c'était *nous* qui remportions la victoire. Que seraient nos vies ? Est-ce qu'on se transformerait en purs esprits pour flotter à jamais dans un lieu du nom de Solara, d'où on serait chargés de guider l'espèce humaine ? À quoi cela ressemblerait-il ? Ça ne m'empêchait pas de vouloir battre Saint Dane, mais tout de même. L'horreur !

Patrick s'est arrêté pour regarder droit devant lui, les yeux écarquillés. J'ai fait de même sans voir quoi que ce soit d'inhabituel.

– Qu'est-ce qu'il y a ? ai-je demandé sans grande imagination.

– Qu'est-ce que c'est que *ça* ?

Je ne voyais toujours rien. Le brouillard de poussière tourbillonnant dans l'air s'était à nouveau épaissi. Mais alors qu'on avançait, j'ai vu quelque chose de solide. Au premier coup d'œil, on aurait dit un groupe de piliers verticaux flottant dans l'air. Des arbres dénudés ? Des poteaux ? Impossible à dire. Heureusement, une faible bourrasque de vent a dégagé l'horizon, nous permettant de mieux y voir. La structure a gagné en substance. C'était un pont. Un autre site du vieux New York. On avait atteint le bras de mer entourant Manhattan. Je présume que la structure qui s'étendait devant nous était le pont du métro permettant de quitter l'île pour gagner le Bronx. On se rapprochait du Conclave.

– Il va falloir traverser cette épave, ai-je dit.

Patrick a secoué nerveusement la tête. Il n'avait aucune envie d'y aller.

– Je crois que c'est le seul chemin, ai-je insisté.

– Ce n'est pas ça qui m'inquiète, a-t-il coassé sans détourner les yeux.

Je ne comprenais pas pourquoi. Moi, ce pont m'inquiétait énormément. À un moment donné, ses poutres de métal avaient dû soutenir le poids des centaines de trains qui le parcouraient chaque jour. Maintenant, il semblait à peine assez solide pour supporter nos pas. C'était plus une épave qu'un pont. Son squelette d'acier oscillait au vent dans un concert de grincements. On aurait dit qu'un simple éternuement aurait suffi pour que tout le bastringue s'écroule.

– Pas de problème, ai-je dit en tentant d'être convaincant. On peut le traverser.

Patrick a avalé sa salive :

– Mais lorsqu'on sera passés, que va-t-on faire de *ça* ?

Il a continué de regarder droit devant lui. J'ai plissé les yeux en tentant d'apercevoir ce qui lui flanquait une telle frousse.

Tout ce que j'ai vu, c'était un mur de brouillard blanc de l'autre côté du pont…

Sauf que ce n'était pas du brouillard.

– Aïe, ai-je marmonné.

De l'autre côté de la rivière, à quelques centaines de la rive, il y avait un mur. Ou plutôt une muraille. Immense. Elle était si vaste que je l'avais prise pour un banc de brouillard. Je n'avais jamais rien vu d'aussi imposant. Elle devait mesurer l'équivalent d'une vingtaine d'étages en hauteur et s'étalait dans toutes les directions sur des kilomètres, comme un gigantesque barrage. Un vrai monstre.

– Je présume que ça n'était pas là la dernière fois que tu étais en Troisième Terre, ai-je marmonné d'une voix faible.

Patrick a secoué la tête sans détacher ses yeux de la structure.

Woup. Woup.

Deux hélicoptères nous ont survolés. Ils venaient du sud et se dirigeaient vers la muraille. Ils dépassèrent sans problème le sommet de cette barrière, sans doute pour se poser de l'autre côté.

– Tu as une idée ? ai-je déclaré, désormais aussi stupéfait que Patrick.

– On dirait une forteresse, a-t-il répondu. Impossible de deviner sa taille, mais je pense qu'elle protège l'endroit où se trouve le Conclave de Ravinia. Ou là où il se trouvait.

J'ai inspiré profondément :

– On peut rester là à se poser des questions jusqu'à la Saint-Glinglin. Mais il n'y a qu'une façon de découvrir ce qu'il en est.

Patrick a enfin détourné les yeux de la muraille pour me regarder :

– Comment veux-tu traverser ce pont ? Ce n'est qu'une ruine.

Ah. C'était donc ça qui le rendait nerveux. Je m'en suis approché :

– Je ne sais pas, mais ce n'est pas en le regardant qu'on le découvrira.

J'ai mené Patrick en direction du pont décrépit. On a vite constaté qu'on marchait sur une voie ferrée qui n'avait pas vu un train depuis des lustres. La plupart des planches manquaient et, tous les quelques mètres, il y avait des trous de rouille dans les rails. Lorsqu'on a atteint la structure du pont lui-même, mon moral est tombé dans mes chaussettes. De près, il avait l'air encore plus branlant. Et croyez-moi, de loin, il n'était déjà pas beau à voir.

– S'il s'écroule, c'est la fin des haricots, a remarqué Patrick.

– Ouais. Heureusement qu'on est immortels.

– Nos corps peuvent mourir, Pendragon. Crois-moi. Je suis passé par là, et ça n'a rien d'agréable.

– Pardon, me suis-je empressé de répondre.

J'avais oublié que, sur cette bonne vieille Troisième Terre, on pouvait se faire tuer. Bizarre, non ?

– On ferait peut-être mieux de se transformer en oiseaux et d'y aller à tire d'ailes, a-t-il ajouté.

– Ce doit être un dernier recours, ai-je affirmé. L'oncle Press nous a dit d'économiser nos pouvoirs.

– Mais si on ne peut traverser…

– On peut, ai-je affirmé en me mettant en marche.

Dès que j'ai vu couler la rivière sous les rails, j'ai changé d'avis. Je n'étais plus si sûr de moi. Les planches étaient pourries, mais avaient l'air solides. D'autres semblaient poreuses, mais tenaient bon. D'autres encore qui avaient l'air résistantes se sont effondrées sous mon poids. La seule façon de s'en assurer était de marcher dessus et de prier pour ne pas finir dans la rivière. On en était réduits à se déplacer comme des funambules sur les rails suspendus au-dessus du vide. L'angoisse.

Et chaque pas engendrait un nouveau bruit désagréable. Des grognements de métal. Des tuyaux qui se cassaient net. Des bouts de ciment se détachaient pour aller s'abîmer dans les eaux qui bouillonnaient en contrebas. Je ne m'inquiétais plus de savoir où je mettais les pieds, mais de cet édifice tout entier. Était-il à peu près stable ? S'il bougeait trop, il ne manquerait pas de s'effondrer, et on serait écrasés sous des tonnes d'acier. Charmant. Le trajet est devenu un exercice d'endurance et d'équilibre. Le pont ne faisait qu'une centaine de mètres, mais sa traversée nous a pris une bonne heure. J'ai plutôt eu l'impression de parcourir cent kilomètres. Mais on y est arrivés. À chaque pas, les trous entre les rails rétrécissaient. Je commençais vraiment à y croire. J'ai parcouru les derniers mètres au pas de course et me suis retrouvé sur la terre ferme. J'ai regardé en arrière pour voir que Patrick n'était pas bien loin. Il gardait les yeux baissés, les bras étendus pour garder son équilibre.

– Tu y es presque, ai-je lancé.

Il a fait comme moi et m'a rejoint de l'autre côté de la rivière.

– Au retour, il faudra prendre un autre chemin, a-t-il dit, hors d'haleine.

Alors on s'est retournés.

– Eh bien, a réussi à dire Patrick.

Eh bien en effet.

Cette immense muraille s'étendait à quelques centaines de mètres de nous, et pourtant, elle nous dominait de toute sa masse. C'est vrai qu'elle ressemblait à un barrage. Sa surface gris clair était lisse, à l'exception de schémas en forme de rectangles montrant qu'elle avait été construite à l'aide d'énormes briques. Son érection avait dû prendre des années. Comme les pyramides d'Égypte. J'avais beau regarder à droite ou à gauche, pas moyen de voir où elle commençait et se terminait. Était-ce un mur tout droit ? Ou décrivait-il un cercle pour protéger ce qui se trouvait de l'autre côté ? Ç'eut été encore plus incroyable. Si cette muraille se prolongeait, ce devait être la plus grande construction jamais bâtie par l'homme.

– La huitième merveille du monde, ai-je dit. Mais comme je ne sais pas ce que sont les sept autres, inutile de me poser la question.

Tous les cinquante mètres environ, de grands rectangles rouges s'élevaient de la base de la structure. Des portes ou des décorations ? Impossible à dire. Chacun d'entre eux faisait dans les vingt mètres de haut et dix de large.

– On n'est pas seuls, a remarqué Patrick.

J'ignore pourquoi je ne les avais pas vus plus tôt. Sans doute parce que j'étais trop occupé à contempler, bouche bée, cette monstrueuse muraille. Mais à sa base, il y avait des gens. Même à la distance où on se trouvait, j'ai reconnu des soldats raviniens. Ils portaient les mêmes combinaisons rouges et casques dorés que ceux qui avaient tabassé ce vieil homme au zoo. Ils marchaient en rang, un tous les trente mètres. À part les hélicoptères, c'était le premier signe de vie qu'on ait rencontré en dehors du zoo.

– On dirait des gardes, a remarqué Patrick.

– Oui, mais est-ce qu'ils veulent empêcher les gens d'entrer… ou de sortir ?

– C'est peut-être un Lotissement Horizon, a proposé Patrick. Naymeer a bâti des cités hermétiques pour parquer les classes inférieures. D'après ce que j'ai entendu, ces endroits sont horribles.

– Faut croire, ai-je dit tout en réfléchissant. Mais les Raviniens auraient-ils eu besoin de construire quelque chose d'aussi extrême uniquement pour servir de séparation ? Je veux dire, même King Kong ne pourrait franchir ce truc !

Patrick et moi avons échangé un regard nerveux. On pensait tous les deux la même chose. Et si ce mur cachait quelque chose de monstrueux ?

– Impossible, ai-je fini par dire. Ce n'est… que notre imagination.

– Contrairement à tout ce qu'on a entendu jusque-là, tu veux dire ?

J'allais expliquer pourquoi je pensais qu'on n'avait pas à avoir peur d'un singe géant lorsque le sol s'est mis à trembler. J'avoue que durant une seconde, j'ai vraiment cru que c'était sous les pas d'un gorille gigantesque.

On était au bord de la rivière. La zone qui nous séparait du mur n'était qu'une vaste dalle de béton qui m'a fait penser au parking d'un stade. Oui, elle était vraiment aussi grande. Des mauvaises herbes pointaient à travers un réseau de fissures qui s'étendaient dans toutes les directions.

– C'est un tremblement de terre ? a demandé Patrick en claquant des dents.

En guise de réponse, on a entendu un bruit mécanique, comme un grincement. À notre gauche, la dalle de béton a bougé. Une des fissures n'en était pas une. C'était une jonction. La dalle s'est fendue, créant un vide qui s'étendait des rives du fleuve devant le pont détruit jusqu'au mur. Les deux côtés se sont abaissés pour se rétracter sous le sol, laissant un carré béant de cinq mètres de large. Au fond, sur toute la longueur de ce chenal nouvellement formé, il y avait un unique rail de métal.

– Baisse-toi ! ai-je crié en poussant Patrick vers la rive du fleuve.

Comme je ne savais pas ce qui allait nous tomber dessus, je préférais que personne ne nous voie. On a sauté derrière une corniche de ciment et regardé vers la muraille pour voir ce que mijotaient les Raviniens. Sauf qu'on n'était pas dans la bonne direction. Un bruit mouillé nous a fait nous retourner vers la rivière. Il m'a semblé qu'un tourbillon se formait, créant ce gargouillis. Un peu plus tard, quelque chose est sorti de l'eau juste devant le pont.

– King Kong sait nager ? a demandé Patrick, comme hypnotisé par ce spectacle.

Un énorme tube a jailli du cœur de ce maelström. Ses mouvements saccadés trahissaient sa nature mécanique. J'ai entendu un faible bourdonnement sous le gargouillis des eaux furieuses. Le tube a continué de monter à angle aigu jusqu'à ce qu'il atteigne le bord du long chenal soutenant la voie ferrée.

Un autre bruit métallique a retenti. Des rouages tournaient. Cela venait du mur. Un des grands rectangles rouges se levait comme une porte de garage. La voie ferrée s'y engageait.

– C'est l'occasion ou jamais, ai-je affirmé. Il faut qu'on entre là-dedans !

– Quoi ? a rétorqué Patrick, terrifié. Mais… et si c'est une prison ? Ou un de ces horribles Lotissements Horizon ?

– On verra bien, ai-je répondu en regardant le tube qui avait jailli des flots.

– Mais on ne peut tout de même pas y entrer, comme ça ! Il n'y a rien pour se protéger. Nulle part où se cacher. Comment veux-tu qu'on s'introduise dans ce machin sans être repérés ?

– J'y travaille.

– Hé ! lança-t-il. Et si on se transformait en oiseaux et qu'on y allait en volant ? Maintenant, on peut, non ?

Je lui ai jeté un regard noir.

– Primo, je ne sais pas comment ça marche et n'ai aucune envie d'essayer. Deuzio, et je te l'ai déjà dit tout à l'heure, on est censés ne pas se servir de nos pouvoirs à tort et à travers.

– Tu as une meilleure idée ?

Un sifflement aigu s'est élevé. En provenance du tube. Le sol a tremblé légèrement. Ce même sifflement a résonné à nouveau, plus près cette fois-ci.

– C'est un train, ai-je déclaré. Ses rails doivent suivre le même chemin que les anciennes voies ferrées. Et comme ce pont ne soutiendrait pas une brouette, ils ont préféré passer *sous* la rivière.

L'instant suivant, un train effilé de couleur dorée a bien glissé hors du tube. À mes yeux, il ressemblait au croisement entre une vieille loco à vapeur et un monorail de Disneyland. Il devait être électrique, parce qu'il se déplaçait dans le silence le plus complet. Le nez était en pointe et surmonté d'un cockpit. Sa carrosserie était couverte de sculptures dorées ressemblant à des plantes grimpantes. Elles ne semblaient pas avoir d'autre utilité que décorative. La petite locomotive traînait deux wagons plus longs qui devaient transporter les passagers. Ce n'était pas un train de marchandises, mais un moyen de transport pour ceux qui voyageaient avec classe. Il se déplaçait en silence et sans heurts. J'ai regardé droit devant. L'énorme porte rouge était ouverte. L'engin était presque sorti du tube. J'étais sûr qu'ensuite, il prendrait de la vitesse.

– C'est maintenant ou jamais, ai-je déclaré.

– Pour quoi ? a demandé Patrick surpris.

Je me suis relevé en catastrophe et ai grimpé sur le rebord de ciment. Patrick ne m'a pas suivi.

– Pendragon ! a-t-il gémi. Tu vas nous faire massacrer !

Je me suis tourné vers lui sans m'arrêter.

– Et alors ? ai-je rétorqué. On se retrouvera sur Solara et on n'aura qu'à revenir ici. C'est ce que tu as fait, non ?

– Oui, mais... ça fait mal.

– Alors essayons de rester en vie.

Je suis parti en courant vers le train. Un bref coup d'œil en arrière m'a confirmé que Patrick avait suivi le mouvement. Comme je l'avais prévu, l'engin reprenait de la vitesse. J'ai foncé vers l'endroit où je pensais pouvoir l'attraper au vol – mais me suis trompé de quelques mètres. Il accélérait plus vite que je le croyais. Au lieu de me retrouver sur la plate-forme séparant les deux wagons, j'ai agrippé un bout de la sculpture décorative fixée contre la cloison. Pourvu qu'elle soit assez solide pour soutenir mon poids. J'ai bondi et ai escaladé ses entrelacs comme un mur à varappe. Je me suis retrouvé suspendu au flanc du wagon alors que le train gagnait de la vitesse. Soudain, mon idée ne me semblait plus si intelligente que ça. J'ai regardé derrière pour voir Patrick courir pour me rattraper, mais je ne pensais pas qu'il puisse s'accrocher comme moi. Je me suis donc dirigé prudemment vers l'avant du wagon en m'aidant de la structure. De là, j'ai passé mes jambes par-dessus le rail de sécurité pour me laisser tomber sur la petite plate-forme de sécurité. J'avais réussi !

– Allons-y ! ai-je crié à Patrick.

Le train a continué d'accélérer. Pas lui.

– On ne peut pas se transformer en oiseaux ? a-t-il hoqueté.

– Non ! Dépêche-toi !

Patrick a serré les dents et a redoublé d'efforts. Il m'a tendu les mains. Je les ai prises toutes les deux et l'ai hissé jusqu'à ce qu'il puisse prendre pied sur la plate-forme. Et voilà. C'était la partie facile. Il fallait encore franchir le mur au nez et à la barbe des gardes. On s'est accroupis tous les deux afin de ne pas être visibles de l'intérieur des wagons.

– J'espère qu'on ne vient pas de faire une grosse boulette, a-t-il haleté.

Quoi qu'il en soit, on était en route. Le monorail continuait son chemin vers cette mystérieuse muraille.

– Une fois à l'intérieur, qu'est-ce qu'on fait ? a demandé Patrick.

– On verra bien lorsqu'on sera passés.

À vrai dire, je n'en avais pas la moindre idée. Ni de ce qu'on y trouverait. Et pourtant, j'étais sûr d'être au bon endroit. Quoi que puisse être cette monstrueuse muraille, elle était là pour empêcher quelque chose d'entrer ou de sortir, et il y avait forcément un rapport avec Saint Dane. Ça, au moins, j'en étais certain.

Un peu plus tard, on est arrivés à la hauteur de la paroi. J'ai retenu mon souffle, comme si ça pouvait servir à quelque chose.

On s'est aplatis contre la plate-forme et on est restés immobiles en tentant de nous rendre invisibles. Patrick a regardé dans une direction, moi dans l'autre. Une fois à l'entrée, on a vu deux gardes raviniens près des rails. Heureusement, ils nous tournaient le dos. J'ai frémi, m'attendant à ce qu'une alarme se déclenche, ou qu'un garde crie aux passagers clandestins.

Mais non. Personne ne nous a vus. Quelques secondes plus tard, on franchissait la porte… pour entrer dans un autre monde.

Journal n° 37
Chapitre 10

La première chose que j'ai remarquée, c'est l'odeur.

Elle était agréable. Ce n'est qu'à ce moment, lorsque j'ai inspiré une bouffée de ce bon air, que j'ai compris à quel point la New York qu'on venait de quitter était morte. De l'autre côté de cette muraille, le monde semblait bien vivant. Cela m'a redonné de l'espoir. Tout compte fait, ce n'était peut-être pas une prison ? Ni un de ces Lotissements Horizon ? Cette odeur suffisait à me dire que ce qui se cachait derrière valait mieux que la ville qu'on venait de quitter. Le train a glissé silencieusement sur son rail unique, nous entraînant au cœur de ce lieu nouveau et mystérieux.

– Il faut qu'on descende de là, ai-je murmuré. Cet engin doit se diriger vers un coin où il y a des gens. Et tant qu'on ignore de quel côté ils sont, autant rester invisible.

Patrick a acquiescé et regardé de l'autre côté en avalant sa salive. L'idée de sauter d'un train en marche ne l'enthousiasmait guère.

– Ne réfléchis pas, ai-je précisé. Fonce.

J'ai agrippé la rambarde à deux mains, me suis relevé et me suis mis à califourchon dessus comme un cheval d'arçon en cours de gym. J'ai bondi, ai touché le sol et fait un roulé-boulé pour atténuer le choc. C'était assez désorientant, mais je me suis aussitôt relevé pour me tourner vers le train. Patrick n'était pas aussi rapide que moi. Il est resté planté là, à enserrer la rambarde d'un air nerveux, sans trop savoir que faire. J'avais envie de lui crier « Vas-y ! », mais j'avais peur que des oreilles hostiles m'entendent. J'ai essayé de l'encourager par la pensée.

Et il l'a fait. Sans grande élégance, il faut le dire. Il a atterri sur une jambe, a titubé et s'est affalé en se cognant l'épaule. Aïe. J'ai couru vers lui dans l'espoir qu'il ne se soit pas fait trop mal. Bien sûr, je savais que s'il était blessé, je pourrais le guérir. Une main de Voyageur suffisait amplement. Mais cela aurait sapé encore davantage les forces vives de Solara.

– Ça va ? ai-je demandé.

Patrick s'est assis en massant son épaule douloureuse.

– Décidément, a-t-il grogné, c'était plus facile de se transformer en oiseaux.

Je n'ai pas discuté. Je savais ce qui était en jeu. Je crois qu'il se plaignait pour le simple plaisir de râler. Pas de problème. Il l'avait bien mérité. Le train a continué son chemin. Il n'y eut pas de signal d'alarme. Personne n'a crié « Hé ! Qu'est-ce que vous fichez là ! ». Où qu'on soit, on avait réussi à passer sans se faire repérer. J'ai constaté qu'on était assis sur de l'herbe. Verte et douce. C'était un signe de vie plutôt réconfortant. Il y en aurait d'autres. Beaucoup d'autres.

– Eh bien ! s'écria Patrick. Je ne m'attendais pas à ça !

C'était le moins qu'on puisse dire. Dès que le train a quitté notre champ de vision, on a pu voir ce qui nous entourait. Je ne vois pas d'autres termes pour le qualifier que « magnifique ». Bon, c'est vrai que je peux en trouver d'autres. Vert. Luxuriant. Idyllique. Peut-être même parfait. On se tenait assis à côté du monorail qui traversait un parc spectaculaire. Du moins j'ai cru que c'était un parc. Il y avait des arbres lourds de feuilles, une prairie couverte de fleurs sauvages, un étroit ruisseau qui ondulait le long de la voie ferrée, des oiseaux et des statues. Beaucoup de statues. À quelques mètres du monorail, il y avait une énorme sculpture blanche trois fois plus grande qu'un humain représentant un type nu. Elle était impressionnante, et de plus d'une façon.

– Le *David*, a hoqueté Patrick.

– Qui ça ?

– C'est la statue de David par Michel-Ange. Une assez bonne copie.

– C'est peut-être la vraie, ai-je suggéré.

– C'est impossible. L'authentique *David* se trouve à Florence, en Italie. Il a huit mille ans. Il ne serait certainement pas là, et surtout pas en plein air comme ça. (Il m'a jeté un regard noir et a ajouté :) Du moins j'espère que non. C'est une des plus grandes œuvres d'art de tous les temps.

On a traversé le rail pour se retrouver sur un sentier sinueux à travers le champ. On est passé devant des sculptures complexes, mais aussi des fontaines et des ponts qui surmontaient des ruisseaux indolents. Je me suis demandé comment ils arrivaient à empêcher la poussière et la crasse qui tourbillonnaient à l'extérieur de polluer ce lieu.

– C'est un vrai paradis, a remarqué Patrick.

– En tout cas, ce n'est certainement pas un de ces Lotissements Horizon, ai-je renchéri. Voilà déjà un mystère de résolu. Cette muraille n'est pas là pour empêcher les gens de sortir, parce que je ne vois pas qui voudrait quitter un endroit pareil. Surtout vu ce qu'il y a là-dehors.

On est passés devant quelques immeubles, bien que ce mot soit un peu faible pour les décrire. On aurait plutôt dit des manoirs. Ou des palais. Ceux qui habitaient là menaient la grande vie.

On a fini par voir des gens. Tout d'abord, on s'est cachés derrière des arbres pour ne pas être vus, mais on a vite compris que c'était inutile. Il y avait des gamins qui jouaient au foot sur des pelouses verdoyantes, des couples qui se promenaient la main dans la main et des mères avec des poussettes. On aurait dit un parc tout à fait normal. Enfin, sauf qu'il était incroyable. Je portais toujours le pull et le pantalon kaki que j'avais récupérés sur le bateau de Courtney Chetwynde en Seconde Terre. Patrick était vêtu d'un jean et d'une chemisette bleue – exactement la même tenue que la première fois que je l'avais vu. Bizarrement, nos habits étaient tout propres, à l'exception de quelques traces de poussière pour nous rappeler notre petit tour au zoo. C'était comme si notre passage sur Ibara nous avait purifiés. Les gens qu'on a croisés portaient des vêtements ordinaires de Seconde Terre. Comme tout ce qui nous entourait évoquait mon territoire d'origine, on pouvait se fondre dans le paysage.

En plus de ceux qui profitaient de cette belle journée, on a aussi vu des employés. Ils portaient des uniformes kaki sombre avec des shorts et des casques coloniaux. Ce n'était pas des dados, du moins je ne crois pas : ils n'étaient pas tous bâtis sur le même moule. Toutes les races, tous les types physiques étaient représentés, et il y avait aussi bien des hommes que des femmes. Ils taillaient les arbres, tondaient l'herbe et, oui, ils balayaient même les chemins. Il n'y avait pas une feuille de travers ou une herbe plus longue que les autres. Ce parc était immaculé.

– Tu crois que si j'arrachais un pétale à une fleur et le jetais par terre, quelqu'un le ramasserait aussitôt ? ai-je demandé.

– Regarde !

Patrick m'a montré un homme qui polissait une statue de bronze représentant un géant semblant porter le monde sur son dos. Il m'avait l'air familier, mais du diable si je le reconnaissais.

– Sur son bras !

Ma bouche s'est asséchée. L'employé portait un brassard frappé d'une étoile rouge. Le symbole des Raviniens.

– Il faut croire que Ravinia est toujours en activité, a constaté Patrick.

– Je voudrais avoir une idée de la taille de cet endroit, ai-je dit.

– Pour ça, a suggéré Patrick, il va falloir prendre de la hauteur.

On a continué notre chemin, cherchant une construction assez élevée pour nous donner une meilleure perspective. On a vite trouvé ce qu'il nous fallait. Je ne sais pas pourquoi on ne l'avait pas vue, puisqu'on avait quasiment le nez dessus. Peut-être parce que les arbres étaient trop denses. Ou peut-être était-on trop près. Ou alors il y avait tant à voir au niveau du sol qu'on n'avait pas pensé à lever les yeux. Ou alors on était deux idiots. Peu importe. Lorsqu'on est sortis d'un bosquet d'arbres, ce fut mon tour d'avoir un hoquet de surprise. On s'est retrouvés face à une des quatre colonnes soutenant une immense construction dorée. Je ne l'avais jamais vue personnellement, mais j'ai tout de suite su de quoi il s'agissait. Ça semblait impossible, et pourtant, c'était là, sous nos yeux.

– Est-ce également une réplique ? ai-je demandé d'une voix qui se brisait.

Patrick a levé les yeux sur l'immense tour dorée.

– Forcément, a-t-il répondu. Il n'y a pas d'autre explication, non ?

Des gens se promenaient d'un pas tout naturel au milieu des jardins situés sous l'immense structure. Un petit orchestre jouait de la musique classique. Des stands aux auvents rouge et blanc proposaient des boissons et des glaces. Je n'ai vu personne faire mine de payer. Ils se contentaient d'emporter ce qu'ils voulaient. C'était comme une immense fête privée… qui se déroulait sous la tour Eiffel.

– On n'est pas à Paris, pourtant ? ai-je demandé, stupéfait.

– Allons voir par nous-mêmes.

Patrick s'est dirigé vers le pilier le plus proche. Un ascenseur nous déposerait là où on pourrait voir la ville d'en haut. On est entrés sans un mot dans la cabine rouge où une femme en uniforme kaki foncé d'employée nous a accueillis.

– Quel étage ? a-t-elle demandé, tout sourire.

– Heu, le premier arrêt suffira, ai-je répondu maladroitement.

Je n'étais jamais monté sur la tour Eiffel, mais je me suis dit que le premier niveau d'observation serait bien assez élevé. La cabine a commencé son ascension dans un cliquètement de rouages.

– Ça ne peut pas être l'original, ai-je chuchoté à Patrick. La tour Eiffel n'est pas dorée, non ?

Patrick a haussé les épaules. Le trajet ne nous a pris qu'une minute. L'employée souriante a ouvert la porte pour nous permettre de passer.

– Merci, lui ai-je dit.

Elle m'a décoché un drôle de regard, comme si j'avais proféré une bêtise. Ben, quoi ? Je l'avais juste remerciée. Normal, non ?

– Ce doit être une réplique, a affirmé Patrick alors qu'on traversait l'immense point d'observation pour regarder de l'autre côté de la rambarde. Qui s'amuserait à transporter un bâtiment d'une taille pareille de l'autre côté de l'océan et…

Les mots lui ont manqué lorsqu'il a enfin pu contempler le monde qu'on avait exploré depuis le sol. On avait une vue imprenable sur une immense mer d'arbres entourée par cette gigantesque muraille qui, en effet, décrivait un cercle fermé. Ce qu'on avait vu depuis le sol n'en était qu'un aperçu. Impossible de dire combien d'hectares s'étendaient sous nos yeux – cent ? Plusieurs centaines ? C'était une immense oasis au sein d'un monde mort. À notre droite et notre gauche, je pouvais voir la ville qui s'étendait au-delà de la muraille. Il n'en restait pratiquement rien. J'ai entrevu les vagues contours de ces bâtiments détruits, mais à part ça, ce n'était qu'un désert. D'une façon ou d'une autre, les tourbillons de poussière qui cachaient les ruines de New York n'avaient pas leur place dans cet environnement luxuriant. Le contraste entre cette oasis et la grisaille de l'extérieur était comme le jour et la nuit. La vie et la mort. Quoique, je n'aurais su dire ce qui semblait le plus irréel – cette métropole grise et ravagée ou ce paradis improbable.

La tour Eiffel n'était pas la seule structure identifiable. Il y en avait d'autres disséminées au hasard dans le parc. J'ai vu la Tour de l'Horloge du parlement de Londres, là où résonne le carillon de Big Ben. Le Parthénon grec était posé sur une colline rocailleuse. Il n'avait plus rien d'une ruine antique : on l'avait entièrement restauré, avec des marbres luisants et des frises spectaculaires. Directement en face de nous, à plus d'un kilomètre, s'étendait une construction qui semblait être le centre de cet étrange univers. Elle luisait au soleil, dominant les arbres de sa masse, presque méprisante. C'était le Taj Mahal. Ou du moins un bâtiment qui lui ressemblait.

– En tout cas, ai-je déclaré, une chose est sûre : on n'est pas en France.

– Est-ce possible ? a marmonné Patrick. Est-ce qu'on a vraiment pu transporter ces monuments jusqu'ici ?

– Tu vois une autre explication ? ai-je rétorqué. Peut-être que cette statue était le vrai *David*. Peut-il y avoir encore d'autres œuvres d'art ? Des sculptures ? Des tableaux ? Est-ce que les Raviniens se sont emparés de tous les plus grands trésors de la Terre pour les exposer au vu de tous ?

– Si c'est le cas, a repris Patrick, pensant à voix haute, ils ont volé les plus grandes créations des peuples de la Terre et les ont amenées ici pour décorer leur paradis privé.

Un sifflement aigu a vrillé le calme de cette après-midi. On a regardé en bas pour voir un homme traverser le jardin en courant. Il avait l'air épouvanté. Il est rentré dans plusieurs personnes, manquant de les renverser alors qu'il tentait désespérément d'échapper à… qui ? Quoi ? L'instant d'après, on a vu deux gardes raviniens en costume rouge et casque doré lancés à sa poursuite.

– Je me demande ce qu'il a bien pu faire de mal, a remarqué Patrick.

J'étais sûr que ce type allait s'en sortir, parce qu'il cavalait comme si sa vie en dépendait tandis que les Raviniens couraient d'un pas régulier, sans se presser. On a vite découvert que ces deux-là n'étaient pas les seuls à le pourchasser. Quatre autres Raviniens se rapprochaient du fuyard par l'avant. Il était encerclé. Il a changé de direction. Les gardes ont fait de même pour lui couper la route. Quelques secondes plus tard, ils le tenaient.

– Ce doit être des dados, ai-je dit. Ils se ressemblent tous.

– On devrait redescendre pour voir où ils l'emmènent, a ajouté Patrick.

Il allait partir, mais j'ai vu quelque chose qui m'a poussé à l'arrêter.

–Un instant !

Sous nos yeux, au lieu d'emporter le type, les Raviniens l'ont forcé à se mettre à genoux. Le jardin était bondé, mais tous ces gens ne semblaient guère se soucier de ce qui se passait sous leurs yeux. Ils ont continué de profiter de cette belle journée, vaquant à leurs occupations sans même jeter un coup d'œil dans la direction du groupe.

Une seule autre personne semblait s'y intéresser. C'était une petite fille qui ne devait pas avoir plus de six ans. Elle a couru vers un des soldats et a tiré sur sa ceinture comme pour le forcer à laisser le fuyard tranquille. Le soldat s'est retourné et a toisé la fillette d'un air menaçant. Elle s'est aussitôt figée. Une femme qui devait être sa mère est immédiatement venue reprendre la petite fille pour la protéger. L'enfant s'est mise à pleurer. Sa mère l'a prise dans ses bras et s'en est allée en courant pendant que le garde reportait son attention sur le prisonnier. C'est alors que j'ai remarqué que les autres personnes présentes sur les lieux n'étaient pas forcément indifférentes à ce qui se passait. J'en ai surpris plusieurs qui jetaient des coups d'œil nerveux par-dessus leur épaule, comme s'ils ne voulaient pas que les soldats sachent qu'ils les regardaient.

– De quoi ont-ils peur? ai-je demandé à Patrick. D'être les prochains sur la liste?

– Les prochains à quoi? a répondu Patrick. Que vont-ils faire de ce pauvre bougre?

On a vite eu la réponse. Un des Raviniens est allé se tenir devant l'homme. Il tenait un bâton argenté d'un bon mètre de long avec une poignée noire qui pouvait être une arme comme celle que les dados utilisaient en Seconde Terre. Mais je pense qu'il n'en avait pas vraiment besoin. J'avais raison, plus encore que je le croyais sur le moment. Le type était à genoux, la tête baissée, maintenu par deux Raviniens. Le type armé a pointé le bout du bâton argenté vers la nuque du captif. Il l'a posé sur son crâne alors que les gardes qui le maintenaient s'écartaient.

– Que… a réussi à dire Patrick.

On a entendu un bruit sec et aigu qui a vrillé l'air comme un rayon laser. *Paf!* Il y eut un éclair de lumière éblouissante. Un instant plus tard, le fuyard n'était plus qu'un amas de poussière noire.

– Mon Dieu! s'est écrié Patrick.

Une vraie vision d'horreur. Là où se tenait ce pauvre bougre, il ne restait plus qu'une petite colonne de cendres. Elle est restée un instant en suspension dans l'air avant de s'effondrer pour former un petit tas que le Ravinien a écrasé d'un coup de pied.

– Ils l'ont tué! a crié Patrick. Ils… l'ont tué, comme ça.

Mon estomac s'est retourné. Pas uniquement à cause du spectacle de cette exécution sommaire, mais à l'idée que, quoi qu'ait pu faire ce type, les gardes avaient le droit de servir de juges, de jury et de bourreaux. Les six Raviniens se sont éloignés d'un pas naturel, comme s'il ne s'était rien passé. Parmi ceux qui avaient assisté à l'exécution, personne n'a réagi. Ou plutôt ils se sont détournés des soldats comme pour éviter de croiser leur regard.

– J'imagine que vivre au paradis a un prix, ai-je murmuré.

– Qu'est donc devenue la Terre ? a répondu Patrick.

Je l'ignorais, mais je savais où trouver la réponse. J'ai regardé au-delà de cette oasis le bâtiment qui la dominait de sa masse. Le Taj Mahal. Il était au centre de ce monde clos. Il était important. J'étais sûr que c'était là qu'on trouverait une explication.

Et également Saint Dane.

Journal n° 37
Chapitre 11

On a repris l'ascenseur pour redescendre du premier niveau d'observation de la tour Eiffel et partir en direction du Taj Mahal. Vous parlez d'une phrase !

On a traversé la foule de ceux qui profitaient de cette journée, apparemment indifférents au fait qu'ils venaient d'assister à une exécution sommaire et brutale. Ou peut-être refusaient-ils de l'accepter. Quelques types se lançaient un frisbee. Une famille pique-niquait sur une couverture. Un couple sirotait du vin en riant d'une plaisanterie qu'ils étaient les seuls à comprendre. C'était l'angoisse. En dépit de ce qui était arrivé, tout le monde se comportait de la plus normale des façons. C'était presque aussi choquant que l'exécution en elle-même. Est-ce que tout le monde s'en moquait vraiment ? Ou faisaient-ils bonne figure aux yeux des Raviniens pour ne pas servir de cibles à leur tour ?

– Le Taj Mahal semble être au centre de cet étrange Éden, ai-je dit à Patrick. D'après moi, c'est là qu'on a le plus de chances d'apprendre quelque chose.

Après avoir marché d'un pas pressé (mais pas trop vite, pour ne pas attirer l'attention) le long des allées sinueuses, on a retrouvé le train qui nous avait déposés dans ce drôle de monde. Il était arrêté devant un petit bâtiment qui ressemblait à la réplique d'une gare à l'ancienne, faite de briques rouges avec un toit de tuiles vertes et une clôture de fer forgé. Immaculée, comme tout le reste. La peinture étincelait comme si on venait de la rénover. Une pancarte occupait toute la longueur du toit. Il y avait inscrit en lettres élégantes : « Taj Mahal ».

– J'imagine qu'on est arrivés, a commenté Patrick.

– Où ça ? À Disneyland ?

Tout près du bâtiment, un drapeau battait au vent au bout d'une perche. J'espérais voir une bannière étoilée. Ou l'emblème de New York. N'importe lequel, sauf celui-là.

Oui, c'était bien l'étoile des Raviniens sur fond rouge.

Le train était remisé à l'autre bout de la gare. Une rangée de grands arbres touffus nous empêchait de voir ce qu'il y avait au-delà. Patrick et moi avons traversé la voie ferrée pour monter sur le quai. On a suivi une allée de brique qui partait de la gare pour serpenter entre les arbres et, enfin, dévoiler à nos yeux…

Le Taj Mahal. Tout comme la tour Eiffel, je ne l'avais jamais contemplé en vrai, mais j'avais vu assez de photos pour savoir que soit c'était une réplique assez fidèle, soit c'était l'original. Ce grand dôme en forme d'oignon dominant des murs d'un blanc éblouissant était assez reconnaissable en soi. Des dômes plus petits entouraient celui du centre et quatre tours circulaires le flanquaient comme des sentinelles à chaque angle du bâtiment. Une immense mare rectangulaire s'étendait droit devant nous, face à cet immense édifice. De chaque côté, il y avait de l'herbe, des arbres et d'autres sculptures. On aurait dit des rangées de soldats chinois grandeur nature.

– Je les connais, ai-je dit. Il y avait leur photo dans le *National Geographic* ou quelque chose comme ça.

– On dirait les soldats de terre cuite de l'empereur Qin, a répondu Patrick. On les a créés pour qu'ils le gardent dans l'au-delà. C'était en l'an 200 avant Jésus-Christ.

Je lui ai jeté un regard torve. Ce type avait une sacrée culture.

Là aussi, des gens se promenaient dans le jardin au milieu des sculptures. Mais j'ai remarqué une différence. Il y avait davantage de gardes raviniens, chacun avec une arme argentée accrochée dans le dos. Ils marchaient deux par deux, ce qui voulait dire qu'ils n'étaient pas là pour se détendre. Ils travaillaient. Ils assuraient la sécurité.

Ce qui signifiait qu'on était au bon endroit.

Patrick et moi avons continué notre chemin d'un pas tout naturel, comme si on n'avait rien d'autre à faire que profiter de cette belle journée.

– Est-il possible, a dit Patrick à voix basse, que les Raviniens aient fait venir tous ces monuments du monde entier ?

– Je ne sais pas, ai-je répondu. J'imagine qu'ils peuvent avoir construit leurs propres répliques. Quoi qu'il en soit, cet endroit pue la frime. Je n'ai pas vu une seule maison qui soit, comment dire, ordinaire.

À chaque pas en direction de l'immense bâtiment, j'avais de plus en plus l'impression de m'approcher de Saint Dane. Peut-être était-ce un coup de pouce de mon instinct, ou simplement une illusion. Ou peut-être que je commençais à puiser dans l'esprit de Solara. Je n'aurais pu le dire, mais j'étais sûr qu'on ne tarderait pas à se retrouver face à ce démon. Mais notre but restait de découvrir ce qui se passait en Troisième Terre.

Lorsqu'on a atteint la plate-forme sur laquelle se trouvait le bâtiment, on a constaté que les gardes raviniens y étaient plus nombreux. Au lieu de patrouiller au hasard, ils étaient postés devant chaque entrée.

– Et maintenant, a demandé Patrick, est-ce qu'on peut se changer en oiseaux ?

La quiétude du lieu fut rompue par le bruit d'un hélicoptère. On s'est retourné pour voir deux de ces engins sans queue se diriger vers nous. Ils sont allés se poser devant une des arches menant au rez-de-chaussée du bâtiment. À peine avaient-ils touché terre que plusieurs gardes se sont précipités vers eux. Les deux qui se tenaient face à l'entrée juste devant nous en faisaient partie.

J'ai regardé Patrick :

– C'est vraiment si facile ?

On s'est dirigés vers le bâtiment. Avant de passer sous l'arche, j'ai jeté un coup d'œil en arrière pour voir que les gardes raviniens avaient ouvert les portières latérales des hélicos pour en faire descendre quatre personnes qui semblaient être des prisonniers. Les gardes les ont pris par les bras pour les entraîner vers le bâtiment. J'ai tout juste eu le temps reconnaître l'un d'entre eux. C'était ce type baraqué aux cheveux longs que j'avais vu au zoo, celui qui aidait les réfugiés à quitter le bâtiment. Mon moral a chuté. C'était un héros. Et maintenant, il était aux mains des Raviniens. Au moins, il était toujours en vie. Pour l'instant.

– Viens, ai-je ordonné, et on est entrés dans le bâtiment.

Tout ce que je savais du Taj Mahal, c'était qu'il y avait bien longtemps, un empereur hindou l'avait fait construire pour qu'il serve de mausolée à sa femme. Quoique, je ne connais pas grand-chose aux tombeaux hindous. Ou à ceux des empereurs. Ni de leurs épouses. Ni aux mausolées tout court, à vrai dire. Mais ce qu'on a vu à l'intérieur n'était certainement pas fait pour les morts.

C'était un palais. Un vrai. Les murs étaient décorés de grandes toiles représentant toutes sortes de scènes de campagne idylliques. Et dans le ciel de ces scènes, il y avait des tableaux. Des tableaux que je reconnaissais. Une fois de plus, je ne suis pas un expert en termes d'art, mais au cours des quatorze années où j'ai vécu en Seconde Terre, j'ai forcément vu quelques-unes des peintures les plus célèbres au monde. J'ignorais les noms de leurs auteurs, mais elles m'étaient familières.

– Van Gogh, a marmonné Patrick. Là, un Degas. Et un Picasso. Ces deux-là sont de Cézanne. Dalí, Matisse, Toulouse-Lautrec et Jackson Pollock. Bon sang, Pendragon, ils comptent parmi les plus grands tableaux de tous les temps !

J'imagine que Patrick, lui, s'y connaissait en art. Il était prof, après tout.

– Celui-là, ai-je dit. C'est la Joconde, non ?

Patrick a acquiescé, stupéfait.

– Ça ne peut être des copies, a-t-il déclaré. Ils sont trop… trop… parfaits.

– Alors peut-être que cette grande statue qu'on a vue là-bas était bien le vrai *David*. Et ces soldats ont vraiment été extraits d'une tombe en Chine.

– Et peut-être que ces bâtiments ne sont pas des répliques non plus.

Cette simple notion était déconcertante. Les Raviniens avaient-ils vraiment volé des œuvres d'art aux quatre coins du globe pour constituer leur collection personnelle ?

– Il y a tout de même quelque chose de bizarre, a remarqué Patrick en fronçant les sourcils.

– Non, tu crois ?

– Toutes les œuvres d'art qu'on a croisées jusqu'à présent remontent au XXIe siècle grand maximum. Je n'en ai pas vu une seule qui ait été produite durant les trois mille années qui ont suivi.

– Si tu en voyais, tu les reconnaîtrais ?

Il m'a jeté un regard impatient. Bien sûr qu'il les reconnaîtrait. J'ai haussé les épaules :

– D'accord, Einstein. D'après toi, qu'est-ce que ça signifie ?

– Peut-être que depuis que les Raviniens ont pris le pouvoir en Seconde Terre, personne n'a produit la moindre œuvre d'art digne de ce nom.

– C'est, je ne sais pas… angoissant.

Patrick a acquiescé. En effet, c'était une idée pour le moins préoccupante.

On a entendu le bruit d'une lourde porte qu'on ouvrait, suivi de pas étouffés. Cela venait d'un point situé plus loin dans le bâtiment. Devant nous, il y avait une grappe de grandes colonnes. Patrick et moi avons réussi à nous cacher derrière pendant que les pas se rapprochaient. Plus que quelques mètres et on serait directement sous le Taj Mahal et son dôme massif. Le centre était un espace dégagé, au sol de mosaïque ornementale, entouré par un cercle de colonnes de marbre. J'ai donné un petit coup de coude à Patrick et lui ai montré l'intérieur du cercle. Il a suivi mon regard et fait la grimace. La mosaïque formait une étoile ravinienne géante. Sur notre gauche s'étendait un grand escalier couvert d'un épais tapis rouge. En haut de cet escalier, il y avait une plate-forme, et sur cette plate-forme, un lourd trône doré, couvert de gravures incroyablement détaillées. Il s'y mêlait des lianes et des fleurs qui semblaient faites d'or massif. Sur le sol et le trône lui-même, des coussins rouges étaient disposés.

Vous parlez d'un luxe.

– Qui est le roi ? a demandé Patrick.

Je l'ignorais. Mais j'avais ma petite idée.

Face au trône, de l'autre côté de l'espace découvert, des lumières ont jailli de la porte qu'on venait d'ouvrir. Un groupe de gens pressés l'a franchie – c'étaient les gardes raviniens et les prisonniers qu'ils avaient tirés de l'hélicoptère. Ces pauvres bougres ne cherchaient pas à résister. Ils avaient l'air trop soumis pour ça. Les gardes les ont traînés au milieu du cercle de colonnes de marbre, mais se sont arrêtés avant de fouler du pied l'étoile ravinienne.

Une femme a lancé :

– Arrêtez !

Cette voix m'a hérissé le poil. Je la connaissais. Ma première réaction fut de pousser un grand cri. Mais je ne l'ai pas fait, parce que d'un autre côté, c'était une bonne nouvelle. Si l'on veut. Ça voulait dire qu'on était au bon endroit.

– Amenez-moi leur chef ! a repris la femme.

Patrick et moi nous sommes déplacés prudemment derrière la colonne qui nous dissimulait pour la voir. Elle se dressait à côté du trône, au sommet de la plate-forme, toisant les gardes et leurs victimes. Elle portait une longue robe pourpre avec une brodure dorée. Ses cheveux châtain foncé étaient noués sur son crâne comme un mannequin de mode, contrairement à la façon dont elle les portait habituellement, dénoués et raides. Dans d'autres circonstances, je l'aurais trouvée belle. Ce n'était pas le jour.

Parce que j'aurais volontiers escaladé les marches quatre à quatre pour étrangler cette femme du nom de Nevva Winter.

Deux gardes raviniens se sont avancés, avec une des victimes. C'était un type âgé avec des cheveux gris emmêlés et une barbe poivre et sel. Son visage était tout enflé. Un léger filet de sang coulait au coin de sa bouche. On l'avait tabassé. Les gardes en chemise rouge l'ont traîné jusqu'au centre de l'étoile ravinienne et forcé à se mettre à genoux. Il n'a pas résisté. Des quatre prisonniers, il semblait être le plus faible. Les trois autres étaient flanqués de deux gardes chacun. L'un d'entre eux était ce type avec le physique athlétique d'un héros de films d'action et de longs cheveux noirs. Il baissait la tête, le menton contre la poitrine. On l'avait peut-être battu comme plâtre, mais il restait sur le qui-vive. Je l'ai vu jeter des coups d'œil à la dérobée pour jauger la situation. J'imagine qu'il ne voulait pas que les Raviniens constatent qu'il n'avait pas renoncé. À cet instant, je ne l'en appréciai que davantage.

Nevva a descendu les marches pour s'approcher de l'homme à genoux. Son regard était rivé sur son visage, mais lui n'a pas levé les yeux. Lorsque Nevva s'est adressée à lui, on aurait dit qu'elle ressentait une compassion sincère pour ce vieil homme. Sauf que je n'y croyais pas. Nevva était impitoyable.

– Ce serait mieux pour tout le monde si vous nous disiez ce que vous savez, a-t-elle déclaré d'une voix douce, comme pour le mettre à l'aise.

Le type a inspiré profondément, douloureusement, et a tordu le cou pour la regarder.

– Mieux ? a-t-il répondu d'une voix rauque. Parce que Ravinia peut faire preuve de compassion ?

– Parce que si vous refusez de parler, ça va mal se passer pour vous. Pour vous tous.

Le type a gloussé. Ce qui l'a fait tousser. Il a émis un gargouillement pitoyable. Et j'ai vu du sang. J'ai pu sentir son corps se crisper sous l'effet de la douleur. J'ai repensé au type du zoo que les gardes raviniens avaient martelé de coups de pied. Ces pauvres bougres devaient avoir subi le même traitement.

– Je ne vois pas comment les choses pourraient être pires qu'elles le sont déjà, a-t-il grincé.

Une voix a résonné depuis le haut de la plate-forme.

– Croyez-moi, les choses peuvent toujours empirer.

J'ai senti que Patrick se crispait. J'ai dû faire comme lui. Cette voix peut avoir ce genre d'effet. Mon instinct ne m'avait pas trompé. Pas de doute, on était au bon endroit. On a levé les yeux vers la plate-forme pour en avoir la preuve.

Saint Dane se tenait devant le trône.

C'était bien lui, mais en le voyant, j'ai eu un soubresaut. Il avait changé. Il restait très grand et très mince. Il avait toujours ces yeux d'un bleu glacier. Sa voix restait la même. Mais le type qui se dressait là ressemblait plutôt à son jeune frère.

Ses cheveux étaient ramenés en arrière. Ils étaient aussi longs que la première fois que je l'avais vu, avant qu'ils brûlent pour laisser un crâne chauve couvert de cicatrices. Ils étaient coiffés avec une raie au milieu et cascadaient sur ses épaules. Et ils n'étaient pas gris, mais noirs. Aile de corbeau, comme on dit. Et il ne portait pas non plus son éternel costard noir. La coupe de celui qu'il arborait aujourd'hui était semblable à l'ancien. Il était toujours boutonné jusqu'au cou, à la chinoise, mais il était pourpre avec des brodures dorées autour du col et des manches. Mais le plus étrange encore, c'était qu'il avait l'air nettement plus jeune que dans mes souvenirs. Pour moi, Saint Dane devait avoir une cinquantaine d'années. Or maintenant, je lui en aurais donné trente à tout casser. Et ce n'était pas quelqu'un qui se faisait passer pour lui. C'était bien Saint Dane dans toute sa gloire. Et en même temps non. J'ai horreur de devoir écrire ça, mais je me dois de reporter ce que j'ai vu. Cette nouvelle version améliorée de Saint Dane était en fait… plutôt bel homme. L'angoisse.

Patrick avait l'air tout aussi choqué que moi. Il m'a regardé comme pour demander « Est-ce vraiment lui ? ».

J'ai acquiescé. Peu importait la couleur de ses cheveux ou quel fichu costard il portait : c'était bien lui.

Ce démon a descendu les escaliers d'un air tout naturel pour se diriger vers l'homme à genoux.

– Tu es plutôt courageux, lui a dit Saint Dane.

C'était un compliment, mais prononcé d'un ton glacial.

– Vous l'êtes tous, a-t-il continué. Je vous en félicite. Néanmoins, vous devez savoir que votre cause est perdue. Combien reste-t-il de votre petite bande de rebelles ? Quelques dizaines d'hommes ? Combien en as-tu vu mourir ? Trop. Quel gâchis. Vous ne voulez pas y mettre fin ?

Le type à genoux respirait fort. Il gardait les yeux au sol.

– Regarde-moi, a fait doucement Saint Dane.

L'homme n'a pas réagi.

– J'ai dit *regarde-moi* ! a-t-il braillé en prenant son menton pour le forcer à lever la tête.

Nevva a fait un pas en arrière. Je n'aurais su dire si la conduite de son patron la dérangeait ou si elle préférait s'éloigner au cas où Saint Dane pète un câble.

– Tu as le choix, a repris Saint Dane, de nouveau calme. On a toujours le choix. Tu peux nous révéler ce que tu sais. Une réponse simple. Un mot. C'est tout ce qu'il me faut, et tes souffrances prendront fin.

– Je ne sais rien de ce que vous me demandez, a fait le type d'un ton venimeux.

Il se retenait pour ne pas exploser. Je le comprenais.

– Bien sûr que si, a répondu Saint Dane d'un ton jovial. Lorsque tu as emprunté le flume, tu n'es pas venu ici directement. Ça, j'en suis sûr.

J'ai enserré le bras de Patrick. De quoi Saint Dane voulait-il parler ? Qui étaient ces types ?

– J'ignore comment tu as échoué ici, a continué Saint Dane. De toute évidence, c'était avant la destruction des flumes. Mais ça ne m'intéresse pas. Ce que je veux savoir, c'est où tu es allé avant de débarquer en Troisième Terre. Est-ce trop demander ?

Mon cœur s'est mis à battre la chamade. Ces types n'étaient pas des Voyageurs. Mais qu'étaient-ils exactement ? Était-ce possible ? Pouvaient-ils être justement ceux qu'on était venus chercher ? Étaient-ce les ennemis de Ravinia qui avaient été exilés ? J'étais à la fois enthousiaste et épouvanté. Enthousiaste à l'idée de les avoir trouvés. Épouvanté parce que Saint Dane les avait également débusqués.

– Alors à nous deux, mon ami, a lancé Saint Dane à l'homme à genoux. Tout ce qu'il me faut, c'est un mot. Le nom d'un territoire. Où êtes-vous allés lorsque vous êtes entrés dans le flume ? Réponds-moi et tes souffrances prendront fin.

– Très bien, a fait le type d'une voix sifflante, je vais vous le dire.

J'ai vu les autres victimes se crisper. Les gardes raviniens les tenaient fermement.

– Magnifique ! s'est exclamé Saint Dane.

– Rapprochez-vous, a grasseyé le type.

Saint Dane s'est dirigé vers lui et l'a dominé de toute sa taille. L'autre lui a murmuré quelque chose à l'oreille d'une voix si basse que je n'ai rien entendu. Apparemment, Saint Dane non plus, puisqu'il s'est penché encore davantage. Lorsqu'il s'est retrouvé au niveau de son prisonnier, celui-ci lui a craché au visage. Même de notre position, je pouvais voir qu'il y avait plus de sang que de salive. Saint Dane n'a pas bronché. Les Raviniens allaient entraîner le vieil homme, mais leur patron a levé la main.

– Laissez-le, a-t-il dit, très calme.

Le démon a regardé le type droit dans les yeux. Il n'a même pas essuyé le sang et la salive qui dégoulinaient sur son menton. Pauvre bougre. Ça allait mal finir pour lui.

– Je vais commencer par tuer tes trois amis, a fait Saint Dane d'un ton glacial. Ce sera lent. Et douloureux. Je vais briser tous leurs os à mains nues, à commencer par les pieds pour ensuite remonter le long de leur colonne vertébrale. Ils vont saigner. Le mieux qu'il puissent espérer, c'est que la douleur les fasse s'évanouir, car se noyer dans son propre sang est une fin horrible. Est-ce là le sort auquel tu veux les condamner ? À toi de choisir, mon audacieux ami.

Le type n'a pas détourné les yeux, mais j'ai senti sa frayeur. Il ne cherchait pas à faire le malin ; il se cramponnait désespérément à sa santé mentale. Il s'est mis à gémir. Son corps a tremblé sous l'emprise de ses émotions. Et pourtant, son regard n'a pas dévié de celui de Saint Dane.

– Dis-moi, a repris Saint Dane en feignant la bonté. Dis-moi. La vérité sera ton salut.

Finalement, d'une voix blanche qui semblait venir d'un lieu torturé, l'inconnu a prononcé le simple mot que le démon voulait entendre.

– Cloral.

– Cloral ? a répété Saint Dane.

L'homme a acquiescé et baissé la tête d'un air défait.

Les trois autres prisonniers se sont tassés.

Saint Dane s'est permis un petit sourire avant de se reculer. Puis, d'un geste rapide, il a pris la longue arme argentée d'un des gardes raviniens et l'a braquée sur sa victime.

– Non ! a crié Nevva.

Le prisonnier a émis un piaillement angoissé.

Saint Dane n'a réagi ni à l'un, ni à l'autre.

Paf !

Un crépitement électrique a retenti dans la salle alors que l'arme balançait sa décharge mortelle. Les deux gardes raviniens ont fait un bond en arrière pour ne pas se brûler. Le prisonnier a tenté d'esquiver, mais en vain. Quelques secondes plus tard, il n'en restait plus que des cendres rougeoyantes. Tout comme le type qu'on avait vu sous la tour Eiffel, il est devenu une mince colonne de poussière qui est restée en suspension dans l'air pendant une seconde, puis s'est abattue au sol en un amas de suie.

Patrick a émis un petit hoquet douloureux.

La tête me tournait. Saint Dane avait exécuté ce type sans réfléchir et sans démontrer plus de compassion que s'il avait écrasé une mouche.

– Tuez-les tous, a-t-il ordonné en rejetant l'arme.

Elle a cliqueté au sol. Elle avait rempli son funeste office. Saint Dane est parti à grandes enjambées vers les escaliers menant au trône, sa mission accomplie.

– Tu ne peux pas faire ça, a lancé Nevva.

Saint Dane s'est retourné lentement.

– Pourquoi pas ? J'ai tenu ma promesse. Je lui ai dit que leurs souffrances se termineraient. C'est le cas pour lui, et les autres le suivront bientôt.

– Je veux dire qu'il y a peut-être un autre moyen, a-t-elle repris, retrouvant sa froideur habituelle.

Un instant, j'avais cru qu'elle ressentait un brin de compassion. Cela n'avait pas duré.

– Il n'y a pas d'autre solution, ma chère Nevva, a repris patiemment Saint Dane. Ils doivent mourir. Tous. Même si ça ne te plaît pas, c'est la seule façon pour nous de…

Il n'a pas terminé sa phrase. Ses pupilles ont jeté des éclairs. Soudain, il était sur le qui-vive. Il a levé les yeux pour les poser partout et nulle part à la fois comme s'il cherchait à comprendre ce que son instinct lui transmettait.

– Qu'y a-t-il ? a demandé Nevva.

Saint Dane a levé la main pour la faire taire. Il a regardé autour de lui d'un air perplexe.

– Impossible ! a-t-il déclaré à voix haute, mais on aurait dit qu'il se parlait à lui-même.

Il y avait quelque chose qui n'allait pas. Quelque chose auquel il ne s'attendait pas. Rares étaient les moments où j'avais vu Saint Dane pris de court. Il avait toujours tout prévu. Chacune de ses actions était calculée, planifiée et anticipée. Mais pas cette fois.

Quoi qui puisse le déranger, c'était une surprise totale. Je me berçais peut-être d'illusions, mais à ce moment précis, Saint Dane avait l'air nerveux.

Et j'étais à peu près sûr de savoir pourquoi.

– Retourne sur Solara, ai-je chuchoté à Patrick. Raconte à l'oncle Press tout ce que tu as vu ici.

Patrick a ouvert de grands yeux fous.

– Que vas-tu faire ? a-t-il répondu sur le même ton.

– Secouer un peu le cocotier.

Je comprenais ce que ressentait Saint Dane. Pourquoi il était perplexe. Il me croyait fini. Il *nous* croyait finis. Il se trompait, et c'était le message que lui transmettait son instinct. C'était notre présence qui le troublait. Autant confirmer ses soupçons.

– Non, Pendragon… a fait Patrick.

Trop tard. J'ai fait un pas dans la lumière, sortant de derrière le pilier.

– Eh bien, ce costard est trop classe ! ai-je lancé.

Saint Dane s'est retourné d'un bond. J'avais raison. J'étais bien la dernière personne qu'il s'attendait à trouver dans son palais.

– Salut, Nevva, ai-je dit d'un ton tout naturel. Vous avez le même coiffeur, tous les deux ? Mignon. Et j'aime bien aussi votre tenue. Ça fait un peu rétro, genre Star Trek.

Nevva a ouvert la bouche, mais il n'en est rien sorti. Tous avaient l'air d'avoir vu un fantôme. C'était peut-être le cas. Depuis ce moment où j'avais jeté Naymeer au bas de l'hélicoptère, les révélations s'étaient succédé. J'en avais plus appris sur Saint Dane, Halla et moi-même que je n'aurais pu l'imaginer. Et je ne peux pas dire que cela m'avait apporté la moindre paix. Du moins pas encore. La plupart des nouvelles que nous avait données l'oncle Press présageaient mal de notre lutte contre Saint Dane. On se retrouvait dos au mur. On manquait de temps et d'opportunités. On savait tous que c'était notre dernier combat. Jusque-là, j'avais progressé dans le brouillard, me contentant de suivre le mouvement sans trop réfléchir. Tout me semblait si futile.

Jusqu'à ce moment.

Lorsque j'ai lu la peur dans les yeux de Saint Dane.

Ce qui m'a donné à penser que c'était peut-être notre dernière chance, mais qu'au moins, on en avait bien une. Il avait peur de nous. De moi. Un nouvel espoir m'a galvanisé.

Ce n'était pas fini. Loin de là.

Journal n° 37
Chapitre 12

Tous les yeux étaient braqués sur moi. Je suis sûr que les gardes raviniens et leurs prisonniers ignoraient tout de ce gros malin qui venait de jaillir comme un diable d'une boîte. Je croyais qu'ils me sauteraient dessus séance tenante, mais apparemment, ils attendaient un ordre de leur patron.

En vain. Saint Dane est resté planté là, bouche bée. C'était formidable. Cela peut sembler bizarre, mais je m'amusais comme un petit fou. Pour la première fois depuis… eh bien, pour la première fois tout court, j'avais l'impression d'avoir une longueur d'avance sur lui. Je devais faire en sorte de prolonger la situation. J'ai fait le tour du cercle d'un pas nonchalant en contemplant ce décor luxueux.

– J'aime bien ce que vous avez fait de cet endroit, ai-je dit d'un ton amical. C'est fou comme quelques tableaux peuvent égayer une tombe.

Saint Dane et Nevva ne m'ont pas quitté des yeux. Nevva avait l'air abasourdie. Saint Dane juste paumé. Ça me plaisait bien.

– Et regardez-vous ! ai-je lancé à Saint Dane. Vous avez l'air jeune et pimpant. Qu'êtes-vous maintenant ? Roi ? Empereur ? Grand Mamamouchi ? Je me trompais sur votre compte. Durant tout ce temps, j'ai cru que vous aviez un grand dessein pour faire le bien de Halla, vous qui étiez le seul à savoir ce qui était bon pour l'humanité tout entière, alors que tout ce que vous vouliez, c'était habiter un palais et porter de beaux habits. À vrai dire, je suis un peu déçu.

– Fais attention, Pendragon, a averti Patrick en sortant à son tour de derrière le pilier.

Nevva et Saint Dane lui ont jeté un regard surpris. Et j'étais presque aussi étonné qu'eux de le voir ici. Je le croyais parti pour Solara. Je ne voulais pas de sa présence. Je savais ce que j'avais à faire, et Patrick ne serait qu'un poids mort. Bon, tant pis. Je devais garder le contrôle de la situation, et pour ça, faire comme si c'était prévu.

– Oui, ai-je dit d'un ton tout naturel, au cas où vous vous posiez la question, Patrick est revenu d'entre les morts. On vous a manqué ?

Saint Dane ne s'était toujours pas remis du choc. Mais ça ne durerait pas, j'en étais sûr.

– Patrick, ai-je ordonné calmement, tu devrais y aller.

– Je… je ne peux te laisser ici. Pas comme ça !

– Pourquoi ? ai-je répondu innocemment. Que veux-tu qu'il m'arrive ? Si ces brutes me filent un coup de jus, je crierai « aïe ! » et hop ! je me retrouverai sur Solara.

Nevva et Saint Dane m'ont jeté un regard. Oui, je leur réservais encore quelques surprises. On savait tout sur Solara. Qu'est-ce qu'on rigolait !

– C'est vrai, ai-je dit à Saint Dane. On est tous de retour et, grâce à l'oncle Press, au courant d'à peu près tout. J'ai du mal à croire qu'un jour, lui et vous ayez pu être amis. C'est dur à avaler.

À chaque nouvelle révélation, Saint Dane faisait la grimace. Comme si je lui décochais de petites piques. Patrick a fait un pas vers moi.

– Pendragon, je…

– Va-t'en, Patrick, ai-je rétorqué. Je ne plaisante pas. Allez.

J'essayais de garder un ton badin, mais mon expression lui a confirmé que j'étais très sérieux. Il jeté un regard plein d'appréhension autour de lui et a acquiescé. Il a fait un pas en arrière… et a disparu.

J'ai entendu Saint Dane pousser un hoquet de surprise. Lui. Incroyable… et délicieux.

– Ah, oui, ai-je fait comme si je venais de me souvenir d'un détail. Maintenant, mon petit démon, on a les mêmes pouvoirs que vous.

Saint Dane a repris ses esprits, s'est redressé et a planté ses yeux bleus dans les miens.

– Eh bien, sers-t'en.

Au temps pour avoir voulu le désarçonner. Il avait digéré ce qu'il venait d'apprendre et calculait déjà son prochain coup. Il savait qu'on ne pouvait pas trop puiser dans l'esprit de Solara de peur de l'affaiblir.

– Comment avez-vous fait ? ai-je demandé. Est-ce que vous avez envoyé les Raviniens voler tout ce qu'il y avait de plus cool sur Terre ? Comme Big Ben et la tour Eiffel ? Alors c'est tout ? C'était ça, votre grand dessein cosmique ? Rassembler des monuments célèbres et créer un petit parc à thème ravinien ? C'est bon d'être le roi, non ?

– C'est bien plus que ça, Pendragon, a dit Nevva.

Sa voix se brisait. Contrairement à son patron, elle était encore sous le choc.

– Ne prenez pas cette peine, Nevva, ai-je rétorqué. Maintenant, je sais tout.

– Et tu as raison, a répondu Saint Dane d'un ton presque jovial. J'apprécie ma forme humaine. Et pourquoi pas ? Si je dois être le sauveur de l'humanité, je peux bien demander quelques compensations ? Est-ce trop demander ?

– Non ! ai-je fait, sarcastique. Vous l'avez bien mérité ! Et croyez-moi, vous êtes bien conservé pour quelqu'un qui doit avoir, oh, deux cent mille ans ? Vous parlez d'un relookage. Ces cheveux longs font vraiment classe. Un peu glam-rock, mais tout de même.

Tout en parlant, je ne quittais pas le groupe des yeux, attendant ma chance.

– Je *suis* étonné de te voir, a grondé Saint Dane. Lorsque les flumes se sont effondrés, j'étais sûr que les derniers feux de Solara auraient été soufflés, et toi et tes acolytes avec eux. Il faut croire que je me trompais.

J'ai écarté les bras et haussé les épaules.

– Désolé.

– Si tu en sais autant que tu le prétends, a-t-il repris d'un ton rusé, tu n'ignores pas que ta propre existence ne tient plus qu'à un fil particulièrement ténu ?

J'ai eu envie de lui demander d'où il tenait son propre pouvoir spirituel si ce n'était pas de Solara, mais je préférais ne pas admettre que j'étais loin d'avoir réponse à tout. Je me suis dirigé vers les trois prisonniers que maîtrisaient les gardes raviniens. J'étais là pour eux. Je devais tout faire pour les sauver. S'ils étaient des exilés, ils avaient peut-être une idée de l'endroit où étaient passés les autres. C'est pour ça que Saint Dane les avait amenés ici. Pourquoi il les avait torturés pour leur soutirer des informations. Dans tout ce que Saint Dane avait dit, il y avait au moins une chose qui était absolument vraie. S'il voulait vraiment venir à bout de sa conquête de Halla, il devait tuer les exilés. Ou du moins tous ceux qu'il pourrait dénicher parmi les soixante-dix mille qui avaient disparu dans ce flume. Tant qu'ils seraient en vie, Solara continuerait d'exister. Saint Dane était à leurs trousses, tout comme les Voyageurs.

– Ce fil n'est pas si mince, ai-je menti. Solara n'est pas en si mauvais état que vous le croyez. (Un autre mensonge, mais qu'importe ?) En fait, je suis plutôt optimiste. Et vous savez pourquoi ?

– Je t'en prie, a répondu Saint Dane d'un ton narquois, éclaire ma lanterne.

Je me suis arrêté face au premier prisonnier et ai plongé mon regard dans le sien. Je voulais savoir dans quel état ils étaient. S'ils étaient gravement blessés, s'ils ne pouvaient pas bouger, je ne pourrais jamais les sortir de là. Mais ce type a levé la tête et m'a rendu mon regard. J'ai lu la passion qui brûlait dans ses yeux. J'ai hoché brièvement la tête en espérant qu'il comprenne ce que je voulais dire par là. Je suis passé au prisonnier suivant et ai vu la même chose. Tout ce qu'ils attendaient, c'était une occasion de s'échapper. Et j'avais bien l'intention de les obliger.

J'ai regardé le garde qui maintenait le second prisonnier. Ce qui a confirmé mes soupçons : c'était un dado. Ses yeux l'ont trahi. Ou plutôt son absence d'yeux, où nulle lumière ne brillait. Saint Dane était protégé par une armée de dados.

– Maintenant, on n'est plus au même endroit, ai-je dit, fanfaronnant. Qu'est-ce que vous aimez à seriner ? Ah, oui. Les règles ont changé. Depuis le jour où j'ai entendu parler de cette histoire de Voyageurs, j'ai eu peur pour ma vie. Peur de ne jamais revoir ma famille. Peur de ce qui pouvait arriver sur chaque territoire et, finalement, sur tout Halla. Et maintenant ? Les enjeux ont changé.

– En quoi ? a demandé Saint Dane, qui semblait sincèremment curieux, aussi incroyable que cela puisse paraître.

Je l'ai regardé, lui ai décoché un sourire crâne, puis j'ai répondu :

– Parce que maintenant, je n'ai rien à perdre.

J'ai presque aussitôt regretté ces mots. Je me suis arrêté devant le troisième prisonnier. C'était le bon samaritain qui avait aidé les rescapés à s'échapper. Ses longs cheveux tombaient devant son visage. J'étais sûr qu'il était tout aussi prêt à s'enfuir que les autres, mais ce que j'ai vu m'a détrompé. Oh, il était prêt, pas de doute là-dessus, mais lorsque j'ai lu ce qu'il y avait dans ses yeux, c'est moi qui ai manqué d'assurance. Il a levé la tête et nos regards se sont croisés. Ma gorge s'est serrée. Je me suis figé. Une fois de plus, je me retrouvais face à l'impossible.

Il m'a décoché un petit sourire et a chuchoté :

– Il était temps que tu arrives.

La tête m'a tourné. J'ai dû lutter pour ne pas perdre l'équilibre. J'ai cligné des yeux, mais ça n'a rien changé. Là, devant moi, se tenait mon meilleur ami. Mark Dimond. Et pourtant, ce n'était plus le gamin avec qui j'avais grandi. Il avait bien changé depuis la dernière fois que je l'avais vu – en Seconde Terre, lorsque lui et un groupe de manifestants avaient été jetés dans un flume par le Conclave de Ravinia. Il me restait à découvrir ce qui lui était arrivé ensuite. Mais il avait changé de façon radicale. Il n'était plus ce littéraire mangeur de carottes qui avait horreur de toute activité physique. Il restait plus petit que moi, mais il avait des épaules larges et puissantes. Il avait également l'air plus âgé. Pouvait-il être désormais plus vieux que moi ? Je crois que c'était encore son visage qui avait le plus changé. C'était celui d'un homme, un homme qui avait beaucoup enduré et n'en était sorti que plus fort. Je le savais depuis ce moment au zoo, lorsqu'il était resté jusqu'à la dernière seconde pour évacuer ces pauvres bougres avant l'assaut des hélicos. C'était bien Mark, mais il était différent.

L'ennui, c'est que maintenant, j'avais effectivement quelque chose à perdre. Je voulais toujours sauver les trois prisonniers, mais tout d'un coup, les enjeux étaient bien plus importants.

– Tu te sens d'attaque ? ai-je chuchoté.

Mark m'a fait un clin d'œil.

– À ton signal.

Ma confiance est revenue.

– Allons-y.

Je me suis aussitôt laissé tomber sur le dos. J'ai fait un roulé-boulé peu élégant, me suis emparé de l'arme argentée que Saint Dane avait jetée au sol et ai continué mon mouvement jusqu'à ce que je sois presque sur mes pieds. Sans m'arrêter, je l'ai lancée au garde ravinien le plus proche. J'ignorais comment on tirait avec ces machins, mais je savais que l'arme elle-même était chargée. Si elle touchait le dado, j'espérais qu'elle aurait sur lui le même effet que sur leurs victimes humaines. Le bâton a sillonné les airs en direction du garde qui n'a pas réagi à temps. Sa pointe s'est plantée dans ses tripes mécaniques. Dans un crépitement, le dado s'est affalé au sol, abattu avec sa propre arme. Contrairement aux autres victimes, il ne s'est pas transformé en cendres. J'imagine que les robots ne brûlent pas.

J'ai plongé vers les deux autres bâtons dans l'espoir d'en récupérer au moins un avant que les autres puissent réagir.

Mark et les autres prisonniers se sont mis en branle. J'avais raison : ils n'étaient pas aussi mal en point que j'avais cru au premier abord. Chacun d'entre eux s'est tourné vers les gardes qui le flanquaient, luttant pour s'emparer de leurs armes avant de se faire pulvériser.

J'ai glissé sur les dalles pour ramasser un des bâtons, puis l'autre. Lorsque le second garde, celui qui maintenait le prisonnier que Saint Dane avait assassiné, s'est avancé, j'ai fait un bond en brandissant les bâtons devant moi en guise de protection. Il m'a attaqué en agitant sa propre arme. Je savais fort bien que s'il me touchait, je me retrouverais sur Solara avec Patrick et l'oncle Press. J'ai pris un bâton dans chaque main pour parer ses coups. J'ai bien tenté d'attaquer à mon tour, mais ce dado était trop rapide. On m'avait appris à me battre, mais lui savait manier ces machins. Il n'a eu aucun mal à me garder à distance.

J'ai entendu un craquement électrique derrière moi et me suis retourné. Mark avait descendu l'un des dados avec sa propre arme.

Mark. Incroyable. D'une certaine façon, la vérité sur mes origines et la révélation de l'existence de Solara était plus facile à accepter que le fait que Mark soit devenu un combattant aguerri. Et pourtant, c'était le cas. Il a frappé le second dado qui le retenait, l'envoyant bouler en arrière. Le garde a cogné une des colonnes de marbre. Sans douceur. Si ce n'avait pas été un robot, ça aurait fait mal. Mais un dado ignore la douleur. Il s'est redressé et a plongé sur Mark.

Moi-même, je n'étais pas tiré d'affaire. Le garde marchait vers moi. Ce qui me motivait, c'était de savoir à quel point il était important de faire sortir ces gens d'ici. Et Mark. Quoi qu'il arrive, je devais rester là, ce qui voulait dire éviter de me faire tuer. Le dado s'est jeté sur moi. J'ai paré son assaut pour contrer aussitôt, le déséquilibrant. Ça m'a donné une ouverture. C'était tout ce dont j'avais besoin. De l'autre bâton, j'ai frappé mon adversaire, l'atteignant à la nuque. Un éclair plus tard, il était cuit.

– Bobby ! a crié Mark.

Je me suis retourné à temps pour voir qu'on m'attaquait à nouveau. Mais pas un dado : Saint Dane en personne. Nevva avait couru le long de l'escalier pour se mettre à côté du trône, à l'abri des mauvais coups. Saint Dane, lui, se dirigeait vers moi, son propre bâton en main. J'ai brandi mes deux armes pour le repousser, mais je n'aurais pas dû prendre cette peine. Curieusement, il s'est arrêté. Les autres ont continué de se battre, mais Saint Dane s'est figé sur place. Il est resté planté là, l'air troublé, comme s'il digérait de nouvelles informations – ce qui était précisément ce qui se passait.

– Bobby ? a-t-il répété comme si ce nom lui était étranger, puis son visage s'est éclairé.

Aïe.

– Mark Dimond ! s'est-il exclamé comme s'il venait juste de percuter. Eh bien, Pendragon, tout compte fait, il semblerait que tu as quelque chose à perdre !

La récréation était finie. Il m'a attaqué en agitant son arme. Il était encore plus rapide que le dado. Je n'ai pas eu l'occasion de réfléchir à une éventuelle parade. J'avais bien assez de mal à éviter ses coups.

À chaque coup, Saint Dane grognait un mot :

– Tu… vas… retourner… sur… Solara… pour… la… voir… mourir.

Je commençais à fatiguer. Pas lui. Il m'a arraché les bâtons et a enchaîné d'un revers. La pointe allait me frapper l'estomac : je me suis empressé de réagir. Sans doute un coup de pouce de mon instinct, parce que nul ne m'avait jamais appris un tel tour. Le coup de Saint Dane venait à l'horizontale. Dans quelques instants, il allait me frapper et m'envoyer à l'autre bout de Halla. Je ne pouvais pas le laisser me tuer. Je devais faire sortir Mark et les autres de ce palais. J'ai agi avec l'énergie du désespoir – pas pour me sauver moi, mais pour mon ami.

Le bâton électrifié de Saint Dane est passé à travers moi. J'avais souhaité de toutes mes forces me transformer en nuage de fumée, et j'y étais arrivé. Je ne me sentais même pas différent. En fait, au moment où son arme m'a traversé, j'étais prêt à me battre. Peut-être avais-je juste changé de taille. Quoi qu'il en soit, ça avait marché. J'avais utilisé le pouvoir de Solara comme Saint Dane le faisait depuis si longtemps. J'aimerais dire que j'étais invincible, mais c'était faux. Je ne pouvais continuer d'y puiser. Solara n'y survivrait pas.

L'effet sur Saint Dane fut instantané. Il est resté stupéfait, son arme en main.

– Alors c'est vrai, a-t-il déclaré d'une voix blanche. Tu sais la vérité.

J'ai répondu en attaquant avec mes bâtons, que j'avais réussi à ramasser. Je les ai ramenés de chaque côté comme des cymbales pour frapper ses deux épaules en même temps. La réaction fut instantanée. Saint Dane s'est transformé en cendres. Pas en fumée, en cendres. Ses restes sont retombés sur le sol, comme les autres victimes. En me voyant mettre en œuvre mes nouvelles capacités, il en était resté sidéré au point d'oublier de se servir de ses propres pouvoirs pour se sauver.

Les dados aussi ont réagi au quart de tour. Ils ont abandonné leurs combats individuels pour se précipiter vers le tas de poussière qui était tout ce qui restait de leur chef. Je ne sais pas pourquoi. Que voulaient-ils faire, le remettre debout? Je n'avais pas la moindre compassion pour Saint Dane. Il était un esprit de Solara. J'avais peut-être tué son corps, mais ça ne durerait pas. Il n'avait qu'à appuyer sur le bouton « réinitialiser » cosmique pour être de retour. Et je ne voulais pas être là lorsque cela se produirait.

– On bouge ! ai-je crié à Mark et aux autres.

Ils se sont aussitôt précipités vers la porte. Avant de les suivre, j'ai jeté un coup d'œil à Nevva, qui n'avait pas bougé d'un poil. Elle n'a rien fait pour m'arrêter. Quoique, elle n'avait pas non plus levé le petit doigt pour aider Saint Dane. Elle avait l'air encore sous le choc.

– C'est ce que vous vouliez? ai-je demandé.

– Je crains que ce ne soit pas ce qui était écrit, a-t-elle répondu d'une voix pleine de mélancolie.

– Je n'en serais pas si sûr, ai-je dit avant de tourner les talons pour m'enfuir.

Tout en cavalant après les rebelles, je commençais déjà à envisager la suite des opérations. On pouvait quitter le Taj Mahal, mais on serait toujours au milieu du parc d'attractions de Saint Dane. Comment allait-on sortir d'ici? Revenir en arrière jusqu'au mur? C'était un long chemin, avec pas mal de dados pour nous bloquer le passage. Et même si on y arrivait, pourrait-on ouvrir ces immenses portes? Il y aurait certainement encore plus de gardes à cet endroit. À quatre, avions-nous seulement une chance? Il nous fallait un avantage, et certainement pas un qui découlait du fait d'être un esprit de Solara. Ça ne serait d'aucun secours à Mark et aux autres. Pour l'instant, eux seuls comptaient. Je devais les sauver, mais comment? À vrai dire, je n'en avais pas la moindre idée.

Heureusement, Mark avait une longueur d'avance. Lui et les autres ont atteint le rez-de-chaussée avant moi et se sont précipités à l'extérieur. On s'est retrouvés dans le vaste jardin que Patrick et moi avions traversé pour entrer dans le bâtiment. Mark savait précisément où aller. Il a filé tout droit vers les hélicos qui les avaient déposés ici. En effet, c'était le moyen d'évasion idéal, à un détail près. Mark ne savait pas piloter. Il n'avait jamais seulement passé son permis de conduire.

Mais ça, c'était l'ancien Mark. Le nouveau avait plus d'un tour dans son sac.

– Retenez-les ! m'a-t-il crié à moi et aux autres.

– Retenir qui ? ai-je répondu.

Il n'a pas répondu. C'était inutile. Des gardes s'écoulaient des deux côtés du Taj Mahal pour se diriger vers nous. Les hélicos étaient garés devant l'un des flancs du bâtiment, ce qui signifiait que s'ils voulaient nous attraper, les dados devaient faire un sprint d'environ soixante-dix mètres. Mark a filé vers l'un des deux appareils, a sauté sur le siège du pilote et a abaissé les manettes avec l'air de savoir ce qu'il faisait. Dans un gémissement torturé, les rotors ont commencé à tourner, mais avec une lenteur énervante. Les deux autres exilés se tenaient de chaque côté de l'hélico, brandissant leurs bâtons volés, prêts à repousser toute attaque. Je doutais qu'ils soient vraiment efficaces contre une armée de dados, mais je n'allais pas le leur dire.

J'ai sauté sur le siège à côté de celui de Mark :

– Tu peux piloter cet engin ? ai-je crié pour couvrir le gémissement des moteurs.

– Il y a un an, on en a capturé un, a-t-il répondu. On a appris tout seuls comme des grands.

– Il y a un an ? ai-je répété. Ça fait combien de temps que tu es là ?

– Ici même ? Ou depuis qu'on a été aspirés dans le flume ?

– Depuis le flume.

– Cinq ans. À peu près.

Cette nouvelle m'a fait l'effet d'un coup de poing. Cela faisait cinq ans que Mark et Courtney avaient disparu en Seconde Terre. Ce qui voulait dire que Mark avait vingt-trois ans. Mon vieil ami d'enfance avait désormais cinq ans de plus que moi.

– On a pas mal de choses à se raconter, a déclaré Mark avec un sourire, ce qui était assez étonnant vu les circonstances.

– J'espère qu'on en aura l'occasion.

Le rotor prenait de la vitesse. Les dados aussi.

– Allez… allez… a marmonné Mark comme pour amadouer la machine.

Il ne nous restait plus beaucoup de temps.

– Montez ! ai-je crié aux autres.

Ils ne m'ont pas écouté. Ils se concentraient sur les dados qui convergeaient vers nous.

– Heu, Mark, ai-je dit avec un calme que j'étais loin de ressentir. Ce serait bien si on pouvait décoller.

– Deux secondes… a-t-il grincé en consultant ses cadrans.

J'ai entendu un grand cri. On avait encore moins de temps devant nous que je le croyais. Les dados sortis du Taj Mahal s'étaient regroupés et marchaient sur les deux exilés qui gardaient l'hélicoptère. Ces derniers se sont avancés en agitant leurs armes.

– Montez ! leur ai-je crié.

– Ils ne t'obéiront pas, a répondu Mark, plus calme qu'il l'avait jamais été, surtout dans de telles circonstances.

L'hélicoptère a tressailli, les rotors ont gémi, l'appareil a eu un soubresaut. On commençait à s'élever. Je me suis retourné pour appeler à nouveau les autres. Trop tard. Ils se battaient avec bravoure, mais ont vite été submergés. J'ai vu un bâton frapper l'un d'entre eux et le transformer en cendres. L'autre est tombé deux secondes plus tard. Ils s'étaient sacrifiés pour que Mark puisse s'en sortir. Enfin, *si* Mark s'en sortait.

Des nuées de dados sont arrivées des deux côtés. Ils ont cherché à s'accrocher aux patins. Quelques-uns y sont arrivés et se sont envolés avec nous.

– On a des passagers clandestins, ai-je remarqué.

– Pas pour longtemps.

Mark a fait s'élever l'hélico, puis a manipulé son levier de commande. L'appareil s'est mis à tourner dans le sens contraire des aiguilles d'une montre, envoyant bouler les gardes. Ils sont tombés au sol, s'abattant sur leurs collègues.

– On y va, a affirmé Mark en accélérant.

Mon estomac est tombé dans mes chaussettes, mais pas à cause de notre montée brutale. Là, nous regardant depuis le premier étage du Taj Mahal, se tenait Nevva. Et Saint Dane était à ses côtés. Il était déjà revenu et apparemment sans la moindre séquelle. Ça ne m'a pas vraiment surpris, bien que je ne sache toujours pas d'où il tirait ses pouvoirs.

Mais ce qui m'a retourné l'estomac, c'est l'autre chose que j'ai vue.

Les rotors du second hélicoptère tournaient déjà. On ne serait pas seuls dans le ciel.

Journal n° 37
Chapitre 13

On a accéléré pour s'éloigner du petit royaume de Saint Dane. En le voyant d'en haut, j'ai eu une meilleure idée de sa taille. C'était une immense oasis encerclée par une muraille gigantesque... au beau milieu d'une ville grise et moche.

– Ils nous poursuivent, ai-je dit à Mark.

– Je l'espère bien, a-t-il affirmé tout en restant concentré sur sa conduite. On pourra peut-être récupérer un autre hélico.

Incroyable. C'était Mark, et pourtant, on aurait cru quelqu'un d'autre. J'étais heureux de le retrouver, mais en même temps, constater à quel point il avait changé me donnait le vertige. Jusque-là, Mark et moi avions grandi au même rythme. Le fait qu'on soit sur des territoires différents n'avait aucune importance. Pour une raison ou une autre, on se situait sur le même continuum temporel. Plus maintenant. Cela voulait-il dire que j'avais passé cinq années sur Solara ? Ou à flotter dans le vide ? Ou est-ce que je n'avais pas la bonne perspective ? Peut-être qu'à mon départ, les esprits de Solara m'avaient déposé en Troisième Terre cinq ans après la mort de Patrick. En ce cas, cela voulait-il dire que le moment de vérité de ce monde avait changé ? On m'envoyait toujours là où on avait besoin de moi, quand on avait besoin de moi. Cette idée m'a redonné espoir. Pas de doute, la Troisième Terre était toujours en lice.

J'ai été arraché à mes interrogations dérangeantes lorsqu'une explosion a secoué notre hélico.

– Hé là ! me suis-je exclamé. Qu'est-ce que c'était ?

– Ils nous tirent dessus depuis le sol, a répondu calmement Mark. Mais ça ne durera pas. Dès qu'on aura passé le mur, on sera hors d'atteinte.

J'ai regardé par le hublot pour voir qu'on allait sortir du vert pour entrer dans le gris. Deux autres explosions nous ont secoués. L'hélicoptère a tremblé, mais il n'était pas touché. Un peu plus tard, j'ai vu qu'on survolait la muraille. On était à nouveau au-dessus de la ville morte de New York.

Woush ! Quelque chose est passé sur ma droite, nous ratant de peu, et a filé en laissant une traînée de fumée derrière lui.

– Je croyais qu'on était hors de portée.

– Oui, de leurs armes sol-air, a répondu Mark. Ça, ça venait de l'hélico qui nous suit.

Oh. Super.

– J'ai vu ce dont ces roquettes sont capables, ai-je répondu nerveusement. Au zoo, quand tu as aidé ces gens à s'en sortir. J'étais là.

Mark m'a jeté un bref coup d'œil.

– Où étais-tu passé ces cinq dernières années ?

– C'est une longue histoire.

Woush. Woush. Deux autres roquettes sont passées tout près de nous, une de chaque côté.

– Il faut que je me concentre, a dit Mark en poussant son manche à balai.

Aussitôt, on s'est penché en avant pour plonger vers le sol. J'ai calé mes pieds sur le tableau de bord afin de me cramponner. Certes, j'avais confiance dans les talents de pilote de Mark, mais… bon, d'accord, peut-être pas tant que ça. Quoique, les gars qui nous poursuivaient ne valaient pas mieux, alors quoi que mijote Mark, ça me convenait.

– On va les perdre dans le brouillard, a-t-il annoncé.

Une fois de plus, l'air s'est rempli de ces mêmes nuages de poussière rousse qui tourbillonnaient au-dessus du zoo, ce qui voulait dire que la visibilité était tombée à un niveau proche de zéro. Mark a dirigé l'hélico vers le fleuve. Après un plongeon à vous retourner l'estomac, il a redressé et continué vers le sud, rasant les flots que soulevait le vent du rotor, à trois mètres tout au plus de la surface.

– C'est, heu, dangereux, ai-je dit en tentant de cacher à quel point j'étais terrifié.

À la vitesse où l'on allait, si un obstacle se présentait, on ne le verrait qu'au dernier moment.

– Oui, en effet, a répondu Mark.

Il n'avait pas peur. Il n'a pas bégayé. Bien. Ça voulait dire qu'il n'était pas nerveux. Contrairement à moi.

– Heu, tu as déjà piloté un de ces machins ? ai-je demandé en tentant de cacher mon scepticisme.

– Deux ou trois fois. Le manque de visibilité fait de nous une cible moins facile.

Il semblait savoir ce qu'il faisait. Enfin, il n'était pas devenu un pilote d'élite façon *Top Gun*, mais d'un autre côté, il ne regardait pas les instruments avec l'air de se demander à quoi peut bien servir ce bouton. Il fallait croire que si on ne rentrait pas dans quelque chose, on avait une chance de s'en sortir. Les hélicoptères qui nous filaient avaient cessé de tirer. J'imagine qu'ils ne pouvaient plus nous voir. Mark s'en tirait plutôt bien. Je l'ai regardé pendant quelques secondes, impressionné par la transformation qu'il avait subie en l'espace de cinq ans. Ce qui m'a également attristé : de toute évidence, il n'avait pas eu une vie facile – on ne devient pas un combattant en lisant et en mangeant des carottes. Il en avait même pas mal bavé.

Une énorme ombre est passée au-dessus de nous. Ou plutôt on est passés sous quelque chose d'énorme. J'ai baissé la tête. Oui, je sais, c'est idiot comme réaction, mais c'était un réflexe. À travers la vitre, j'ai vu que c'était un des ponts qui avaient un jour relié Manhattan au reste du monde, mais qui s'étaient effondrés il y avait bien longtemps.

– Où va-t-on ? ai-je demandé.

– À la maison, a-t-il répondu. Mais d'abord, on doit semer ce type. Mieux vaut ne pas lui montrer le chemin de notre planque.

Une autre ombre est passée au-dessus de nous. Une fois de plus, j'ai baissé la tête. Mais cette fois, ce n'était pas un pont, mais l'autre hélicoptère.

– Il nous a repérés ? ai-je demandé.

– On va bien voir.

Mark a tiré sur son manche à balai. Aussitôt, on est remontés en chandelle. Écrasé contre mon siège, j'ai lutté contre la nausée. On se serait cru sur des montagnes russes. Au moins, cela m'a rappelé que j'avais beau être un esprit de Solara, je restais avant tout un être humain. À ce moment précis, j'aurais préféré l'être un peu moins. La tour d'un autre pont est apparue, surgissant du brouillard. Mark a viré sur la gauche. Une manœuvre qui n'avait rien de dangereux, mais on était encore trop près à mon goût.

– Alors ? On l'a sem…

Deux roquettes ont frappé le sommet de la tour du pont qui a explosé dans un nuage de poussière et une pluie de débris métalliques tranchants. Mark a viré brutalement vers la gauche avant de piquer du nez. Des fragments de métal ont heurté l'hélico dans une série de claquements métalliques, faisant tanguer l'appareil.

– Non, a dit Mark.

– Non, quoi ?

– Non, on ne l'a pas semé.

Mark est redescendu vers la surface de la rivière avant de redresser. On s'est à nouveau retrouvés à foncer au ras des flots sombres et agités.

– Pourquoi ne va-t-on pas sur la terre ferme ? ai-je demandé.

– Parce que je ne veux pas que quelque chose tombe sur la tête de quelqu'un.

Bonne réponse. Pourvu que le « quelque chose » en question ne soit pas nous !

– Alors on va chercher à le semer dans le brouillard ?

– Oui. Ou le balancer dans le port.

Mark a dit ça de façon si naturelle que j'ai bien cru qu'il en était capable.

– Tu as vraiment quelque chose en tête ou est-ce que tu improvises en cours de route ?

Il n'a pas répondu. Ce qui ne me disait rien de bon. On s'approchait d'un autre pont. Sa structure nous a dominés de toute sa masse. À peine étions-nous passés en dessous que la route a volé en éclats. Les hélicos étaient toujours à nos trousses, et nous tiraient toujours dessus.

– Tu as déjà joué au premier qui se dégonfle quand tu étais petit ? a demandé Mark.

– Non, et toi non plus.

Mark a éclaté de rire, ce qui m'a rappelé le gamin boutonneux qu'il avait été. Ce gamin qu'il n'était plus depuis longtemps déjà.

– Il ne renoncera pas. Il va falloir s'y résoudre.

J'ai toujours eu une bonne raison de ne jamais m'adonner à ce genre de jeu. Vous savez, comme dans les films : prendre deux voitures et foncer l'un sur l'autre pour déterminer qui virera de bord le premier. C'était certes une épreuve de volonté, mais c'était aussi d'une stupidité incroyable. Cela n'avait pas d'autre finalité que de prouver qui était le plus débile. Mais maintenant, c'était Mark le chef. Je ne pouvais rien dire. On est passés sous encore un autre pont, sans doute celui de Brooklyn. Difficile à dire. On allait trop vite et de toute façon, je m'en moquais. Mark a accéléré et nous a à nouveau fait remonter.

– Pour que ça marche, il faut qu'on prenne suffisamment d'avance sur lui, a-t-il précisé.

Dès qu'on s'est retrouvés au-dessus du port de New York, la brume s'est légèrement dissipée. Elle restait dense, mais la visibilité s'est accrue considérablement.

– Maintenant, il peut nous voir, ai-je averti.

– Bien. C'est ce que je veux.

Droit devant s'étendait le Verrazano-Narrows Bridge qui reliait Brooklyn à l'île de Staten Island. Ses deux tours étaient toujours debout.

– Je ne sais pourquoi, a dit Mark, mais celui-là est à peu près intact.

Je me suis retourné pour voir que notre poursuivant avait pris du retard. Je l'ai entrevu à travers les volutes de brume. Il venait à peine de passer le pont de Brooklyn.

– On peut peut-être le semer maintenant ? ai-je demandé, plein d'espoir.

– Pas moyen. On est à découvert. Il faut en finir ici et maintenant. D'une façon ou d'une autre.

On est passés comme un éclair directement entre les deux tours.

Mark a accéléré, fonçant vers l'immensité de l'océan.

– Et maintenant ? ai-je demandé.

– Maintenant, on joue.

Il a viré abruptement à 90 degrés pour revenir en arrière. En quelques secondes, on s'est à nouveau dirigés vers le pont et l'autre appareil. On a légèrement dérivé vers la gauche et la tour Sud.

– Si on a de la chance, a grogné Mark, il ne saura pas que le pont est en si bon état.

Il avait perdu son calme olympien. Il était parfaitement concentré sur sa tâche.

– Et si on n'a pas de chance ?

– Eh bien, on verra qui se dégonflera le premier.

Le brouillard m'empêchait de voir l'autre hélico. Mais à la vitesse où on allait, je nous donnais trente secondes à peine avant de le croiser. Ou de lui rentrer dedans. Mark a agrippé le manche à balai et décoché une roquette. Elle s'est perdue sans toucher quoi que ce soit.

– À quoi tu joues ? ai-je demandé.

– Je veux qu'il sache où l'on est.

Notre hélico a continué à dériver vers la gauche jusqu'à ce qu'on soit alignés avec la tour Sud du pont. On aurait dit qu'on planait juste au-dessus de la route.

– Attention ! ai-je crié.

Un missile a jailli des brumes, fonçant droit vers nous. Mark l'a évité sans mal.

– Il faut croire qu'il sait où on est, a-t-il remarqué.

– C'est de la folie ! me suis-je écrié. Tentons plutôt de le semer.

– On n'y arrivera pas, Bobby. Il ne nous lâchera pas. Puis il en viendra d'autres pour se joindre à la chasse. Il faut en finir ici et maintenant.

C'est là que je l'ai vu. Droit devant nous à cinq cents mètres environ. On allait au-devant d'une collision avec l'hélico ravinien. Au premier qui se dégonfle. J'imagine qu'on avait une chance sur deux.

– Descends-le ! ai-je crié.

Mark a tiré, une fois, puis une autre. L'appareil n'a eu aucun mal à éviter les roquettes, puis a riposté. Mark a abaissé notre propre engin et viré sur la gauche, évitant les deux fusées. Puis il nous a ramenés au même niveau que l'ennemi. Bien sûr, on allait continuer juste au-dessus du pont, à l'intérieur de la tour Sud… et percuter notre adversaire.

– Continue de tirer ! ai-je crié.

– Inutile, a-t-il répondu calmement.

L'hélico a décoché une autre roquette. Elle nous a ratés, mais il n'a pas insisté. Apparemment, notre chasseur ne se souciait plus de nous abattre.

– Il veut jouer les kamikazes, a dit Mark comme s'il lisait mes pensées.

– Ce n'est pas comme ça qu'on joue à qui se dégonfle le premier ! ai-je crié.

– Faut croire qu'il ne connaît pas les règles.

L'autre appareil allait arriver à la hauteur du pont.

– Mark, je ne peux pas te laisser mourir.

– Je n'en ai pas l'intention, a-t-il répondu avec un sourire. On le tient.

Hein ?

J'ai regardé droit devant nous. On était à un cheveu de la collision frontale. Dans quelques instants, on serait réduits en bouillie. J'ai retenu une grimace. Ça allait faire mal.

Soudain, l'autre hélico a explosé, comme ça. Une seconde, il fonçait sur nous, et là, des bouts de métal volaient dans tous les sens.

– Je t'ai eu ! s'est exclamé Mark.

Le rotor de l'appareil condamné a continué de tournoyer dans le vide. Des shrapnels ont volé dans la direction opposée. Les munitions restantes ont explosé, et une violente éruption a secoué l'épave. Sans doute le réservoir d'essence.

Mark a ramené son manche à balai vers lui, et on a survolé le carnage.

– Whaouuuu ! a-t-il crié, complètement survolté.

– Qu'est-ce qui s'est passé ?

– Je te l'ai dit, ce machin est à peu près intact. C'est un pont suspendu. Les câbles reliant les deux tours sont encore en place. L'ennui, c'est qu'avec ce brouillard, ils sont invisibles.

J'ai regardé par-dessus mon épaule à temps pour voir la carcasse embrasée de l'hélicoptère s'écraser sur la route, rebondir dessus et tomber comme une pierre vers la surface des flots.

– Donc, tu l'as attiré dans une toile d'araignée, ai-je déclaré. C'est pour ça que tu volais si près. (Je lui ai donné un petit coup de poing à l'épaule.) Tu aurais pu me le dire.

– J'aurais pu, mais je ne voulais pas avoir l'air bête au cas où ça ne marche pas.

– Si ça n'avait pas marché, ç'aurait été le dernier de nos soucis. Mark, c'était incroyable !

– Merci. Maintenant, filons d'ici avant qu'ils nous envoient d'autres hélicos.

Je me suis rassis sur mon fauteuil et ai tenté de reprendre mon souffle. Je ne savais pas ce qu'il y avait de plus choquant : qu'on ait bien failli se faire désintégrer ou que Mark Dimond soit ce pilote aux nerfs d'acier qui avait tendu un piège à son adversaire et nous avait sauvé la vie. On est retournés vers Manhattan au ras des vagues au cas où d'autres dados seraient à notre recherche. Dans mes souvenirs, la pointe de Manhattan était hérissée de gratte-ciel. Plus maintenant. Ce n'était pas la même ville. On aurait dit que les bâtiments avaient été élagués à la hauteur du dixième étage. Rien à voir avec Rubic City sur Veelox, où la cité s'effondrait lentement sous l'effet de l'âge et du manque d'entretien. Non, il s'était passé quelque chose. Quelque chose de terrible.

– Qu'est-il arrivé ? ai-je demandé à Mark, désignant ce qui restait de cette grande métropole.

– Ils ne lui ont pas donné de nom officiel, a acquiescé Mark, mais j'imagine qu'on peut appeler ça la Troisième Guerre mondiale. Sauf qu'elle n'a pas éclaté entre pays. Ce fut plutôt Ravinia contre le reste du monde.

– Et qui a gagné ?

– Personne. Quoique, Ravinia l'a emporté, d'une certaine façon. Lorsqu'elle a pris le pouvoir, elle croyait avoir éliminé toute opposition. Mais la révolte couvait. Ça leur a pris des siècles, mais les rebelles ont fini par être assez puissants pour défier l'autorité des Raviniens. Jusque-là, tous ceux qui n'étaient pas parmi les élus vivaient dans la misère la plus abjecte. Le peuple a amassé assez de pouvoir pour rendre les coups, suffisamment pour inquiéter les Raviniens. C'est comme ça qu'ils ont maté la révolte.

– En détruisant la ville ?

– Et beaucoup d'autres. Mais pas avant d'avoir transféré tout ce qu'il y avait de plus précieux en ce monde dans leurs divers Conclaves.

– Alors c'était vraiment Big Ben qu'on a vu là-bas ? Et le Taj Mahal et la Joconde ?

– Oui. Ils ont des centaines de jardins de ce style disséminés dans le monde. Et après avoir pillé les trésors du monde entier, ils ont déclenché l'Armageddon En gros, ils ont lâché d'un coup tout l'arsenal amassé par l'humanité. Je crois que dans certains coins, ils ont même utilisé l'arme nucléaire. À Washington D.C., par exemple. D'après ce que j'ai entendu, quelques jours leur ont suffi, et toutes les parties du monde qui échappaient à Ravinia ont été laminées… avec la majorité de ceux qui y habitaient.

À voir l'étendue des dégâts, cette histoire devenait crédible. C'était bien l'Armageddon.

– Bien sûr, a continué Mark, ils n'ont pas tué tout le monde. Il y eut des survivants. Mais pas beaucoup, en tout cas pas assez pour leur tenir tête.

– Quand est-ce arrivé ?

– Je n'en suis pas sûr, mais je crois que c'était il y a quatre ans.

Là, ça m'a fait un choc.

– Quatre ans ? C'est tout ?

Mark s'est détourné de ses commandes le temps de me jeter un regard sombre.

– Je crois que c'était le moment de vérité de la Troisième Terre, Bobby.

J'en suis resté sans voix. Était-ce possible ? Nous avait-on renvoyés trop tard ? La bataille pour la Troisième Terre et pour Halla était-elle terminée avant qu'on ait eu une chance de l'empêcher ?

Mark a regardé à nouveau devant lui. Ses yeux brillaient de larmes.

– Je ne comprends pas, a-t-il déclaré. De toute évidence, Saint Dane est la clé de tout, mais qu'a-t-il à gagner en détruisant la majeure partie de la population de la Terre ?

Je connaissais la réponse, bien sûr, mais je n'ai rien dit. Ce n'était pas le moment d'expliquer à Mark ce qu'était Solara. Et pourtant, il méritait des explications. Comme chaque survivant.

– Parce qu'il n'y a pas que la Terre, ai-je affirmé. Crois-le ou non, mais l'enjeu est même plus vaste que Halla. Ce que veut Saint Dane, c'est détruire tout ce qu'il y a de bon et de positif dans l'homme. Ensuite, il pourra rebâtir un univers à son image.

Mark a froncé les sourcils et acquiescé. Il ne pouvait pas vraiment comprendre ce que je lui racontais, mais à ce stade, ça n'avait pas d'importance.

– Il reste tout de même un espoir, me suis-je empressé d'ajouter.

– Vraiment ? a-t-il répondu d'un ton las et sceptique.

– C'est toi notre espoir, Mark. Et tous ceux comme toi. Tous ceux qui ont été exilés via le flume.

Mark m'a jeté un regard surpris.

– Pourquoi crois-tu que Saint Dane veut votre mort ? ai-je ajouté.

– Parce qu'on est tout ce qui reste de l'opposition à Ravinia ?

– C'est vrai, plus que tu ne le penses. Que t'est-il arrivé lorsque tu as été aspiré dans le flume en Seconde Terre ? Où es-tu allé ?

Sa mine s'est assombrie.

– Sur Cloral, a-t-il dit doucement.

Tout d'abord, il n'a rien ajouté. J'en ai conclu qu'il avait du mal à rembobiner son esprit aussi loin dans le passé. Il luttait pour contrôler ses émotions. Je ne voulais pas insister lourdement, mais je devais savoir.

– J'ai vraiment tout gâché, Bobby.

– Toi ? ai-je répondu en tentant de ne pas éclater de rire. Mark, avec tout ce qui nous est tombé dessus, quoi que tu aies fait, je ne crois pas que tu aies pu aggraver les choses.

Il ne m'a pas cru. Quelque chose le travaillait.

– Dis-moi tout.

Mark a pris encore une minute pour rassembler ses esprits, puis il m'a raconté son histoire.

– Deux dizaines d'entre nous ont échoué sur Cloral, dans cette grotte immergée. J'étais le seul à savoir qu'il fallait en sortir à la nage. Mais une fois à la surface, ça a vite dégénéré. Ce qu'on a trouvé n'avait rien à voir avec ce territoire paisible que tu avais décrit dans tes journaux. Les barges se faisaient la guerre. Les pillards étaient partout. Chaque habitat était transformé en forteresse. Des pirates nous ont capturés et obligés à travailler sur leurs bateaux. C'était pénible. (Il m'a regardé droit dans les yeux.) C'est là que j'ai appris à me battre. Ne me demande pas pourquoi.

Il restait une question que je devais poser. J'avais attendu tout ce temps par peur de ce qu'il pourrait me répondre, mais je ne pouvais pas la retarder davantage.

– Et Courtney ? Elle était avec toi ?

Mark a secoué la tête.

– Non. Je ne sais pas ce qu'elle est devenue. On est entrés dans le flume ensemble, mais elle n'est pas allée sur Cloral. Lorsque les exilés ont commencé à débarquer, j'ai pu recueillir leurs témoignages et assembler les morceaux. On en a conclu que les Raviniens envoyaient leurs ennemis sur d'autres territoires de façon aléatoire. Par hasard, quelques-uns se sont retrouvés sur Cloral. Il y en avait peut-être d'autres, mais je ne pouvais le savoir.

Mark n'avait pas encore entendu parler du Massacre du Bronx et des milliers de personnes que Ravinia avaient bannies en ce jour funeste.

– Je n'ai pas revu Courtney depuis notre chute dans le flume, a-t-il ajouté.

– On avait peur que vous ayez tous été exécutés.

– Parfois, je préférerais qu'il en soit ainsi.

J'en avais mal pour lui. Mon ami.

– Comment as-tu échoué ici ?

– Je ne savais pas ce qui était arrivé en Seconde Terre, mais de la façon dont évoluait Ravinia, j'étais à peu près sûr que cette planète était fichue. Ce qui signifiait que la Troisième Terre était le seul territoire que Saint Dane n'avait pas encore mené à son moment de vérité. Ça peut paraître bête, Bobby, mais j'avais toujours l'impression d'être en mission. Je voulais venir ici pour tenter d'arrêter Saint Dane. J'ai rassemblé un groupe d'autres exilés, et on s'est mutinés contre les pirates. On a volé deux skimmers et on a regagné le flume. J'espérais qu'un Voyageur s'y montrerait, peut-être même toi, pour nous sortir de là, mais en vain. Je n'ignorais pas que prendre le flume sans un Voyageur présent risquait de l'endommager, alors on a attendu. Je ne sais combien de temps. Trop longtemps. Je commençais à croire qu'on passerait tout le reste de nos vies dans cette grotte, à manger les fruits poussant sur ses parois. Finalement, je n'ai plus pu le supporter et j'ai crié « Troisième Terre ! » dans le flume. C'était mal, j'en étais conscient, mais je présume que j'avais pété un plomb. Je m'attendais à ce que ça tourne mal, mais le couloir ne s'est pas écroulé. Il s'est activé et nous a emportés. Tous les vingt. Au début, j'ai cru que tout irait bien. J'espérais que les choses auraient changé. Ce n'est qu'à notre arrivée que j'ai déchanté. À peine avait-on posé le pied en Troisième Terre que le tunnel s'est mis à vibrer. Bobby, on se serait cru de retour sur Eelong. Il s'est effondré. C'est entièrement ma faute. Je n'aurais pas dû amener ces gens ici. Je suis celui qui a détruit les flumes.

J'ai souri. Mark m'a jeté un drôle de regard. Ce doit être une réaction normale lorsqu'on met son âme à nu devant son meilleur ami et qu'il trouve ça drôle.

– Tu ne les as pas détruits, Mark. C'est ce qui se serait passé de toute façon.

– Mais… comment ?

Je voulais l'apaiser, mais sans entamer un grand discours à propos de Solara, du moins pas maintenant.

– Les flumes ont volé en éclats, Mark. Tous. Et crois-moi, ça n'avait rien à voir avec toi. C'est l'œuvre de forces bien plus importantes.

Mark m'a longuement dévisagé, cherchant à comprendre. Il voulait me croire, mais avait du mal.

– Tu es sérieux ou est-ce que tu veux juste me remonter le moral ?

– Les deux.

– Tu ne plaisantes pas ?

– Non. Je te le jure, Mark, ce n'est pas ta faute.

Il s'est détendu. Sous mes yeux, le poids physique de la culpabilité qui pesait sur ses épaules a été retiré. Mark n'avait peut-être pas tout compris, mais il avait confiance en moi. Sans doute parce qu'il en avait besoin.

Néanmoins, son histoire soulevait quelques questions. Je savais très bien comment les flumes avaient été détruits, mais maintenant, je n'étais plus très sûr de savoir *quand* ils l'avaient été. Je croyais que cela s'était produit juste après que j'ai été aspiré dans le flume de Seconde Terre. Mais si Mark avait passé tout ce temps sur Cloral, cela ne collait pas. C'était assez déroutant, et pourtant, cela correspondait avec ce que j'avais sous les yeux. Si l'on veut. Mark avait vieilli, pas moi. Même si ça m'avait semblé durer quelques minutes tout au plus, j'avais pu flotter dans ces limbes spatio-temporels pendant des années. Ou peut-être que le temps ne compte plus pour peu qu'on quitte le monde physique ? Ou peut-être que, maintenant que je savais n'être qu'un esprit, je n'avais plus à faire comme si je menais une vie normale. Ou peut-être que je devrais cesser de me prendre la tête sur des choses qui me dépassaient complètement. Ouais, bonne idée.

– Dis-moi ce qui s'est passé après ton arrivée ici, ai-je demandé.

– On était à peine sortis du tunnel qu'il a été écrabouillé sous un grand bâtiment de marbre que je n'avais encore jamais vu. Je me suis dit que ce devait être un nouveau flume de Troisième Terre, mais lorsqu'on a commencé à l'explorer, j'ai changé d'avis. Mark, c'était bien celui de Stony Brook, mais ce n'était pas le Stony Brook où j'avais grandi.

Je n'avais aucune envie d'en entendre davantage. Je savais que ça n'annonçait rien de bon.

– Comme le bâtiment était désert, on s'est dirigés vers la ville. On a trouvé quelques survivants, et c'est comme ça qu'on a appris qu'il y avait eu une guerre. C'était il y a trois ans. Depuis, on n'a pas cessé de lutter pour survivre en attendant qu'il se passe quelque chose. Ou peut-être devrais-je dire qu'on t'attendait *toi*. Tu es sûr pour les flumes ?

– Oui. Donc, il n'y a que vingt exilés ici, en Troisième Terre ?

– Non. Après les événements d'aujourd'hui, on n'est plus que douze. C'est tout de même bizarre. Il reste encore pas mal de survivants de cette guerre, mais les Raviniens nous ciblent *nous*.

– C'est parce que les exilés sont tout ce qui empêche Saint Dane de triompher.

Mark m'a jeté un regard perplexe. Il n'y comprenait goutte, et je doutais que mes explications puissent arranger quoi que ce soit.

On s'est tus le temps qu'il pose l'hélicoptère. On a touché terre dans un parking désert quelque part dans le quartier de Manhattan qu'on appelait Upper West Side. À peine était-on immobilisés qu'un groupe d'hommes et de femmes s'est précipité vers nous. Je me suis crispé. Allaient-ils nous attaquer ?

– Ne t'en fait pas, m'a rassuré Mark. Ce sont les nôtres.

Mark et moi sommes descendus de l'habitacle. Pas un mot ne fut échangé : tout le monde savait ce qu'il avait à faire. Ils ont tiré quatre petits chariots de métal, deux de chaque côté de l'appareil. Ils n'ont même pas attendu que le rotor ait cessé de tourner. Ils ont soulevé le petit appareil pour le déposer sur les chariots, puis l'ont poussé vers les portes ouvertes d'un garage décrépit. Lorsqu'il eut disparu à l'intérieur, quatre autres personnes ont couru effacer toutes traces de notre passage pendant que les premiers refermaient l'énorme porte. Toute l'opération n'a pas pris plus de deux minutes. L'hélicoptère était bien caché là où les Raviniens ne pouvaient le voir.

Je me suis tourné vers le garage pour voir une demi-douzaine d'autres appareils plus un certain nombre de taxis jaunes.

– Que penses-tu de notre collection ? a demandé Mark en souriant. C'est un cadeau des Raviniens.

– Vous leur avez piqué ? ai-je demandé, surpris.

– Et il y en a d'autres, cachés à différents endroits de la ville. Depuis notre arrivée, on a joué les guérilleros. À un moment ou à un autre, on espère bien faire bon usage de tout ce qu'on a amassé. (Mark m'a regardé droit dans les yeux.) Est-ce aujourd'hui le grand jour ?

Je me suis demandé ce que je pouvais lui révéler. La vérité sur Halla et Solara ? C'était un récit long et incroyable. J'ai décidé d'attendre avant d'entrer dans les détails. Il y avait plus important à faire. Alors je lui ai raconté ce que, à mon avis, il devait savoir à ce stade. On est allés s'asseoir dans un coin du garage, à distance des autres. Je savais qu'ils avaient un million de questions à me poser, et ils avaient bien mérité une réponse. Mais ce serait pour une autre fois.

– Voilà ce qui s'est passé, Mark, ai-je commencé. Saint Dane et les Raviniens ont exilé des milliers de personnes. D'après ce que j'ai entendu et ce que tu m'as dit, on les a envoyés aux quatre coins de Halla. Ces gens sont désormais notre dernier espoir. Les Voyageurs ont été renvoyés chacun sur son monde d'origine pour les retrouver. Mais Saint Dane aussi veut mettre la main sur eux. À tout prix. C'est pour ça qu'il a torturé ce pauvre bougre tout à l'heure. Il a peur de toi, Mark. Je ne crois pas que cette guerre ait été le moment de vérité de la Troisième Terre. Je pense que c'est *toi*.

– Moi ? a-t-il répété, choqué.

– Et tous les autres exilés. Vous représentez le futur de la Troisième Terre et de Halla. C'est pourquoi Saint Dane veut votre mort.

– Pourquoi nous ? Que peut-on faire contre lui ? On n'est plus qu'une poignée.

– Il y a plus que ça. Bien plus. En Seconde Terre, soixante-dix mille personnes ont été aspirées dans le flume. J'étais là. J'ai tout vu. Il y a bien longtemps, les exilés se sont dressés contre Ravinia, et c'est votre esprit collectif qui fait que le combat continue. Ce même esprit que Saint Dane veut détruire. Vous représentez l'indépendance. Le libre arbitre. La soif de liberté. Tout ce qui va à l'encontre de son idéal. Vous êtes tout ce qui reste de positif dans Halla.

Mark a acquiescé d'un air pensif.

– Ça devient un peu trop cosmique pour moi, a-t-il déclaré avec un petit sourire.

– Je sais.

– Soixante-dix mille ?

J'ai confirmé.

– Si seulement la moitié de tous ces gens pouvaient être là, avec nous ! On a imaginé toutes sortes de plans pour abattre ce

Conclave des Raviniens. Pas un seul n'avait la moindre chance de réussir avec une poignée d'hommes. Mais une armée de soixante-dix mille soldats… c'est une autre paire de manches.

– Vous aurez peut-être une occasion.

Une lueur s'est allumée dans les yeux de Mark. Il passait en revue les possibilités qui s'offraient à lui.

– J'ai croisé d'autres exilés sur Cloral, a-t-il déclaré. Tu crois que le reste pourrait s'y trouver ?

– Je ne sais pas, mais j'ai bien l'intention de le découvrir. Je pars pour Cloral.

– En attendant, que doit-on faire ?

– Rester en vie. C'est le plus important. Dès que je saurai si les autres exilés sont en sécurité, je reviendrai et on pourra rentrer une dernière fois dans le lard de Saint Dane. Ensemble.

– Il y a autre chose que tu dois faire.

– Quoi ?

– Trouver Courtney.

Courtney. Où pouvait-elle bien être ? Maintenant que j'avais retrouvé Mark, j'étais sûr qu'elle était toujours en vie. Je devais le croire. Si quelqu'un représentait tout ce qu'il y avait de positif dans Halla, c'était bien Courtney. Hé, elle pourrait certainement faire tourner Solara à elle toute seule.

– Tu m'as manqué, mon vieux. Combien de fois ai-je souhaité t'avoir à mes côtés !

On a fini par craquer. On s'est étreints, Mark et moi. C'était mon meilleur ami. Celui avec qui j'avais passé mon enfance. Celui qui m'avait toujours été loyal, quoi qu'il arrive. Mon acolyte. Et maintenant, il était de ceux qui pouvaient sauver Halla. Je n'en doutais pas un seul instant. C'était écrit.

– Pourquoi as-tu mis si longtemps à revenir ? a-t-il demandé.

– Ce n'est pas ça, Mark, ai-je expliqué. J'ai l'impression de n'être parti que pour un moment. Peut-être même quelques heures tout au plus.

Il m'a jeté un drôle de regard.

– Bizarre, non ?

– Heu, oui.

– Tu sais quoi ? ai-je déclaré. Je crois que c'est plutôt un bon présage.

– Comment ça ?

– Parce que j'ai été envoyé ici, en Troisième Terre, cinq années après l'époque de Patrick. Ce qui veut dire que le moment de vérité peut avoir changé. Je suis ici parce que c'est là où on a besoin de moi. *Maintenant*, je crois qu'on a une chance.

Mark a acquiescé d'un air pensif.

– Un jour, tu m'expliqueras tout ça plus en détail ?

– Oui, ai-je répondu en souriant. Mais je te préviens, ta tête va exploser.

– Sans blague ?

– Mark, c'est incroyable. Je sais tout. Tout. Et j'ai retrouvé ma famille.

– C'est vrai ! s'est-il exclamé. Où sont-ils ?

– En lieu sûr, mais pour l'instant, je ne peux pas t'en dire plus. Tu as bien assez de soucis comme ça.

– Je suis content pour toi, Bobby, a-t-il déclaré avec la plus grande sincérité. Je sais ce que c'est que perdre sa famille.

– Oui, en effet. (Comme il n'y avait rien à ajouter, je me suis relevé et ai inspiré profondément.) Je reviens le plus vite possible.

– J'espère que tu ne vas pas me faire attendre encore cinq ans, a blagué Mark.

– J'en doute. Ma place est ici. En fait, je crois que je n'en aurai pas pour longtemps.

– Peu importe, on sera prêts. On l'est depuis un certain temps déjà.

– Prêts à quoi ?

– À abattre le Conclave. C'est ce qu'on va faire, non ?

Je n'ai pu m'empêcher d'éclater de rire.

– Voilà que tu joues au petit soldat, maintenant ?

Mark a haussé les épaules.

– Que veux-tu que je te dise ? Je suis prêt à aller jusqu'au bout.

On s'est étreints une dernière fois.

– Localise-les, a-t-il déclaré d'une voix douce. Et ramène-les ici.

– J’y compte bien.

On s’est séparés et il a ajouté :

– Hé, si les flumes ont été détruits, comment vas-tu te rendre sur Cloral ?

– Je trouverai bien un moyen.

Mark a haussé les épaules et s’est tourné vers ses amis. S’il m’avait regardé une seconde plus tard, il aurait eu la surprise de constater que je n’étais plus là. J’avais quitté la Troisième Terre…

Pour me retrouver sur le pont d’une barge du territoire de Cloral. Elle était la proie des flammes. J’ai mis cinq secondes à comprendre que cet habitat était en guerre.

Journal n° 37
Chapitre 14

J'étais complètement désorienté.

Sans doute l'effet des flammes, des hurlements et des explosions secouant le pont assez violemment pour me faire tituber. On était en plein jour, et pourtant, le ciel était noir. Ça n'était pas logique, du moins jusqu'à ce que je comprenne que j'étais entouré de flammes. Leur clarté était telle que je m'étais cru en plein jour. Quoi qui puisse se passer sur cette barge, ça ne me disait rien de bon. J'ai vu des gens courir pour échapper à cette tempête de feu.

Cela faisait des années que je n'étais pas revenu sur Cloral. À l'époque, elle n'était pas en guerre, si bien qu'elle ne m'était pas vraiment familière. Sur quel habitat étais-je ? Qui l'attaquait ? Qui étaient les bons, qui étaient les méchants ?

J'ai entendu le sifflement d'un missile en approche rapide. Mais d'où venait-il ? Quelle était la cible ? Qui tirait sur qui ? J'ai décidé de rester sur place, puisque j'avais autant de chances d'aller à la rencontre du missile que de lui échapper. Je suis resté planté là, ai fermé les yeux et me suis crispé. Une seconde plus tard, le seul bâtiment qui n'était pas en flammes a volé en éclats. Le missile l'avait heurté de plein fouet, fracassant les vitres et faisant naître un incendie en son cœur. Heureusement que je n'avais pas cherché à me cacher, parce que sinon, je serais sans doute entré dans ce même bâtiment. Ouf.

C'est alors que j'ai repris mes esprits le temps de me souvenir de ce que Spader avait dit. Il avait été le premier d'entre nous à quitter Solara pour se rendre sur Grallion, et selon lui, ce monde était en flammes. Étais-je sur la même barge ? Étais-je arrivé à la même période que Spader ? J'ai couru le long du pont entre deux rangées d'immeubles incendiés. Il me fallait trouver un point d'où je pourrais voir l'habitat dans son intégralité.

J'ai croisé plusieurs personnes qui tentaient de se trouver un abri. C'était le chaos. Personne ne semblait savoir où aller. Lorsque je suis arrivé au bout d'une longue rangée de bâtiments en flammes, j'ai trouvé une tour d'observation encore intacte. Plus qu'à l'escalader. Bien sûr, si on la prenait pour cible, je me retrouverais sur Solara sans passer par la case départ et sans toucher deux cents. Mais je devais courir ce risque. J'ai monté les marches quatre à quatre jusqu'à ce que j'arrive à un niveau assez élevé pour me permettre d'avoir une vue d'ensemble.

Pas de doute, j'étais sur Grallion. Ou un habitat fort semblable. Grallion était une grande ferme flottante. Or devant moi s'étendaient des hectares de terres arables, dont la moitié était en flammes. C'était un cauchemar. J'ai vu de courageux aquaniers et des fermiers manier des lances de pompiers pour tenter d'éteindre l'incendie. On pouvait toujours reconstruire des bâtiments, mais les cultures de Grallion fournissaient de quoi nourrir des milliers de personnes.

Que se passait-il ? Qui pouvait bien être à l'origine de ce désastre ? Lorsque j'avais quitté Cloral, la mythique cité perdue de Faar venait de s'élever des profondeurs de l'océan pour devenir un centre artistique et académique. En Seconde Terre, Alexandre Naymeer avait affirmé que Faar deviendrait le QG des Raviniens sur Cloral. Était-ce déjà arrivé ? Cette attaque avait-elle quelque chose à voir avec la conquête de Cloral par les Raviniens ?

Un autre missile a sifflé dans les airs pour s'écraser au beau milieu de la ferme dans un déluge de flammes. Carbonisant les récoltes. Ce genre d'armes était nouveau sur Cloral. Lorsque j'y avais séjourné, ils disposaient de moyens de destruction sophistiqués, mais leurs munitions étaient de l'eau comprimée. Elles n'avaient rien de bombes incendiaires. Quelles que soient ces fusées, elles étaient nouvelles. Mais à quel point ?

Quand étions-nous ?

Je me suis retourné dans la direction d'où venait le projectile pour voir quelque chose d'effrayant. La tour où je me trouvais n'était pas très loin de l'extrémité de cette immense barge. De là, je pouvais voir le vaste océan qui recouvrait Cloral. La nuit était claire. Le ciel piqueté d'étoiles…

Et la mer encombrée de bateaux. Des vaisseaux de guerre. Grallion était entourée par des nuées de croiseurs armés de canons fixes et mortels. Bien sûr, de là-haut, je ne voyais qu'une partie de cette flotte, mais de toute évidence, c'étaient eux qui étaient à l'origine de cette catastrophe. La rangée d'assaillants se trouvait à cinq cents mètres de l'habitat, ce qui était bien suffisant pour que leurs canons puissent faire de gros dégâts. Ces bateaux avaient l'air modernes et rapides. Sous mes yeux, deux canons ont ouvert le feu. Un sifflement aigu a vrillé l'air nocturne. Un peu plus tard, deux autres explosions ont secoué la barge.

Quel était leur but ? Voulaient-ils couler l'habitat ? J'en doutais. Leurs projectiles faisaient des ravages, mais ils ne semblaient pas assez puissants pour venir à bout d'une barge aussi immense. Je me suis demandé s'ils ne cherchaient pas à ramollir ceux qui se trouvaient à bord avant de passer à l'assaut. Durant le peu de temps que j'avais passé ici, je n'avais pas vu qui que ce soit se battre en combat singulier. S'ils entendaient passer à l'abordage, c'était pour plus tard. Ce qui ne pouvait signifier qu'une chose : une fois de plus, on m'avait envoyé au bon endroit au bon moment. Quelle que puisse être l'issue de cette bataille, elle aurait certainement un rôle à jouer dans la grande guerre pour Halla.

Je devais trouver Spader. J'allais redescendre de mon perchoir lorsqu'un tir de barrage a illuminé le ciel. Il devait être coordonné, parce que tous les bateaux semblaient avoir déchargé leurs canons en même temps. Inlassablement, les missiles ont sillonné le ciel pour s'écraser sur Grallion. Les explosions étaient si sonores que j'ai bien cru que mes tympans n'y résisteraient pas. Soudain, je me suis dit que c'était plutôt stupide de rester là-haut. J'ai donc descendu l'escalier. Tout autour de moi, les bombes ne cessaient de pleuvoir. La tour a tremblé, me faisant perdre l'équilibre et dévaler les marches. Une autre explosion a retenti, et cette fois, la structure s'est penchée sur le côté, prête à s'effondrer. J'étais encore à trois mètres du pont et ai dû plonger pour éviter d'être écrasé. Heureusement, j'ai heurté le sol sans trop de casse et fait un roulé-boulé. La tour s'est abattue non loin de ma tête. Je tournoyais dans un monde de lumière, de poussière et de fracas assourdissant. Tout ce que je pouvais faire, c'était passer mes bras par-dessus ma tête, me mettre en position fœtale et espérer survivre à ce massacre.

Soudain, tout a cessé, comme ça. Fini. *Game over*. Le feu roulant des explosions a résonné au-dessus de l'océan pour faire place au crépitement des flammes et aux cris. Au loin, j'ai entendu des gens se hurler des instructions à la figure. Je n'y comprenais toujours rien, mais de toute évidence, ils tentaient de ramasser les morceaux et s'occuper des blessés.

Ce bruit de fond fut vite remplacé par un autre. Une voix amplifiée a tonné au-dessus des flots. Elle était si forte que tout le monde a dû l'entendre.

– Gens de Grallion, a fait la voix. Vous protégez des individus coupables de crimes contre Ravinia. Recueillir des fugitifs est un crime très grave, et toute la population de votre habitat sera tenue responsable. Si vous refusez de nous remettre ces délinquants, nous n'aurons pas d'autre solution que de continuer l'assaut avec des conséquences bien plus radicales. Nous avons l'autorisation de couler cette barge avec tous ceux qui se trouvent dessus. Il n'y aura pas de survivants. À vous de choisir.

Ravinia. Elle était bien présente et active sur Cloral. Au moins, je savais qui étaient les bons et les méchants. Mais qui étaient ces fugitifs qu'ils voulaient tant récupérer ? Étaient-ce les exilés ? Si ce n'était pas le cas, quiconque était un ennemi de Ravinia était mon ami. Je devais les retrouver. Je me suis relevé. J'étais un peu sonné, mais indemne. Comme les aquaniers dirigeaient les habitats, c'était donc par là que j'allais commencer. J'espérais que Spader serait parmi eux.

J'ai couru vers la poupe de l'immense barge. Alors que je reprenais mes esprits, j'ai commencé à me reconnaître dans Grallion. Les bâtiments en flammes que j'avais vus en débarquant ici étaient les boutiques situées non loin de la résidence des aquaniers. Mon cœur s'est serré en voyant que Grolo's était là, au milieu du carnage, éventré et en flammes. C'était la taverne où Spader m'avait fait découvrir cette drôle de boisson douce-amère qu'ils appelaient « snigger ». Des gens vêtus des tenues légères typiques de Cloral faisaient tout leur possible pour éteindre l'incendie, mais en vain. Fini les tournées de sniggers chez Grolo's. J'ai ressenti une bouffée de sympathie pour ces gens. Je me serais volontiers arrêté pour leur venir en aide, mais les enjeux étaient plus importants qu'une simple taverne.

Mon but était d'atteindre la station des aquaniers située à la poupe, sous le pont. C'était là qu'on préparerait la défense de Grallion. Et si Spader était bien sur Cloral, c'était là que je le trouverais. J'ai refait le chemin de mémoire. Je n'ai pas tardé à trouver une trappe qui menait à l'étage en dessous. J'ai descendu les marches et traversé des passerelles jusqu'à me retrouver dans la grande baie à quatre niveaux où les aquaniers rangeaient leur matériel. La poupe de l'immense habitat s'ouvrait sur l'océan. Plusieurs étages en contrebas, des rangées entières de skimmers étaient amarrées, tanguant au gré des vagues. En baissant les yeux vers la surface de l'océan, j'ai aperçu les ombres des croiseurs assaillants. Ils flottaient comme des prédateurs sinistres, attendant en silence de bondir sur leur proie. À deux niveaux au-dessus de l'eau et un en dessous du mien, un groupe d'aquaniers s'était rassemblé. Ils portaient tous ces combinaisons de plongée noire moulantes qui servaient d'uniformes à ceux qui pilotaient et protégeaient les habitats. Spader n'était pas parmi eux, mais à mon grand soulagement, j'ai vu quelqu'un que je connaissais.

Wu Yenza, la chef des aquaniers, était au cœur de l'action. Elle était telle que dans mes souvenirs. Ses cheveux noirs étaient coupés très court pour des raisons plus pratiques qu'esthétiques. Ses yeux étaient intenses et pleins d'autorité. Bien qu'elle ne soit pas très grande, elle dégageait une véritable présence physique. C'était la patronne. Mieux encore, elle était l'acolyte de Spader. Elle savait tout sur Halla et Saint Dane. Elle comprenait la véritable envergure de cette bataille.

Malheureusement, elle était prise d'assaut, et pas par les navires raviniens qui croisaient au large.

– Laisse-les partir ! lui criait un grand type à l'air furieux. Tu ne peux sacrifier la sécurité de Grallion pour une poignée d'étrangers.

– Peu importe si ce sont des étrangers ! a-t-elle argué. Ce ne sont pas des traîtres, mais des victimes !

– Et alors ? a rétorqué une aquanière. Notre devoir est de protéger Grallion. Comment peux-tu justifier de mettre en danger tous ses habitants au nom de quelques individus ?

– Il n'y a pas qu'eux, a repris Yenza d'un ton sentencieux. Avez-vous oublié ce que Ravinia a fait à Cloral ? Sommes-nous vraiment plus heureux maintenant qu'ils surveillent nos moindres gestes ? Qui peut dire si ces gens sont coupables d'autre chose que d'être des ennemis de Ravinia ?

– Ce sont peut-être des meurtriers ? a suggéré une autre femme.

– Et si leur seul crime était d'avoir des opinions contraires à celles du Conclave ? a rétorqué Yenza. Voulez-vous être leurs juges ? Si on les remet aux pillards, on sera également leurs bourreaux. Est-on vraiment tombés si bas ?

Des pillards. Je me souvenais de ces types. Des pirates qui attaquaient les bateaux au hasard. Ils n'avaient certainement pas l'organisation ou la puissance de feu dont faisait preuve cette flotte. Étaient-ils devenus les exécuteurs des hautes œuvres de Ravinia sur Cloral ?

– Nous sommes arrivés à un moment de vérité, a continué Yenza. Je vous connais, tous autant que vous êtes. Je sais quelles valeurs vous défendez. Pas plus que moi, vous n'aimez ce que Ravinia est en train de faire de notre quotidien. Si nous leur livrons ces pauvres bougres, où cela nous mènera-t-il ?

– Et d'abord, a repris un autre aquanier, qui sont-ils exactement ? D'où viennent-ils ? J'ai essayé de leur parler, et ils étaient incapables de répondre aux questions les plus élémentaires concernant leur habitat d'origine. Ils nous cachent quelque chose.

Les poils de ma nuque se sont hérissés. Tout commençait à devenir clair. J'avais la nette impression de savoir de qui il s'agissait et pourquoi ils semblaient tout ignorer de Cloral. Et pourquoi les Raviniens tenaient tant à les récupérer.

– Leur origine est-elle si importante ? a demandé Yenza. Je crois qu'ils sont des victimes, et si on les chasse, cela voudra dire que nous cédons devant Ravinia. Que nous demanderont-ils la prochaine fois ?

Je pouvais répondre à cette question. Je l'avais vu en œuvre sur d'autres territoires.

Les aquaniers semblaient hésiter. Pas de doute, Yenza était convaincante. Ses mots avaient les accents de la vérité. J'aurais voulu me ranger de son côté et leur raconter comment Ravinia avait détruit la Terre. Mais ce n'était pas une bonne idée.

– Alors que fait-on ? a repris le grand aquanier d'un ton radouci. On est un habitat fermier. On n'a pas la puissance de feu pour repousser une armada de pillards.

– Ils ont déjà abattu l'essentiel de nos défenses, a ajouté la femme. Et aux quatre coins de la barge, on lutte pour éteindre les incendies.

– Es-tu prête à laisser mourir Grallion pour faire entendre ta position contre Ravinia ? a renchéri l'homme.

Bonne question. Dure question. J'avais vraiment envie d'entendre la réponse de Yenza. Or sa réaction fut étrange : elle a consulté sa montre. Les autres avaient l'air aussi interloqués que moi.

– Bientôt, a-t-elle annoncé, ça n'aura plus aucune importance.

Les aquaniers se sont regardés sans comprendre.

– Avant le début de l'attaque, a expliqué Yenza, j'ai fait monter les fugitifs dans un sous-marin et les ai envoyés loin de Grallion. En ce moment, ils doivent avoir franchi le blocus. Ils sont partis.

Les autres ont rugi de colère. « Comment as-tu pu faire ça ? », « Ce n'était pas à toi d'en décider », « Tu nous as tous condamnés à mort ! ».

L'aquanière ne s'est pas jointe au concert. Elle a couru jusqu'au bord du quai et a regardé au niveau inférieur.

– Vas-y ! a-t-elle ordonné.

Aussitôt, un skimmer a démarré. Un matelot était déjà à son bord et a mis pleins gaz. Yenza a couru vers la femme :

– Qui est-ce ? Qu'est-ce qui se passe ?

– Tu viens de sauver Grallion, a-t-elle répondu d'un air fat.

– Que veux-tu dire ?

– Tout ce qu'ils désirent, c'est ces fugitifs, a expliqué l'aquanière. Ils n'ont rien contre Grallion, à moins bien sûr que le Conclave de Ravinia ne décide de nous punir pour les avoir recueillis. Lorsque les pillards sauront qu'ils sont partis, ils se lanceront à la recherche de leur sous-marin et nous ficheront la paix.

Yenza a toisé la femme.

– Tu es une Ravinienne.

La femme a levé sa manche droite. Là, tatouée sur son bras, il y avait une étoile verte. La marque de Ravinia.

– Nous sommes plus nombreux que tu ne le crois.

Yenza a fait un pas en arrière et lui a décoché un direct en pleine face. C'était trop fort. Elle est tombée comme une masse, les deux pieds en l'air. C'en était presque drôle. Presque. Le skimmer s'est éloigné du quai pour filer vers la haute mer. Là où il rejoindrait les pillards, prêts à partir à la recherche des fugitifs. Des exilés.

Je n'avais plus le moindre doute : c'étaient bien ces gens qu'on était chargés de retrouver et de protéger. Il fallait arrêter cet aquanier, ce qui voulait dire que je devais sortir de ma cachette. J'ai glissé le long de l'échelle, sans me soucier de prudence. J'espérais pouvoir prendre un skimmer et intercepter ce type avant qu'il atteigne les pillards. Yenza a eu la même idée. Elle a quitté le groupe d'aquaniers, dont certains étaient probablement des Raviniens, pour descendre vers le quai. On a atteint le fond au même moment. En entendant mes pieds frapper le pont, elle s'est retournée, surprise. Lorsqu'elle m'a vu, elle a ouvert de grands yeux.

– Pendragon ? a-t-elle hoqueté.

– Il faut l'arrêter ! ai-je crié.

Ce n'était pas le moment de faire la grande scène des retrouvailles.

Yenza est partie vers le garage, moi sur ses talons. Tout en courant, elle m'a crié :

– D'ici à ce qu'on ait fait démarrer un skimmer, il sera peut-être trop tard !

Soudain, un bruit de moteur s'est élevé. Yenza et moi avons vu un hors-bord sillonner les airs à toute allure. J'étais sûr qu'il allait s'écraser contre le quai.

J'avais tort de m'inquiéter. Le pilote a fait virevolter le petit bateau en un virage à la corde qui a soulevé une vague. L'engin s'est penché sur le côté jusqu'à ce qu'il heurte le quai avec un petit bruit étouffé. À la barre, Vo Spader souriait de toutes ses dents.

– C'est bon de voir que vous êtes à nouveau à flot, nous a-t-il crié.

Je n'ai pu m'empêcher de sourire.

– Tu as eu ce que tu voulais, Spader !

– Quoi ?

– Tu es à nouveau en lice !

Il m'a décoché un grand sourire :

– Tu ne peux imaginer à quel point j'avais envie d'entendre ces mots, Pendragon.

Yenza et moi avons sauté sur le bateau et avons à peine eu le temps de nous cramponner à quelque chose avant que l'aquanier mette pleins gaz et nous fasse jaillir du quai. S'il y avait une personne capable de rattraper ce type, c'était bien Spader.

Le Voyageur de Cloral allait réaliser un autre de ses rêves.

On allait devenir dangereux.

Journal n° 37
Chapitre 15

L'aquanier Ravinien était à mi-chemin entre Grallion et le bateau le plus proche.

On avait du chemin à parcourir. Spader est allé prendre le guidon du skimmer, fort semblable à celui d'une moto, et a fait descendre les deux flotteurs façon trimaran. Le petit appareil est parti d'un bond, semblant voler au ras des flots. Yenza et moi nous sommes agenouillés de chaque côté de Spader en nous cramponnant aux rambardes. On savait tous les deux qu'à la moindre vague un peu plus grosse que les autres, on finirait à la flotte.

– Quand as-tu conduit un de ces engins pour la dernière fois ? lui ai-je crié par-dessus le gémissement des moteurs.

– Ne t'en fais pas, matelot, a-t-il répondu, sans détourner son regard. Qu'est-ce que tu m'as dit en Première Terre ? C'est comme la bicyclette, ça ne s'oublie pas ! (Il m'a jeté un coup d'œil en coin avec un sourire rusé.) Et j'aime bien la bicyclette.

En effet. S'il était possible de rattraper cet aquanier, Spader était l'homme de la situation. Ses longs cheveux noirs volaient au vent. Ses yeux légèrement en amande étaient braqués sur le large. C'était bon d'être à nouveau réunis.

– Spader a dit que les exilés sont des fugitifs venus d'un autre territoire, m'a crié Yenza.

Tout d'abord, cette déclaration m'a surpris. La dernière fois que j'avais rencontré Wu Yenza, elle ne savait rien de rien. Quoique, depuis, elle était devenue l'acolyte de Spader. Elle avait lu ses journaux. Elle était au courant. C'était bizarre et en même temps réconfortant. Il nous fallait un maximum de personne de notre côté.

– Est-ce qu'ils valent la peine de mettre Grallion en danger ? a-t-elle repris.

Je l'ai regardée droit dans les yeux. Comment pouvais-je répondre à ça ? Je ne voulais pas que cet habitat soit envoyé par le fond. Ce serait une catastrophe défiant l'imagination. Mais j'avais aussi vu ce qu'était devenue la Terre. Une abomination. Et j'étais sûr qu'un destin similaire attendait Cloral.

– Oui, ai-je répondu simplement.

Yenza a acquiescé. Elle acceptait ma sentence.

– Je leur ai dit de dépasser les vaisseaux ennemis et d'attendre qu'on les rejoigne, a-t-elle expliqué. J'ai pensé qu'on pourrait les cacher à Panger City. Si les pillards apprennent qu'ils sont à bord d'un sous-marin, ils se lanceront certainement à leurs trousses.

– Autant s'assurer qu'ils n'en feront rien.

– C'est sûr, a renchéri Spader. On a presque rattrapé le skimmer.

J'ai regardé droit devant. En effet, on avait bien gagné sur l'espion Ravinien. Il ne cessait de jeter des coups d'œil en arrière comme un pilote de formule 1 à cours d'essence désireux de franchir la ligne d'arrivée avant qu'un de ses concurrents lui vole la victoire. Mais notre skimmer était bien plus puissant que le sien. Il ne nous échapperait pas.

– Qui est-ce ? a crié Spader à l'attention de Yenza.

– Je ne l'avais encore jamais vu, a-t-elle répondu. Il ne fait pas partie de mon équipe.

– En ce cas, ai-je ajouté, peu importe s'il lui arrive malheur.

Spader et Yenza m'ont tous deux jeté un regard surpris.

– Voilà qui est parlé, matelot, a répondu Spader. Tu as bien changé.

– Si tu savais.

À l'allure où on gagnait sur lui, on l'atteindrait avec encore cent mètres de marge par rapport aux pillards. C'est dire si Spader était bon pilote. Je me suis levé pour lui crier :

– Mets-toi à sa hauteur que je puisse sauter à bord !

Spader m'a décoché un autre sourire.

– Oh, oui, tu as changé.

J'ai haussé les épaules. Si mes paroles le surprenaient, il en resterait comme deux ronds de flan en voyant ce que je réservais à cet aquanier de malheur. Malheureusement, on n'était pas encore au bout de nos peines. Soudain, on s'est retrouvés baignés d'une lumière blanche éblouissante venant du croiseur le plus proche. Ils avaient braqué de puissants projecteurs sur nous. Mais ce n'était pas tout. Je me suis protégé les yeux à temps pour constater que l'aquanier s'était arrêté et avait pris un de ces longs fusils aquatiques. Il avait décidé de se battre plutôt que fuir.

Mais on n'était pas prêts.

– Attention ! ai-je crié juste au moment où il ouvrait le feu – ou l'eau.

La décharge liquide a frappé l'avant de notre véhicule, tordant la colonne de direction. L'impact a arraché les commandes des mains de Spader et nous a fait virer brutalement vers la droite. Yenza n'a pas hésité un seul instant. Avec un incroyable sens de l'équilibre né de toutes ces années passées en mer, elle a ouvert le compartiment dans le plancher pour y prendre sa propre arme. La poursuite allait finir en fusillade.

Spader a repris les instruments et entrepris des manœuvres d'échappement pour éviter les tirs. Je me suis accroupi le plus bas possible pour constituer une cible moins importante. Pendant que Spader nous faisait zigzaguer, j'ai entrevu l'aquanier qu'on pourchassait. Son skimmer était immobilisé, il se tenait adossé à la colonne de direction et il braquait son fusil sur nous.

Les rôles étaient inversés. Maintenant, c'étaient *nous,* la proie.

Boum. Boum.

De mon dernier séjour sur Cloral, je me rappelais du bruit bien particulier de ces armes minces. Ce n'étaient pas de vulgaires pistolets à eau : ils tiraient des fusées de liquide comprimé qui pouvaient couper un homme en deux. Spader restait constamment en mouvement. J'ai entendu et senti les missiles sillonnant l'air. Yenza avait déjà armé son propre fusil. Elle s'est mise sur un genou et a riposté sans trop de succès, ce qui n'avait rien pour me surprendre, vu qu'on ne cessait de bouger dans tous les sens. De plus, le Ravinien n'était qu'une silhouette se détachant sur fond des projecteurs.

Ce qui signifiait qu'on était des cibles dans un tir aux pigeons.

– Tu veux toujours monter à bord de ce skimmer? a demandé Spader.

– Tu peux m'y déposer?

– Je relève le défi, a-t-il répondu dans un éclat de rire.

Incroyable. On était en plein milieu d'une fusillade et Spader était aussi calme que si on jouait à cache-cache.

– Envoie quelques décharges sur sa gauche, a-t-il dit à Yenza, toujours aussi imperturbable.

– C'est bon, a-t-elle répondu tout aussi calmement.

Elle s'est mise à le mitrailler sans discontinuer, forçant l'aquanier à se baisser pour se cacher derrière la coque de son engin. Mais il n'arrêtait pas pour autant de nous canarder. Il s'était allongé sur le ventre comme un sniper pour mieux viser.

– Tiens bon, matelot, m'a lancé Spader. Je vais contourner sa proue.

Spader a cravaché le skimmer et a foncé en avant. L'aquanier a vu ce qui se passait et a tenté de braquer son arme sur nous, mais Yenza lui a décoché une volée de décharges qui l'ont obligé à se planquer derrière la rambarde de son petit bateau. Maintenant, Spader fonçait en ligne droite, ce qui permettait à Yenza d'ajuster ses tirs.

– S'il lève la tête, a-t-elle grogné sans détourner les yeux du canon de son fusil, il est fichu.

– Bien dit, a répondu Spader. À toi de jouer, matelot.

Il a fait tournoyer notre skimmer vers la proue de l'adversaire. L'aquanier a voulu s'asseoir pour mieux viser, mais Yenza l'en a empêché d'une balle bien placée. Son fusil argenté a valsé sur le pont. Ce qui m'a donné une chance. Spader a à peine ralenti alors qu'on passait devant la proue. J'ai sauté vers l'endroit où j'espérais que se trouverait le skimmer… pour atterrir les deux pieds sur celui-ci.

L'aquanier a tenté de récupérer son arme. Il ne pourrait jamais la braquer sur moi et tirer, mais ce n'était pas ce qu'il avait en tête. Il s'est servi de sa crosse comme d'une batte de baseball pour me décocher un coup qui a atteint mon genou droit. Aïe. Je n'étais pas estropié pour autant, mais ça m'a fait sacrément mal. J'ai répondu d'un revers visant sa tempe. Je l'ai touché, mais il n'a pas réagi.

Mauvaise nouvelle.

C'était un dado.

Il y avait des dados sur Cloral.

Super.

Il a ramené son fusil en arrière, visant mon autre jambe. Mais cette fois, j'étais prêt. Avant qu'il ait pu l'abattre, j'ai pris le canon à deux mains et ai tiré un bon coup, lui faisant perdre l'équilibre. Je ne savais pas quelle était sa force, si bien que j'ignorais si j'avais une chance face à lui. Ce qui était sûr, c'est que je ne pouvais pas l'assommer. J'espérais pouvoir le pousser sur le côté, là où Yenza pourrait l'achever en deux tirs.

On a lutté, chacun avec deux mains posées sur le fusil. Ce dado était costaud, mais sa force n'était pas surhumaine. D'un autre côté, il ne se battait pas à la loyale. Il a levé un genou pour me frapper là où ça faisait le plus mal. Je l'ai vu venir et ai pivoté sur la gauche, parant son coup avec l'arrière de ma jambe. Une pointe de douleur m'a traversé, mais je n'étais pas blessé. Par contre, ça m'a mis dans une colère noire. J'ai planté mon coude droit dans sa poitrine. Une fois de plus, il n'a pas cillé. Du plat de la main, il m'a balancé un coup en pleine poitrine qui m'a carrément fait décoller. Aïe. C'était comme s'il m'avait fait un bleu au cœur. Je suis resté allongé sur le pont, le regardant se préparer à me shooter la tête. J'ai dû surmonter la douleur pour me défendre. J'ai empoigné son pied, l'ai tordu et le dado s'est étalé sur le pont à côté de moi. J'ai sauté sur son dos comme un catcheur. Je voulais le faire rouler sur lui-même pour qu'il tombe à la flotte, mais comme il gisait sur le ventre, je ne pouvais pas trouver de point d'appui. J'ai glissé mes bras sous les siens en une tentative de lui faire cette prise de catch appelée double Nelson. Alors que je luttais pour le maîtriser, j'ai jeté un coup d'œil à notre skimmer pour voir Yenza lever son fusil et le braquer… sur nous deux. C'était peut-être une tireuse d'élite, mais elle pouvait aussi bien me toucher moi plutôt que le dado. J'ai ouvert la bouche pour lui crier d'arrêter. Trop tard. Elle a appuyé sur la détente. J'ai bondi pour mieux me protéger.

Première erreur. Yenza ne visait pas le dado. Derrière moi, j'ai entendu une explosion, et l'un des projecteurs du croiseur s'est éteint. Elle cherchait à les aveugler. Bien sûr, comme je l'ignorais, j'avais lâché le dado. Oups. Et maintenant, il me fonçait dessus. Il a plongé, je me suis dérobé, mais en gardant mes bras tendus devant moi. Je l'ai saisi par son faux costume d'aquanier et l'ai entraîné pour le faire basculer par-dessus bord.

– Descends-le ! ai-je crié avant même qu'il ne touche la surface des flots.

Le résultat fut encore plus dramatique que je l'aurais cru.

BOUM !

La détonation fut plus sonore que celles de leurs fusils. Un peu plus tard, à moins de deux mètres de moi, la surface de l'eau a jailli en une éruption liquide. Une vague a frappé le skimmer et bien failli me renverser. Qu'est-ce que c'était ?

– Hobie, Pendragon, saute ! a crié Spader.

Il avait enfin perdu son calme. Ce qui ne me disait rien de bon. Un bref coup d'œil au croiseur m'a renseigné. Ce n'était pas un fusil à eau qui avait tiré. Ses canons nous avaient dans leur ligne de mire. J'ai sauté du skimmer au moment même où l'un d'entre eux ouvrait le feu. Je n'avais pas encore touché les flots lorsque le petit bateau a explosé. J'ai plongé pour me protéger alors que des fragments de métal volaient tout autour de moi. Même sous l'eau, certains m'ont frappé. Puis quelqu'un m'a empoigné la cheville.

Le dado était revenu.

Il m'a tenu la tête sous l'eau. Ces robots avaient-ils besoin de respirer ? Pouvait-il me maintenir sous l'eau jusqu'à ce que je me noie ? Je préférais ne pas prendre de risques. J'ai replié mon autre jambe et lui ai décoché un autre coup de pied. Sans douceur. Sous la violence du coup, il a lâché prise, et je me suis échappé à la nage.

– Il va me noyer ! ai-je crié dès que ma tête a crevé la surface.

J'ai regardé frénétiquement autour de moi, cherchant des yeux Spader et Yenza. L'océan était de plus en plus agité. Partout, des explosions projetaient des gerbes d'eau. Il y avait tant de fumée que je n'y voyais goutte.

– Hé ! ai-je crié.

Pas de réponse. Étaient-ils partis ? Ou pire, avaient-ils été touchés ?

J'ai entendu encore un *pop* plus petit, et un autre projecteur s'est éteint. Mon cœur s'est affolé. Je ne pouvais pas les voir, mais Yenza était toujours en action. Quelques secondes plus tard, un autre *pop*, un autre projecteur fracassé. Le dernier. On était dans le noir, mais ça n'a pas empêché les pillards de continuer de nous canarder. Ils avaient une idée de l'endroit où on se trouvait. Je ne savais pas dans quelle direction nager, puisque j'ignorais où étaient les nôtres. J'ai décidé de rester ici et de les laisser me retrouver…

Sauf qu'on m'a à nouveau entraîné sous la surface. Cette fois, le dado avait empoigné l'arrière de mon pantalon de Seconde Terre pour remonter. Ou me faire descendre. Peu importe. Il me tenait à plusieurs dizaines de centimètres sous la surface. Il n'y avait rien de subtil ou de particulièrement intelligent dans son attaque. Il allait se cramponner à moi jusqu'à ce que je me noie. Je me suis débattu, en vain. Il avait refermé ses bras sur ma taille, les mains croisées sur mon estomac. Je ne pouvais rien faire. Juste mourir.

Il y eut un soubresaut violent, comme si quelque chose avait heurté le corps du dado. Il m'a aussitôt relâché. Je me suis dégagé d'une détente, ai regagné la surface et me suis retourné, m'attendant à voir le robot tenter à nouveau de s'emparer de moi. Or il ne l'a pas fait. Il ne pouvait pas. Il n'avait plus de tête. Il se contentait de flotter, les bras étendus. Mort. Ou éteint. Ou désactivé. Ou quoi qui puisse arriver à un dado lorsqu'il cesse de fonctionner. C'était peut-être une machine, mais c'était tout de même dégueu.

J'ai senti des doigts puissants se refermer sur le dos de mon pull. Quelques secondes plus tard, ils m'arrachaient aux flots pour me déposer sur le pont du skimmer. Spader s'est dressé au-dessus de moi. Yenza, tout sourire, se tenait à ses côtés, son fusil en main.

Il faut croire qu'elle était meilleure tireuse que je le croyais.

– Je doute qu'il aille cafter auprès des pillards, a-t-elle affirmé.

Tout autour de nous, des explosions ont continué de soulever les flots. Spader est tombé à genoux et a ouvert une trappe dans la coque. Il en a tiré trois globes respiratoires.

– On a plus de chances à la nage que sur cet engin, a-t-il affirmé.

Cela faisait bien longtemps que je n'avais pas mis un de ces appareils, mais je savais comment on s'en servait. Leur matière transparente se refermait sur votre tête comme une seconde peau. Le petit gadget argenté à son sommet pompait l'oxygène de l'eau pour vous permettre de respirer. Et de parler. C'était une vraie merveille. Apparemment, il faudrait compter là-dessus pour nous sauver.

– On va rentrer à Grallion à la nage, a-t-il dit. Ils peuvent canarder le skimmer si ça les amuse. Ce sera sans nous.

On a à peine eu le temps d'enfiler les globes que, juste à côté de notre bateau, l'eau s'est mise à bouillonner. On a regardé la scène en se demandant ce qui pouvait bien se passer.

– Ce ne sont pas des coups de canon, ai-je remarqué.

Yenza fut la première à comprendre.

– Non ! a-t-elle braillé. Non ! Non !

Je ne voyais pas ce qui la mettait dans un tel état. Du moins pas avant de voir un vaste dôme transparent crever la surface. Si on s'était trouvé à un autre endroit de Halla, j'aurais été paralysé de terreur, redoutant de voir apparaître un monstre marin. Mais on était sur Cloral. Je savais ce qu'il en était.

– Ils ne devraient pas être là ! a crié Yenza.

C'était un sous-marin. Derrière le dôme, j'ai vu trois visages couverts de cicatrices. On aurait dit une famille : un homme, une femme, et une petite fille d'à peine quatre ans. L'homme était aux commandes. Il nous a fait de grands signes pour nous dire de monter à bord.

Le tir de barrage des canons à eau a cessé. Un calme étrange est retombé.

– Tu crois qu'ils ont renoncé ? ai-je demandé.

Un instant plus tard, on s'est à nouveau retrouvés en pleine lumière alors que les croiseurs allumaient leurs propres projecteurs. Durant l'affrontement, deux autres bateaux de guerre s'étaient rapprochés. On était maintenant entourés de trois côtés par des vaisseaux pillards qui braquaient leurs projecteurs et leurs canons sur nous. Ils avaient touché le gros lot. Ils n'avaient plus besoin des informations détenues par le dado déguisé en aquanier. Ils nous tenaient. Et le sous-marin. Et les exilés. Dans quelques secondes, ils allaient nous liquéfier.

Spader a bondi du skimmer sur le dos du sous-marin, atterrissant derrière la bulle du cockpit. Il a fait signe à ses occupants de descendre.

– Allez ! a-t-il crié. Plongez ! Plongez !

Le pilote n'avait pas l'air de savoir que faire. Ce n'était pas un aquanier. Il ne savait probablement conduire ce machin que depuis quelques heures. Il a regardé Yenza, qui a fait le même geste.

– Plongez ! a-t-elle répété en sautant à son tour sur la coque du sous-marin.

J'ai suivi le mouvement. On n'avait pas le temps de monter dans la cabine. Il faudrait jouer les passagers clandestins. Dans un jaillissement de bulles, le sous-marin a commencé sa descente. Heureusement, l'arrière d'un engin tel que celui-ci ne manquait pas de prises où s'accrocher. Je me suis cramponné comme si ma vie en dépendait. Ma tête avait à peine disparu sous la surface que j'ai entendu des détonations. La force des impacts a bien failli m'arracher au sous-marin. Le sous-marin a été secoué dans tous les sens, mais a continué son chemin. Yenza est remontée le long de la coque jusqu'à atteindre la bulle du cockpit. Elle a martelé du poing le verre pour attirer l'attention du pilote et lui a fait signe de continuer de plonger. Autour de Grallion, l'océan était profond. Si on descendait assez bas, on serait hors de portée de ces canons à eau. J'ai levé les yeux pour voir la surface exploser en un kaléidoscope de lumière issue des croiseurs. Au fur et à mesure qu'on s'éloignait, les explosions assourdies sont devenues de plus en plus lointaines. Je commençais vraiment à croire qu'on s'en était sortis.

Yenza nous a regardés, Spader et moi. On a entendu sa voix très clairement à travers le gadget vocal inclus dans les globes.

– Ils peuvent nous balancer des charges de profondeur, a-t-elle remarqué.

Oh. On n'était pas encore tirés d'affaire.

Elle a frappé à nouveau la bulle. Le pilote s'est tourné vers elle. Yenza lui a montré la direction qu'elle voulait qu'il prenne.

– Heu, ça nous ramène à Grallion, ai-je annoncé.

– J'espère qu'ils croiront qu'on est partis vers le large, a-t-elle dit avec confiance. Si on se cache sous l'habitat, ils auront plus de mal à nous retrouver, même avec leurs sonars.

J'ai regardé Spader et ai haussé les épaules.

– Moi, ça me va.

Le sous-marin avait presque atteint le fond. On s'est déplacés rapidement et silencieusement jusqu'à ce que les ténèbres se referment sur nous. L'immense barge qu'était Grallion devait bloquer la lumière. On a continué encore quelques minutes, Yenza surveillant la surface tout en chevauchant la bulle du cockpit comme un artiste de cirque sur un éléphant. Finalement, satisfaite, elle a fait signe au pilote de s'arrêter et se poser. Avec un petit choc sourd, le sous-marin a heurté le fond de l'océan.

– On peut passer par les conduits d'aération, a expliqué Yenza.

Les sous-marins de Cloral que je connaissais n'avaient pas de tels conduits. Mais celui-là était plus grand que les autres : j'en ai conclu que ce devait être un modèle plus perfectionné. Yenza nous a fait remonter vers la proue jusqu'à une trappe. Là, elle a tourné un volant rouge caché sous la coque du sous-marin, a ouvert la porte et est entrée. Quelques petites minutes plus tard, on l'a vue apparaître sous la bulle au milieu des exilés. Spader m'a dit comment en faire autant :

– Le compartiment intérieur est inondé. Dès que j'aurai refermé la trappe, tu verras un volant vert qui le videra. Lorsque tu seras au sec, tu n'auras qu'à ouvrir la porte et gagner l'habitacle. Ensuite, tu la refermes pour que je puisse y aller à mon tour.

J'ai fait ce qu'on m'a dit. Quelques minutes plus tard, je rejoignais Yenza dans l'immense cale du sous-marin. Elle a refermé la trappe intérieure derrière moi et a inondé à nouveau le sas pour que Spader puisse prendre le même chemin.

Dix minutes plus tard, on se retrouvait tous en sécurité dans la cale. Yenza a ouvert la porte donnant sur l'habitacle, et on est allés à la rencontre des exilés.

– Nous sommes revenus, a déclaré l'homme, parce qu'on ne pouvait pas supporter de voir Grallion attaquée ainsi.

– Vous n'auriez pas dû, a répondu Yenza.

– Mais sinon, a ajouté Spader, on serait mort, alors merci.

La femme avait l'air nerveuse. Elle tenait la petite fille sur ses genoux d'un air protecteur.

– C'est votre fille ? ai-je demandé.

La femme a acquiescé.

– Elle s'appelle Maggie.

– Où est-elle née ?

L'homme et la femme ont regardé Yenza, comme s'ils ignoraient ce qu'ils pouvaient lui révéler. Je les ai aussitôt mis à l'aise.

– Je viens de la Terre. Je m'appelle Bobby Pendragon.

Ils ont tous eu l'air soulagé de l'apprendre.

– Moi, c'est Peter, a déclaré l'homme. Et elle Carolyn. Quand as-tu été exilé ? Était-ce au Yankee Stadium ?

J'avais beau connaître leur origine, ça faisait tout de même un choc de considérer cet événement d'un autre point de vue.

– Non, ai-je répondu, mais j'y étais. J'ai vu ce qui s'est passé.

– Maggie est née ici, sur Cloral, a repris Carolyn. Elle n'a jamais vu la Terre.

– Combien y a-t-il d'autres exilés sur ce monde ?

C'était la plus importante des questions.

– Il n'y a que nous, a répondu Peter.

– Vous êtes sûrs ? ai-je insisté en tentant de cacher ma déception.

Peter et Carolyn ont acquiescé.

Mon moral est descendu dans mes chaussettes. J'étais heureux de voir que ces gens étaient sains et saufs, mais j'espérais qu'il y en aurait d'autres comme eux. Beaucoup d'autres. Une vingtaine s'était retrouvée en Troisième Terre, dont Mark. Mais huit d'entre eux avaient été tués. Ici, ils étaient trois, dont une fillette, cette Maggie qui, techniquement parlant, n'était pas une exilée. L'esprit d'un si petit nombre de gens pouvait-il maintenir Solara en vie ? J'en doutais fort. Ce soir-là, au Yankee Stadium, soixante-dix mille personnes avaient été entraînées dans le flume. Où étaient-elles passées ?

– À notre arrivée, nous étions plus, a remarqué Peter. Trente en tout. Les pillards nous ont capturés et traités en esclaves.

– Oui, mon ami Mark Dimond m'a tout raconté, ai-je dit avec compassion.

Les visages de Peter et Carolyn se sont illuminés.

– Mark ? a répété la femme en souriant. Tu l'as vu ?

– Oui. Il va bien.

Ce qui eut l'air de les soulager d'un grand poids.

– Est-ce qu'il a pu revenir sur Terre ? a demandé Carolyn.

– Oui.

Une réponse simple, mais il faudrait s'en contenter. Je ne voulais pas leur détailler le long périple qui l'avant ramené sur son monde. Ou préciser qu'il avait actuellement trois mille ans d'avance sur eux.

– Alors il y a encore de l'espoir, a déclaré Carolyn. Un jour, on pourra peut-être y retourner.

Je n'ai rien dit. À quoi bon saper leur rêve ?

– Sans Mark, a ajouté Peter, nous serions tous morts. Il était notre leader. Il a souvent subi des châtiments destinés à d'autres.

J'ai acquiescé. Mark n'était pas entré dans les détails de ses épreuves, et je n'étais pas sûr d'avoir envie d'en savoir plus.

– C'est lui qui a dirigé la mutinerie, a continué Peter. On a quitté le bateau des pillards tous les trente. On a volé des skimmers. Certains sont partis à la recherche du flume, mais on a préféré rester.

– Pourquoi ? a demandé Spader.

Carolyn a serré Maggie sur son cœur et a répondu très simplement :

– J'étais enceinte.

– Pendant des années, a ajouté Peter, on s'est cachés pour échapper aux Raviniens.

Yenza en a profité pour intervenir :

– On va vous emmener à Panger City. C'est une ville pleine d'activité. Vous pourrez vous fondre dans la foule.

Un instant. Il y avait un os.

– Attendez. Vous prétendez que vous étiez trente lorsque vous avez quitté le bateau des pillards. Et les autres ? Ils sont morts ?

– Pas à notre connaissance, a répondu Peter.

– Donc, si vous étiez trente lorsque vous vous êtes échappés et que vous êtes restés tous les deux, ça veut dire que vingt-huit d'entre vous sont partis pour le flume. Mais ils n'étaient plus que vingt à leur arrivée sur Terre.

L'homme et la femme se sont regardés, comme s'ils avaient quelque chose à ajouter, mais ne savaient pas s'ils devaient vider leur sac.

– Vous feriez vraiment mieux de tout nous raconter, ai-je affirmé.

– Il y eut encore un autre exilé, a fini par admettre Peter. Il n'est pas arrivé sur Cloral en même temps que nous. D'abord, il a été envoyé sur un autre territoire, mais il est venu ici chercher les autres. Il a dit qu'ils étaient bien plus nombreux là où il avait débarqué, et il voulait qu'on les rejoigne. On a longuement débattu pour savoir si on devait le suivre ou tenter de retourner sur Terre. C'était avant que les pillards nous capturent. Finalement, il est mort dans la cale de cet horrible bateau.

J'ai tenté de ne pas trop m'enthousiasmer. S'il y avait d'autres exilés sur un des territoires, peut-être avaient-ils commencé à s'y rassembler avant la destruction des flumes.

– Comment s'appelait le monde d'où il venait ? ai-je demandé.

– Si je me souviens bien, a répondu Carolyn, c'était… Zadaa.

Voilà l'information qu'il me manquait. Je n'étais pas sur le bon territoire. Aussitôt, j'ai jeté un coup d'œil à Spader :

– Je pars pour Zadaa.

– Je vais avec toi, a-t-il répondu.

– Non ! Tu dois assurer la sécurité de ces gens.

– Je peux m'en charger, a affirmé Yenza, très confiante.

– S'il y a tout un groupe d'exilés sur Zadaa, a repris Spader, alors c'est là qu'on doit aller, matelot.

J'allais argumenter lorsqu'un roulement de tonnerre m'a cloué le bec. On l'a tous entendu. Terrifiée, Maggie s'est serrée contre sa mère.

– L'orage ? ai-je demandé.

– Des coups de canon, a répondu gravement Yenza. Apparemment, ils canardent Grallion.

– Hobie, est-ce qu'ils peuvent vraiment punir un habitat tout entier juste pour avoir protégé cette famille ? a demandé Spader.

– Je crois que oui, ai-je bien été obligé de répondre. Ça te donne une idée de l'importance que revêt chaque exilé.

– Nous ? a demandé Peter. Pourquoi ?

– Voulez-vous faire tomber Ravinia ? ai-je répondu.

– Je ne pense qu'à ça.

– Alors cachez-vous là où vous serez en sécurité. Si on espère pouvoir rendre les coups, il faut que les exilés, tous jusqu'au dernier, croient en notre victoire.

Le tonnerre des canons a monté en volume. Yenza a avalé sa salive.

– J'ai peur de ce qui peut se passer là-haut.

– Protège-les, ai-je insisté. Tu ne peux imaginer à quel point c'est important.

– Je te crois, Pendragon. Avec moi, ils ne risqueront rien.

– Aïe, a hoqueté Spader.

Il regardait la surface à travers le cockpit du sous-marin.

– Grallion va se briser, a fait Yenza en un souffle.

On a tous levé les yeux pour voir se fendiller la masse noire qu'était la coque de l'habitat.

– C'est impossible ! s'est écriée Yenza. Pourquoi ont-ils des armes aussi puissantes ?

– À cause de Ravinia, ai-je répondu.

Les fissures sont devenues des crevasses. L'immense barge allait se désagréger. Je pense qu'on a tous compris en même temps ce qui allait se passer. La ville flottante ne tarderait pas à couler… et on se trouvait juste en dessous.

– Sortez-nous de là ! ai-je hurlé.

Yenza a bondi, écarté Peter du siège du pilote et s'est emparée des instruments. Elle a démarré les moteurs à eau, a empoigné le levier de contrôle et nous a fait partir en trombe sans même prendre la peine de remonter. On a soulevé pas mal de sable, mais on avançait.

– Grallion sombre ! a hoqueté Carolyn.

Tout autour de nous, des fragments de la ville flottante descendaient lentement vers le fond. Ces débris étaient de tailles différentes. Certains étaient grands comme des maisons, d'autres mesuraient des kilomètres. Les pillards avaient réussi leur coup.

Ils avaient détruit un habitat. Je ne voulais pas savoir à quoi ressemblait le reste de Cloral.

– J'espère qu'ils ont pu évacuer à temps, a dit Yenza d'une voix qui se brisait. J'aurais dû être là.

Surprenant. Jusque-là, je ne l'avais jamais entendue témoigner la moindre émotion.

Je ne savais comment lui dire qu'aussi horrible que puisse être la destruction de Grallion, sa mission de protéger les exilés était importante pour Cloral tout entière et pas seulement pour son habitat. Comme je ne pourrais jamais le lui faire comprendre, je me suis tu.

– Ils étaient prêts, a affirmé Spader avec compassion. Grâce à toi. Les aquaniers ont pu évacuer tout le monde.

– Et tout ça par notre faute, a sangloté Carolyn.

Je ne savais pas comment la réconforter. J'aurais voulu lui faire comprendre que sa survie était essentielle pour l'avenir de Halla. Qu'elle avait le pouvoir de renverser Ravinia. Mais c'était impossible à expliquer, surtout maintenant que les débris d'une ville nous tombaient dessus.

– Attention, a dit Spader à Yenza, très calme.

Un énorme pan de la barge descendait droit devant nous. D'une main experte, Yenza a infléchi la direction du sous-marin pour contourner l'obstacle. À notre grande horreur, on a vu s'abîmer un bout de pont auquel étaient encore attachés des immeubles.

Comme à New York, une cité entière avait été rayée de la carte. Pas de doute, sur Cloral, Ravinia avait les coudées franches.

Bientôt, les flots se sont éclaircis alors que Yenza éloignait le sous-marin de l'épave.

– Amène-les à Panger City, ai-je dit à Yenza. Assure leur sécurité et attends qu'on reprenne contact.

Yenza a acquiescé. Elle n'a pas cherché à me parler. Je crois que sinon, elle aurait fondu en larmes.

– Et moi ? a demandé Spader.

Je savais ce qu'il espérait entendre, alors je l'ai satisfait :

– Tu viens avec moi.

Spader a souri aux anges.

– Voilà qui est parlé, matelot ! s'est-il exclamé en me claquant le dos. Comme au bon vieux temps !

Wu Yenza était moins enthousiaste.

– Mais tu viens à peine d'arriver, a-t-elle remarqué doucement.

Pour cette dure de dure qu'était la cheftaine des aquaniers, c'était une sacrée démonstration de sentiments. Et je ne pouvais l'en blâmer. Elle venait d'assister à la destruction de ce qu'elle considérait comme chez elle. De plus, je crois qu'elle avait un petit « faible » pour Spader. Celui-ci s'est penché pour la serrer dans ses bras :

– Je suis fière de t'avoir pour commandante… et comme acolyte. Merci.

Il n'a pas parlé de son éventuel retour sur Cloral. Il savait qu'il ne pouvait rien promettre.

– Prends bien soin d'eux.

Yenza a acquiescé avec un pâle sourire. Spader l'a relâchée et s'est retiré dans la soute du sous-marin.

– Faites attention à vous, ai-je dit aux autres. Je vous en prie.

J'ai touché la joue de cette jolie petite fille du nom de Maggie. Pourvu que l'esprit qui animait les enfants des exilés soit aussi fort que celui de leurs parents. Puis j'ai posé la main sur l'épaule de Yenza. Comme je ne voyais pas quoi lui dire, je me suis contenté de :

– Bonne chance.

Yenza m'a regardé. Ses yeux étaient rouges.

– On a encore une chance, non ?

– Tant qu'on est en vie, il y a de l'espoir.

Elle a acquiescé :

– Ne le laisse pas se fourrer dans les ennuis.

– Spader ? me suis-je écrié, feignant la surprise. Comme si c'était son genre !

Elle a gloussé.

– Vous allez gagner le flume à la nage ? a demandé Carolyn.

– Oui, quelque chose comme ça, ai-je répondu en refermant la trappe menant à la soute.

Spader et moi nous sommes retrouvés seuls dans le compartiment vide.

– Tu veux découvrir un nouveau territoire ? ai-je demandé.

– Ça fait bien longtemps qu'on n'a pas voyagé ensemble, matelot. J'avoue que je suis plutôt enthousiaste.

– Alors allons-y, ai-je déclaré, et j'ai fait un pas en avant sur Cloral.

Le second, je l'ai fait sur Zadaa.

Il était temps de trouver Loor.

Journal n° 37
Chapitre 16

Spader et moi nous sommes retrouvés sur le rivage d'un jeune bras de mer.

Une vision plutôt familière. J'avais assisté à la naissance de ce plan d'eau lorsque les centaines de rivières coulant sous Zadaa avaient rompu leurs digues pour jaillir de façon spectaculaire du sable, inondant des kilomètres de terre aride. En quelques minutes, un désert s'était transformé en océan.

Cette terre qui était restée morte durant des siècles grouillait désormais de vie. Je ne savais pas combien de temps s'était écoulé depuis ma dernière visite sur Zadaa, mais pas de doute, cela faisait un bail. Maintenant, le rivage était bordé de palmiers et de hautes herbes. J'ai vu ce qui ressemblait à un petit cerf boire à même cette mer d'eau douce. C'était une belle journée. Le soleil brillait. Un bref instant, je me suis persuadé que tout allait bien sur Zadaa.

Un très bref instant.

Une silhouette solitaire se tenait assise sur le rivage, à regarder les eaux d'un beau vert foncé. Il m'a suffi de voir cette femme pour être sûr que les esprits de Solara nous avaient déposés au bon endroit. Ils nous avaient réunis avec Loor. J'étais soulagé de l'avoir retrouvée si facilement, mais en même temps, c'était étrange de la voir assise comme ça en silence, perdue dans ses pensées. Ça ne lui ressemblait pas.

– Loor? ai-je lancé.

Elle nous a jeté un bref coup d'œil sans trahir la moindre émotion, la moindre surprise. Elle a hoché la tête pour montrer qu'elle nous avait reconnus, puis son regard s'est à nouveau braqué vers la mer.

Je me suis tourné vers Spader, qui a haussé les épaules. Je ne savais que dire. De toute évidence, Loor était préoccupée. Ce n'était pas le moment de courir vers elle, plein d'enthousiasme, en bafouillant « Salut ! il paraît qu'il y a des exilés dans le coin. Tu les as trouvés ? Hein ? Hein ? ». Il y aurait un temps pour ça.

Spader et moi sommes allés nous asseoir à côté d'elle. On est restés là un moment, à profiter de la brise chaude. Enfin, moi, en tout cas. Comme mes vêtements étaient encore mouillés après notre passage sur Cloral, c'était bon de laisser le soleil de Zadaa les sécher. Finalement, Loor m'a regardé. À ma grande surprise, ses yeux étaient rouges. Elle avait pleuré. Et ça, ça ne lui ressemblait pas *du tout*.

– Quelle puissance maléfique peut ainsi dévier de façon si brutale le cours de tant de mondes ? a-t-elle demandé.

Une question que je me posais depuis le premier jour de cette aventure, et elle restait d'actualité. Je me suis demandé pourquoi Loor n'y venait que maintenant.

– Tu as toujours su ce dont Saint Dane est capable, ai-je répondu.

– Ce ne sont pas ses intentions qui me dérangent tant, a-t-elle répondu d'un ton pensif, comme si elle choisissait soigneusement ses mots. Je comprends le but de sa quête. Ce que je ne saisis pas, c'est pourquoi tant de gens ont choisi de le suivre. Saint Dane ne serait jamais allé si loin, au point de s'apprêter à détruire Halla pour créer son propre univers, sans ceux qui lui ont permis d'en arriver là.

– Elle a raison, a renchéri Spader. C'est peut-être un sale type, mais il a bénéficié d'un coup de main de la part de ceux-là mêmes qu'on est censés protéger.

– Une réalité bien déprimante, a soupiré Loor. Ce qui m'amène à des considérations encore plus sombres.

On s'est regardés, Spader et moi. Qu'est-ce qui pouvait être encore plus angoissant que le sort qui attendait Halla ?

– Selon Press, a continué Loor, c'est ce qui reste de l'esprit de Solara qui nous donne nos pouvoirs. Cet esprit est positif. Alors d'où Saint Dane tire-t-il son propre pouvoir ?

Apparemment, je n'étais pas le seul à me le demander.

– Je me suis aussi posé la question, a répondu Spader.

Bon. On était trois.

– Je ne sais pas, ai-je déclaré, mais j'y ai pas mal réfléchi. S'il y a bien une chose que j'ai appris, c'est qu'il n'existe pas de bien ou de mal absolu.

– Je n'en suis pas si sûr, matelot, s'est interposé Spader. Je n'ai jamais vu Saint Dane faire quoi que ce soit de positif.

– Pas maintenant, mais à en croire l'oncle Press, au départ, il n'avait que de bonnes intentions. C'est vrai, il était arrogant, égoïste et sans scrupule, mais son but originel était bien d'aider les peuples de Halla.

– Mais il se trompait, a gémi Loor. Sa vision était faussée.

– Je suis d'accord, mais là, on parle de ses intentions, pas de ses méthodes. Il avait en tête de sauver les peuples de Halla d'eux-mêmes. Ses idées étaient peut-être tordues, mais dans son esprit, il faisait le bien.

– Je n'arrive pas à croire que tu puisses défendre ce sale type, a déclaré Spader.

– Je ne le défends pas ! Ce qu'il a fait est monstrueux. Tout ce que je dis, c'est qu'au début, dans son esprit, ses actes étaient positifs.

Spader a haussé les épaules :

– Ça n'a pas duré. Regarde tout le mal qu'il a fait.

– Je pense que ce qu'il a accompli de pire, c'est encore de tracer une frontière immuable entre le bien et le mal. Comme il ne récompense que les aspects les plus vils de l'âme humaine, il ne laisse plus la moindre place pour le bien. Regarde Ravinia. Qu'est-ce qu'elle encourage ? L'orgueil. L'agressivité. Les rapports de force. Le pouvoir. Ce ne sont pas obligatoirement de mauvaises valeurs, sauf si on élimine leur contrepoint. On ne peut avoir d'orgueil sans humilité, d'agressivité sans tolérance, de force sans compassion, de puissance sans mesure. C'est ce qui justifiait l'existence de Ravinia : maintenir l'équilibre. Mais Saint Dane a tout chamboulé.

– Tu as peut-être raison, a contré Loor, mais ça ne nous dit toujours pas d'où il tire son énergie.

Je me suis tu un moment. Cela faisait un certain temps qu'une théorie me tournait dans la tête, et les inquiétudes de Loor venaient de me la rappeler.

– Je crois qu'il a créé sa propre version de Solara, ai-je répondu. L'oncle Press nous a bien spécifié qu'elle ne représente pas uniquement la paix, l'amour et l'harmonie, parce que ce n'est pas la réalité. Solara a toujours eu ses propres zones d'ombre. C'est un reflet de l'humanité, et l'humanité a deux visages. Il n'y a pas de bien sans mal, de positif sans négatif. Je pense qu'en détruisant les esprits les plus paisibles, les moins agressifs de tout Halla, Saint Dane a permis la création d'une autre Solara.

– Tu veux dire qu'elle s'est coupée en deux ? a demandé Spader.

– Quelque chose comme ça. J'imagine. Je ne sais pas. Là, j'improvise. Mais je crois que, au fur et à mesure qu'il prenait du pouvoir, il a forcé les esprits de Solara à choisir leur camp. Ceux qui sont pour la liberté et la tolérance sont à l'agonie, ceux qui préfèrent user de la force et de l'agressivité sont en pleine forme. Les exilés nourrissent le côté positif, et les Raviniens qui suivent Saint Dane le négatif. Même ceux qui ont survécu à Ravinia doivent alimenter ce côté négatif, puisqu'ils ne connaissent que la terreur et la lutte pour la vie. Du coup, il est aussi facile de nourrir l'énergie négative que la positive. L'équilibre qui permettait à Halla de prospérer a été rompu.

– Et tu crois que c'est cette autre Solara négative qui donne sa puissance à Saint Dane ? a demandé Loor.

– Tu as une autre explication ? S'il puisait à même celle que nous connaissons, elle serait morte depuis longtemps et Saint Dane serait au chômage technique. Je crois que sa victoire ne sera complète que lorsqu'il aura définitivement détruit cette Solara positive. Et c'est là qu'on entre en scène.

Spader m'a jeté un regard torve.

– Si tu le dis, matelot. Toutes ces histoires me donnent le tournis.

– Chaque territoire a vécu son moment de vérité, ai-je ajouté. Tout ce qu'on a vu nous confirme que l'influence maléfique de

Saint Dane s'est répandue dans tout Halla. L'équilibre penche d'un côté. La question est de savoir comment rétablir la balance.

– D'après Press, a proposé Spader plein d'espoir, tout dépend des exilés.

– Et nous n'avons pas la moindre idée d'où ils sont, ai-je ajouté. Soixante-dix mille personnes au bas mot ont été aspirées dans le flume de Seconde Terre. Et on n'en a trouvé que… quoi, vingt ? Je doute qu'un si faible nombre puisse garder Solara en vie. Il y en a forcément d'autres. Et ils sont peut-être ici.

Loor a baissé la tête. Elle avait l'air de souffrir.

– Que fais-tu là, loin de tout ? lui ai-je demandé. Pourquoi es-tu si triste ?

– Tout ce que tu racontes est logique, Pendragon, a-t-elle répondu doucement. Je l'ai vu ici même, sur mon propre territoire.

On s'est regardés, Spader et moi. On savait tous les deux que ça n'annonçait rien de bon.

– En quoi Zaada a-t-elle changé ? ai-je demandé.

– Mon peuple a disparu, a-t-elle répondu en tentant d'éviter que sa voix se brise.

– Disparu ? a répété Spader. Tu veux dire… disparu ?

– Les Rokador ont pris le pouvoir. Maintenant, ils contrôlent cette partie du territoire. Je crois qu'ils ont massacré les Batu.

– Massacré ? ai-je répété à mon tour. Tu dis que les Rokador ont éliminé la tribu tout entière ?

– Pas jusqu'au dernier. Ceux qui ont survécu ont été réduits en esclavage. Mais ils ne sont qu'une infime partie de ce que nous étions. J'écoute tes explications, Pendragon, mais je n'arrive pas à croire que le mal absolu n'existe pas. Peut-être pas au début, mais c'est ce qu'il est devenu. (Elle a désigné un point derrière nous et a ajouté :) Jugez-en par vous-mêmes.

Spader et moi nous sommes retournés pour voir un spectacle ahurissant. Comme le Voyageur de Cloral n'avait encore jamais vu la cité de Xhaxhu, je doutais qu'il puisse lui faire de l'effet. Mais à moi… Depuis qu'on était ici, je n'avais pas pensé une seule fois à me retourner pour regarder la ville où habitait Loor. Elle avait changé. Elle était toujours entourée par un immense mur d'enceinte, mais la ressemblance s'arrêtait là. Les grandes pyramides ouvragées qui donnaient tout son caractère à Xhaxhu étaient toujours présentes, mais elles étaient désormais recouvertes d'une carapace de métal. Ce qui avait été une ancienne cité aux bâtiments en pierre semblait maintenant étrangement moderne.

– Les Rokador ont toujours été plus avancés que les Batu, a soupiré Loor. Les miens étaient des guerriers qui protégeaient leurs demeures souterraines. Il y avait parfois des heurts, mais l'un dans l'autre, nous avions trouvé notre équilibre.

– Encore cette histoire d'équilibre, a lancé Spader, tentant de se rendre utile.

– Maintenant, à quoi ressemble Xhaxhu ? ai-je demandé.

Loor s'est levée. À ses pieds, il y avait une tunique de Rokador.

– Je vais te le montrer, mais je dois mettre ceci. Les Batu n'ont plus le droit de circuler librement.

Une déclaration bien sinistre. Loor s'est emparée du casse-tête de bois accroché dans son dos et me l'a lancé. Puis elle a passé la longue tunique par-dessus sa tête et a rabattu le capuchon afin de dissimuler ses traits.

– Et nous ? a demandé Spader.

– Vous ressemblez à des Rokador, a expliqué Loor. Personne ne vous ennuiera.

Les Rokador avaient la peau claire, puisqu'ils vivaient depuis des générations dans un monde de galeries souterraines situées sous la surface de Zadaa. Pas de doute, j'avais le bon profil. Spader, lui, était limite. S'il avait passé ces quelques dernières années sous le soleil chaud et tropical de Cloral, on aurait été mal barrés, mais comme il avait séjourné un long moment dans les jungles d'Eelong, son épiderme avait pâli. Avec un peu de chance en effet, on pourrait tous deux passer pour des Rokador.

On a suivi Loor sur le pré qui menait à Xhaxhu. La dernière fois que j'étais venu par là, il n'y avait que du sable. Beaucoup de sable. Maintenant, c'était un endroit autrement plus accueillant. À moins, bien sûr, d'être un Batu. On a mis quelques minutes pour traverser les cinq cents mètres environ qui nous séparaient des portes de la ville. Deux soldats Rokador montaient la garde de chaque côté des grilles. Les Batu avaient toujours été chargés de la sécurité. Plus maintenant. Un instant, j'ai cru qu'ils allaient nous arrêter, mais ils nous ont à peine jeté un coup d'œil avant de nous laisser passer. Et on s'est retrouvés…

… dans un monde que j'avais du mal à reconnaître. Dans mes souvenirs, Xhaxhu était une cité faite de grandes avenues non pavées, d'immenses pyramides ouvragées, de statues représentant des guerriers Batu et de canaux bordant chaque rue, charriant l'eau fraîche venue des rivières souterraines. C'était un lieu rempli de fleurs brillantes et d'immenses palmiers. Xhaxhu était une oasis au milieu d'un immense désert.

Elle restait une oasis, mais tout avait changé.

Il y avait toujours des fleurs et des palmiers, mais je n'ai pas vu de canaux à ciel ouvert. Je me suis dit qu'ils les avaient peut-être enterrés sous les pavés. Oui, maintenant, les rues étaient pavées, même si elles ne ressemblaient à rien que je connaisse. Elles scintillaient de mille couleurs. À mes yeux, on aurait dit que la chaussée se composait de millions de particules de quartz. Les pyramides avaient disparu. Du moins celles dont je me souvenais. Ces nouvelles structures argentées avaient quelque chose de moderne et design comparées aux pierres grossières de l'ancienne Xhaxhu. Ces bâtiments présentaient des lignes claires et droites, sans la moindre fioriture. Les statues Batu n'étaient plus là. À leur place s'élevaient des structures modernistes qui ressemblaient à, eh bien, je ne sais pas à quoi elles ressemblaient, parce que pour moi, ce n'était que de gros bouts de métal.

Ce n'était pas encore une cité moderne, mais elle en prenait la direction. Elle semblait, je ne sais pas… froide. Ce qui est plutôt bizarre, vu qu'il devait bien faire quarante degrés à l'ombre.

J'ai décrit à quoi ressemblait cette ville et les drôles de changements qu'elle avait connus, mais il y avait là quelque chose de bien plus inquiétant que cette nouvelle architecture. L'ancienne Xhaxhu était peuplée de Batu à la peau sombre. Maintenant, où que se porte mon regard, je ne voyais plus que des Rokador blafards. C'était comme si sa population tout entière avait été déplacée et qu'une autre avait pris sa place. Mais ce n'était pas comme s'il n'y avait plus un seul Batu. Il y en avait. Mais j'ai vite compris ce que voulait dire Loor en affirmant qu'ils étaient devenus des esclaves. Là où les Rokador se promenaient le long des rues à profiter du beau temps ou vaquer à leurs occupations, les Batu travaillaient. J'en ai vu qui briquaient les bâtiments argentés, d'autres qui s'occupaient des fleurs. Comme il n'y avait pas de voitures, les Rokador se déplaçaient dans des pousse-pousse biplaces tirés par des Batu luisants de sueur. Alors qu'un d'entre eux passait devant moi, j'ai vu de mes yeux le Rokador assis à l'intérieur l'asticoter avec un long bâton pour le faire accélérer. Les Batu n'étaient pas que des esclaves, on les traitait comme des bêtes. Non, je retire ça : la plupart des gens ne fouetteraient pas un animal ou ne le feraient pas travailler sous un tel soleil. Je n'ai pas vu un seul Batu qui ne soit pas en train de bosser dur.

Xhaxhu avait aussi connu un autre changement qui m'a dit à quel point tout allait mal. Sans doute le plus radical de tous. Au sommet de chaque bâtiment, un drapeau flottait au vent. Un drapeau rouge. Frappé d'une étoile Ravinienne.

J'ai jeté un coup d'œil à Loor. Elle contemplait tout ça d'un regard neutre. Mort. Elle était bien au-delà de la colère.

– Tu sais ce qui est arrivé ? ai-je demandé.

– Lorsque les Rokador ont quitté leurs galeries souterraines, ils se sont servis de leur technologie comme d'une arme. Les Batu dépendaient de leur expertise pour tout ce qui touchait à leur alimentation, la purification de l'eau et la médecine. Dès qu'ils se sont mis à vivre à la surface, ce savoir est devenu leur pouvoir, et ils l'ont utilisé pour contrôler les Batu.

– Les Rokador n'ont plus besoin des Batu pour les protéger des tribus ennemies ?

– Non, a-t-elle aussitôt répondu. Ils ont trouvé d'autres moyens d'assurer leur sécurité. Les Rokador ont importé des armées d'un autre pays. Ces étrangers ont vite prouvé qu'ils étaient meilleurs guerriers que les Batu et les ont dominés. Je ne savais pas qu'il existait de tels soldats sur Zadaa, mais c'est le cas, et les Rokador les ont fait venir pour vaincre les Batu et prendre leur place.

J'ai vu approcher un petit groupe de ces guerriers de l'autre côté de la grande rue. Ils étaient six et marchaient au pas. Un regard m'a suffi.

– Des dados, ai-je déclaré. Ils ne sont pas de Zadaa. Les Raviniens les ont importés, comme ils l'ont fait sur d'autres territoires.

– Quoi qu'ils soient, a répondu Loor entre des dents serrées, ce sont des démons. Ils ont détruit mon peuple.

– Comment as-tu découvert tout ça ? a demandé Spader.

– Suivez-moi.

Loor est partie d'un pas vif, baissant la tête pour que personne ne voie qu'elle était une Batu. Elle nous a guidés le long d'un chemin sinuant à travers la ville modifiée. On a atteint le mur d'enceinte pour sortir à nouveau et gagner l'immense ferme qui approvisionnait les habitants de Xhaxhu. Cela ne m'a pas vraiment étonné de constater que tous ceux qui y travaillaient étaient des Batu. Des hommes, des femmes et même des enfants. Par dizaines. Tous trimaient sous le regard vigilant de plusieurs gardes dados. Ça m'a serré le cœur de voir ceux qui avaient été des guerriers fiers et farouches se mettre à genoux pour nourrir ceux-là mêmes qu'ils protégeaient jadis. Et je n'osais imaginer ce que devait ressentir Loor.

– Je suis peut-être un esprit de Solara, a-t-elle déclaré d'une voix tremblante, mais je reste une Batu. Ce n'est pas juste.

Toute son existence, son mode de vie même avait été chamboulé. Certes, c'est vrai pour tous les Voyageurs, mais ce devait être particulièrement pénible pour elle, qui était quelqu'un d'extrêmement fort et fier. J'aurais voulu pouvoir dire ou faire quelque chose pour lui remonter le moral, mais je n'avais rien à proposer.

– Qu'est-ce que tu voulais nous montrer ? a demandé Spader.

Loor nous a menés jusqu'à un empilement de chariots contenant ce qui ressemblait à des patates. Voilà ce que les Batu extrayaient de la terre. Des patates.

– Attendez-moi, je reviens, a-t-elle dit en s'éloignant de nous.

– Tu as raison, matelot, m'a dit Spader d'un ton rêveur. Chaque territoire a changé. On les a tous perdus.

– Ce ne sont plus les territoires qui importent, ai-je corrigé. Mais Halla dans son ensemble.

Spader a acquiescé d'un air pensif, puis a ajouté :

– Est-ce qu'on a une chance d'inverser le cours des choses ?

– Je ne sais pas, ai-je répondu sincèrement. Mais on ne peut pas vraiment baisser les bras, non ?

– Non, a-t-il convenu. On ira jusqu'au bout. Mais c'est tout de même bizarre.

– Quoi ?

– Comment saura-t-on que tout est terminé ?

J'allais lui donner une réponse bateau, mais y ai renoncé. En vérité, je n'en savais rien, d'une façon ou d'une autre. Si Saint Dane avait débusqué les exilés et les avait tous liquidés, est-ce qu'on cesserait d'exister, comme ça ? Est-ce qu'au moins, on nous dirait qu'on avait perdu la guerre ? Et si on la gagnait ? Qu'est-ce que cela signifierait ? Est-ce que tout changerait d'un coup ? Est-ce qu'il y aurait une grande fiesta où on pourrait tous se congratuler ? J'en doutais fort. Spader avait posé une simple question qui en avait soulevé bien d'autres. J'ai décidé de ne pas trop m'inquiéter de l'avenir. J'avais bien assez de soucis comme ça. Une chose à la fois. Mais ce qu'il avait dit ne devait cesser de me tourmenter.

Comment saurait-on ?

– Salut, Pendragon, a lancé une voix familière.

Je me suis retourné pour voir que Loor était revenue, accompagnée d'un des travailleurs Batu de la ferme. C'était une femme, bien que ça ne soit pas évident au premier coup d'œil : elle était vêtue de haillons et recouverte de poussière de la tête aux pieds. Elle était également baignée de sueur.

– Ça fait bien longtemps, a dit la femme, qui avait l'air épuisée.

– On se connaît ? ai-je demandé en fouillant ma mémoire afin de l'identifier.

– J'ai grandi depuis la dernière fois que tu m'as vue. J'étais alors une guerrière. Maintenant, je creuse la terre. Mais je suis toujours l'acolyte de Loor.

– Saangi ! ai-je crié.

Je l'ai prise dans mes bras sans réfléchir. Sinon, je me serais probablement abstenu. Ce n'était pas son genre. C'était une petite teigne qui ne désirait rien de plus qu'émuler Loor. Et elle ne m'aimait pas beaucoup. Elle me prenait pour une mauviette. Bien sûr, après avoir subi un entraînement accéléré avec Loor et Alder, j'étais remonté dans son estime, mais j'avais toujours l'impression qu'à ses yeux, j'étais quantité négligeable.

À ma grande surprise, Saangi m'a rendu mon étreinte. Encore un signe que tout avait changé.

– Que s'est-il passé ? a-t-elle chuchoté à mon oreille d'une voix tremblante.

Une goutte de sa sueur est tombée sur ma joue. Ou peut-être était-ce une larme. Mon cœur s'est serré. Saangi était devenue une esclave. Savoir qu'elle avait jadis eu une forte personnalité ne rendait sa déchéance que plus douloureuse. Elle ne m'a pas lâché. Elle s'est mise à pleurer. Je l'ai sentie trembler comme une feuille sous l'effet de l'émotion. Je n'ai rien pu faire, sinon la serrer contre mon cœur.

– C'est elle qui m'a raconté l'avènement de Ravinia et la destruction des Batu, a expliqué Loor. Mais ce n'est pas tout. Il y a autre chose.

Saangi s'est écartée de moi en ravalant une larme.

– On parle d'un groupe qu'ils gardent prisonniers. Captifs des Rokador. Ou de Ravinia. On ne sait pas tout – on s'est contenté de ce qu'on pouvait grappiller lorsque les Rokador parlent entre eux sans se douter qu'on les écoute.

J'ai jeté un bref regard plein d'espoir à Spader.

– Combien sont-ils ?

– Je ne sais pas, a-t-elle répondu. Beaucoup. Peut-être suffisamment pour remplir une ville.

J'ai dû me retenir de pousser un cri de joie.

– Est-ce possible ? a demandé Loor. Sont-ils ces exilés que nous recherchons ?

– Des exilés, a répété Saangi. J'ai entendu prononcer ce mot.

– Hobie, c'est peut-être ça ! s'est écrié Spader enthousiaste.

– Il n'y a qu'une seule façon de s'en assurer, ai-je répondu en regardant Saangi. Sais-tu où ils sont détenus ?

– Oui, et toi aussi.

– Hein ? ai-je demandé bêtement.

Saangi a souri. Oui, elle a souri. Ça ne lui arrivait pas souvent.

– C’est un lieu qui ne t’a guère laissé de bons souvenirs, a-t-elle déclaré d’un air rusé. Pour toi, c’était un camp d’entraînement. Maintenant, c’est une prison.

– Mooraj, ai-je conclu.

Oh, je ne connaissais que trop cet endroit. C’était bien le camp d’entraînement abandonné des guerriers Ghee, où Loor et Alder m’avaient battu comme plâtre pour tenter de faire de moi un combattant. Lorsque les galeries souterraines des Rokador s’étaient effondrées et que les tribus s’étaient fondues en une seule, c’était devenu un terrain de jeu pour les enfants des Batu comme des Rokador. Apparemment, on ne s’y amusait plus.

– Il est bien gardé par ces nouveaux soldats, a ajouté Saangi. Si tu pars à la recherche de ces prisonniers, ce sera peut-être dangereux.

– Merci, Saangi, ai-je déclaré. Je ne peux rien promettre, mais si ces gens sont ceux que nous espérons, les choses changeront peut-être dans cette ville. En mieux.

– Tu peux faire quelque chose pour moi, a-t-elle dit.

– Quoi ?

– M’emmener avec toi.

Je n’étais pas très chaud. À un moment donné, Saangi avait été une apprentie guerrière, mais tout avait changé. Elle était plus âgée, et le temps passé à trimer au soleil avait laissé ses marques. Elle m’a paru bien frêle.

J’ai froncé les sourcils et secoué la tête.

– Je ne demande pas mieux, mais si les choses tournent mal, je ne crois pas que tu…

Je n’ai pas pu finir ma phrase. Saangi a virevolté pour me faucher la jambe droite et m’a arraché des mains le casse-tête de Loor. D’un geste souple, elle m’en a cogné la tempe. Je suis tombé à genoux et ai levé les yeux pour regarder cette fille devenue tout aussi redoutable que sa maîtresse.

Spader a éclaté de rire :

– Je peux la prendre dans mon équipe ?

Je me suis tourné vers Loor en frottant ma joue endolorie. Elle a haussé les épaules avec un sourire plein de fierté :

– Un guerrier Batu n’oublie jamais.

J'ai à nouveau regardé Saangi. Ses larmes s'étaient taries. Je me suis lentement relevé et lui ai pris le casse-tête des mains :

– Arrête de cueillir des patates et allons voir ce qui se passe à Mooraj, lui ai-je dit.

Saangi a eu un sourire soulagé. Comme Spader, je la voulais dans notre équipe.

Journal n° 37
Chapitre 17

Il nous fallait trouver un moyen de gagner Mooraj.

C'était trop loin pour qu'on y aille à pied et, sur Zadaa, il n'y avait ni trains, ni voitures. C'est Saangi qui a trouvé une solution. Avec un sourire satisfait, elle a déclaré :

– Cela fait longtemps que j'attends une occasion de mettre mes dons en pratique.

Je ne lui ai pas demandé ce qu'elle entendait par là. Spader et moi avons reçu pour instruction d'attendre près de la ferme pendant que Loor et Saangi retournaient à Xhaxhu pour mettre en œuvre leur plan. Quel qu'il puisse être. Il ne nous restait plus qu'à prendre notre mal en patience.

– Imagine qu'on y débarque et qu'on trouve plein d'exilés ? a demandé Spader. Qu'est-ce qu'on fait ?

– On va sur Solara et on ramène l'oncle Press.

– Et que va-t-il faire *lui* ?

J'ai haussé les épaules.

– Commençons par les trouver, et on verra ensuite.

À vrai dire, je commençais à bâtir mon propre plan d'action. Mais je ne voulais en parler, pas même y penser sérieusement avant d'avoir déniché ces exilés. On avait déjà trop de soucis pour que je nous monte la tête avec quelque chose qui pouvait fort bien ne jamais arriver. Il fallait se concentrer sur la mission en cours, trouver tous ces gens et les mettre hors de danger. Ce n'est qu'après, *si* on y parvenait, que je viderais mon sac.

Quelques minutes à peine s'étaient écoulées lorsque deux Rokador en tunique sont venus vers nous à cheval, chacun tenant les rênes d'un autre. Les quatre montures avaient des casse-tête de bois accrochés à leurs selles. Les cavaliers cachaient leurs visages sous des capuches blanches, mais je savais de qui il s'agissait.

– Comment avez-vous réussi un coup pareil ? leur ai-je lancé.

Loor et Saangi ont rabaissé leurs capuches. Toutes deux souriaient aux anges. Elles étaient à nouveau en selle, sans jeu de mot.

– Il faut croire, a expliqué Loor d'un air mutin, que ces nouveaux guerriers ne sont pas aussi invincibles qu'on le dit.

Elle nous a jeté deux tenues de Rokador. Spader et moi nous sommes retrouvés affublés de pantalons et de tuniques, blancs tous les deux. Autant dire qu'on serait invisibles. Spader et moi nous sommes empressés de passer ces nouveaux vêtements légers par-dessus les nôtres.

– Ces nouveaux soldats… a remarqué Saangi. Je ne crois pas qu'ils soient faits de chair et de sang.

– C'est le cas, ai-je répondu en montant à cheval. Et ils ne sont pas non plus originaires de Zadaa. Mais ils viendront certainement récupérer leurs chevaux.

– À ce moment-là, on sera déjà à Mooraj, a annoncé Loor en éperonnant sa monture. J'ai hâte de rencontrer d'autres de ces guerriers.

– Moi aussi, a déclaré Saangi en lui emboîtant le pas.

Spader a ouvert de grands yeux.

– Ces deux-là me fichent la frousse, m'a-t-il soufflé.

– Heureusement qu'elles sont de notre côté, ai-je gloussé.

On a galopé le long de la grande plaine de Zadaa. Les rivières qui, jadis, avaient été souterraines fournissaient désormais assez d'irrigation pour transformer un désert aride en un paysage de collines verdoyantes s'étendant à perte de vue. Il n'y avait pas de routes. On a suivi des pistes étroites talées par les pas de milliers de chevaux. J'aimerais dire que ce territoire était bien plus accueillant qu'avant, mais vu qu'il était tombé sous la coupe de Ravinia, c'était difficile. C'était cher payé pour quelques herbes et des fleurs. Je ne cessais de scruter l'horizon de peur de tomber sur des Rokador. Ou pire, une patrouille de gardes raviniens. Quoique, ça n'aurait pas été la fin du monde. Sur Zadaa, il n'y avait pas de moyens de communication à longue distance. Pas de radios, de talkies-walkies ni de téléphones cellulaires. Si on tombait sur une patrouille, il faudrait qu'on s'en débarrasse. C'était aussi simple que ça. On ne pouvait courir le risque qu'ils débarquent à Mooraj ou retournent à Xhaxhu chercher des renforts. Non, si on croisait une patrouille, ils le regretteraient.

Difficile de juger des distances. Il n'y avait pas de pancarte en forme de flèche proclamant « Mooraj : 5 km ». Plus qu'à espérer que Loor et Saangi connaissaient le chemin.

Finalement, alors que je commençais à avoir mal aux fesses, j'ai aperçu les contreforts du mur entourant le camp d'entraînement.

– Il ne faut pas qu'on nous voie approcher, a conseillé Loor. On restera dans les fossés.

Elle nous a fait emprunter une route sinueuse contournant les plus hautes des collines afin qu'elles nous cachent des regards. C'était une bonne idée, sauf que j'avais le derrière en compote. Monter à cheval nécessite une pratique que j'étais loin d'avoir. Enfin, pas mes fesses. J'ai regardé Spader en me demandant s'il souffrait également. Conformément à son habitude, il avait l'air parfaitement à l'aise, comme si notre trajet n'avait pas duré plus d'une minute. Il a dû lire la douleur sur mon visage, parce qu'il a déclaré :

– N'oublie pas que j'ai chevauché des zenzens sur Eelong.

J'ai haussé les épaules en faisant la grimace. Je ne voulais pas lui montrer à quel point j'avais mal.

Finalement, Loor a eu pitié de moi et nous a fait signe d'arrêter. Elle est descendue de son cheval, en a tendu les rênes à Saangi, puis s'est mise à plat ventre et a rampé jusqu'au sommet d'une petite butte. Elle a risqué un œil prudent par-dessus la crête, puis nous a fait signe de la suivre. Je suis descendu à mon tour en me retenant de pousser un soupir de soulagement. Il ferait chaud le jour où je remonterais sur cette fichue bestiole.

Saangi a pris les rênes de nos montures pendant que Spader et moi progressions à plat ventre pour rejoindre Loor. On a regardé par-dessus la butte et vu qu'on était à moins d'un kilomètre de Mooraj. Le camp était à peu près comme dans mes souvenirs. Il était entouré par un véritable mur d'enceinte de grès qui ne laissait voir que le haut des bâtiments. Ceux-ci ne semblaient pas avoir changé depuis que j'avais suivi l'entraînement de Loor et Alder. Pas de pyramides argentées ni de sculptures bizarres. Tout semblait normal, à l'exception d'un détail.

– Hobie, a dit Spader, tu parles d'un tourne-boule !

Le camp était encerclé par des gardes raviniens. Il y en avait des dizaines. Dieu sait pourquoi, ils ne jugeaient pas utile de surveiller Xhaxhu, mais Mooraj était devenu une vraie forteresse.

– Pas de doute, ai-je remarqué, il y a là-dedans quelque chose qu'ils veulent garder.

– Et ça n'en sera que plus dur d'y rentrer, a ajouté Loor.

– Je ne veux vexer personne, a repris Spader, mais je doute qu'on puisse affronter une telle armée à coups de bâton.

On était coincés. Il ne fallait pas espérer forcer le passage. Je me suis dit que c'était peut-être l'occasion de vérifier si je pouvais vraiment changer de forme, mais ce devait être une mesure de dernier recours. De plus, l'idée de me transformer en nuage de fumée, en dragon ou en quoi que ce soit d'autre que Bobby Pendragon me donnait le frisson.

– Qu'est-ce que c'est ? a demandé Spader en tendant le doigt.

J'ai jeté un coup d'œil sur la droite de la forteresse pour voir un petit bâtiment de pierre à une trentaine de mètres du mur d'enceinte.

– C'est l'entrée du passage souterrain.

On s'est regardés, Loor et moi. On était sur la même longueur d'onde.

– Le passage se termine là ? ai-je demandé.

– Non, a-t-elle répondu, pensive. Les trains de transport sont garés sous Mooraj.

J'étais sûr qu'elle était en train d'évaluer toutes les possibilités qui s'ouvraient à nous.

– Ils seront sous bonne garde.

– Mais il y aura moins de guerriers qu'à l'extérieur.

– Lorsqu'on pourra s'en assurer, il sera trop tard pour reculer.

– C'est notre meilleure chance.

Spader nous dévisageait tour à tour en tentant de suivre. Finalement, il n'y tint plus et bafouilla :

– Arrêtez ! De quoi parlez-vous ?

– Je crois avoir trouvé un moyen d'entrer, ai-je répondu.

On a laissé partir nos montures. On n'en avait plus besoin, et même dans le cas contraire, on n'aurait jamais pu les cacher. Et d'ailleurs, mon derrière se serait rebellé. Donc, adieu les chevaux. On a traversé discrètement le moutonnement des collines en faisant de notre mieux pour ne pas être repérés. En un rien de temps, on s'est retrouvés face à la cabane de pierre.

– Je ne vois pas de gardiens, a commenté Loor.

– Attends, ai-je répondu.

Je me suis empressé de gagner le petit bâtiment. Une fois arrivé, je me suis pressé contre le mur du côté opposé à Mooraj. Il n'y a pas eu de signal d'alarme, pas de Ravinien pour sortir de sa cachette et me faire un mauvais sort. J'ai regardé à l'intérieur. Cette cahute était vide. Pourquoi n'était-elle pas gardée ? J'ai fait signe aux autres de me rejoindre.

– Je passe en premier, a chuchoté Loor. Attends mon signal.

Je n'ai pas discuté. Si elle voulait se charger du premier garde, ça me convenait. Peut-être avait-elle besoin de se défouler. Après avoir appris ce qui était arrivé à son peuple, elle apprécierait certainement une bonne baston. Loor a tendu son casse-tête devant elle, prête à faire des dégâts. Un peu plus tard, elle a abordé un escalier plongé dans les ténèbres. Nous autres sommes restés sur place, tendant l'oreille. Loor a descendu les marches en silence. S'il y avait un garde ravinien là en bas, il ne saurait même pas d'où viendrait le coup. Je m'attendais à entendre les bruits d'une bagarre. À la place nous est parvenu un seul mot :

– Venez.

J'y suis allé en premier, suivi par Saangi, Spader fermant la marche. Je me souvenais de ces escaliers. On avait emprunté le petit train qui sillonnait un des tunnels partant du territoire Rokador jusqu'à ce même endroit. J'avais monté ces mêmes degrés pour découvrir pour la première fois Mooraj, ce camp où Loor et Alder m'avaient appris la voie du guerrier. Leurs leçons étaient brutales, mais elles m'avaient servi un nombre incalculable de fois. À chaque pas, je reprenais espoir. Peut-être réussirait-on à pénétrer dans l'enceinte et à retrouver les exilés.

On a atteint un palier, tourné à l'angle, puis continué dans l'obscurité. Il y avait à peine assez de lumière pour que je puisse distinguer la silhouette de Loor… pataugeant dans trente centimètres de flotte.

– J'aurais dû m'en douter, a-t-elle dit d'une voix blanche. Le tunnel est inondé, comme tous les autres.

Bien sûr. Lorsque les rivières de Zadaa avaient été libérées, l'eau avait surgi dans le réseau de galeries que les Rokador avaient creusé au fil des générations. La pression était devenue trop forte et tout le système s'était effondré comme un château de cartes, créant cet océan près de Xhaxhu. Tous les couloirs n'avaient pas été détruits, mais ceux qui restaient étaient inondés, comme celui-ci.

– Ce doit être pour ça qu'ils n'ont pas fait garder l'entrée, ai-je remarqué.

– Il va falloir trouver un autre chemin, a dit Saangi.

– Un instant, a repris Spader. (Il est entré dans l'eau et a scruté la zone.) L'autre tunnel est loin ?

– Juste en dessous de nous, a répondu Loor. À un mètre ou deux.

– Et il mène à un espace dégagé sous le camp ?

– C'est là qu'ils garent les trains de transfert, a répondu Saangi.

– Hobie, s'est écrié Spader, je peux y aller à la nage !

– C'est impossible ! a bafouillé Loor. Personne n'est capable de parcourir une telle distance !

Spader m'a jeté un regard éloquent. J'ai haussé les épaules.

– Je suis un aquanier, a-t-il déclaré fièrement. Tu es peut-être une guerrière, mais pour tout ce qui concerne l'élément liquide, c'est moi le spécialiste.

– Et si tu y arrives ? ai-je demandé. Qu'est-ce que tu vas faire ?

– Tout dépendra de ce que je vais trouver. Si ce n'est pas trop dur, je pourrai vous y amener un par un. Ou trouver une corde pour vous tirer rapidement. Ou peut-être que le tunnel est trop long, mais on ne le saura pas tant que je ne serai pas allé jeter un œil.

Loor et Saangi ont froncé les sourcils. Cette idée ne leur disait rien.

Je ne partageais pas leurs doutes.

– Vas-y, ai-je ordonné.

– C'est parti !

Spader s'est empressé de se débarrasser de ses vêtements blancs de Rokador pour révéler sa combinaison de plongée noire. Il a jeté un coup d'œil à Loor et Saangi et a dû comprendre leur trouble :

– Ne vous en faites pas. Je suis dans mon élément.

Elles n'avaient pas l'air convaincu.

– Si ça tourne mal, ai-je proposé, tu pourras toujours voyager vers un autre territoire. Ou te changer en poisson, ai-je ajouté avec un sourire.

Spader a éclaté de rire :

– Je suis déjà un poisson, matelot, ne l'oublie pas !

Il a fait encore quelques pas jusqu'à avoir de l'eau au niveau de la poitrine. Il a inspiré et expiré profondément plusieurs fois pour remplir ses poumons d'oxygène, puis a plongé et s'est mis à nager. Mais dans la mauvaise direction.

– Attends ! a crié Saangi.

Spader s'est retourné et lui a décoché un grand sourire.

– C'était pour voir si tu suivais.

Il a fait demi-tour, a plongé et a disparu dans les ténèbres. Un battement de pieds, et le voilà parti.

– C'est un drôle de type, a grogné Saangi, mais je l'aime bien.

Je n'ai pu m'empêcher d'éclater de rire.

– Oui, c'est à peu près ce que je pense de lui. Il est extrêmement courageux… et aussi complètement cinglé.

Curieusement, Loor avait gardé le silence. Elle fixait les eaux noires, comme hypnotisée.

– Il va s'en sortir, ai-je affirmé.

– Je n'en doute pas, a-t-elle répondu. Mais tu oublies quelque chose, Pendragon. Je ne sais pas nager.

Oups.

– Moi si, a ajouté Saangi, mais pas très bien.

– Ça ira, leur ai-je affirmé. Je suis bon nageur, et même moi, je ne crois pas que je pourrais parcourir une telle distance sous l'eau.

– Alors pourquoi est-il allé inspecter le tunnel ? a demandé Loor.

– Parce que si quelqu'un peut nous trouver un moyen de passer, c'est bien Spader. S'il pense que c'est faisable, c'est que c'est faisable. Sinon, il ne courra pas ce risque. Quoi qu'il puisse dire, j'ai confiance en lui.

Ce qui n'a pas semblé les convaincre, mais moi, j'étais sûr et certain que Spader serait à la hauteur. Mais d'abord, il fallait que lui-même puisse aller jusqu'au bout. Là, je doutais qu'il en soit capable, parce qu'il nageait vers l'inconnu. On a attendu plusieurs minutes. Je me suis demandé combien de temps Spader pouvait retenir son souffle. Deux minutes ? Trois ? Davantage ? Moi-même, je devais tenir une minute et demie, mais pas plus. Beaucoup moins si je nageais pour sauver ma vie. Mais ce tunnel était bien sombre. Spader pouvait être à quelques dizaines de centimètres de la surface sans s'en apercevoir. Et s'il se cognait la tête ? Au bout de dix minutes, j'ai commencé à me dire que ce n'était pas une bonne idée de l'envoyer ainsi en mission sans savoir dans quoi il s'engageait. Encore cinq minutes et je me suis surpris à regarder par-dessus mon épaule, m'attendant presque à le voir descendre les escaliers, ayant fini par quitter ce territoire pour nous rejoindre par une voie plus pratique.

– Et s'il ne revenait pas ? a demandé Saangi.

Je n'avais pas encore envisagé cette possibilité, mais il faudrait bien s'y résoudre. Avant que j'aie pu étudier un plan B, les eaux ont bouillonné. Quelque chose bougeait là-dedans. Mais ça ne semblait pas être un nageur. Les escaliers ont légèrement vibré. On a échangé des regards intrigués.

– J'ignore ce que c'est.

C'est tout ce que j'ai pu dire.

L'eau a continué de bouillonner. Les grondements se sont légèrement amplifiés, puis se sont tus, comme ça, d'un bloc. On a tenté de scruter les profondeurs sans trop savoir à quoi s'attendre, lorsque Spader est apparu. Il a nagé vers nous, a crevé la surface et a laissé échapper un grand cri de joie.

– Ça a marché ! a-t-il fait d'un ton victorieux. Je n'étais pas tout à fait sûr de mon coup, mais ça y est ! Ça a marché !

– Quoi ? ai-je demandé.

– Tout est exactement comme tu l'as décrit, Loor. Le couloir débouche sur un espace plus vaste où j'ai pu faire surface. Fastoche. Ce n'est même pas loin.

– Ça n'a aucune importance, a-t-elle répliqué, vu qu'on ne sait pas nager.

– C'est encore ça le plus beau ! a annoncé Spader. Vous n'aurez pas à vous fatiguer. On va voyager en première classe !

– Je ne te suis pas, ai-je dit, à bout de patience.

– Les trains, matelots ! Ils fonctionnent toujours. J'ai trouvé celui qui roulait sur les rails menant à cette cabane et ai compris comment le faire marcher. C'est pour ça que ça m'a pris si longtemps. Une fois que j'ai trouvé le truc, je suis revenu jusqu'ici dans ce petit wagon. Il est là, sous la surface, attendant ses passagers.

On s'est regardés, Loor, Saangi et moi. Je crois qu'on ne savait pas trop comment réagir. Ça semblait impossible, et pourtant, ce devait être jouable. Spader lui-même en était la preuve.

– Personne n'aura besoin de nager, a-t-il ajouté. Vous n'aurez qu'à retenir votre respiration et vous cramponner. C'est dans vos cordes, non ?

Loor et Saangi se sont tournées vers moi. Je pense qu'elles voulaient que je leur confirme que Spader n'était pas fou à lier.

– S'il dit que ça marche, ai-je affirmé avec confiance, c'est que ça marche.

– Alors allons-y ! s'est-il écrié. Tous à bord !

On s'est débarrassés de nos tuniques de Rokador. Une fois mouillées, elles seraient trop lourdes, et de plus, le tissu pouvait toujours s'accrocher à quelque chose. Il valait mieux se débrouiller une fois de l'autre côté.

On a donc embarqué sur ce train immergé, ce qui était effrayant en soi. Je pourrais m'en sortir, mais Spader devrait assister Loor et Saangi. Loor annonça qu'elle passerait en premier. Connaissant sa bravoure, ça ne m'a pas vraiment étonné. Mais ça signifiait également qu'elle devrait retenir sa respiration plus longtemps que son acolyte. J'avais confiance en Spader, mais ce petit tour de passe-passe me mettait sur les nerfs. Je n'osais pas imaginer la peur que devait ressentir Loor, qui devait en plus lutter contre sa phobie de l'eau. Je présume qu'elle se répétait que si les choses tournaient mal, elle n'aurait qu'à se transporter sur un autre territoire. Ça devait lui donner du courage. Mais le voyage n'en serait pas moins terrifiant. Et Saangi, elle, n'avait pas cette solution. Pour elle, ce serait un aller sans retour.

Spader a pris la direction des opérations :

– Détendez-vous. Ne luttez pas. Je vous mènerai à destination. Je commence par Loor, je la dépose à sa place, puis je reviens aussitôt chercher Saangi. Pendragon, tu nous suivras, Saangi et moi. Ce wagon n'a pas de toit. Je mettrai Loor derrière le moteur, puis Saangi. Pendragon, tu t'accrocheras derrière elle. Tu peux prendre mes armes ?

J'ai acquiescé.

– Bien. Tout ce que vous avez à faire, c'est vous cramponner. Ça va être du gâteau. Ne vous en faites pas.

Loor continuait de fixer l'eau comme pour se donner du courage. Elle enserrait son casse-tête avec une telle force que ses phalanges étaient blanches. Un instant, j'ai cru qu'elle serait incapable de surmonter sa peur et de plonger dans les ténèbres.

Tu parles.

Loor a inspiré profondément et dit :

– Allons-y !

Spader n'a pas perdu un instant. Il l'a prise par la main et ils ont plongé ensemble. Elle a fait ce qu'on lui disait. Elle s'est détendue. Son corps, en tout cas. Je pense que son cerveau devait tourner à toute allure. Spader s'est éloigné des escaliers, emportant la guerrière avec lui. Elle l'a suivi, cramponnée à son casse-tête. En un clin d'œil, ils avaient disparu.

J'ai posé la main sur le bras de Saangi.

– Tout ira bien.

Elle a rapidement hoché la tête. J'ai senti qu'elle avait tout aussi peur que Loor. Elle a fixé la surface. Pas plus de vingt secondes plus tard, Spader a réapparu.

– Fastoche. Au suivant !

Saangi a tendu la main, il l'a prise, et ils ont plongé. Ensuite, ce serait mon tour. Je m'inquiétais tant pour Loor et Saangi que je ne pensais pas trop à l'expérience terrifiante qui m'attendait. Mais il était inutile de me mettre dans tous mes états. Je devais serrer les dents et y aller. J'ai pris les deux casse-tête dans ma main gauche. J'aurais sans doute besoin de mon bras droit, le plus fort, pour nous tirer. J'ai inspiré deux fois, ai retenu ma respiration et ai plongé à mon tour. L'eau était glaciale. Ce fut ma première impression. Et il faisait un noir d'encre. Il n'est jamais facile d'y voir sous l'eau, mais c'était impossible. J'aurais bien voulu disposer d'un globe respiratoire de Cloral. Ou un masque de chez nous. N'importe quoi. Tout ce que je pouvais faire, c'était suivre les ombres qu'étaient Spader et Saangi, qui nageaient devant moi.

Notre descente fut rapide. Quelques secondes plus tard, j'ai aperçu la silhouette d'un petit train. Je m'en souvenais très bien. Il ressemblait à ceux qu'on trouve dans les parcs d'attractions. Il y avait trois voitures et une locomotive. On s'en servait pour transporter les Rokador le long des galeries et déplacer du matériel. À travers les eaux vertes, j'ai vu Loor enserrer la rambarde du premier wagon. Spader installait Saangi sur le deuxième. J'ai pris place dans le troisième. Une fois Saangi installée, Spader a jeté un bref coup d'œil en arrière pour vérifier que je les avais rejoints. J'ai levé le pouce, comme le font les plongeurs de Seconde Terre. Ce signe devait être universel. Et il faut croire que oui, parce que Spader, satisfait, a filé vers la loco. Une seconde plus tard, dans un grand soubresaut, le train se mettait en branle.

Il était rapide, même s'il devait lutter contre l'inertie de l'eau. On ne pouvait rêver mieux. On avançait. Je n'avais pas mal aux poumons. On serait encore sous l'eau pendant environ trente secondes avant de faire surface. Pas si terrible. Au bout de dix secondes, je me suis dit qu'on était tirés d'affaire.

Je me trompais.

Tout d'un coup, le train s'est arrêté net. J'ai regardé droit devant en me demandant ce qui se passait. Spader avait-il appuyé sur le mauvais bouton par accident ? Avait-on heurté un obstacle ? J'ai tenté de faire repartir le train par la simple force de ma volonté. Cinq secondes se sont écoulées. Puis dix. Soudain, j'ai compris qu'on devrait déjà être arrivés. Il y avait un os. On était entre deux arrêts et on ne bougeait plus.

Soudain, c'était devenu une très mauvaise idée.

Journal n° 37
Chapitre 18

Ma première impulsion fut de paniquer.

Je ne pouvais m'empêcher d'espérer que notre train repartirait. Dieu sait pourquoi, j'ai repensé aux paroles d'un livre pour gamins. « Je peux parce que j'y crois. Je peux parce que j'y crois. Je peux parce que j'y crois. » Eh bien, dans ce cas, la petite locomotive ne pouvait pas. Ce n'était pas un conte de fées.

Une main s'est refermée sur mon épaule. Celle de Spader. Il m'a fait signe de nager, puis m'a tiré d'un coup sec pour que je me retrouve à côté de Saangi. Ses intentions étaient limpides. Non seulement je devrais m'en sortir à la force du poignet, mais aussi emmener la jeune femme. Il nous a laissés pour aller chercher Loor.

J'ai lâché les deux armes. Je ne pourrais jamais remorquer Saangi avec ce poids supplémentaire. Je devais me concentrer et rester calme. N'étant pas une Voyageuse, la jeune femme n'avait pas la possibilité de quitter ce territoire. Ou de renaître. Je devais la sauver. Mon ancien entraînement de secouriste a fini par me revenir. Je l'ai retournée pour passer mon bras droit sur sa poitrine et sous son aisselle. Me concentrer sur ma tâche était une bonne chose : comme ça, j'évitais de penser que moi aussi, je risquais de me noyer. Saangi m'a considérablement aidé : elle n'a pas paniqué, ne s'est pas débattue. Quelques secondes plus tard, on était en mouvement. Mais quelle distance nous restait-il à parcourir ? Spader devait le savoir : il nous avait dit de partir vers l'avant et non de retourner en arrière. Ça voulait dire qu'on était au moins à mi-chemin. J'ignorais depuis combien de temps on retenait notre respiration. Une minute, peut-être ? Ça fait longtemps, surtout lorsque votre cœur bat à tout rompre et que vous brûlez de l'oxygène. Et en plus, je devais traîner mon fardeau, ce qui n'arrangeait rien. Elle me ralentissait et me faisait utiliser encore plus d'air. Mais je n'avais pas vraiment le choix.

Difficile d'évaluer la distance qu'on avait parcourue. Il faisait trop sombre, et de toute façon, il n'y avait rien à quoi se raccrocher. Les parois de la caverne étaient brouillées et dépourvues de relief. Je ne cessais de regarder en avant pour apercevoir Spader, mais il était meilleur nageur que moi et n'a pas tardé à disparaître. C'est là que j'ai commencé à paniquer. Mes poumons étaient en feu. Je nageais sans m'arrêter, mais ne savais pas à quelle vitesse j'allais. J'ai levé la tête dans l'espoir de voir de la lumière, mais il n'y avait rien, que du noir. Je me suis demandé ce que ça ferait de me sentir mourir.

Une poigne puissante s'est refermée sur mon épaule. Spader était revenu.

Il a saisi le bras avec lequel je brassais l'eau et m'a tiré. Spader était si bon nageur que j'ai eu l'impression d'être entraîné par un hors-bord. Je me suis détendu, le laissant faire tout le travail. De mon autre main, je me suis cramponné à Saangi. On allait s'en sortir. Il me restait à espérer qu'elle soit encore vivante.

Quelques secondes plus tard, j'ai entendu des éclaboussures. Spader avait atteint la surface. Il m'a lâché pour s'emparer de Saangi et la tirer vers le haut. J'ai roulé sur le dos pour constater qu'on était à peine sortis de la galerie. Le plafond de grès était là, loin au-dessus de nous. J'ai à nouveau roulé sur le ventre pour voir des rigoles s'écouler de chaque côté de nous. Droit devant, les rails émergeaient de l'eau, ce qui voulait dire qu'elle était moins profonde. Au-delà s'étendait une grande caverne pleine d'autres petits trains semblables à celui qu'on avait emprunté.

Ou plutôt celui qui nous avait laissés en plan.

Mes pieds ont touché le fond. J'ai continué mon chemin en marchant, avalant de grandes gorgées d'air. Spader a tiré Saangi sur le sol sablonneux, où Loor, à genoux, reprenait son souffle. Elle était tirée d'affaire. Et Saangi ? Spader l'a relevée en position assise tout en lui tenant le menton dans sa main. Elle ne bougeait pas.

– Respire ! a-t-il ordonné.

Je n'ai pas reconnu sa voix. Elle semblait appartir à quelqu'un d'autre. Elle était dépourvue d'humour et d'ironie. Vo Spader ne plaisantait pas. Il n'avait même jamais été aussi sérieux.

Saangi ne respirait plus.

Il l'a allongée délicatement sur le dos, a levé son menton afin de dégager ses voies respiratoires et a posé sa bouche sur la sienne pour tenter de la faire revenir à la vie. Il a soufflé par deux fois, forçant l'air dans ses poumons. Il a tourné le visage de Saangi sur le côté. Elle ne respirait toujours pas. Alors Spader a recommencé.

Je me suis brièvement dit qu'en tant que Voyageur, je pouvais peut-être la sauver. Saint Dane n'avait-il pas arraché Courtney aux portes de la mort ? C'était un véritable dilemme. Devais-je faire une tentative ? Mais quelles seraient les conséquences pour ce qui restait de Solara ? Je ne savais vraiment pas quoi faire.

Spader a cessé de lui faire du bouche-à-bouche pour lui tourner à nouveau la tête sur le côté. Si Saangi ne réagissait pas très vite, je devrais prendre une décision. Une vie en dépendait. Après deux interminables secondes... Elle a toussé. Elle a vomi de l'eau, mais peu importait. Elle était en vie. Je me suis laissé tomber sur le sol, à bout, mais plus soulagé que je l'avais jamais été de toute ma vie. Saangi a roulé sur le flanc en inspirant profondément. Encore maintenant que j'écris ces mots, sachant ce qui s'est passé, je reste incapable de dire ce que j'aurais fait si elle ne nous était pas revenue. Mais je suis content de ne pas avoir eu à choisir.

Spader a regardé Loor.

– Je suis désolé, a-t-il murmuré.

– Pourquoi ? a-t-elle répondu, haussant les épaules.

– Je pensais que le train pourrait faire un second voyage. L'eau doit avoir court-circuité le moteur.

Loor lui a jeté un regard intrigué.

– Tu as fait exactement ce que tu nous avais promis, a-t-elle affirmé. Tu nous as menés ici. À t'entendre, ce devait être plus facile que ça l'a été, mais sans cela, je doute que Saangi et moi serions descendues dans ces eaux.

– Moi, pas question ! s'est écriée Saangi entre deux quintes de toux.

– Tu n'as rien à te reprocher, Spader. Pendragon nous a recommandé de te faire confiance, c'est ce qu'on a fait, et nous voilà. On te remercie.

Spader m'a regardé. Il ne savait trop que répondre. J'ai haussé les épaules :

– Que veux-tu que je te dise ?

Spader s'est à nouveau tourné vers les deux Batu et a déclaré :

– Je suis vraiment content qu'on soit du même côté.

– Je peux dire la même chose, a affirmé Loor.

Venant d'elle, c'était ce qu'il y avait de plus proche d'un compliment.

J'ai inspiré encore quelques fois pour m'éclaircir les idées, puis ai déclaré :

– Bien, c'était le pied. Et maintenant, comment sort-on d'ici ?

Loor s'est levée et a parcouru du regard la grande gare à moitié immergée.

– Là, a-t-elle fait en tendant le doigt. Ces marches mènent à une cabane qui se trouve juste devant le mur extérieur de Mooraj.

– Ça va, Saangi ? ai-je demandé.

L'acolyte de Loor a toussé une fois de plus pour libérer ses voies respiratoires et s'est levée.

– Je suis prête, a-t-elle affirmé.

Ces filles étaient incroyables. Toutes les deux.

Loor nous a fait contourner des rangées de trains pour se diriger vers la porte voûtée. Je doutais fort qu'on tombe sur des gardes. S'ils ne surveillaient pas la cabane située à l'extérieur, pourquoi se soucier de ce côté-ci ? Néanmoins, on a tout de même fait preuve de prudence. On a suivi Loor le plus silencieusement possible sur les marches. À chaque pas, il faisait de plus en plus clair. La galerie qu'on avait empruntée devait être inclinée vers le haut, parce qu'on n'était pas aussi profond que lorsqu'on avait descendu l'escalier au premier avant-poste.

J'avais déjà oublié notre passage sous l'eau. Tout ce qui comptait, c'était ce qui nous attendait là-haut. Les exilés. Combien en trouverait-on ? Mooraj en était-il rempli ? Était-ce désormais une sorte de camp de rétention pour ces étrangers venus d'un autre territoire ?

Une fois arrivés à la surface, on s'est retrouvés dans une autre cabane en grès. Jadis, ce devait être le centre de commandement pour les travailleurs Rokador qui géraient les chemins de fer. Plus maintenant. Ce bâtiment était abandonné. On l'a traversé prudemment pour aller jeter un œil par la fenêtre et découvrir Mooraj, ou plutôt ce qu'il était devenu.

Il y a bien des façons de décrire ce qu'on a vu. Pas toujours flatteuses. Pas toutes négatives. J'ai ressenti un mélange d'enthousiasme délirant… et de déception écrasante. Du soulagement et de la tristesse. Il y avait des raisons d'espérer, mais tempérées par la colère. Un simple coup d'œil m'a suffi pour comprendre ce qu'il en était.

Tout d'abord, ce n'était pas un camp rempli d'exilés. Notre quête n'était pas terminée. Et pourtant, tout n'était pas noir. Les rues grouillaient de monde, ce qui était en soi une raison de se réjouir. Mooraj était devenu la demeure des Batu. Les Raviniens n'avaient pas commis un génocide. Ils s'étaient contentés d'installer la tribu tout entière à Mooraj.

Saangi était en larmes. Des larmes de joie. Face à la fenêtre, Loor a posé son menton sur son bras. Je pouvais sentir son soulagement. Son peuple était en vie. Ce qui ne voulait pas dire que ces gens étaient en pleine forme. Je pense que cet endroit était l'équivalent des Lotissements Horizon de Seconde Terre. Mooraj était devenu un bidonville crasseux et bondé. Ce peuple jadis fier était condamné à vivre dans ce lieu sordide. Même de là où on se trouvait, il était évident que ce camp était un cauchemar. Des gamins en haillons couraient partout. La plupart des adultes restaient assis à fixer le vide. Sous nos yeux, une dispute a éclaté entre deux hommes. À quel sujet, ça, je l'ignorais. Mais ça ne fut pas beau à voir. Ils se sont battus jusqu'au sang, et personne n'a seulement fait mine de les séparer. Tous ont regardé le spectacle avec un détachement teinté d'ennui. De vrais zombies. Il n'y eut pas non plus de gardes raviniens pour s'interposer et faire cesser le combat. Ce qui m'a donné à penser que, dans Mooraj, la notion d'ordre était inconnue. Les gardes s'assuraient que personne n'en sortait, mais ce qui se passait entre ces murs ne les concernait pas. Vu que tous ces gens vivaient les uns sur les autres, maintenir la paix ne devait pas être une mince affaire. Le plus baraqué des deux a fini par décocher un coup puissant à son adversaire qui s'est effondré sur le sol, assommé. Le grand lui a donné un coup de pied dans les côtes, puis s'en est allé, laissant son sang se mêler à la crasse. Personne ne l'a aidé. Tout le monde s'en fichait.

Lorsqu'ils habitaient Xhaxhu, les Batu étaient certes primitifs, mais ils savaient s'occuper d'eux-mêmes. Ils étaient fiers. L'ordre régnait. Plus maintenant. Ravinia leur avait volé leur âme. Je présume que c'était toujours mieux que d'être exterminé jusqu'au dernier, mais de peu. J'avais sous les yeux la preuve de ce que Saint Dane avait accompli. D'un côté, il avait créé cette classe de Raviniens privilégiés. Leur arrogance, leur égoïsme nourrissait le côté sombre de Solara. On pouvait dire de même pour ce qui se passait sur Mooraj. Cet environnement pénible et dangereux l'alimentait également. Sa conquête de Halla était terminée. Ça me faisait mal de voir ce qu'étaient devenus les Batu, mais au moins, ils étaient en vie. Et tant qu'il y a de la vie, il y a de l'espoir.

Mais où étaient les exilés ?

– Restez ici, a dit Loor, redevenue une battante. Saangi et moi allons voir ce qu'on peut glaner. Si des rumeurs ont filtré à propos des exilés, il doit y avoir une raison à cela. Et on va la découvrir.

– On peut venir ? a demandé Spader innocemment.

Loor l'a brièvement toisé.

– Ces gens sont des victimes des Rokador. Tu ressembles à l'un d'entre eux. Si tu me suis, je ne pourrai garantir ta sécurité.

– Ça me va, a-t-il répondu en faisant un pas en arrière. Je me plais bien ici.

Loor et Saangi ont quitté la cabane pour aller explorer ce nouveau monde, nous laissant, Spader et moi, nous demander ce que nous devions faire. On s'est assis là, dans la pénombre, dans l'espoir que personne n'aurait l'idée de jeter un œil pour y voir deux types ressemblant à des Rokador en train de tailler une bavette. Voilà qui risquait de nous attirer de gros ennuis.

– Ça ne veut pas dire que les exilés ne sont pas sur Zadaa, a remarqué Spader plein d'espoir. Ils ne sont pas à Mooraj, c'est tout.

– Peut-être, ai-je répondu, découragé. Mais comment va-t-on les trouver ?

– On y arrivera. Il le faut.

On est restés là, perdus dans nos pensées. Au bout de quelques minutes, j'ai fini par remarquer qu'il y avait une différence. Quelque chose avait changé. Mais quoi ? J'ai regardé Spader. Lui aussi l'avait senti. Il était déjà sur le qui-vive.

– Qu'y a-t-il ? ai-je demandé.

– Il n'y a plus un bruit.

Je ne sais pas pourquoi je ne m'en étais pas aperçu plus tôt. Cette foule produisait un bruit de fond constant. Plus maintenant. Toutes sortes de signaux d'alarme se sont déclenchés dans ma tête.

– Ça sent mauvais, ai-je dit en me levant.

À peine étais-je debout qu'on nous a attaqués. Une douzaine de Batu avaient encerclé la petite cabane et marchaient lentement vers nous. Lorsqu'on s'est redressés, ils ont bondi. Ils sont passés par la porte et la fenêtre en poussant de grands cris. On n'avait pas l'ombre d'une chance. Craignant qu'ils nous mettent en pièces, j'ai crié :

– On n'est pas des Rokador ! Ni des Raviniens ! On est des amis !

Je ne saurais dire s'ils m'ont cru ou pas, mais ça nous a toujours fait gagner du temps. Des Batu nous ont maîtrisés. Sans doute des guerriers Ghee, parce que leurs gestes étaient d'une précision chirurgicale.

– Nous accompagnons deux guerrières Batu, ai-je lancé. Loor et Saangi. On est des amis !

Ce qui parut les faire réfléchir. Ou au moins les désarçonner. J'ai profité de l'occasion pour tenter :

– On cherche les exilés. Vous les connaissez ? Ils sont là ?

Ça aussi les a fait réagir. Pas de doute, ils ne savaient que penser.

– On est des amis des exilés, a ajouté Spader.

Ils ont échangé des coups d'œil rapides. Était-ce possible ? Les exilés vivaient-ils ici, dans ce camp de concentration pour Batu ? J'en avais le souffle coupé. Les prochaines secondes seraient cruciales, j'en étais sûr.

– Je vous en prie, ai-je insisté. Loor est notre amie. Elle aussi est à la recherche des exilés.

L'un des Batu s'est avancé. À sa démarche, on pouvait en conclure que c'était lui le chef. Enfin, autant que possible lorsqu'on est à la tête d'une bande de parias furieux comme ces types. Il nous a longuement toisés comme pour nous évaluer. Il a tendu la main et a tordu l'oreille de Spader.

– Aïe ! a-t-il crié. À quoi tu joues ?

– Je crois qu'il veut vérifier que tu n'es pas un dado, ai-je proposé.

– Il suffisait de demander ! a rétorqué Spader indigné. (Il s'est tourné vers le Batu.) Je suis tout à fait humain. Tu vois ?

Il a ouvert la bouche et agité la langue en faisant « Aaaaah ! ». L'homme s'est retourné pour marcher vers la cabane.

– Amenez-les-moi, a-t-il ordonné.

Les autres Batu ont obéi sur-le-champ.

– C'est bon signe, non ? a lancé Spader.

– Je n'en sais rien ! ai-je répondu.

Au moins, ils ne nous avaient pas tués séance tenante. Enfin, pour l'instant. C'était déjà une victoire.

On nous a traînés dans les ruelles poussiéreuses et jonchées d'ordures de Mooraj. J'avoue que je n'ai guère reconnu l'endroit où j'avais suivi mon entraînement. Les Batu étaient si nombreux que je ne pouvais même pas voir les bâtiments. Bon sang, combien étaient-ils dans ce camp ? C'était un ghetto crade et surpeuplé. Un enfer. Je ne savais pas depuis combien de temps ils étaient parqués ici, mais quoi qu'il en soit, c'était beaucoup trop long. Tout le monde nous a regardé passer. Je suis sûr qu'ils nous prenaient pour des Rokador prisonniers qui allaient payer le prix fort, eux qui les avaient condamnés à cette existence sordide. Pourvu que ça ne soit pas le cas.

On nous a dirigés vers un bâtiment long et bas que j'ai cru reconnaître, mais je n'en étais pas sûr. Lorsqu'on nous a traînés à l'intérieur, j'ai vu que les murs étaient bordés de lits. C'était l'hôpital de Mooraj. Un vrai cauchemar. Rien que l'odeur suffirait à vous décourager. Il devait y avoir une centaine de lits, tous occupés. Bien d'autres malades gisaient à même le sol. Le seul bruit constant était celui des gémissements de douleur. J'aurais dû être dégoûté, et je l'étais en effet, mais face à ce triste spectacle, ma première réaction fut la colère. Voilà ce que Ravinia avait réservé à ceux qui ne correspondaient pas à ses critères. C'était ce que Saint Dane et ses fidèles appelaient leur triomphe. Ce qui alimentait sa version de Solara. La douleur, la misère, la colère. En regardant ces malheureuses victimes de sa quête, je me suis demandé si ma théorie n'était pas fausse. Peut-être que le Mal absolu existait bel et bien.

– Regarde, m'a lancé Spader.

Quelqu'un venait d'entrer dans le dortoir par une porte située à l'autre bout. C'était une femme. Si elle tranchait sur les autres, c'était parce qu'elle n'avait pas la peau noire des Batu. Avec sa blouse et son pantalon verts, elle avait tout d'un docteur de Seconde Terre. Elle s'est agenouillée au chevet d'un homme entre deux âges et lui a essuyé délicatement le front avec un linge mouillé. Elle avait beau en porter la tenue et s'occuper des malades, je savais qu'elle n'était pas médecin. Ce qu'elle portait n'était pas un uniforme d'infirmière, mais celui des employés de M. Pop, l'entrepôt qui avait contenu toute l'histoire de Quillan. Ses longs cheveux gris étaient noués sur sa nuque pour éviter qu'ils tombent sur ses yeux pendant qu'elle s'affairait.

– C'est elle ? a demandé Spader.

– Elli ? ai-je lancé.

Surprise, Elli Winter a levé les yeux. Tout d'abord, elle nous a souri, mais sa bouche a pris un pli amer. Elle a quitté le chevet du vieil homme pour se diriger vers nous.

– J'ai bien peur qu'il soit trop tard, a-t-elle déclaré. Si les exilés sont venus sur Zadaa, c'est pour y mourir.

Journal n° 37
Chapitre 19

– Aidez-moi, a gémi d'une voix faible un homme émacié gisant sur une couche toute proche en tendant vers Elli une main tremblante.

– De l'eau, a fait un deuxième en un souffle rauque.

Tous la regardaient comme si elle était un ange descendu du ciel pour les protéger et les soigner. Savaient-ils inconsciemment qu'elle était une Voyageuse ? J'ai repensé à la façon dont le gars d'Eelong m'avait dévisagé dans cette carriole tirée par des chevaux. Il sentait que je n'étais pas un homme comme les autres. Et c'était ce que je percevais maintenant. Bien sûr, Elli était une femme âgée et douce, aux yeux pleins de bonté, faisant preuve d'une compassion qui devait être rare dans ce trou à rats.

– Je reviens, leur a-t-elle dit d'une voix rassurante. Je vous le promets.

Elle a pris leurs mains à tous les deux et les a reposées délicatement sur leurs poitrines. Je crois que je n'oublierai jamais ce que j'ai lu dans leurs regards. On aurait dit des chiots blessés avides du moindre témoignage de gentillesse. Ça m'a brisé le cœur. C'était déjà pénible de voir quelqu'un en si piteux état, mais savoir qu'un jour, les Batu avaient été un peuple fier et puissant ne faisait qu'aggraver les choses.

– Venez, nous a dit Elli en se frayant un chemin au milieu des malades.

Alors qu'elle poussait entre les paillasses, des mains n'ont cessé de se tendre vers elle pour la supplier de faire quelque chose, n'importe quoi. Du bout des doigts, Elli a effleuré chacune d'entre elles pour donner un semblant de réconfort aux malades.

Un geste qui m'a paru faire son effet. Un peu. Ils avaient l'air apaisés. Pas de doute, Elli était un ange.

Elle nous a fait sortir de cette horrible infirmerie pour gagner une petite pièce jonchée de débris. Il y avait quelques chaises cassées et une table encombrée de bouteilles vides et de tasses.

– C'est là que je viens lorsque je veux faire le vide dans mon esprit. Ça vous plaît ? a-t-elle demandé avec une pointe de sarcasme. Faites comme chez vous.

Elle a désigné les chaises. Je doutais qu'il soit possible de se sentir chez soi dans cet hôpital cauchemardesque, mais je me suis assis tout de même. Spader en a fait autant. Elli s'est penchée sur la table sale. Elle avait l'air triste et fatiguée. Rien d'étonnant à ça. Je lui donnais dans les soixante ans, mais en ce moment, elle avait l'air d'une centenaire. Ses yeux étaient rouges. Elle était au bord des larmes. J'imagine qu'après avoir vu tous ces malades et ces mourants la supplier de les aider, elle devait être à bout.

– Je ne comprends pas, Elli, ai-je dit. Depuis combien de temps êtes-vous ici ?

– Difficile a dire, a-t-elle répondu d'un ton pensif en massant ses yeux las. Il n'y a ni montres, ni calendriers. Les heures passent, c'est tout. Mais plusieurs nuits se sont écoulées. Je ne sais pas combien. Dix ? Vingt ? J'ai perdu le fil.

Bizarre. C'est dur de garder la notion du temps lorsqu'on passe d'un territoire à l'autre, mais mon horloge interne me disait qu'il y avait vingt-quatre heures que les Voyageurs avaient quitté Solara.

– La nuit, c'est encore pire, a continué Elli. De l'autre côté de ces murs, le silence retombe, mais ici, la douleur ne dort jamais.

J'étais incapable d'imaginer comment affronter tant de tristesse et de désespoir.

– Pourquoi n'êtes-vous pas rentrée sur votre territoire d'origine ? a demandé Spader.

– C'est ce que j'ai fait. J'ai passé presque un mois sur Quillan.

Spader et moi avons échangé un regard. On pensait tous les deux la même chose. Le temps n'avait aucune signification. Une fois de plus. Apparemment, Elli avait débarqué sur Quillan à une époque située dans le passé par rapport à notre continuum temporel.

– Il n'y a pas d'exilés sur Quillan, a-t-elle continué. Du moins plus maintenant. À peine arrivée, je suis descendue dans les souterrains pour chercher des informations, comme nous l'a demandé Press. Ça n'a pas été facile. Maintenant, Blok contrôle chaque facette de la vie sur Quillan. Oui, sur l'ensemble du territoire. Les derniers adeptes du renouveau ont été pourchassés et…

Elle n'a pas fini sa phrase. C'était inutile.

– Et Ravinia ? ai-je demandé.

– C'est notre nouveau gouvernement, a-t-elle répondu tristement. Bien sûr, ils laissent Blok faire ce que bon lui semble. Au fait, les jeux de Quillan appartiennent désormais au passé.

– Oh, c'est plutôt une bonne nouvelle, non ? ai-je insisté, plein d'espoir.

– Non, s'est-elle empressée de répondre. C'est parce qu'il ne reste plus assez de monde pour prendre les paris.

Oh. Mauvaise nouvelle.

– Mais j'ai pu ramener une information, a-t-elle continué. J'ai croisé un adepte du renouveau qui s'était évadé d'une prison ravinienne. C'était un des rares survivants. Ils l'avaient torturé sans pitié. Apparemment, les Raviniens aussi cherchent les exilés.

– Il savait où ils se trouvent ? ai-je demandé avidement.

– Oui, et il a bien failli se faire tuer pour garder son secret. Il est resté en vie juste assez longtemps pour s'évader et me le confier.

Elli a inspiré profondément. Émotionnellement parlant, elle avait l'air en sale état. Elle devait en avoir pas mal bavé depuis son départ de Solara.

– Y avait-il des exilés sur Quillan ? a insisté gentiment Spader.

– Une poignée seulement. Ils ont débarqué dans la ville de Rune pour y chercher asile, ont réussi à gagner le réseau souterrain et à entrer en contact avec les quelques rebelles qui restaient. Mais durant tout le temps qu'ils ont passé sur Quillan, ils n'ont cessé de fuir les soldats raviniens. Ils ont fini par reprendre le flume pour venir sur Zadaa avant que le couloir s'effondre. C'est ce que m'a dit l'adepte du renouveau… juste avant de mourir dans mes bras.

Elli a détourné les yeux. Elle retenait ses larmes. Au moins, je comprenais pourquoi elle était arrivée sur Quillan à ce moment précis. Cette information était cruciale. Si elle avait débarqué plus tard, cet adepte serait mort avant d'avoir pu la lui transmettre. Le pouvoir de Solara était extraordinaire. Il ne cessait de déposer les Voyageurs là où il fallait au moment où il fallait. Telle était la puissance positive des esprits de Halla.

Une puissance à l'agonie.

– Alors vous êtes venue les chercher ici ? ai-je demandé.

Elli a acquiescé.

– Six exilés sont partis de Quillan. Ils ont commis l'erreur de débarquer sur Xhaxhu pour y chercher un abri, mais se sont jetés dans la gueule du loup. Les Rokador leur ont proposé de leur donner asile, mais les ont aussitôt livrés aux Raviniens. Lorsque les exilés ont compris leur erreur, ils ont tenté de s'échapper, mais ils ont été tués avant d'atteindre les portes de la ville.

Elli n'arrivait plus à contrôler ses émotions. Elle a fermé les yeux et s'est mise à sangloter. Je suis allé passer un bras autour de ses épaules. C'était tout ce que j'avais à lui proposer, même si ce n'était pas grand-chose.

– C'est la vérité, a fait une voix depuis la porte.

Spader et moi nous sommes retournés pour voir Loor et Saangi se tenir dans l'ouverture.

– On vient d'entendre le même récit de la bouche d'un Batu qui a travaillé à Xhaxhu, a repris Loor. Il n'y a plus d'exilés sur Zadaa, Pendragon.

Elli a enfoui sa tête dans mon épaule. J'ai regardé tour à tour Spader, Loor et Saangi. Tous semblaient sous le choc. On était à nouveau tombés sur un cul-de-sac, et Elli craquait sous nos yeux.

– Laissez-nous seuls, leur ai-je demandé.

Spader a acquiescé et s'est dirigé vers la sortie.

– On reste dans l'entrée, matelot.

Ils sont sortis tous les trois en refermant la porte derrière eux.

– Je suis désolée, Pendragon, a-t-elle déclaré entre des dents serrées.

– Pourquoi ?

– C'est plus que je peux en supporter. Je ne veux pas continuer à être Voyageuse.

Je n'ai pas répondu. De toute évidence, elle refoulait pas mal d'émotions, et c'était le moment de les faire sortir.

– Cela m'attriste de voir ce qu'est devenue Quillan, a-t-elle continué. Depuis ta dernière visite, tout est allé de mal en pis. Je n'ai pas eu la force d'y rester. Je sais, c'était égoïste. Je n'aurais pas dû venir ici. J'aurais dû retourner sur Solara pour dire à Press ce que j'avais découvert.

– Pourquoi ne l'avez-vous pas fait ?

Elli s'est essuyé les yeux en se détachant de moi, tentant de reprendre contenance.

– Pour essayer de faire quelque chose d'utile. Pour une fois.

– Tout ce que vous avez accompli jusqu'à présent était utile, ai-je insisté.

– Non. Tu le sais aussi bien que moi, Pendragon. Ma vie n'a été qu'une succession d'échecs. Mon mari m'a affirmé que je ne pouvais pas offrir une meilleure existence à notre fille. C'est ce qui l'a poussé à parier sur les jeux de Quillan, et il a tout perdu. Jusqu'à la vie. On l'a envoyé au tarz, et il y est mort. Mais au lieu de serrer les dents et de m'occuper de Nevva, je l'ai abandonnée. J'ai abandonné ma fille unique ! J'aurais dû rester avec elle. Si j'avais été là, à ses côtés, peut-être que Saint Dane n'aurait pas pu la pervertir.

– Je n'en suis pas si sûr. Nevva est forte.

– Elle nous a tous trahis ! a rétorqué Elli. Et c'est de ma faute.

– Ne dites pas ça.

– Et ensuite, qu'ai-je fait de mon temps ? Je me suis vouée à la protection de ces archives qui étaient toute l'histoire de Quillan. M. Pop. Encore un échec. Il a été détruit, et l'avenir de notre monde avec lui. J'ai fait tout ça pour rien. Ma vie n'a été qu'une succession d'actes futiles.

– Mais vous vous êtes portée volontaire pour être la Voyageuse de Quillan à la place de Nevva, ai-je remarqué.

– Oui, comme si ça avait servi à quelque chose ! Quillan est en ruine. Il ne reste que le Conclave de Ravinia et Blok. Ce que j'ai fait n'a rien arrangé. Lorsque Press nous a confié la tâche de trouver et protéger les exilés, j'y ai vu mon dernier espoir de me rendre utile. C'est pour ça que je les ai suivis sur Zadaa... uniquement pour découvrir que les Raviniens les avaient tous tués.

– Comment avez-vous échoué ici, à Mooraj ?

– Lorsque je suis arrivée, j'ai erré dans Xhaxhu et ai constaté comment les Batu étaient traités. C'était détestable. Ils n'étaient plus que des esclaves, et je savais pourquoi. Les drapeaux raviniens m'ont suffi pour comprendre. Je suis tombée sur une jeune femme gisant en pleine rue. Son maître Rokador l'avait fouettée pour avoir tardé à lui ramener des fruits frais. Pour ça, il l'avait torturée et laissée pour morte. Je lui suis venue en aide. J'ai trouvé d'autres Batu et on l'a exfiltrée hors de la cité. On n'avait qu'un seul endroit où aller : ici. Ce n'était guère mieux que Xhaxhu, mais au moins, ici, personne ne porterait la main sur elle. Les Batu ont vite compris que je n'étais pas une Rokador et m'ont laissé rester. C'est en cours de route qu'ils m'ont raconté ce qu'étaient devenus les exilés. J'ai vite compris à quel point ma quête était futile.

Elle a inspiré profondément avant de continuer :

– Lorsque j'ai vu l'état du camp, j'ai choisi de rester et les aider. Les Batu sont à bout, Pendragon. Leur avenir est sinistre. Ils n'ont plus le moindre espoir. Je ne peux pas faire grand-chose pour Solara, sinon offrir un peu de compassion aux Batu de Mooraj. Ce n'est pas grand-chose, mais c'est plus qu'ils en ont reçu depuis bien longtemps, plus que j'en ai jamais fait en tant que Voyageuse. Ou que mère. C'en est fini pour moi, Pendragon. J'apprendrai la façon dont se terminera la bataille depuis cet hôpital de Zadaa.

Tout ce qu'elle venait de dire était vrai. Plus ou moins. Néanmoins, elle était bien dure envers elle-même et se faisait beaucoup trop de reproches. Plus qu'elle en méritait. Dans l'état où elle était, je n'étais pas sûr de pouvoir lui faire entendre raison. Et pourtant, je devais essayer. Qu'elle le veuille ou non, elle était une Voyageuse. On avait besoin d'elle.

– S'occuper des Batu malades est une noble occupation, ai-je tenté. Mais vous vous trompez en disant qu'ils n'ont plus aucun espoir. Tant que vous restez ici, tout ce que vous pouvez faire pour améliorer leur condition, c'est panser leurs blessures. Si vous voulez vraiment les aider, vous devez redevenir une Voyageuse et nous aider à vaincre Saint Dane.

– Je ne peux pas, a-t-elle rétorqué. De toute façon, vous n'avez nullement besoin de moi. Je suis une vieille femme. Je ne sais pas me battre. Je peux à peine m'occuper de moi-même. Je ne dis pas ça pour me plaindre, Pendragon. C'est la vérité.

– Et Nevva ? ai-je demandé.

– Comment ça ? a-t-elle répondu, surprise, comme si je l'avais giflée.

Je ne savais pas trop où je voulais en venir, mais je devais me fier à mon instinct.

– Si vous croyez qu'elle s'est tournée vers Saint Dane parce que vous l'avez abandonnée, peut-être devriez-vous la *dés*abandonner.

Elli m'a regardé comme si j'étais devenu dingue. Et elle avait peut-être raison. Je faisais de mon mieux. Jusque-là, elle n'avait pas joué un grand rôle dans notre guerre. Sa fille, Nevva, devait être la Voyageuse de Quillan, mais lorsqu'elle s'était rangée du côté de Saint Dane, ce territoire s'était retrouvé sans Voyageur. Alors Elli s'était proposée pour ce poste. Mais comme le moment de vérité de Quillan était déjà passé, elle n'avait pas grand-chose à faire. Alors que je passais tout ceci en revue, une idée m'a frappé. Je n'y avais pas beaucoup pensé jusqu'à présent parce que ça n'avait pas vraiment d'importance. Mais maintenant que j'examinais le passé d'Elli, il y avait un détail qui ne collait pas.

– Je ne comprends pas, ai-je repris. Chaque Voyageur de ma génération a été entraîné par un autre Voyageur qui l'a préparé à combattre Saint Dane. Sur Quillan, vous m'avez dit que Press était venu en personne vous dire que vous étiez une Voyageuse, mais c'était *après* que Nevva entre en jeu. Comment est-ce possible ? Si vous aviez pour mission d'éduquer Nevva, pourquoi ne saviez-vous pas que vous étiez une Voyageuse, du moins pas avant sa naissance ?

Elli a baissé les yeux. Est-ce qu'elle ignorait la réponse ou me cachait-elle quelque chose ?

– J'ai été adoptée alors que je n'étais qu'un bébé, a-t-elle expliqué, et n'ai jamais connu mes vrais parents. J'ignorais tout de cette histoire de Voyageurs jusqu'à la mort de mon mari, et à ce moment-là, ma fille était déjà née.

– C'est justement ce que je ne comprends pas, ai-je insisté rapidement. Un instant. Vous avez *eu* un enfant ? Sur Quillan, vous m'avez dit que Nevva était adoptée. C'est bien le cas, non ?

Elle semblait peinée.

– Non, a-t-elle admis. Je t'ai menti. Je ne sais pas pourquoi. Peut-être pour prendre mes distances par rapport à ce qu'elle est devenue. J'avais tellement honte. Mais Nevva n'est pas adoptée. Je l'ai bien mise au monde.

Oh. Qu'est-ce que ça pouvait bien signifier ? Rien, peut-être. Nevva était une Voyageuse et la fille biologique d'une autre Voyageuse. Pour autant que je sache, pas un seul d'entre nous n'avait de parents naturels. Moi compris.

– Votre mari était-il un Voyageur ?

– Non. C'était un homme si bon ! J'espère que son esprit n'aura jamais à découvrir ce que Nevva a fait.

Je me suis mis à tourner comme un lion en cage. À réfléchir. Je ne savais que penser. Cela resterait peut-être sans conséquences. C'est ce que devait penser l'oncle Press, sinon, il nous aurait mis au courant. Alors ça n'avait aucune d'importance ? Et pourtant, il y avait un lien physique entre Elli et sa mère, un lien qu'elles étaient seules à partager. Nevva était la fille d'une autre Voyageuse. C'était aussi la seule d'entre nous à être née sur son monde d'origine. De façon traditionnelle. D'après ce qu'avait dit l'oncle Press, le reste d'entre nous était juste… apparu, comme ça. Tous. De génération spontanée.

À l'exception de Nevva.

– Vous savez ce que je crois ? ai-je fini par dire alors que j'y réfléchissais encore. Je crois qu'il a toujours été prévu que vous seriez la Voyageuse de Quillan. Mais vous êtes tombée amoureuse et avez eu une enfant avant d'avoir découvert votre véritable destin.

– Peut-être, a-t-elle répondu. Sans doute. Qu'est-ce que ça change ?

– Eh bien, pour commencer, ça veut dire que vous n'êtes pas la suppléante de Nevva. Ce poste devait vous revenir. Mais la mort de votre mari a bouleversé le programme. Ce qui se passe en ce moment est peut-être ce qui était écrit pour vous.

Elli n'a pas eu l'air d'apprécier cette notion. Elle s'est détournée et s'est mise à nettoyer la table pour s'occuper les mains.

– Je ne peux m'imaginer en quoi consisterait cette mission.

– Moi si.

Elle m'a regardé avec un mélange de peur et de curiosité. Je me suis remis à faire les cent pas. Fouillant mes souvenirs. Me transportant dans le passé. Recréant des fragments de mémoire.

– Tout part de Nevva, ai-je dit, pensant à voix haute. Elle nous a trahis. Elle a adopté la vision de Saint Dane pour Halla et l'a aidé du mieux qu'elle a pu.

– Si tu veux me remonter le moral, mon garçon, c'est réussi.

– Il y a autre chose, ai-je repris. C'est arrivé plus d'une fois. Malgré tout ce que Nevva a fait, j'ai toujours eu l'impression qu'au fond d'elle, elle le regrettait.

Là, j'avais toute son attention.

– Oh, c'est sûr, elle adhère à la philosophie de Saint Dane. Mais il y eut des moments fugitifs où j'ai senti poindre une trace d'humanité. Comme si elle croyait en sa mission sans pour autant approuver ses méthodes.

J'ai ratissé ma mémoire pour chercher ces petits moments qui pouvaient me donner raison.

– Lorsqu'elle a obligé mon ami Mark Dimond à lui donner son anneau de Voyageur, Mark a dit qu'elle lui a paru en colère. Elle avait ce qu'elle voulait, et pourtant elle semblait déçue, comme si elle eût préféré que Mark refuse. Et sur Ibara, lorsque j'ai démissionné, elle était furieuse. Comme si elle désirait que je sois fort pour tenir tête à Saint Dane. Est-ce possible ? Cherchait-elle une autre solution ?

Elli a secoué la tête. Elle avait du mal à me suivre. Et moi aussi, je pataugeais un brin.

– À ce moment crucial, lorsque j'étais fou de rage au point de jeter Alexandre Naymeer de cet hélicoptère, elle a cherché à m'arrêter. Saint Dane voulait que je le tue. C'était l'évènement qui mettrait le point final à la Convergence, mais Nevva a tenté de m'en empêcher.

Je ne savais où tout ceci allait me mener, mais je commençais à m'échauffer.

Elli, beaucoup moins.

– Tu as peut-être raison, mais ça ne veut rien dire. Nevva peut avoir des doutes, mais ça ne l'a pas empêché d'aider Saint Dane à écraser Halla.

– Peut-être. Ou bien, s'il reste un brin d'humanité caché tout au fond d'elle-même, on peut le trouver. *Vous* pouvez le trouver.

– Tu me demandes d'aller lui parler ? a répondu Elli, horrifiée.

– Peut-être que oui, ai-je répondu, haussant les épaules.

– Non. Je ne peux pas !

Elle s'est précipitée vers la porte, mais je l'ai interceptée au passage.

– Elli, je peux me tromper du tout au tout, mais il y a peut-être une chance de faire revenir Nevva à la raison. C'est votre fille. Votre *vraie* fille. Vous lui avez donné la vie. Pas un seul d'entre nous n'a un tel lien. Vous prétendez vouloir vous rendre utile ? Voilà l'occasion de le faire. Pour vous, toute votre existence ne signifie rien. Non, pire : vous pensez que vos actes n'ont fait qu'aggraver la situation. Eh bien, c'est peut-être la chose la plus importante que vous puissiez accomplir. C'est peut-être votre chance.

Les yeux d'Elli se sont remplis de larmes, mais elle n'a pas pleuré. À ce moment, j'ai pu sentir la force qu'elle portait en elle. Et son amour pour Nevva. C'est vrai qu'au premier coup d'œil, elle semblait fragile. Grave erreur.

– À quoi bon ? a-t-elle demandé doucement. Même si tu as raison, que veux-tu que je lui dise ? Que voudrais-tu qu'elle fasse ?

– Je ne sais pas, ai-je admis. Mais on commence à manquer de temps. Ces exilés sont le dernier espoir de Solara, et on n'est même pas fichus de les trouver. Et s'ils sont tous morts ? Une hypothèse de plus en plus vraisemblable. Et ensuite ? Est-ce qu'on s'assied dans un coin en attendant de voir Halla s'effondrer ? On peut toujours essayer d'aider les Batu jusqu'à la fin des temps, mais c'est tout ce qu'on ferait. Attendre que tout soit terminé. Je ne peux m'y résoudre, et je crois que vous non plus. On est trop impliqués pour ça. Si on a ne serait-ce qu'une seule chance de pouvoir retourner la situation, je crois qu'on doit la tenter. Et si pour ça, il faut discuter avec l'ennemi… votre fille… Ce doit bien être possible, non ? C'est peut-être ce qui est écrit, Elli. Votre moment de vérité à vous.

Elli tremblait comme une feuille. Physiquement, pas métaphoriquement. Comme si son corps voulait bouger – courir même – mais qu'elle luttait de toute la force de sa volonté pour rester sur place. Ses yeux sont restés braqués sur les miens. Je ne pouvais concevoir ce qui devait lui passer par la tête. Elle se reprochait les choix qu'avait faits Nevva. Maintenant, je lui demandais de renouer avec cette fille qu'elle avait abandonnée. De faire face à l'ennemi. Pourquoi ? Je n'en savais rien. Saint Dane était aux commandes. Il fallait qu'on change ça d'une façon ou d'une autre.

La porte s'est ouverte, me heurtant le dos. Spader a passé sa tête par l'ouverture.

– Vous vous en sortez ?

J'ai fixé Elli, qui m'a rendu un regard vide.

– Entre, ai-je dit à Spader.

Il a obéi, suivi de Loor et Saangi. Comme je ne voulais pas qu'Elli croie qu'on cherchait à l'intimider, je suis allé me tenir à ses côtés.

Comme toujours, Loor n'a pas perdu une seconde.

– Quelle est la suite des opérations, Pendragon ? Il n'y a pas d'exilés sur Zadaa.

Je me suis tourné vers Elli. Elle a baissé les yeux pour éviter mon regard. Mon moral est descendu d'un cran. Elle n'était pas aussi forte que je le croyais.

– On passe à autre chose, ai-je déclaré, déçu. On doit continuer de chercher. Je pense qu'il vaut mieux retourner sur Solara pour faire le point. Elli restera ici pour s'occuper des Batu. Saangi, tu peux l'assister ?

– Non, a rétorqué Elli.

On s'est tous tournés vers cette vieille dame.

– Où est-elle ? a repris Elli en me regardant droit dans les yeux.

Elle ne cillait pas. Ses larmes s'étaient taries.

– Qui ? a demandé Spader.

– En Troisième Terre, ai-je répondu. Vous êtes sûre ?

– Comme tu l'as dit, c'est peut-être ma chance.

– De quoi parlez-vous ? a demandé Spader, qui nageait complètement.

– Changement de plan, ai-je annoncé. Loor, Spader, je pense toujours que vous devez vous rendre sur Solara et attendre les nouvelles.

– Et toi ? a demandé Loor.

– Nous partons en Troisième Terre, Elli et moi.

Journal n° 37
Chapitre 20

Maintenant, c'était incroyablement facile de se déplacer d'un territoire à un autre.

C'était comme de franchir le seuil d'une autre pièce avec juste un petit rideau en guise de porte. Fini les flumes. Plus besoin de ramper dans des couloirs secrets pour dénicher des tunnels capables de nous emmener sur un tapis de lumière et de musique. Il nous suffisait de penser à l'endroit où on voulait se rendre, de faire un pas en avant et… Hop ! Nous y voilà.

Néanmoins, ça restait assez désorientant. C'était peut-être comme de passer d'une pièce à une autre, mais ces deux pièces restaient bien différentes. Et ce n'était pas comme s'il me suffisait de penser « Je veux me retrouver en Troisième Terre à deux heures et demie un jeudi après-midi et arriver sur le banc derrière la bibliothèque ». On devait toujours compter sur le pouvoir de Solara pour nous retrouver au bon endroit au bon moment. J'ignore comment les esprits savaient où et quand il fallait nous déposer, mais jusqu'à présent, ils s'en tiraient plutôt bien.

Et il n'en fut pas autrement cette fois-ci. Quoique, ce qui s'est passé lorsque Elli et moi avons posé le pied en Troisième Terre m'a fait regretter ces bonnes vieilles portes familières qui nous attendaient au bout d'un voyage en flume.

On s'est pris par la main pour s'enfoncer dans la même brume de poussière qu'à notre dernière visite. Il n'y avait pas grand-chose d'autre à voir, mais beaucoup à entendre. Un grand raclement mécanique nous a assourdis. Ce bruit était d'origine mécanique et se rapprochait. On s'est figés tous les deux. On ne savait pas où on était. Ni même *quand*. On ignorait ce qu'était ce bruit ni si on devait s'en inquiéter. En d'autres termes, on ne savait rien de rien.

– Attention ! a crié une voix affolée.

Les voix affolées ne me disent rien qui vaille, surtout lorsqu'elles cherchent à vous avertir.

On a levé les yeux pour voir une ombre qui se dirigeait vers nous. Je n'ai pas eu le temps de réfléchir ni de réagir. Heureusement, Mark Dimond a été plus rapide. Il nous a poussés hors du chemin, Elli et moi. Et sans douceur. Il nous a empoignés, entraînés vers l'épave d'une voiture et nous y a balancés comme des sacs de patates.

– Qu'est-ce qu'il y a ? ai-je hoqueté.

– Du danger.

Oh. Ça, je m'en doutais un peu.

J'ai à peine eu le temps de jeter un œil par-dessus la barrière pour voir ce qu'il voulait dire. L'ombre était celle d'un hélicoptère. Je m'attendais à ce qu'il ouvre le feu, mais il décrivait une chute libre, fonçant vers le sol à la verticale. En fait, il ne volait pas : il tombait comme une pierre.

Elli a eu un hoquet de surprise. L'instant d'après, l'énorme appareil noir s'est écrasé. L'habitacle s'est replié sur lui-même. Le rotor s'est planté dans la terre. Je suis resté là, comme hypnotisé par ce spectacle de violence et de destruction. Heureusement que Mark pouvait encore penser pour deux. Il s'est emparé de nous et nous a entraînés derrière l'épave. Aussitôt, un grincement de métal nous a transpercé les tympans, suivi par une grêle de shrapnels sur la carrosserie de l'épave. À l'impact, l'hélice s'est brisée, balançant des projectiles en tous sens. Les vitres ont explosé, et une pluie de bris de verre nous est tombée dessus. Des bouts de métal passaient au-dessus de nos têtes pour se ficher dans le sol derrière nous. Si on était restés debout, ils nous auraient déchiquetés. Terrifiée, Elli s'est cramponnée à moi.

Vous parlez d'un comité d'accueil en Troisième Terre.

J'ai jeté un coup d'œil à notre sauveur. Il regardait en arrière. Ce n'était pas le Mark que je connaissais. Certes, il avait grandi, mais ce n'était pas tout. Il y avait en lui une intensité telle que je n'en avais jamais vu. Chez qui que ce soit.

Le fracas de l'accident a résonné encore quelques secondes avant de retomber. La pluie de débris a cessé. Les moteurs se sont tus. Il n'est plus resté que le sifflement et les cliquetis du métal brûlant.

– Les Raviniens passent à l'attaque ? ai-je demandé.

En guise de réponse, Mark s'est levé d'un bond pour partir en courant vers l'hélico abattu.

– Attendez-moi ici, ai-je dit à Elli avant de me lancer à sa poursuite.

Mark a foncé droit vers l'épave. Quelques autres personnes ont fait de même, venant de toutes les directions. Un bref coup d'œil m'a appris qu'on se trouvait toujours dans le terrain vague de Manhattan où Mark et moi avions posé cet hélico piqué au Conclave de Ravinia. Le garage où étaient stationnés les autres était là, sur notre droite. Apparemment, l'appareil fou avait frôlé son toit avant de s'écraser. Il ne ressemblait plus à rien. Le moteur agonisait lentement. La cabine n'était plus qu'un bout de métal noirci. Il n'y avait plus de rotor : ses fragments étaient éparpillés aux quatre coins du terrain vague. Je ne savais toujours pas ce qu'il y avait à l'intérieur. Mark voulait-il s'assurer qu'un dado ravinien ne risquait pas de jaillir de l'épave pour nous attaquer ? Je ne pensais pas. Il semblait plutôt vouloir assister celui qui se trouvait là-dedans.

Il est arrivé devant la carcasse et a ouvert la portière. Ou ce qu'il en restait. Il a dû tirer de toutes ses forces. Dans un crissement de métal torturé, le panneau a fini par céder.

– C'est bon, a-t-il crié à celui qui se trouvait dans l'habitacle, on est là.

– Non ! a répondu une voix. Je ne peux pas bouger !

J'ai atteint l'épave et ai regardé par-dessus l'épaule de Mark le triste spectacle qui m'attendait là-dedans. Le pilote n'était pas un dado. Son expression douloureuse et le sang qui s'écoulait de ses plaies étaient éloquents. Et il n'avait pas non plus l'air d'un Ravinien. Ses vêtements étaient trop crades. Pas de doute, c'était un de nos alliés. Mais ce n'était pas beau à voir, parce que son corps était tordu de façon impossible dans son cercueil de tôle.

Mark a pris son bras et tiré. Le type a poussé un cri de douleur.

– Non ! Mon dos !

Ce pauvre bougre était mal barré. Sa respiration était hachée et ses yeux passaient d'un point à un autre sans jamais s'arrêter sur quoi que ce soit. S'il s'était fracassé le dos, il n'y survivrait pas. Et ce sang qui coulait à flots ne présageait rien de bon non plus. Sur cette nouvelle Troisième Terre, il n'y avait plus ni docteurs, ni hôpitaux. Du moins pas en dehors du Conclave de Ravinia.

– D'accord, d'accord, a déclaré Mark pour calmer le blessé. On va découper la t-t-tôle autour de toi.

Il s'était remis à bégayer. Il était fort et maîtrisait la situation, mais il restait Mark, et il était sous pression. Il m'a décoché un regard assez éloquent. Son ami était fichu. Les autres se sont massés autour de lui pour jeter un œil, mais Mark a tendu le bras pour les en empêcher. Il a inspiré profondément afin de se calmer. Il ne pouvait rien faire pour sauver le pilote. Maintenant, il s'agissait d'apaiser ses derniers moments.

– Tu as réussi, a-t-il dit d'une voix douce. Tu es revenu. Je suis fier de toi, Antonio.

Le type – Antonio – a fixé Mark et souri.

– Mais je doute que cet hélico puisse nous servir, a-t-il répondu en une série de hoquets douloureux.

– Bien sûr que si, a affirmé Mark avec une confiance qu'il était loin de ressentir. La peinture est un peu égratignée, c'est tout. On le remettra sur pied.

– Bien, a fait Antonio en un souffle. On en aura besoin. Comme de tout le matériel disponible.

– Que s'est-il passé ? a demandé Mark en se rapprochant du condamné.

– Ils arrivent, a répondu Antonio entre deux respirations pénibles. Et c'est bien plus grave qu'on le croyait.

Impossible de lire ce qui brillait dans ses pupilles : de la peur ou de la frayeur. Il s'est mis à sangloter. Il avait l'air d'avoir pété un plomb.

– Va-t'en, Mark. Emmène les autres, tous les autres. Le plus loin possible de cette ville. Ce qu'on a découvert… c'est impossible. Et pourtant, c'est la vérité. Je l'ai vu de mes yeux.

– Qu'est-ce que c'est, Antonio ? a insisté Mark avec empressement. Qu'est-ce que tu as vu ?

– L'usine.

Le mourant a fermé les yeux. Il perdait conscience.

– Antonio ! a aboyé Mark. Quelle usine ?

– C'est là qu'ils construisent les hélicos. On en a volé un… on a failli leur échapper… mais ils ont attaqué. Mes hommes… tous morts.

– Combien étaient-ils ? ai-je demandé à Mark.

– Quatre, Antonio compris.

– C'étaient des exilés ?

Mark a acquiescé.

Trois autres exilés avaient trouvé la mort. Des vingt d'origine qui étaient partis de Cloral pour venir ici avec Mark, il n'en restait plus que neuf. Et j'avais bien peur qu'ils ne soient bientôt plus que huit.

Antonio s'est penché en avant. Ce mouvement si simple lui fut douloureux. Je l'ai lu dans ses yeux et dans la façon dont sa bouche s'est tordue, mais ça ne l'a pas arrêté. Il fallait que Mark comprenne ce qu'il avait à lui dire.

– Je crois qu'ils les ont trouvés, a-t-il chuchoté.

– Qui ? Qui a trouvé qui ? a demandé Mark.

– On les a entendus. Lorsqu'ils en auront fini avec nous, ils s'occuperont d'eux. C'est ce à quoi ils travaillent. Durant tout ce temps, ils n'ont fait que se préparer avant de partir à leur recherche.

– Qui, Antonio ? a supplié Mark. Qui vont-ils rechercher ?

Antonio avait à peine la force de parler. Sa voix était de plus en plus faible, mais bien assez claire :

– Ils ont trouvé le reste des exilés.

– Quoi ! me suis-je écrié.

Antonio ne s'attendait pas à ce qu'il y ait une seconde personne à son chevet. Il m'a cherché des yeux d'un air intrigué. J'ai bousculé Mark pour m'avancer afin qu'il puisse me voir.

– Où sont-ils, Antonio ? Où sont les autres exilés ? Ici, en Troisième Terre ?

Antonio a secoué la tête. J'ignore où il a puisé la force nécessaire. Peut-être était-ce plus facile que de parler.

– Je ne sais pas, a-t-il dit, vaincu. Lorsqu'ils nous auront éliminés, ils se lanceront à la recherche des autres. Va-t'en, Mark. Enfuis-toi. Cache-toi. C'est fini. On ne peut plus leur tenir tête.

Antonio a fermé les yeux pour la dernière fois. Son visage s'est détendu. Il semblait apaisé. Je me suis demandé s'il avait rejoint les autres esprits sur Solara.

Mark n'a pas fait un geste. Il a fixé son camarade tombé au champ d'honneur. Il avait beaucoup de choses à assimiler et trier. Je ne connaissais pas cet Antonio, mais durant ces quelques brefs instants – ses derniers – il m'a semblé être quelqu'un de bien. Un héros, peut-être.

Mark s'est détourné de son camarade pour me regarder moi. À ce moment, j'ai retrouvé le Mark que je connaissais. Lorsqu'il était jeune. Sur son visage se mêlaient la douleur, le trouble… et la peur. J'ai senti qu'il espérait que je sois capable de répondre à ses questions. Et je le pouvais, du moins pour l'une d'entre elles, mais ce n'était pas le moment. Il a jeté un coup d'œil par-dessus son épaule pour voir quelques-uns de ses amis le regarder. Ils étaient assez proches pour avoir entendu tout ce qu'Antonio avait dit. Ils avaient l'air encore plus mal que Mark.

Elli était là, elle aussi. Elle avait également tout entendu. Elle restait plantée là, perdue et effrayée.

– Sortons-le d'ici, a déclaré Mark avec autorité. Ensuite, il s'agira de cacher cette épave. Il ne faut pas qu'on puisse la voir du ciel. (En me regardant, il a ajouté :) Tu comptes rester un peu ?

– Le temps qu'il faudra, ai-je répondu.

– Bien. On aura besoin de toi.

Ils m'ont chargé de creuser la tombe d'Antonio. Jusque-là, c'était une tâche que j'avais réussi à éviter, mais j'imagine qu'avec tout ce qui s'était passé ces derniers temps, c'était inévitable. J'ai vérifié qu'Elli était bien en sécurité dans l'entrepôt, puis j'ai trouvé une pelle et ai traversé la rue vers un point que Mark m'avait désigné. C'était une cour d'école désertée jonchée de jouets. Un ballon dégonflé. Une pantoufle de ballerine. Le bras d'une poupée. Je me suis demandé à quand remontait la dernière fois qu'un enfant les avait tenus. Mais j'ai dû m'obliger à ne pas y penser. Aussi important que puisse être ce travail, je ne voulais pas regarder en arrière. Ce serait une perte de temps. L'avenir s'annonçait mouvementé. Je devais penser uniquement à ce qui nous attendait. Enterrer ses morts signifiait se tourner vers le passé. Et pourtant, il fallait bien que quelqu'un s'en charge.

Je me suis mis à creuser un long rectangle étroit au milieu des restes déprimants d'une civilisation disparue. Heureusement, la terre n'était pas trop dure, ce qui m'a permis de faire vite. Cette tâche répétitive m'a laissé toute latitude pour ruminer les derniers mots d'Antonio. Les Raviniens préparaient un mauvais coup, ça, au moins, c'était sûr. Apparemment, Antonio et son équipe avaient découvert l'usine où ils fabriquaient leurs hélicos, et quoi qu'ils y aient vu, ça ne leur avait pas plu du tout. Ce qui pouvait signifier que les Raviniens construisaient d'autres appareils afin de lancer une attaque aérienne massive. Était-ce là leur plan ultime pour la Troisième Terre ? Comptaient-ils exterminer les non-Raviniens, tous jusqu'au dernier ?

Ou s'agissait-il d'un entraînement avant de mettre en œuvre leur but final, à savoir d'éradiquer les exilés et ce qui restait de l'esprit de Solara avec eux ? Et s'ils fabriquaient des hélicoptères, cela voulait-il dire que ces mêmes exilés étaient tous là, en Troisième Terre ? Ça semblait logique. Ce serait le moment de vérité ultime pour la Troisième Terre. S'ils étaient le dernier espoir de Solara, détruire les exilés offrirait à Saint Dane la victoire absolue. Halla lui appartiendrait.

Plus j'examinais cette possibilité, plus elle me semblait vraisemblable. Les exilés étaient forcément là. Les Raviniens s'apprêtaient à les attaquer. Et qu'est-ce que je faisais pour éviter le pire ? Je creusais une tombe en me torturant la cervelle.

Le soleil se couchait. L'endroit où je me trouvais n'était pas un cimetière, du moins pas officiellement, mais me trouver face à une tombe béante alors que les ombres ne cessaient de s'allonger me collait le frisson. Je me suis empressé d'en finir pour pouvoir fiche le camp. En ramenant la pelle au garage, j'ai constaté que l'épave de l'hélico n'était plus là. Ils devaient avoir récupéré toutes les pièces encore utilisables, puis balancé la carcasse dans un des bâtiments environnants. Alors que je marchais vers le garage, une porte s'est ouverte. Six types en sont sortis, portant un cadavre recouvert d'un linceul de toile blanche. Ce serait le dernier voyage d'Antonio. La procession m'a dépassé. Je suis resté là, la tête baissée en signe de respect. L'un des types est venu prendre la pelle. J'avais creusé la tombe, mais ce serait à eux d'enterrer leur ami. Il a hoché la tête pour me remercier et a rejoint la procession. Je les ai regardés un moment avant de rentrer.

Mark et Elli étaient assis devant une table posée au milieu des hélicoptères volés. Il lui avait donné à manger, mais elle n'y avait pas touché. J'avoue que moi non plus, je n'avais guère d'appétit, mais je ne pouvais pas rater une occasion de me remplir l'estomac. Je me suis donc assis et ai regardé ce festin. En gros, il y avait des fruits et des légumes tirés de boîtes de conserve étalées sur la table scarifiée. Une fourchette était plantée dans chaque boîte.

Mark a dû surprendre mon expression.

– Ce n'est pas le Manhattan Tower Hotel, mais c'est mangeable. Et sans risques. Il reste des tonnes de boîtes de conserve dans cette ville.

– Moi, ça me va ! ai-je menti.

J'ai pris la moins rebutante des boîtes et en ai tiré un gros machin qui ressemblait à une moitié de pêche. Du moins je l'espérais. Si ce n'était pas ça, je préférais ne pas le savoir. Je l'ai fourré dans ma bouche et ai tenté d'avaler sans mâcher et sans en sentir le goût. Pas facile. C'était sucré. Le machin a glissé le long de ma gorge, mais je ne me suis pas étranglé. J'ai horreur des pêches en boîte.

– Essayez de reprendre des forces, Elli, ai-je dit. Vous ne savez pas quand vous en aurez à nouveau l'occasion.

Elle a bu quelques gorgées d'eau. Mark restait là, les yeux braqués sur la table. Il avait l'esprit ailleurs.

– Qui était cet Antonio ? ai-je demandé.

– Mon meilleur ami, a-t-il répondu. (Il a vite levé les yeux et ajouté :) Après toi, bien sûr. On a fini dans le flume du Bronx au même moment.

– Désolé.

C'est tout ce que j'ai trouvé à dire. Je doutais fort que ça puisse le réconforter.

Elli avait l'air dégoûtée, et je doutais que ce soit à cause des pêches en boîte. Elle s'était retirée au plus profond d'elle-même, serrant ses bras autour de sa taille comme pour se protéger. Alors qu'on était tous assis là, j'ai compris qu'il fallait qu'on parle. Ça ne serait agréable pour personne, mais il fallait en passer par là.

– Mark, je te présente Elli, la Voyageuse de Quillan.

Il a levé les yeux et a hoché la tête. Je me suis demandé combien de temps il lui faudrait pour additionner deux et deux. Il lui a souri, puis son visage s'est fermé. Son sourire s'est fané. Deux secondes lui avaient suffi pour faire la connexion.

– Elli Winter ? a-t-il demandé comme s'il lui fallait une confirmation.

Elle a acquiescé.

– La mère de Nevva, a ajouté Mark.

Là, c'était le moment d'intervenir :

– Elli, je vous présente Mark Dimond. Mon ami d'enfance. On a grandi ensemble en Seconde Terre.

– Je sais, a répondu Elli d'une voix qui se brisait. C'est toi que ma fille n'a cessé de manipuler.

– Elle a manipulé pas mal de monde, a rétorqué Mark.

Je n'aurais su dire s'il était blessé ou en colère. Ni comment il réagirait face à Elli, dont la propre fille avait menacé de tuer ses parents et foutu sa vie en l'air. C'était un moment chargé d'électricité. Je ne savais comment dissiper la tension.

Elli s'en est chargée pour moi.

– Je suis désolé, Mark, a-t-elle dit gentiment. J'ai pas mal entendu parler de toi. Je sais que Nevva t'a dupé pour te forcer à lui venir en aide. Si je pouvais réparer tout le mal qu'elle a fait, je n'hésiterais pas. C'est pour ça que nous sommes venus.

Mark m'a décoché un regard interrogateur.

– C'est vrai, ai-je confirmé. On était pressés par le temps, Mark. Je croyais qu'Elli pourrait faire entendre raison à sa fille.

– Comment ? a rétorqué Mark.

– Je ne sais pas, ai-je répondu sans grande imagination. En appeler à ses bons côtés. Lui montrer une autre facette de ce conflit. Peut-être même la pousser à agir avec un peu d'humanité.

– Cette sorcière n'a rien d'humain, a craché Mark. Elle n'a pas de cœur.

Elli a frémi. Mark s'est levé, faisant tomber sa chaise. Je me suis rapproché de lui, parlant d'une voix basse, mais ferme. Elli n'avait pas à entendre ce que j'avais à dire :

– Je te comprends. Je sais qu'elle est une sorcière. On pourrait même trouver pire pour la qualifier. Personne ne le sait mieux que moi. Mais Elli n'a rien à voir avec Nevva. C'est une Voyageuse.

– Et alors ? Nevva aussi.

J'ai pensé aborder cette histoire comme quoi Elli était bien la mère biologique de Nevva, mais pour ça, il aurait fallu parler à Mark de Solara et lui révéler que les Voyageurs n'étaient pas originaires de leurs mondes d'origine. Et il avait déjà assez de soucis comme ça.

– Je sais. Nevva est une traîtresse. Ça, je ne risque pas de prétendre le contraire. Mais parfois, comme tu l'as dit toi-même, on dirait qu'elle a des doutes. Tu te souviens du jour où elle t'a fait abandonner ton anneau ?

–Elle avait menacé de tuer mes parents !

– Oui, et quand tu le lui as remis, tu m'as dit qu'elle semblait déçue, comme si elle espérait que tu luttes pour le garder. Saint Dane voulait cet anneau. Sa mission était de le récupérer. Mais lorsque tu le lui as donné, elle a eu l'air déçue.

– Ouais, a reniflé Mark d'un air hautain, sans doute parce qu'elle aurait préféré tuer mes parents.

– Ou peut-être avait-elle des doutes. Je l'ai remarqué aussi, Mark. Il y a peut-être encore un fond d'humanité en elle. J'imagine que si quelqu'un peut le réveiller, c'est bien sa mère.

Mark a regardé Elli, qui restait assise, les yeux baissés.

– Il faut qu'on fasse quelque chose, Mark, ai-je insisté. Ton ami est mort pour t'avertir que les Raviniens allaient attaquer. S'ils s'en prennent à toi et tes rebelles, c'est déjà grave. Mais si Saint Dane apprend où trouver le reste des exilés, là, ce sera la fin de tout. Tout tourne autour d'eux, Mark. Ils sont notre dernier espoir de sauver Halla. Le *seul* espoir.

– Pourquoi ? Comment ?

– Je pourrais tout t'expliquer, mais je crois que ça ne ferait que t'embrouiller encore davantage. Tout sera plus facile si tu te contentes de me croire. Il faut qu'on trouve ces gens et qu'on assure leur sécurité. Toi et tes rebelles compris. Je crois qu'Elli nous donne une occasion d'y arriver. Je ne sais pas comment le présenter autrement. C'est peut-être une solution de la dernière chance, mais c'est tout ce qui nous reste.

– Donc, tu vas aller aux portes de la forteresse et demander si Nevva veut bien en sortir ?

– Je ne sais pas. Je n'y ai pas encore réfléchi.

Mark m'a regardé en hochant la tête d'un air pensif.

– Tu as revu Courtney ?

– Non, me suis-je empressé de répondre.

– Elle est peut-être avec les autres ? a-t-il ajouté, plein d'espoir.

– Peut-être. Je l'espère. Ils sont nombreux, Mark. Ils sont là, quelque part. Il faut absolument qu'on les trouve et qu'on les protège.

Impossible de dire s'il me suivait ou pas. Ça faisait beaucoup à accepter avec ma parole pour toute preuve. Mais depuis qu'on était enfant, il m'avait toujours fait confiance. Pourvu qu'il continue.

Mark a poussé un soupir las avant de se diriger vers Elli. Je l'ai regardé nerveusement sans trop savoir ce qu'il pensait ni ce qu'il allait faire. Il s'est agenouillé à côté d'elle et a posé ses coudes sur la table.

– Je m'excuse pour ce que j'ai dit à propos de votre fille, a-t-il affirmé avec sincérité.

Elli n'a pu se résoudre à le regarder.

– Ne t'excuse pas. C'est la vérité.

– Lorsque j'ai cru avoir perdu mes parents, j'ai fait des choses que je n'aurais pas faites en temps normal.

– Nevva *a* perdu les siens, a répondu tristement Elli.

– Je sais à quel point il était important pour moi de les retrouver, a acquiescé Mark. Il est peut-être temps que Nevva ait une discussion avec sa mère.

Voilà qui a fait réagir Elli. Elle a levé les yeux de la table pour fixer Mark avec un sourire plein d'espoir, puis a touché sa joue.

– Je suis sûre que ta propre mère est très fière de toi.

J'ai eu l'impression que les yeux de Mark se remplissaient de larmes.

– En effet, a-t-il répondu. Elle me manque.

– Je ne suis pas sûre que Nevva ait vraiment envie de me revoir.

Mark lui a pris la main :

– Il n'y a qu'une façon de le savoir. (Il s'est levé et s'est tourné vers moi.) Je peux te faire rentrer dans le Conclave, a-t-il annoncé. Il n'y a qu'un détail à régler.

– Lequel ?

– Je viens avec toi.

Journal n° 37
Chapitre 21

On a décidé de prendre un peu de repos et de partir avant l'aube.

Cela faisait je ne sais combien de temps que je n'avais pas débrayé, et j'étais à bout. Au deuxième étage de ce garage crasseux, on nous a préparé deux chambres. Une pour les hommes, une pour les femmes. Chacune avec quelques couches alignées contre le mur. Ce n'était pas le grand luxe, mais c'était toujours mieux que ce à quoi avaient droit les Batu de Mooraj. Au début, j'ai rechigné à prendre une des couches, pensant que j'occuperais la place de quelqu'un d'autre. Du moins jusqu'à ce que je me souvienne que, cette nuit-là, plusieurs personnes ne reviendraient pas. Malheureusement, il y avait de la place à revendre.

Je me suis assuré qu'Elli était confortablement installée dans la chambre d'à côté. Elle la partageait avec trois autres femmes. Celles-ci ont subvenu à ses besoins, qui étaient limités. Elli n'a pas tardé à s'endormir. Du moins je pense qu'elle dormait. Elle pouvait s'être contentée de fermer les yeux pour ne pas avoir à affronter la réalité. Depuis notre arrivée en Troisième Terre, elle n'avait pas dit grand-chose. Pourvu qu'elle soit à la hauteur de la tâche qui nous attendait. Ou plutôt qui l'attendait, *elle*. Sinon, notre voyage n'aurait servi à rien.

Lorsque je suis allé me coucher à mon tour, Mark m'attendait de pied ferme. Il voulait des réponses. La simple idée de devoir lui expliquer la réalité de Halla et Solara me donnait le frisson. Comment réagirait-il ? Lui faire admettre tout ça ne m'emballait guère. Tout ce que je voulais faire, c'était dormir.

Mais il devait comprendre l'importance de notre mission, à savoir protéger les exilés. Après tout, il en était un lui-même, et il menait cette guerre depuis aussi longtemps que moi. Il méritait de connaître la vérité.

– Maintenant, Mark, je sais tout, ai-je commencé alors qu'on était assis en tête à tête sur nos paillasses. Tout. Bien que je ne sache pas comment te l'expliquer.

– Tente le coup, a-t-il dit sans hésiter.

Il se fichait de mon niveau de fatigue, mais je ne pouvais pas l'en blâmer.

Je me suis torturé la cervelle, cherchant l'explication la plus simple possible.

– Il y a une vie au-delà de la nôtre, ai-je commencé. Une vie spirituelle. L'esprit qui réside en chacun d'entre nous ne meurt pas avec notre corps. Il part et rejoint une réalité plus vaste qui n'est que le reflet de la nôtre.

Mark m'a regardé comme si je lui avais dit que les poules ont des dents.

– D'accord… a-t-il lâché avec une bonne dose de scepticisme.

– J'ai revu l'oncle Press. Et Kasha. Et Osa.

– Ils sont morts, a-t-il déclaré sèchement.

– Les enveloppes physiques qu'ils habitaient lorsqu'ils vivaient dans Halla sont mortes. Leurs esprits sont dans un lieu nommé Solara.

– Il y a un onzième territoire ?

– Non, c'est bien plus cosmique que ça. Dès le début, tout dépend de cette Solara. Saint Dane tente de la contrôler. De détruire son esprit. Et lorsqu'il y sera parvenu, Halla n'aura plus la moindre importance, parce qu'il aura le pouvoir de créer son propre univers physique. Son propre Halla.

Mark a froncé les sourcils.

– Heu… pardon ?

– Oui, c'est là que ça devient compliqué.

– Comment, ça ne l'est pas déjà assez comme ça ?

J'ai haussé les épaules. Que pouvais-je répondre ?

– Tu es sérieux ? a tenté Mark.

– C'est une explication bien simpliste, ai-je acquiescé, mais en gros, oui.

– Alors pourquoi les exilés sont-ils importants au point que Saint Dane veuille leur mort ?

– Parce qu'après tout ce qui est arrivé à Halla, maintenant que Ravinia a détruit toutes ces sociétés et ces civilisations, ils sont les derniers à lui tenir tête. À défier Saint Dane. Lorsqu'ils ont été arrachés à la Seconde Terre, ils ont été mis hors jeu. Ils n'ont pas assisté à la chute de leur propre monde. C'est comme si Saint Dane les avait protégés sans le vouloir, et maintenant, c'est leur esprit collectif qui l'empêche de triompher. C'est l'esprit des exilés qui permet à Solara de survivre. Tu te souviens, Saint Dane ne cessait de dire que Denduron serait le premier domino à tomber ? Les exilés sont le *dernier* domino. S'il les détruit, Solara sera à lui.

– Donc, si les Raviniens ne nous avaient pas envoyés en exil, Saint Dane aurait déjà gagné ?

– En gros, oui. C'est la plus grave erreur qu'il ait commise. Et maintenant, il tente de la réparer.

– Et on espère que ça va se retourner contre lui.

– Exactement. Les Voyageurs ont été chargés de retrouver les exilés restants et les protéger. Tu es l'un d'entre eux, Mark. Et Courtney aussi.

– Bon, mettons que tu tombes sur ces autres Terriens. Et ensuite ?

– Ensuite, on vient ici, en Troisième Terre, pour affronter Saint Dane.

Les yeux de Mark ont étincelé.

– Alors *ça*, je le comprends.

– Je m'en doutais un peu.

– Tu crois qu'Elli pourra convaincre Nevva de se joindre à nous ?

Je me suis frotté les yeux. C'était une question directe. Ma réponse devrait l'être également.

– Non, je n'y crois pas. Nevva est irrécupérable. Mais qui sait ce qui se passera lorsqu'elle rencontrera sa mère ? Elle pourra peut-être percer sa carapace.

– N’y compte pas trop, a-t-il grogné.

– Je sais, mais je suis prêt à tout essayer. Je ne veux pas dire que je suis à court d’idées, mais… je suis à court d’idées.

– Est-ce que cela en valait la peine ? De venir ici, je veux dire. Tu as vu ce qui est arrivé à Antonio.

– Oui, et c’est une autre raison de vouloir convaincre Nevva. Antonio a dit qu’ils ne tarderaient pas à attaquer. Si Saint Dane sait où sont les exilés, ils sont morts et Halla est fichu. Il faut qu’on découvre ce qui se passe et qu’on tente de le saborder.

Mark a acquiescé. Je savais qu’il repassait dans sa tête les dernières paroles d’Antonio. Moi-même, je l’avais fait cent fois.

– S’il construit encore plus d’hélicos pour s’en prendre aux exilés, a dit Mark, pensant à haute voix, ça signifie qu’ils doivent être en Troisième Terre.

– Je suis arrivé à la même conclusion.

– On est vraiment soixante-dix mille ?

– Saint Dane a créé un flume monstrueux au milieu d’un Yankee Stadium bondé. Soixante-dix mille, c’est une estimation tout à fait raisonnable.

Mark a ouvert de grands yeux. J’imagine qu’il cherchait à imaginer cet événement. Moi, par contre, je préférais l’oublier.

– C’est plus facile d’accepter cette histoire de Solara que d’imaginer tout le Yankee Stadium aspiré dans une bonde ! a repris Mark.

On s’est regardés et on a éclaté de rire. C’était particulièrement déplacé, mais ç’a dissipé la tension. Un instant, je me suis cru de retour au bon vieux temps, lorsque Mark et moi traînions ensemble pendant des heures à parler de tout ce qui nous passait par la tête. Ça n’a pas duré.

Mark s’est claqué les genoux et s’est levé.

– Aux premières lueurs de l’aube, j’envoie les miens dans un hélico. S’il y a soixante-dix mille personnes qui se cachent quelque part, on les trouvera.

– Je n’en suis pas si sûr, ai-je répondu. Saint Dane y a consacré pas mal de temps, et il n’y est toujours pas arrivé.

– Oui, a-t-il repris d’un ton rusé. Mais nous, on sait où chercher.

Il s'est dirigé vers la porte, puis s'est arrêté et s'est retourné comme si une idée l'avait frappé. Il a plissé les yeux comme il le faisait à chaque fois qu'il avait du mal à comprendre quelque chose. J'aimais bien ces petits moments familiers. Ça voulait dire que sous son apparence de dur à cuire, mon ami était encore là, quelque part.

– Les flumes ont été détruits, non? a-t-il demandé.

– Tous jusqu'au dernier.

– En ce cas, comment êtes-vous venus ici, Elli et toi? Et comment les autres Voyageurs se déplacent-ils?

– On n'a plus besoin des flumes. Les Voyageurs peuvent aller où ils veulent quand ils veulent. Mais il faut qu'on fasse attention, parce qu'à chaque fois, on épuise le pouvoir de Solara.

Mark m'a dévisagé en continuant de plisser les yeux. On est resté comme ça quelques secondes. Je crois que son cerveau s'était bloqué. Ce que je venais de lui balancer dépassait les limites de sa compréhension. Finalement, il a secoué la tête:

– Mettons que je n'ai rien dit.

– C'est noté.

Il n'a pas bougé. Quelque chose d'autre le travaillait. Pourvu qu'il ne me pose pas encore des questions concernant Solara.

– Qu'y a-t-il? Enfin, à part tout ça?

Mark a hésité, pesant soigneusement chaque mot.

– J'ai l'impression que, d'une façon ou d'une autre, c'est la fin. Je veux dire, on arrive au bout de la route, non?

– Oui. D'une façon ou d'une autre.

Il a hoché la tête.

– Je suis content d'être à nouveau à tes côtés.

– Moi aussi.

– Courtney devrait être là, elle aussi.

– On la trouvera, ai-je dit avec confiance, mais sans la moindre autorité.

Il est sorti de la chambre. Je me suis couché et ai fermé les yeux dans l'espoir que le sommeil ne tarde pas. Et il n'est pas venu, comme toujours. Toutes sortes de pensées s'entrechoquaient dans mon esprit. La plupart avaient trait à ce qui allait se passer le lendemain. Depuis que j'étais devenu un Voyageur, j'avais vécu bien des aventures. Je les ai racontées dans mes journaux. C'était devenu un mode de vie. Une vie de dingue, mais que vouliez-vous que je fasse ? C'était écrit. Cette fois, tout était différent. Quoi que j'aie pu endurer, seul ou en compagnie d'autres Voyageurs, il y avait toujours un moyen de s'en sortir. Plus ou moins.

Mais pas cette fois. Mark et moi allions nous embarquer dans ce qui ressemblait fort à une mission suicide… et en compagnie d'une femme âgée. C'est vrai, j'avais déjà fait les quatre cents coups avec Gunny, mais il était capable de se défendre – peut-être même mieux que moi. Elli était bien différente. Elle était intelligente et résistante. Mais elle était également fragile. Physiquement et émotionnellement. Ce qui m'inquiétait, ce n'était pas l'idée qu'il puisse lui arriver malheur. Après tout, c'était une Voyageuse. Mais il faudrait qu'on bouge vite et qu'on réagisse au quart de tour face à des menaces qui ne cesseraient de changer. Ce serait difficile d'y arriver tout en prenant soin d'une vieille dame.

Pire encore, Mark nous accompagnerait, lui aussi. Or il n'était pas un Voyageur. Il pouvait se faire tuer. Mourir pour de bon. Je devrais m'assurer qu'il s'en sorte… tout en veillant sur Elli et, ah oui, au passage, essayer de rester moi-même en vie. Soudain, mon plan ne me semblait plus si attirant.

Inutile de dire que je n'ai pas beaucoup dormi cette nuit-là.

Mais j'ai tout de même fini par trouver le sommeil. Enfin. Mon corps et mon cerveau en avaient bien besoin. J'aurais sans doute pu ronfler pendant des jours, mais j'ai dû me contenter de deux heures tout au plus. C'était tout ce qu'on pouvait se permettre. Mark est venu me chercher avant l'aube.

– Viens, a-t-il dit, ce qui m'a suffi.

En quelques secondes, j'étais prêt à partir. Je l'ai suivi rapidement et sans un bruit afin de ne pas réveiller les autres qui dormaient encore. Elli nous attendait dans le garage, à côté des hélicoptères. Elle s'était changée pour passer un pantalon gris et un chemisier noir anonyme, tenue standard en Troisième Terre. Elle restait là, très raide, les bras autour de la taille. Ses longs cheveux gris étaient noués en arrière afin de ne pas la gêner. Je ne sais si c'était sa coiffure ou un effet de l'éclairage, mais pour la première fois, j'ai vu une ressemblance entre elle et Nevva. Elle se tenait droite. Son regard était vif. Comme sa fille. Pas de doute, elles étaient liées par le sang.

Je portais toujours mes vêtements de Seconde Terre et Mark le pantalon et la chemise en haillons qu'il arborait déjà le jour où il avait sauvé ces gens dans le bâtiment du zoo. J'avais l'impression que des années s'étaient écoulées depuis. Quoique, pour autant que je sache, c'était le cas. J'avais perdu toute notion du temps.

Mark s'était muni de trois pistolets courts et tout noirs qui ressemblaient à des fusils miniatures. Les canons uniques étaient très larges. Sous chacun d'entre eux, il y avait un disque épais qui, je présume, devait contenir les munitions. Je ne suis pas un expert, mais ils ne ressemblaient à aucune des armes à feu que j'avais vues jusque-là.

– On les a volés dans la forteresse, a expliqué Mark. Ils tirent des espèces de décharges de particules. De quoi mettre K.O. un adulte sans le tuer pour autant. Par contre, pour les dados, ils sont mortels. Un seul coup les met hors d'état de nuire.

Il en a donné un à Elli et un à moi pour se réserver le dernier. J'ai levé l'arme pour mieux l'admirer.

– J'adore, ai-je dit, admiratif.

– Je n'ai jamais tiré avec une arme à feu de toute ma vie, a déclaré Elli, tenant le fusil du bout des doigts comme s'il était contaminé.

– N'oubliez pas de garder la crosse bien contre vous, a expliqué Mark, sinon, le recul pourrait vous faire mal. Chacun de ces engins peut tirer dix coups. Après ça, il est inutilisable. Il ne se recharge pas.

Elli avait l'air nauséeuse. Je n'étais même pas sûr qu'elle sache par quel bout le prendre. Je lui ai retiré l'arme des mains.

– C'est bon, lui ai-je dit. Rien ne vous oblige à jouer les petits soldats.

Elle m'a paru soulagée. Pas détendue, mais soulagée. Je n'étais pas un habitué des armes à feu, mais pour être franc, à ce moment-là, l'idée de descendre quelques dados me plaisait bien. Je n'aurais pas été les chercher pour autant, mais si j'en avais tenu un dans ma ligne de mire, je pense que je n'aurais eu aucun mal à appuyer sur la détente. Comme elles étaient pourvues de lanières, j'ai passé les deux armes dans mon dos.

– Quel est le programme ? ai-je demandé à Mark.

Il nous a fait sortir du garage jusqu'à l'endroit où une autre exilée, une fille rousse au visage mangé de taches de rousseur du nom de Maddie, attendait au volant d'un antique taxi jaune. Elle avait l'air d'avoir seize ans grand maximum. Je me suis demandé si elle avait son permis, même si je ne voyais pas qui pourrait le lui demander. Du moment qu'elle savait conduire, ça m'allait. On s'est massés sur le siège arrière, on a refermé la portière et Maddie a mis les gaz. La voiture s'est ébranlée avant de partir dans les rues. À toute allure. Pas de doute, elle savait conduire.

– Il faut qu'on arrive au point d'insertion avant le lever du soleil, a expliqué Mark. De jour, les voitures en mouvement attirent l'attention.

– Le point d'insertion ? ai-je répété.

– Le sous-sol de la ville est sillonné d'anciens tunnels. À tous les niveaux. Des égouts, des couloirs de métro, le réseau électrique, tout ce qui fait fonctionner une cité, mais qu'on préfère ne pas avoir sous les yeux. C'est une véritable ville souterraine, et la plupart des gens ne l'ont jamais vue.

– Ce réseau est intact ?

– Une bonne partie s'est effondrée lors du feu d'artifice. Du moins c'est ce qu'on m'a dit. Mais les tunnels les plus profonds ont survécu, et on a les cartes d'état-major correspondantes. Elles sont plus précieuses que de l'or. C'est comme ça qu'on peut se déplacer sans être vu par les Raviniens.

– Il y a des gens qui vivent sous terre ? a demandé Elli.

– Il y en a, mais en général, les tunnels nous servent de routes. Un couloir de service passe directement sous la forteresse des Raviniens. Ils ne savent pas qu'il est là. On ne s'en sert pas souvent, parce qu'on ne veut pas qu'il soit découvert, nous faisant perdre le seul avantage qu'on a sur eux. Mais de temps en temps, on organise une descente discrète, comme celle qui nous a permis de dénicher ces armes. On a pu leur passer sous le nez, et ils n'y ont vu que du feu.

– C'est comme ça qu'Antonio a accédé à la forteresse ? a demandé Elli.

Mark a acquiescé.

Mieux valait ne pas s'attarder sur cette dernière mission.

– Tu sais de quelle usine il parlait ? ai-je demandé.

– Oui. Elle se trouve à l'extérieur de la forteresse. C'est un immense bâtiment où on assemble les hélicos. Je crois que c'est aussi là qu'ils gardent leurs armes. Mais je n'en suis pas sûr. Je n'y suis jamais entré. Personne ne l'a fait.

– À l'exception d'Antonio, a corrigé Elli.

– On devrait y aller en premier, ai-je affirmé. Je voudrais voir ce dont il parlait. Savoir à quelle sauce on va être mangés.

– Facile. Je peux nous faire rentrer.

– Parfait.

– Le plus dur, ce sera d'en sortir.

Oh.

Cette notion déprimante nous a coupé le sifflet. Maddie a foncé pied au plancher au milieu des rues de Manhattan. Un voyage assez mouvementé. Notre véhicule n'avait pas de phares et il n'y avait pas de réverbères, si bien qu'il était difficile de voir où se terminait la chaussée et où commençaient les trottoirs ou les bâtiments. Ce qui n'arrêtait pas Maddie. Elle traçait dans les rues comme si elle portait des lunettes à infrarouges. Inutile de préciser qu'elle n'en avait pas. Ça me fichait une frousse de tous les diables. Mais je n'allais pas lui dire ce qu'elle devait faire. Je me suis contenté de planter mes ongles dans la banquette et me cramponner au cas où on rentrerait dans quelque chose.

Je ne sais pas comment, mais on s'en est tirés. Maddie s'est arrêtée devant un bâtiment de briques à deux étages dépourvu de tout signe distinctif. Elle a freiné à mort, puis s'est retournée le temps de nous dire :

– Allez-y. Bonne chance.

– À toi aussi, a répondu Mark.

– Une vraie leçon de conduite, ai-je ajouté d'un ton qui se voulait amical.

– Et encore, tu n'as pas vu ce que je peux faire avec un hélico, a-t-elle répondu avec un sourire malicieux.

Je n'étais pas sûr de vouloir vivre une telle expérience. Si elle pilotait comme elle conduisait, je tomberais dans les pommes avant la ligne d'arrivée.

– Maddie mènera les recherches des exilés, a ajouté Mark.

– Oh. Alors bonne chance à toi aussi.

Elle m'a décoché un clin d'œil.

On est descendus de voiture. Maddie a à peine attendu que j'aie refermé la portière pour repartir. Elle a foncé le long de la rue, a viré de bord et disparu. Elle devait être de retour avant le lever du soleil. Ces gens vivaient comme des vampires.

Mark n'a pas perdu de temps, lui non plus. Il a passé la porte. On lui a emboîté le pas. Bien sûr, l'immeuble était désert. Je ne savais pas à quoi il avait pu servir, mais s'il se trouvait juste au-dessus de l'entrée d'un tunnel de service, c'était sans doute un bâtiment public. Mark nous a menés le long d'un rez-de-chaussée désert au sol jonché de débris de verre, de meubles et de Dieu sait quoi d'autre. Il connaissait très bien le chemin. J'ai fait passer Elli devant moi afin de l'avoir à l'œil. Mark nous a fait franchir quelques portes jusqu'à un escalier qui disparaissait dans les ténèbres.

Elli a hésité.

– Si Mark dit que c'est bon, c'est bon, ai-je insisté pour la rassurer.

Mark s'est retourné :

– Ça, c'est la partie facile.

Ça ne m'a guère remonté le moral, et ça devait être pire pour Elli. Mais comme je l'ai répété, elle était courageuse. On a suivi Mark le long des marches de béton, passant plusieurs paliers. Après avoir franchi une nouvelle porte, on est tombés sur un autre escalier. Plus on s'enfonçait dans le sol, plus il faisait noir.

– Est-ce qu'on va continuer de marcher à l'aveuglette ? ai-je demandé.

– Un instant, a répondu Mark.

On était enfin arrivés au fond. Du moins je croyais. Je n'ai pas vu d'autres marches. Quoique, je ne distinguais pas grand-chose. Il faisait toujours aussi noir. Elli se cramponnait à mon bras comme si sa vie en dépendait. Mark est parti vers le mur le plus éloigné, d'un pas lent pour ne pas se cogner contre quelque chose. Il a passé ses mains contre le mur jusqu'à ce qu'il tombe sur une espèce de boîte. Il l'a ouverte, a abaissé une manette… et la lumière fut. Une série d'ampoules a éclairé un tunnel incroyablement long qui s'étendait de chaque côté de nous. Des tuyaux sombres hérissaient son plafond. C'était étourdissant. On se trouvait au pied d'un escalier de métal entouré par des disjoncteurs électriques.

– Les survivants ont détourné l'électricité qui alimente le métro souterrain des Raviniens, a expliqué Mark. Un des avantages de vivre dans l'ombre.

– Oui, pas de note d'électricité à payer, ai-je plaisanté.

Ce qui n'a fait rire personne.

– C'est le point d'insertion le plus proche de la forteresse, a repris Mark. Je n'ai fait ce trajet qu'une fois, mais on peut difficilement se perdre. On a plus d'un kilomètre de marche devant nous.

Il a tourné à droite et s'est mis à marcher. Elli lui a emboîté le pas, et je l'ai suivie. Après cette balade en taxi avec Maddie au volant, j'avais du mal à reprendre mes esprits. Si on se dirigeait vers la forteresse Ravinienne, on devrait passer sous le fleuve, ce qui était angoissant en soi. Mais si ce tunnel avait survécu à plusieurs siècles et une guerre dévastatrice, il y avait peu de chance qu'il s'effondre sur nos têtes. On a gardé le silence tout en cheminant. Je pense qu'on s'était tous plongés dans nos pensées afin de se préparer à ce qui nous attendait de l'autre côté. De temps en temps, on tombait sur des zones où le tunnel s'élargissait. C'était sans doute là que les connexions se faisaient et que les employés travaillaient. Des genres de carrefours. Il était clair que, pour certains, ces intersections étaient leur demeure. Il y avait des couvertures crasseuses, des boîtes de conserve vides et des livres oubliés depuis longtemps.

– Des SDF habitaient ici ? ai-je demandé.

Mark m'a répondu sans même regarder en arrière :

– On est tous des SDF, Bobby.

Oh. C'est vrai. Je commençais à me faire une idée de ce à quoi ressemblait la Troisième Terre pour les non-Raviniens. Ils vivaient comme des rats dans la peur d'être découvert. Ils étaient confinés dans ces tunnels sombres et n'en sortaient que de nuit. Ma comparaison avec les vampires était juste.

– C'est triste, a commenté Elli.

Ce n'était pas grand-chose, mais j'étais content de savoir qu'elle était toujours avec nous. Du moins pour le moment.

Le trajet nous a pris environ une demi-heure, mais comme il n'y avait pas grand-chose à voir, il m'a paru durer une éternité. On a atteint un autre point de jonction, où la seule différence était un symbole peint sur le mur. Une étoile rouge grossièrement peinte. Celle qui désignait les flumes. L'étoile Ravinienne. Mark m'a surpris en train de la fixer.

– C'est nous qui l'avons tracée pour désigner le bon chemin, a expliqué Mark. C'est logique, non ?

J'ai acquiescé. Je savais ce qu'il voulait dire. Chacun de mes voyages à travers Halla avait commencé par une porte désignée par une étoile. Pourquoi en serait-il autrement aujourd'hui ?

– Plus qu'à monter, a continué Mark, et on débouchera en plein Conclave. Tu veux commencer par là ou par l'usine d'hélicoptères ?

– Je préfère découvrir ce qu'a vu Antonio.

– Alors continuons notre chemin.

Mark nous a fait parcourir encore une centaine de mètres jusqu'à ce qu'on tombe sur un nouveau croisement. Le dernier. Une série de barreaux de métal montait vers l'inconnu.

– C'est là que ça peut devenir dangereux, a expliqué Mark. C'est par là qu'est passée l'équipe d'Antonio. D'après la carte, cette échelle débouche devant le mur de la forteresse, à côté de l'usine. On y arrive via un trou recouvert par un couvercle et caché sous la terre et les débris. L'ennui, c'est qu'on ne saura pas s'il y a un garde ravinien posté à côté avant de l'avoir soulevé.

– Donc, on pourrait se retrouver au milieu d'une bande de dados ?

– En gros, oui. On est en dehors de la forteresse, mais en plein dans leur périmètre de sécurité. Ils ne s'attendent pas à ce qu'on sorte de terre. Si on tombe sur quelqu'un, ce sera par pure malchance.

– Et si on manque de bol ?

– Alors on tire dans le tas.

Je n'ai pu m'empêcher de sourire. Non seulement Mark avait grandi, mais il était devenu un guérillero.

– Tu es sûr d'être vraiment Mark Dimond ?

Il a éclaté de rire :

– S'il y a bien une chose dont je suis certain, c'est ça. Vous êtes prêts, les gars ?

J'ai regardé Elli, qui a acquiescé. Mark s'est dirigé vers un autre panneau électrique.

– Il faut que j'éteigne la lumière. La laisser allumée serait trop risqué. Posez vos mains sur l'échelle.

Elli et moi avons obéi. Mark a abaissé la manette. Heureusement qu'il nous avait dit de nous cramponner, parce que le croisement a aussitôt été plongé dans le noir absolu. Pas moyen d'y voir à plus d'un centimètre. On se serait rentré dedans en cherchant les barreaux.

– Moi d'abord, Bobby ensuite, a ordonné Mark.

Je l'ai senti passer devant nous pour gagner l'échelle.

– Ça ira ? ai-je demandé à Elli.

– Ici, en bas, tout va bien. C'est ce qui nous attend là-haut qui m'effraie.

Oui, on était trois dans ce cas.

On est donc montés. Encore et encore. On ne cessait d'aborder des paliers qui débouchaient sur d'autres échelles. Heureusement, au fur et à mesure qu'on se rapprochait de la surface, on a eu un peu de lumière, si bien qu'on n'a plus eu l'impression de nager dans de l'encre. Je ne cessais de regarder en arrière de peur qu'Elli se fige sur place, mais elle était là, sur nos talons. Pas de problème. Jusque-là, elle était à la hauteur. Encore un palier, et Mark a attendu qu'on le rejoigne.

– On y est, a-t-il murmuré. La trappe est en haut de ces derniers barreaux. Je vais monter en premier pour l'ouvrir. Bobby, reste juste derrière moi, mais baisse les yeux. Il va y avoir des chutes de terre. Une fois en haut, je regarde si la voie est libre, puis je reviens vous chercher.

– Je devrais passer en premier, ai-je suggéré. C'était mon idée.

En réalité, je me disais que si on se retrouvait sous les pieds d'une bande de dados, je ne voulais pas qu'ils s'emparent de Mark.

– Désolé. Là, c'est moi qui mène le jeu. (Il m'a donné un coup de poing moqueur sur le bras.) De plus, je ne veux pas qu'il arrive malheur au Voyageur en chef.

J'avais envie de lui dire de ne pas s'inquiéter pour moi, mais il était évident que sa décision était prise.

– Bien. Une fois en haut, que fait-on ?

Mark a haussé les épaules.

– Pas la moindre idée. La carte ne va pas plus loin. Ce sera à nous de nous débrouiller.

Je me suis tourné vers Elli :

– Restez là, sur la plate-forme. On vous fera signe quand vous pourrez monter.

Elle a acquiescé et s'est éloignée de l'échelle.

– Prêt ? a demandé Mark.

J'ai tiré sur la lanière des deux fusils accrochés dans mon dos et ai acquiescé. Mark a grimpé les barreaux, moi sur ses talons. En un rien de temps, il a atteint le sommet. Je me suis penché et ai levé la tête pour voir le couvercle rond. Mark m'a fait signe de me couvrir les yeux. À mon tour, je lui ai intimé l'ordre de continuer sans se soucier de moi. Il a haussé les épaules et a levé la main pour la poser contre le couvercle. Ces cercles de métal sont lourds par définition, et celui-ci était recouvert de terre. Le couvercle devait peser une tonne. Mark a fait de son mieux d'une seule main, mais il a à peine bougé. Il lui faudrait y mettre ses deux bras, ce qui n'est pas si facile quand on est perché sur une échelle. Il a monté un barreau de plus afin de pouvoir également utiliser ses jambes. Une fois de plus, cela m'a émerveillé de voir à quel point mon meilleur ami avait changé. Maintenant, c'était un homme, fort et confiant. Pourvu qu'il le soit suffisamment pour nous faire sortir d'ici. J'allais monter à mon tour pour tenter de lui donner un coup de main lorsque j'ai senti un premier filet de poussière me tomber dans les yeux. J'ai détourné la tête, juste à temps : Mark avait fait bouger le couvercle et une pluie de terre s'est abattue sur nous. J'ai vu Elli, toujours sur la plate-forme, regarder en haut. Elle a dû faire un bond de côté pour éviter les débris. Un raclement métallique m'a appris que Mark poussait le cercle de métal sur le côté. J'ai reçu encore de la poussière sur la tête, mais je m'en moquais. Je voulais sortir de ce trou. Et vite. S'il y avait des dados dans le secteur, on était aussi mal barrés qu'il était possible de l'être.

Le bruit a cessé. La cascade de débris également. J'ai risqué un œil vers le haut pour voir un croissant de ciel gris. Mark n'a pas perdu de temps à admirer le paysage. Il a passé la tête par l'ouverture et a fait un tour complet sur lui-même.

– Dis-lui de venir, m'a-t-il chuchoté.

J'ai fait signe à Elli de grimper. Lorsque j'ai à nouveau levé les yeux, Mark avait disparu. J'ai escaladé les derniers barreaux et me suis glissé dans l'étroit croissant. Mark était juste à côté de la trappe, allongé sur le ventre, la tête près de l'ouverture.

– À terre, a-t-il chuchoté. La voie est libre, mais qui sait pour combien de temps ?

Je me suis aplati à côté de lui. Le monde entier était baigné de gris, cette couleur qui vient avant que les premiers rayons du soleil pointent à l'horizon. On se trouvait dans une vaste allée entre deux hauts murs parallèles. L'un était celui protégeant la forteresse ravinienne. Il nous dominait de toute sa masse comme un gratte-ciel. On devait être à deux cents mètres de l'entrée principale et des grandes grilles. Il n'avait ni portes, ni fenêtres, rien. Ce n'était qu'une façade lisse qui ressemblait plus à un barrage qu'à une muraille. À trente mètres de la forteresse s'étendait la paroi d'un autre bâtiment. Il était loin d'être aussi haut : guère plus de quatre étages. Mais il restait imposant. On devait se trouver à une cinquantaine de mètres de sa façade, mais il s'étendait sur plusieurs autres centaines de mètres. Je l'ai regardé, puis me suis tourné vers Mark.

Il a hoché la tête. Il savait ce que je pensais.

– Oui, a-t-il chuchoté. L'usine.

La bonne nouvelle, c'est qu'il n'y avait pas un seul dado en vue. On avait parcouru ce qui, selon Mark, était la partie la plus dangereuse du voyage. Mais je me doutais bien qu'on n'était pas encore tirés d'affaire.

Elli a passé sa tête par l'ouverture. On s'est empressés de l'aider à sortir, Mark et moi. Ensuite, on a lutté pour remettre en place le couvercle et poser de la terre dessus afin de le dissimuler. Comme le sol était fait de poussière, ce ne fut pas si difficile. De la façon dont on l'a étalée, si quelqu'un cherchait ce trou, il le trouverait, mais si un dado passait dans le coin sans y prêter attention, j'étais sûr qu'il n'y verrait que du feu. Durant tout le temps qu'on a pris à le cacher, je n'ai cessé de me dire qu'on ne pourrait jamais repartir par là. Surtout si on devait le retrouver en vitesse. Pour rentrer en ville, il faudrait emprunter un autre chemin.

Mark scrutait déjà le bâtiment, cherchant une entrée. Ce mur ne comportait pas de fenêtres, lui non plus. Impossible de jeter un coup d'œil à l'intérieur. Pour moi, on aurait dit le petit frère de l'immense Conclave ravinien. Il y avait deux grandes portes près de l'entrée du bâtiment et, à côté, une échelle métallique permettait d'accéder au toit. Il n'y avait pas à discuter. C'était par là qu'on devait passer. J'ai regardé Elli, qui a acquiescé. Néanmoins, ses yeux étaient pleins de frayeur. Moi, je craignais qu'elle finisse par craquer.

J'ai fait signe à Mark de passer en premier. Il s'est relevé d'un bond et a couru vers les portes de l'usine. J'ai pris le bras d'Elli pour l'aider à suivre le mouvement. Mon autre main était posée sur la lanière des deux fusils. J'aurais préféré en tenir un devant moi, prêt à tirer, mais je ne pouvais empoigner la crosse d'une main et guider Elli de l'autre. Plus qu'à espérer qu'au cas où il faille ouvrir le feu en urgence, Mark réagirait à temps.

Quelques secondes plus tard, on a atteint la porte. Mark a tenté de l'ouvrir, mais elle était fermée.

– Ce serait trop facile, a-t-il dit en haussant les épaules.

Il a tenté de forcer. En vain.

J'ai regardé l'échelle.

– On peut monter par là ou on peut faire le tour du bâtiment pour chercher une autre entrée. Mais je crois que plus on traîne dans le coin, plus on a de chances de se faire repérer.

Mark n'a pas attendu un autre avis. Il a passé son fusil par-dessus son épaule et s'est mis à grimper.

– Encore des barreaux à monter, a dit Elli avec un petit sourire.

Elle est passée après Mark, et j'ai fermé la marche. Cette escalade était plus risquée que les précédentes. D'abord, on était totalement à découvert. Si quelqu'un passait, il nous repérerait en une nanoseconde. Et c'était aussi plus effrayant. Les échelles souterraines étaient sans grand danger. Là, on était accrochés au flanc d'un bâtiment avec rien autour de nous que de l'air. C'est vrai, en bas, si on avait fait une chute, cela aurait fait tout aussi mal, mais être ainsi exposés rendait le danger encore plus évident. Ce doit être la différence entre marcher sur une corde raide accrochée à deux centimètres du sol… ou à dix mètres. J'ai bien pris soin de ne pas regarder en bas.

On est arrivés au sommet sans problème. Lorsque j'ai atteint le rebord du toit, j'ai eu un hoquet de surprise. Cet édifice était gigantesque. Le mur ne donnait qu'une idée de ses véritables dimensions. De là, on pouvait tout voir, et il y avait de quoi s'occuper l'œil. Ledit toit était parfaitement plat et ponctué d'entrées d'air et de verrières. De notre coin, on pouvait distinguer l'autre côté. Un bien long voyage. La longueur du bâtiment devait faire le double de sa largeur. C'était une immense construction recouvrant un espace non moins immense.

– On peut fabriquer pas mal d'hélicos dans un truc pareil, ai-je remarqué.

– Assez pour chasser soixante-dix mille personnes, a ajouté Mark.

– Allons jeter un coup d'œil, ai-je dit avant de partir en courant.

Une fois de plus, on était à découvert, mais que pouvait-on y faire ? J'ai foncé vers la verrière la plus proche dans l'espoir d'y trouver un moyen de rentrer. On aurait dit une petite serre posée sur le toit plat. Je suis arrivé en premier et ai jeté un coup d'œil en bas.

En effet, j'ai bien vu plusieurs rangées d'hélicos noirs flambant neufs, prêts à décoller. Chacun était équipé de lance-roquettes. Pas de doute, c'étaient des engins de guerre.

Elli et Mark m'ont rejoint et ont également regardé.

– Eh bien ! s'est exclamé Mark. Et ils sont armés jusqu'aux dents, en plus !

– C'est monstrueux, a fait Elli d'une voix blanche.

À quelques dizaines de centimètres de la verrière, j'ai repéré une trappe pourvue d'une poignée. Je suis allé tirer dessus. Le panneau s'est ouvert.

– Il faut croire qu'ils ne s'attendent pas à ce que quelqu'un passe par là, ai-je commenté.

À l'intérieur, une autre petite échelle menait à une passerelle métallique. Je suis descendu en premier, suivi par Elli. La passerelle était accrochée au mur loin au-dessus du sol. De là, on a pu distinguer toute la flotte. Ou quel que soit le nom qu'on donne à un tas d'hélicos. Ils étaient tous neufs. Tous armés. Tout prêts à entreprendre leur mission de mort.

– Regarde, a dit Mark. Ils en fabriquent d'autres.

Il a désigné l'autre bout de la salle. En effet, il y avait là des hélicoptères à divers stades de construction.

– Combien croient-ils qu'il leur en faut ? a demandé Mark.

– Soixante-dix mille personnes, ça fait pas mal de monde, ai-je répondu froidement.

J'ai parcouru des yeux le sol de l'usine afin de mémoriser un maximum d'informations. C'est alors qu'un détail m'a frappé.

– Il y a peut-être pire.

– Pire que quelques dizaines d'appareils de combat armés de fusées ? a répondu Mark.

J'ai tendu le doigt vers la droite et l'intérieur du bâtiment.

– Je veux dire que ce qu'on a sous les yeux n'est pas toute l'usine. Ce n'est même pas la moitié. Regarde le mur. Ce n'est certainement pas la fin de cet immeuble. Il y a autre chose derrière.

– Encore des hélicoptères ? a demandé Elli.

J'ai remarqué que la passerelle continuait le long du mur, toujours aussi haut perchée.

– Allons donc voir par nous-mêmes.

Tout en marchant, j'ai tiré un des fusils de mon dos et l'ai tenu contre ma hanche, prêt à tirer. Je ne cessais de scruter le sol pour voir s'il pouvait y avoir des ouvriers ou des dados prêts à sonner l'alarme. L'endroit semblait désert. Ce devait être un jour de congé. Les dados ont-ils besoin de vacances ? Ou peut-être était-il trop tôt pour la première fournée. Après tout, l'aube pointait à peine. On a survolé la flotte d'hélicoptères alignés rangée après rangée. Je me demandais déjà comment les saboter. Peut-être en ouvrant le feu avec leurs propres roquettes pour provoquer une réaction en chaîne ? En tout cas, il fallait trouver un moyen de les clouer au sol.

Au bout d'une longue marche, on a atteint le mur opposé. Là, une porte débouchait sur ce qui nous attendait de l'autre côté. J'ai pris la poignée et l'ai abaissée. Elle n'était pas fermée à clé. Je me suis tourné vers les autres :

– Tu crois qu'on peut détruire une partie de cette flotte ? ai-je demandé à Mark.

Il a haussé les épaules.

– Qu'est-ce qui nous en empêche ? Il y a plein de munitions là en bas. Bien sûr, dès qu'on fera du bruit, ils sauront qu'on est là.

– Non, tu crois ? ai-je gloussé.

J'ai ouvert la porte et suis entré dans l'autre salle de l'usine…

Et tout d'un coup, je n'ai plus pensé aux hélicos.

J'ai laissé tomber mon fusil. C'est dire le choc que j'avais reçu. Mes bras se sont transformés en coton. L'arme a cliqueté sur la passerelle. Je l'ai laissée là pour faire quelques pas en avant, dans le brouillard, comme si me rapprocher me permettrait de mieux voir, de dissiper l'illusion. Du moins j'espérais que c'en était une. Ou une vision. Ou tout, plutôt que ce que j'avais sous les yeux.

Il y a une question que je me suis souvent posée sans jamais prendre la peine de chercher la réponse. Depuis que je suis parti de chez moi, j'ai dû apprendre et comprendre tant de choses impossibles que j'ai certainement négligé certaines d'entre elles. C'est ce que je ressentais à propos des technologies propres à chaque territoire. Je ne me suis jamais vraiment demandé comment on créait de l'énergie sur Ibara, et à vrai dire, je m'en moquais un peu. Ou comment on a fabriqué les globes respiratoires de Cloral. Ou quelle découverte révolutionnaire a pu donner naissance à une entreprise comme Utopias, ou aux cristaux d'ambre d'Eelong recevant et émettant des signaux radio. C'étaient des aspects des territoires certes intéressants, mais qui, tant qu'ils ne servaient pas notre mission, n'avaient pas à être analysés.

C'était également vrai de ce qui nous attendait sur le sol de cette usine. C'était ce qu'avaient vu Antonio et son équipe. Ce qu'il voulait dire en affirmant que les Raviniens s'apprêtaient à passer à l'attaque.

Et ça n'avait rien à voir avec des hélicoptères.

L'usine se prolongeait bel et bien. Cette seconde section devait faire le triple de l'espace dévolu aux engins volants. Mais ceux-ci étaient soudain devenus des jouets comparés à ce qui était là, sous nos yeux. Maintenant, j'avais la réponse à la question que je ne m'étais jamais posée.

Je savais où étaient fabriqués les dados.

Là, s'étendait une mer de ces soldats robots. Épaule contre épaule, doigts de pieds contre talons. Rangée après rangée, en ordre parfait. Ils étaient revêtus d'uniformes différents. Certains arboraient les tenues militaires vertes aux casques dorés de Quillan. Une autre section portait les habits rouges des gardes raviniens. D'autres n'avaient pas d'uniformes du tout, juste des vêtements ordinaires qui leur permettraient de passer inaperçus en Seconde Terre.

Et ce n'était pas tout. Certains étaient déguisés en Batu, d'autres en Bedoowan. D'autres encore portaient des haillons les faisant passer pour des Utos d'Ibara. Le plus déconcertant était encore la section des klees. Il existait des dados félins !

Tout comme la salle des hélicos, une partie de cet espace était une chaîne d'assemblage où des centaines de dados attendaient d'être terminés. Et ce n'était pas tout. Il y en avait beaucoup d'autres. J'ai vu une enfilade de jambes, de bras et de pieds – tout ce qu'il fallait pour créer plusieurs armées robotisées.

Ils avaient tous la même absence d'expression. Certains avaient toujours Mark pour modèle, mais d'autres arboraient des dégaines différentes. Ils semblaient plus humains que jamais. Sauf qu'ils ne l'étaient pas. C'étaient des machines. C'était l'armée de Saint Dane.

– Voilà ce qu'a découvert Antonio, ai-je constaté, la bouche sèche. Voilà ce qui va passer à l'assaut.

Mark avait l'air aussi stupéfait que moi.

– Que les exilés soient soixante-dix mille ou sept cent mille, peu importe. Ils ne peuvent tenir tête à… ça.

Mon cerveau s'est figé. Je ne savais comment réagir. À propos des dados. De Halla. Des exilés. Je ne savais même pas ce que j'allais faire dans les secondes suivantes. J'étais paralysé.

Foump !

Un bruit sourd, mais sonore a vrillé le silence. Une seconde plus tard, un dado qui se dirigeait vers nous sur la passerelle est tombé pour s'écraser au sol. S'il m'a évoqué un mannequin, c'est parce qu'il était déjà mort. Il a rebondi sur le sol pour retomber comme une poupée brisée. On s'est retournés, Mark et moi, pour voir Elli se dresser derrière nous. Elle avait ramassé le fusil que j'avais laissé tomber et le tenais à hauteur de hanche, un doigt sur la détente.

D'un coup, d'un seul, elle avait abattu le dado.

– Prenez vos armes, a-t-elle dit d'une voix ferme. Ils savent qu'on est là.

Journal n° 37
Chapitre 22

Je ne sais pas ce qu'il y avait de plus stupéfiant : découvrir cette armée de dados, savoir qu'on était démasqués et qu'il fallait se préparer à la baston, ou voir Elli abattre un adversaire.

Je crois que c'est encore ce dernier point.

– Place ! a-t-elle aboyé.

On a sauté de chaque côté de la passerelle, Mark et moi, pendant qu'Elli ouvrait le feu. Elle tenait l'arme à hauteur de sa taille, la crosse posée contre sa hanche. Le fusil a émis un autre *foump !* Un bref instant, j'ai cru sentir le passage du faisceau de particules. C'est dingue, mais je peux jurer que mes poils se sont hérissés, comme si j'avais reçu une décharge d'électricité statique. L'instant d'après, un second dado est tombé sur la passerelle. Mort. Cassé. Peu importe.

Un peu plus loin sur la passerelle, d'autres dados en tenue rouge de Raviniens sont apparus et ont couru vers nous.

– Sur le toit ! ai-je ordonné.

On a tourné les talons pour revenir sur nos pas. Elli a ouvert la marche, brandissant son fusil, prête à tirer. Qui l'eût cru ? On avait atteint la porte donnant sur le hangar à hélicos lorsqu'elle nous a arrêtés.

– Ils ont dû nous voir de là-haut, a-t-elle hoqueté.

En effet, de l'autre côté de l'usine, une douzaine de dados se massaient sur l'échelle qu'on avait prise pour descendre du toit. On était coincés entre deux groupes qui se rapprochaient à toute allure.

– Encore vingt-huit coups, a déclaré Mark, très calme.

– Et s'ils sont vingt-neuf ? ai-je demandé.

– Ils sont vingt-neuf *mille* ! s'est-il exclamé.

– Descendons, a annoncé Elli.

Sans attendre notre avis, elle s'est précipitée vers une autre échelle située à trois mètres de nous qui permettrait de gagner le sol. Elle a passé le fusil par-dessus son épaule comme si elle avait fait ça toute sa vie et a descendu les marches.

Mark m'a regardé d'un air surpris, comme pour demander : « Quelle mouche l'a piquée ? »

Je l'ai dépassé pour foncer vers les barreaux. La passerelle était sacrément haute, et en cas de chute, il n'y avait rien pour l'amortir. Si on n'était pas en fuite, je ne suis pas sûr que j'aurais pu descendre l'échelle aussi vite que je l'ai fait. Un faux pas, et ce serait la fin des haricots. Je n'avais aucune envie de regarder en bas, mais cette fois-ci, je n'avais pas le choix. Je devais savoir si d'autres vilains nous attendaient à l'arrivée. J'ai parcouru des yeux la masse de dados… et mon estomac s'est retourné. C'était comme de descendre dans un aquarium rempli de piranhas. Ils étaient des milliers. C'était de la folie. On cherchait à échapper à une poignée de gardes et on se jetait dans les griffes d'une armée. Du moins une armée qui n'était pas encore activée. Pourvu que ces dados immobiles ne soient pas plus dangereux que des statues.

Mon pied a loupé une marche. J'ai dû m'agripper aux barreaux pour ne pas tomber. C'était particulièrement stupide. Je m'inquiétais davantage de ce que je trouverais au sol que d'y arriver en un seul morceau. J'ai dû me forcer à regarder droit devant moi et me concentrer sur ma descente. Un pas à la fois. Ne pas se soucier des dados. J'aurais tout le temps pour ça plus tard.

J'ai retrouvé Elli au sol, vite rejoint par Mark. Nous brandissions tous nos armes. Parés, mais à quoi ?

– Ils descendent, a annoncé Mark.

Un bref coup d'œil m'a appris que les dados du toit avaient atteint l'échelle et se ruaient vers nous. Ceux qui venaient de l'autre côté se rapprochaient également. Au moins, ils ne pouvaient pas nous tirer comme des lapins de là-haut.

– Ça va ? m'a demandé Elli.

C'était elle qui maîtrisait à fond.

– C’est bon, ai-je répondu, un rien gêné.

J’avais fini par comprendre qu’Elli n’était pas la vieille dame frêle que je croyais. Comment dit-on? « L’occasion fait le larron »? Elli en était la preuve.

– Il faut qu’on trouve une autre sortie, a annoncé Mark.

Les deux groupes de dados s’apprêtaient à se rejoindre pour descendre vers nous. J’ai regardé autour de moi, mais s’il y avait une sortie, elle était invisible. J’ai vite conclu qu’il n’y avait qu’une seule solution possible.

– Une aiguille dans une meule de foin, ai-je déclaré.

Mark a regardé la mer de dados et a souri. Il avait compris.

– Bien vu.

– Qu’est-ce que ça signifie? a demandé Elli.

– On va se perdre au milieu des dados, ai-je répondu. Venez!

On a couru vers l’armée immobile. C’était peut-être des robots, mais ils ressemblaient à des humains, et il y en avait des milliers. Certains avaient même les traits de Mark. J’espérais qu’on puisse s’enfoncer assez profondément dans leurs rangs pour que nos poursuivants ne sachent plus où nous chercher. Ça semblait être la seule façon de gagner un peu de temps avant de trouver un moyen de sortir de cette usine. On a plongé l’un après l’autre au milieu des robots, les effleurant à peine alors qu’on filait aussi rapidement et silencieusement que possible sans en renverser un seul. On savait tous qu’il valait mieux éviter de faire le moindre bruit: ce serait contraire à notre intérêt et risquerait de nous faire repérer. Sans même s’être concertés, on s’est mis à communiquer par gestes.

Mark se trouvait sur ma droite, Elli sur ma gauche. J’ai pris la tête et ai fait signe à Mark de se déplacer en diagonale vers la droite. Et on a progressé ainsi, à un dado d’intervalle l’un de l’autre. On n’avait même pas besoin de baisser la tête, puisque ces robots faisaient tous quelques centimètres de plus que nous, et j’étais le plus grand des trois. Néanmoins, j’ai avancé légèrement accroupi, au cas où. Au bout de quelques secondes, on s’est retrouvés perdus au beau milieu de la masse. J’ai regardé en arrière. J’aurais parié qu’on était suivis, mais ils n’avaient aucun moyen de nous débusquer. Ce n’était pas le moment de crier victoire, mais au moins, on avait gagné du temps.

Avancer à travers cette mer de visages figés était certainement ce que j'ai fait de plus bizarre. Ce n'étaient pas des humains, mais on s'y serait facilement trompé. Ils étaient désactivés, mais semblaient sur le point de s'animer à tout instant. J'ai tenté de ne pas les regarder de trop près. J'ai fait comme si on traversait un musée peuplé de statues. Un musée particulièrement tordu où les objets exposés pouvaient nous sauter dessus sans crier gare.

Pfffft. Ce genre d'idées ne m'avançait guère.

On a continué de s'éloigner le plus possible de nos poursuivants. De temps en temps, je faisais signe aux autres d'infléchir légèrement leur direction afin de ne pas fuir en ligne droite. Comme ça, il serait plus difficile de nous retrouver. Lorsque j'ai considéré qu'on devait avoir atteint le centre de cette mer de dados, j'ai fait signe aux autres de s'arrêter, posant mon doigt sur mes lèvres en un geste éloquent. On est restés là, figés sur place, à tendre l'oreille. Je voulais savoir où étaient nos poursuivants. Mais je n'ai rien entendu. Curieux. Avaient-il laissé tomber? De là où on était, on pouvait voir la passerelle qui s'étendait au-dessus de nos têtes. Elle était déserte. Pas de doute, ils étaient au sol. Mais où?

Je commençais à devenir parano. Notre plan était de se cacher au milieu des dados, mais c'était une arme à double tranchant. Si les gardes lancés à nos trousses se rapprochaient, on ne les verrait que lorsqu'ils seraient sur nous. Ils pouvaient être n'importe où. Ils pouvaient se cacher de nous comme on se cachait d'eux, et lorsqu'on s'apercevrait de leur présence, il serait déjà trop tard. On était peut-être comme des aiguilles dans une botte de foin, mais ils étaient comme des aiguilles… dans une botte d'aiguilles.

J'ai regardé autour de moi, attentif au moindre mouvement. En vain. J'ai fait signe aux autres de repartir, mais plus lentement. Après quelques pas en zigzag, on est arrivés dans un espace dégagé dépourvu de dados. Pour moi, ça ressemblait à l'endroit où on les sortait de la chaîne de montage. Un tapis roulant descendait sous le sol. L'endroit était entouré de silhouettes silencieuses portant l'uniforme vert de ceux de Quillan, casques dorés compris. Tous faisaient face au centre. Comme s'ils nous dévisageaient. J'en avais la chair de poule.

Lorsque Mark a vu le tapis roulant, il a souri. Il pensait la même chose que moi. On pouvait le suivre pour sortir d'ici. Où qu'il nous emmène, c'était forcément mieux qu'ici, vu qu'on ne pourrait échapper éternellement aux dados.

J'ai attiré l'attention d'Elli et ai désigné le tapis. Elle a acquiescé. C'était notre porte de sortie. On est passés dans l'espace dégagé… puis j'ai brusquement levé la main pour arrêter à nouveau mes compagnons. J'avais aperçu quelque chose. Un mouvement. J'ai tourné sur moi-même sans rien voir que cet anneau de silhouettes inactives. Je savais ne pas m'être trompé. J'avais bien vu quelque chose de furtif, du coin de l'œil seulement, mais mon entraînement de Mooraj me disait que cette ombre était bien réelle. C'était là, quelque part. Mais où ? Des dados étaient-ils tapis en bordure de cette clairière, se préparant à attaquer ? Je me suis figé sur place. Je ne cherchais rien en particulier. Disons que j'étais à l'affût.

C'est arrivé à nouveau. Cette fois-ci, j'étais prêt. Ce mouvement ne provenait pas du sol, mais d'un point situé au-dessus de nous. Je me suis empressé de lever les yeux pour voir une sorte de salle de contrôle accrochée au plafond. C'était un octogone aux parois de verre. De là-haut, il était facile de surveiller toute l'usine, et c'était exactement ce que faisait celui qui se trouvait à l'intérieur.

Oui, il y avait une silhouette noire derrière ces vitres, en train de nous surveiller. Impossible de dire qui elle était, ou ce qu'elle était, mais elle était animée, et j'étais sûr qu'elle nous fixait. Mark et Elli ont suivi mon regard. On s'est tous figés sur place. Qu'allait faire ce type ? Sonner l'alarme ? Donner notre position aux dados lancés à notre poursuite ? Je préférais ne pas attendre de le savoir.

– Allons-y, ai-je demandé.

La discrétion n'était plus de rigueur. On a couru vers le tapis roulant et le trou qui nous mènerait au sous-sol.

On ne l'a jamais atteint.

À peine s'était-on mis en branle que les lumières se sont allumées dans la salle de contrôle. Je présume que notre guetteur n'avait plus besoin d'être discret, lui non plus. Il n'avait également nul besoin de dire aux dados où on se trouvait. Il en avait bien assez d'autres à sa disposition.

Tout autour de nous, les robots en uniformes verts se sont animés. Un instant, ce n'étaient que des soldats de plomb immobiles. Et maintenant, leurs visages impassibles se tournaient lentement… vers nous.

– C'est la salle de contrôle des dados, a hoqueté Mark. Il les a activés.

J'ai mis une seconde à assimiler l'horreur que suggéraient ces mots. Quelle que soit la personne dans cette tour, c'était bien ce qu'elle faisait. Contrôler. Il pouvait activer ces robots. Il y en avait des milliers, et on n'avait plus que vingt-huit décharges en réserve.

Les dados se sont rapprochés.

On a ouvert le feu.

– Visez ceux qui sont le plus près du tapis roulant ! ai-je crié.

Foump ! Foump ! Foump !

On a tiré dans le tas. Le recul était plus important que je ne l'aurais cru. À chaque fois que j'appuyais sur la détente, le fusil se cabrait et me frappait la hanche. Aussitôt, l'air s'est chargé d'électricité. Les dados sont tombés l'un après l'autre. Elli était tout aussi agressive que Mark et moi. Elle tenait le fusil à hauteur de taille, les yeux sur sa proie… ce qui n'était pas difficile, vu leur nombre.

– Continuez ! a crié Mark.

Les dados n'étaient pas armés. Sinon, tout aurait été terminé en quelques secondes. Même sans cela, notre seul espoir était de les retarder assez longtemps pour pouvoir s'échapper par cette issue. Il n'y en avait pas d'autre. Mark et Elli se sont concentrés sur les cibles plus proches du tapis roulant. Je me suis retourné d'un bond pour viser ceux qui tentaient de nous prendre à revers.

Foump ! Foump !

Et ils sont tombés, les uns après les autres. Mais dès que l'un d'entre eux s'abattait, deux autres s'activaient, se retournaient et partaient vers nous. On se serait crus dans *La nuit des morts-vivants*, sauf que les dados n'avaient pas l'intention de nous manger. Du moins je ne pensais pas.

On se rapprochait du tapis roulant, mais trop lentement à mon goût.

– Si vous pouvez voyager, fichez le camp d'ici ! a crié Mark.

Pas question. Je ne voulais pas abandonner Mark. Elli, par contre, n'avait aucune raison de rester.

– Allez-y, lui ai-je lancé. Retournez sur Solara.

Elle m'a ignoré et a continué de tirer. On aurait dit qu'elle était possédée. Ses yeux avaient pris un éclat métallique qui m'a rappelé sa fille. Pas de doute, elle avait peur, mais elle semblait également prendre un certain plaisir à dégommer des dados. Elle avait pas mal encaissé. Peut-être exerçait-elle une certaine forme de vengeance. En tout cas, elle ne s'en irait pas comme ça, nous laissant en plan.

– Elli ! Allez-y !

Elle m'a jeté un bref regard avant de crier :

– On y est presque !

Elle a reculé vers l'ouverture dans le sol sans cesser de canarder. Je n'avais pas le temps de discuter. Des dados convergeaient des deux côtés pour se diriger vers elle. Je me suis retourné et ai ouvert le feu pour les ralentir. Viser n'était pas si important : les particules que tiraient ces machins semblaient se disperser comme des décharges de fusil à pompe. Il suffisait d'être assez près. J'ai descendu un dado d'un seul coup de feu et en ai vu un second s'effondrer en même temps. Une autre décharge en a flingué deux autres. Mais on était à court de temps et de munitions.

Elli fut la première à se retrouver à sec. Sans hésiter, elle a laissé tomber son arme, s'est retournée pour sauter dans le trou…

Et s'est fait renverser par une décharge venue de loin. Elle a laissé échapper un hoquet, comme si elle avait reçu un direct à l'estomac, et a titubé en arrière avant de s'abattre. Sans douceur. Je crois qu'elle avait perdu conscience avant même de toucher le sol. J'ai ressenti une pointe de soulagement en voyant qu'au moins, elle n'avait pas été réduite en cendres. Quoi qui l'ait frappé, ce n'était pas le même genre de décharges que celles que balançaient les armes argentées qu'on avait vues en action près du Taj Mahal. Mais d'où venaient-elles ?

J'ai jeté un coup d'œil à la tour de contrôle pour voir quelqu'un qui tenait un fusil à l'épaule, penché en avant comme un sniper.

C'était certainement celui qui avait tiré sur Elli, et maintenant, il se mettait en position pour me fusiller moi. Je me suis empressé de lever ma propre arme et de lui décocher trois décharges. Je ne me suis guère soucié d'être précis. Voir Elli tomber m'avait fait péter un câble. Ce gugusse allait le payer cher.

Mon premier coup de feu a fait voler en éclats l'une des fenêtres de la tour de contrôle. Le second a atteint l'inconnu, le projetant en arrière. Le troisième a détruit une seconde fenêtre.

Tout en courant assister Elli, j'ai crié à Mark :

– Saute dans le trou !

Il serait bientôt à court de munitions. Il a tiré encore deux fois, puis a jeté son fusil vers les dados qui s'avançaient. À peine avait-il levé les mains qu'une décharge l'a renversé. J'ai regardé la tour de contrôle pour voir qu'un autre sniper se penchait à l'une des fenêtres que j'avais fracassée. Contrairement à son pote, il n'hésitait pas à admirer son ouvrage. Le temps de lever les yeux et il me visait moi. Je regardais droit dans le canon d'une de ces armes noires.

J'ai brandi la mienne.

Foump.

Je n'ai pas appuyé sur la détente. Je n'en ai jamais eu l'occasion. Tout mon corps s'est crispé. C'était la même sensation que lorsque les Raviniens m'avaient passé au Taser après qu'Alder et moi avions débarqué dans le manoir de Sherwood House en Seconde Terre. Je suis sûr d'avoir heurté le sol, bien que je ne m'en rappelle pas, parce qu'aussitôt après la secousse, je suis tombé dans les pommes.

***

Reprendre conscience après un choc violent n'est jamais agréable. J'en sais quelque chose. Ça m'était déjà arrivé. D'abord venait cette impression initiale de déconnexion, suivie par la douleur du coup lui-même, puis le besoin pressant de savoir où j'étais tombé et ce qui m'attendait. Cette fois ne fut pas différente. Lorsque j'ai commencé à prendre conscience de ce qui m'entourait, la première chose que j'ai réalisée, c'est que j'étais paralysé. Pas moyen de bouger ne serait-ce qu'un doigt. Je n'ai pas paniqué. Je n'étais pas encore sorti suffisamment des vapes pour déterminer si c'était permanent. J'étais passé par là assez souvent pour savoir que je devais remettre mon cerveau en ordre avant qu'il puisse reprendre le contrôle de mon corps.

En tout cas, une chose était évidente : j'étais peut-être une illusion, comme l'avait dit Saint Dane, mais à ce moment-là, mon corps me semblait tout à fait réel. J'avais tout aussi mal que si j'étais bien né à Stony Brook, Connecticut, et non dans un univers alternatif peuplé d'esprits. À ce moment, j'aurais bien voulu être un peu moins matériel et un peu moins humain.

J'ai ouvert les yeux et ai tenté de focaliser. Il n'y avait pas un seul dado en vue, ce qui signifiait que je n'étais plus dans l'usine. J'étais allongé sur le dos à contempler un toit fait de rectangles blancs. Un hôpital ? En tout cas, ça ne ressemblait pas à une prison. J'ai pu bouger la tête, ce qui voulait dire que je n'étais pas paralysé. Enfin, pas du cou. Mark gisait à côté de moi, sans connaissance. Quelqu'un avait posé des couvertures vert sombre sur nous. J'ai vu qu'on était allongés sur des matelas, et non à même le sol. Bien. Au moins, on nous avait traités à peu près correctement.

J'ai senti mon corps me revenir. J'ai tourné la tête pour constater qu'on se trouvait dans une grande salle vide. Les fenêtres étaient très hautes, rasant le plafond. On ne pourrait pas sortir par là. Les murs étaient couverts de dalles ornementées formant toute une mosaïque. Si c'était une prison, elle était dorée. J'ai fait pivoter ma tête de l'autre côté pour voir quelqu'un se tenir face à la seule porte.

Nevva Winter.

– Tu t'en sortiras, a-t-elle déclaré sans la moindre trace de compassion. L'effet est temporaire, même si je ne peux en dire autant des armes que tu as employées contre les dados. Au fait, où les as-tu trouvées ?

Elle portait un costume noir qui m'a rappelé celui de Saint Dane, même s'il n'était pas aussi sévère. Une sorte d'écharpe lui servait de ceinture et son col était ouvert. On aurait plutôt dit un survêtement noir. Ses cheveux étaient ramenés en arrière, contrairement à la façon dont elle les portait sur Quillan. Cette coupe pratique la faisait paraître presque humaine. Et pourtant, ses yeux perçants me rappelaient à quel point elle pouvait être froide et calculatrice.

– De l'eau ? a-t-elle demandé.

Elli. Où était Elli ? Je me suis forcé à me redresser sur mes coudes pour scruter la salle. Un autre corps gisait contre le mur opposé. Son visage se cachait sous la couverture, mais j'ai vu le bout de la queue-de-cheval grise d'Elli dépasser de sous sa couverture. Elle était là, toujours inconsciente. Pourvu que la décharge qui l'avait frappée n'ait pas fait trop de dégâts.

– Non, ai-je répondu.

Nevva s'est avancée vers moi.

– Pourquoi es-tu revenu ?

J'ai tartiné mon meilleur sourire sur mon visage.

– Vous m'avez manqué.

Nevva n'a pas apprécié mes sarcasmes. Elle m'a jeté un regard noir.

– Tout est fini, Pendragon, a-t-elle déclaré avec un brin d'impatience. Halla est tombé. Tout ce que toi et les Voyageurs pouvez manigancer à ce stade est futile.

– En ce cas, vous nous laisserez bien traîner encore un peu dans le coin.

– Tu peux faire ce que tu veux, mais pourquoi avoir amené Mark ici si c'était pour le mettre en danger ? C'était irresponsable. Il est ton ami.

Je lui ai décoché un regard surpris :

– Oh. Parce que vous vous inquiétez de son bien-être, maintenant ?

Nevva a fait la grimace et s'est détournée. Soudain, j'ai remarqué qu'elle n'avait pas parlé d'Elli. Savait-elle seulement que sa mère gisait là, à quelques mètres d'elle ? Apparemment non.

– Va-t'en, Pendragon, a-t-elle repris. Emmène tes amis avec toi et trouve un endroit où ils puissent vivre en paix.

« Tes amis ». Elle ignorait qu'Elli en faisait partie. Je devais trouver un moyen de tourner ce fait à notre avantage. Et si possible, apprendre ce que Nevva savait des exilés.

– Désolé, ai-je repris. Me mêler des affaires de Saint Dane est devenu une seconde nature. Je crois que je vais continuer.

– Mais c'est fini ! a-t-elle répété avec une pointe d'exaspération. Tu dois bien le comprendre. Tu mènes une guerre qui est déjà perdue. Les territoires n'existent plus. Chaque monde de Halla a été purifié. Il n'y a plus rien à faire, sinon reconstruire.

Je me suis assis :

– Purifié ? C'est comme ça que vous le qualifiez ? Vous voulez dire que ceux que Saint Dane considère comme ses élus vivent la grande vie alors que tous les autres sont morts ou ne tarderont pas à l'être.

– Nous avons récompensé l'excellence, a expliqué patiemment Nevva. Cela a toujours été sa vision. Les peuples de Halla ont eux-mêmes provoqué tout ce qui leur est arrivé.

– Vous plaisantez, j'espère ? Saint Dane a manipulé les habitants de sept mondes afin de les pousser à prendre des décisions qui ont entraîné leur propre destruction, et vous dites que c'est *eux* qui sont responsables ? Autant lâcher un chiot en pleine circulation et dire que c'est sa faute si une voiture le renverse. C'est n'importe quoi !

Nevva a inspiré profondément. Elle tentait de se maîtriser.

– Je sais que pour toi, diriger l'avenir est mal. Tu crois que chacun doit être libre de choisir son propre destin. Mais les habitants de Halla n'ont cessé de commettre des erreurs. Et pas seulement lorsque Saint Dane s'en est mêlé. Les peuples avaient leurs défauts, et je suis sûre que si Saint Dane n'était pas intervenu, ils auraient tout de même couru à leur perte. Comme ça, nous avons trié ceux qui sont dignes de reconstruire Halla et les avons protégés de la lie. Je sais, les mondes sont en lambeaux, mais c'était nécessaire. Ce n'est que le début, Pendragon. Cette fois, nous allons tout arranger. Nous allons créer une utopie.

Je me suis levé. J'avais mal au crâne et mes jambes n'étaient pas très assurées, mais durant cette discussion, je ne voulais pas être assis. Je voulais être face à face avec Nevva.

– Et l'attaque des dados sur Ibara ? Est-ce que les habitants de l'île l'avaient bien cherché ?

Nevva a cligné des yeux. Elle n'a pas répondu tout de suite. J'avais touché une corde sensible.

– Ils ont créé les circonstances qui ont permis un tel assaut, a-t-elle fini par déclarer.

– Certainement pas ! ai-je rétorqué. Ils ont constaté que leur société était mal barrée, ont évalué la situation et ont fait exactement ce dont vous vous vantez. Ils ont créé Ibara afin de sauver Veelox. Et ils allaient réussir, du moins jusqu'à ce que Saint Dane convainque les Utos de les attaquer et de détruire la flotte des pèlerins avant d'envahir l'île avec ses robots. Et où étaient ses visions grandioses ? Il a envoyé son armée conquérir leur village. Point barre. Ce ne sont pas les gens de Veelox qui l'ont provoqué. Saint Dane a tout orchestré. Comment expliquez-vous ça ?

Pour la première fois que je la connaissais, Nevva n'avait pas l'air si sûre d'elle.

– Ce… cela te visait personnellement, Pendragon. C'était une mise à l'épreuve, et tu as échoué.

– Et alors ? Je ne suis même pas originaire de Halla ! Pourquoi vouloir me mettre à l'épreuve ?

– La fin justifie les moyens.

– Non ! ai-je rétorqué. Vous ne pouvez pas prétendre que tout ceci est pour le bien de Halla. Peut-être qu'un jour, Saint Dane l'a sincèrement cru. Peut-être qu'à un niveau philosophique ou un autre, il a raison. Qui sait ? Mais ce n'est plus le cas. Tout ce qui compte, c'est ses buts égoïstes. Nevva, il veut être roi. Non, il veut être un dieu. Il veut créer son propre Halla. Avoir la puissance absolue. Il habite un palais. Il adore être humain. Vous avez vu comment il a modifié son apparence ? Il est devenu vaniteux. Il tient à bien présenter. Ça ne vous a pas frappée ? Voilà pourquoi il lance ses armées, et pourquoi il a fait construire un paquet de dados pour pouvoir recommencer. Un jour, il a peut-être eu des idées nobles, mais elles ont été perverties. Si vous pensez qu'il a d'autres buts que devenir un dieu, vous vous bercez d'illusions.

Nevva avait l'air stupéfaite. Je n'arrivais pas à croire que mon discours puisse avoir un tel effet. Elle était trop imprégnée de sa mission pour qu'une petite discussion comme celle-ci la fasse changer d'avis. Mais j'avais dit quelque chose qui l'avait ébranlée.

– Comment ça, « il a construit une autre armée » ? a-t-elle demandé d'une voix hésitante.

– Oh, arrêtez de faire comme si vous l'ignoriez !

– Ignorer quoi ?

– On a vu l'usine, Nevva. D'après vous, où étions-nous lorsque les dados nous ont tiré dessus ?

– On vous a trouvés dans la fabrique d'hélicoptères.

– Oui, cette fabrique qui, comme par hasard, abrite également des dizaines de milliers de dados. D'après vous, à quoi vont-ils servir ? À laver les vitres et toutes ces corvées que vous autres Raviniens trouvez indignes de vous ? Je ne suis pas si bête.

Nevva était secouée. Vraiment. Je ne pense pas qu'elle soit assez bonne actrice pour faire semblant. Et pourquoi le ferait-elle ?

– Vous êtes sérieuse ? ai-je repris sans l'ombre d'un sarcasme. Vous ne saviez pas qu'il y avait une nouvelle armée de dados prête à l'usage ?

Son visage était assez éloquent. Non, elle ne savait pas. Pour elle, c'était une surprise. Et ce n'était pas la dernière.

– Nevva ? a fait une voix faible.

Tout d'abord, celle-ci n'a pas réagi. Elle a continué de me fixer, mais ses yeux ont changé d'expression. Elle venait d'être interpellée par une voix venue du passé. Une voix qu'elle pensait certainement ne plus jamais entendre, et certainement pas dans une salle mal éclairée de Troisième Terre. Elle a soutenu mon regard, me demandant silencieusement si c'était bien la vérité. Je lui ai fait signe de se retourner. Elle eut du mal à obéir. C'était comme si elle luttait contre l'attraction d'un aimant. Mais il fallait qu'elle en ait le cœur net.

Ce qu'elle a fait. Pour se retrouver face à sa mère.

Elli s'était levée et se tenait très droite face à Nevva. La mère et la fille. C'était comme de voir la même personne à des années d'intervalle. Leurs regards se sont croisés. Nevva a ouvert la bouche, mais n'a pas pu prononcer un mot. Elli avait l'air forte. Plus que jamais. Ce devait être pénible de revoir sa fille dans de telles conditions, mais elle était à la hauteur. J'étais fier d'elle. Je ne redoutais plus qu'elle soit incapable de tenir le choc. Elli n'a rien dit, elle non plus. Je crois qu'elle voulait que Nevva soit la première à prendre la parole.

Cette dernière a fini par réussir à coasser :

– Pourquoi es-tu là, Mère ?

En guise de réponse, Elli s'est avancée et l'a giflée.

C'était totalement inattendu.

Et totalement extraordinaire.

J'aurais voulu enregistrer ce moment pour le chérir à tous jamais. Malheureusement, ce qui s'est passé ensuite a dissipé mon enthousiasme. On a entendu une autre voix en provenance de l'entrée. Un grand homme aux longs cheveux noirs se tenait dans l'embrasure.

– Eh bien, a dit Saint Dane, feignant l'indignation. Voilà une réunion qui n'a rien de tendre.

Journal n° 37
Chapitre 23

Ce démon est entré dans la salle comme en terrain conquis. Ce qui était le cas, je présume. Il portait le même costard pourpre luxueux qu'il arborait la dernière fois. Cela restait saisissant de le voir sous sa nouvelle apparence, avec ses longs cheveux et sa tenue élégante. Mais ses yeux, eux, n'avaient pas changé. Ils semblaient plonger au plus profond de moi.

– Je te plains, Pendragon, a-t-il dit avec un petit air supérieur qui, bien que je doive avoir l'habitude, m'a fait bouillir. Tu as déployé tant d'efforts pendant si longtemps, ça me fait mal de te voir incapable de renoncer.

– Renoncer à quoi ?

– Ta venue ici sent le déni à plein nez. C'est une tentative pitoyable de prolonger une bataille perdue depuis longtemps. Et qui amènes-tu pour t'assister dans cette mission suicide ? Une faible femme. Est-ce là tout ce qui reste des puissants Voyageurs ?

Elli l'a ignoré. Elle n'a pas quitté Nevva des yeux. Celle-ci avait posé une main sur sa joue brûlante et fixait le sol. C'était la première fois que je voyais Nevva Winter ainsi rabaissée. Au lieu de rendre les coups, elle avait accepté cette gifle, comme si elle savait la mériter. Dans cette confrontation avec sa mère, sa réaction était celle que j'espérais. Du moins jusqu'à présent.

Lorsque Saint Dane est arrivé à la hauteur d'Elli, il s'est penché sur elle et lui a chuchoté :

– Est-ce que tu te sens mieux maintenant ? Est-ce que ça apaise ta douleur de savoir que la fille que tu as abandonnée a choisi le mauvais camp ?

C'était particulièrement méchant. J'avais envie de le frapper. Je m'attendais à ce qu'Elli se retourne et lui en colle une. Mais à la place, elle a fait quelque chose à quoi je ne m'attendais pas. Elle s'est avancée pour prendre Nevva dans ses bras. Elle a fermé les yeux et a serré sa fille contre son cœur.

– Tu m'as tant manqué, a-t-elle chuchoté.

Nevva ne lui a pas rendu son étreinte, mais ne s'est pas retirée non plus. Elle avait les larmes aux yeux, bien qu'il soit difficile de dire si c'était d'émotion ou de la gifle qu'elle avait reçue.

– Ah, voilà qui est mieux ! s'est écrié Saint Dane avec une joie feinte. Enfin réunies ! La femme qui a tourné le dos à son propre destin et la fille qui n'aurait jamais dû exister ! (Il a souri, comme s'il avait compris quelque chose pour la première fois.) Jamais. « Never » dans ta langue, Bobby, l'anglais, c'est ça ? Est-ce là l'origine du nom de Nevva ? Ce serait approprié.

Elli s'est cramponnée à Nevva tout en répondant à Saint Dane :

– Je ne regrette pas d'avoir donné naissance à ma fille.

– Vraiment ? a raillé Saint Dane. L'union entre une créature de Halla et un esprit de Solara est… contre nature. Quoique, ça correspond bien à ta façon de penser. Ne jamais considérer ce qui est bon. Ou les conséquences de tes actes. (Il m'a regardé droit dans les yeux et a ajouté :) Et tu te demandes toujours pourquoi tu as perdu la partie ?

Saint Dane a marché vers Mark, qui n'avait toujours pas bougé d'un poil. Je l'avais presque oublié.

– Va-t'en, Pendragon. Retourne sur ton monde à l'agonie et cesse de mener un combat perdu depuis longtemps.

Nevva s'est détachée en douceur d'Elli. Elle s'est redressée, retrouvant son maintien.

– Est-ce vrai ? a-t-elle lancé à Saint Dane.

Ce démon l'a regardée.

– C'est à moi que tu parles ? a-t-il demandé, surpris.

– L'armée des dados, a continué Nevva. Pendragon m'a dit que vous en avez créé une autre.

Saint Dane l'a fixée comme s'il n'arrivait pas à croire qu'elle puisse lui poser une telle question. Il s'est écarté de Mark pour lui faire face :

– Je n'ai *pas* créé une autre armée. *Nous* l'avons fait. Au nom de Ravinia. Tu en fais toujours partie. Ou l'as-tu oublié ?

– Bien sûr que non. Je ne comprends pas pourquoi on ne m'a pas tenue au courant, c'est tout.

– Désolé, Nevva, a-t-il fait d'un ton dégoulinant de sarcasme. Je ne savais pas que j'avais besoin de te consulter avant de prendre une décision. Pardonne-moi.

– À quoi doit-elle servir ? a insisté Nevva.

Ça devenait intéressant. Nevva mettait Saint Dane sur le grill. Je n'avais encore vu personne s'y aventurer. Enfin, à part moi, bien sûr.

Saint Dane s'est raidi.

– Je n'apprécie pas que tu prennes ce ton avec moi, Nevva.

Celle-ci a quitté sa mère pour se diriger vers son maître. Elle est allée se poster face à lui, attendant toujours une réponse. J'étais comme hypnotisé.

– Doit-on vraiment en discuter ici ? a-t-il demandé d'une voix basse.

Il m'a jeté un bref coup d'œil comme pour vérifier que je n'en ratais pas une miette.

Je n'ai pas bronché, mais mon cœur battait la chamade. Aussi incroyable que cela puisse paraître, Nevva défiait Saint Dane. Je me suis demandé si c'était à cause de sa façon d'insulter Elli. Ou parce qu'il l'avait plus ou moins traitée de monstre mutant. Quoi qu'il en soit, je jubilais. Ce démon était désarçonné. Ça n'arrivait pas souvent. Nevva avait versé le premier sang. À mon tour de jeter du sel dans la plaie.

– C'est une bonne question, ai-je ajouté. Si cette guerre est finie, pourquoi bâtir une autre armée ?

Saint Dane a marché vers moi et m'a regardé droit dans les yeux. Il restait plus grand que moi, mais il s'en fallait de peu. Sa présence physique ne m'intimidait plus autant. Je n'ai toujours pas bronché.

– Parce que je le veux, a-t-il répondu.

Simple et brutal. J'ai gloussé.

– Tu trouves ça drôle ?

Je lui ai tourné le dos pour regarder Nevva.

– Vous voyez ? Quels que soient les grands idéaux qu'il ait pu avoir un jour, il les a perdus depuis longtemps. Maintenant, tout ce qui compte, c'est le pouvoir. *Son* pouvoir. (J'ai imité sa voix pour dire :) Parce que je le veux ! Oooh ! Vous parlez d'un dur ! (J'ai regardé à nouveau Saint Dane d'un air moqueur.) Regardez-le. Nouveaux cheveux, nouveau visage. Il habite un palais. Il porte un costard qui le fait ressembler à une sorte de prince ringard de chez Disney – vous ne savez pas ce que c'est, mais croyez-moi, c'est une rigolade. (Je suis allé me tenir au côté d'Elli pour continuer :) Et il ne se gêne pas pour insulter une vieille dame inoffensive comme votre mère. Je ne sais pas à quoi ressemblera ce nouvel Halla qu'il veut créer, Nevva, mais si vous pensez que votre maître a d'autres ambitions que d'assurer sa propre promotion, se donner encore plus de pouvoir, vous vous fourrez le doigt dans l'œil.

Nevva semblait hésiter. Pour elle, c'était énorme.

Elli devait l'avoir compris également.

– Il est encore temps, Nevva, a-t-elle chuchoté. Tu peux toujours faire ce qui est juste.

– Non ! a-t-elle rétorqué. Tu n'as pas le droit de dire ça. Tu y as renoncé il y a bien longtemps.

– Pas de ma propre volonté, a répondu Elli, l'air peinée. Je n'étais pas capable de t'élever.

– Mais tu es capable de sillonner Halla avec les Voyageurs.

Elli a baissé la tête, gênée.

– J'étais née pour ça.

– Vraiment ? a insisté Nevva, irritée. Et *moi* ? Pour quoi suis-je née ?

Elli n'avait pas de réponse à ça. Elle avait l'air vaincue.

– J'imagine que c'est pour ça qu'on ne cesse de se battre, ai-je affirmé. Notre destin est-il déjà tracé ? Ou avons-nous notre mot à dire ? Qu'en pensez-vous, Nevva ? Si tout était à recommencer, quels choix feriez-vous ?

Nevva était secouée. Les choses ne se passaient pas comme elle l'avait prévu. Elle a virevolté pour se tenir face à Saint Dane.

– À quoi va servir cette armée ? a-t-elle insisté.

Saint Dane avait repris le contrôle de la situation. Et de ses émotions.

– Tu le sais aussi bien que moi. Tout comme Pendragon et les siens. Laissons tomber les charades. Il faut s'occuper des derniers exilés de Ravinia de la façon originellement prévue.

– Non ! a crié Nevva. On devait laisser ce territoire intact. Pur. Ce n'est pas bien !

– Il n'y a pas de territoire intact, Nevva, a expliqué patiemment Saint Dane. Je t'ai laissé conduire ta petite expérience, mais les circonstances ont changé. Ils devraient être déjà morts, Nevva. Tu le sais aussi bien que moi. Un jour, on étudiera cette erreur pour voir quelle en est la cause, mais en ce moment, tout ce qui compte, c'est que nous les avons localisés et, maintenant, nous devons purger Halla de leur influence.

Nevva tremblait comme une feuille. Elle semblait au bord des larmes.

Saint Dane lui a décoché un sourire torve :

– Tu n'es pas d'accord ?

Nevva allait rétorquer, mais s'est arrêtée. Elle a baissé les yeux. D'une petite voix, elle a répondu :

– Si, bien sûr.

Nous y voilà. Mes pires craintes devenaient réalité. Saint Dane avait trouvé les exilés et se préparait à les exterminer. Il ne manquait plus qu'une pièce du puzzle.

– Où sont-ils ? ai-je demandé d'un ton tout naturel.

Saint Dane m'a regardé d'un air sournois.

– Oh ? Tu n'es pas déjà au courant ?

Oups. J'espérais que, puisqu'on allait « abandonner les charades », on jouerait cartes sur table. Il fallait croire que non. Maintenant, Saint Dane savait qu'on n'avait pas encore découvert les exilés. Je venais de commettre une grave erreur tactique.

Saint Dane s'est dirigé vers Mark :

– Je comprends qu'en grande partie, c'est moi qui ai provoqué la situation dans laquelle nous nous trouvons. J'aurais dû m'occuper personnellement de la façon dont on a traité les dissidents de Seconde Terre. Mais tout le monde peut commettre une erreur, pas vrai, Pendragon ?

– Vous voulez dire que vous auriez dû les tuer de vos mains. Joli. Très heureux d'apprendre que vous comptez bien régner en maître sur votre petit univers personnel. On va certainement bien s'y amuser.

Saint Dane a haussé les épaules. Mes sarcasmes ne l'atteignaient pas.

– Peu importe. Mon manque de diligence n'a fait que retarder l'inévitable.

– Vous êtes terrifiant, a hoqueté Elli.

Nevva gardait les yeux baissés.

– Et maintenant, a continué Saint Dane, je dois trouver un moyen de résoudre le problème que vous me posez. Je ne crois pas que tu puisses faire quoi que ce soit pour m'arrêter, Pendragon. Et pourtant, de par le passé, tu m'as surpris plus d'une fois. (Il a levé un doigt et l'a agité d'un air moqueur.) Tu es plein de ressources, mon jeune ami.

J'avais envie d'empoigner cet index osseux pour le briser.

– Bien sûr, tu sais qu'Elli et toi pouvez quitter les lieux quand bon vous semble, si pour cela, vous êtes disposés à gaspiller le peu d'énergie qui reste à Solara. Mais je suis sûr que vous vous abstiendrez.

– Vraiment ? ai-je demandé d'un ton de défi. Et pourquoi ?

De la pointe du pied, Saint Dane a retiré la couverture verte de Mark, toujours inconscient.

– À cause de mon cher ami Mark Dimond. C'est bizarre, mais j'ai passé plus de temps en sa compagnie qu'avec n'importe quel autre habitant de Halla. Plus encore que toi, Pendragon. J'ai fini par l'apprécier. Il est dommage que je doive le faire exécuter.

– Quoi ! ai-je hurlé.

Je me suis jeté sur Saint Dane, mais je n'avais pas fait deux pas que des mains puissantes m'ont retenu. Deux gardes raviniens s'étaient glissés dans la pièce sans que je les remarque.

– Ici, en Troisième Terre, a expliqué Saint Dane, il fait partie d'un groupe de guérilleros assez énervants. Ils m'ont volé des armes, des provisions, et même des hélicoptères. Chacun de ces crimes est puni de mort.

Je ne me souciais plus d'avoir l'air calme et composé.

– Vous ne pouvez pas le tuer ! ai-je hurlé.

Saint Dane m'a regardé avec de grands yeux innocents.

– Pourquoi pas ?

– Parce que ce serait un meurtre ! ai-je rétorqué. Et… il a été votre ami ! Vous vous êtes peut-être servi de lui, mais ça ne veut pas dire que vous ne vous appréciez pas ! Je sais qu'il vous aimait bien. Ou du moins Andy Mitchell.

J'avais complètement pété un plomb. J'étais si désespéré que j'essayais de faire croire que l'amitié forgée entre Mark et Andy Mitchell avait des côtés positifs !

Je me suis tourné vers Nevva :

– Nevva ? Osez prétendre que vous ne ressentez rien pour Mark ! C'est quelqu'un de bien. Hé, il ferait même un bon Ravinien. Il est exceptionnel, non ? Bon sang, c'est le père des dados ! Il ne mérite pas la mort !

Elle a regardé Mark, toujours allongé par terre. Je l'ai vue se radoucir. Elle aimait bien Mark. Je le savais. Comme tout le monde.

– Ce n'est pas juste, a-t-elle dit à Saint Dane. N'a-t-il pas déjà assez souffert comme ça ?

Saint Dane s'est dirigé vers elle et l'a dominée de toute sa taille. Elle ne pouvait pas le regarder dans les yeux. Soudain, sa main droite a jailli et s'est refermée autour du cou de Nevva.

– Arrêtez ! a hoqueté Elli.

Il ne lui a prêté aucune attention. Nevva l'avait irrité une fois de trop. Saint Dane a soulevé son menton afin que leurs regards se croisent. Il a fait en un grondement sourd :

– Soit tu crois en notre vision, soit tu ne vaux pas mieux que cette vermine que nous avons eu tant de mal à exterminer. À toi de choisir.

– Lâchez-la ! a ordonné Elli d'une voix qui se brisait.

J'ai surpris l'intensité de Nevva et Saint Dane. Ils se sont toisés un long moment. J'avais peur qu'il l'étrangle. Finalement, elle a cillé et a acquiescé. Saint Dane l'a lâchée. Nevva a fait de son mieux pour ne pas hoqueter. Elle était trop fière pour lui montrer qu'il lui avait fait mal.

– Je crois en notre vision, a-t-elle affirmé. J'y ai toujours cru et je n'en dévierai pas. Mais j'ai mes opinions et j'aimerais pouvoir les exprimer.

– Comme moi, a dit Saint Dane, à nouveau aux commandes. Et mon opinion est que Mark est un rebelle, un ennemi de Ravinia, et doit être mis à mort.

Nevva lui a jeté un regard noir, mais n'a rien ajouté.

– Ça te dérange ? a insisté Saint Dane.

Nevva a secoué la tête.

– Bien. En ce cas, tu seras certainement contente de savoir que tu auras le plaisir de procéder personnellement à son exécution.

Elli a émis un hoquet.

Nevva a à peine réagi, mais j'ai vu ses yeux se durcir.

– Quelle est ton opinion sur ce point ? a demandé Saint Dane d'un ton railleur.

Nevva a grincé entre des dents serrées :

– Je ferai mon devoir. Tout ce que je demande, c'est que cela se passe le plus vite possible afin qu'il ne souffre pas davantage.

– Et avant que tu ne perdes ta belle détermination.

Nevva lui a décoché un regard dur. Elle était à nouveau de son côté.

– Vous pouvez penser de moi ce que vous voudrez, mais je ne l'ai jamais perdue.

Leurs regards se sont affrontés. Manifestement, Saint Dane se demandait comment réagir.

– Si tu le dis, a-t-il répondu pour minimiser sa remarque.

Il a baissé les yeux sur Mark et lui a donné un petit coup de pied. Mark a remué et grogné. Saint Dane a eu un petit rictus.

– Bien. Je commençais à croire qu'il était déjà mort. (Il s'est tourné vers moi et a ajouté :) Pendragon, tu veux bien nous laisser ?

J'avais envie de lui arracher le cœur. Et je l'aurais fait s'il en avait un.

– Bien sûr que non ! a-t-il repris en riant. Tu vas rester là dans l'espoir de trouver une astuce pour sauver ton ami.

Il a désigné la porte. Deux autres gardes raviniens l'ont franchie.

– Emportez ce rebelle, a-t-il ordonné en désignant Mark.

Les dados ont soulevé de force un Mark à peine conscient et l'ont entraîné. Saint Dane a parcouru des yeux la pièce comme pour vérifier qu'il n'avait rien oublié.

– Ainsi soit-il, a-t-il déclaré. Installez-vous confortablement. On se reverra à l'exécution.

– Laquelle ? ai-je demandé.

Tout d'abord, Saint Dane n'a pas compris ce que je voulais dire. Puis il a souri et a agité le doigt :

– Très bien. Tu vas me manquer, Pendragon.

Il s'est dirigé vers la porte, puis s'est retourné pour regarder Nevva :

– Viens, a-t-il lâché comme s'il parlait à un chien.

Nevva s'est redressée. Son regard était à nouveau dur comme l'acier. Il n'y avait pas la moindre lueur de compassion dans ses yeux. Si elle avait jamais eu des doutes, ils s'étaient dissipés. Nevva Winter était à nouveau elle-même. Froide comme la glace.

– Je suis désolée, a-t-elle déclaré, mais je ne vais pas laisser mes sentiments interférer avec la création d'un nouvel Halla. C'est pour le plus grand bien de tous. Un concept que tu dois comprendre, Pendragon. Il faut savoir faire des sacrifices.

– Je comprends en effet, ai-je répondu. L'ennui, c'est que je doute que le Halla dont rêve Saint Dane soit bon pour qui que ce soit à part lui-même.

– Oui, tu me l'as déjà dit, a-t-elle répondu d'un ton las. (Elle s'est tournée vers Elli et a aboyé sèchement :) Au revoir, Mère.

Sans attendre une réponse, elle est partie à grandes enjambées vers la porte où l'attendait Saint Dane.

– Je t'aime, Nevva, lui a lancé Elli.

Celle-ci a hésité un très bref instant, mais ne s'est ni arrêtée ni retournée. Elle est passée devant son maître pour franchir la porte.

Avec un rictus moqueur, Saint Dane a fait un geste en direction des dados. Les deux gardes m'ont lâché pour le suivre. Ils ont claqué la porte derrière eux. J'ai entendu cliqueter la serrure. On est restés là tous les deux, stupéfaits. J'ai passé mon bras autour des épaules d'Elli. Elle a enfoui son visage contre mon cou et s'est mise à pleurer.

– Je suis désolé de vous avoir fait revenir, ai-je dit en guise de consolation. C'était une erreur.

– Que va-t-on faire ? a-t-elle demandé.

– Précisément ce que Saint Dane attend de nous. On va sauver Mark.

Journal n° 37
Chapitre 24

Saint Dane savait ce qu'il faisait. Comme toujours.

Il se doutait bien que je ne partirais pas. Pas tant qu'il menacerait Mark. Malgré la requête de Nevva, j'étais sûr qu'il retarderait autant que possible son exécution afin de nous garder en Troisième Terre. Ça, c'était clair. Ce qui l'était beaucoup moins, c'était le moment où il comptait lâcher son armée de dados sur les exilés. Et on ignorait toujours où ils se trouvaient. Je présumais qu'ils étaient en Troisième Terre, puisque comme les flumes avaient été détruits, Saint Dane ne pouvait plus envoyer ses armées sur un autre territoire. Mais où en Troisième Terre ? Quelque part dans ce qui restait de New York ?

C'était logique, mais je gardais en mémoire l'échange entre Saint Dane et Nevva. Ils avaient parlé de sa « petite expérience ». Cette dernière voulait garder « intact » le territoire où avaient atterri les exilés. Mais la Troisième Terre était tout sauf intacte. Cela signifiait-il que les exilés étaient ailleurs ? Et quelle était cette expérience que conduisait Nevva ? Et même si j'arrivais à trouver la réponse, je ne savais toujours pas comment arrêter une armée de dados. On pouvait toujours aller sur Solara pour ramener les autres Voyageurs, mais même dans ce cas, ça ne nous donnerait pas les moyens d'affronter une telle légion.

Et en plus, mon plan visant à utiliser Elli pour rallier Nevva à notre cause s'était retourné contre moi. Je n'avais réussi qu'à mettre Elli dans tous ses états et Mark en danger. Inutile de dire que l'avenir s'annonçait encore plus sombre.

– Je suis désolé, ai-je dit à Elli. J'ai vraiment tout foiré.

Elle m'a caressé gentiment la joue.

– Ta seule erreur fut de croire que le meilleur de la nature humaine finit toujours par triompher. C'est ce que tu es, et c'est exactement ce que tu devais faire. Malheureusement, le bon côté de Nevva n'était pas si fort. Et pour cela, c'est moi qui devrais être désolée.

– Chacun fait ses propres choix, me suis-je empressé d'affirmer. Nevva a fait le sien.

Elli a acquiescé, mais je ne pense pas qu'elle ait été convaincue.

– Ce qui est arrivé à Nevva est un reflet de ce que Saint Dane a fait à Halla. Il a pris quelque chose de bien et l'a perverti en soulignant les côtés les plus sombres de sa nature.

– Et on n'a pas pu la remettre sur le droit chemin, ai-je ajouté. Du coup, je me demande si Halla est récupérable.

– Ne dis pas ça, s'est empressée de répondre Elli. On est peut-être au bord du gouffre, mais il y a encore de l'espoir. Il y a toujours de l'espoir.

– Vraiment ? ai-je rétorqué. Même si on trouvait un moyen de détruire ces dados, tous jusqu'au dernier, qu'est-ce qui empêcherait Saint Dane d'en construire d'autres ? Et d'augmenter sans cesse la taille de son armée ? A quoi bon ?

Ce qui a douché Elli.

– Alors que peut-on faire ? a-t-elle demandé d'une petite voix. Renoncer ?

– Renoncer ? ai-je répété en riant, un peu trop enthousiaste. Qui parle de renoncer alors que ça commence juste à devenir intéressant !

Elle savait que je prenais à la légère cette situation critique, mais elle a néanmoins apprécié mon optimisme et m'a serré dans ses bras.

– Tu as fait tout ton possible pour mettre fin à cette folie. J'espère que tu en es conscient. Je suis si fière de toi.

J'aurais voulu qu'elle me remonte le moral, mais aussi agréable à entendre que puissent être ces mots, je savais que j'avais lamentablement échoué. Une fois de plus. Certes, je n'avais pas ménagé mes efforts, mais ça n'avait pas suffi.

Pourtant, en dépit de mes idées noires, Elli avait raison. Tant que les Voyageurs étaient là, il y avait de l'espoir. Le plus dur était encore de déterminer ce qu'il convenait de faire. Je l'ai étreinte en guise de remerciement, puis me suis dégagé et ai scruté la pièce des yeux. Il fallait trouver une sortie.

– Saint Dane a enlevé Mark parce qu'il veut qu'on reste ici, ai-je déclaré, pensant à voix haute. C'est encourageant. Ça signifie qu'on peut encore lui mettre des bâtons dans les roues.

J'ai erré dans la vaste salle vide. Les fenêtres touchaient le plafond, hors d'atteinte. La seule façon de sortir d'ici était par la porte – faite de bois solide avec une lourde poignée. J'ai pris celle-ci et l'ai abaissée. Fermée à clé. J'ai regardé Elli en haussant les épaules.

– Hé, ça valait toujours la peine d'essayer.

Je me suis éloigné du panneau en me demandant si je pourrais l'enfoncer. Mais ce n'était pas une si bonne idée, parce qu'il y avait sans doute des dados de l'autre côté, à monter la garde.

– Il est peut-être temps, a proposé Elli.

– Temps de quoi ?

– D'utiliser le pouvoir de Solara.

Je n'y avais même pas pensé. C'est une option que j'écartais d'office, parce qu'à chaque fois que les Voyageurs se servaient de l'esprit de Solara, celle-ci se rapprochait de l'extinction. Lui restait-il encore beaucoup de puissance ? Y avait-il un moyen de la mesurer ? L'oncle Press scrutait-il d'un regard inquiet une grosse jauge de dessin animé qui se rapprochait dangereusement du rouge ? À chaque fois qu'on passait d'un territoire à un autre, je me cramponnais dans l'attente de quelque chose d'horrible. Jusque-là, tout allait bien, mais combien de temps cela durerait-il ? Est-ce que les autres Voyageurs se déplaçaient beaucoup ? Après tout, il n'y avait pas qu'Elli et moi. Huit des nôtres étaient également à la recherche des exilés.

– Je présume que c'est une solution de dernière chance, ai-je dit.

– Je sais, a-t-elle affirmé, et je crois qu'il est temps d'y avoir recours.

En regardant cette pièce transformée en prison, j'ai su qu'elle avait raison. Soit on restait là à se tourner les pouces pendant que

Mark se faisait exécuter et que les dados marchaient sur le monde, soit on faisait quelque chose pour empêcher ça. Mais quoi ?

– J'imagine que je pourrais retourner sur Solara, ai-je dit, puis revenir ici en espérant que les esprits me renvoient ailleurs. Genre, de l'autre côté de la porte. Mais ça semble un peu exagéré. Il n'y a qu'un mètre à parcourir.

– Et si tu passais sous le panneau ? a-t-elle demandé comme s'il n'y avait rien de plus évident.

– Passer sous…

J'ai regardé le plancher. C'était une vieille porte. Une vraie antiquité. Elle n'était certainement pas hermétique. J'ai repensé à mon combat contre Saint Dane. Il avait agité son bâton électrique et, d'un simple effort de volonté, je m'étais transformé en nuage de fumée. Je ne savais toujours pas comment j'avais fait, mais son arme était passée à travers moi sans le moindre effet. Pas de doute, j'avais changé physiquement. Était-il possible de me transformer de façon si radicale que je sois capable de me glisser sous la porte ?

– Oui, ai-je dit d'un ton pensif. Sous la porte. Bien sûr. Pourquoi pas ?

J'ai fait un pas en arrière et ai fixé la porte de bois.

En vain.

J'ai réessayé. Ça n'a servi à rien.

– Je me sens ridicule, ai-je déclaré.

– Tu as tort. Ce serait bête de ne pas essayer.

J'ai haussé les épaules et me suis tourné à nouveau vers la porte. Comment cela fonctionnait-il ? C'était pourtant si facile de se déplacer d'un territoire à l'autre. Il suffisait de penser à une destination et hop ! À côté, passer sous un panneau devrait être une rigolade. Non ? J'ai fermé les yeux pour visualiser ce que je voulais faire. Flotter. Je présume que ce serait comme de me déplacer dans l'air. Je me suis imaginé descendre dans le sol.

Je ne me sentais pas différent. Déçu, découragé, j'ai ouvert les yeux pour découvrir… que j'étais différent.

C'était comme si mes yeux étaient devenus une caméra en mouvement. Je n'avais pas eu l'impression de changer, et pourtant c'était le cas. J'étais bien descendu vers le sol tout en contrôlant mon mouvement. J'ai regardé autour de moi sans voir mon propre corps. Étais-je désormais invisible ? Mes yeux ont atteint le niveau du sol, et je les ai levés pour voir l'interstice sous la porte. Non, j'étais vraiment devenu si petit ? Pouvais-je vraiment glisser sous le panneau ? J'ai pensé à avancer… et je l'ai fait. J'ai rasé la surface de béton jusqu'à ce que j'atteigne ma destination.

J'ai retenu mon souffle. Du moins je le croyais. Avais-je encore un souffle à retenir ? J'ai continué, toute la largeur de la porte s'étendant au-dessus de ma tête, comme si je passais sous un pont. Je dois dire que c'était ce que j'avais vécu de plus cool jusqu'à présent. Si tout ça n'était pas si étrange, je l'aurais sans doute apprécié. Je me souciais davantage de redevenir normal que de profiter du fait que j'étais devenu une espèce de rien du tout.

Une fois de l'autre côté, je me suis imaginé redevenir normal. J'ai flotté vers le haut. Mes yeux (ou quoi que ce soit qui me permette de voir) étaient rivés sur la porte. J'ai suivi les nervures dans le grain brun du bois tout au long de mon ascension. Celle-ci n'a pris que quelques secondes. Je me suis arrêté. Était-ce fini ? Étais-je redevenu normal ? Je fixais toujours la porte lorsque j'ai perçu un mouvement. Je me suis retourné pour voir un dado ravinien courir vers moi en brandissant son bâton argenté, prêt à frapper.

Pas de doute, j'étais redevenu normal.

J'ai plongé au sol pour l'éviter. S'il m'atteignait, je me transformerais à nouveau en fumée, et sans l'avoir décidé. Je lui ai décoché un coup de pied au genou. Il était déjà en position de déséquilibre et s'est effondré. Mais il n'était pas blessé. Les dados ignorent la douleur. Alors même qu'il tombait, il a cherché à me frapper. J'ai enserré son poignet. Il ne manquait pas de force, mais j'avais l'adrénaline de mon côté. Pas question que ce maudit bâton me touche. J'avais déjà gâché assez d'énergie pour passer sous la porte. J'avais un autre avantage : l'effet de levier. Comme il était déséquilibré, il ne pouvait se servir de ses jambes. Et après l'avoir fait tomber, je ramenais déjà mes pieds sous moi. Lui cherchait à m'atteindre avec son bâton.

J'ai gagné le combat. J'ai tordu les mains du dado, le forçant à lâcher prise. Le bâton a cliqueté au sol. Je l'ai aussitôt ramassé et ai frappé en pleine poitrine mon adversaire qui se retournait déjà. J'ai senti une secousse traverser ma main alors que l'arme se déchargeait. Aussitôt, il s'est raidi. C'était angoissant. Comme d'éteindre une lampe. Ses yeux sont devenus vitreux. Son corps rigide. Je l'ai poussé, et il est retombé sur le sol. Mort. Grillé.

Ces trente dernières secondes avaient été pour le moins intéressantes.

– Pendragon ? a fait la voix d'Elli depuis l'autre côté de la porte.

– C'est bon, ai-je haleté. Il y avait un dado. Plus maintenant.

– Tu t'es transformé en fumée, a-t-elle fait d'une voix tremblante.

Oh. Oui. Ça, là.

– Vraiment ?

– Oui. On aurait dit que tu te dissolvais pour flotter sous la porte. Ça va ?

– Je crois, oui.

C'est tout ce que j'ai pu répondre. J'étais trop dans les vapes pour dire quoi que ce soit d'intelligent.

– Tu peux m'ouvrir la porte ?

Pas moyen de la déverrouiller. J'ai fouillé le dado, mais il n'avait pas les clés.

– Non, ai-je annoncé.

– Dois-je essayer de sortir de la même façon que toi ?

J'ai dû y réfléchir une seconde. Trouver Mark serait bien assez difficile comme ça. Avec Elli, ça le serait encore davantage.

– Non, ai-je affirmé. Je suis désolé, Elli. Pour l'instant, restez là. Je pourrai mieux me débrouiller tout seul.

Elle n'a pas fait de commentaire. Je suis sûr que cette idée ne la rendait guère enthousiaste.

– Elli ? Ça va ?

Elle a répondu d'une voix pleine de conviction. Elle voulait être forte.

– Oui. Je comprends.

– Si je ne suis pas de retour dans quelques heures, retournez sur Solara et racontez à l'oncle Press ce qu'on a vu.

– Et toi ? Que vas-tu faire ?

– Partir à la recherche de Mark.

– Et ensuite ?

J'ai éclaté de rire :

– Je trouverai bien quelque chose.

– Je n'en doute pas.

– Je suis désolé, Elli, mais il vaut mieux que j'y aille seul.

– Je le crois aussi.

C'était un moment assez difficile, surtout qu'on ne pouvait même pas se voir.

– Bobby ? a-t-elle repris. Si tu en as l'occasion, dis à Nevva que j'espère qu'un jour, on aura une autre chance de se parler. Je veux qu'elle comprenne pourquoi j'ai agi comme je l'ai fait.

– Je n'y manquerai pas. Au revoir, Elli.

J'ai dû m'arracher à la porte. Ça me déchirait le cœur de devoir la laisser comme ça, même si je savais qu'elle ne risquait rien. Elle pouvait toujours retourner sur Solara. N'empêche, j'en étais malade. En l'emmenant voir Nevva, je l'avais soumise à une vraie torture. C'était bien tout ce que cela nous avait rapporté. Si je pouvais revenir en arrière, il y aurait bien des choses que je ferais différemment. Ça en fait une de plus.

Mais je ne pouvais pas regarder dans le rétroviseur. Pas maintenant. En employant le pouvoir de Solara pour sortir de cette prison, je m'étais donné une chance de faire quelque chose de positif, et je ne voulais pas la gâcher. Il était temps de bouger. De trouver Mark. Je me suis mis à courir et ai bien failli trébucher sur le dado. Voir cette chose inanimée m'a donné une idée. J'ai traîné le robot cassé le long du couloir jusqu'à ce que je trouve une autre salle vide qui ressemblait beaucoup à celle où on nous avait enfermés, Elli et moi. Je l'y ai déposé et lui ai retiré ses vêtements.

J'allais devenir un dado. Ou du moins essayer de me faire passer pour un d'entre eux. Comme je n'avais pas la moindre idée de la direction à prendre pour trouver Mark, autant me fondre dans la foule. Ça faisait un bail que je portais mes vêtements de Seconde Terre. Non seulement ils étaient ringards, mais j'avais peur de ressembler davantage à l'un de ces rebelles vivant hors du

Conclave qu'à un Ravinien propre sur lui. J'espérais qu'en portant l'uniforme d'un de leurs gardes, je n'attirerais pas l'attention. C'était risqué, mais cela me donnerait un léger avantage.

Le dado faisait plus ou moins ma taille. L'uniforme était juste un peu serré au niveau de la poitrine et des épaules. J'ai gardé mon caleçon et mes chaussettes, qui appartenaient au père de Courtney. Il y a des choses dont je refuse de me séparer. En plus, les bottes m'allaient parfaitement. Je pouvais faire illusion. L'ennui, c'était que j'étais mal rasé et que mes cheveux descendaient sur mes oreilles – contrairement à un dado. Tout ce que j'ai pu faire, c'est les ramener vers le haut et enfoncer la casquette rouge ravinienne sur mon crâne. Il faudrait s'en contenter. Je n'ai pas pris la peine de passer mes propres vêtements au dado. Si quelqu'un jetait un coup d'œil depuis le couloir, il ne le verrait pas. Et s'ils entraient, eh bien, ils déclencheraient le signal d'alarme. Je ne pouvais rien y faire. Enfin, j'ai ramassé le bâton argenté.

J'étais prêt. Je suis retourné dans le couloir sans savoir quelle direction emprunter : il s'étendait de chaque côté et il y avait beaucoup de portes. Si j'avais eu une pièce de monnaie, j'aurais joué à pile ou face. J'ai choisi de prendre à droite et ai couru le long du couloir. Je n'avais absolument rien de prévu. Comment pouvais-je tirer un plan d'action ? Je ne savais ni où j'étais, ni où ils avaient emmené Mark. Le mieux que j'aurais pu faire était encore de patrouiller dans le secteur en prétendant être de service. J'ai décidé que le meilleur endroit où commencer mes recherches était le Taj Mahal. C'était là que résidaient Saint Dane et Nevva. Donc, il était probable qu'ils y emmèneraient Mark.

Au bout du couloir, j'ai trouvé un escalier. Je l'ai monté quatre à quatre pour gagner l'étage supérieur. Je me suis retrouvé sur un espace découvert que j'ai reconnu. J'imagine que le dallage d'en bas aurait dû me suffire à l'identifier, mais je n'avais pas fait le rapprochement. Je n'aurais pas à aller bien loin pour gagner le Taj Mahal, puisque j'y étais déjà. Depuis le début, on se trouvait dans le sous-sol de Saint Dane. J'ai regardé autour de moi en me demandant où commencer mes recherches lorsque j'ai perçu un drôle de bruit. Je croyais l'avoir déjà entendu, mais il était si faible que je ne l'avais pas enregistré. Maintenant que j'étais sorti des cachots, il était plus sonore. C'était plutôt une « tonalité ». Ou trois tons, comme des notes répétées à l'infini. Toujours les mêmes. Pas moyen de dire d'où elles venaient, mais ce n'était certainement pas de l'intérieur du Taj Mahal. Comme ça ne ressemblait à rien que j'aie entendu durant mon séjour au Conclave, ça valait le coup de mener l'enquête.

Je suis passé entre les colonnes pour chercher la sortie. Plus je me rapprochais de celle-ci, plus le bruit s'amplifiait. Il se passait quelque chose là-dehors. J'ai trouvé une double porte de bois et l'ai poussée pour me retrouver sous la chaleur du soleil. Aussitôt, les trois notes se sont amplifiées. Pas au point d'être assourdissantes, mais on ne pouvait les rater. Pourtant, ça n'avait rien d'un signal d'alarme. Ça m'a rappelé la cloche qui annonçait la fin des cours à mon lycée de Stony Brook. Ce carillon avait une utilité, et je voulais savoir laquelle.

J'ai traversé l'immense étendue de marbre menant à la grande base en forme de piédestal sur laquelle reposait le Taj Mahal. Maintenant que j'étais à l'extérieur, j'ai vu que je n'étais pas seul. Pour ne pas attirer l'attention, je devrais agir comme un dado. J'en avais vu des milliers, mais n'avais jamais vraiment étudié leur comportement… enfin, sauf quand ils essayaient de me fracasser le crâne. Ils n'avaient pas une démarche de robots, mais leurs gestes étaient précis. Et ils se tenaient très droits. Normal : c'étaient des robots. Pourquoi seraient-ils avachis ? Donc, je me suis redressé, ai levé le menton et tenté d'avoir une démarche précise. En fait, c'était plus facile que je l'aurais cru. Faire attention à ses pas vous rend un peu raide. Le plus dur était encore de penser à m'appliquer.

J'ai enserré le long bâton. Sur sa poignée, il y avait un petit bouton rouge qui devait servir à l'activer ou le désactiver. J'ai pris le risque de le presser et ai senti bourdonner l'arme. J'ai appuyé à nouveau et elle s'est éteinte. J'ai préféré la laisser ainsi. Je ne voulais pas qu'elle me touche la jambe. Ce n'était pas le moment de me vaporiser moi-même comme un crétin. Je me suis rappelé que les dados portaient leur arme à la ceinture. Je les ai donc imités. J'ai vraiment cru que j'allais m'en tirer. Du moment que personne ne remarquait mes cheveux ou ma barbe, tout allait bien.

Les notes ont continué de résonner. Alors que je me rapprochais du bord de la dalle, j'ai perçu quelque chose d'autre. Un second bruit. J'ai scruté les jardins entourant le Taj Mahal pour voir qu'il provenait d'une grande foule qui se déplaçait lentement à l'avant du bâtiment. Il étaient des centaines. Ils marchaient sans se presser, mais j'ai senti un courant d'enthousiasme. Des enfants cavalaient au milieu des grandes personnes, comme s'ils avaient hâte d'être arrivés. Ce n'étaient pas des dados, mais les Raviniens qui habitaient entre les murs du Conclave. Ils étaient tous différents en tailles, races et âges. C'étaient les élus de Troisième Terre. Maintenant, je comprenais le but de ces trois notes. C'était un signal. Ou un avertissement quelconque. Lorsqu'il se faisait entendre, les gens sortaient de chez eux. Je me suis demandé si c'était quelque chose de normal ou d'exceptionnel.

Je me suis frayé un chemin en direction de la foule. En cours de route, j'ai rejoint d'autres Raviniens qui se trouvaient au même niveau que moi, et qui suivaient le mouvement. Des dados se mêlaient aux humains. Ils semblaient chercher d'éventuels intrus. Comme je ne voulais pas me faire remarquer, je les ai imités, bien que mon but soit différent. J'ai fait de mon mieux pour ne pas m'approcher de ces robots. Pour ne pas être reconnu, mieux valait se rendre invisible. Alors que je me rapprochais de la façade du Taj Mahal, la cohue est devenue plus dense, si bien que j'ai pu me fondre dans la masse.

Une fois arrivé, j'ai compris que tout le monde convergeait vers le bâtiment. Des milliers de gens s'agglutinaient autour de la piscine rectangulaire qui s'étendait devant le Taj Mahal. Un spectacle impressionnant. Derrière moi, le dôme en forme d'oignon nous dominait de toute sa taille. Devant moi, la foule se tournait vers le palais. Je ne risquais plus d'être démasqué. Au milieu de tout ce monde, j'avais cessé d'exister. Personne ne remarquerait un dado mal rasé.

Maintenant, une autre question se posait : que faisaient-ils ici ? Comme c'était la demeure de Saint Dane, certainement rien de bon. On les avait convoqués, et je doutais que ce soit pour un barbecue. En regardant le Taj Mahal, j'ai vu qu'on y avait érigé une plate-forme. Était-elle là précédemment ? Je ne m'en rappelais pas. Et elle ne semblait pas venir de l'Inde antique. Elle était contemporaine. C'était un grand tube argenté ultramoderne qui s'élevait à une dizaine de mètres au-dessus du sol. Une énorme étoile ravinienne était gravée sur sa surface. Au sommet, il y avait deux montants et une barre transversale, également faits de métal, l'air solide, mais stylés comme une sculpture abstraite. C'était cette construction que tout le monde regardait.

Alors que la foule se rassemblait, le signal a continué de résonner. On commençait à être à l'étroit. J'ai remarqué que plusieurs dados étaient descendus au rez-de-chaussée. Ils portaient des drapeaux rouges frappés de l'étoile ravinienne. La procession a fait le tour de la fontaine jusqu'à ce qu'une rangée d'oriflammes flotte tout le long de sa longueur considérable. Ce spectacle me rendait malade. Il représentait toutes les valeurs de Saint Dane. Ces drapeaux symbolisaient le moment où Halla était tombé. Ça m'a rappelé ces vieux films d'actualité montrant des défilés nazis avant la Seconde Guerre mondiale. J'imagine que les gens n'apprennent jamais les leçons du passé.

La musique s'est tue. Un frisson d'anticipation a traversé la foule. Tout le monde s'est tourné vers la plate-forme au sommet du tube. Le show allait commencer.

Un coup de gong a résonné. Aussitôt, le silence est retombé sur la place. C'était incroyable et un rien angoissant. Une silhouette solitaire est apparue tout là-haut sur la plate-forme. Je ne savais pas comment elle y était arrivée. Peut-être y avait-il un escalier que je ne pouvais voir. C'était Saint Dane. Il a étendu les bras comme pour embrasser d'un geste la foule dans son ensemble. Aussitôt, tous l'ont applaudi. Comme des fous. Ils l'aimaient. Ou peut-être avaient-ils peur de payer cher un quelconque manque d'enthousiasme. Les dados tenant les drapeaux les ont agités furieusement. C'était impressionnant, d'une certaine façon. Écœurant, aussi.

Saint Dane a levé les mains. Un geste subtil, mais la foule l'a compris. Ils se sont tus à nouveau. L'angoisse. On aurait dit des marionnettes. J'étais à une vingtaine de mètres de la plate-forme, noyé au milieu de tous ces gens, mais même à cette distance, je pouvais dire que Saint Dane jubilait. Il avait fini par prendre goût au pouvoir. Son rêve était devenu réalité.

– Raviniens ! a-t-il fait, sa voix amplifiée par des haut-parleurs invisibles. Merci de vous joindre à moi aujourd'hui.

J'ai ricané. Comme s'ils avaient le choix. D'après moi, quiconque n'accourait pas séance tenante lorsque la cloche sonnait le regrettait amèrement.

– Je vous demande de jouer un rôle dans ce qui, je crois, est un moment critique de l'évolution permanente de Ravinia. Vous n'êtes plus là en tant que simples témoins. Vous êtes des participants actifs. La décision que vous prendrez aujourd'hui est cruciale pour l'avenir de notre grande entreprise. Vous êtes les élus : vous avez toujours été aux commandes de Ravinia. Une fois de plus, je vous enjoins de m'aider à préparer le chemin qui nous mènera vers notre but ultime.

La foule a explosé, rugi et applaudi. Je pense qu'ils n'avaient pas la moindre idée de ce qu'ils acclamaient ainsi, mais comme Saint Dane faisait tout un mélodrame pour leur monter la tête, ils n'avaient qu'à suivre le mouvement. Pensaient-ils vraiment avoir le choix ? Apparemment, on ne croit que ce qu'on veut croire. Lorsqu'ils se sont calmés, Saint Dane a continué :

– Dans tout Halla, les élites se sont soulevées. Les parias ont été marginalisés. Regardez autour de vous. Telle est la gloire de Ravinia. Chaque monde a ses Conclaves semblables à celui-ci. Nos efforts ont été récompensés, et ce n'est que le début.

À nouveau des acclamations. Ce spectacle m'a rappelé des scènes semblables sur d'autres territoires. J'ai pensé aux foules de Quillan, qui feraient tout, même risquer la vie de leurs enfants, pour avoir un semblant d'avenir. Et les batailles de quigs dans le château des Bedoowan, sur Denduron. Les masses de Raviniens en Seconde Terre. Tous ces gens qui soutenaient la vision de Saint Dane. En regardant ces hommes et ces femmes de Troisième Terre, j'ai constaté que c'était précisément le but de

Saint Dane. Si Solara avait été créée et était entretenue par l'esprit de tous, il tirait son énergie de ceux qui pensaient comme lui. Il triait ceux qui ne correspondaient pas à ses critères et, bientôt, il ne resterait plus que ceux qui partageaient son idéal.

Un autre fait m'a aussi frappé. Saint Dane n'avait pas endossé une nouvelle identité. Fini les déguisements, fini ses manigances pour influencer les événements. Maintenant, il ne prenait plus de gants. Ce que j'avais dit à Nevva était vrai. Saint Dane aimait le pouvoir. Il n'avait plus à œuvrer en sous-main en se faisant passer pour un autre. Il n'y avait plus que lui. Il avait pris la place d'un chef. Ou d'un roi. Ou d'un dieu. Ou que sais-je encore.

– Nous atteignons la fin d'un voyage qui a commencé il y a des milliers d'années, ici même, sur Terre, avec la naissance d'Alexandre Naymeer et l'avènement de Ravinia. Dans tout Halla, les élites ont triomphé. Comme vous, ils sont les élus. Les meilleurs. Regardez autour de vous. Contemplez l'existence idyllique que nous partageons. Nous diffusons cette utopie dans tout Halla. Lorsque nous n'aurons plus à nous protéger de ces dissidents maléfiques, les murs qui nous entourent seront inutiles et ils… s'abattront !

La foule a explosé. Une fois de plus. Ce devait être la règle. Les Raviniens vivaient dans leurs petits paradis, mais en même temps, ils en étaient prisonniers. Saint Dane avait l'air de leur promettre de rendre le reste du monde aussi parfait que le Conclave dès que les sales types qui habitaient à l'extérieur seraient éliminés.

Lorsque les acclamations sont retombées, Saint Dane a continué :

– Nous avons encore à faire. Il reste des poches de résistance. Il existe encore des hommes qui ne valent pas mieux que des rats, des prédateurs affamés décidés à détruire notre mode de vie. Ils veulent vivre comme nous, mais sans faire les sacrifices nécessaires. La question que je vous pose est la suivante : êtes-vous prêts à éliminer cette menace une bonne fois pour toutes ? Doit-on laisser ces personnes ronger le tissu même de notre société parfaite ? C'est à ce choix que nous sommes désormais confrontés. Doit-on tolérer ou éradiquer ? Tolérer ou éradiquer ?

Ils se sont mis à psalmodier sans trop de conviction, comme s'ils n'étaient pas trop sûrs de la réponse. Mais une fois qu'ils ont commencé, leurs voix se sont raffermies.

Éradiquer ! Éradiquer ! Éradiquer !

C'était terrifiant. Ces gens témoignaient de l'enthousiasme pour un ultime massacre – perpétré afin qu'ils puissent continuer leur petite vie entre quatre murs. Même les gamins s'y mettaient. Tous étaient assoiffés de sang. Saint Dane a étendu les mains en souriant, baignant dans leur litanie. Je regardais croître son pouvoir. Littéralement. Il se nourrissait de leur esprit. J'étais sûr que cette Solara en négatif qu'il avait créée en profitait également. Il a levé à nouveau les mains et tout le monde s'est tu. En regardant ceux qui m'entouraient, j'ai vu briller leurs regards. Ils haletaient légèrement. Saint Dane les avait ensorcelés.

– Bien sûr que c'est ce qu'il convient de faire ! a-t-il proclamé. Vous et vos ancêtres avez toujours été prêts à prendre les choses en main au nom du bien commun. Il se passe la même chose dans tout Halla. Les forts ont choisi de survivre. Les faibles ont péri sous notre botte.

Envoyez les acclamations. Oh, misère. Ils étaient impitoyables.

– Maintenant, nous devons nous départager. Je vous ai certes servi de conseiller spirituel, mais c'est vous qui avez toujours fait les choix les plus importants.

Ben voyons.

– Comme je l'ai dit, je vous ai convoqués ici pour prendre une autre décision cruciale. Vous seuls allez juger de notre façon de procéder. Vous savez tous qu'un nombre croissant de rebelles vit en dehors de cette enceinte. C'est la même chose pour chaque Conclave. Nombreux sont les marginaux qui s'obstinent à menacer notre mode de vie. Ce sont eux qui nous forcent à rester enfermés entre quatre murs. Lorsqu'ils seront éliminés, ces mêmes murs s'abattront. Si je suis aujourd'hui devant vous, c'est parce que nous avons capturé un des meneurs de ces mécréants. Il a profané la pureté du Conclave en s'y infiltrant comme un cafard en quête de miettes, entendant bien éliminer quiconque se mettrait sur son chemin.

Ce n'était pas exactement la vérité, mais… bon.

– La question que je vous pose, a-t-il continué, est la suivante : doit-on faire preuve de merci, ou doit-on envoyer un message à nos adversaires ? Un message qui leur dira que leur cause est futile et que leur vrai destin… est de périr !

Alors que la foule l'acclamait une fois de plus, trois autres personnes sont apparues sur la plate-forme. Il y avait deux gardes raviniens et un autre type qu'ils maintenaient entre eux. C'était un prisonnier, avec un sac de tissu noir sur la tête.

Saint Dane a retiré ce même sac.

Lorsque j'ai vu son visage, mon estomac s'est noué.

C'était Mark.

En même temps, un nœud coulant est descendu des poutres au-dessus de sa tête. Tout se passait plus vite que je m'y attendais.

Saint Dane avait convoqué cette foule pour qu'elle assiste à l'exécution de Mark Dimond.

Journal n° 37
Chapitre 25

Une quatrième personne est montée sur la plate-forme. Nevva Winter. Saint Dane lui avait ordonné de se charger de l'exécution, et elle était là, prête à obéir.

– Peuple de Ravinia, a retenti la voix de Saint Dane, quel est votre choix ? Ferons-nous preuve de pitié, ou entamerons-nous le processus qui détruira nos ennemis une bonne fois pour toutes ?

Leur réponse fut celle à laquelle je m'attendais. Ils n'ont pas tardé à psalmodier comme un seul homme :

Éradiquer ! Éradiquer !

L'affaire était jugée. Saint Dane avait encore gagné. Il avait déjà décidé d'exécuter Mark, mais tout d'abord, il devait entraîner ces gens dans le processus, faire en sorte qu'ils soient complices de ce meurtre. Il leur mettait du sang sur les mains. Il pouvait toujours prétendre que chacun faisait ses propres choix, mais en réalité, il accumulait cet esprit maléfique qui lui donnerait la puissance nécessaire pour re-créer Halla.

J'ai regardé les visages qui m'entouraient. Ceux de gens apparemment ordinaires. Aucun n'avait un troisième œil, des crocs démesurés ou quoi que ce soit qui les différencie des rebelles qui vivaient hors du Conclave. En fait, ils étaient exactement comme eux. Ils voulaient la même chose, à savoir vivre en paix. L'ennui, c'était que les Raviniens étaient rongés d'avidité et n'hésitaient pas à écraser quiconque se mettait sur leur chemin.

Les monstres n'ont pas tous des crocs.

Et les Raviniens ne psalmodiaient pas tous. J'en ai remarqué un ou deux qui ne se laissaient pas entraîner par la masse. Peut-être que je prenais mes désirs pour des réalités, mais il me semblait qu'ils regardaient autour d'eux d'un air atterré, comme moi. Était-ce possible ? Y avait-il des Raviniens qui aient encore un brin de conscience ? Cela m'a redonné brièvement espoir, même si beaucoup d'autres étaient assoiffés du sang de Mark.

Je me suis frayé un passage dans la foule, m'efforçant d'atteindre cette tour argentée qui était devenue une potence. J'ignorais si je pouvais faire quelque chose, mais je ne laisserais pas mourir Mark sans réagir. J'ai gardé le bâton électrique – éteint – contre mon flanc. C'est vrai, je voulais passer, mais pas tuer qui que ce soit. L'inverse ferait de moi l'égal des Raviniens qui réclamaient la tête de Mark. Je n'ai pas quitté la scène des yeux. Mark se tenait droit et fixait courageusement la meute. Pour l'occasion, ils l'avaient débarbouillé. Sa barbe de trois jours était rasée et on lui avait coupé les cheveux. Il restait là, à toiser ces milliers de juges qui voulaient sa mort. Il n'avait pas l'air d'avoir peur. Il ne se débattait pas. Je suis sûr qu'il ne voulait pas leur donner la satisfaction de constater qu'il n'était pas si fier ni si terrible.

Saint Dane s'est dirigé vers l'avant de la plate-forme, absorbant toute cette énergie. Il en profitait à fond. Après avoir laissé la foule se déchaîner encore quelques secondes, il s'est tourné vers le Taj Mahal et a agité la main. Un bref coup d'œil m'a appris à qui s'adressait son geste.

Elli Winter venait d'arriver. Deux gardes raviniens la tenaient par les bras. Ils l'ont traînée par la porte ouverte de l'ancien bâtiment, l'ont relevée de force et se sont arrêtés au sommet d'un grand escalier qui partait de la base du tube. À mon niveau. Elli, par contre, était à la hauteur de la plate-forme où sa fille s'apprêtait à assassiner mon meilleur ami. Saint Dane a fait signe à Nevva de jeter un coup d'œil en arrière. Elle ne l'a pas fait. Je pense qu'elle n'ignorait rien de ce qui se tramait. C'était de la cruauté à l'état pur. Saint Dane voulait que Nevva sache que sa mère la regardait. Était-ce pour tester sa détermination, une fois de plus ? Ou un châtiment pour avoir remis en question son autorité ? Quoi qu'il en soit, Saint Dane prouvait une fois de plus à quel point il était retors.

De plus, si Elli était là, ça signifiait que les Raviniens avaient constaté mon évasion. Mais ça ne m'inquiétait guère. Dans quelques secondes, ils sauraient précisément où je me trouvais.

Leur litanie est devenue plus fervente encore. C'était désormais une psalmodie sans fin. *Éradiquer ! Éradiquer !*

J'ai continué de me frayer un passage, quitte à bousculer ou renverser tous ceux qui se mettaient sur mon chemin. Derrière le tube, j'ai vu les escaliers qui menaient à la plate-forme. Ma destination. Je devais monter ces marches.

Là-haut sur la plate-forme, Nevva avançait, impassible. Je me suis demandé ce qu'elle avait en tête. Elle connaissait Mark. Elle l'aimait bien. Mais ça ne semblait pas avoir la moindre importance. Pas tant qu'il s'agissait de démontrer sa dévotion aveugle envers Saint Dane. Elle a pris le nœud coulant et l'a passé autour de la tête de Mark. Celui-ci n'a pas cherché à croiser son regard. Maintenant qu'il avait la corde au cou, la litanie a encore gagné en volume. Tout serait bientôt fini, et ils le savaient. Ces brutes avaient soif de sang. Ce n'était pas beau à voir.

Je n'avais que quelques secondes devant moi. Pourvu que Saint Dane laisse Mark prononcer ses derniers mots. Ou faire une déclaration fracassante avant de le mettre à mort. Pour une fois, je voulais que Saint Dane témoigne de son arrogance habituelle. Je devais gagner du temps. Alors que je me rapprochais de la plate-forme, j'ai vu que les dados étaient plus nombreux. Ils ne tarderaient pas à s'apercevoir que quelqu'un troublait la cérémonie et ils essayeraient de m'arrêter. Je ne pouvais plus me permettre d'être prudent.

Il était temps de devenir dangereux.

J'ai levé l'arme argentée et ai appuyé sur le bouton. Je l'ai sentie vibrer alors qu'elle emmagasinait de l'énergie. J'en ai frappé les dados qui se trouvaient sur mon chemin. La plupart d'entre eux n'ont rien vu venir. Ils étaient trop occupés à scruter la foule pour s'apercevoir que l'un d'entre eux passait à l'attaque. J'ai agité le bâton à droite et à gauche, abattant un garde à chaque coup. D'une certaine façon, j'étais également assoiffé de sang, ou quoi qui puisse couler dans les veines des dados. Je voulais en massacrer autant que possible en un minimum de temps.

Je ne quittais pas la plate-forme des yeux dans l'espoir d'arriver à temps. J'avais presque atteint l'escalier. Deux dados le gardaient. Ils eurent à peine le temps d'activer leurs propres armes avant que je les fauche tous les deux, les envoyant à terre. Et tout d'un coup, je me suis retrouvé à grimper les marches quatre à quatre.

La foule a continué sa litanie. Mark était toujours vivant. Je savais ce que j'avais à faire. Ma cible n'était autre que Nevva. Si c'était elle qui faisait office de bourreau, elle actionnerait elle-même le levier. Et si je voulais sauver Mark, je devais l'en empêcher.

Je n'entendais que les cris fiévreux de la foule. Je brandissais déjà mon bâton. Lorsque j'ai atteint la plate-forme, j'ai vu Saint Dane se tenir à l'avant, face à la foule. Mark était immobilisé par deux dados. Nevva était à droite de la plate-forme, près d'une des poutres de la potence. Là où il y avait un petit tableau de bord hérissé de manettes.

Saint Dane s'est tourné vers Nevva et a hoché la tête.

Condamnant ainsi Mark à mort.

Nevva a empoigné la manette centrale.

Je ne pourrais jamais l'arrêter à temps.

– Nevva ! ai-je hurlé pour détourner son attention.

Elle s'est tournée vers moi. J'ai lu la surprise sur son visage. Mais ça n'a pas suffi. Elle a abaissé la manette. La trappe sous les pieds de Mark s'est ouverte. Il est tombé comme une pierre. J'ai lâché mon arme pour plonger vers lui dans l'espoir de l'attraper avant qu'il ne disparaisse pour toujours. J'ai atteint le plancher à plat ventre et ai glissé vers l'ouverture, les bras tendus.

Le temps m'a paru ralentir. J'ai senti le tissu de sa chemise glisser entre mes doigts. J'ai tenté de me cramponner à quelque chose, mais n'ai empoigné que le vide. Les secondes suivantes m'ont semblé durer une éternité. Mes yeux étaient braqués sur la corde… qui, soudain, s'est tendue. La potence a tressailli. Pas un bruit ne m'est parvenu. Bien que Mark soit tombé à l'intérieur du tube, derrière ses parois de métal, la foule n'avait pas besoin de voir ce qui s'était passé. Leur réaction était assez éloquente. Ils ont poussé un rugissement de joie. Je l'ai à peine entendu. Tout ce qui comptait pour moi, c'était le couinement de cette corde tendue par le poids de mon meilleur ami au monde.

Mark était mort. Nevva l'avait tué. Ravinia l'avait tué. Et Saint Dane. J'ai regardé au-delà de la corde pour voir tous ceux qui acclamaient la mort d'un héros.

J'ai cru devenir fou. Et c'était peut-être vrai.

J'ai roulé sur moi-même et ai ramassé le bâton électrique. Quelqu'un allait me le payer cher. Les deux candidats idéaux étaient là, sur cette plate-forme. Les dados ont couru vers moi. Le premier à m'atteindre a regretté son geste. Je l'ai transpercé avec mon bâton et l'ai poussé de la plate-forme.

L'autre dado s'est arrêté. C'était bien la première fois que je voyais l'un d'entre eux agir intelligemment. Ça lui a sauvé la vie, du moins momentanément. Ce qui me convenait : ce n'était pas à lui que j'en voulais. Mais à Nevva. Elle se tenait figée près des instruments avec lesquels elle avait tué Mark. Elle n'avait pas l'air disposée à se battre. Tant pis. Quoi qu'il en soit, elle était morte.

J'ai ramené mon bras en arrière pour lui jeter le bâton lorsqu'on m'a empoigné par-derrière. Le second dado avait repris ses esprits et était passé à l'action. J'étais si aveuglé par la colère que je n'avais rien vu venir. J'ai mordu la poussière. Le poids du dado m'a coupé le souffle. C'est alors que Nevva a enfin réagi. Elle a bondi sur moi pour m'arracher le bâton. Ce fut si rapide et si violent que j'ai eu du mal à croire que c'était vraiment arrivé. Je me suis débattu pour me débarrasser du dado et me jeter sur Nevva. Trop tard : d'autres gardes sont montés sur la plate-forme et se sont emparés de moi.

– Je vous tuerai ! ai-je crié à Nevva, en plein délire. Je vous jure que j'aurai votre peau !

La rage m'aveuglait. Mes joues étaient striées de larmes. Mark était au bout d'une corde. Et tout ce qu'il avait fait pour mériter ça, c'était m'aider, moi et ceux qui en avaient besoin. Et voilà comment il était récompensé. J'aurais préféré être moi-même mort. J'étais au bord de l'explosion. Je voulais tordre de mes mains le cou de Nevva Winter. Je ne suis pas particulièrement fier de ces sentiments violents et démentiels, mais je me dois d'écrire ce qui est arrivé. Durant les quelques secondes que j'ai passées sur cette plate-forme, je crois que j'ai vraiment pété un plomb. Les dados m'ont maîtrisé, pressant ma joue contre le plancher. À travers mes larmes, j'ai vu Saint Dane se pencher vers moi :

– Si seulement tu avais accepté l'inévitable. Mais je présume que ce n'est pas ce qui était écrit. Pour la dernière fois, Pendragon, adieu.

J'ai poussé un hurlement. Ce n'était pas un mot ou une phrase compréhensible. C'était un débordement d'émotion, de frustration et de douleur.

Saint Dane a quitté la plate-forme. Nevva m'a jeté un bref coup d'œil. Elle n'a pas dit un mot. Au moins, elle a eu la décence de ne pas rendre ce cauchemar encore plus dur. Je me suis retrouvé seul avec les dados et cette corde qui me rappelait que le cadavre de mon ami était accroché à l'autre bout.

Après le départ de Saint Dane, la foule s'est vite lassée. Le silence est retombé. Leur soif morbide avait été assouvie. Ils se dispersaient déjà. La plupart ont suivi la file de dados qui s'avançaient, leurs drapeaux rouges battant au vent. Il n'y avait plus rien à voir. Ils ne pouvaient pas regarder le corps de Mark, puisqu'il se trouvait à l'intérieur de la base circulaire de la potence. Peut-être Saint Dane craignait-il que si ses fidèles avaient sous les yeux les conséquences tangibles de leur décision, ils auraient des doutes. Comme ça, ils savaient tous que le prisonnier avait été exécuté, mais le côté déplaisant du spectacle leur était épargné.

Mon cœur battait toujours la chamade. J'étais hors d'haleine. C'était surréaliste. Lutter contre les dados ne m'aurait servi à rien. Si je l'avais voulu, j'aurais pu m'envoler séance tenante pour un autre territoire. Sauf que je ne l'ai pas fait. J'étais trop abattu pour ça. Pas moyen de garder la tête froide. Les dados ont dû sentir que je ne résisterais pas, parce qu'ils m'ont soulevé de terre. Deux ont maintenu mes mains dans mon dos. Un autre a agité un bâton argenté sous mon nez en guise d'avertissement. Je n'ai pas réagi. Je n'avais pas l'intention de tenter quoi que ce soit. Le garde tenant l'arme a tourné les talons pour descendre les marches. On m'a forcé à lui emboîter le pas. Le dernier des dados fermait la marche. On a atteint le bas de l'escalier au moment où une porte s'est ouverte dans le tube d'argent. Deux Raviniens en sont sortis pour s'éloigner en laissant le panneau grand ouvert.

J'ai regardé à l'intérieur… et l'ai aussitôt regretté.

Le spectacle était aussi horrible que je me l'imaginais. Mon ami était suspendu par le cou au bout de la corde. Sa tête était penchée selon un angle peu naturel. Son cadavre se balançait légèrement. Tout ce que je pouvais espérer, c'était que sa mort ait été rapide. Je me suis mis à trembler sans pouvoir m'en empêcher. Un trop-plein d'émotion, si l'on veut. J'avais l'impression de rêver. Un cauchemar violent et impossible.

Les gardes raviniens m'ont écarté de la porte pour m'entraîner vers les escaliers menant au Taj Mahal. Je n'ai pas résisté. À quoi bon ? Elli était là, au sommet des marches, retenue par deux dados. Elle était en larmes. Elle n'a rien dit, ce qui valait mieux. Je n'aurais su quoi répondre. Elle ne pouvait rien faire pour soulager ma douleur. J'avais perdu mon meilleur ami, et la personne qui avait appuyé sur le bouton était la propre fille d'Elli. Chacun d'entre nous devait affronter son propre cauchemar.

Notre escorte nous a emmenés en direction du Taj Mahal. Elli non plus n'a pas résisté. J'ai remarqué au passage une petite patrouille de gardes raviniens qui se dirigeait vers nous. Ils étaient six en tout qui avançaient en formation serrée, deux par deux, leurs armes argentées à leur côté. Malgré mon état d'abattement, j'ai senti que quelque chose ne collait pas. Cette équipe marchait droit sur nous. Les dados qui nous retenaient ont paru hésiter. C'était comme si les autres voulaient jouer à qui se dégonflerait le premier. Je m'attendais à ce que le petit groupe change de direction pour nous dépasser – après tout, c'était nous qu'on entraînait. Mais non, ils ont continué tout droit.

Le dado qui ouvrait la marche s'est arrêté. Il fallait croire que lui non plus ne savait pas ce qui se passait. On s'est tous arrêtés en attendant qu'ils fassent un détour. Le leader a levé la main et a fait signe aux autres de les contourner.

Ce fut son dernier geste.

Les autres n'étaient plus qu'à quelques mètres lorsqu'ils nous ont attaqués. Les deux premiers ont descendu le chef avec leurs armes. Il est aussitôt tombé raide. L'un des dados qui me retenaient m'a poussé sur le côté. Il ne s'est pas mêlé au combat : il préférait me tenir sous bonne garde. Il m'a jeté au sol et s'est assis sur mon dos pour m'empêcher de bouger. J'ai dû me débattre rien que pour voir ce qui se passait. Les deux gardes qui retenaient Elli l'ont lâchée pour tirer leurs armes. Trop tard. Les six assaillants les ont fauchés. Ils étaient rapides et efficaces. Quelques secondes leur ont suffi. Cinq dados de moins. Leur tâche terminée, le groupe s'est reformé pour se diriger vers moi. C'était la fin des haricots. J'étais face à un peloton d'exécution et on ne pouvait pas lui échapper.

Elli a couru vers moi et s'est cachée derrière le seul garde encore debout. Je m'attendais à ce qu'il s'avance pour un dernier acte héroïque, mais il a préféré rester assis sur moi. Il remplirait sa mission jusqu'au bout. Les six agresseurs étaient presque sur nous. Ils marchaient épaule contre épaule en brandissant leurs armes. J'étais sûr que, dans quelques instants, on se retrouverait sur Solara, Elli et moi. Elle m'a pris la main et s'est crispée en attendant qu'ils attaquent…

Sauf qu'ils ne l'ont pas fait. Lorsqu'ils se sont trouvés à quelques pas de nous, ils se sont immobilisés. Et ils sont restés plantés là, à nous dévisager en silence. À quoi jouaient-ils ? On s'est regardés pendant quelques secondes. Le seul bruit était ma respiration. Je me suis tordu le cou pour regarder le dado assis sur moi. C'était à lui d'agir, enfin, je croyais.

Ça ne rimait à rien. C'était la première fois que j'examinais un de ces robots de près. C'était un de ceux qui avaient retenu Mark sur la plate-forme transformée en potence. Maintenant que j'étais presque contre lui, j'ai constaté qu'il avait un début de barbe. Il est resté là, à fixer les autres dados alignés. Il y eut un long silence.

Puis le robot a parlé.

– Eh bien, a-t-il dit en un souffle, ça a m-m-marché. (Il a baissé les yeux et m'a décoché un grand sourire.) Maintenant, on peut s'en aller ?

Oui. C'était Mark.

Journal n° 37
Chapitre 26

Mon meilleur ami était bien vivant !

Il n'était pas pendu par le cou dans ce tube argenté. On pourrait croire qu'à ce moment, la joie et le soulagement m'auraient submergé. Et qu'on ne s'y trompe pas : c'était le cas. Mais je ne comprenais rien à rien.

– Que…

C'est à peu près tout ce que j'ai pu hoqueter. Mark a haussé les épaules :

– C'est bien la première fois que ma ressemblance avec ces dados joue en ma faveur !

– Ils ont exécuté un dado ? a hoqueté Elli.

– Oui. Ça ne lui a sans doute même pas fait mal.

J'ai regardé la rangée de robots venus décimer notre escorte. Ils restaient là, leurs armes au clair, attendant de nouveaux ordres.

– On les a chargés de me protéger, a expliqué Mark. Ces robots sont bien pratiques… du moment qu'ils sont de votre côté.

J'étais toujours sous le choc.

– Mais… comment ?

– Nevva, a répondu Mark.

– Nevva Winter ? ai-je répété.

Mark a éclaté de rire :

– Tu en connais une autre ?

J'ai jeté un coup d'œil à Elli. Vu son expression, elle était tout aussi stupéfaite que moi.

– C'est elle qui a organisé la substitution, a continué Mark. Nevva m'a sauvé la vie.

La vérité devenait de plus en plus invraisemblable. Je n'arrivais pas à réfléchir assez vite pour tenir le rythme des événements.

– Mais pourquoi ? ai-je coassé. Qu'est-ce qu'elle a dit ?

– Juste qu'elle refusait de me laisser mourir. Ces dados assureront notre protection en attendant qu'on sorte d'ici par le tunnel. Ce qu'on devrait d'ailleurs faire sans plus tarder.

Je me suis tourné vers Elli, pensant que cette nouvelle devrait l'enthousiasmer encore plus que moi. Sauf qu'elle n'était plus là. J'ai regardé autour de nous pour la voir s'éloigner en courant. Elle se dirigeait vers l'entrée du Taj Mahal.

– Hé ! a crié Mark. Quelle mouche l'a piquée ?

Je me suis relevé.

– Elle doit vouloir rattraper Nevva.

– Non !

Mark allait partir à sa poursuite, mais je l'ai arrêté.

– Il faut que tu t'en ailles.

– Quoi ? Non ! Tu ne peux pas aller la chercher. Je doute que Nevva veuille te protéger, toi aussi.

– Peu importe. On s'en sortira. Elli et moi pouvons quitter ce monde quand nous voulons. Mais pas tant que tu seras là. Je suis désolé, Mark, mais tu es un poids mort.

– Hein ?

– Je te l'ai dit, on n'a plus besoin des flumes pour voyager. On peut… s'en aller, comme ça. Mais pas toi. Si ces dados sont là pour t'emmener à l'abri, tu dois les suivre.

Mark a réfléchi un instant. Je savais qu'il ne comprenait pas tout, mais il n'allait pas me demander des explications. Du moins pas maintenant. On était toujours dans un endroit grouillant de gardes qui n'étaient *pas* programmés pour le sauver.

– Retourne auprès des tiens, ai-je insisté. Continue de chercher les exilés. Si on veut les aider, il faut d'abord les trouver.

– Et toi ? Qu'est-ce que tu vas faire ?

– Chercher Elli et sortir d'ici. Ensuite, je ne sais pas. Il va falloir trouver un moyen de vaincre cette armée de dados.

J'ai marché vers un des robots abattus et ai ramassé son arme. Il n'en aurait plus besoin.

– Alors c'est enfin arrivé, a dit Mark. Le moment de vérité de Troisième Terre est aussi l'ultime bataille pour Halla.

– En tout cas, ça y ressemble.

Je n'avais aucune envie de lui faire mes adieux. J'avais déjà perdu Mark une fois, et j'aurais préféré ne pas revivre un tel moment.

– Vas-y, ai-je tout de même insisté. On te rejoindra.

Mark m'a serré dans ses bras.

– Si seulement Courtney était là, a-t-il murmuré d'une voix qui se brisait.

Je n'étais pas d'accord, mais suis resté coi. Au contraire, il valait mieux que Courtney soit n'importe où, mais surtout pas ici.

– Fais attention, ai-je conseillé. Ne fais pas de bêtises.

– Des bêtises ? Moi ? Pour qui me prends-tu ?

Mark a fait un pas en arrière. Il avait les larmes aux yeux. Je savais à quoi il pensait. C'était peut-être la dernière fois qu'on était réunis.

– On sera probablement de retour avant toi, ai-je affirmé d'un ton qui se voulait léger.

Mark a acquiescé, bien qu'il n'y ait probablement pas plus cru que moi.

– B-b-bobby, je ne regrette rien.

L'entendre bégayer m'a brisé le cœur. C'était toujours Mark Dimond.

– Je sais, Mark.

– Et je suis fier de toi.

– Merci. Et merci d'être mon ami.

Mark a haussé les épaules.

– Maintenant, vas-y.

Il a acquiescé et s'est tourné vers le groupe de dados. Il s'est redressé en plantant sa casquette ravinienne sur son crâne. Il avait repris sa nouvelle personnalité, celle d'un meneur d'hommes plein d'assurance.

– Allez, les gars, allons casser du robot !

Les dados se sont mis en branle pour le suivre. Il a fait quelques pas à reculons, m'a souri, puis s'est retourné pour partir en petites foulées. Je l'ai regardé pendant quelques secondes en espérant que ça ne soit pas la dernière fois.

J'ai dû me forcer à détourner les yeux. Rester planté là à broyer du noir ne servirait à rien. Je suis allé rejoindre Elli. J'imagine que j'aurais dû tenter d'imiter un dado, mais je ne cherchais plus à me fondre dans la masse. J'avais envie d'emmener Elli loin d'ici. Ce que j'avais dit à Mark n'était pas entièrement vrai. J'entendais bien le retrouver à un moment ou à un autre, mais pas seul. Je devais retourner sur Solara chercher l'oncle Press. Pourvu que les autres Voyageurs y soient également. Si tout se passait comme je l'espérais, la dernière bataille se déroulerait en Troisième Terre. Il fallait qu'on arrête l'armée de dados avant qu'ils ne retrouvent les exilés. Et pour ça, il fallait qu'on soit ensemble. Mais d'abord, je devais rejoindre Elli.

Je suis entré dans le Taj Mahal, tous mes sens aux aguets. L'endroit semblait désert, mais je savais que ce n'était pas le cas. Je n'ai pas appelé Elli : c'aurait été le meilleur moyen de voir débarquer les dados. En fait, je ne l'ai pas cherchée bien longtemps. J'ai traversé la forêt de colonnes menant au centre du Taj Mahal, puis ai entendu un bruit. Quelqu'un pleurait. J'ai suivi ce bruit jusqu'à ce que je tombe sur une vision qui m'a coupé le souffle. Nevva se tenait assise sur un banc entre deux piliers. Elle était dans les bras d'Elli, sa mère, la tête posée contre son épaule, en larmes. Depuis que je connaissais Elli, dès notre première rencontre sur Quillan, elle avait toujours été une âme en peine. L'histoire de sa vie était plutôt triste, et chacun des événements qui l'avaient menée jusqu'ici était gravé sur son visage. Elle était très belle, mais portait le poids de toutes les tragédies qu'elle avait vécues. Je crois que pour elle, c'était la seule façon de tenir le coup. Comme si elle avait renoncé à exprimer ses émotions, puisqu'elles ne lui apportaient rien de bon. En la voyant assise là, berçant sa fille, j'ai contemplé une autre personne. Ses yeux étaient fermés. Tout son être semblait détendu. Elle avait trouvé la paix.

Je ne voulais pas les déranger. Elli a dû sentir ma présence, parce qu'elle a ouvert les yeux et m'a regardé. Et m'a souri. Oui, Elli Winter a souri. Elle n'avait jamais eu l'air aussi… vivante.

Ces dernières années, j'en avais pas mal bavé. J'avais vécu plus de triomphes et de tragédies que je ne pourrais en compter. Mais avec le recul, je crois que voir Elli ainsi, apaisée, était le plus beau des spectacles.

Nevva s'est retournée et m'a vu à son tour. Aussitôt, elle s'est crispée et s'est levée.

– Que fais-tu là ? a-t-elle demandé.

– Je suis venu chercher Elli, ai-je répondu. Et te remercier.

– Je l'ai fait pour Mark, a répondu Nevva, tentant de se reprendre. Rien n'a changé.

– Oh si. Ta mère avait raison, Nevva. Tu as bien un cœur.

Oui, pour la première fois, je l'ai tutoyée. Elli nous a regardés sans dire un mot. J'ai eu l'impression qu'à partir de cet instant, elle se moquait complètement de ce qui pouvait se passer. Le fait que Nevva ait montré un brin de compassion pour Mark suffisait à lui prouver que sa fille n'était pas un monstre.

– Je crois toujours en sa vision, Pendragon, a repris Nevva.

– J'en doute, ai-je rétorqué. Ce que tu as fait pour Mark en est la preuve. Tu prétends que l'avenir de Halla passe par le contrôle des individus pour récompenser les plus méritants, mais ensuite, tu fais preuve de compassion. C'est contraire à tout ce que prêche Saint Dane. Mark compte pour toi. Tu lui as sauvé la vie, même s'il lutte contre tout ce que représente Ravinia. Ça me suffit pour conclure que tu n'es pas entièrement convaincue.

Nevva n'était pas d'accord, mais elle savait que mon raisonnement tenait debout.

– Ça ne devait pas se passer comme ça, a-t-elle dit d'une voix tremblante. J'ai passé en revue tout ce qui n'allait pas dans Halla. Saint Dane avait la réponse. Il fallait encourager les peuples à tirer le meilleur d'eux-mêmes. Seule l'excellence serait tolérée. C'est un concept assez simple, finalement.

– Mais Halla n'a rien de simple, ai-je répondu avec passion. Pas plus que ceux qui l'habitent. Tu en fais partie, Nevva. Tu es une Voyageuse, mais tu es aussi une habitante de Halla, quels que soient ses défauts.

Nevva s'est éloignée de sa mère. Elle semblait dans les vapes, comme si elle n'arrivait pas à penser correctement.

– Tout ce qui est arrivé était la volonté du peuple, a-t-elle contré.

– Mais non ! ai-je repris. Saint Dane a pris pour cible un certain nombre de personnes et les a influencées. Puis il a exterminé systématiquement tous ceux qu'il ne pouvait pas convaincre. Il n'y a pas d'autre façon de qualifier ce qui s'est passé. Les derniers habitants de Halla sont ceux qui n'ont qu'une seule préoccupation : eux-mêmes. Est-ce que cela rend le monde meilleur ? C'est sûr que ce Conclave est super, et j'imagine que tous ceux de Halla sont à son image. Mais ce n'est qu'une partie de l'univers. Nevva, partout, il y a des gens qui souffrent. Est-ce que ça te semble juste ?

Elle n'a pas répondu. C'était inutile.

– Et maintenant, ai-je ajouté, il va détruire le dernier groupe d'humains qui maintiennent en vie l'esprit de Solara. Il n'influence personne pour qu'il le fasse à sa place. Il n'envoie pas ceux qui croient en sa vision s'en charger. Il a créé une armée de dados sans âme pour commettre un génocide. Cela fait-il partie de son grand dessein ?

Nevva a secoué la tête. J'ai eu l'impression qu'elle cherchait quelque chose à dire pour la défense de son maître, mais ne trouvait rien.

– Ça ne devait pas se passer comme ça, a-t-elle répété d'une voix mal assurée. On était censés ne pas toucher à ce territoire. C'était prévu.

– Il faut croire qu'il a changé ses plans.

Elli a enfin pris la parole :

– Tu t'es dévouée à Saint Dane corps et âme, et il t'a trahie.

Sa fille lui a jeté un regard noir. S'il y a bien une chose qu'on pouvait lui laisser, c'est qu'elle avait le courage de ses convictions.

Plus maintenant.

– C'est moi qui les ai entraînés dans ce stade, a-t-elle repris d'une voix blanche. Tous jusqu'au dernier. J'ai personnellement vérifié qu'ils avaient bien disparu dans le flume. Mais je ne voulais pas les condamner à mort. J'ignorais l'existence de cette armée de dados. Je vous le jure. Sinon, je n'aurais pas…

– Tu n'aurais pas quoi ? ai-je insisté. Tu n'aurais pas exilé ces gens si tu avais su qu'ils allaient tous mourir ?

– Non ! a crié Nevva. Ce n'était pas prévu !

– Et le reste de Halla ? ai-je continué. Ils ne sont pas les seules victimes de Saint Dane. Tu n'as peut-être pas supervisé personnellement la destruction de chacune de ces civilisations, mais tu y as contribué. En quoi est-ce différent de ce qui est arrivé aux exilés ?

– C'était… pour le bien de tous, a-t-elle bafouillé, à court d'arguments.

À ce stade, je ne suis même pas sûr qu'elle savait ce que cela signifiait.

– Il est encore temps, a repris Elli, très calme. Les exilés ne sont pas encore morts. Aide-nous à empêcher Saint Dane de nuire encore davantage.

C'est alors que j'ai eu une idée. Quelque chose que je refusais de formuler depuis longtemps. Une pensée qui semblait bien improbable. Voire impossible. Mais maintenant que Nevva m'écoutait, j'ai senti que ça avait une chance de marcher. Elle connaissait Saint Dane mieux que n'importe lequel d'entre nous.

– Nevva, ai-je demandé, peut-on l'arrêter ?

Elle m'a regardé sans comprendre.

– Comment ça ?

– Tu le sais très bien, ai-je répondu sans prendre de gants. Est-il possible de le détruire ?

Nevva a frémi. Elle détenait la réponse. Mon instinct ne m'avait pas menti. Mon pouls s'est accéléré.

– Dis-nous tout, ai-je insisté. Rachète-toi. Dis-nous comment vaincre Saint Dane.

Elle a ouvert la bouche pour parler, mais n'a émis qu'un hoquet avant de tomber à genoux.

Derrière elle se dressait Saint Dane, une arme argentée en main.

– Tu ne renonceras donc jamais ? a-t-il fait d'un ton agacé.

Nevva s'est affalée au sol en tremblant de tous ses membres. Était-elle morte ? Était-ce possible ? Saint Dane l'avait-il tuée ? Elle ne s'était pas transformée en cendres, mais il l'avait blessée, c'était sûr.

Elli a poussé un cri déchirant et s'est précipitée vers sa fille.

Je me suis jeté sur Saint Dane. Je voulais le faire souffrir. J'ai levé ma propre arme, ai sauté par-dessus Nevva et suis passé à l'attaque. Saint Dane a levé son bâton pour se défendre, mais je crois qu'il ne s'attendait pas à un tel barrage. J'étais hors de moi. Je l'ai martelé comme avec une hache. Il a reculé, faisant de son mieux pour parer mes coups. Il n'a même pas tenté de contre-attaquer. Je ne lui en ai pas laissé l'occasion. Je n'étais plus qu'une boule de rage. Mon assaut n'avait rien de subtil. J'avais tout oublié des leçons de Mooraj. J'ai laissé ressortir toutes les émotions que je refoulais depuis si longtemps pour mieux le massacrer. Je ne savais même pas si l'arme était activée. Peu importait. Je l'aurais volontiers réduit en bouillie de mes mains nues. En fait, j'aurais préféré faire comme ça.

Il a paré mes coups, mais sans les prendre à la légère. Il savait que je ne plaisantais pas. Ça allait faire mal.

– Tout ce que tu as réussi, a-t-il déclaré entre deux tintements de métal, c'est provoquer la mort d'un autre Voyageur.

Ça m'a poussé à redoubler d'agressivité. Il commençait à fatiguer. Son enveloppe physique n'était pas aussi résistante que la mienne. Un instant, j'ai vraiment cru que j'allais le vaincre. J'aurais dû me douter que ça n'arriverait pas. Saint Dane a jeté son bâton sur le côté, ce qui m'a pris par surprise. Du coup, j'ai cessé d'attaquer. Ce démon est resté là, les bras écartés, comme s'il se rendait.

– Tu as la mort de Nevva sur la conscience, Pendragon. Et tout ça pour rien.

Je me préparais à porter le coup de grâce lorsqu'il a disparu. Comme ça. Il a fait un pas en arrière et pouf ! Un instant, je suis resté interdit, mais ça n'aurait pas dû m'étonner. Après tout, lui aussi était un Voyageur. Pourquoi se laisserait-il tabasser alors qu'il pouvait éviter une correction ? Je suis resté là, tout seul, à reprendre mon souffle. Je n'avais plus d'exutoire à mes émotions. J'ai poussé un cri et ai jeté mon bâton aussi loin que possible. Il a cliqueté sur le sol quelque part à l'intérieur du Taj Mahal. J'ai hurlé à nouveau. Je ne pouvais plus me contenir.

– Pendragon ! a lancé Elli.

J'ai couru vers elle. Elli s'était accroupie près de Nevva et avait posé la tête de sa fille sur ses genoux. Elle pleurait. Son bref moment de bonheur était oublié. La douleur était revenue.

Nevva n'était pas morte. Pas encore. Elle m'a regardé sans me voir. Ses yeux étaient vitreux.

– C'est bon, ai-je affirmé. Tu ne peux pas mourir.

J'ai posé ma main sur sa poitrine, prêt à la guérir d'un simple effort de volonté. Elle s'est emparée de mon poignet et l'a serré entre ses doigts.

– Non, a-t-elle déclaré. Tu ne peux rien faire.

– Mais si ! Je peux te guérir !

– Non, a-t-elle répété. Ne gaspille pas ton énergie. C'est inutile. Il ne te laissera pas faire.

Je ne voyais pas ce qu'elle voulait dire, mais je l'ai prise au mot.

– Va sur Solara, ai-je ordonné. Tu y seras en sécurité.

– Je ne peux pas, Pendragon, a-t-elle chuchoté. Maintenant, je suis sous le contrôle d'un esprit bien différent.

– Mais tu peux te rendre sur Solara, non ?

– Plus maintenant.

Elli a essuyé ses larmes tout en caressant la joue de sa fille.

– Il n'y a pas que mon corps qui se meurt. Mon esprit touche à sa fin. Pour moi, il n'y aura pas d'autre existence après celle-là.

– Tu n'en sais rien ! a tenté Elli.

Nevva a regardé sa mère et cherché à éclaircir sa vision. J'ai lu l'affection qu'elle ressentait pour Elli. Nevva a pris sa main :

– Je suis désolée, Mère, a-t-elle dit. Rien de tout ça n'est ta faute.

Elli m'a regardé de ses yeux suppliants.

– Fais quelque chose, Pendragon !

– Nevva, comment puis-je te sauver ? ai-je demandé.

– Tu ne peux pas. Saint Dane contrôle la puissance négative de Solara. Il ne la laissera pas me guérir. Plus maintenant.

Nevva s'est mise à clignoter. Son être physique se délitait.

– Que se passe-t-il ? s'est écriée Elli paniquée.

– Je meurs, Mère, a répondu Nevva d'une voix faible. Mon esprit se dissipe.

Elli s'est remise à pleurer. Sa fille allait disparaître. Littéralement. Pour toujours.

Nevva s'est concentrée sur moi :

– Pendragon, tu dois lui rendre la monnaie de sa pièce. Sa puissance ne sera pleine et entière que lorsque la lumière de Solara aura été détruite. Force-le à utiliser ses pouvoirs. C'est la seule façon de l'affaiblir.

– Je... je ne comprends pas...

Nevva répondait à ma question, mais je ne comprenais pas encore ce qu'elle voulait dire.

– Saint Dane a dédoublé Solara. Il tire sa puissance de l'esprit sombre qu'il a créé. Oblige-le à s'en servir... et sauve les exilés. Il a peur de ce qu'ils peuvent accomplir, Pendragon. Même plus qu'il n'a peur de toi.

Son image a disparu un bref instant. Elle ne serait plus là bien longtemps.

– Reste avec nous, a supplié Elli.

– Où sont les exilés, Nevva ? Ils doivent bien être ici en Troisième Terre, non ? Où sont-ils ?

Elle m'a regardé de ses yeux voilés.

– Ils ne sont pas en Troisième Terre, a-t-elle murmuré.

Là, j'ai reçu un sacré coup. Jusqu'à ce moment, tout m'avait donné à croire que l'ultime bataille se déroulerait ici même.

– Mais, il le faut ! ai-je bafouillé. Maintenant que les flumes sont détruits, Saint Dane ne peut attaquer un autre territoire !

Nevva a lutté pour rester concentrée. Il ne lui restait plus beaucoup de temps.

– Tu as vu ce qui s'est passé en Seconde Terre. Tu étais là. Il a ce pouvoir. Pousse-le à l'épuiser. Affaiblis-le. Sape ses forces.

Mon esprit partait dans toutes les directions. Parlait-elle du Yankee Stadium ? Du Massacre du Bronx ? Naymeer avait créé un flume qui avait aspiré ceux qui se trouvaient à sa portée. Soudain, tout est devenu clair.

– Il va invoquer un nouveau flume, ai-je dit.

Alors même que je prononçais ces mots, j'ai su que c'était la vérité.

Nevva a levé les yeux sur sa mère. Elle souffrait. Son image a disparu pour revenir… mais très faiblement.

– Je t'aime, Mère. Dis à Père qu'il m'a manqué plus qu'il peut le concevoir.

– Il n'en doute pas un seul instant, Nevva. On t'aime tous les deux. Aujourd'hui et pour toujours.

Nevva a souri. Malgré sa douleur et sa mort imminente, elle était en paix.

Pas moi.

– Où sont-ils, Nevva ?

Elle m'a regardé et a dit trois mots. Les trois mots que je cherchais. Trois mots qui pouvaient contenir le salut de Halla ou mener à sa destruction finale.

Elle m'a regardé droit dans les yeux, a enserré ma main et a murmuré :

– Les Eaux Noires.

L'instant d'après, elle avait disparu. Son esprit était mort en même temps que son enveloppe physique. Il ne restait rien à quoi Elli puisse se cramponner. Elle ne pouvait même pas porter le deuil du néant. Ses mains étaient encore tendues, mais n'enserraient que le vide. Elli était forte. Elle a à peine gémi. Je suis allé la serrer contre mon cœur.

– Je suis désolé.

C'est tout ce que j'ai pu murmurer.

On est restés comme ça quelques instants. Elli n'a pas pleuré. Elle semblait apprécier le peu de réconfort que je lui offrais. J'étais prêt à rester comme ça aussi longtemps qu'il le faudrait.

Ça n'a pas duré. Elle s'est dégagée doucement et m'a regardé avec des yeux las. Un sourire a pointé entre ses larmes :

– Elle est revenue pour moi.

– Oui, pour vous, ai-je acquiescé en faisant de mon mieux pour ne pas verser une larme.

Elli s'est essuyé les joues, s'est relevée et, d'une voix bien plus ferme que je l'aurais cru, m'a dit :

– Au moins, qu'elle ne soit pas morte pour rien.

C'était exactement ce que je voulais entendre.

Je me suis levé à mon tour pour m'éloigner.

– Rentrez sur Solara, ai-je commandé. Dites-leur ce qu'on a appris.

– Et toi ? Que vas-tu faire ?

Ces derniers temps, on nous avait balancé pas mal d'informations toutes plus incroyables les unes que les autres. Les implications étaient énormes. Ça faisait beaucoup à digérer. Aussi dérangeant que cela puisse être, on avait fait un grand pas en avant.

Au moins, je savais ce qu'il me restait à faire.

Il y avait des années, la destruction du flume avait bloqué l'accès à ce territoire. Mais maintenant, il était temps de retourner dans la jungle. Voir les klees et les gars.

Et les tangs.

– Je pars pour Eelong, ai-je déclaré.

Et d'un pas, j'ai quitté la Troisième Terre.

Journal n° 37
Chapitre 27

Les jungles d'Eelong.

Oh, misère.

Je croyais ne jamais les revoir. Surtout après ce qui s'était passé la dernière fois que j'y étais allé. Le flume s'était effondré, tuant Kasha et piégeant Gunny et Spader sur ce territoire de fous où un peuple de félins, les klees, étaient l'espèce dominante. Le flume avait été détruit car les non-Voyageurs n'étaient pas censés les utiliser. Pourtant, ils l'avaient fait. Mark et Courtney étaient venus sur Eelong pour me faire part d'une information cruciale qui nous avait permis de vaincre Saint Dane sur ce territoire. Mais à chaque fois qu'ils prenaient le flume, ils l'affaiblissaient, si bien qu'il avait fini par nous dégringoler sur la tête. Mark, Courtney et moi nous en étions tirés juste à temps. Pas Kasha. Elle était morte dans l'éboulement.

Bien sûr, c'était de l'histoire ancienne. Alors que l'énergie négative de Saint Dane se répandait, les flumes étaient devenus des autoroutes. Tout le monde pouvait les utiliser. Enfin, jusqu'à ce qu'ils explosent. Une fois de plus, les règles du jeu avaient changé. Après leur destruction, Spader et Gunny avaient quitté Eelong pour se rendre sur Solara avec les autres Voyageurs. Kasha comprise. Son corps était resté sur Eelong, mais son esprit avait survécu.

Et maintenant, Kasha était de retour. Comme tous les Voyageurs, elle était retournée sur son territoire d'origine afin de chercher les exilés. À mon arrivée sur Eelong, mon premier objectif serait de la retrouver. Non, en fait, c'était ma seconde tâche. La première était de rester en vie et ne pas être renvoyé sur Solara. Ça ne serait pas de la tarte.

Impossible de dire *quand* j'allais débarquer, ni combien de temps se serait écoulé depuis mon dernier passage. Je me suis retrouvé dans une portion de jungle si dense que la canopée de verdure bloquait presque toute la lumière. Pour autant que je sache, on était en pleine nuit. Sur Eelong, il n'y avait pas de soleil en forme d'astre, juste une bande lumineuse étirée d'un bout à l'autre de l'horizon et qui traversait le ciel chaque jour. Et elle tapait dur. Oh, ça oui. Eelong était un monde chaud et humide. C'est cette chaleur qui, malgré la pénombre, m'a appris qu'il faisait jour. De plus, je portais toujours mon uniforme rouge de garde ravinien, et il était assez lourd. En un rien de temps, je me suis retrouvé en sueur. Ma tenue m'a vite collé à la peau comme une combinaison de plongée.

Je ne savais pas où aller. J'espérais avoir débarqué à peu de distance de la Cité des Eaux Noires, mais dans mes souvenirs, il y avait des kilomètres de terres désolées menant aux montagnes qui donnaient sur la ville des gars. L'endroit où j'étais tombé ressemblait davantage à la jungle entourant Lyandra, le village des klee. J'ai fait un demi-tour complet, mais n'ai vu que des feuilles. Il n'y avait même pas un sentier. Dieu sait pourquoi, les esprits de Solara m'avaient lâché dans un no man's land. Ou un no gar's land.

J'ai choisi une direction au hasard et allais partir lorsque j'ai entendu un bruissement en provenance des taillis tout proches, suivi par le craquement d'une branche. Je me suis retourné d'un bond, tous mes sens aux aguets. Ce simple bruit m'avait aussitôt rappelé une autre créature typique d'Eelong.

Les tangs. Des espèces de dinosaures qui écumaient la jungle en quête de viande. N'importe quelle viande. Je me serais bien passé de devoir affronter un de ces monstres. J'ai tendu l'oreille. Avais-je entendu quelque chose piétiner les taillis ? Ou était-ce le bruissement naturel de la jungle ? Pour en avoir le cœur net, j'ai reculé jusqu'à l'endroit où je l'avais entendu. J'ai essayé d'être discret, ce qui est dur lorsqu'on marche sur un épais tapis de racines et de lianes.

J'ai senti un mouvement. À dix mètres sur ma droite. Fugitif, mais bien réel. Il y avait quelque chose dans ces buissons. Un tang ? Ou un singe, ou n'importe quelle autre créature susceptible de ne pas voir en moi son prochain casse-croûte ? Certes, pour moi, la mort ne signifiait pas la fin, mais me faire déchiqueter par les trois pattes griffues d'un tang ou mettre en pièces par ses crocs acérés serait une façon assez déplaisante d'être renvoyé sur Solara. Je pouvais quitter Eelong avant d'en arriver là, mais ce serait gaspiller encore plus d'énergie.

J'ai surpris un autre mouvement, plus rapide cette fois-ci. Une créature se cachait quelque part. Et ce n'était sûrement pas un ami. Pourvu qu'il ait aussi peur que moi. Qu'il souhaite juste que je m'en aille et lui fiche la paix. J'ai fait un pas de plus… et j'ai entendu un grondement sourd. Pas bon. Les klees ne grondaient pas. Un gar, lui, peut-être… s'il cherchait à se faire passer pour un de ces fichus tangs ! Je n'avais qu'une seule envie, partir d'Eelong, mais je savais que si on m'avait lâché à ce point précis, il y avait une raison à ça. Il faudrait que je tienne le coup le plus longtemps possible.

Je me suis forcé à rester calme. Après tout, il y avait de bonnes chances que ça ne soit pas un tang et qu'il n'y ait aucun danger. Avec une confiance nouvelle, je me suis fièrement dirigé dans la direction opposée…

… pour me faire aussitôt attaquer. La bête a sauté des buissons, la gueule béante et les griffes en avant. Je n'avais rien pour me défendre. Pas d'autre choix que fuir. Je suis parti en courant à travers des buissons qui me griffaient les chevilles et me ralentissaient. J'avais l'impression de frayer un chemin au quig afin qu'il puisse me rattraper plus facilement. Je n'ai pas jeté un coup d'œil en arrière pour voir à quelle distance il se trouvait, c'eût été une perte de temps. Je devais en juger uniquement par les bruits de sa respiration et ses pas lourds. J'ai évité un petit bosquet d'arbres pour prendre un itinéraire sinueux qui me rendrait plus difficile à suivre. Les tangs ne sont pas très agiles. Si on avait été à découvert, il m'aurait certainement déjà dévoré. Mon seul espoir était de zigzaguer à travers les taillis en cavalant à toute allure jusqu'à le semer.

Sauf que ça n'a pas marché. J'avais beau m'obstiner à changer de direction à chaque mètre selon la densité du feuillage, le tang s'en moquait. Il fonçait dans le tas, arrachant au passage les lianes trop fragiles pour le retenir. J'étais bien incapable d'en faire autant. Si j'arrivais à garder mon avance sur ce monstre, j'ai vite compris qu'il ne fallait pas espérer pouvoir le semer. C'était sa jungle. Il savait mieux que moi comment s'y déplacer. Je serais crevé bien avant lui. Pire encore, je titubais plus que je ne courais. Il m'était difficile de garder mon équilibre. À chaque instant, je m'attendais à me prendre les pieds dans un entrelacs de racines et tomber la tête la première. Auquel cas j'étais sûr de finir en viande hachée. Cela dit, pas question de renoncer et de quitter ce territoire. Du moins pas maintenant. Mais il semblerait que je me voie forcé de partir d'Eelong en catastrophe avant de devenir un casse-croûte.

À une trentaine de mètres de là, j'ai repéré un vieil arbre noueux. Une liane épaisse était enroulée autour du tronc comme pour faciliter son escalade. Du moins pour un humain. Les tangs ne grimpent pas. Si je pouvais mettre assez de distance entre cette bête et moi, je gagnerais les quelques secondes nécessaires pour monter dans l'arbre et me mettre hors de sa portée. Oui, c'était jouable. Bien que presque à bout de forces, j'ai mis les gaz pour gagner de la vitesse. Le tang a hurlé de rage. Ces lézards n'étaient pas des lumières, mais j'ai eu l'impression que celui-là savait précisément ce que j'essayais de faire. Ce qui voulait dire qu'il tenterait de me croquer avant que j'y arrive. Lui aussi a accéléré. J'avais tout intérêt à en faire autant. J'ai cessé d'analyser la situation, ai baissé la tête et ai tricoté des jambes. C'était le moment de piquer un bon sprint. J'ai levé les genoux dans l'espoir de ne pas trébucher sur une branche. La jungle s'est faite moins dense. C'était sans doute ce qui m'avait permis de voir l'arbre. Il était là, au centre d'une petite clairière. À portée de la main.

J'ai cessé de me soucier du tang pour me concentrer sur l'arbre. Quelle serait la voie la plus rapide pour l'atteindre ? Je savais que je n'aurais que quelques secondes pour me mettre hors d'atteinte. La plupart des tangs faisaient plus de deux mètres. Ils marchaient sur leurs pattes de derrière, mais leurs bras n'étaient pas très longs. Si j'arrivais à monter assez haut, je serais hors de portée de ses crocs.

Plus que quelques longueurs. J'arriverais à l'arbre avant que le tang ne me chope, c'était net, mais pourrais-je l'escalader assez vite ? Ce n'était plus le moment de me montrer prudent. Je devais choisir un itinéraire et foncer tout droit. Si je m'arrêtais le temps de chercher une meilleure prise, je serais fichu. Je devais grimper sans réfléchir. Dans un dernier sursaut d'énergie, j'ai parcouru d'un bond les derniers mètres et ai planté mon pied droit sur un des entrelacs de racines, ce qui était un bon point : elle était solide et déjà partiellement recouverte d'écorce. Elle ne risquait pas de céder sous mon poids. J'ai escaladé la liane comme si c'était une échelle de corde.

Le tang a poussé un grand cri de rage. Je m'attendais toujours à sentir ses crocs se refermer sur ma cheville. Devais-je imaginer que mes pieds se transformaient en fumée, comme lorsque Saint Dane m'avait attaqué ? Cela pourrait-il marcher ? Si mes pieds disparaissaient, allais-je tomber droit dans sa gueule ? Quoique, si j'attendais trop longtemps, il les arracherait de toute façon. Au final, j'ai cessé de penser pour mieux grimper. Le tang s'est jeté sur le tronc, le secouant violemment. Il a bien failli me faire lâcher prise, mais ça ne m'a pas empêché de me hisser du mieux que j'ai pu. J'ai entendu un bruit de raclement. Ce lézard devait griffer désespérément l'écorce. J'ai brièvement pensé que, peut-être, depuis ma dernière venue, les tangs avaient appris à grimper aux arbres. Mais comme je ne ressentais pas la moindre douleur, j'en ai conclu que ses pieds étaient toujours au sol… et les miens hors de danger.

J'ai fini par atteindre une branche horizontale où j'ai pu m'arrêter. Enserrant le tronc, j'ai regardé en bas pour voir le tang enragé bondir griffes en avant, cherchant à m'attraper. C'était inutile : j'étais hors de sa portée. Des gouttes de bave jaillissaient de sa gueule alors qu'il agitait violemment la tête. Ce pauvre bougre devait avoir sacrément envie de se faire un tartare de Bobby. Je suis resté là, debout sur cette branche, à essayer de reprendre mon souffle. J'avais évité de me faire mettre en pièces, mais à quoi bon ? J'étais coincé. Si le tang réfléchissait deux secondes, il comprendrait qu'il n'avait plus qu'à s'installer confortablement et attendre. À un moment ou à un autre, il faudrait bien que je descende de mon perchoir. Je lui avais échappé, mais si je ne trouvais pas un moyen de me sortir de ce piège, je me serais décarcassé pour rien. J'ai regardé vers le haut dans l'espoir de trouver un moyen de passer d'une branche à l'autre pour me déplacer. Je me souvenais du réseau aérien complexe que j'avais vu dans d'autres parties d'Eelong, mais cet arbre n'en faisait pas partie. Comme je l'ai dit, il se trouvait au milieu d'une clairière. Il n'avait pas de voisins. Pas d'autre porte de sortie que le sol. Sauf que ce n'était pas le bon choix. Pas tant que Godzilla m'attendait en bas.

Alors que je regardais ce monstre en me demandant comment j'allais lui échapper, une autre créature est sortie de la jungle. Je m'attendais à voir un ou deux tangs venus pour la curée. Là, ç'aurait été la fin des haricots. Il ne me resterait plus qu'à quitter ce territoire en espérant qu'à mon retour, je ne me retrouverais pas au milieu d'une bande de lézards. Sauf que ce n'était pas un autre tang, mais un gar. Un type qui ressemblait à un humain. Il avait des cheveux longs et portait une tenue de cuir mal taillée. Je ne sais comment le décrire, mais même s'il avait l'air mal dégrossi, il n'était visiblement pas aussi primitif que ceux que j'avais rencontrés dans la jungle à mon dernier voyage. Ses vêtements avaient l'air mieux taillés. Et bien que ses cheveux soient longs, il n'était pas aussi hirsute que les habitants de la jungle.

Pourtant, cela restait un gar. Et les tangs mangent les gars. Je ne savais trop que faire. Je ne voulais pas que ce monstre découvre qu'il y avait un second plat au menu. Ce gar était sorti de la jungle de l'autre côté de l'arbre et marchait tout droit vers le lézard. Il ne savait pas ce qu'il y avait de l'autre côté du tronc. Il me faudrait courir ce risque.

– Hé ! ai-je crié. Va-t'en ! Il y a un tang !

Surpris, il m'a regardé avec un soubresaut. Il ne s'attendait probablement pas à voir un gar en tenue rouge dans cet arbre. Mais ce n'était pas moi le problème. C'était plutôt ce qu'il y avait au sol.

– Il y a un tang ! ai-je crié.

Il m'a dévisagé comme si j'étais un immense oiseau rouge.

– Tu ne me comprends pas ? ai-je repris. Un tang ! Va-t'en !

Ce type ne semblait pas s'inquiéter. Sans me quitter des yeux, il a pris quelque chose d'accroché à son cou par une lanière de cuir. Il l'a porté à ses lèvres et a soufflé, produisant un sifflement aigu et presque inaudible. À quoi jouait-il ? Tout ce qu'il réussirait à faire, c'est alerter ce monstre ! Un bref instant, j'ai espéré que ce sifflement ait sur les tangs le même effet qu'avec les quigs de Denduron et que celui-là s'effondre en hurlant de douleur. Mais un coup d'œil m'a appris que ce n'était pas le cas.

La bête était loin de souffrir. L'instant d'avant, elle bondissait pour mordre le vide en cherchant à m'attraper. Maintenant, elle s'était assise, parfaitement détendue, comme un chien bien dressé. Son attitude avait changé du tout au tout. Le temps que ce sifflement lui parvienne.

Le gar a rangé son sifflet et a fait le tour de l'arbre pour se diriger vers le tang. Je me suis dit que dès que ce monstre le verrait, il se rappellerait qu'il avait faim et passerait à l'attaque.

– Attention ! ai-je hurlé.

Le gar m'a ignoré et a continué son chemin. Je me suis crispé en attendant l'inévitable bain de sang. Mais il s'est dirigé droit vers le tang pour lui flatter le mufle… comme à un chien. Je savais qu'à mon retour sur Eelong, bien des choses auraient changé, mais je n'aurais jamais imaginé ça. Les tangs étaient les terreurs de la jungle. Tous en avaient peur, les klees comme les gars. C'étaient des prédateurs, des brutes sans cervelle. Pourtant, sous mes yeux, ce type caressait un de ces monstres comme un animal de compagnie ! Je m'attendais presque à ce qu'il lui dise « gentil toutou ! » et lui donne un susucre. Bien sûr, comme pour un tang, la friandise ultime serait un pied humain, c'était peu probable. Du moins je l'espérais.

Alors que je restais là, bouche bée, le gar m'a regardé et a lancé :

– Qui es-tu, toi ?

Je n'ai pas eu l'occasion de lui répondre. Un feulement sonore s'est élevé de la jungle. Il y avait un klee dans le coin. Le gar n'a pas attendu ma réponse. À peine eut-il entendu ce bruit qu'il est parti en courant. En cours de route, il a à nouveau utilisé son sifflet. Obéissant, le tang l'a suivi. Le moins qu'on puisse dire, c'était que les choses avaient changé depuis mon dernier passage sur Eelong.

Un nouveau challenge se présentait à moi. Les klees aussi mangeaient les gars. Or j'en étais un. Je savais qu'ils devaient respecter l'édit quarante-six qui interdisait aux klee de chasser les gars pour les mettre au menu, mais après avoir vu le changement d'attitude entre celui qui venait de partir et le tang, je ne pouvais rien dire sur ce qu'étaient devenues les relations entre klees et gars. Mais que pouvais-je faire ? J'étais coincé en haut d'un arbre ! J'aurais pu en descendre, mais il était hors de question d'espérer distancer un félin en rogne. Je suis resté planté là dans l'espoir que le klee s'intéresse davantage au gar au sol qu'à celui perché sur l'arbre.

J'ai senti le tronc vibrer comme si quelque chose avait sauté sur une branche plus basse que la mienne. Quelque chose de gros. J'ai entendu le crissement de griffes labourant l'écorce tout en montant vers moi. D'accord. C'en était plus que je pouvais en supporter. Il était temps d'aller voir ailleurs si j'y étais. J'ai imaginé Solara et allais faire un pas en avant lorsque…

– Pendragon ? a fait une voix au-dessus de ma tête.

Je me suis arrêté net et ai levé les yeux. Sur une branche épaisse, à moins de deux mètres de ma tête, il y avait un grand félin à la fourrure noire. Une panthère. Une klee. Kasha.

– Que fais-tu dans cet arbre ? m'a-t-elle demandé avec une telle surprise dans sa voix que je me suis senti passablement ridicule.

– J'évitais un tang. Tu savais qu'on peut les apprivoiser ?

– Pas avant mon retour sur Eelong. Bien des choses ont changé depuis la dernière fois.

Kasha portait son éternelle tunique sombre. C'était une exploratrice. Lorsque je l'avais rencontrée pour la première fois, elle et son équipe sillonnaient la jungle à la recherche de nourriture. Elle avait pour tâche de protéger les autres des tangs. S'il fallait en croire la scène qui s'était déroulée sous mes yeux, ce n'était plus si important.

– Depuis combien de temps es-tu là ? ai-je demandé.

Elle aurait pu arriver il y a vingt minutes ou il y a vingt ans. Le temps avait de moins en moins d'importance.

– Pas plus de vingt-quatre heures, mais j'ai découvert pas mal de choses !

Je l'ai dévisagée dans l'espoir de recevoir de bonnes nouvelles. Elle savait précisément ce que j'avais en tête, parce qu'elle a ajouté :

– Je n'ai pas trouvé les exilés.

– Pas grave. Moi si. Enfin, au moins, je sais où ils sont.

Kasha a écarquillé les yeux.

– C'est formidable ! Tu es venu me ramener sur Solara ?

– Heu, non. Ils sont là, Kasha. À la Cité des Eaux Noires.

Elle m'a fixée, stupéfaite. Oui, c'était une klee, mais son expression était éloquente.

– Mais… comment ? a-t-elle demandé.

– Pour commencer, peut-on descendre de cet arbre ?

– Oh, oui, bien sûr.

On a gagné le sol. Bien sûr, Kasha était nettement plus agile que moi. Je me sentais en sécurité en sa compagnie.

– Où est-on ? ai-je demandé. Je veux dire, sur Eelong ?

– Non loin de Lyandra. Je m'y rendais lorsque j'ai entendu un tang attaquer. J'avoue que je ne m'attendais pas à te trouver là-haut.

– Ce doit être pour ça que j'ai atterri à cet endroit. Pour te retrouver.

– Oui, et parce que d'après moi, il est important que tu voies ce qu'est devenue Lyandra.

– Pourquoi ? Elle a changé ?

– Tu devras le constater par toi-même, a acquiescé Kasha.

– Mais il faut qu'on se rende à la Cité des Eaux Noires ! ai-je protesté.

– Exact. Mais il faut également que tu connaisses ce nouvel Eelong. Si les exilés sont bien à la Cité des Eaux Noires, ce qui est arrivé à Lyandra a dû les affecter.

Elle m'avait convaincu. On allait retourner à la ville des klees en passant par les arbres. Pendant que Kasha m'ouvrait la voie à travers la jungle, je lui ai raconté tout ce qui s'était passé, jusqu'à la mort de Nevva et ses dernières paroles.

Kasha a secoué la tête, consternée.

– Les Eaux Noires. Je n'aurais jamais deviné.

– Qu'est-ce qui m'attend à Lyandra ? ai-je demandé histoire d'être au moins *un petit peu* préparé.

– Elle est devenue dangereuse pour les gars. Bien plus qu'à ton dernier passage.

Oh. Joie et bonheur.

– Quoi, il y a plus pénible que d'être traité en esclave et finir au menu ?

– Oui. Plus un seul gar n'habite Lyandra. Ils ont été bannis.

– Mais… c'est impossible, ai-je contré. Une nouvelle ère de coopération s'ouvrait pour les deux espèces ! Gunny et Spader y ont contribué.

– C'est du passé. Si une trêve s'est établie, il y a longtemps qu'elle a été rompue.

Je n'arrivais pas à concevoir ce qui avait pu provoquer une telle régression. Mais avant que j'aie pu poser la question, la réponse s'est imposée à moi.Kasha et moi sommes sortis du couvert de la jungle pour tomber sur l'immense muraille de bois entourant Lyandra. On l'avait édifiée pour se protéger des tangs. C'était toujours le cas, mais il y avait une différence majeure. Je pouvais voir au loin, par-dessus ce mur d'enceinte. Tous les trois ou quatre mètres, il y avait un long mât. Et à chacun d'entre eux, un drapeau était accroché. Un drapeau rouge frappé d'une étoile. Le symbole des Raviniens.

– Les Raviniens dirigent Eelong, a déclaré Kasha.

– J'aurais dû m'en douter, ai-je répondu à voix basse.

– Pour moi, a continué Kasha, ça n'a pas été facile. Ils ne savent plus qui je suis, et personne ne me fait confiance. Durant le peu de temps dont j'ai disposé, je n'ai pas appris grand-chose, mais j'ai entendu des rumeurs. Il va se passer quelque chose, et je crains que ça ne soit néfaste aux gars.

– Il faut qu'on découvre ce qu'il en est, ai-je affirmé. Sur Eelong, les exilés sont tous des gars.

– C'est pourquoi il faut entrer dans la ville. C'est là qu'on trouvera la réponse à nos questions.

Journal n° 37
Chapitre 28

Pour qu'on puisse franchir les portes de Lyandra, je devais mourir. En quelque sorte.

– Les gars n'ont plus le droit d'entrer en ville, a expliqué Kasha. Du moins pas seuls.

– Comment ça ?

Elle n'a pas répondu. Elle avait l'air sur les nerfs. Ce n'était pas la Kasha pleine de confiance que je connaissais. On s'est accroupis tous les deux dans la jungle juste devant la clairière entourant Lyandra. L'espace séparant les premiers arbres du grand mur devait faire une cinquantaine de mètres.

– Pardonne-moi, Pendragon, a déclaré Kasha. Depuis mon retour, j'ai vu des choses plutôt dérangeantes. J'ai dû mal à comprendre ce qui se passe.

– Dis-moi tout.

– Lorsque je suis arrivée ici, je me suis retrouvée dans l'enceinte de Lyandra. Mais ce village avait changé si complètement que j'ai eu du mal à le reconnaître. Sa structure a été profondément modifiée. J'ai tenté de trouver Boon. J'ai même essayé de le contacter via mon anneau de Voyageur. Après tout, c'est mon acolyte. Mais l'anneau ne fonctionne plus.

– Je n'y avais même pas pensé ! Ils ont dû être désactivés lorsque les flumes ont été détruits.

– Oui, je pense aussi. J'ai demandé à tous ceux que j'ai croisés s'ils le connaissaient, mais personne ne l'avait jamais vu. Finalement, je suis tombée sur quelqu'un qui m'a dit que Boon était parti en expédition vers une des fermes extérieures. C'est pour ça que j'étais ressortie. Pour le chercher.

– Et tu l'as trouvé ?

– Non. Les fermes ne sont plus là où elles étaient. Je suis revenue en arrière de peur de me perdre. C'est alors que je suis tombée sur le tang, et toi.

– Et la ville elle-même ?

– Je l'ai sillonnée de long en large pour me repérer, mais c'était quasiment impossible. C'est alors que j'ai compris que j'avais été renvoyée loin dans le futur, du moins par rapport à mon époque. C'était le seul moyen d'expliquer que Lyandra ait tant changé.

– Tu dis qu'il va arriver quelque chose aux gars ? Ce doit être pour ça qu'on est là.

– Je le crois également.

– Alors ? Qu'est-ce que c'est ?

Kasha n'a pas répondu. De toute évidence, elle était perturbée.

– Tu as découvert quelque chose, hein ? ai-je insisté.

– J'ai *vu* quelque chose. Quelque chose que je n'aurais jamais cru possible, et pourtant, c'est bien le cas. Je me suis dirigé vers la partie de la ville qui sert de base aux explorateurs dans l'espoir de tomber sur une connaissance. Elle est toujours au même endroit et n'a pas changé. Les explorateurs sont toujours en activité. Ils quittent encore la ville pour aller chercher des provisions. Mais…

Elle n'a pas pu continuer. Quoi qu'elle ait pu dénicher, ça la travaillait. Je n'ai pas insisté : je savais qu'elle finirait par se confier. Elle avait beau être une klee, je lisais en elle aussi bien qu'une humaine. Sa fourrure noire luisait, comme si elle était baignée de sueur.

– Un groupe d'explorateurs était là, dans les baraquements, à prendre leur repas et discuter entre eux. Ils riaient, disant que désormais, leur travail serait plus facile. Ils n'auraient plus à rôder dans la jungle, plus à se soucier des tangs, plus à garder ceux qui récoltaient les fruits et les légumes des fermes. C'était une sorte de fête. Ils célébraient de ne plus devoir s'aventurer dans la jungle. À les entendre, leur vie allait changer.

– Alors comment comptent-ils nourrir la population ?

– Ils ne l'ont pas précisé, a-t-elle répondu. C'était inutile. Je l'ai vu. (Elle a avalé sa salive. Péniblement.) L'un des explorateurs rongeait un os. Une fois terminé, il l'a jeté sur un tas qui s'élevait près de la porte.

Je commençais à comprendre où elle voulait en venir, mais je voulais l'entendre de sa bouche.

– Que mangeait-il, Kasha ?

– C'était un tibia. Celui d'un gar. Comme tous les autres de la pile. C'est arrivé, Pendragon. Les gars sont redevenus des proies. Ils sont sur le point de révoquer l'édit quarante-six. Il sera bientôt légal de dévorer des créatures intelligentes ! Les explorateurs ne seront plus obligés d'aller chercher des provisions dans la jungle. Je pense que leur tâche sera de rassembler les gars pour… pour… (Elle dut lutter pour se maîtriser.) C'est presque du cannibalisme !

J'ai regardé le mur d'enceinte de Lyandra et ses drapeaux raviniens claquant au vent. Maintenant que je connaissais la vérité, cet incroyable village dans les arbres prenait une signification nouvelle. Ce n'était plus une cité fabuleuse peuplée de félins doués de parole. C'était un abattoir.

– Du coup, ai-je remarqué, je n'ai plus si envie d'aller jeter un œil à l'intérieur.

– J'ai cru comprendre que la décision n'était pas encore prise. Ils en parlaient comme de quelque chose qui allait se produire, mais n'était pas encore officiel.

– Pourtant, ils mangeaient des gars ! ai-je rétorqué.

– Les explorateurs se croient toujours au-dessus des lois. Pour eux, les règles ne s'appliquent pas à leur corps. Dans ce métier, l'arrogance est la norme. Je le sais : j'étais l'une d'entre eux. L'une des pires.

– Mais tu n'as jamais mangé de gars.

– Non. C'est quelque chose que mon père m'a inculqué. J'imagine qu'il fut un temps où j'aurais pu m'y résoudre, mais depuis qu'on a découvert que les gars sont intelligents, c'est inadmissible. Comment les klee peuvent-ils avoir fait un tel bond en avant pour régresser ainsi ?

J'ai désigné les drapeaux rouges.

– À cause de Ravinia, ai-je répondu. Soutenue par la vision de Saint Dane. Les puissants ont tous les droits aux dépens des faibles. C'est la doctrine qu'il a imposée dans tout Halla. Ça ne m'étonne pas vraiment.

– Je suis écœurée, a murmuré Kasha, la tête baissée.

– Tu as tort, ai-je répondu. Tout n'est pas encore joué. On est là pour protéger les exilés, et d'après ce que tu m'as appris, je crois savoir ce que leur réservent les klees raviniens.

Écœurant, en effet.

– C'est pour ça qu'il nous faut entrer dans Lyandra, a repris Kasha. On doit découvrir quand l'édit sera révoqué. Cela nous dira combien de temps il nous reste avant que les exilés soient réellement en danger.

À nouveau, je me suis tourné vers le mur. Je ne voulais pas y aller. Je n'en avais *vraiment*, mais alors là, aucune envie. Mais Kasha avait raison. On devait apprendre quand serait abrogé l'édit quarante-six. Ensuite, la saison des gars serait ouverte.

Et celle des exilés.

– Je ne pourrai jamais franchir ces portes comme la dernière fois, ai-je remarqué. Pas si les gars sont bannis de Lyandra.

Kasha m'a jeté un regard mal à l'aise.

– Certains gars ont le droit d'entrer.

– Lesquels ?

– Les morts.

Je l'ai dévisagée un long moment en cherchant à comprendre. Je n'ai pas tardé à percuter. Je me suis retrouvé sous une toile crasseuse au fond d'un chariot d'explorateur à quatre roues poussé par Kasha. Notre plan était simple. Pour tout le monde, elle transporterait le cadavre d'un gar afin que ses collègues explorateurs en fassent leur goûter. Oui, je sais, c'est dégueu. Je suis resté là à faire le mort. J'avais retiré ma chemise et sali mon pantalon pour cacher ma tenue de garde ravinien. Si un *vrai* garde ravinien klee y regardait d'un peu plus près, ça risquait de mal se passer. Il pouvait s'imaginer que j'avais volé des vêtements et, pour peu qu'ils décident de me punir, notre petite entreprise risquait de mal se terminer. Mais j'ai gardé les bottes. Kasha a remarqué que, comme celles des klees étaient très différentes de celles des gars, personne ne se douterait que je les avais piquées à un garde ravinien. Et me voilà, en route vers Lyandra dans un chariot – torse nu et couvert de boue pour avoir l'air d'un plateau-repas.

Un repli de la toile cirée me permettait de regarder droit devant nous. Kasha m'a poussé le long du mur jusqu'à ce qu'on atteigne l'une des grandes portes menant au village. Deux klees montaient la garde. Ils étaient grands, portaient des uniformes raviniens avec une lance accrochée dans leur dos et avaient l'air méchants. La dernière fois où j'étais entré dans Lyandra s'était avérée plutôt effrayante, mais là, c'était tout à fait différent. Cette fois-ci, je n'étais qu'un bout de viande. Pourvu que ces klees soient assez civilisés pour ne pas décider de me bouffer séance tenante. Le moins qu'on puisse dire, c'est que j'aurais préféré être ailleurs.

– Qu'est-ce qu'il y a là-dedans ? a aboyé l'un des gardes.

– Ça ne te regarde pas, a-t-elle répondu tout aussi brutalement.

Elle a tenté de continuer son chemin, mais le garde l'a arrêtée :

– Stop ! C'est notre devoir d'inspecter tout ce qui entre dans la ville !

– Je suis une exploratrice, a-t-elle rétorqué impatiemment. Je ne suis pas soumise aux mêmes lois que les rampants.

De ma position, j'avais un bon point de vue sur le klee. C'était un félin à la fourrure rousse, aux yeux verts et acérés. Vilain minou. Il a dévisagé Kasha comme s'il se demandait si elle cherchait la bagarre.

– Vous autres explorateurs, vous êtes tous les mêmes, a-t-il feulé. Vous vous croyez au-dessus des lois. Mais c'est fini, tout ça. Tout le monde est sous la coupe de Ravinia. Et la loi de Ravinia spécifie qu'on a le pouvoir d'inspecter tout ce qui doit passer cette porte. Si tu tiens absolument à en débattre avec le Cercle, je veux bien te mettre en détention jusqu'à leur prochaine réunion.

C'était un duel. Qui céderait le premier ? Un instant plus tard, j'ai senti qu'on retirait la toile cirée. Je me suis mis en mode mort. En tout cas, j'ai retenu mon souffle. Je me suis brièvement dit que j'avais bien fait de renoncer à mon uniforme ravinien. Il y eut un long silence. Le pire, c'est que je ne pouvais même pas ouvrir les yeux pour voir ce que faisaient les gardes !

– C’est pour mes collègues explorateurs, a dit Kasha. Ou est-ce que vous préférez qu’on cesse de vous amener de quoi manger ?

Un instant, j’ai eu peur que ce greffier me prenne le bras pour mordre un bon coup. J’ai fait un effort de volonté pour ne pas bouger.

J’ai entendu le garde grogner, comme s’il cherchait à sauver les apparences :

– Tous les mêmes. Allez, passe !

Kasha a remis la toile cirée sur ma tête, et on est repartis. On était entrés. La klee et le cadavre.

– Ne bouge pas, a-t-elle chuchoté. Je te dirai quand tout danger sera écarté.

Je ne demandais qu’à faire le mort. L’idée d’être entouré de félins féroces qui pouvaient me mettre en pièces à tout moment était terrifiante. Je me suis demandé s’ils étaient comme des chiens. Pouvaient-ils flairer la peur ? En ce cas, ils devaient en avoir plein les narines. Je mourais d’envie de voir cette nouvelle Lyandra, mais n’osais pas regarder par les plis de la toile cirée.

– Où va-t-on ? ai-je chuchoté.

– Chut ! m’a-t-elle rabroué.

Je me suis tu. Un cadavre qui parle risquerait d’attirer les soupçons. Et d’ailleurs, les chats sont censés avoir l’oreille fine. J’ai tenté de me calmer pour mieux faire le mort. Kasha m’a poussé comme ça pendant plusieurs minutes. Après quelques cahots, on s’est arrêtés, et j’ai senti qu’on s’élevait. J’en ai conclu qu’on se trouvait dans un des ascenseurs qui amenaient les klees aux bâtiments du village s’étendant sur divers niveaux de ces arbres géants. La cabine s’est arrêtée dans un tressautement et Kasha m’en a fait sortir. On a continué notre chemin pendant encore plusieurs minutes, les roues du chariot cliquetant sur ce qui devait être les planches de bois des passerelles permettant de traverser d’un arbre à l’autre. Enfin, on s’est arrêtés dans un ultime soubresaut.

– Maintenant, on ne risque rien, a dit Kasha. Personne ne peut nous voir.

J’ai repoussé lentement la toile cirée. Comme j’étais sur le dos, je me suis retrouvé à fixer les branches de l’arbre. J’ai constaté qu'on se trouvait sur une plate-forme construite autour d'un tronc central. Voilà qui ressemblait fort à la Lyandra que je connaissais. Lorsque je me suis redressé, j'ai vu celle que je ne connaissais *pas*.

Je me suis dirigé vers la rambarde pour contempler une ville bien différente de mes souvenirs. Elle était toujours logée entre des arbres d'une largeur incroyable. Mais les structures elles-mêmes n'avaient rien à voir. Fini les huttes élevées sur des perches solides. C'étaient désormais des bâtiments de bois d'allure moderne. Il était évident que les planches étaient fabriquées de façon industrielle. Les constructions étaient variées. Certaines étaient rondes, d'autres se dressaient vers le ciel comme pour défier les arbres qui les flanquaient. Les passerelles reliant les arbres et les bâtiments avaient été remplacées par des ponts solides.

À mon dernier passage, il n'y avait que peu de constructions sur le sol. Une précaution en cas d'attaque des tangs. Maintenant, il y avait toujours des centaines d'habitations dans les arbres, mais le sol en était également couvert. Des véhicules à moteur arpentaient de grandes avenues. Il y avait des trottoirs de bois, des feux rouges et même de grands panneaux où l'on n'affichait pas des publicités, mais des œuvres d'art plutôt intéressantes.

Ce spectacle avait beau être différent de la ville que je connaissais, en même temps, c'était logique. C'était la version d'Eelong du Conclave de Ravinia en Troisième Terre. C'était une utopie réservée aux privilégiés.

– J'ai l'impression de voir l'avenir de ma propre époque, a soupiré Kasha.

– *C'est* l'avenir de ta propre époque, ai-je remarqué.

– Et il se joue sans les gars.

J'ai regardé autour de moi dans l'espoir d'en voir au moins un. Bien sûr, il y avait des klees partout. Lyandra était devenue une ville bourdonnante d'activité. Ces félins marchaient dans les rues, certains debout comme des humains, d'autres à quatre pattes. Des ascenseurs s'élevaient sur les flancs des bâtiments, tous remplis de klees. Ceux-ci conduisaient même ces véhicules qui m'avaient frappé. Mais il n'y avait pas un gar en vue. Dans mes souvenirs, ils étaient aussi nombreux que les klees, même s'ils étaient traités en esclaves ou en animaux de compagnie. On les promenait au bout d'une laisse ou on les obligeait à effectuer les pires travaux, mais ils étaient partie intégrante de la vie de Lyandra. Plus maintenant.

J'ai aussi vu plusieurs klees portant l'uniforme rouge des gardes raviniens positionnés aux coins des rues. Maintenant, c'était Ravinia qui était partie intégrante de la vie de Lyandra. Je me suis demandé s'ils étaient bien des klees en chair et en os ou des dados en forme de félins construits en Troisième Terre.

– Plus un geste ! a fait une voix rogue derrière nous.

Aïe. Il fallait croire qu'on n'était plus seuls. Je me suis crispé, prêt au combat, et me suis tourné vers Kasha. Bizarrement, elle semblait détendue. Non, c'était encore plus étrange. Elle souriait.

– Qui es-tu ? a insisté la voix. Que fais-tu chez moi avec ce gar ?

Je me suis dit qu'il valait mieux laisser Kasha s'en sortir.

– Est-ce là des façons d'accueillir une Voyageuse fatiguée ?

Hein ? Elle connaissait ce type ?

– Kasha ? a fait la voix incrédule.

Elle s'est retournée pour lui faire face.

– Bonjour, Boon. Si tu savais comme je suis contente de te voir.

Le klee à la fourrure brun clair est resté planté là, sous le choc. Puis il a couru vers Kasha pour l'entourer de ses pattes. Ils se sont étreints comme les vieux amis qu'ils étaient.

– Je… je ne comprends pas, a marmonné Boon, en larmes. Tu es morte sous mes yeux dans ce tunnel.

Kasha m'a regardé. Je me suis demandé si elle allait offrir à son ami des explications circonstanciées.

– De toute évidence, je suis bien vivante. J'ai pu échapper à l'éboulement et on m'a aidée à me remettre sur pied.

Bien vu.

– Tu te souviens de Pendragon ?

Boon m'a regardé et a ouvert des yeux encore plus grands.

– Pendragon ! a-t-il crié en me sautant dessus.

C'était vaguement angoissant. Après tout, maintenant, les klees nous mangeaient, nous autres gars. Mais Boon m'a pris dans ses bras couverts de fourrure et m'a serré aussi fort que Kasha.

– Tu ne devrais pas être là, Pendragon ! s'est-il exclamé. C'est trop dangereux !

– Je sais, Boon. Ça va.

Il était comme dans mes souvenirs, plein d'énergie et d'enthousiasme. Il s'est détaché de moi et m'a tenu à bout de bras pour me toiser.

– Tu as grandi. Tu es plus fort.

J'ai haussé les épaules. C'était vrai.

– Et Spader et Gunny ? a-t-il demandé. Je n'ai pas de nouvelles d'eux depuis… depuis…

– Depuis que vous avez banni les gars ?

– Oui, a acquiescé Boon. Ils vont bien ? Ils sont toujours à la Cité des Eaux Noires ?

– Non.

– C'est une bonne chose, a-t-il affirmé, soulagé.

Là, des signaux d'alarme ont retenti dans ma tête.

– Pourquoi ? Il s'est passé quelque chose là-bas ?

– Non. Pas encore.

On s'est regardés, Kasha et moi.

– Dis-nous ce qui se trame, lui a-t-elle demandé.

Boon a scruté les alentours comme pour s'assurer que personne ne nous écoutait.

– Venez, a-t-il chuchoté. Allons chez moi. Il vaut mieux éviter de se faire repérer par un garde ravinien.

Un garde ravinien. Incroyable. Peu importe le territoire sur lequel on débarquait, quelle que soit la race ou même l'espèce qui l'habitait, les Raviniens contrôlaient tout Halla.

En fait, Kasha nous avait amenés à la plate-forme menant à l'arbre où habitait Boon. C'était un petit appartement à l'ancienne au cœur même de l'arbre. On y trouvait de vieilles chaises à moitié effondrées et des tapis élimés. Boon ne vivait pas vraiment dans le luxe. On s'est installés confortablement, et il nous a servi un jus de fruit quelconque qui m'a redonné de l'énergie. Il m'a aussi prêté une de ses vieilles chemises afin que je ne sois pas obligé de me balader torse nu.

– Il s'est passé tant de choses depuis votre départ, nous a dit Boon, que je ne sais par où commencer.

Je voulais qu'il me raconte tout ça, mais c'était l'avenir qui m'inquiétait. Et surtout l'édit quarante-six et ce que sa révocation signifierait pour les gars et les exilés de la Cité des Eaux Noires.

– Attends, laisse-moi deviner, ai-je repris. Tout se passait bien entre les klees et les gars. Une fois que les klees ont admis que les gars étaient intelligents, ils les ont mieux acceptés et une nouvelle société a commencé à émerger. Alors Ravinia est arrivée.

Boon s'est assis à même le sol à côté de moi.

– Comment le sais-tu ?

– Parce que c'est arrivé dans tout Halla. Les Raviniens promettent d'améliorer la société, mais pour cela, ils ne récompensent que ceux qui, selon eux, y contribuent de façon substantielle. Les autres, tous ceux qui ne correspondent pas à leurs critères, sont abandonnés ou réduits en esclavage. Je présume qu'ici, à Lyandra, l'arrivée de Ravinia a sonné le glas pour les gars.

– C'est exactement ça ! s'est écrié Boon. Le Cercle des klees était devenu juste « le Cercle » pour permettre aux gars d'y entrer. Maintenant, on l'appelle « le Cercle de Ravinia ».

– Bien sûr, ai-je fait, sarcastique.

– Aussitôt, les gars ont vu leurs droits bafoués. Ils avaient à peine eu le temps de s'habituer à être traités en égaux que les Raviniens les renvoyaient dans la jungle.

– Pourquoi ne les a-t-on pas gardés pour effectuer les travaux les plus basiques ? a demandé Kasha. Comme avant ?

– Parce qu'il y avait bien assez de klees pour se charger des basses besognes, a répondu Boon. Ravinia a séparé ceux qu'ils considéraient comme dignes de ceux qui ne contribuaient pas assez à leur goût. Les élus ont reçu de belles demeures et des positions influentes pendant que les autres ont été forcés à construire cette ville nouvelle.

– Et je présume que les gars ont été taxés d'êtres inférieurs et chassés de cette nouvelle Lyandra. C'est bien ça ?

Boon a acquiescé.

– Que t'est-il arrivé à toi, Boon ? a demandé Kasha.

Il a baissé les yeux comme s'il avait honte.

– Je n'étais qu'un vulgaire explorateur, et pas un des meilleurs, en plus. Je pensais que le rôle que j'avais joué en amenant les gars à la Cité des Eaux Noires me vaudrait une place dans l'élite. Je me trompais. En fait, cela m'a desservi plus qu'autre chose. Pour eux, j'étais un ami des gars. Je ne suis plus explorateur. Maintenant, je nettoie les égouts des nouveaux bâtiments. Je suis facilement remplaçable, comme on me le rappelle tous les jours. Regardez cet appartement. J'ai de la chance de pouvoir encore l'habiter. Bientôt, le Cercle de Ravinia s'en emparera pour le détruire. Il faut faire de la place pour bâtir un nouveau manoir. Je devrais vivre en bordure de la ville, dans ce qu'ils appellent un Lotissement Horizon. On raconte que là-bas, les klees doivent se partager une chambre pour quatre, avec pas grand-chose à manger et encore moins de confort. (Boon a soupiré.) Et dire que l'avenir d'Eelong s'annonçait si brillant !

– Jusqu'à ce que Ravinia s'en mêle, ai-je ajouté.

– Et pour couronner le tout, a grondé Kasha, l'édit quarante-six va être révoqué. Ça me dégoûte.

Boon a secoué a tête :

– Oh, non. Il y a longtemps qu'on l'a révoqué. Maintenant, chasser les gars pour les manger est tout à fait banal.

Kasha m'a jeté un coup d'œil surpris. Puis elle a dit à Boon :

– Mais j'ai entendu des explorateurs prétendre qu'il allait se passer quelque chose d'important qui rendrait les chasses plus faciles. Je croyais qu'il s'agissait de révoquer l'édit quarante-six.

La mine de Boon est devenue encore plus sombre.

– En effet, quelque chose va se produire, quelque chose qui facilitera les recherches de nourriture, a-t-il expliqué. Mais ce n'est pas ça.

– Alors qu'est-ce que c'est ? ai-je insisté.

– C'est la question que j'ai posée à Gunny et à Spader, a répondu Boon. Cela fait un bout de temps que l'armée des klees ne cesse de s'agrandir, et ils sont toujours en manœuvre. Ils s'exercent sur l'ancien terrain de Wippen. Je n'ai jamais vu autant de soldats rassemblés au même endroit.

– Pourquoi s'entraînent-ils ? ai-je demandé nerveusement.

– Je ne suis pas censé le savoir, mais en tant que manutentionnaire, je me retrouve souvent là où on ne m'attend pas. J'ai entendu parler de leurs plans.

– Qu'est-ce qu'ils ont prévu, Boon ?

– L'armée va marcher sur la Cité des Eaux Noires, a-t-il répondu sans détours. Les gars qui ne seront pas tués au cours de l'attaque seront capturés et maintenus en vie…

– En tant que réserve de nourriture ? ai-je demandé d'une voix blanche.

Boon a acquiescé.

– Cette armée est immense. Les gars n'ont pas l'ombre d'une chance.

– Tu crois qu'ils savent pour les exilés ? a demandé Kasha.

– Quels exilés ? a répondu Boon.

– Peu importe, ai-je tranché. Les klees ne sauront pas reconnaître un gar d'un humain. En admettant qu'ils en aient quelque chose à faire.

– C'est quoi, un humain ? a demandé Boon interloqué.

– Conduis-moi à cette armée, Boon, ai-je repris. Il faut que je la voie.

– Tu peux le faire ? a demandé Kasha à Boon.

Il y a réfléchi un moment, puis a acquiescé.

– Oui. Je connais un chemin dans la forêt qui est interdit au commun des mortels, mais comme je fais le ménage un peu partout, j'ai la combinaison des serrures. Je peux vous montrer l'armée des klees.

– Allons-y. Maintenant.

– Pourquoi ? a demandé Boon. Ils s'entraînent chaque jour au même endroit et de la même façon.

– Je veux savoir contre quoi on va se battre.

– Contre… tu n'espères pas affronter toute une armée ? a fait Boon épouvanté.

– J'en jugerai par moi-même, ai-je répondu d'un ton bravache.

Kasha s'est levée :

– Je suis désolé si tout ça t'est pénible, Boon, mais c'est important.

Il s'est redressé d'un bond :

– Tu n'as pas besoin de me convaincre. Je suis content d'être à nouveau dans la course !

J'ai retiré la toile cirée de sa brouette et l'ai posée sur ma tête au cas où un garde Ravinien nous repèrerait. Ou le premier klee affamé venu. Comme l'édit quarante-six avait déjà été abrogé, n'importe qui pouvait me prendre pour son quatre-heures. Boon nous a guidés le long des passerelles sinuant en haut des arbres de Lyandra.

– La plupart des klees ne viennent pas par ici, a-t-il expliqué. Uniquement les employés. On peut trimbaler des équipements et des fournitures sans déranger les klees d'en bas.

– Typiquement Ravinien, ai-je grogné. Ils veulent que tout le monde fasse leur sale boulot, mais refusent de voir trimer leurs esclaves.

– Oui, c'est bien résumé, a convenu Boon.

De temps en temps, on tombait sur une porte fermée par ce qui ressemblait à des bambous entrelacés. C'était une serrure primitive, et Boon connaissait toutes les combinaisons.

– Moi, je ne m'y retrouverais jamais, a remarqué Kasha.

– Oh, je me suis déjà perdu. Plus d'une fois. (Boon a gloussé.) Comment crois-tu que j'ai appris à me repérer ?

On a continué comme ça pendant une vingtaine de minutes, passant d'un pont à l'autre, d'un niveau à un autre, jusqu'à ce qu'on arrive à proximité du terrain de wippen.

– Il y a un point de vue derrière ce dernier arbre, a expliqué Boon. De là, tu pourras regarder en bas. Mais fais attention : lorsqu'on sera au-dessus de leurs têtes, ils pourront également nous voir.

– Ne t'en fais pas. Je ne veux pas finir en casse-croûte.

– Ce serait bien le cadet de tes problèmes, a repris Boon d'un ton grave. Cette armée s'entraîne pour envahir la forteresse des gars. S'ils voient l'un d'entre eux les espionner, je doute qu'il reste assez de toi pour ça.

Oh. Merci bien.

On s'est approchés du grand arbre avec un luxe de précautions. Le chemin continuait à travers son tronc. On est entrés tous les trois dans ce tunnel sombre. Boon nous a arrêtés avant qu'on émerge de l'autre côté.

– Soyez prudents. Ne faites pas de bruit. Pas de gestes brusques. En passant cette ouverture, regardez en bas. On est juste au-dessus du terrain de wippen. L'armée est là. Il faut espérer qu'ils seront en plein exercice, plongés dans une de leurs simulations de batailles, et n'y verront que de feu. Tu veux toujours courir ce risque ?

– Je n'ai pas le choix, Boon. Il faut absolument savoir ce que vont affronter les gars, parce qu'on devra tenter de l'arrêter.

– Oh. Alors tu es bien un espion.

– Tout à fait.

– Bien. Je passe en premier, et s'il n'y a pas de danger, je vous ferai signe.

Boon s'est déplacé rapidement et silencieusement (facile, vu que c'est un chat) vers la passerelle qui se continuait le long de l'immense arbre pour regarder avec précaution par-dessus la rambarde. Kasha et moi l'avons suivi nerveusement des yeux en attendant son signal.

En vain.

– Qu'est-ce qu'il attend ? a chuchoté Kasha.

Boon restait là, sur la passerelle, mais son langage corporel a changé. Il ne se baissait plus pour être invisible. Il s'était redressé sur ses deux jambes, ou ses deux pattes de derrière.

– Qu'est-ce qu'il y a ? lui a lancé Kasha.

Boon s'est tourné vers nous. Son visage était dépourvu d'expression. Lentement, il a levé la patte pour nous faire signe de le rejoindre. On a obéi en restant à moitié courbés. J'ai retenu mon souffle. On allait voir notre ennemi. L'armée en contrebas était rassemblée, organisée et entraînée pour marcher sur la Cité des Eaux Noires. Une sinistre quête de nourriture qui risquait fort d'éradiquer notre dernier espoir de sauver Halla. Saint Dane le savait-il ? Était-ce son œuvre ? Si l'invasion était un succès, il n'aurait pas besoin de ses légions de dados de Troisième Terre. Il n'aurait plus à user de son énergie sombre pour créer un autre flume. Halla lui appartiendrait.

Je me suis préparé au pire. Cette armée serait-elle mécanique ? Quelles armes utiliseraient-ils ? Serait-ce une phalange primitive de félins ? Ou Ravinia avait-elle développé des armes mortelles ? Était-elle composée de dados ? Alors qu'on se déplaçait sur cette passerelle pour regarder en bas, je m'attendais à trouver une réponse à toutes ces questions.

Eh bien non. Le spectacle qui s'est dévoilé sous mes yeux était pire que tout ce que je pouvais m'imaginer.

– Je ne comprends pas, a dit Boon, l'air tout aussi stupéfait que moi.

J'ai vu… rien. Le terrain de wippen était vide. L'armée était partie.

– Moi si, ai-je hoqueté. Ils sont en chemin. Ils sont déjà en route vers la Cité des Eaux Noires !

Journal n° 37
Chapitre 29

– Ça fait combien de temps ? ai-je demandé.

– Combien de temps que quoi ? a demandé Boon.

– Depuis la dernière fois que tu les as vus ?

Mon cœur battait la chamade. Une idée déprimante me torturait. Et si on arrivait trop tard ?

– Hier. Ou peut-être le jour d'avant. Je ne me souviens plus.

– Le chemin qui mène aux montagnes entourant la Cité des Eaux Noires est long, a raisonné Kasha. Une armée aussi grande que celle que Boon nous a décrite prendrait deux fois plus de temps pour y arriver.

– Donc, ai-je rugi, s'ils sont partis depuis deux jours, on arrive trop tard.

– Plus qu'à espérer qu'ils aient levé le camp hier, a répondu Kasha.

– Il faut qu'on y soit avant eux, ai-je conclu.

– Il n'y a qu'une seule façon de s'en assurer, a décrété Kasha.

Je voyais très bien ce qu'elle voulait dire, et il ne s'agissait pas de retourner sur Solara dans l'espoir que les esprits nous renvoient à la Cité des Eaux Noires.

– Tu crois que tu peux encore piloter ? ai-je demandé.

– Non ! a protesté Boon. Tu veux voler un gig ?

J'ai haussé les épaules :

– Ça ne serait pas la première fois.

– Tout a changé, Pendragon, a argué Boon. Les Raviniens ont tout verrouillé. Lyandra est quasiment en état de guerre.

– Parfait, ai-je répondu. Comme ça, ils ne s'étonneront pas lorsque la guerre viendra à eux.

– Tu n'es pas obligé de nous aider, Boon, a renchéri Kasha avec sincérité. Tu as déjà fait bien plus qu'on n'aurait pu te demander.

Le regard du klee ne cessait de passer de l'un à l'autre.

– Attends, tu crois vraiment pouvoir m'empêcher de vous suivre ? Je suis ton acolyte, Kasha. Et au cas où tu ne l'aurais pas compris, je n'ai aucune affection pour les Raviniens. Crois-moi, je suis prêt à tout pour les arrêter. Si pour cela, il faut piquer un gig et le poser au beau milieu de la Cité des Eaux Noires, alors allons-y. Je veux juste que vous sachiez ce qu'on risque.

– Merci, Boon, a dit Kasha avec un grand sourire. C'est noté.

– Alors quand partons-nous ? a-t-il demandé.

On a emprunté une fois de plus les passerelles aériennes pour gagner rapidement l'arbre abritant le hangar où les gigs étaient remisés. Kasha et moi avions déjà emprunté un de ces petits hélicoptères biplaces pour nous rendre à la Cité des Eaux Noires et avions fini par nous retrouver en plein combat aérien au-dessus de la jungle contre d'autres pilotes plus expérimentés. Et on s'en était sortis. Pourvu que ses dons de pilote ne soient pas trop émoussés. Quoique, non, j'espérais plutôt qu'elle n'ait pas à employer ces mêmes dons. Un petit voyage d'agrément me conviendrait parfaitement. Mais d'abord, il nous fallait trouver un gig.

Le trajet de retour fut sans histoires. Comme je me cachais sous ma toile cirée, je n'y voyais rien. Je me laissais trimbaler par Kasha et Boon. Je suis sûr qu'on s'est attiré plus d'un regard curieux, mais personne n'a cherché à nous arrêter. Le hangar était au même endroit que dans mes souvenirs, mais comme tout le reste de Lyandra, il avait changé. Dans mes souvenirs, c'était un immense espace évidé dans un de ces troncs monstrueux à bonne distance du sol. L'un des côtés de l'arbre était ouvert et une plate-forme de lancement y dominait la ville. Pour faire décoller un gig, il fallait le pousser depuis l'intérieur du tronc pour l'amener sur cette même plate-forme et, de là, prendre les airs. La procédure restait la même… mais ce n'était pas tout. J'ai remarqué un premier changement lorsqu'on a atteint la porte donnant sur l'arrière du hangar : il n'y avait pas de gardes.

– Je croyais que la sécurité avait été accrue ? ai-je demandé.

Boon a haussé les épaules :

– Je ne sais pas, Pendragon. Je nettoie les égouts. On ne me met pas au courant de tout.

– Oh, c'est vrai. Pardon.

– Peut-être qu'ils n'en ont plus besoin, a remarqué Kasha. Si les gigs sont tous partis fournir un soutien aérien à l'armée…

– Allons voir par nous-mêmes, ai-je affirmé en soulevant la toile cirée pour ce que j'espérais bien être la dernière fois.

Je me suis aventuré jusqu'à la porte de bois donnant sur l'intérieur du hangar. Lorsque je l'ai ouverte prudemment, j'ai constaté que celui-ci était plongé dans l'obscurité.

– Je n'y comprends rien, ai-je dit à voix basse de peur qu'il y ait des Raviniens à l'intérieur. Est-on au bon endroit ?

– Oui, a répondu Boon. Il n'y en a pas d'autre.

– Alors pourquoi fait-il si noir ? L'ouverture par laquelle on lance les gigs est immense !

Kasha n'a pas attendu de réponse. Elle m'a dépassé pour entrer dans le hangar.

C'était bien le même, mais avec une grosse différence. L'ouverture par laquelle on lançait les hélicos était désormais fermée par deux immenses portes faites de bambou. J'ai attendu que mes yeux s'accoutument à la pénombre, ce dont Boon et Kasha n'avaient pas à se soucier. Après tout, c'étaient des chats.

– Les gigs sont là, a chuchoté Kasha.

Mes yeux ne s'étaient pas encore suffisamment faits à la semi-obscurité pour que je puisse voir les détails, mais j'ai senti que la salle était pleine. C'était plutôt réconfortant. Au moins, les klees ne mijotaient pas une attaque aérienne massive sur la Cité des Eaux Noires. Les gigs n'attendaient plus que nous. Mais ça ne serait pas facile pour autant. Ces immenses panneaux étaient fermés hermétiquement, et ces hélicoptères étaient propulsés par des cristaux fonctionnant à l'énergie solaire. Heureusement, il n'y avait pas un seul nuage. L'ennui, c'est que ça n'aurait aucune importance si on ne pouvait pas ouvrir ces fichues portes.

– Regarde, a dit Kasha en désignant un point au-dessus de nos têtes.

À deux étages du sol, j'ai vu une pièce qui saillait du mur. On aurait dit une salle de commandes bordée par une petite passerelle extérieure. Sans doute une tour de contrôle d'où on coordonnait les décollages. Une lumière y était allumée, éclairant la silhouette d'un klee.

– Je dirais que les portes sont commandées depuis là-haut, a ajouté Kasha.

Mes yeux s'étaient suffisamment accoutumés pour que je voie un escalier menant à la salle de contrôle. Le chemin semblait évident.

– Trouve un gig, ai-je ordonné à Kasha. Boon et moi, on va monter là-haut et les ouvrir. Dès que la lumière commence à entrer, tu démarres.

– Tu ne peux pas affronter un klee, m'a-t-elle averti.

J'ai pris l'arme d'explorateur qu'elle portait toujours accrochée dans son dos. C'était un long bâton ressemblant à ceux qu'utilisaient Loor et les autres guerriers Batu.

– Je *peux* affronter un klee, ai-je affirmé.

– Et je l'accompagne, a ajouté Boon.

– Par contre, même à deux, on ne peut faire face à *plusieurs* klees, ai-je remarqué. Si ça tourne mal, on file d'ici le plus vite possible.

Kasha a acquiescé. Il n'y avait pas grand-chose à ajouter. J'ai donné une tape sur le dos de Boon et lui ai fait signe de se diriger vers l'escalier. On s'est frayé un chemin au milieu des gigs en cherchant à ne pas être vu de celui qui se tenait là-haut. S'il y avait un élément crucial, c'était bien la surprise. Si ce surveillant sentait qu'on se préparait à lui sauter dessus, j'aurais parié qu'il pouvait actionner une alarme pour faire venir ses petits copains. Il fallait agir rapidement, silencieusement, et ressortir avant qu'il ne comprenne ce qui lui tombait dessus, et qui, avec un peu de chance, serait l'extrémité du bâton de Kasha.

Au bas des escaliers, j'ai arrêté Boon le temps de développer une stratégie.

– Arrange-toi pour qu'il sorte sur ce balcon, ai-je ordonné.

– Tu en es sûr? a-t-il répondu, indécis. Je sais que tu es courageux, Pendragon, mais tu n'es pas un guerrier.

J'ai failli éclater de rire, et je ne me serais pas gêné si je n'avais pas eu peur d'alerter le klee.

– Boon, ai-je chuchoté, bien des choses ont changé depuis la dernière fois qu'on s'est vus. Fais-le sortir, c'est tout.

Je crois qu'il a senti que j'avais confiance en moi, parce qu'il n'a plus posé de questions. Le klee a monté les marches à quatre pattes. Il se déplaçait en silence, mais l'escalier a légèrement vibré sous son poids. Le surveillant dans la salle de contrôle ne tarderait pas à savoir que quelqu'un arrivait. J'espérais qu'en voyant un de ses semblables, il ne s'inquiéterait pas... Pourtant, il y aurait de quoi. Au fur et à mesure qu'on montait, l'escalier ne cessait de tourner. Je m'arrangeais pour garder une certaine distance entre nous: comme ça, si le surveillant sortait pour voir qui escaladait les marches, il apercevrait Boon, mais pas moi.

Lorsque ce dernier a presque atteint le sommet, il m'a jeté un bref coup d'œil. J'ai acquiescé pour lui ordonner d'y aller. Il a donc continué son chemin sur le balcon, où une porte close menait à la salle. Mais il ne l'a pas ouverte. Au contraire, il est allé se tenir devant les deux baies vitrées qui donnaient sur le sol du hangar. Je me suis penché en avant pour le voir tapoter sur le verre. Je ne pouvais pas distinguer le surveillant à l'intérieur, mais Boon lui a fait signe de quitter son poste.

C'était le moment. Je me suis accroupi le plus bas possible sur les marches. La porte se trouvait directement au-dessus de moi. Dès que le klee en sortirait et se retournerait pour s'adresser à Boon, j'aurais une chance de lui sauter dessus et le mettre K.O.

La porte s'est ouverte. Le surveillant en est sorti à grandes enjambées, l'air furieux. Il faut croire qu'il n'aimait pas les visiteurs inattendus qui venaient frapper à ses fenêtres. J'étais si près, que j'ai remarqué qu'il portait un uniforme ravinien rouge. Je suis resté accroupi pour qu'il ne me voie pas. Il a contourné la salle pour se diriger vers l'avant, là où l'attendait Boon.

– Qui es-tu? a-t-il demandé. C'est une zone à accès restreint. Tu n'es pas autorisé à...

Avant qu'il ait pu finir sa phrase, j'ai bondi sur le balcon et lui ai donné un bon coup à la tempe. Mon plan avait réussi. Tout avait marché comme sur des roulettes, sauf que le klee a à peine réagi. Il s'est interrompu au milieu de sa phrase, c'est tout. Aïe. Il s'est retourné lentement pour voir qui l'avait frappé, si bien que j'ai cogné à nouveau. *Bing*. Droit sur le côté de sa tête de chat. Il a accusé le choc, mais avait l'air indemne. Tout d'abord, je me suis dit que c'était impossible. Je lui avais balancé deux coups qui auraient dû l'envoyer au tapis. C'est alors que j'ai compris.

– Un dado ! ai-je hoqueté.

Le félin m'a sauté dessus. Les pattes en avant, toutes griffes dehors. J'étais si stupéfait que j'ai à peine bougé. En toute logique, ce robot aurait dû me mettre en pièces, mais de son côté, Boon a bondi à son tour et l'a fait tomber. Le dado a heurté le sol du balcon, et Boon s'est assis sur son dos.

– Les portes du hangar ! a-t-il crié.

Ah, oui. La raison de notre présence ici. J'ai reculé et me suis dirigé vers la salle de contrôle. Une fois entré, j'ai vu qu'en plus de la porte donnant sur le balcon, il y en avait une autre sur le mur opposé qui devait déboucher à l'intérieur du tronc. Comme je redoutais qu'il y ait des klees derrière ce panneau, je l'ai bloquée avec mon bâton dans l'espoir de nous faire gagner quelques secondes.

Boon et le dado continuaient de se défier. Je ne savais pas ce que Boon valait au combat, mais il ne pourrait pas le retenir bien longtemps. Je devais ouvrir les portes du hangar pour que Kasha puisse faire démarrer un gig, puis revenir aider mon ami.

Il y avait un long panneau de contrôle avec des dizaines de manettes. J'aurais bien voulu qu'il y en ait une avec l'inscription « Portes du hangar ». On peut toujours rêver. Heureusement, toutes étaient de la même taille, ce qui signifiait qu'elles devaient avoir le même usage. Tout à gauche du panneau, il y avait une autre manette plus grosse. Je l'ai abaissée.

Les lumières du plafond se sont allumées, mais les portes, elles, n'ont pas bougé. Sur le côté gauche du tableau, il y avait une autre manette plus grande que les autres. Je me suis empressé de la tirer. Deux choses se sont alors produites. Avec un soubresaut et un grincement, les immenses panneaux donnant sur la piste se sont animés. Ils se sont séparés au milieu et ont coulissé chacun d'un côté comme les rideaux d'une scène de théâtre pour dégager le passage. De la lumière a inondé le hangar, ce qui voulait dire que Kasha aurait l'énergie qu'il lui fallait. Tout allait bien, si ce n'était la *seconde* chose qui est arrivée en même temps.

Une sirène d'alarme s'est mise à brailler. Il devait y avoir un protocole de sécurité quelconque à respecter. Malheureusement, je ne savais pas en quoi il consistait. En tout cas, cet endroit ne tarderait pas à grouiller de gardes raviniens, parce qu'il n'était pas nécessaire d'avoir l'oreille d'un chat pour entendre le beuglement discordant que poussait cette sirène. Au moment où je courais aider Boon, la porte intérieure s'est ouverte en coup de vent. Les méchants étaient arrivés plus vite que je l'avais prévu. L'arme de Kasha n'avait pas résisté plus d'une seconde. Un garde ravinien a jailli dans la pièce, m'a empoigné et m'a balancé contre le mur du côté opposé au balcon. J'étais pris au piège. Il s'interposait entre moi et la sortie. Ce scénario ne me disait rien de bon. Je pouvais toujours lui échapper un moment, mais il n'aurait qu'à faire jaillir ses griffes pour abréger le combat.

J'étais prêt à laisser tomber et retourner sur Solara lorsque j'ai remarqué un détail sur le panneau de contrôle. Aussitôt, j'ai eu comme une illumination. Mon adversaire était un dado, et ceux-ci étaient fabriqués en Troisième Terre. Inutile de prétendre éviter de mélanger les territoires. Saint Dane s'en était assuré. Donc, si ces maudits robots étaient sur Eelong, on pouvait en déduire qu'ils auraient également des armes de dados. Et là, posé contre le panneau de contrôle, il y avait un long bâton argenté ressemblant à ceux qu'ils maniaient en Troisième Terre.

Le klee a attaqué.

J'ai plongé vers le bâton.

Je l'ai ramassé au moment même où mon adversaire me décochait un coup de griffe. Je me suis baissé, sentant ses lames de rasoir siffler au-dessus de ma tête. Il s'en était fallu de peu. Mes doigts se sont refermés sur l'arme, mais je n'ai pas eu le temps de l'activer. J'ai préféré m'en servir pour poignarder l'estomac du klee. Il n'a même pas cillé. Son instinct lui a conseillé de frapper à nouveau. Je n'ai même pas cherché à parer le coup : j'ai repoussé le félin pour atterrir sur les fesses. Voyant qu'il avait raté sa cible, il a rivé ses yeux sur les miens et a attaqué.

J'ai tenté d'actionner le bouton rouge. Je ne savais pas si je pourrais me défendre en même temps. Il m'a semblé plus important de me servir de mon arme pour parer ses assauts que d'attaquer. J'ai cessé de tripoter le bouton pour lever la main. Le félin s'est chargé du reste. Il a bondi, les quatre pattes en l'air, sans me quitter du regard un seul instant. Il a atterri en plein sur la pointe du bâton pour rester planté là, bien que je sache que c'était impossible. Je l'ai poussé, et le félin est tombé à côté de moi. Ses yeux sans vie fixant le plafond.

Un chat mort.

Il faut croire que j'avais réussi à actionner le bâton.

Mais je n'ai pas eu le temps de me réjouir. S'il y avait un klee derrière cette porte, il pouvait y en avoir d'autres. J'ai sauté sur mes pieds pour courir vers l'ouverture donnant sur le balcon. Boon luttait toujours contre le surveillant. Et il s'en tirait plutôt bien. Je crois que s'il avait su que c'était un robot, il n'aurait pas été si audacieux. Son adversaire ne cessait de tenter de le frapper, et Boon de parer. Il ne cherchait pas à attaquer le Ravinien, et je croyais savoir pourquoi. Il voulait juste l'occuper le temps que j'ouvre les portes du hangar.

– Hé ! par ici ! ai-je crié.

Le klee a lâché Boon pour se retourner d'un bond. Ce fut son dernier geste. Je lui ai planté le bâton en pleine poitrine et l'ai poussé sur le côté. Il a heurté la rambarde et a basculé par-dessus bord pour atterrir sur le rotor d'un gig. Il a tournoyé comme une poupée de chiffons avant d'être projeté au sol avec un bruit mou écœurant.

Deux chats morts.

Boon était épuisé, mais indemne.

– Qu'est-ce que c'est ? a-t-il demandé entre deux hoquets en désignant l'arme.

– N'y touche pas. Ce n'est pas un jouet.

– Je m'en doutais !

On a couru vers les escaliers pour descendre les marches quatre à quatre. Alors qu'on se rapprochait du sol, j'ai jeté un coup d'œil vers le hangar. Les portes continuaient de s'ouvrir, mais trop lentement à mon goût. Je me suis demandé où était Kasha. J'espérais qu'elle aurait pris un gig et que la lumière lui aurait permis de démarrer. Mais ils étaient tous immobiles.

J'ai aussi remarqué que les gigs eux-mêmes avaient changé. La dernière fois que j'étais passé par ici, c'étaient de petits véhicules qui m'avaient rappelé des autos tamponneuses dans un parc d'attractions. Ils étaient biplaces avec un rotor pour les soulever du sol et des hélices plus petites de chaque côté pour les diriger. Ceux-ci étaient presque identiques, sauf qu'ils étaient plus grands. La plupart d'entre eux faisaient bien dix fois la taille d'un hélico standard. Des transports de troupes, en ai-je conclu. Ils étaient alignés près des portes, parés à décoller. J'ai eu l'impression décourageante que Kasha ne savait pas piloter ces monstres, ce qui expliquait son silence.

L'alarme a continué de beugler. Des lumières rouges clignotantes ont bariolé la pièce. J'étais sûr qu'on ne tarderait pas à subir une invasion de félins, et je ne voyais pas comment l'empêcher avec un seul bâton.

On a atteint le plancher et aussitôt foncé vers les portes qui s'ouvraient toujours : c'était là qu'on espérait trouver Kasha. On atteint la première rangée de gigs, et toujours pas la moindre trace d'elle.

– Là ! a crié Boon.

Tout au bout de la première rangée, il y avait un petit quig rouge. Il était plus grand que les biplaces qu'on avait déjà utilisés, mais restait minuscule à côté des transports de troupes. Derrière le cockpit transparent, j'ai vu Kasha s'affairer sur les commandes. La lumière issue des grandes portes n'avait pas encore atteint l'appareil. Un bref coup d'œil m'a appris que c'était le seul de taille normale et, donc, le seul qu'elle puisse piloter. Ce qui me convenait, tant que le soleil le frappait avant que les klees ne viennent nous frapper *nous* !

– Monte à bord ! ai-je crié.

Boon a couru vers Kasha, moi vers les doubles portes pour jaillir au-dehors, là où la plate-forme s'étendait encore sur une dizaine de mètres au-dessus de Lyandra. J'ai continué jusqu'au bord pour regarder si on avait attiré l'attention sur nous. Au sol, des dizaines de gardes raviniens couraient vers notre arbre. Au-dessus de nous sur les passerelles, d'autres cavalaient dans notre direction. Dans quelques minutes, ils nous submergeraient.

Je suis retourné au gig, où Kasha attendait nerveusement que les moteurs puissent démarrer.

– Je n'avais pas vraiment le choix, a-t-elle râlé.

– Ne t'en fais pas. Pousse-le, Boon.

On s'est mis tous les deux derrière l'appareil pour l'amener vers la sortie. Il fallait absolument que le soleil le touche afin d'activer le cristal enchâssé dans son nez. Les portes n'étaient pas encore suffisamment ouvertes pour nous permettre de passer, et les rayons dorés étaient encore à plusieurs mètres. Boon et moi avons grogné et sué sang et eau pour faire avancer le petit appareil jusqu'à ce qu'il finisse par atteindre la flaque de lumière.

– Place ! a crié Kasha.

On s'est reculés pendant qu'elle démarrait le moteur. Le gémissement des rotors me parut doux comme une musique.

– Saute à bord ! ai-je crié à Boon.

Pendant qu'il m'obéissait, j'ai couru à nouveau vers les portes et ai continué sur la plate-forme. Un coup d'œil en bas m'a appris que les klees avaient atteint notre arbre. Combien de temps nous restait-il ? Quelques secondes ? C'est alors que j'ai entendu un autre bruit. En fait, c'était plutôt quelque chose qui s'interrompait. J'ai virevolté pour voir que les grandes portes s'étaient immobilisées. Quelques secondes plus tard, dans un cliquetis de rouages, elles sont reparties – en sens inverse ! Je suis retourné à l'intérieur et ai regardé la salle des commandes. Deux klees se tenaient devant les instruments. Ils n'avaient pas besoin de nous courir après. Ils savaient ce qu'on cherchait à faire. S'ils refermaient ces portes, on ne pourrait jamais sortir le gig, ce qui voulait dire qu'on serait cuits.

J'ai foncé vers l'habitacle ouvert et ai bondi à l'intérieur. Il y avait quatre places, deux à l'avant et deux à l'arrière. Boon s'était déjà installé au fond de la banquette. Kasha, elle, était sur le siège du pilote, situé à gauche.

– Ça va se jouer à peu de chose, ai-je dit en bouclant ma ceinture.

– Il va falloir décoller dans le hangar, a-t-elle répondu. C'est très dangereux.

– Ça le sera bien plus si on ne peut pas leur échapper, ai-je remarqué.

Maintenant, le rotor principal bourdonnait au-dessus de nos têtes. J'ai vu Kasha jeter un coup d'œil aux portes.

– On n'aura pas le temps de laisser les hélices latérales prendre assez de vitesse, ai-je remarqué.

– Peut-on voler quand même ? ai-je demandé.

– Oui, mais uniquement en ligne droite. Je ne pourrai pas vraiment manœuvrer. Soit on est alignés à l'ouverture, soit on ne l'est pas.

Je me suis retourné pour regarder la salle de contrôle. D'autres klees avaient rejoint les deux premiers. Beaucoup d'autres. Des dizaines de gardes raviniens en chemises rouges avaient franchi la porte de derrière et se déversaient le long des escaliers.

– Plus on attend, plus l'ouverture se rétrécit, ai-je remarqué.

En guise de réponse, Kasha a tiré sur le manche à balai. Le gig a tressauté et s'est élevé. J'ai frémi, comme si heurter un autre appareil avait pu changer quelque chose. Ou si on allait trop haut. Ou si on s'écrasait contre les panneaux. J'ai tout de même fait la grimace.

La porte à l'arrière du hangar s'est ouverte en coup de vent. D'autres klees étaient en chemin.

– Vas-y, Kasha, a dit Boon, très calme.

Elle a poussé le manche en avant. Le nez de l'appareil a plongé de quelques degrés, et on s'est mis en branle. Sans ses contrôles latéraux, le gig ressemblait à un jouet au bout d'une ficelle. On a oscillé sur la gauche, puis la droite. Kasha ne pouvait pas compenser les mouvements. On a pivoté de quelques degrés dans le sens des aiguilles d'une montre pour se retrouver à dériver de biais vers l'ouverture qui ne cessait de diminuer.

– On va y arriver ? ai-je demandé, sceptique.

– On ne tardera pas à le savoir.

Le gig a fait un soubresaut. Un klee avait bondi pour se cramponner à l'un des patins.

– Ignore-le, ai-je ordonné.

Kasha a forcé l'appareil à avancer. On s'est rapprochés de l'ouverture. J'ai tenté de calculer le temps qu'il nous restait, si on avait la place de passer et si mes conclusions auraient le moindre effet sur ce qui allait se passer. Tout était dans les mains de Kasha. Ou ses pattes. Le gig a glissé vers la droite. La question n'était plus de savoir si l'ouverture était assez grande, parce qu'on ne se dirigeait plus vers les portes. Le poids du klee cramponné au patin devait nous déséquilibrer.

– Heu, Kasha, ai-je dit, comme si elle n'avait pas fait les mêmes constatations que moi.

On allait s'écraser contre le mur lorsqu'elle a annoncé :

– Les contrôles latéraux marchent à nouveau.

Les rotors des flancs avaient enfin embrayé. Kasha a penché la manette sur la gauche. Le gig a suivi le mouvement, mais a un peu trop dévié. J'ai retenu mon souffle. C'était comme si on parcourait un circuit automobile aux virages en épingle à cheveux. On est resté une seconde penchés sur la gauche pour bondir vers la droite, puis on a piqué en avant. Je retenais encore mon souffle lorsqu'on a jailli de l'ouverture entre les deux portes.

– Wooooouhhh ! a fait Boon en un cri de joie.

On a traversé la plate-forme pour se retrouver loin au-dessus de Lyandra. Kasha nous a emmenés très haut, très vite. L'accélération m'a collé à mon siège. Mais cela me convenait. Je voulais être hors de portée de tout ce que les Raviniens pouvaient nous balancer. J'avais également peur qu'ils prennent d'autres gigs pour se lancer à notre poursuite. Soudain, ces portes du hangar si lentes étaient devenues nos alliées, parce que d'ici qu'elles se rouvrent à nouveau, on serait loin. Je me suis détendu. On avait réussi.

Soudain, le gig s'est mis à gigoter.

– Qu'est-ce que c'est ? ai-je demandé nerveusement. Est-ce qu'on perd de la puissance ?

– Non, a répondu Kasha, très calme. Je pense que c'est le klee qui a lâché prise.

Oh. C'est vrai. Ce type, là. Pourvu que ce soit un dado.

– Tu te souviens de l'itinéraire ? ai-je demandé.

– Comme si c'était hier.

Kasha nous a fait survoler Lyandra pour continuer sous le beau ciel bleu d'Eelong. Le cockpit nous donnait une vue à 360 degrés du territoire. Il était tout aussi magnifique que dans mes souvenirs. La jungle en contrebas ressemblait à un moutonnement de nuages verts. Je me suis permis de profiter du paysage. Pour l'instant, je ne pouvais rien faire, sinon reprendre mon souffle et me demander ce qui nous attendait à la Cité des Eaux Noires.

La vision de cette jungle familière m'a fait repenser à ce qu'avait dit Nevva. Lorsqu'elle avait appris que Saint Dane allait lâcher ses dados sur les exilés, elle s'était mise en colère. À part le fait qu'elle ne voulait pas qu'on leur fasse du mal, elle avait ajouté que « ce territoire était censé rester intact ». Sur le coup, je n'avais pas compris, mais maintenant que j'y repensais, que j'avais pu constater qu'Eelong n'avait pas changé, je me suis demandé si Saint Dane ne lui avait pas promis de laisser ce territoire suivre son cours naturel sans interférence. La Terre avait été dévastée. Les autres mondes étaient à différents stades de décrépitude et de destruction. Mais pas Eelong. Il me suffisait de regarder en bas pour en être sûr. Certes, Lyandra avait été considérablement modernisée, mais les jungles restaient les mêmes. Était-il possible que Nevva se soit cramponnée à l'idée que Saint Dane ne détruirait pas Halla dans son ensemble afin de réaliser sa vision ?

Nevva adhérait à la philosophie de Saint Dane. Il n'y avait pas le moindre doute là-dessus. Mais je ne pensais pas qu'elle soit foncièrement mauvaise. Elle se trompait de combat, c'est tout. C'est sûr qu'elle était prête à toutes les extravagances pour parvenir à ses fins. Mais ce n'était pas un monstre. Si Saint Dane avait promis de ne pas toucher à Eelong, il était revenu sur sa parole. Qui sait ? Cela avait peut-être suffi à lui faire changer d'avis. Elle était d'une loyauté absolue, mais comment peut-on rester fidèle à quelqu'un qui vous a trahi ? Finalement, elle avait choisi de nous aider. D'aider sa mère. Sa mère biologique. Et elle l'avait payé de sa vie. J'ignorais toujours si cela pourrait changer quelque chose, mais s'il fallait tirer une lueur d'espoir de ce gâchis, on pouvait en déduire que Nevva Winter était devenue telle que le souhaitait sa mère. Une Voyageuse soucieuse de protéger Halla. Où qu'elle soit, si toutefois elle était quelque part, j'espérais qu'elle savait avoir pris la bonne décision.

– Attention ! a crié Boon.

Cela faisait des heures qu'on était en vol. Je m'étais perdu dans mes pensées. Ou peut-être que je m'étais endormi et que je rêvais. Peu importe. Mais pendant que j'étais H.S., on avait quitté la jungle pour atteindre les kilomètres de terres désolées la séparant des montagnes majestueuses où se cachait la Cité des Eaux Noires. Lorsque j'ai regardé en bas, j'ai eu une bouffée d'angoisse.

On avait rattrapé l'armée ravinienne. Ils marchaient en contrebas, se dirigeant vers les montagnes. C'était une puissante légion. Des milliers de klees avançaient en formation. La moitié d'entre eux étaient en uniformes raviniens. Beaucoup portaient le drapeau rouge que je ne connaissais que trop. Je me suis demandé si c'étaient des dados. L'autre moitié arborait une armure légère vert foncé. C'était des soldats de Lyandra, avec leurs armes sur leur dos. Des casse-tête, des lassos et des bolas.

La plupart d'entre eux étaient à pied, mais certains, sans doute des officiers, chevauchaient des zenzens. Ces grands chevaux avec trois articulations à chaque patte se cabraient et renâclaient tout en étant forcés de suivre le sentier rocailleux qui les menait à la rencontre des gars. Il y avait aussi des petits véhicules mécaniques emportant des équipements quelconques que je n'ai pu identifier. Des armes ? Des provisions ? C'était impossible à dire d'aussi haut.

Le plus dérangeant était encore la rangée de camions bâchés qui suivait la colonne. J'imagine qu'il devait y avoir d'autres klees à l'intérieur, mais j'étais sûr que ces engins étaient prévus pour servir *après* la bataille. Ils ramèneraient les gars capturés à Lyandra. Mais pas en tant que prisonniers de guerre : ils ne seraient que des futurs rôtis pour les Raviniens. Cette vision m'a retourné l'estomac, et ce pour bien des raisons. Pas seulement à cause de leur future cargaison, mais aussi de cette philosophie perverse qui poussait les klees à chasser les gars.

Par contre, alors que je regardais cette armée en mouvement, j'ai eu tout de même une raison de me réjouir. Ils n'avaient pas encore atteint la Cité des Eaux Noires. Je ne savais pas comment on pourrait les arrêter, mais au moins, on n'arriverait pas trop tard.

– Il leur reste une demi-journée de voyage, a déclaré Kasha. Ensuite, ils devront traverser la montagne pour entrer dans la vallée avant d'atteindre la Cité des Eaux Noires. On a encore le temps, Pendragon.

J'ai acquiescé sans dire ce que je pensais vraiment : oui, mais le temps de faire quoi ?

On a continué notre chemin vers la chaîne de crêtes rocheuses et la Cité des Eaux Noires. Je me souvenais du sentier rocailleux que j'avais parcouru à pied, qui donnait sur une tranchée étroite creusée à même la pierre, puis du long chemin sinueux débouchant sur une belle vallée verdoyante. Je me suis rappelé le grand lac au centre de cette même vallée, et la forêt, et les sept cascades dont l'une protégeait l'entrée de la Cité des Eaux Noires. Lorsque le soleil frappait cette même cascade selon un angle particulier, il jetait une ombre bloquant toute lumière, si bien que ses eaux semblaient devenir noires. C'était le seul chemin pour gagner la seconde vallée, là où résidaient les gars. Elle était entourée de pics infranchissables. Ce tunnel caché par un rideau liquide était le seul moyen d'y accéder. À moins de disposer d'un appareil volant. Inutile de dire comment on comptait y arriver.

– Ces montagnes sont un nid à courants ascendants, a expliqué Kasha. Ça risque de secouer. Bouclez vos ceintures.

Boon et moi avons obéi. C'était marrant de voler dans un cockpit ouvert, mais il valait mieux éviter de se faire éjecter par des turbulences. On n'a pas tardé à survoler les crêtes de la première chaîne. Kasha avait raison. On était secoués comme dans un panier à salade.

– Ne vous en faites pas, a-t-elle affirmé, c'est normal.

En un rien de temps, on était passés de l'autre côté, et j'ai pu contempler l'incroyable vallée verdoyante inattendue au milieu de ces formations rocheuses grises et monotones.

– Rien n'a changé, a crié Boon par-dessus le gémissement des moteurs.

Voilà qui me rappelait une fois de plus ce que Nevva avait dit à Saint Dane. Cette vallée était tout aussi spectaculaire que dans mes souvenirs, et elle espérait qu'elle reste ainsi. Je me suis demandé si elle serait exaucée.

On était à mi-chemin lorsqu'on a rencontré une autre zone de turbulences. Le gig a chuté de plusieurs mètres pour remonter brutalement. Je me suis tourné vers Kasha. Pourvu qu'elle me dise que tout était normal.

Ce que j'ai entendu n'a rien fait pour me rassurer.

– Ça, ce n'est pas normal, a-t-elle marmonné.

Soudain, notre appareil s'est à nouveau cabré. On aurait dit qu'une main invisible nous avait frappés. Est-ce qu'on nous attaquait ? Impossible à dire. Le gig n'avait subi aucun dégât et je n'entendais pas de coups de feu ou de canon tirés depuis le sol.

– Ce sont des courants ascendants ? ai-je demandé dans l'espoir qu'elle me réponde par un simple « oui ».

En vain. Elle avait l'air inquiète. Ça, c'était une émotion que je ne lui connaissais pas.

– En tout cas, ce n'est pas naturel.

On a été secoués une fois de plus. Et une autre. À chaque turbulence, le petit gig était comme balayé d'un côté, puis de l'autre.

– Je ne peux plus le contrôler, a annoncé Kasha d'une voix bien trop calme au vu des circonstances.

– Pose cet engin ! ai-je crié. On ne peut pas continuer comme ça !

Encore une bourrasque. L'hélico est parti en vrille.

– Kasha ? a demandé nerveusement Boon.

J'ai regardé sur le côté pour voir qu'on tombait comme une pierre.

– Il y a une clairière près du lac, ai-je annoncé.

– Je vais tenter de nous maintenir en l'air assez longtemps pour y arriver, a répondu Kasha.

On a encore subi un choc violent. On a gîté sur le côté, mais Kasha a réussi à redresser. C'était incroyable de voir avec quel talent elle maniait les commandes, elle qui n'avait pas piloté depuis un bon bout de temps.

– Cramponnez-vous ! a-t-elle lancé. Je ne sais pas ce qu'on va essuyer.

Elle a agrippé à deux pattes le manche à balai, luttant contre la gravité et les rotors et la force qui cherchait à nous abattre, quoi qu'elle puisse être.

– Dix mètres, ai-je averti. Avance !

On était encore au-dessus des flots. Mieux valait atterrir sur le plancher des vaches.

Le phénomène nous a heurtés à nouveau ; cette fois, on est partis en avant, comme si on nous avait donné un grand coup de pied au derrière.

– Ça vient de toutes les directions !

– Je perds le contrôle de l'appareil, a déclaré Kasha, toujours très calme, comme si ce n'était rien.

– Sept mètres. On est au-dessus du sol.

– Pose cet engin ! a crié Boon.

Kasha s'est exécutée. On est à moitié descendus, à moitié tombés sans qu'elle perde le contrôle de l'appareil. Je me suis cramponné à quelque chose en attendant l'impact. Une dernière turbulence nous a secoués si brutalement que le gig s'est renversé. On volait si bas que le rotor supérieur a frappé le sol et s'est brisé.

– Tenez bon ! ai-je crié.

Boon et moi nous sommes blottis dans l'habitacle pour tenter d'éviter les bouts de métal volant dans tous les sens. Kasha n'a pas bronché. Elle est restée aux commandes jusqu'au bout. Le gig a touché le sol avec un choc si violent qu'il m'a fait claquer des dents. On s'était posés. À moitié assommés, mais on avait réussi. Ce qui suivit fut un amas de mains, de pieds, de pattes et de fourrure. Le moteur à cristaux a gémi comme un possédé pendant quelques secondes avant de se calmer. L'épave s'était immobilisée. J'ai fait un bref inventaire. Étais-je en vie ? Oui. Avais-je quelque chose de cassé ? Je ne pensais pas. Et les autres ?

– Kasha ? Boon ?

– Je vais bien, a répondu Kasha.

– Je ne peux pas bouger mes bras ! a crié Boon, terrifié. Je suis pris au piège !

Le gig était sur le flanc. Le rotor était fichu. Les hélices latérales ralentissaient. Tout autour de nous, les parois du fuselage étaient froissées. On était toujours sur nos fauteuils, retenus par nos ceintures de sécurité.

– Il faut qu'on sorte de là, ai-je dit.

À peine a-t-on commencé à vouloir se dépêtrer de l'épave que la scène est devenue chaotique. Ils sont arrivés de partout. Un groupe de gars nous a submergés en hurlant afin de mieux nous intimider. Comme si je n'étais pas assez désorienté comme ça. Pas moyen de dire combien ils étaient. Dix ? Cent ? Ils portaient des capuches, comme ceux que j'avais croisés à ma première visite à la Cité des Eaux Noires.

– Amis ! On est des amis ! ai-je crié.

Je ne crois pas qu'ils m'aient entendu. Ou compris. Ou peut-être qu'ils s'en moquaient. Ils étaient trop occupés à nous sauter dessus. Ils étaient rapides, comme s'ils ne voulaient pas nous laisser le temps de reprendre nos esprits. J'ai pourtant eu l'impression que quelqu'un tirait les ficelles. Une forme de chaos organisé.

Tout d'abord, ils se sont rués sur Boon. Ils l'ont extrait sans douceur du bout de fuselage qui l'immobilisait et l'ont entraîné hors du gig. Il n'a pas résisté.

– On est là pour vous aider ! a-t-il crié avec l'énergie du désespoir. Écoutez-moi !

En vain. Boon était un klee, et les klees étaient leurs ennemis. C'était tout ce qui importait. Ils ont arraché Kasha à son siège de pilote pour l'emmener à la suite de Boon. Elle n'a même pas tenté de leur parler. Elle savait que ça ne servirait à rien. Pendant que les gars l'extrayaient de l'épave, ils ont poussé des cris de joie, tout contents d'avoir capturé un klee.

Finalement, ils sont revenus me chercher. J'ai senti des mains s'emparer de moi et me tirer sans douceur de l'hélico abattu pour me jeter sur le sol. Je crois que ce n'est qu'à ce moment qu'ils ont compris qu'ils n'avaient pas affaire qu'à des klees. J'ai entendu quelqu'un crier :

– C'est un gar !

Les hurlements stridents se sont tus, suivis par des marmonnements gênés alors que la nouvelle se répandait. Personne n'a fait un geste vers moi. Au contraire, ils ont décrit un cercle protecteur en me dévisageant comme si j'étais une espèce de bête de foire. J'avais la joue collée contre terre et de la poussière dans les yeux, donc je n'y voyais pas très clairement. J'ai pu constater que les gars portaient tous des manteaux bruns avec des capuches masquant leur visage. Une vision plutôt effrayante. Je ne savais pas s'ils allaient m'accueillir comme un des leurs… ou me mettre en pièces.

– Laissez les klees tranquilles, ai-je toussé. Ils viennent en amis.

Quelqu'un s'est frayé un chemin au milieu de la foule. C'était un grand gaillard dont la capuche dissimulait entièrement le visage. Il est venu se tenir devant moi, à me toiser. Ce devait être lui le chef, parce que personne ne l'a arrêté. Il a posé la pointe de sa botte sous mon menton et l'a soulevé pour mieux me dévisager.

J'ai plissé les yeux et coassé :

– Désolé de débarquer sans prévenir, mais vous êtes tous en danger.

Je l'ai senti se raidir, comme si cette nouvelle était particulièrement fracassante. Et comme je devais l'apprendre, c'était le cas. Mais ce n'était pas ce à quoi je m'attendais. Pas de doute, je l'avais ébranlé, mais pas à cause de ce que j'avais dit. Mais de *qui j'étais*.

Il s'est agenouillé près de ma tête :

– Dis-moi quelque chose que je ne sais pas déjà.

Je connaissais cette voix. Et ce n'était pas celle d'un homme, mais d'une femme. Elle a rabattu son capuchon. Voir son visage m'a coupé le souffle. C'était celui d'une fille aux longs cheveux châtains et aux incroyables yeux gris.

– Toujours sur la brèche, pas vrai, Bobby ?

Oui. J'avais retrouvé Courtney.

Journal n° 37
Chapitre 30

Si ç'avait été mon genre, j'aurais fondu en larmes.

Bon, peut-être que je me suis mis à pleurer. Un peu. Mais je n'en suis pas sûr à cent pour cent. Courtney m'a tendu la main pour m'aider à me relever. Je l'ai prise dans mes bras et l'ai étreinte si fort que j'ai cru qu'elle allait se briser. Curieusement, j'ai repensé à une réplique d'un film des Marx Brothers que j'avais vu en Première Terre. « Si je te serrais plus fort, je serais dans ton dos. » C'était approprié. Mais aussi inattendues que soient ces retrouvailles, elles ont également fait naître en moi une émotion que je croyais ne plus ressentir.

Elles m'ont redonné espoir. La dernière fois que j'avais vu Courtney, Mark et elle étaient aspirés par le flume en Seconde Terre. Je craignais qu'ils aient été tués tous les deux. Mais j'avais pu constater que Mark était toujours parmi nous. Et maintenant, c'était au tour de Courtney. Savoir que mes deux meilleurs amis au monde étaient bien vivants et en bonne santé m'insufflait une énergie nouvelle. Après tout ce que j'avais appris sur mes propres origines, la prendre dans mes bras me rappelait mon autre vie, beaucoup plus familière, plus confortable et plus compréhensible. Celle que j'espérais bien reprendre un jour. J'étais Bobby Pendragon de Stony Brook, Connecticut. J'avais beau accepter ce que j'avais appris sur Solara, je ne me voyais pas tourner le dos à celui que j'avais été. Retrouver Courtney m'a recentré. Elle m'a remis à ma place. Durant ces quelques secondes, j'ai cessé de penser à la bataille impossible qui nous attendait.

Mais plus que tout, je voulais la remporter.

– Je t'ai attendu, a-t-elle chuchoté.

– Désolé d'avoir mis si longtemps.

– Peu importe, a-t-elle dit en un souffle. J'ai toujours su que tu viendrais.

– J'avais peur tu sois morte.

– Il s'en est fallu de peu. Deux ou trois fois. Je ne sais toujours pas ce qu'est devenu Mark.

– Il va bien. Il est en Troisième Terre.

J'ai senti ses épaules se secouer. Je ne savais si c'était de rire ou un effet de la tension qu'elle retenait depuis longtemps, et que je venais de soulager en quelques mots. Elle s'est détachée de moi et m'a fixé sans détours. Comme Mark, Courtney était plus âgée. De combien, ça, je n'aurais pu le dire. Plusieurs années? Elle avait beaucoup enduré. Il me suffisait de plonger dans ses yeux pour en être convaincu. Mes amis s'étaient endurcis, tous les deux. Ils avaient dû voir bien des choses pas toujours agréables. Courtney est une fille déterminée. Lorsqu'elle joue, c'est pour gagner. Mais, à ce moment-là, la lueur qui brillait dans ses pupilles grises m'en a appris davantage; dans cette partie en particulier, les enjeux étaient largement plus importants.

Accessoirement, elle était plus belle que jamais.

– Ils arrivent, n'est-ce pas? a-t-elle demandé tout de go.

Le moment de la réunion dans la joie et la bonne humeur était passé.

J'ai acquiescé et regardé le ciel.

– Ils n'atteindront pas les montagnes avant la nuit. J'imagine qu'au plus tôt, ils attaqueront à l'aube.

– Combien sont-ils?

J'ai attendu une seconde avant de lui donner une réponse qui ne lui plairait certainement pas.

– Toute une armée.

Elle a haussé les épaules et soupiré.

– On s'y attendait. On est prêts.

– Vraiment? ai-je répondu, surpris. Comment ça?

– Suis-moi, a-t-elle dit en tournant les talons.

J'ai tendu la main pour l'arrêter.

– Attends. Sont-ils là?

– Qui ?

– Le reste des rebelles de Seconde Terre qui ont été entraînés dans le flume. Les exilés.

Elle m'a dévisagé pendant un instant comme si elle cherchait à comprendre le sens de ma question. J'ai retenu mon souffle. Sa réponse était de la plus haute importance. Elle allait déterminer l'avenir de tout ce qui avait jamais existé et tout ce qui existerait dans l'avenir.

– J'ignore ce qui est arrivé à ceux qui sont partis avec Mark et moi, a-t-elle enfin déclaré. On a été séparés. C'est comme ça que j'ai perdu le contact avec Mark.

– Mais les autres, ai-je insisté. Ceux du Yankee Stadium. Ils étaient des milliers. Des dizaines de milliers. Sais-tu ce qu'ils sont devenus ?

Courtney m'a regardé droit dans les yeux :

– Il y a quelque chose que tu devrais voir.

J'avais envie de hurler : « Réponds-moi par oui ou par non ! » Mais maintenant, j'étais sur son territoire. Si elle voulait faire des mystères, cela me convenait. À peu près. Elle s'est tournée pour regarder les gars qui nous entouraient. J'avais presque oublié qu'on n'était pas seuls. Ils devaient être une douzaine. Pas un ne dépassait le mètre soixante, mais ça ne voulait pas dire qu'ils étaient inoffensifs. Plusieurs d'entre eux, parmi les plus petits, maîtrisaient Boon et Kasha. Après toutes ces émotions et l'apparition soudaine de klees tombés du ciel, ils ne devaient pas comprendre pourquoi on s'était étreints comme de vieux copains, Courtney et moi. Il était clair qu'ils étaient perplexes.

Courtney s'est redressée et a annoncé d'une voix bravache :

– Ce sont des amis.

Les gars stupéfaits l'ont dévisagée. Elle s'est dirigée vers ceux qui retenaient Boon et Kasha :

– Relâchez-les, a-t-elle ordonné.

Ils n'ont pas obéi. Courtney a ajouté avec plus d'autorité :

– Je vous ai dit de les relâcher ! Ils sont avec moi.

Ils ont fini par obéir et, à contrecœur, ont libéré les deux klees. C'était bizarre. Courtney agissait comme un chef. Elle a toujours été forte et confiante, mais maintenant, on aurait cru qu'elle commandait cette bande de gars. Sans oublier qu'elle mesurait une tête de plus qu'eux, ce qui lui donnait une certaine autorité.

– Bonjour, Kasha, a repris Courtney, gênée. (Contrairement à la confiance qu'elle démontrait avec les gars, là, elle semblait moins sûre d'elle.) Pour ce qui est arrivé au flume, eh bien, je sais que dire. Je suis désolée d'avoir provoqué cet éboulement.

– Ne t'excuse pas. Tu ne pouvais pas savoir. Tu es venue pour nous aider, pour aider Pendragon. C'est tout ce qui importe.

– C'est bon de te revoir, a ajouté Courtney. Je croyais que tu étais, enfin, Bobby a écrit que, heu…

– Que j'étais morte ? a complété Kasha. Il avait raison. Je l'ai été.

Courtney l'a dévisagée bêtement.

– Heu… Pardon ?

– Mon corps a succombé, a répondu Kasha. Mais pas mon esprit.

Courtney m'a jeté un regard interrogateur comme pour demander : « Mais qu'est-ce qu'elle raconte ? » J'ai haussé les épaules :

– Ce serait une longue histoire.

– Salut, Courtney, a lancé Boon.

– Salut, Boon. Désolé de t'avoir abattu en plein vol. On vous a pris pour des klees. Enfin, des méchants.

J'en ai profité pour intervenir :

– C'est vous qui nous avez abattus ? Comment avez-vous fait ?

Courtney a souri d'un air rusé.

– Je te l'ai dit, on est prêts.

Mon moral est encore remonté de plusieurs crans. Était-ce possible ? Les gars avaient-ils trouvé un moyen de se défendre ?

– Personne n'est blessé ? a demandé Courtney. Vous pouvez marcher ?

Un bref coup d'œil m'a appris qu'on était tous bons pour le service.

– Alors, allons à la Cité des Eaux Noires.

On a quitté l'épave du gig pour commencer le long trajet vers la cascade cachant le tunnel menant aux Eaux Noires. La ville des gars. Et, je l'espérais, la demeure des exilés de Seconde Terre.

Courtney et moi avons pris la tête, suivis par Kasha et Boon. J'ai remarqué que les autres gars serraient les klees de près. Malgré ce qu'avait dit Courtney, ils n'avaient pas confiance.

Ce trajet m'était familier. On a crapahuté à travers les forêts denses vers une série de cascades majestueuses. Il suffisait de traverser un ruisseau peu profond pour gagner celle qui protégeait l'entrée du tunnel.

En cours de route, j'ai raconté à Courtney tout ce qui était arrivé depuis qu'on s'était retrouvés sur les quais près du voilier de ses parents en Seconde Terre. Lorsque j'étais avec Mark, j'avais évité aborder toute cette histoire d'esprits de Solara. On était en cavale, et j'avais peur qu'il pète un plomb. Mais ici et maintenant qu'on était sur le point de retrouver les exilés, il me semblait normal de mettre Courtney au courant. Alors je lui ai tout raconté. Je lui ai parlé de la façon dont j'avais retrouvé ma famille sur Solara, puis de la destruction des flumes, en ajoutant que ça n'avait plus vraiment d'importance. Du moins pas pour les Voyageurs. Et j'ai expliqué ce qu'il y avait de plus important : comment l'esprit de l'humanité guide Halla et donne leurs pouvoirs aux Voyageurs. Courtney m'a écouté sans dire un mot, gardant les yeux baissés tandis qu'elle assimilait tout ça. Je n'aurais su dire si elle me croyait ou si elle allait se retourner vers moi pour déclarer de son ton sarcastique habituel :

– Bon, d'accord, ta petite fable est amusante. Maintenant, qu'est-ce qui s'est *vraiment* passé ?

Kasha et Boon cheminaient derrière nous. Bien sûr, la klee savait déjà tout ça, mais pas Boon. De temps en temps, je l'entendais hoqueter de surprise. Il avait confiance en moi. Il ne remettrait pas en doute mon histoire, je le savais. Mais Courtney ?

On a contourné la cascade pour entrer dans le tunnel sombre traversant la montagne. J'ai continué mon récit alors qu'on s'engageait sur le chemin rocailleux qui, je l'espère, nous mènerait au but de notre voyage et au trésor qu'on cherchait depuis si longtemps. Je ne voulais pas trop penser à ce qu'on ferait une fois sur place. Tout ce que je désirais, c'était retrouver les exilés. Lorsque j'ai vu le rai de lumière signalant la fin du tunnel et l'entrée de la Cité des Eaux Noires, mon histoire était terminée. Que Courtney l'accepte ou pas, c'était une autre paire de manches. On était presque au bout du voyage lorsque je me suis arrêté en la prenant par le bras :

– Voilà, tu sais tout, ai-je affirmé. Oui, c'est incroyable, mais c'est la vérité. Maintenant, les exilés sont la dernière source d'énergie positive qui maintienne Solara en vie. Du moins celle qui guide tout ce qui existe depuis si longtemps. S'il leur arrive quelque chose, les Voyageurs seront fichus. Solara aussi. Et la fission créée par Saint Dane sera complète. L'esprit sombre de Solara contrôlera Halla. Donc, tu comprendras aisément pourquoi on a hâte de savoir si les exilés sont sur Eelong.

Elle a acquiescé d'un air pensif :

– Tu dois probablement te dire que j'ai du mal à avaler tout ça.

– Eh bien, oui. Ce n'est pas tous les jours qu'on entend une histoire pareille.

Elle a gloussé :

– En effet. Mais en fait, j'étais déjà au courant. Enfin, en partie.

J'ai jeté un coup d'œil à Kasha. Elle était aussi stupéfaite que moi.

– Que… Comment ? ai-je demandé.

Courtney a souri et m'a fait signe de la suivre dans la galerie.

– J'aimerais bien qu'elle nous dise ce qu'elle sait au lieu de jouer les divas, m'a chuchoté Kasha.

– Oui, ben, c'est Courtney.

Une fois à l'extrémité du tunnel, on a pu voir la vallée entourée de montagnes où s'était installée la colonie de gars connue sous le nom de Cité des Eaux Noires. Elle n'avait pas changé. C'était une jolie prairie avec tout au bout une cascade alimentant une rivière étroite qui sinuait au milieu des terres agraires jusqu'à atteindre la ville elle-même. Les bâtiments ressemblaient à des cabanes en rondins bâties en cercles concentriques qui s'agrandissaient au fur et à mesure qu'on s'éloignait du centre. Je connaissais déjà tout ça.

Sauf que le village avait pas mal grandi depuis ma dernière visite. Les anneaux étaient bien plus nombreux. À vue de nez, je dirais qu'ils avaient triplé de taille. Du haut de notre perchoir, j'ai constaté que les rues étaient noires de monde. Bien plus que dans mes souvenirs. Et même de là-haut, je pouvais dire que la plupart d'entre eux n'étaient pas des gars. Du moins ils étaient plus grands que le gar moyen.

Mon cœur a bondi dans ma poitrine. Courtney a dû deviner ce que je ressentais, parce qu'elle s'est tournée vers moi :

– Ils sont là, Bobby, a-t-elle déclaré avec un grand sourire. Tous. Et même plus. Ils ont débarqué ici il y a deux ans. On a même eu quelques naissances.

J'ai à nouveau serré Courtney contre mon cœur. J'étais tellement soulagé ! J'ai revu ce terrible moment où le flume géant était apparu au beau milieu du Yankee Stadium pour aspirer des milliers d'innocents terrifiés. C'était ce qu'on devait appeler le Massacre du Bronx, et à l'époque, j'étais sûr d'avoir assisté à une exécution en masse. Mais je me trompais. Ils étaient là. En vie, en bonne santé, et en sécurité. Enfin, si l'on veut. Pendant un bref instant, j'ai eu l'impression d'avoir rempli ma mission. On avait trouvé les exilés. Bien sûr, notre tâche ne faisait que commencer. Mais à ce moment précis, je ne ressentais que de la joie. Ils étaient là. Sous nos yeux. Sains et saufs. Ceux qui empêchaient Halla de s'éteindre. C'était assez bouleversant. S'il y avait encore un espoir, c'était bien grâce à eux. Ou plutôt grâce à la force de leur esprit. Ce même esprit qui les poussait à survivre et prospérer. Et qui nous permettait de poursuivre notre combat contre Saint Dane. Je ne connaissais pas un seul d'entre eux, mais je les aimais déjà tous.

J'ai même cru apercevoir une larme dans l'œil de Kasha. C'est dire.

– Ils n'ont pas idée de leur propre valeur, a-t-elle déclaré, comme si, une fois de plus, elle lisait dans mon esprit.

– En effet, a convenu Courtney.

– En ce cas, ai-je demandé, comment le sais-tu *toi* ? Je veux dire, Solara et tout ça ?

Courtney a haussé les épaules.

– Tout d'abord, je n'y ai pas cru. Je n'y comprenais rien. Mais ce que tu m'as raconté me l'a confirmé. Donc, il faut croire que c'est la vérité.

Sur ce, elle s'est mise à descendre la pente menant au village.

– Mais comment en as-tu entendu parler ? lui ai-je lancé.

— Nevva Winter m'a tout raconté, a-t-elle répondu sans cesser de marcher.

Journal n° 37
Chapitre 31

Maintenant, c'était moi qui avais plein de questions à poser.

J'ai couru après Courtney. Boon et Kasha étaient juste derrière moi, les autres gars sur leurs talons.

– Nevva t'a parlé de Solara ? ai-je demandé, incrédule. Quand ? Comment ?

– Attends qu'on arrive chez moi, a-t-elle répondu. J'ai pas mal de choses à te raconter.

Là, elle avait marqué un point. Je ne pouvais imaginer la moindre raison, la moindre chance ou la moindre possibilité que Nevva Winter ait pu renseigner Courtney à propos de Solara. C'était impossible. Pourtant, elle savait tout ou presque, et elle n'était pas du genre à inventer une histoire pareille. Certes, elle avait quelques années de plus, mais c'était toujours Courtney. J'ai fait de mon mieux pour garder mon calme et attendre qu'on ait l'occasion d'en discuter.

On a descendu la pente menant au village. Un chemin que j'avais déjà parcouru et que je connaissais bien, sauf que cette fois, on atteint la première rangée de structures plus tôt. Comme je l'ai dit, le village avait triplé de taille pour mieux accueillir les exilés. Le premier cercle de maisons n'en était pas un. Elles étaient plus grandes que les autres cabanes de rondins et dépourvues de touches personnelles.

– Ce sont des structures défensives, a expliqué Courtney. Comme je te l'ai dit, on est prêts.

J'ignorais quels systèmes de défense pouvaient contenir ces cabanes. D'après moi, elles ne tiendraient pas longtemps face à une armée de klees-dados, mais ce n'était pas le moment d'en faire la remarque. Chaque chose en son temps. Alors qu'on continuait notre chemin vers le centre du village, les bâtiments ont rapetissé et commencé à ressembler davantage à des habitations. Dans les rues, j'ai vu des gamins jouer à chat, monter des planches à roulettes sur les routes pavées et courir dans tous les coins. J'aurais presque pu me croire dans une rue de banlieue en Seconde Terre. Ces rangées de bungalows avec chacun leur jardin personnel entretenaient l'illusion. L'idée que cette communauté paisible, presque caricaturale dans sa normalité, soit bientôt assiégée me dépassait complètement.

– C'est dans ces cercles extérieurs que les Yanks se sont installés pour en faire leur demeure, a expliqué Courtney.

– Les Yanks ?

– C'est le nom qu'ils se sont donné. Je sais, ça fait équipe de foot, mais vu la façon dont ils sont arrivés ici, c'est plutôt approprié. Ils se sont parfaitement intégrés à la communauté des Eaux Noires. Parmi eux, il y avait toutes sortes de gens avec chacun des talents particuliers. Il y avait des charpentiers, des profs, des plombiers, des fermiers. Ce n'est plus la Cité des Eaux Noires que tu as connue.

J'ai regardé ces nouveaux bâtiments. Bien qu'ils soient tous plus ou moins bâtis sur le même modèle, j'ai vu des différences subtiles portant la marque d'artisans de premier ordre. La Cité des Eaux Noires avait été modifiée. On pouvait même dire qu'on l'avait améliorée. Je ne savais trop quoi en penser.

– Je sais ce que tu te dis, a déclaré Courtney. On n'est pas censés mélanger les territoires. Laisse tomber. Il y a longtemps que ce n'est plus d'actualité, grâce à notre ami le démon.

Elle avait raison. Halla était en lambeaux. Depuis la Convergence de Saint Dane, il n'était plus tel qu'il devait être. J'ai présumé qu'à ce stade, tout changement pour le mieux était bon à prendre, même si cela signifiait mêler les technologies et le savoir d'un territoire avec un autre.

Bien des gens ont salué Courtney en cours de route. Apparemment, tout le monde la connaissait et l'appréciait. Bien sûr, ils ont vite changé d'attitude lorsqu'ils ont vu que deux klees nous accompagnaient. Ce n'est pas comme s'ils avaient couru se calfeutrer dans leurs maisons en fermant les portes, non. Mais je pouvais lire la perplexité sur leurs visages. Une fois de plus, les klees étaient devenus leurs ennemis jurés.

On est arrivés devant une des petites cabanes situées sur le cercle extérieur à l'ancien village. Celles qui s'étendaient au-delà semblaient vieilles et grossières. C'était la frontière entre l'ancienne Cité des Eaux Noires et les nouvelles demeures que les exilés avaient aidé à construire. Les Yanks. Incroyable.

– Attendez-moi, a ordonné Courtney.

Boon, Kasha et moi avons obéi pendant qu'elle allait s'entretenir avec les gars qui nous avaient accompagnés. Au bout de quelques mots, ils nous ont jeté des regards noirs lourds d'inquiétude, puis sont partis à contrecœur, nous laissant seuls.

Courtney est revenue s'adresser à Boon et Kasha :

– Ne le prenez pas mal. Ils n'ont rien contre vous. Ils n'ont aucune envie de se faire dévorer, c'est tout.

– Compris, a affirmé Kasha.

Courtney a ouvert la porte et nous a fait signe d'entrer.

– C'est ici chez moi. C'est petit, mais singulier.

On est entrés dans une maison à deux pièces. La première comportait un salon avec des chaises et une table très simples. En face, un évier et un foyer. La porte donnait sur une chambre à coucher.

– Ce n'est pas exactement ce qu'on trouverait à Stony Brook, a remarqué Courtney, mais ça me suffit. Qui a faim ?

Moi, pas de doute, mais pour l'instant, il y avait plus urgent :

– Heu, tu sais que l'armée des klees est en route, non ? ai-je demandé.

– Je te l'ai dit, on est prêts. Comment crois-tu qu'on a abattu votre hélico ?

– Oui, d'ailleurs, comment avez-vous fait ? a repris Boon.

– On a développé des armes qui tirent de courtes décharges d'ondes radio, a-t-elle expliqué. Certains Yanks sont des forts en thème. Ils ont extrapolé sur la technologie radio développée par les gars et ont trouvé un moyen de la contrôler et la diriger. Ne me demande pas d'entrer dans les détails techniques. Ces armes sont inopérantes sur les êtres vivants. Elles n'affectent que les objets mécaniques.

– Donc, ce truc peut descendre un gig, mais n'a aucun effet sur un klee bien vivant ? ai-je résumé.

– En gros, oui.

– Et un dado ?

Courtney m'a jeté un regard noir. Je lui avais enfin donné une information qu'elle ignorait.

– Des dados ? Tu veux rire, j'espère ?

– Je préférerais.

– Tu veux dire que l'armée des klees qui va nous attaquer se compose de robots ?

– Désolé de jouer les porteurs de mauvaise nouvelle.

– Des mauvaises nouvelles ? C'est la meilleure que j'ai entendue depuis longtemps, oui !

– Vraiment ?

– Mangeons. On parlera boulot plus tard.

Courtney a mis sur la table un repas composé de fruits frais venant des fermes entourant le village. Il y avait même du poisson grillé pêché dans la rivière. Boon et Kasha le préféraient cru, ce qui était assez dégueu, mais qui suis-je pour les juger ? Je ne suis pas un chat. Ni un amateur de sushi. Courtney s'est affairée en pétillant d'énergie. Cette histoire de dados semblait l'avoir électrisée. Bizarre, non ? Je ne pouvais parler pour mes amis les klees, mais moi, j'avais l'estomac dans les talons. Je mourais d'envie d'entendre ce que Courtney avait à me dire, mais après tout ce qui s'était passé, manger un morceau ne me ferait pas de mal. On a laissé Courtney le temps qu'elle fasse la cuisine, mais dès qu'on s'est assis pour se restaurer, j'ai fini par craquer :

– Tu sais que tu me fais languir, j'espère ?

Courtney a reposé son plat et a regardé dans le vide. J'avais l'impression qu'elle faisait un retour en arrière mental. Et vu l'éclat dur qui a brillé dans ses yeux, tous ces souvenirs n'étaient pas agréables. Elle avait perdu son bel enthousiasme. Lorsqu'elle a pris la parole, son regard a rarement croisé le nôtre, comme si elle n'était pas vraiment là, mais dérivait dans le passé.

– Lorsque les Raviniens nous ont jetés dans le flume, je n'ai pas eu peur. Du moins pas au début. J'avais déjà voyagé de cette façon. Le plus bizarre, c'était encore de le faire en compagnie de tous ces gens.

– Étaient-ce ceux que Naymeer avait choisis devant le Conclave ? ai-je demandé.

– Je crois. Ils étaient terrifiés. J'ai tenté de les calmer, de leur dire que tout irait bien, même si je n'en étais moi-même pas si sûre. J'ai présumé que le flume nous déposerait sur un territoire que je connaissais déjà par le biais de tes journaux. C'est ce que je n'ai cessé de me répéter. Tout irait bien. J'ai passé l'essentiel du voyage à tenter de rafraîchir mes souvenirs concernant les différents territoires.

– Tu étais avec Mark ? ai-je demandé.

Courtney a secoué la tête.

– La dernière fois que je l'ai vu, il se frayait un chemin dans la foule pour chercher à me rejoindre. (Elle a soupiré avant de reprendre.) Le voyage a été interminable. Bien plus long que tous ceux que j'avais faits auparavant. Peu à peu, j'ai été séparée des gens avec qui je flottais. Certains m'ont dépassée, d'autres ont traîné en arrière. On n'avait pas vraiment le choix. On était à la merci du flume. Au bout d'un moment, je me suis retrouvée seule. C'est là que j'ai commencé à avoir peur. Au-delà des parois de cristal, les images de Halla étaient brouillées. C'était comme si tout l'univers était là, sous mes yeux, les cultures se chevauchant les unes les autres. Tout au fond du flume, j'ai vu une lumière. J'ai cru que je ne tarderais pas à arriver à destination, puis j'ai constaté que cette lumière se déplaçait. Vers moi. Apparemment, elle allait me rentrer dedans, et ce serait la fin du voyage, et de ma vie. Je me suis protégé la tête, mais la chose a foncé vers moi dans un brouillard de lumière et de musique… pour me dépasser. J'ai regardé en arrière pour voir disparaître ce phénomène. Une autre lumière l'a suivie, puis un autre. Certaines venaient de l'avant, d'autres me rattrapaient pour continuer à filer devant moi. Au bout d'un moment, je m'y suis habituée. En fait, j'avais même hâte de les voir. Ces flashs de lumière étaient ma seule compagnie. Tout le reste était si monotone !

– D'après toi, qu'est-ce que c'était ? ai-je demandé.

Courtney a haussé les épaules :

– Tout ce que je peux en conclure, c'est que je n'étais pas la seule à voyager dans ce flume.

– C'est possible, ai-je acquiescé. Les Raviniens ont envoyé des gens aux quatre coins de Halla.

– J'ai perdu tout sens des proportions, a continué Courtney. Je sais que ça semble bizarre, mais je ne saurais dire combien de temps je suis restée dans ce couloir. Des heures, des mois ? Franchement, je l'ignore. C'était comme si j'étais suspendue dans le temps et l'espace. Je n'avais encore jamais ressenti une telle solitude. Je m'attendais à être déposée à une porte, mais ça n'est jamais arrivé.

– Et pourtant, tu es bien arrivée ici, a proposé Boon.

– Si l'on veut. Ce fut assez spectaculaire. Le flume a été pris de convulsions. C'était une sensation nouvelle, et ça ne me disait rien de bon. J'ai entendu des grondements sourds, comme un tremblement de terre. Le tunnel a dû bouger, parce que j'ai été projetée contre la cloison avant d'être secouée dans tous les sens. Je mourais de peur. J'avais l'impression que le flume volait en éclats, comme sur Eelong.

Courtney a jeté un regard peiné à Kasha. Cette dernière savait très bien ce qu'il en était. Comme nous tous.

– Je ne pouvais rien faire. Jusqu'à ce moment, j'avais eu l'impression de flotter sur un coussin d'air chaud. Et là, je me retrouvais dans le tambour d'une machine à laver. Je ne cessais d'entrevoir ce qui se passait derrière ces cloisons transparentes. J'ai vu des étoiles, ce qui voulait dire que les images de Halla disparaissaient. Je ne vais pas vous mentir. J'ai bien cru que c'était la fin du monde. Tout semblait se déchirer.

Je savais ce que Courtney avait vécu. J'avais moi-même assisté à la destruction des flumes. Aussi horrifiante que puisse être cette vision, je n'aurais jamais cru qu'à ce moment, des gens puissent voyager à l'intérieur.

– Puis tout est devenu blanc, et je me suis retrouvée à flotter dans le néant, a continué Courtney. J'ai bien cru que j'étais morte. C'est vrai. J'ai même cru entendre la voix d'un ange. Une femme. Mon esprit était toujours en plein vol, et il m'a fallu un certain temps pour me concentrer sur ce qu'elle disait. Elle a tenté de me calmer avec des « détends-toi » ou « tout ira bien ». J'espérais qu'elle ajoute « bienvenue au paradis », mais non. C'est alors que j'ai vu son visage. (Courtney m'a regardé droit dans les yeux.) C'était Nevva Winter.

Je n'ai pas réagi. Comment l'aurais-je pu ? J'ignorais ce qui était arrivé.

– Où étais-tu ? a demandé Kasha.

– Je n'en avais pas la moindre idée. Du moins au début. J'ai senti à nouveau l'effet de la gravité, ce qui m'a appris que j'avais quitté le flume. Je crois que j'étais allongée sur le dos. Tout ce que j'ai vu, c'était le visage de Nevva penchée sur moi. Dans d'autres circonstances, j'aurais bondi pour lui décocher un bon direct, mais je ne pouvais pas bouger. En plus, c'était la première personne que je rencontrais depuis que j'avais été séparée de ceux qui voyageaient aussi dans le couloir. J'avais beau la haïr de toutes mes forces, j'étais contente qu'elle soit là. J'aurais été heureuse de voir n'importe qui.

– A-t-elle dit quoi que ce soit d'autre ? ai-je demandé.

– Oh, oui. Elle a affirmé qu'elle nous avait fait un don. À nous tous. Je ne savais pas de quoi elle voulait parler. Elle m'a promis que ce territoire resterait intact. Elle avait beau croire en cette vision d'un nouvel Halla, elle considérait également qu'il y avait du bon dans l'ancien ordre. Et c'est pourquoi elle protégeait Eelong.

– Protéger Eelong, a répété Kasha.

Courtney a acquiescé.

– Elle a ajouté qu'on devait se bâtir une nouvelle existence et en tirer le meilleur parti. Elle a aussi demandé à ce qu'on ne la juge pas trop sévèrement. Et ce fut tout. Elle avait disparu. Je suis restée un instant allongée là, à chercher à comprendre ce qui s'était passé. Peu à peu, mes sens me sont revenus. J'ai constaté que mon entourage n'était pas uniformément blanc : je fixais le ciel. La première chose que j'ai reconnue, c'est cette bande solaire. J'ai alors su avec certitude que je me trouvais sur Eelong.

Pendant que Courtney racontait son histoire, je n'avais pas touché à mon plat. Entendre parler de Nevva m'avait coupé l'appétit. Je me suis levé. Mon esprit tournait trop vite pour que je puisse me tenir tranquille. Qu'avait fait Nevva ? Et quand l'avait-elle fait ? Était-ce avant que je fasse venir Elli en Troisième Terre ? Était-il possible que Nevva ait toujours eu des doutes à propos de Saint Dane et sa quête ?

– À quoi penses-tu, Pendragon ? a demandé Kasha.

– En Troisième Terre, lorsque j'ai dit à Nevva que Saint Dane allait attaquer les exilés avec une armée de dados, elle a eu l'air paniquée.

Ce fut au tour de Courtney de sauter sur ses pieds.

– Hé ! Je croyais qu'une armée de klees était en chemin. Je ne savais pas que Saint Dane était derrière tout ça !

– Je n'en suis pas sûr à cent pour cent, ai-je répondu. Du moins pas directement. Les Raviniens ont amené des dados sur ce monde, donc, ce n'est pas comme si Saint Dane n'avait rien à voir avec cette histoire. Mais je ne pense pas que ce soit lui qui ait planifié cet assaut.

Courtney a froncé les sourcils.

– Mais tu as dit que Saint Dane allait attaquer avec une armée de dados.

– C'est vrai. En troisième Terre, j'ai vu des milliers de dados, et Saint Dane lui-même a précisé qu'il comptait les lâcher sur les exilés. Nevva m'a appris qu'il allait créer un flume pour les déplacer. Mais jusqu'à récemment, il ignorait que les exilés étaient là. Donc, je ne crois pas que l'armée qui est en mouvement vers la Cité des Eaux Noires ait quelque chose à voir avec les dados de Troisième Terre. Je pense qu'ils seraient partis en guerre de toute façon.

– Oh. Excellent, s'est écriée Courtney. Ce qui veut dire qu'il y aura un second assaut après celui-là ?

– À moins que les klees fassent le sale boulot de Saint Dane pour lui. Quoi qu'il arrive, il veut la mort des exilés.

– Mais pas Nevva, a remarqué Kasha.

– Aussi bizarre que cela puisse paraître, ai-je repris, il semblerait que Nevva ait fait tout son possible pour préserver un des territoires originaux de Halla. Pourquoi a-t-elle choisi Eelong, ça, je n'en sais rien. Mais c'était son idée, et apparemment, c'est elle qui a envoyé les exilés ici et qui a lutté pour garder le territoire intact.

– Et elle l'a payé de sa vie, a ajouté Kasha.

On est tous restés silencieux le temps de digérer cette affirmation, puis Courtney a déclaré d'une voix douce :

– Donc, sans Nevva Winter, la bataille pour Halla serait déjà terminée.

J'ai souri :

– En fait, en dernier ressort, elle a accompli son devoir de Voyageuse.

– Et les exilés ? a demandé Boon. Quand sont-ils arrivés ici ?

On s'est tous tournés vers Courtney. Elle s'est rassise et est revenue au jour de son arrivée sur Eelong.

– Après le départ de Nevva, j'ai repris mes esprits et ai compris que je devais déterminer où je me trouvais sur Eelong. Je me suis relevée dans l'espoir de reconnaître quelque chose qui me soit familier. Mais le spectacle qui m'attendait semblait impossible.

Elle s'est tue, son esprit dérivant dans le passé. Quoi qu'elle ait pu voir, cette scène se déroulait à nouveau dans son esprit, et à en juger son expression, ce n'était pas un souvenir bien agréable.

– Je me suis retrouvée dans un grand espace dégagé… avec des milliers d'autres personnes.

– Quoi ! ai-je bafouillé.

– C'est vrai, a-t-elle continué. Je ne pouvais pas respirer. Il y avait des corps partout. Tous gisaient, inertes. Certains avaient le visage tourné vers la bande solaire, d'autres vers le sol. Beaucoup étaient en position fœtale. Ils avaient l'air endormis, ou morts. Juste à côté de moi, il y avait un vieil homme en jean et chemise à carreaux. De l'autre côté, deux gamins. Des jumeaux. À mes pieds, une femme, probablement leur mère. C'était une véritable mer de corps. Je ne peux même pas décrire le sentiment qu'elle m'a inspiré. Ce spectacle était stupéfiant en soi, mais à l'idée que tous ces gens puissent être morts, mon cerveau s'est bloqué.

– C'étaient les exilés ? a demandé Kasha.

Courtney a acquiescé.

– Bien sûr, à ce moment-là, je l'ignorais. Je suis restée assise là, sous le choc. Je ne savais pas quoi faire. J'ai vraiment cru que j'allais devenir folle. C'est alors que l'homme en chemise de flanelle a bougé. Ce fut une telle surprise que j'ai poussé un petit cri. Mais je l'ai vu se masser les yeux. Ce petit geste tout naturel a suffi à me calmer. Ce type revenait à lui comme je l'avais fait un peu avant. Puis ce fut au tour des jumeaux. Tout autour de moi, j'ai vu cette humanité reprendre conscience comme une unique créature géante. Je n'avais pas encore entendu parler de ce qui s'était passé au Yankee Stadium, si bien que l'idée de voir tous ces gens débarquer en masse sur Eelong me semblait absurde, mais j'étais contente de savoir que je n'étais pas dans une sorte de fosse commune.

– Ce dut être un sacré soulagement, a remarqué Kasha.

Vu l'expression de Courtney, pas tant que ça.

– Ça n'a pas duré. J'étais juste au bord de cette masse de gens. Je devais être à cinquante corps de la limite extérieure. Ça m'a sauvé la vie.

Les klees et moi avons échangé des regards nerveux.

– Comment ? a demandé Boon, suspendu à ses lèvres.

– On n'était pas seuls. Je crois que lorsque les autres ont bougé, ce fut comme un signal. Aussitôt, ils nous ont attaqués.

– Les klees ? ai-je demandé.

– Des tangs. Ils devaient arpenter la jungle non loin de là. Lorsqu'ils ont vu leurs proies s'animer…

Courtney a fermé les yeux. Ce souvenir était particulièrement douloureux.

– D'abord vinrent les hurlements. Je me suis redressée d'un bond pour voir trois tangs attaquer les humains les plus proches du bord de la clairière. Pas si loin que ça de moi. Si je m'étais trouvée un peu plus près du bord… (Elle n'a pas fini sa phrase.) Ces pauvres bougres n'avaient pas une chance. Ce fut brutal. D'autres tangs ont jailli de leurs cachettes pour s'en prendre aux premières proies qui leur tombaient sous la main. Les plus proches du bord ont pu voir ce qui se passait et ont été pris de panique. La terreur s'est propagée comme une onde de choc. Les hurlements étaient insupportables. Je ne savais pas reconnaître les simples cris de frayeur de ceux émis par les victimes que ces monstres mettaient en pièces.

Je ne pouvais même pas imaginer l'horreur qu'elle avait dû ressentir.

– Certains ont tenté de repousser les tangs. Ils l'ont payé cher. Ces bêtes étaient affamées. Vu qu'on me bousculait de partout, je n'ai pu voir que des images fugitives. Ce qui est peut-être mieux. Je voyais mille griffes s'abattre au milieu des visages terrifiés de ces pauvres gens. Je pouvais même sentir l'odeur des tangs. Et du sang. Ils étaient en pleine frénésie. Je me faisais rentrer dedans par ceux qui cherchaient à échapper au carnage. Tout d'abord, j'ai suivi le mouvement, mais j'ai eu peur de me faire piétiner. J'ai regardé autour de moi, cherchant un autre chemin. C'est alors que j'ai vu les cascades qui m'ont fait comprendre qu'on était dans la vallée qui menait à la Cité des Eaux Noires. J'ai aussitôt su ce qu'il me restait à faire. Je devais me rendre dans cette ville pour y chercher Gunny et Spader. Je me suis frayé un chemin à travers la foule, à contre-courant. Ça n'a pas été facile, mais j'ai fini par m'en dépêtrer. Maintenant, il ne restait plus que moi et les tangs qui se tenaient à une vingtaine de mètres, penchés sur leurs proies. (Elle a fermé les yeux et ajouté :) Occupés à... manger.

J'ai préféré ne pas m'imaginer la scène.

– J'ai couru vers les cascades sans me retourner. J'en étais bien incapable. Encore maintenant, j'ignore combien d'exilés sont morts ce jour-là. Plus tard, lorsque j'en ai parlé autour de moi, on m'a dit que les tangs s'étaient contentés de disparaître dans la jungle... une fois rassasiés.

J'ai fait la grimace.

– J'ai continué de cavaler vers les cascades. Lorsque j'ai atteint le ruisseau, j'ai pataugé dans le courant sans oser m'arrêter pour gagner le tunnel. Ce n'est qu'une fois de l'autre côté que j'ai ralenti. En regardant au bas de la pente, j'ai distingué le village, exactement comme dans mes souvenirs. Il n'avait rien à voir avec la Cité des Eaux Noires telle qu'elle est aujourd'hui. C'était celui qu'on avait sauvé de l'attaque des klees il y a cinq ans de cela.

– Cinq ans, ai-je répété. La Cité des Eaux Noires a grandi à ce point en cinq ans ?

– Étonnant, non ? a-t-elle répondu. Je suis allée trouver Aron, le chef des gars, et l'ai supplié de m'emmener voir Gunny et

Spader. Mais il m'a appris qu'ils avaient disparu. Personne ne savait où ils étaient passés.

– Je suis sûr qu'ils se sont retrouvés sur Solara lorsque les flumes ont explosé, ai-je proposé. Comme moi.

– J'ai parlé à Aron de ces gens là-dehors. J'ai prétendu qu'ils étaient des gars. Que vouliez-vous que je lui raconte d'autre ? Et c'est ce qu'ils étaient, d'une certaine façon. Aron a aussitôt convoqué un peloton armé jusqu'aux dents et l'a envoyé les chercher.

– Ce n'était pas une tâche facile, ai-je remarqué.

Courtney eut un rictus railleur.

– Oui, on peut le dire. Sais-tu ce que c'est de rassembler soixante-dix mille personnes ? Surtout des gens complètement déboussolés qui ont peur de se faire dévorer par des dinosaures affamés ?

– Non, en effet.

– Je ne vais pas t'ennuyer en te narrant dans le détail ce qui s'est passé ensuite, parce que tu as vu le résultat. Ce fut une entreprise pénible, abrutissante, impossible, mais les gars ont accueilli les nouveaux venus et leur ont offert un toit. En retour, les Yanks ont aidé la Cité des Eaux Noires à croître et prospérer. C'était un partenariat idéal.

– Et la question du langage ? ai-je demandé. Comment les gars pouvaient-ils comprendre les Yanks ?

– Bonne question, a répondu Courtney. Ça n'a jamais posé le moindre problème. Ce fut comme la première fois où on a débarqué ici, Mark et moi. Dieu sait pourquoi, mais dès le départ, ils ont pu dialoguer. Pour autant que je sache, tout le monde parlait anglais, mais c'est absurde.

– Il doit y avoir un rapport avec la destruction des frontières entre les territoires. Comme avec Veego et LaBerge. Ils sont de Veelox, et pourtant, sur Quillan, tout le monde les comprenait. Lorsque quelqu'un emprunte un flume, quelque chose doit se modifier en lui. C'est comme s'il devenait une partie de ce Halla recomposé. Ou quelque chose comme ça. Je n'en sais rien.

– Ça semble impossible, mais on peut dire que c'est bien pratique, a constaté Courtney, penaude.

– Maintenant que Ravinia contrôle l'univers, ce doit être un effet secondaire. C'est un sacré prix à payer en échange de ne pas devoir apprendre une autre langue.

– Ravinia. Oui. Lorsque je suis arrivée ici, ils avaient déjà un pied sur ce territoire. Je présume que Nevva n'a pas pu l'empêcher. Ou ne l'a pas voulu. J'ai découvert que l'esprit de coopération qui s'était instauré entre les klees et les gars avait disparu.

– Tu sais que les klees ont fini par abroger l'édit quarante-six ? ai-je demandé.

– Oui. Super, non ? On est officiellement du gibier. Mais les gars l'ont vu venir. C'est pour ça qu'ils ont fabriqué des armes et édifié des défenses autour de la Cité des Eaux Noires. Les Yanks y ont grandement contribué.

– Ils ont compris et accepté de se trouver sur un autre territoire ? ai-je demandé.

– Ils n'avaient pas vraiment le choix. Et ça ne s'est pas fait en un jour. Comme j'étais celle qui avait le plus de perspective, je suis devenue en quelque sorte l'ambassadeur entre les gars et les Yanks. Après tout, ces derniers sont mes compatriotes. Et je peux vous dire que je suis fière d'eux. Pour les gars, ils sont devenus des professeurs et des mentors. Lorsque je m'adresse à l'un d'eux, il m'arrive de ne plus le considérer comme un gar ou un Yank. Uniquement… comme un homme. C'est peut-être ce qu'espérait Nevva.

– Ça semble logique. Si elle avait balancé soixante-dix mille personnes sur un autre territoire de Halla, les Raviniens les auraient détruits en même temps que la culture indigène. Mais ici, sur Eelong, les gars étaient considérés comme une forme de vie inférieure. Ils vivaient dans l'isolement sous la protection des montagnes. Pour commencer, les Raviniens ont dû sélectionner les klees dignes de les rejoindre. Ils ne se souciaient guère des gars de la Cité des Eaux Noires.

– Jusqu'à présent, a dit doucement Kasha.

– Oui, ai-je répété, jusqu'à présent.

– Crois-tu vraiment qu'ils peuvent repousser une attaque des klees ? a demandé Kasha.

Courtney a souri.

– Je ne peux en être sûre, mais croyez-moi, ils se sont entraînés. De nombreux Yanks étaient d'anciens militaires en Seconde Terre. On est bien organisés, et on est intelligents. Si les klees tentent de nous envahir, je crois qu'ils vont avoir des surprises.

– *Quand* ils tenteront de vous envahir, ai-je corrigé.

Une fois cette sinistre réalité exposée, on est revenus à notre repas. Je n'avais pas faim, mais j'avais besoin de carburant. Pendant qu'on mangeait en silence ce que Courtney nous avait préparé, j'ai passé en revue ce qui nous attendait. Les gars et les exilés de la Cité des Eaux Noires étaient-ils vraiment capables de se défendre contre une armée de klees ? Courtney n'en doutait pas, mais je ne partageais pas sa confiance. Pire encore, même s'ils trouvaient un moyen de repousser les klees, pourraient-ils faire de même avec les dados de Saint Dane ? L'avenir semblait bien sombre, ce qui n'arrangeait pas mon appétit.

– Ils n'attaqueront pas de nuit, a annoncé Courtney. On devrait prendre un peu de repos.

– Et si tu te trompes ? a demandé Boon.

– On le saura bien avant qu'ils doivent boucler la vallée. On a des yeux partout. Vous pouvez dormir tranquilles. Je nous réveillerai tous avant le lever de la bande solaire, et je vous montrerai pourquoi je pense que les klees n'ont pas une chance.

Je ne l'ai pas contredite.

Courtney nous a dit de faire comme chez nous. Elle m'a laissé pour aller trouver les défenseurs gars afin de leur dire que l'armée en marche pouvait être en partie mécanique. Elle m'a promis de revenir sans tarder.

Kasha et Boon se sont confortablement installés près de la cheminée. Je me suis réservé un grand fauteuil dans la chambre de Courtney. Peu après, celle-ci est revenue se glisser dans son lit.

– Ça s'est bien passé ? ai-je demandé.

– Il m'a fallu un certain temps pour les convaincre que les klees pouvaient être des robots, mais ils ont bien voulu m'écouter. Si nos canons radio ont un effet sur les dados, cela nous donnera encore un léger avantage. De toute évidence, on en aura besoin.

Je n'allais pas le nier.

Peu après, j'ai entendu la respiration régulière de Boon et Kasha endormis. On aurait presque dit qu'ils ronronnaient. Peut-être était-ce le cas. J'étais content de voir qu'ils dormaient comme des bienheureux. Pour eux, demain serait une dure journée. Si tout se passait comme prévu, ils verraient les klees – leur propre peuple – entrer en guerre. Bien que je soupçonne que la majeure partie de cette armée soit composée de dados ayant l'apparence de klees, il devait y en avoir des vrais dans le lot, ne serait-ce que pour donner les ordres. Je savais de quel côté était Kasha, mais ça lui serait pénible de voir les siens monter au front. Même si j'avais également confiance en Boon, il risquait d'avoir du mal à le supporter, lui aussi. J'avais décidé de lui demander de rester ici. Ce combat avait beau être important, il serait injuste de lui demander de lutter contre sa propre espèce.

J'étais extrêmement fier de Courtney. Après tout ce que j'avais entendu, c'était elle qui avait rassemblé les exilés et les avait aidés à former une communauté avec les gars. Lorsqu'elle était devenue mon acolyte il y avait bien longtemps de ça, je savais pouvoir compter sur elle. J'ignorais alors qu'elle serait poussée à de telles extrémités, mais cela ne m'étonnait pas de voir qu'elle avait relevé tous les défis. Tout comme Mark. Je les adorais, tous les deux.

– Bobby ? a lancé Courtney depuis son lit. Tu dors ?

– Qu'est-ce que tu crois ?

Elle a eu un petit rire.

– Je peux te demander quelque chose ?

– Vas-y.

– Que penses-tu de ce qui était écrit ?

– C'est une grande question. Par où dois-je commencer à répondre ?

– Par nous.

Je me suis figé. Je ne voyais pas ce qu'elle voulait dire par là.

– Tu te souviens de ce premier soir, lorsque tu es parti de chez toi ?

– Comment pourrais-je l'oublier ?

– Et ce que je t'ai déclaré lorsque je suis venue te trouver ce soir-là ?

Je me suis demandé si je devais me la jouer cool ou choisir la vérité. La vérité l'a emporté.

– Tu as dit que tu avais des sentiments pour moi et que si tu ne les révélais pas ce soir, tu craignais de ne plus jamais en avoir l'occasion. Puis tu m'as embrassé.

– J'imagine que ça compte pour un oui. Tu te souviens.

– Chaque seconde.

– Alors tu ne t'es jamais demandé ce qui serait arrivé sans cette histoire de Voyageurs ?

– Ce soir-là, tu veux dire ?

– Non, a-t-elle répondu en riant, pour nous deux. Si on avait eu une chance de suivre le cours normal de nos vies.

– Et si ce qu'on a vécu jusque-là était ce cours normal ?

– J'en doute, a-t-elle répondu.

Ça m'a cloué le bec.

– Tu penses, a-t-elle continué, qu'on aurait pu avoir, mettons, une vie ensemble ?

– Je me suis posé cette même question plus de fois que je pourrais le compter.

– Et à quelle réponse es-tu parvenu ?

– Tu veux dire ce que j'imagine qu'il se serait passé, ou ce que je voudrais qu'il se soit passé ?

Courtney a réfléchi un moment.

– Qu'aurais-tu souhaité ? a-t-elle fini par demander.

Et voilà. La grande question.

– J'aurais bien aimé avoir l'occasion de le découvrir.

– Oui, moi aussi.

Je ne sais pas pourquoi j'ai agi comme je l'ai fait, mais j'aurais eu tort de m'en priver. Je suis descendu de ce fauteuil pour aller m'allonger sur le lit à côté de Courtney. Je me suis mis derrière elle et ai passé mon bras autour de sa taille. Elle l'a serré contre son corps. Ce n'était pas gênant, ni maladroit. C'était… bien. Je pouvais sentir l'odeur de ses cheveux. Je ne sais avec quoi elle les lavait sur ce territoire primitif, mais ils embaumaient les fleurs. Ainsi allongé à ses côtés, je me sentais vulnérable. Je baissais ma garde. Émotionnellement, pas physiquement. J'étais devenu un guerrier, un dur à cuire. Sans ça, je n'aurais jamais survécu. En étreignant Courtney, j'admettais que j'avais besoin d'être proche de quelqu'un d'autre. Il y avait longtemps que j'avais renoncé à partager ma vie avec qui que ce soit, puisque je savais que c'était impossible. Un jour, je m'étais confié à Loor, et elle avait affirmé que se permettre d'éprouver des émotions normales serait dangereux. Elle avait raison. Mais à ce moment précis, en compagnie de Courtney, je m'en moquais.

– Je ne regrette rien de ce qui s'est passé, Bobby, a-t-elle chuchoté. Si c'était à recommencer, je le ferais.

– Je n'arrive pas à y croire moi-même, mais moi aussi. Sauf que je ne vous aurais pas entraînés là-dedans, Mark et toi. C'est mon seul regret.

– Et ce serait une erreur, parce que sans nous, tu ne serais jamais allé aussi loin.

– Tu as raison, ai-je répondu en riant.

– Promets-moi juste une chose.

– Quoi ?

– Lorsque tout sera terminé, souviens-toi de moi.

Une requête bien simple en apparence. Stupide, même. Comment pourrais-je jamais oublier la grande Courtney Chetwynde ? J'allais dire quelque chose dans ce sens, mais me suis arrêté. Je venais de me rappeler la vérité. Je n'étais pas vraiment Bobby Pendragon de Seconde Terre. J'étais un pur esprit venu d'un lieu nommé Solara. Lorsque tout ceci serait terminé, quelle que soit la façon dont ça se terminerait, où me retrouverais-je ? Quel genre d'*être* serais-je ? Il y avait donc une possibilité qu'à ce moment-là, je ne puisse plus me souvenir de Courtney. Elle me demandait de faire une promesse que je n'étais pas sûr de pouvoir tenir. Alors j'ai fait la seule chose qui me semblait convenable. J'ai menti.

– Bien sûr ! Tu parles d'une question.

J'ai l'ai serrée encore plus fort et ai posé un baiser sur sa nuque.

– Je le savais, a-t-elle déclaré. Je voulais l'entendre, c'est tout.

Je me suis tu. Je voulais profiter du simple bonheur d'étreindre Courtney sans me soucier de l'avenir. C'est comme ça qu'on s'est endormis, proches l'un de l'autre.

Je ne saurais dire combien de temps on est restés comme ça, mais tout d'un coup, j'ai rêvé que j'étais à bord d'un sous-marin. Et pas un de ces engins de Cloral, non. La scène venait tout droit d'un vieux film de la Seconde Guerre mondiale, équipage compris. On était sous la surface. Je le savais à cause du meuglement constant de la corne de plongée. Je n'étais jamais monté à bord d'un sous-marin, mais j'avais vu plein de films. Et c'était exactement ça. C'était un de ces songes où l'on sort de son propre corps pour regarder la scène d'un point de vue extérieur, parce qu'on sait que ce n'est qu'une illusion. Je flottais quelque part à la hauteur du périscope tandis que la corne continuait de mugir, et je me demandais pourquoi je rêvais de sous-marins de cinéma.

La réponse n'a pas tardé. J'ai senti Courtney se détacher de moi pour sauter sur ses pieds. Ce faisant, elle m'a extrait de mon sommeil et m'a fait revenir à la réalité, si l'on veut. Je devais être encore à moitié endormi, parce que j'entendais toujours le bruit de la sirène. Du moins c'est ce que j'ai pensé sur le moment.

Bien sûr, ce n'était pas ça. Et je ne rêvais pas. Courtney le savait très bien. Elle était déjà sur la brèche alors que je reprenais à peine pied dans ce monde.

– Debout, a-t-elle ordonné.

– Quoi ? Qu'est-ce qui se passe ?

– C'est le signal d'alarme, s'est-elle empressée de répondre.

– Une alarme ? Pour prévenir de quoi ?

– Tu as deux réponses possibles, a-t-elle déclaré en se dirigeant vers la porte du salon.

Une seule me suffirait. J'avais enfin l'esprit assez clair pour comprendre ce qui se passait, et ça n'avait rien à voir avec les sous-marins. Ou les rêves.

La bataille des Eaux Noires allait commencer.

Journal n° 37
Chapitre 32

– Boon devrait rester ici, ai-je annoncé lorsque je suis sorti de la chambre en me frottant les yeux, tentant de me désengluer du sommeil.

– Quoi ? Non ! a-t-il protesté. Pourquoi ?

– Ce n'est pas juste de t'obliger à choisir un camp, ai-je répondu. Il vaut mieux que tu attendes le résultat de la bataille.

– J'ai déjà choisi mon camp, Pendragon, a-t-il rétorqué. Je désapprouve ce que les Raviniens ont fait d'Eelong.

– Et pour le démontrer, tu es prêt à aider les gars à lutter contre les tiens ? C'est trop exiger de toi.

Boon allait argumenter, mais il s'est arrêté net. Je ne crois pas qu'il ait poussé sa réflexion si loin. Se mettre du côté des gars signifiait prendre les armes contre son propre peuple. Sa propre espèce. Quelles que soient les circonstances, ce serait difficile, voire impossible.

– Je suis d'accord avec toi, a ajouté Courtney, mais Boon ne peut pas rester là.

Tout en parlant, elle a enfilé un léger gilet vert couvrant son dos et sa poitrine. Une sorte de protection.

– Pourquoi ? ai-je demandé.

– Parce que je ne peux garantir sa sécurité. Personne ne saura forcément qu'il est de notre côté. Tout ce que les gars verront, c'est un klee. Et si on n'est pas là pour leur expliquer qu'ils n'ont rien à craindre…

Elle n'a pas fini sa phrase. C'était inutile.

– C'est bon, j'ai compris, ai-je admis. Il vient avec nous.

– Enfilez ça, a ordonné Courtney en nous tendant à chacun un de ces gilets verts.

– À quoi ça sert ? a demandé Kasha en passant le sien.

– Ce tissu vous protégera des flèches, des couteaux et des coups de griffes. En espérant qu'il ne faudra pas en arriver là.

Kasha a tendu le vêtement à bout de bras. Elle a sorti une de ses griffes et l'a passée sur le matériau pour tester sa résistance.

– C'est du solide, a-t-elle conclu.

– Quel est votre plan ? ai-je demandé. À quoi vous êtes-vous entraînés ? Au corps à corps ? Courtney, ces gilets pourront ralentir un klee furieux pendant une seconde ou deux, mais c'est tout.

– Tu as raison. S'il faut se battre contre ces félins, on n'a pas une chance. Ces tenues ne sont qu'une précaution. Mais on espère ne pas les laisser venir jusqu'à nous. On savait que les klees finiraient tôt ou tard par attaquer la Cité des Eaux Noires. Tu veux voir comment on va les accueillir ?

– Absolument.

Elle nous a fait sortir de la cabane dans la lumière grise de l'aube. Le beuglement de la sirène d'alarme a continué. Des gens couraient dans tous les sens, s'éloignant du centre du village. Il y avait des gars et des exilés. Ces derniers étaient faciles à reconnaître : ils faisaient tous au moins une tête de plus. Les habitants n'étaient pas pris de panique, mais ils ne traînaient pas non plus. Tout le monde avait un but. Ils savaient ce qu'ils devaient faire.

– On va prendre une position élevée, a annoncé Courtney.

– Où ça ? a demandé Boon.

Courtney a désigné les montagnes qui entouraient la ville. Mon moral a chuté.

– On va devoir grimper jusque là-haut ?

– Qui te parle de grimper ? a-t-elle répondu avec un sourire rusé. Je t'ai dit, la nouvelle Cité des Eaux Noires n'a plus rien à voir avec celle que tu as connue.

On a couru en direction des tunnels menant aux cascades. Personne ne semblait gêné par la présence de Kasha et Boon. Soit il faisait trop noir pour qu'on les remarque, soit tout le monde était si concentré sur sa tâche qu'il ne pensait à rien d'autre. Quoi qu'il en soit, les villageois n'ont pas réagi.

Lorsqu'on a atteint la bordure extérieure des constructions, j'ai compris ce que voulait dire Courtney en disant que les plus grosses des cabanes étaient en fait des défenses. Des hommes et des femmes y entraient pour ressortir rapidement, munis de ce qui ressemblait à des armes, mais des armes telles que je n'en avais encore jamais vu. C'étaient des tubes verts d'environ deux mètres cinquante qui semblaient lourds et encombrants. Il fallait deux servants pour en porter un. Il y avait des supports en arc de cercle afin qu'ils puissent le poser sur leurs épaules et des poignées pour les mains.

– Ce sont les canons radio dont je t'ai parlé, a expliqué Courtney. C'est avec ça qu'on a abattu ton gig. S'ils arrivent par la voie des airs, ils n'y resteront pas longtemps.

Les servants ont pris position de chaque côté des constructions défensives. Prêts à tout. J'ai présumé que la même scène se répétait sur tout le pourtour du village. Lorsqu'on a couru devant ces grandes cabanes, j'ai jeté un œil à l'intérieur pour voir plusieurs gars en position, regardant par des meurtrières creusées dans le toit.

– Des archers, a expliqué Courtney. C'est notre dernière ligne de défense. Si un certain nombre de klees arrive jusqu'ici, ça ne fera que les retarder. Il en faudra plus pour les arrêter. Pourtant, nos meilleurs combattants sont là. Ils se battront jusqu'à la mort plutôt que d'en laisser passer un seul. (Elle a regardé Boon et Kasha et a ajouté :) Désolée.

Kasha ne semblait pas s'inquiéter outre mesure :

– Mais tu es toujours sûre de remporter la victoire ? a-t-elle demandé d'un air sceptique.

– Oh oui. Ce que vous voyez ici n'entrera en jeu que si la situation devient désespérée. Si tout se passe bien, pas un seul klee n'entrera dans le village.

– Et quel est cet incroyable plan que vous avez concocté ? ai-je demandé.

En guise de réponse, elle a accéléré. Plusieurs autres gars nous ont rejoints, courant dans la même direction. En regardant autour de moi, j'ai constaté qu'il y avait des gars et des Yanks partout. Tous se dirigeaient vers les montagnes. Courtney nous a menés à un point situé à quelques centaines de mètres sur la droite du tunnel qui permettait d'entrer et sortir de la vallée. Là, taillée dans la roche à la base de la montagne, il y avait l'embouchure d'une galerie manifestement creusée par la main de l'homme. Et au-dessus de cette même entrée, gravé dans la pierre, il y avait un symbole que je n'ai pas reconnu. Mais Courtney, si.

– C'est mon poste, a-t-elle expliqué.

– Tu sembles savoir précisément ce que tu as à faire, a remarqué Kasha.

– Comme nous tous, a-t-elle rétorqué. En général, l'entraînement a lieu une fois par jour. Et on ne sait jamais à quelle heure précisément. Peu importe ce qu'on est en train de faire, on doit tout laisser tomber sur-le-champ pour rejoindre nos postes.

J'avais la même impression qu'avec Mark : il m'était difficile de croire que c'était bien la Courtney Chetwynde que je connaissais depuis l'enfance. Sa nature confiante n'avait pas changé, mais il s'y ajoutait l'expérience qui vient avec l'âge et les conflits. C'était devenu une force de la nature. Je ne l'en aimais que davantage. Courtney est entrée dans le tunnel sans ralentir. Il n'était pas bien profond. Au bout de trente secondes, on est tombés sur une double porte noire. Elle a appuyé sur un bouton à sa droite et les panneaux ont aussitôt coulissé.

C'était un ascenseur.

– Vous montez ? a-t-elle annoncé. C'est une voie express.

On s'est massés dans la cabine, tous les quatre. Cet ascenseur n'avait que deux arrêts. En haut et en bas. En quelques secondes, on s'est retrouvés propulsés à travers la montagne, fonçant vers le poste de Courtney. Personne n'a rien dit en chemin, ce qui est le cas dans tous les ascenseurs quel que soit l'endroit où on se trouve. Je me demande bien pourquoi ! J'ai jeté un coup d'œil à Courtney. Elle n'avait pas l'air nerveuse, mais elle était concentrée. Peut-être avaient-ils tant répété cet exercice que pour elle, c'était devenu une routine. Mais ce n'était plus un exercice. Si l'on pouvait se fier aux sirènes d'alarme, les klees étaient bien là.

Lorsque la cabine s'est arrêtée et que les portes se sont ouvertes, on a reçu en plein visage une bouffée d'air chaud. De là-haut, on avait une vue magnifique sur la Cité des Eaux Noires. Heureusement que je n'ai pas peur de l'altitude. Un instant, je me suis inquiété de ce qu'en pensaient Kasha et Boon, puis je me suis traité d'idiot. C'étaient des chats. Le vertige n'était pas dans leur ADN. À en croire Courtney, elle montait ici une fois par jour, donc j'étais le seul à transpirer.

– Par ici, a dit Courtney.

Elle est partie sans nous attendre. Après tout, elle avait une mission à remplir.

Elle nous a menés le long d'une étroite passerelle de bois posée sur la crête de la montagne. C'était comme de marcher le long d'un prisme avec une pente escarpée de chaque côté. La Cité des Eaux Noires s'étendait à droite, à gauche la vallée verdoyante des cascades où Kasha, Boon et moi nous étions écrasés avec notre gig. J'avais cessé de transpirer. Maintenant, je dégoulinais de sueur. Mes jambes s'étaient transformées en coton. La passerelle semblait faite de caoutchouc, et il n'y avait pas de garde-fou. La moindre bourrasque de vent aurait pu nous emporter. Comparé à ça, ma descente le long de la pyramide d'Utopias sur Veelox n'était qu'un tour de manège. Mais ça ne semblait pas déranger Courtney. Elle marchait rapidement et d'un pas sûr comme si elle se trouvait sur un trottoir. Je n'ai pas osé regarder en arrière pour voir comment Kasha et Boon s'en sortaient. Je devais rester concentré.

On avait parcouru une cinquantaine de mètres lorsqu'on est arrivés sur une plate-forme construite dans la pierre et tournée vers la vallée verdoyante. Elle était entourée d'une rambarde qui semblait solide. Pour moi, c'était une vraie oasis. Lorsque je suis monté dessus, j'ai jeté un coup d'œil en arrière pour voir que Boon et Kasha s'étaient mis à quatre pattes. Cela m'a vaguement rassuré de savoir qu'ils n'avaient pas peur, mais qu'ils étaient assez prudents pour ne pas avoir continué sur leurs pattes de derrière.

Courtney se tenait au bord de la plate-forme dominant la vallée et a regardé au loin. Derrière nous, la bande solaire pointait à l'horizon. Ce qui voulait dire qu'en cas d'attaque aérienne, les klees profiteraient de sa lumière pour se dissimuler – une stratégie classique. Courtney fixait la rangée de montagnes à l'autre bout de la vallée, utilisant parfois une paire de petites jumelles. J'entendais toujours la sirène, bien qu'elle résonnât tout en bas, dans le village. En regardant à droite et à gauche, j'ai vu d'autres plates-formes comme la nôtre, postées tout le long de la passerelle. Il devait y en avoir une tous les cent mètres. Trop loin pour pouvoir s'appeler de l'une à l'autre, mais assez près pour voir qu'elles étaient occupées. Tous les yeux étaient braqués vers l'horizon. Vers Lyandra. La direction d'où viendrait certainement l'assaut.

– Qu'es-tu censée faire là-haut ? a demandé Boon.

– On a des guetteurs tout le long de la chaîne de montagnes, a répondu Courtney sans que son regard dévie d'un centimètre. En cas d'attaque, on peut voir ce que font les klees au sol et transmettre les informations nécessaires.

– Qui a donné l'alarme ? ai-je demandé.

– Les vigies de la première chaîne, celle qui est tournée vers Lyandra. On s'est dit que s'ils devaient passer à l'assaut, ils arriveraient par là. Ces arrière-postes ne sont occupés qu'en cas d'urgence. Ceux de la première ligne sont en état d'alerte constante. D'après moi, les guetteurs qui s'y trouvent ont repéré l'armée des klees non loin du col.

– Il n'y a qu'un seul accès aux montagnes, a remarqué Kasha. Pour faire passer toute une légion, c'est un peu juste.

– En effet, a répondu Courtney. Des gars en armes sont postés tout le long du chemin. Si les klees sont assez bêtes pour chercher à forcer le passage, ils n'y arriveront jamais.

– Ce qui veut dire qu'il est plus probable qu'ils tentent une attaque aérienne, ai-je affirmé.

Courtney a acquiescé.

– On en est arrivés à la même conclusion. Tu sais, on a des espions dans la place. Mine de rien, cela fait des années que des gars observent Lyandra pour chercher à deviner ce que mijotent les Raviniens. Beaucoup l'ont payé de leurs vies.

J'ai pensé à Mark et sa bande de rebelles devant le Conclave de Troisième Terre. La vie de Courtney n'était pas si différente. Tous deux habitaient hors du monde privilégié des Raviniens et faisaient de leur mieux pour aider les autres recalés à survivre.

– C'est pour ça qu'on a développé ces canons radio, a-t-elle continué. La Cité des Eaux Noires est protégée par les montagnes, ce qui fait qu'un assaut terrestre a peu de chances de réussir. S'ils envoient des gigs, on les abattra. Je crois qu'ils s'en doutent et que c'est pour ça qu'ils n'ont pas encore attaqué.

– D'après toi, qu'est-ce qui les a fait changer d'avis ? ai-je demandé.

Courtney a plissé les yeux en continuant de scruter la chaîne de montagnes.

– Je ne sais pas. C'est bien ce qui m'inquiète. J'ai entendu dire qu'ils travaillaient sur un nouveau plan d'invasion, mais je n'ai jamais pu savoir en quoi il consistait. Aujourd'hui, c'est leur seul joker.

– C'est peut-être les dados ? ai-je proposé.

– Je l'espère, parce que les canons radio devraient pouvoir s'en charger.

– Et si un grand nombre de klees réussit à passer ? a demandé Boon. Pas des dados, des ennemis bien vivants. Les gars pourront-ils se défendre ?

Courtney nous a regardés avec un petit sourire rusé.

– Si des klees entrent dans la vallée, on leur réserve une petite surprise.

– De quel genre ? a demandé Kasha.

– Si je vous le disais, ça ne serait plus une surprise, a-t-elle répondu d'un ton ironique. Mais j'espère qu'il ne faudra pas en arriver là.

Le bruit d'une énorme explosion a résonné dans la vallée verdoyante, vite suivie par une autre. Et encore une autre. Une vibration a secoué la plate-forme, subtile mais inquiétante. Plus angoissante encore fut l'expression de Courtney.

– Qu'y a-t-il ? ai-je demandé.

– Je ne sais pas, a-t-elle répondu, manifestement ébranlée.

– Est-ce une arme ? a demandé Kasha.

– Non, s'est-elle empressée de répondre. Les klees n'ont rien d'aussi puissant. Enfin, je ne crois pas.

Kasha a regardé Boon :

– Tu sais si les klees ont une arme qui puisse faire tout ce bruit ?

Boon a secoué la tête d'un air intrigué :

– Non, mais les Raviniens gardent le secret sur leurs activités. Tu as vu les portes qu'ils ont installées dans le hangar à gigs. Dans le temps, tout était à l'air libre. Maintenant, on nous cache tout.

– Comme par exemple… l'existence d'armes surpuissantes ? ai-je insisté.

– Désolé, Pendragon, a repris Boon d'une voix tremblante. Je ne sais pas.

Courtney a tiré de sa poche un petit cube brun-roux que j'ai reconnu : c'était une des radios en réseau qu'employaient les gars. Ce cube représentait le moment de vérité d'Eelong – la première transmission radio que ce monde ait connue. Courtney a posé un doigt sur son oreillette, puis a touché le cube, qui s'est mis à luire. Elle a écouté attentivement, puis a froncé les sourcils en plissant les yeux.

– C'est une arme ? ai-je demandé.

Courtney a laissé tomber la main qui tenait la radio. J'ai vu son visage se crisper.

– Je ne sais pas. Si c'est le cas, ce n'est pas nous leur cible. Du moins pas maintenant.

– Alors sur quoi tirent-ils ? ai-je insisté.

Courtney s'est tournée vers moi.

– La montagne. Ils sont en train de faire sauter les passages menant à la vallée. Quoi qu'ils utilisent, c'est hors de portée des canons radio.

Les explosions ont continué. Sans interruption. L'une après l'autre, chacune aussi sonore que la précédente.

– Ils creusent un chenal à travers la roche, a continué Courtney.

– Est-ce possible ? a demandé Boon. Ces armes sont-elles assez puissantes ?

En guise de réponse, les explosions se sont intensifiées. Les grondements se sont chevauchés, roulant dans la vallée comme les derniers échos d'un monstrueux feu d'artifice. Sauf que ce n'était que le début.

– Les guetteurs disent qu'ils abattent les montagnes pan par pan comme de la mie de pain. Les gars fuient pour sauver leurs vies. Si les klees forent un chemin assez large, on ne pourra pas les empêcher de passer.

– Ça ne leur prendra pas plus de temps ? ai-je demandé, espérant au moins une bonne nouvelle.

J'ai vu les premières colonnes de fumée s'élever au-dessus des sommets. Ce qui semblait éloigné était soudain bien près.

– Il faut croire que non, a déclaré Courtney.

Pendant plusieurs minutes, on a regardé les volutes de fumée noire s'étendre et se mélanger à la poussière de roche pulvérisée. C'était comme de voir approcher un monstre dévorant la pierre pour chercher ses proies… et c'était exactement ce qui se passait.

– Bobby, a dit Courtney d'un ton soudain moins assuré. S'ils peuvent abattre la montagne aussi facilement, ils pourront faire de même de l'autre côté de la vallée et se frayer un chemin menant directement à la Cité des Eaux Noires. On s'était préparés à une attaque aérienne. S'ils peuvent passer par la terre, on n'a pas une chance.

Comme pour ponctuer sa phrase, on a entendu une explosion encore plus sonore, suivie par une éruption de roche qui a jailli du flanc de la montagne – de notre côté. Même de notre position éloignée, j'ai pu distinguer une avalanche de pierres et de débris tombant dans la vallée aux cascades. En quelques minutes à peine, ils s'étaient creusé un passage. S'ils continuaient comme ça, ils ne tarderaient pas à prendre pour cible la chaîne sur laquelle on se trouvait en ce moment, et les forces des Raviniens seraient à la porte de la Cité des Eaux Noires.

L'armée des klees était sur le point d'attaquer les exilés et d'annihiler le dernier espoir de Solara, et de Halla.

Journal n° 37
Chapitre 33

Les tirs de barrage ont continué.

Courtney a agrippé la rambarde, fixant d'un regard intense le pan de montagne qui venait de s'écrouler. Par moments, à travers la poussière et la fumée, je pouvais distinguer des lumières là où il n'y avait que de la pierre. Pas de doute, ils s'étaient bien frayé un passage à travers des tonnes de roche.

– On n'aurait jamais cru qu'ils puissent disposer d'une telle puissance, a-t-elle murmuré entre ses dents. Voilà la surprise que je redoutais.

– Depuis le ciel, ai-je dit, on a vu qu'ils avaient des camions de transport. Quelle que soit cette arme, c'est comme ça qu'ils ont dû l'acheminer.

– On pourrait les arrêter avec les canons radio, a repris Courtney, pensant à voix haute. À moins qu'ils ne soient hors de portée. Ou que les gars fuient. Et il semblerait qu'on ait droit aux deux.

– Il est peut-être temps de changer de tactique et de se préparer à faire face à une attaque au sol, a proposé Kasha.

Courtney gardait ses jumelles braquées vers la montagne. Je pouvais voir jouer les muscles de sa mâchoire. On s'est regardés, Boon, Kasha et moi. Ça ne nous disait rien qui vaille. De toute évidence, les Raviniens avaient tiré un joker auquel les gars ne s'attendaient pas. Des milliers de klees étaient en route. S'ils disposaient d'une brèche donnant sur la vallée, puis sur les Eaux Noires, les gars étaient fichus. Ce n'était pas quelques archers dans des huttes de bois qui les arrêteraient. Ce qui voulait dire que les exilés allaient y passer aussi. Perché là-haut sur cette plate-forme, je me sentais horriblement inutile. Je ne pouvais rien faire. Ni moi ni aucun d'entre nous. Je ne savais même pas ce que je pouvais encore espérer. Les klees tomberaient-ils en panne de munitions avant d'atteindre le village ? Les canons radio pourraient-ils arrêter les dados ? Y avait-il une position de retraite ? Quelle était cette défense inattendue dont Courtney avait parlé ? Je ne voyais pas ce qui pourrait ralentir cette armée.

– Un instant, a-t-elle déclaré. Qu'est-ce que c'est ?

Son corps s'était raidi. Elle avait vu quelque chose.

Elle m'a tendu les jumelles. J'ai regardé de l'autre côté de la vallée, mais n'ai rien vu, que des nuages de poussière s'élevant du point d'impact.

– Quoi ? ai-je demandé.

– Regarde mieux. Dans le ciel à travers la fumée.

J'aurais bien voulu que les volutes se dissipent afin d'apercevoir ce dont elle parlait.

– Quelque chose se déplace dans les airs, a dit Courtney. Quelque chose de gros.

C'est alors que je l'ai repéré. Ce n'était qu'un éclair alors que la fumée s'ouvrait un bref instant, mais il n'y avait pas de doute possible.

– C'est un gig, ai-je annoncé. Un gros. Il plane au-dessus du point d'impact.

– Les klees ont des appareils de cette taille ? a-t-elle demandé, surprise.

– Oui, a répondu Kasha. On les a vus dans le hangar, à Lyandra.

– C'est donc ça, a-t-elle affirmé comme si elle venait de faire une découverte. Ils tirent depuis le ciel.

– Et alors ? ai-je demandé.

– Regarde, a-t-elle répondu. (Elle a pris sa radio et a crié :) Ce sont des gigs qui lâchent ces bombes depuis le ciel ! (Elle a écouté, puis :) Je le sais parce que d'ici, je peux les voir. Pas de doutes, ce sont des hélicos. Abattez-les !

Elle s'est tournée vers nous et a ajouté :

– Ces engins devaient nous bombarder d'une position éloignée. Maintenant, ils sont à notre portée.

– Mais les gars des avant-postes s'enfuient ! s'est écrié Boon.

Courtney lui a jeté un regard rusé :

– Qui a prétendu qu'ils sont les seuls à avoir des canons ?

Bien sûr. Il devait y avoir d'autres tireurs postés dans la vallée des cascades. C'est comme ça qu'ils avaient abattu notre appareil. Mais pour qu'ils puissent passer à l'action, il faudrait que les gigs entrent dans cette même vallée, ce qui les rapprocherait de la Cité des Eaux Noires. Une tactique dangereuse, mais en regardant la scène de destruction qui se déroulait au loin, il était évident qu'ils n'avaient pas le choix.

Les explosions ont continué. Il n'y avait rien à faire, juste regarder et espérer. Les nuages de poussière et de fumée ont grandi. Je me suis demandé combien de temps il nous restait avant que les klees disposent d'un passage assez large pour y faire passer leur armée.

– Regardez ! a crié Boon.

Un gig a jailli des nuages pour se diriger vers nous. C'était bien un des énormes hélicos qu'on avait vus dans le hangar. Armé jusqu'aux dents. Des missiles étaient accrochés à ses flancs et au bas du fuselage. Maintenant, il était évident que les klees avaient conçu ces appareils pour pouvoir utiliser leurs armes en vol. Ou peut-être les avait-on fait venir de la fabrique en Troisième Terre. Ça n'avait pas vraiment d'importance. Ils étaient là, et les klees savaient s'en servir. Mon moral a descendu de plusieurs crans. Face à une attaque aérienne aussi sophistiquée, les gars et les exilés avaient-ils une chance ?

Je n'allais pas tarder à le savoir.

Le gig a foncé, loin au-dessus de la vallée.

– Pourquoi les gars ne tirent pas ? a demandé Boon nerveux.

– Attends, a répondu Courtney, très calme.

Un coup d'œil et un bref calcul m'ont permis de deviner la destination de l'appareil. Il se dirigeait vers la chute d'eau protégeant le tunnel qui permettait d'accéder aux Eaux Noires… et passerait juste au-dessus de nous. Sa mission était claire. Il allait entamer la seconde phase d'une manœuvre qui ouvrirait une autoroute à l'armée des klees, leur donnant accès au village. Je me suis cramponné à la rambarde, attendant le moment où il lancerait ses missiles. Je redoutais que la faible vibration qu'on avait ressentie ne soit rien à côté de ce qui nous secouerait lorsque ses projectiles frapperaient la roche juste sous nos pieds. J'ai jeté un bref coup d'œil à la passerelle qui sinuait sur l'épine dorsale de la montagne en me demandant si elle allait s'effondrer en nous entraînant dans sa chute, nous et tous les gars qui se tenaient là-haut. J'ai vraiment eu l'impression que c'était le début de la fin.

– Patience, a chuchoté Courtney sans s'adresser à quelqu'un en particulier.

J'ai entendu un faible sifflement. Soudain, l'hélicoptère s'est penché sur le côté. D'autres sifflements ont retenti. L'énorme aérostat s'est mis à tressauter, comme secoué par des rafales de vent venant de directions différentes.

– Il est fichu, a affirmé Courtney avec confiance.

Apparemment, elle était bien moins nerveuse que moi. L'appareil s'est mis à tournoyer comme une feuille morte. Il avait échappé à tout contrôle et allait s'abattre au sol. Les gars le prenaient pour cible, comme ils l'avaient fait avec notre gig.

– On a des canons en batterie aux quatre coins de la vallée, a expliqué Courtney. Ça, c'est le genre d'attaque contre lequel on était préparés.

Pas moyen de dire d'où partaient les rayons. Ces armes à deux servants étaient mobiles, ce qui signifiait qu'ils pouvaient se cacher n'importe où dans les arbres en contrebas. Où qu'ils soient, ces tireurs savaient ce qu'ils faisaient. Ils visaient juste. L'hélicoptère a fini sa course folle en s'écrasant à terre. Un crash beaucoup plus spectaculaire que le nôtre, grâce aux missiles qu'il n'avait pas encore balancés. À peine avait-il heurté le sol que, *boum !* plusieurs explosions ont secoué le fuselage dans un grand jaillissement de flammes et de débris. Les klees avaient beau être les méchants dans cette affaire, j'espérais que les pilotes soient des dados. Quoique, vu la violence de l'explosion, il ne resterait pas assez d'eux pour s'en assurer. Le gig avait touché terre juste à côté du lac qui s'étendait au centre du cratère, mais même à cette distance, j'ai senti la chaleur que dégageait l'incendie.

– Un de moins, a dit Courtney. Qu'ils viennent !

Comme pour obéir à son injonction, deux autres gigs ont émergé des nuages de fumée pour se diriger vers la cascade. Tous deux bardés de missiles. Et ils ont tous deux subi le même sort. Deux autres explosions spectaculaires ont envoyé des tourbillons de flammes balayer le sol de la vallée.

– Écoutez ! a crié Kasha. Les détonations ont cessé !

J'étais si concentré sur la bataille que je n'avais pas réalisé que ce tonnerre lointain avait cessé de résonner.

– Qu'est-ce que ça veut dire d'après toi ? a demandé Boon. Les autres gigs ont été abattus, eux aussi ?

Courtney a porté un doigt à son oreille pour écouter sa radio. Elle a souri.

– Sept appareils y sont passés, en comptant les trois qui gisent en bas. Les guetteurs sont revenus en arrière pour les démolir. C'est incroyable. Tu sais ce qu'est la bravoure ? Ils les ont tirés comme des lapins alors que l'enfer se déchaînait autour d'eux.

– Il y en a d'autres ? ai-je demandé.

Courtney a écouté, puis secoué la tête.

– Non. C'est fini. On les a tous abattus. Quoi ? Attends...

Ce n'était pas le moment de crier victoire. La mine sombre de Courtney me l'a confirmé. Elle a écouté avec attention le rapport que lui transmettait sa radio. Pendant qu'elle se concentrait, j'ai regardé à l'autre bout de la montagne. La fumée commençait à se dissiper. On ne tarderait pas à voir quels dégâts avaient réussi à faire les klees avant que leurs hélicos ne finissent au tapis. Kasha et Boon m'ont rejoint à l'avant de la plate-forme. On a regardé le sol en tendant l'œil pour évaluer les conséquences de l'attaque.

– La grande question, ai-je demandé, c'est : avaient-ils déjà creusé un passage ?

Le vent s'est levé, balayant le reste des débris. Lorsque les nuages se sont dispersés, ma gorge s'est asséchée. Il y avait une crevasse très nette et très large dans la montagne. Les klees ne l'avaient pris pour cible que quelques minutes tout au plus, mais ça leur avait suffi. J'ai alors compris pourquoi une seconde vague de gigs n'avait pas déferlé sur la vallée. Ce n'était pas pour échapper aux gars qui leur tiraient dessus depuis le sol. C'était parce qu'ils avaient déjà rempli leur mission et creusé un passage à travers la roche.

– Ils arrivent, a déclaré Courtney. L'armée des klees s'est mise en mouvement. On n'a plus assez de tireurs en première ligne pour les arrêter. Ils sont incapables de protéger une ouverture si vaste.

– Peut-on faire quelque chose ? ai-je demandé, pas très inspiré.

– Oui, a répondu Courtney. On n'a plus qu'à espérer que le reste des klees soit bien des dados.

Vous parlez d'un coup du sort ! Notre ultime espoir de sauver les Eaux Noires était que les klees aient commis une erreur en envoyant une armée de dados. Les canons radio des gars étaient à même de les arrêter. Par contre, ils ne pouvaient rien contre des guerriers en chair et en os. Les gars s'étaient préparés à faire face à une invasion, mais ne s'attendaient pas à ce que les Raviniens leur envoient autant de soldats en même temps. Ils espéraient les descendre un par un lorsqu'ils franchiraient l'étroit passage. Mais celui-ci était désormais bien assez large pour que des milliers d'hommes s'y engagent !

– Et si ce ne sont pas des dados ? a demandé Kasha.

Courtney a haussé les épaules d'un air lugubre.

– En ce cas, il nous restera une dernière chance de les arrêter dans la vallée. S'ils réussissent à passer, je sais que les gars se battront jusqu'à la mort, mais je ne crois pas qu'ils aient une chance de l'emporter. Les gars et les Yanks sont tous très dévoués. Plus encore, ils ont confiance en eux. Ils pensent pouvoir arrêter tout ce qu'on leur enverra, mais pour moi, c'est une question de bravoure, pas de bon sens. Si les klees entrent dans les Eaux Noires, cette histoire finira en bain de sang. Il faut qu'on les arrête avant.

Cette terrible attente me mettait les nerfs à vif. C'était le moment crucial. Lorsque l'armée des klees émergerait du passage qu'ils venaient de forer, serait-elle composée de dados ou de klees en chair et en os ? Aussi bizarre que cela puisse être, il ne restait plus qu'à espérer qu'il s'agisse de dados.

La fumée a fini de se dissiper, nous donnant une vue parfaite sur la vallée en contrebas. Les épaves des trois gigs abattus se consumaient lentement. Il n'y avait pas l'ombre d'un survivant. Ni un seul gar à terre. Ils devaient tous se cacher en attendant que débarque l'armée des klees. Bonjour l'angoisse. Je ne pouvais même pas imaginer ce qu'ils devaient endurer. Ils l'ignoraient, mais le combat qui les attendait ne visait pas qu'à protéger la Cité des Eaux Noires. De cette bataille dépendait l'avenir de tout ce qui existait. Il valait mieux qu'ils ne le sachent pas.

Parmi ces défenseurs, je me suis demandé combien étaient des exilés de Seconde Terre. Des Yanks. Le fait qu'ils aient dû collaborer avec les gars pour travailler de concert afin de protéger la Cité des Eaux Noires ne m'étonnait pas vraiment. Après tout, c'étaient ceux-là mêmes qui s'étaient dressés contre Alexandre Naymeer et ses Raviniens en Seconde Terre. Leur courage leur avait valu d'être aspirés dans un flume et exilés de chez eux. En arrivant sur Eelong, ils auraient pu jeter l'éponge. Au contraire, ils s'étaient rassemblés pour améliorer la Cité des Eaux Noires. Étant donné leur personnalité, ça ne m'étonnait pas qu'ils soient prêts à risquer leurs vies pour la protéger. D'après l'oncle Press, c'était leur esprit qui maintenait Solara en vie. Voir ce qu'ils avaient accompli, les sacrifices auxquels ils avaient consenti, la bravoure dont ils avaient fait preuve ici, sur Eelong, m'a fait comprendre à quel point ces gens étaient hors du commun. À cet instant, j'ai vraiment cru qu'ils étaient les fondations sur lesquelles on pourrait reconstruire Halla.

S'ils s'en sortaient.

– Ils sont là, a chuchoté Courtney.

Elle m'a tendu ses jumelles pour que je puisse mieux voir la crevasse fendant la montagne. Elle n'aurait pas dû prendre cette peine : je pouvais la distinguer à l'œil nu. Tout d'abord, on aurait dit qu'une vague de sang s'écoulait dans l'ouverture. Au bout de quelques secondes, j'ai compris ce qu'il en était réellement. Ils n'ont pas tardé à défiler le long du passage nouvellement créé : une armée de klees portant le drapeau rouge des Raviniens. Il y en avait des centaines, et ils se dirigeaient vers la vallée comme s'ils étaient déjà victorieux. Leur audace me laissait sans voix. Ils n'étaient pas sur la défensive. Ils n'avaient même pas l'air prêts à se battre. Croyaient-ils vraiment avoir déjà remporté la bataille ?

Et ils ont continué d'affluer, rangée près rangée, marchant au pas dans un ensemble parfait, leurs drapeaux claquant au vent alors qu'ils descendaient dans le cratère qu'était devenue la vallée des cascades.

– On ne tardera pas à le savoir, a annoncé Courtney. Si ce sont des dados, ils sont fichus. Sinon…

Elle m'a jeté un regard grave.

Le flot des porte-drapeaux a fini par se tarir. Suivirent des klees revêtus de l'uniforme des soldats de Lyandra. Ils étaient munis des mêmes armes que les explorateurs. À cette distance, on aurait dit qu'ils portaient des manches à balai, mais je savais qu'en réalité, c'étaient des casse-tête de bois dont ils n'hésiteraient pas à se servir. Ils avaient aussi ces bolas à trois pierres qu'ils jetaient dans les jambes des gars pour les immobiliser. Le pire, c'était encore qu'ils n'étaient pas là pour les exterminer, mais pour les rassembler comme des têtes de bétail. Bien sûr, la bataille ferait des victimes, mais je crois que leur mission était d'en capturer le plus grand nombre possible. Ces camions qu'on avait vus ne transportaient pas d'armements. Ils étaient là pour ramener les gars à Lyandra en prévision des festins barbares des klees. Je me suis demandé quels ordres ils avaient reçu. Quel degré d'agressivité allaient-ils déployer ? Les gars et les exilés ne se rendraient pas sans combattre.

– Qu'a-t-on ordonné aux gars ? ai-je demandé à Courtney. Je veux dire, si ça dégénère en mêlée générale, que feront-ils ?

– Tu veux dire, que se passera-t-il s'ils s'aperçoivent qu'ils sont en position de faiblesse ?

J'ai acquiescé.

– Il n'y aura pas de prisonniers, a-t-elle affirmé avec conviction. Ce sera une lutte à mort.

Voilà qui semblait bien fataliste, mais c'était logique. Si je devais choisir entre mourir au combat ou me faire jeter en cage en attendant de me faire saigner comme un porc, ma décision serait vite prise. Toute reddition serait pire qu'un suicide.

On est restés là tous les quatre sur cette plate-forme, à regarder l'armée des klees émerger de la montagne ébréchée.

– Ça ne finira donc jamais ? a déclaré Courtney, pensant à haute voix.

J'ai repensé à l'armée telle qu'on l'avait vue du ciel le jour d'avant. Ils étaient des milliers. Plusieurs milliers. La petite bande de gars et de Yanks n'aurait pas une chance.

– Hier soir, lorsque tu es allée trouver les défenseurs, avez-vous envisagé cette possibilité ? ai-je demandé.

– Tu veux dire si les klees réussissent à passer et s'avèrent être des dados ? Oui. On a esquissé un plan grossier.

– Grossier à quel point ?

– Eh bien, comme on ne pensait pas vraiment que cela se produirait, on n'est pas entrés dans les détails. Mais ce n'est pas bien compliqué. On reste en arrière avec nos canons radio, on attend que les klees soient à bonne portée et on donne l'ordre de tirer à vue.

– Ces armes sont-elles précises ? a demandé Kasha. Faudra-t-il tuer les dados l'un après l'autre ?

– Oui, a répondu Courtney. Leur rayon d'action n'est pas très étendu. Mais on les a confiées à nos meilleurs éléments. Tout ce qui leur manque, c'est l'ordre d'ouvrir le feu.

– Et qui doit le donner ?

Courtney m'a regardé et décoché ce sourire confiant que je ne connaissais que trop.

– C'est moi.

Bien sûr. C'était elle qui avait expliqué aux gars ce qu'étaient les dados. Qui d'autre pouvait diriger les opérations ? Courtney a de nouveau braqué ses jumelles sur la vallée, où la horde des klees continuait de s'écouler. Ils semblaient encore plus nombreux que vus du ciel, mais je crois que c'était parce qu'ils étaient serrés les uns contre les autres afin de franchir le passage.

– Il y aura assez de canons ? a demandé nerveusement Boon. Ça fait beaucoup de cibles.

– Il y en a plus qu'assez, a répondu Courtney sans reposer ses jumelles. Avec suffisamment de puissance pour que chaque arme tire plusieurs fois. Le truc, c'est d'amener nos tireurs assez près pour pouvoir viser, mais pas trop près pour éviter qu'au cas où les canons soient inopérants, ils ralentissent la contre-attaque.

– La contre-attaque ? a répété Kasha.

Courtney n'a pas répondu. Elle se concentrait sur ce qui se passait en contrebas. Les porte-drapeaux avaient parcouru un tiers du chemin et continuaient vers les cascades. Ils allaient passer devant un bosquet d'arbres assez dense occupant l'une des rives du lac. Je me doutais bien que les tireurs gars s'y étaient embusqués. Tout en tenant ses jumelles d'une main, Courtney a pris sa radio de l'autre.

– Attendez, a-t-elle ordonné.

Sa voix n'a pas trahi la tension qui l'habitait. Les klees étaient-ils des dados ? Les armes radio seraient-elles efficaces contre eux ? Dans quelques secondes à peine, on le découvrirait.

– Attendez mon ordre, a dit Courtney à voix basse, comme si elle craignait que les klees qui défilaient en bas l'entendent.

L'armée a continué d'avancer. La première ligne a atteint le bosquet. Combien de temps Courtney comptait-elle leur laisser ? Ce plan précipité qu'ils avaient concocté entrait-il en jeu ? Les tireurs gars étaient-ils en position ?

– À mon commandement… a fini par dire Courtney.

Je ne voyais pas ce qu'elle attendait, mais c'était elle le chef, et je n'allais pas poser de questions inutiles.

– Cinq… quatre… trois… deux… un… *feu !*

La première ligne de klees s'est immobilisée comme un seul homme. Ce qui était assez éloquent.

– Ce sont bien des dados, a grogné Courtney triomphante.

Ils ont lâché leurs drapeaux. Les étoiles rouges de Ravinia sont tombées dans la poussière. Quelques secondes plus tard, des centaines de klees gisaient sur le sol, inertes. Pas de doute possible, c'étaient bien des dados. Ils ont mordu la poussière, vague après vague. J'ai entendu le faible gémissement des ondes radio s'élever de la vallée alors que les gars ouvraient le feu. Il devait y avoir des centaines de fusils, et ils tiraient sans discontinuer. C'est dire le nombre d'assaillants qui s'effondraient.

– Ce ne sont pas des klees ! s'est joyeusement écrié Boon. On peut les arrêter !

Quelques minutes plus tard, le sol de la vallée était jonché de cadavres. Il devait y en avoir au moins un millier. Il semblerait que la victoire soit totale. Tout d'abord, je me suis dit que si les klees de l'arrière ne les rejoignaient pas, c'était juste parce qu'ils n'arrivaient pas à enjamber cette mer de corps pour entrer dans la zone de tir. Ce n'était qu'une question de temps : le message finirait par passer et ils battraient en retraite.

Je me trompais.

– Pourquoi continuent-ils d'avancer ? a demandé Boon. Ils devraient avoir compris qu'ils sont tombés dans un piège.

C'est alors que les premiers doutes se sont infiltrés dans mon esprit. Tous les klees en tenue ravinienne étaient morts. Ou désactivés. Bien d'autres en uniforme de Lyandra les ont rejoints, pour s'effondrer à leur tour. Mais à l'arrière, d'autres encore continuaient d'avancer, rampant par-dessus les cadavres pour continuer l'assaut.

– Il y a un problème, a déclaré Courtney.

– Les gars sont peut-être à court de munitions ? ai-je demandé.

– Peut-être, a-t-elle répondu d'un ton lugubre. Ou bien les autres ne sont *pas* des dados.

Soudain, cela m'a semblé évident. Nos défenseurs avaient abattu ces robots, mais ce n'était pas fini. Loin de là. Les assaillants avaient peut-être envoyé les dados en premier précisément pour cette raison, afin d'attirer les décharges des canons radio. Mais à l'arrière, il y avait des klees en chair et en os. Une bonne partie de cette armée avait été massacrée, mais il restait suffisamment d'assaillants bien vivants pour porter le combat au cœur des Eaux Noires.

Courtney continuait de scruter la vallée. Si elle avait peur, elle le cachait bien.

– Tu as parlé d'une surprise ? a demandé Kasha.

– Oui, a-t-elle répondu. C'est maintenant ou jamais.

Les klees ont enjambé sans effort les dados abattus. Après tout, c'étaient des félins. Ils se sont laissés tomber à quatre pattes et ont continué d'avancer. On aurait dit qu'ils s'étaient entraînés en prévision de cette manœuvre. Les premiers à escalader la montagne de dados morts ont continué sur quelques mètres avant de s'arrêter pour attendre que les autres les rejoignent. Difficile d'évaluer leur nombre exact. Cinq cents ? Mille ? Plus encore ? L'armée avait considérablement diminué, mais était encore assez puissante pour faire de gros dégâts.

– Que va-t-il se passer ? ai-je demandé d'une voix qui se brisait.

– Je le répète encore une fois, Bobby, ce n'est plus la Cité des Eaux Noires que tu as connue, a expliqué Courtney avec un calme excessif vu la situation. La plupart des modifications sont l'œuvre des Yanks, qui ont aidé les gars à progresser. De toute évidence, si les klees donnaient l'assaut, les gars n'auraient pas l'ombre d'une chance. Donc, il leur fallait concocter des moyens de défense inattendus. Par exemple en créant ces canons radio.

– Mais il y a autre chose, n'est-ce pas ? ai-je demandé, plein d'espoir.

– La théorie est là. Pour des raisons qui seront bientôt évidentes, on n'a pas eu l'occasion de la mettre à l'essai, ce sera donc un test grandeur nature, si l'on veut. Soit ça marche, soit la Cité des Eaux Noires est fichue.

Le reste des klees s'est regroupé devant la masse des dados morts. Plusieurs cavaliers montés sur des zenzens ont pris la tête. Ce devaient être les officiers. Ils étaient restés en arrière en attendant ce moment précis. Maintenant, ils allaient mener l'assaut sur la Cité des Eaux Noires. L'un d'entre eux a levé le bras et, en guise de signal, l'a abattu en direction de la cascade. La colonne s'est ébranlée comme un seul homme.

– Il y a des sentinelles pour garder l'entrée ? ai-je demandé.

– Non, a répondu Courtney. Le tunnel n'offre pas la moindre position d'attaque. Les défenseurs les attendent de l'autre côté, mais on espérait que les klees n'iraient pas si loin.

– Donc, reprit Kasha, vous allez tenter de les arrêter avant qu'ils l'atteignent ?

– Du moins on va tout faire pour.

On s'est penchés par-dessus la rambarde pour voir l'armée reformée, mais plus petite marcher vers les cascades. J'ai parcouru des yeux les montagnes de notre côté de la vallée. Y avait-il des fusils là-haut ? Les gars allaient-ils provoquer des chutes de pierres ? Qu'allaient-ils faire ?

Courtney a levé sa radio. Il lui revenait de donner l'ordre de lancer la contre-attaque.

– Appel à toutes les unités, à vos postes.

Je l'ai vue scruter la scène en contrebas en calculant son coup. J'ai jeté un coup d'œil à Kasha. Elle a haussé les épaules. Pas plus que moi, elle n'avait la moindre idée de ce qui allait se passer.

Courtney s'est tournée vers nous :

– Si on a de la chance, ça risque de ne pas être beau à voir.

Elle a porté son communicateur à sa bouche :

– Trois... deux... un... lâchez-les !

– Lâcher quoi ? ai-je demandé.

En guise de réponse, j'ai entendu un sifflement aigu, vite rejoint par un autre. Et un autre. Bientôt, ce bruit strident a empli la vallée pour rebondir contre les parois des montagnes. En regardant les klees, j'ai constaté que cela ne semblait guère les affecter. Ils n'ont même pas ralenti leur pas.

– Ça n'a pas marché, a râlé Boon. Ils continuent d'avancer.

– Attends un peu, a patiemment répondu Courtney.

Toujours rien. Les sifflements ont continué, de plus en plus sonores. Si un chien errant se baladait dans le coin, je le plaignais. Quoique, il n'y a pas de chiens sur ce territoire.

C'est là que je me suis souvenu. J'avais déjà entendu un sifflement comme celui-ci. Sur Eelong. Il n'y avait peut-être pas de chiens dans le coin, mais il y avait d'autres animaux. Était-ce possible ? Était-ce là cette ultime ligne de défense sur laquelle reposaient tous les espoirs des gars ?

Une seconde plus tard, ils ont attaqué. La forêt entourant la base des montagnes s'est animée. Ils ont bondi hors de l'abri des arbres. Des tangs. Par centaines. Ils surgissaient de nulle part et avaient l'air furax. L'officier klee a levé la main pour faire un signal à ses soldats, mais ceux-ci avaient déjà compris. Ils étaient encerclés par des tangs enragés. La première ligne des klees s'est immobilisée, ce qui signifiait que le reste de l'armée devait se tasser derrière eux. En quelques secondes, cette puissante phalange était devenue une bande de chats perplexes. De toute évidence, ils ne s'attendaient pas à ça. C'était exactement ce sur quoi comptaient les défenseurs.

Courtney m'a regardé avec un petit sourire rusé :

– On a cessé de lutter contre les tangs et appris à les dresser.

J'ai revu mon arrivée sur Eelong, lorsque je m'étais planqué dans un arbre pour échapper à un de ces monstres. Il était largement aussi féroce que ceux que je connaissais, et j'étais sûr qu'il m'aurait écharpé si un gar ne l'avait pas rappelé – avec un sifflet. Il avait caressé le museau de la bête, soudain docile. Ce lézard carnivore était devenu aussi obéissant que mon chien Marley. J'en avais déduit que les gars pouvaient désormais apprivoiser les tangs. Et à en juger par ce que je voyais, ils pouvaient également les mettre en rogne.

Les klees ont resserré leurs rangs pour se défendre. Ils ont levé leurs armes, mais il était déjà trop tard. Les tangs se sont abattus sur leur armée comme un vol de sauterelles affamées. Leur soif de sang m'a retourné l'estomac. Courtney avait raison : ce n'était pas beau à voir. J'ai dû détourner les yeux. J'ai remarqué que Kasha et Boon en faisaient autant. Ceux qui étaient là en bas étaient leurs frères. Certes, ils étaient dans l'erreur, mais ils restaient des klees. Sous l'influence de Saint Dane, ils avaient choisi la voie de la violence, et maintenant, cette même violence se retournait contre eux. Ils se faisaient massacrer. Il n'y avait pas d'autre terme pour décrire ce qui se passait. J'ai entendu les cris désespérés des félins qui cherchaient à échapper aux tangs. Ou à fuir. Mais les lézards étaient impitoyables. J'étais heureux d'être loin de ce triste spectacle, parce que je préférais ne pas entendre le bruit de la chair arrachée. De la mort.

Certains klees ont réussi à s'échapper. Les officiers juchés sur leurs zenzens furent les premiers à s'enfuir. Ils sont partis au galop vers la nouvelle crevasse pour disparaître de toute la vitesse de leurs sabots. Quelques-uns se sont fait écharper avant que les zenzens aient réussi à prendre de la vitesse. Les tangs ont bondi pour les arracher à leurs selles. Plusieurs d'entre eux ont néanmoins réussi à s'en dépêtrer. Un klee lancé à pleine vitesse était plus rapide qu'un tang. Je ne pourrais dire combien ont échappé au massacre, mais ils n'étaient pas nombreux. Les autres ont fini sous les griffes et les crocs.

La bataille n'a pas duré. Ce fut aussi rapide que violent. Au bout de quelques minutes, des centaines de klees baignaient dans leur propre sang, à moitié dévorés par les tangs. Ce qui devait représenter une certaine forme de justice. Les klees étaient venus pour manger les gars, et c'étaient eux qui s'étaient retrouvés au menu.

Kasha a déclaré d'une voix tremblante :

– Je ne sais pas si je dois être rassurée… ou écœurée.

Un nouveau coup de sifflet a retenti. Une autre fréquence, une autre sonorité. Les tangs se sont aussitôt rassemblés pour retourner dans la forêt dont ils étaient sortis. Tout d'un coup, ils avaient l'air bien dociles… et rassasiés. De l'immense force d'invasion des klees sur la Cité des Eaux Noires, il ne restait plus qu'une crevasse forée dans la montagne, plusieurs épaves de gigs, un tas de dados grillés et des centaines de cadavres de klees à moitié dévorés.

Autant dire que c'était un fiasco total.

Courtney a retiré l'écouteur de son oreille et s'est tournée vers moi. Son expression soulagée était assez éloquente.

– Il faut croire que ça a marché.

C'était fini. Les klees avaient tenté leur chance et les gars les avaient renvoyés chez eux. On s'est empressés de regagner l'ascenseur pour descendre vers la Cité des Eaux Noires. Lorsqu'on est sortis de la cabine, ce fut pour assister à une démonstration de joie inouïe. C'était le chaos. Apparemment, cela faisait un bout de temps qu'ils se préparaient à cette guerre, et elle s'était soldée par une victoire éclatante. On s'est arrêtés à l'entrée du tunnel, tous les quatre, pour regarder le long de la pente menant au village. On ne s'est pas joints aux fêtards. Comme Boon et Kasha étaient des klees, c'eût été trop risqué. On se contenterait de regarder les festivités de loin.

Le village était en plein boom. Les citoyens poussaient des cris de joie. Les haut-parleurs déversaient de la musique. Des gars serraient des Yanks contre leur cœur. D'autres s'embrassaient. Les canons radio qui, quelques minutes plus tôt, avaient été installés pour protéger la première rangée de bâtiments avaient été posés à terre, et leurs servants dansaient de joie. C'était une effusion d'émotions positives comme je n'en avais encore jamais vu. Cela m'a ramené des années en arrière, lorsqu'on avait empêché les klees d'empoisonner les Eaux Noires.

Je ne pouvais que m'imaginer la quantité d'énergie positive qui affluait sur Solara.

Cela faisait longtemps que les gars vivaient sous la menace des klees. J'étais sûr qu'après cette bataille, ces derniers y regarderaient à deux fois avant de repartir à l'attaque. Pour les Yanks – les exilés – c'était également une victoire. Ils devaient savoir que les klees et Ravinia étaient désormais liés. Ils avaient vu les drapeaux et les uniformes aussi clairement que moi. Même s'ils étaient portés par des hommes-chats, c'était toujours cette même secte élitiste qui les avait bannis de leur propre monde. Ils avaient enfin pu lui rendre la monnaie de sa pièce. J'espérais qu'ils en retiraient une certaine satisfaction.

Courtney m'a serré dans ses bras. On est restés là, enlacés, à profiter de ce moment de joie.

– Incroyable, ai-je dit.

– Non. C'est la preuve que Ravinia n'est pas toute-puissante.

Ces mots m'ont touché profondément. C'était une notion à laquelle je ne pouvais pas m'accrocher, mais elle m'a fait réfléchir. Les gars et les Yanks avaient démontré que Ravinia pouvait connaître la défaite. Intéressant.

– Demi-portion ? a fait une voix familière.

On s'est vite retournés pour voir un grand homme à la peau noire se tenir près de l'entrée de la caverne. C'était Gunny. Il portait toujours son costume sombre avec une chemise blanche et une cravate qui était sa tenue ordinaire en Première Terre, mais détonait particulièrement sur Eelong. Il s'est avancé vers nous et a déclaré de sa voix douce et calme :

– Bonjour, Kasha, Boon. Hello, Mam'zelle. En grandissant, vous êtes devenue encore plus belle.

– C'est bon de vous revoir, Gunny.

Celui-ci a baissé les yeux sur les fêtards et a demandé :

– Que s'est-il passé ?

– Les klees ont attaqué et les gars les ont repoussés, ai-je répondu. C'était incroyable.

– Faut croire, a-t-il ajouté avec un sourire en regardant ces démonstrations de joie. Et les exilés ? Elli a dit qu'ils étaient là.

– C'est le cas, a répondu Courtney. Ils nous ont aidés à sauver la Cité des Eaux Noires.

Gunny a acquiescé d'un air pensif.

– Ça explique bien des choses.

– Que voulez-vous dire ? ai-je demandé.

Il s'est tourné vers nous :

– Bobby, Kasha, il est temps que vous retourniez sur Solara.

– Pourquoi ? s'est écriée Kasha. Que s'est-il passé ?

– Il vaut mieux que vous le voyiez par vous-mêmes. Solara a changé. Ça doit avoir un rapport avec ce qui s'est déroulé ici. Je ne saurais vous le décrire, mais il est préférable que vous y alliez.

Je n'y comprenais rien, mais s'il était venu nous chercher jusqu'ici, ça devait être important. Il était temps de bouger.

J'ai regardé Courtney :

– Tu as vraiment assuré.

– C'est le moins qu'on puisse dire, non ?

Courtney n'était pas adepte de la fausse modestie. Elle a retrouvé son sérieux et ajouté :

– Mais ce n'était qu'un échauffement, n'est-ce pas ?

Je n'ai pas voulu gâcher la fête en rappelant à tout le monde que le plan de Saint Dane était toujours d'actualité. En Troisième Terre, plusieurs milliers de dados attendaient leur chance de se mesurer à la Cité des Eaux Noires.

– Essaie de ne pas y penser. Savoure ce moment comme il se doit.

Courtney a acquiescé. Elle savait que cette atmosphère festive ne durerait pas. Kasha a serré Boon contre son cœur :

– Merci.

– Je ne sais pas quoi faire, a-t-il répondu. Je ne peux pas retourner à Lyandra, et pas non plus rester ici. Pour les gars, je suis toujours un ennemi.

– Reste donc, s'est empressée de répondre Courtney. Tu n'es plus le bienvenu à Lyandra. Maintenant, tu es ici chez toi. Personne ne te fera le moindre mal. Je m'en assurerai.

Boon avait l'air dégoûté. J'en avais mal pour lui. Il était pris entre deux feux.

– Je ne plaisante pas, Boon, a insisté Courtney. Tout ira bien.

Il a acquiescé, mais il restait nerveux.

– Qu'est-ce qui nous attend là-bas, Gunny ? ai-je demandé.

Je voulais avoir une petite idée avant de recevoir un nouveau choc.

– Je ne peux pas te le dire avec certitude, a répondu le vieil homme. Mais j'espère que vous verrez l'avenir.

C'est sur ce commentaire pour le moins mystérieux que Gunny, Kasha et moi avons fait un pas en arrière.

Pour prendre pied sur Solara.

Journal n° 37
Chapitre 34

Solara avait changé.

Du tout au tout. D'abord, j'ai cru qu'on était au mauvais endroit. Notre voyage à travers le temps et l'espace avait-il été détourné ?

Kasha semblait tout aussi troublée.

– Pendragon ?

Elle n'a rien ajouté, mais je savais ce qu'elle pensait. Ou diable étions-nous ?

Je me suis tourné vers Gunny, qui m'a décoché un sourire plein de chaleur.

– Étonnant, n'est-ce pas ?

C'est difficile à expliquer, puisque Solara ne ressemblait à aucun des lieux que je connaissais. Il n'y avait ni bâtiments, ni routes, ni quoi que ce soit qui puisse définir un pays tel qu'on le conçoit habituellement. Solara était le commencement de Halla. C'était le carrefour de l'esprit humain, et un esprit n'avait pas vraiment besoin d'habiter une maison. La dernière fois qu'on s'y était retrouvés, juste après la destruction des flumes, Solara n'était qu'un désert de matière noire. Bien que je puisse sentir la présence des esprits autour de moi, ce monde semblait mort. Ou du moins à l'agonie. C'est alors qu'on avait appris que les exilés alimentaient tout ce qui restait d'esprit positif dans Halla. Lorsque les Voyageurs s'y étaient rassemblés, l'avenir semblait bien sombre.

Et maintenant, il y avait de la vie. De la vraie. Kasha, Gunny et moi avons débarqué sur une jolie prairie couverte d'une herbe verdoyante entourée d'un moutonnement de collines. Je me suis demandé si toute cette verdure avait poussé sur les pierres grises ou si elles s'étaient transformées. Ce paysage était piqueté de fleurs. Solara était devenu un endroit gai et ensoleillé.

La seule chose que j'ai reconnue de notre précédente visite, c'était le ciel. Il restait sombre et tacheté d'étoiles. Ces nuages colorés continuaient de défiler. Peut-être prenais-je mes désirs pour des réalités, mais j'ai eu l'impression qu'ils étaient plus nombreux qu'avant. Comme il n'y avait pas de soleil, on aurait dit qu'ils étaient la seule source de lumière.

Tout ceci semblait plus qu'encourageant, mais aussi étrange. Lorsque j'ai regardé au loin, les collines sont devenues floues. Ce paysage n'était pas infini. Il se terminait quelque part. On ne pouvait y voir que jusqu'à une certaine distance, puis l'horizon se brouillait. C'était comme si on était entourés par un mur d'eau. Impossible de juger de la taille réelle de cette prairie, mais elle avait bel et bien une fin.

Je me suis tourné vers Gunny et lui ai posé la question la plus évidente :

– Que s'est-il passé ?

– Je ne sais pas trop. Mais c'est plutôt beau à voir, non ?

Une quatrième personne nous a rejoints. L'oncle Press a surgi des marges de la réalité.

– Que s'est-il passé sur Eelong ? a-t-il demandé d'une voix tremblante d'excitation.

D'habitude, c'était lui qui avait réponse à tout. C'était bizarre de devoir lui apprendre quelque chose. Durant notre discussion, un par un, les autres Voyageurs sont venus à notre rencontre. D'abord Elli, puis Siry, Spader, Patrick, Aja, Alder, et enfin Loor.

– Une armée de klees a attaqué la Cité des Eaux Noires, ai-je expliqué. La plupart d'entre eux étaient des dados, ce qui veut dire que Saint Dane était derrière tout ça. Mais en deux mots, les gars les ont renvoyés chez eux à grands coups de pied…

– Et les exilés ? a-t-il demandé prudemment.

– En sécurité, a répondu Kasha. Sans leur aide, les gars auraient été exterminés.

– C'est donc vrai ? a demandé Siry. Ils sont sur Eelong ?

– Tous jusqu'au dernier, ai-je répondu. (Je me suis dirigé vers Elli et lui ai pris les mains.) Grâce à Nevva. Elle voulait qu'Eelong survive et les a envoyés là-bas pour qu'ils contribuent à la garder en vie. Elle les a sauvés, Elli. Nevva était peut-être de mèche avec Saint Dane, mais elle n'adhérait pas totalement à sa vision. (Je me suis tourné vers le groupe et ai ajouté :) Saint Dane a commis une erreur, mais ce n'était pas lorsqu'il a choisi d'exiler tous ces gens de Seconde Terre. Il a toujours souhaité leur mort.

– Alors quelle fut cette erreur ? a demandé Siry.

– De croire que Nevva était aussi maléfique que lui.

J'ai vu des larmes gonfler les yeux d'Elli.

– Vous n'avez pas perdu votre fille, ai-je insisté. Elle a juste pris un chemin de traverse.

Elli m'a gratifié d'un de ses rares sourires. Un spectacle de toute beauté.

L'oncle Press a regardé autour de lui, cherchant encore à emboîter les pièces du puzzle.

– C'est une véritable cure de jouvence, a-t-il déclaré, pensant à voix haute. Pas de doute possibles. Solara a reçu une infusion d'esprit positif telle qu'elle n'en avait pas connu depuis très longtemps.

– Est-ce que d'habitude, Solara ressemble à ça ? a demandé Loor.

– Oui et non, a-t-il répondu. Chaque esprit la considère de façon différente. Comme je pense que cette prairie est agréable à nos yeux, c'est ainsi qu'elle nous apparaît.

J'ai pris le temps d'examiner ce décor d'un peu plus près. Cette impression de vie en devenait presque électrique. J'ai senti la présence d'autres images à la périphérie de mon champ de vision. Des lumières en mouvement. Certaines ressemblaient à des humains. Et là ! étaient-ce vraiment mes parents ? Possible, mais ce fut une vision trop fugitive pour que je puisse le dire. Le ciel crépitait d'énergie, de lumières et de couleurs. Là où précédemment, Solara semblait au bord de la panne, maintenant, elle avait repris de l'éclat. Je ne peux parler que pour moi, mais à voir les autres Voyageurs, je crois qu'ils pensaient la même chose. C'était une nouvelle poussée de vie. Et, peut-être, une lueur d'espoir.

– Alors c'est fini ? a demandé Aja. C'était le dernier gambit de Saint Dane ?

– Possible, a proposé Patrick d'un ton penaud. La chance a peut-être tourné.

– Est-ce vrai ? a fait Alder, plein d'espoir. Solara peut-elle vraiment renaître, comme ça ?

– Non, a répondu sèchement l'oncle Press.

Ce mot sans détour s'est répercuté sur l'étrange prairie. C'était comme si un énorme ballon venait de se dégonfler.

– Mais tu as dit… a repris Aja.

– J'ai dit que Solara avait connu une cure de jouvence. Je n'ai pas précisé qu'elle était terminée. Regardez autour de vous. Cette prairie est-elle grande ?

– Pas tant que ça, a admis Spader.

– Ce n'est qu'un tout petit bout de Solara. Au-delà, rien n'a changé. Mettons que le réservoir d'essence était presque vide et qu'on y a rajouté quelques gouttes de carburant. Mais elles seront vites brûlées et on sera de retour à la case départ.

– C'est quoi, un réservoir d'essence ? a demandé Siry.

Je me suis éloigné du groupe pour contempler ce que Solara était devenue. Ou du moins cette petite portion de Solara. J'ai tenté de me concentrer sur les contours brouillés de cette minuscule oasis en cherchant à imaginer ce qu'il y avait derrière son voile. Ce qui était arrivé était positif. Et ça découlait de la victoire d'Eelong. Mais cela faisait déjà un moment qu'une idée me chatouillait. Tout d'abord, elle m'avait semblé bien fantaisiste, mais alors que chaque événement se déroulait, la possibilité qu'elle devienne réalité ne cessait de croître. J'avais eu peur d'en faire part aux autres : cela ne semblait jamais être le bon moment. Maintenant qu'on était là, dans cette oasis de Solara, après tout ce que j'avais vu, j'ai compris que ma petite idée tirée par les cheveux pouvait être notre seule chance de remporter l'ultime bataille.

– On a fait un grand pas en avant, a déclaré l'oncle Press. On n'a peut-être pas redonné vie à Solara, mais grâce aux exilés, on a ralenti son déclin. Ils ont remporté une victoire qui semblait incroyable. Le résultat est là, sous vos yeux. Voilà ce que peut redevenir Solara. L'énergie positive afflue à nouveau. Pas seulement des exilés, mais aussi des gars. C'est leur moment de triomphe.

– C'est bien beau, a dit Gunny prudemment, mais comment peut-on continuer dans cette direction ?

– Toute notre énergie doit se concentrer sur la protection des exilés, a répondu l'oncle Press. Ils sont l'espoir d'un nouvel Halla. S'ils prospèrent, Solara se remettra à croître. (Il a désigné ce qui nous entourait et a ajouté :) En voilà la preuve. Nevva Winter nous a fait un don. Nous devons le faire fructifier.

– Non, ai-je rétorqué.

Tout le monde s'est tourné vers moi comme un seul homme. Leurs visages trahissaient la surprise, l'oncle Press plus que tout autre.

– Qu'y a-t-il, Bobby ? a-t-il demandé.

– Ça ne colle pas.

– Comment ça ? a demandé Aja, toujours prête à me contredire quoi que je puisse affirmer.

– On a remporté une victoire. Les gars et les exilés ont tout fait pour ça. D'accord. Mais ce n'est pas fini. Elli ne vous a pas parlé de l'armée de dados en Troisième Terre ?

– Si, a répondu Press.

Il ne regardait plus que moi. Il n'avait pas l'air sceptique, n'a pas cherché à discuter. Il voulait entendre ce que j'avais en tête.

– La victoire n'est pas encore acquise, ai-je affirmé. La Troisième Terre est toujours en lice, et Saint Dane dispose d'une armée qui ne demande qu'à déferler sur Eelong pour faire la peau aux exilés.

C'est Aja qui est intervenue à nouveau :

– Peut-il vraiment créer un flume pour l'envoyer à la Cité des Eaux Noires ?

Tous se sont retournés vers l'oncle Press. Il n'avait pas l'air joyeux.

– Il en a le pouvoir, a-t-il répondu, simple et direct.

– Il n'en aura peut-être même pas besoin, ai-je ajouté.

À mon tour d'attirer tous les regards.

– C'est vrai, les gars ont renvoyé les klees chez eux la queue entre les jambes. Youpi ! La victoire en chantant. Mais croyez-moi, ils n'en resteront pas là. Pas tant qu'ils seront sous le contrôle des Raviniens. Ils se regrouperont et feront une nouvelle tentative. Et une autre encore. Même si Saint Dane ne lâche pas son armée de dados, protéger la Cité des Eaux Noires deviendra de plus en plus difficile. Si on se met en tête que, pour sauver Halla, il suffit de faire un cercle autour des Eaux Noires en espérant que les exilés donnent naissance à une nouvelle civilisation, on se berce d'illusions. Même si on peut protéger la Cité des Eaux Noires, ce n'est jamais qu'un territoire. Et les autres qui sont toujours sous le joug de Ravinia ? Garder les exilés en vie aidera peut-être Solara à vivoter encore un peu, mais les nombres sont contre nous. Combien de temps pourra-t-on tenir comme ça ? Des années ? Des décennies ? Un siècle ? Nous parlons de l'avenir de toute notre civilisation. De l'humanité. Lorsqu'on considère l'éternité, un siècle n'est qu'un battement de cil. Si on veut arrêter Saint Dane pour de bon, il faudra faire mieux que se congratuler après une petite victoire de rien du tout.

J'ai regardé autour de moi pour voir que plus personne n'avait l'air optimiste. Je n'aimais pas devoir jouer les rabat-joie, mais je disais la vérité et ils le savaient.

– Je crois qu'il n'y a qu'une seule façon d'en finir, ai-je repris, c'est de s'attaquer à lui personnellement. Sinon, il s'agira seulement de décider combien de temps on pourra tenir, parce qu'à un moment ou à un autre, on finira par faiblir, et il gagnera la guerre.

Personne ne m'a contredit.

L'oncle Press fut le premier à prendre la parole :

– À t'entendre, on dirait que tu as un plan.

J'ai souri.

– J'ai toujours un plan, ai-je dit avec confiance. Enfin, en général.

J'ai senti monter l'impatience du groupe de Voyageurs. Je venais de leur présenter un scénario bien sombre. Après avoir reçu la réalité en pleine face, je crois qu'ils avaient tous envie que je leur donne des raisons d'espérer. Mais je savais qu'il me faudrait être convaincant. Et d'ailleurs, je n'étais moi-même pas sûr que ce soit la bonne marche à suivre. J'ai pris le temps de contempler Solara. Les prairies. Les couleurs dans le ciel. Les étoiles. Ce sentiment de vie palpitant autour de nous.

– Regardez ce qui s'est passé ici, alors même que les gars et les exilés ont vaincu les klees, ai-je commencé. Quel est le mot que tu as employé, oncle Press ? une cure de jouvence ? L'esprit positif et l'énergie des habitants d'Eelong nous prouvent que l'oncle Press a raison. Ils sont l'avenir. Leur esprit est si fort qu'il a offert une nouvelle vie à Solara.

– Tu n'as pas dit que ce n'était que temporaire ? a rétorqué Aja.

– C'est vrai, ai-je convenu. Si tout ce qu'on fait à partir de maintenant a pour but de garder en vie les exilés, on ne fera que retarder l'inévitable.

– Tu te contredis, Pendragon, a rétorqué Aja avec fermeté.

– Pas du tout, ai-je contré. J'ai vu de quoi ces exilés sont capables. Ils étaient prêts à se sacrifier tous jusqu'au dernier pour protéger la Cité des Eaux Noires. La question est : sont-ils prêts à recommencer afin de sauver Halla ?

Plus d'un visage perplexe s'est tourné vers moi. Le seul à rester concentré fut l'oncle Press. Je ne voulais pas le décevoir.

– Continue, a-t-il chuchoté, pensif.

– Juste avant de mourir, Nevva m'a dit que Saint Dane avait fendu Solara en deux. Je crois que nous nous tenons sur celle que nous connaissons. Mais Saint Dane l'a scindée, ou a édifié un mur quelconque, pour créer une Solara alimentée par l'énergie négative qu'il a répandu dans tout Halla. C'est comme s'il drainait l'énergie positive pour nous affaiblir tout en faisant croître l'esprit négatif qui alimente sa Solara à lui. C'est la source de son pouvoir, et il ne cesse de s'étendre. C'est pour ça qu'il a plongé Halla dans le chaos : pour nourrir sa propre version de Solara.

– Je l'ai senti, a acquiescé l'oncle Press. Les esprits ne se contentent pas de s'affaiblir, ils s'enfuient. Solara a toujours concerné l'humanité dans son ensemble. Le bon comme le mauvais. Le positif comme le négatif.

– Cela veut-il dire que Saint Dane n'a cessé d'accumuler de l'énergie négative et agressive pour créer la base de son pouvoir ? a proposé Loor.

L'oncle Press y a réfléchi un instant avant d'opiner :

– Ça se tient.

Gunny a eu un sifflement admiratif :

– Donc en gros, si l'esprit des exilés est tout ce qui maintient Solara en vie, le reste de Halla nourrit le camp de Saint Dane.

– Exactement ! me suis-je écrié. Mais Nevva a bien spécifié qu'il ne contrôlerait vraiment Halla que lorsque la lumière de la bonne Solara serait éteinte. Oublions le petit bip qui vient de se produire suite à la victoire des Eaux Noires. Elle est dangereusement proche de l'extinction.

– Il y a peut-être un moyen de diminuer le pouvoir de cette Solara noire ? a demandé Alder.

– Voilà qui est parlé ! C'est ce qu'a dit Nevva. Afin de vaincre Saint Dane, il faut commencer par l'affaiblir. Je crois qu'il n'y a qu'un seul moyen d'y arriver. On doit l'obliger à utiliser son pouvoir pour se défendre. Éteignons sa flamme avant qu'il ne souffle la nôtre.

– Heu… comment ? a demandé Siry.

– En l'attaquant là où il se terre : au Conclave de Ravinia, ai-je affirmé sans détours.

Je ne sais si j'ai vraiment entendu des hoquets de surprise ou si c'était juste mon imagination. En tout cas, tous m'ont dévisagé, bouche bée.

Stupéfaite, Aja a émis une simple question :

– Comment ?

– Avec une armée forte de soixante-dix mille hommes, ai-je répondu.

Il y eut un autre silence choqué.

– Les exilés ? a repris Kasha d'une voix hésitante. Ce n'est pas possible. Ils sont sur Eelong.

– C'est vrai, ai-je admis. Peut-être que je me trompe, et si c'est le cas, je renoncerai à mon idée. Mais si on a le pouvoir de Solara à notre disposition, pourquoi ne pas nous en servir de la même façon que Saint Dane ?

Les Voyageurs ont échangé des regards perplexes. Personne n'avait la moindre idée de ce que je pouvais bien raconter.

Sauf Loor.

– Est-ce possible ? a-t-elle tenté. Est-ce qu'on peut le faire, nous aussi ?

– Faire quoi ? a rétorqué Aja.

L'oncle Press s'est joint à la fête :

– Je ne peux imaginer un plan qui soit plus risqué, à tous les niveaux.

– Mais c'est possible ? ai-je insisté.

L'oncle Press y a réfléchi un moment avant d'acquiescer.

– Ça l'est, surtout en prenant en compte ce qui s'est passé ici suite à la victoire d'Eelong.

– C'est exactement ce que je pense, ai-je ajouté.

Aja commençait à s'impatienter. Elle n'aimait pas être à la traîne.

– Quelqu'un peut-il m'expliquer de quoi vous parlez ?

– Solara a été rajeunie, ai-je repris. L'énergie positive a afflué. On peut utiliser cette puissance nouvelle pour continuer d'être des Voyageurs, sauter d'un bout à l'autre de Halla et tenter de protéger les exilés, ou on peut frapper un grand coup pour en finir une bonne fois pour toutes.

Lorsqu'elle a compris où je voulais en venir, Elli a eu un sursaut.

– Tu veux créer un flume pour déplacer les exilés.

– Exactement, ai-je répondu.

J'ai senti que tout le monde se crispait. Ce que je proposais était une mesure de la dernière chance. Je n'irais pas prétendre le contraire. Je me suis tourné vers Aja, qui m'a rendu mon regard. Je m'attendais à ce qu'elle décrète que j'étais cinglé, que cette idée était complètement démentielle. Que cela demanderait de puiser jusqu'aux dernières réserves de Solara et que, si on échouait, ça laisserait à Saint Dane les mains libres pour créer son propre univers. Et elle aurait eu raison sur tous les points.

– C'est génial, a-t-elle déclaré.

Il n'y en a pas deux comme Aja Killian.

– Peut-on vraiment réussir un coup pareil, Press ? a demandé Gunny d'un air soucieux. C'est plutôt tiré par les cheveux.

– Il n'y a pas si longtemps, a répondu l'oncle Press, j'aurais dit non. Mais on vient de nous offrir une ouverture. Cette victoire sur Eelong nous l'a donnée. Les exilés nous l'ont donnée. (Il a regardé Elli et a ajouté :) Et Nevva.

Elli a souri aux anges.

– Ce que Bobby propose, a continué Press, risque d'épuiser l'esprit de Solara, mais si on se base sur ce qui s'est passé à Eelong, vaincre Saint Dane là où il habite, à l'endroit même d'où il contrôle le cœur de Solara, et reprendre la Troisième Terre pourrait faire tourner la situation à notre avantage.

– Alors allons-y ! s'est écrié Siry enthousiaste.

Lorsqu'il s'agissait de passer à l'action, il était facile à convaincre. Mais l'oncle Press l'a ralenti dans son élan :

– Un instant. Pour que ça marche, il faut que deux conditions soient remplies. (Il a marché vers moi et a déclaré avec le plus grand sérieux :) Tout dépend des exilés. Crois-tu pouvoir les convaincre de mener un tel assaut ?

– Je ne sais pas, ai-je répondu honnêtement. Mais je peux leur demander. Ils me diront peut-être d'aller me faire cuire un œuf, mais j'en doute. Je les ai vus à l'œuvre, et ils ont un compte à régler.

– Quelle est la seconde condition ? a demandé Alder.

L'oncle Press s'est tourné vers le groupe :

– Vaincre Saint Dane en Troisième Terre ne peut être notre unique but.

– Qu'y a-t-il d'autre ? a demandé Kasha.

– Ce qui est en jeu n'est pas de remporter une bataille. Ou un territoire. Il s'agit de soutirer l'esprit positif qui existe en chacun des exilés et s'en servir pour reprendre Halla. Ce n'est pas comme conquérir un pays, détruire une armée, ou même se venger. Ce qui importe, c'est que le libre arbitre triomphe de l'oppression. Pour que cette victoire soit totale, les exilés doivent vaincre… et l'esprit de Saint Dane doit périr.

– Hobie, a hoqueté Spader. Vous pensez que pour mettre fin à ce combat une bonne fois pour toutes, on doit détruire Saint Dane ?

– Oui, a répondu tristement l'oncle Press. Bobby a raison. Saint Dane contrôle les mondes de Halla. S'il reste aux commandes, je suis sûr qu'il finira par compenser sa défaite à un moment ou à un autre. Cette bataille ne doit pas seulement rebâtir l'esprit de Solara, elle doit mettre fin à l'esprit négatif que Saint Dane a nourri – celui qu'il incarne en personne. (L'oncle Press m'a regardé et a ajouté :) Si tu crois que c'est possible, alors tu as ma bénédiction, et celle de chaque esprit de Solara.

Oh, misère. Présenté comme ça, je commençais à avoir des doutes. Pouvait-on vraiment réussir un coup pareil ? Non seulement battre Saint Dane, mais aussi le *détruire* ?

– Je ne peux voir l'avenir, a ajouté l'oncle Press. Je n'ai pas la moindre idée de la façon dont les choses vont tourner. Tout ce que je sais, c'est ce qui est écrit. Et les choses m'apparaissent plus claires qu'elles l'ont jamais été. Je crois que, dès le début, ce conflit nous a menés à ce moment. C'est pour ça que tu es là. Que vous êtes *tous* là. Refuser de prendre le peu d'énergie qui reste à Solara et de s'en servir pour vaincre Saint Dane serait nier notre destinée même. Tu as raison, Bobby, c'est notre moment de vérité. À nous de le saisir, et de mettre fin à cette guerre une bonne fois pour toutes.

Journal n° 37
Chapitre 35

Mon odyssée touchait à sa fin.

Je le sentais au plus profond de moi. Ces dernières années, j'avais souvent eu l'impression que la conclusion était proche pour, ensuite, être cruellement détrompé. Une autre surprise m'attendait. Une autre porte s'ouvrait, une porte dont j'ignorais jusqu'alors l'existence. Et à chaque fois, le combat avait continué. Mais aujourd'hui, tout serait différent. Il n'y aurait ni seconde chance, ni doutes, ni ultime espoir de transformer une défaite en victoire. On jouait notre va-tout, ce qui signifiait qu'il n'y avait qu'une issue possible. Soit on abattait Saint Dane et commençait à reconstruire Halla, soit Solara était détruite et les Voyageurs avec elle. Il n'y avait pas d'alternative.

L'oncle Press avait raison. Tout nous avait menés à ce moment précis. Chaque bataille, chaque territoire en péril, chaque retournement de situation n'avait été qu'un prélude. En revoyant toute cette histoire, il me semblait impossible qu'elle ait pu se dérouler d'une autre façon. Saint Dane avait attisé les plus bas instincts de l'humanité, promettant l'utopie pour peu qu'on renonce à sa liberté. Et pour bien des gens, la tentation avait été trop grande.

Je me suis demandé si les Raviniens, ceux-là mêmes qui bénéficiaient de sa quête maléfique, pensaient que le jeu en valait la chandelle. Auraient-ils pris la même décision s'ils avaient pu prédire l'avenir ? On ne le saura jamais.

Maintenant, notre dernier espoir résidait en ceux qui ne croyaient pas en cette utopie. L'esprit de l'humanité, du libre arbitre et de la compassion serait-il assez fort pour triompher des forces noires de la répression et de la persécution ? C'est pourquoi cette bataille dépendait des exilés et commencerait par eux. S'ils refusaient le combat, on aurait perdu d'avance. C'était leur esprit qui maintenait Solara en vie. S'ils ne voulaient pas faire face à cette dernière épreuve et lutter pour que justice soit rendue, les conséquences risquaient d'être dramatiques. Devrait-on en conclure que ce même esprit diminuait déjà ? Par contre, s'ils acceptaient, j'étais sûr que cet acte suffirait à revigorer Solara. Et dans ce cas, celle-ci leur fournirait de quoi mener cette ultime bataille.

Quant à savoir qui la remporterait, ça, je n'en avais pas la moindre idée.

Mais j'avais l'impression qu'à ce moment précis, j'avais trouvé ma place. Au début, cela m'irritait de ne pas savoir toute la vérité. L'oncle Press m'avait alors dit que je devrais me faire ma propre expérience, et il avait raison. Tout ce que j'avais enduré était indispensable, car ces épreuves avaient fait de moi ce que j'étais aujourd'hui. Si je n'avais pas appris ce que j'avais appris, vu tout ce que j'avais vu, souffert et perdu la foi en ma mission, je n'aurais pas aujourd'hui la force ou la conviction de faire face à la situation. J'étais bien devenu le Voyageur en chef. Les autres s'attendaient à ce que je sois leur guide. Je n'avais pas toutes les réponses, mais j'avais gagné assez de confiance en moi pour prendre moi-même mes décisions. Et j'avais choisi de combattre. Je croyais vraiment que c'était écrit.

J'étais prêt.

Mon premier arrêt ne fut pas Eelong. Pour avoir une chance de remporter cette bataille, il nous fallait de bonnes bases. C'est pourquoi Patrick et moi sommes allés directement en Troisième Terre. Je devais voir Mark.

– Il se passe quelque chose, m'a-t-il affirmé.

Il était sur des charbons ardents. Bien plus que la dernière fois que je l'avais vu. Cela ne m'aurait pas étonné de l'entendre bégayer à nouveau. Tous les trois, on s'est retrouvés dans l'immense entrepôt qui servait de base à son groupe de rebelles. On s'est installés devant les hélicoptères volés aux Raviniens pendant que ses hommes nous regardaient de loin en cherchant à entendre des bribes de notre conversation. Je ne voulais pas qu'ils soient impliqués dans tout ça. Ils ne comptaient pas vraiment. Mark, si.

– Ils évacuent les dados de l'usine, a-t-il continué.

– Où les mettent-ils ? a demandé Patrick surpris.

– Ils les rassemblent devant la muraille du Conclave. Ils les activent juste assez longtemps pour les faire sortir, puis ils les éteignent à nouveau. Bobby, je crois qu'ils font de la place pour pouvoir en fabriquer d'autres.

Une idée horrible, mais à mon avis, il se trompait. Ces robots étaient déjà des milliers.

– S'ils marchent sur Manhattan, a continué Mark, ils nous submergeront.

– Ils n'y arriveront pas, ai-je affirmé avec conviction. On est là pour les en empêcher.

Là, j'avais attiré son attention.

– J'ai besoin de toi, Mark, ai-je continué. Tu dois devenir mes yeux. Il faut qu'on sache précisément ce que manigancent les Raviniens. Patrick restera avec toi. S'il se passe quoi que ce soit, il partira d'ici en un clin d'œil pour nous renseigner. Tu peux faire ça ?

Mark a haussé les épaules.

– Bien sûr. Je n'ai qu'à envoyer des éclaireurs dans tous ces tunnels entourant le Conclave. On est bien organisés, Bobby. Si quelqu'un fait un pet de travers, on est tout de suite au courant.

– Tu peux m'épargner les détails sordides, ai-je répondu avec un gloussement. Pour le reste, dès qu'il y a du nouveau, contacte aussitôt Patrick.

– Et moi, je préviendrai les Voyageurs, a ajouté Patrick.

– À quoi jouent-ils ? a demandé Mark. S'ils ne comptent pas marcher sur la Troisième Terre, pourquoi se donner cette peine ?

– Les exilés sont sur Eelong, lui ai-je dit carrément. À la Cité des Eaux Noires. Saint Dane va créer un flume pour leur envoyer l'armée des dados.

Mark a froncé les sourcils, perplexe.

– D'accord, a-t-il conclu. La cata.

– En effet. Mais on a trouvé un moyen de les arrêter.

Mark m'a regardé en silence, attendant la suite. Il était temps de lâcher ma bombe :

– On va attaquer le Conclave de Ravinia.

Il m'a dévisagé avec des yeux de merlan frit, comme s'il ne comprenait pas ce que je lui disais. Il est resté quelques secondes sans bouger.

– Mark ? Allô ?

Il a secoué la tête :

– Oh. Wow. Un instant, j'ai cru que tu parlais d'attaquer le Conclave de Ravinia.

– C'est vrai.

Il a cligné des yeux. Une fois. Deux fois.

– Écoute, B-b-bobby, a-t-il bégayé, pour se reprendre aussitôt : oh bon sang, j'ai horreur de ça !

– Ne t'en fais pas. Tu as toutes les raisons d'être nerveux.

– Je ne suis pas nerveux, mais stupéfait. Tu es dingue ! Nous autres rebelles, nous sommes planqués un peu partout. On s'est constitué une armurerie à peu près correcte à partir d'armes volées. Mais uniquement pour nous défendre. On n'a pas la puissance nécessaire pour s'en prendre à cette forteresse. J'admire ton courage, Bobby, mais c'est du suicide !

– Je ne vous demande pas de vous joindre à l'assaut, toi et tes rebelles.

– Alors qui va s'en charger ? Toi ? Les Voyageurs ? Tout sera peut-être différent si on peut enrôler ces soixante-dix mille exilés, mais sans ça, je dis non !

En guise de réponse, je lui ai souri. Il a mis cinq secondes à changer d'expression.

– Tu es sérieux ? a-t-il demandé avec un mélange d'espoir et d'incrédulité.

– À mort.

– Ils ont accepté d'attaquer le conclave ?

On s'est regardés, Patrick et moi.

– Pas encore, ai-je admis. Mais c'est la prochaine étape.

Mark a fait la grimace. Lancer une force invincible à l'assaut du Conclave me semblait soudain non seulement démentiel, mais aussi désespérément vain. J'ai présumé qu'il était temps de faire le point sur la situation.

Je lui avais déjà expliqué ce qui se passait, du moins en gros, mais cette fois, je lui ai tout dévoilé dans les moindres détails. Pendant une heure, Patrick et moi lui avons parlé de Solara et de la force de l'esprit qui avait servi à guider l'humanité. Je lui ai raconté comment Saint Dane avait corrompu cet esprit pour se donner le pouvoir de façonner un nouvel univers et notre idée de créer un flume pour amener les exilés en Troisième Terre. On lui a tout balancé en bloc. Mark n'a pas posé la moindre question. Je crois qu'aussi incroyable que puisse être notre histoire, on remplissait tous ces blancs qui n'avaient cessé de le confondre depuis ses quatorze ans. Par la suite, il s'était impliqué autant que moi dans cette guerre. Il comprenait. Il acceptait. Mark Dimond était à nouveau dans la course.

Lorsque j'ai terminé, la première chose qu'il m'a demandée fut :

– Donc, si on a une chance, on le doit à Nevva Winter ?

– Sans elle, les exilés seraient morts, et Halla avec eux.

Il a secoué la tête, incrédule.

– De tout ce que tu m'as raconté, c'est bien ça le plus incroyable. Nevva Winter. Bon sang.

– Ça donne à penser qu'il y a peut-être encore un espoir pour l'humanité, non ?

– Il reste à convaincre les exilés, a ajouté Patrick. S'ils refusent de nous suivre, rien de tout ça ne peut marcher.

On a laissé Mark réfléchir. Je le connaissais. Il passait en revue toutes les possibilités.

– Combien de temps ? a-t-il fini par dire.

– Je n'en sais rien. Mais je pense que s'ils déplacent les dados, ça signifie que Saint Dane s'apprête à créer un nouveau flume pour les amener sur Eelong.

– On peut surveiller les Raviniens. S'il se passe quelque chose, tu seras aussitôt prévenu.

– C'est tout ce que je te demande.

– Mais ce n'est pas tout.

– Pardon ? a demandé Patrick.

– Tu as vu à quoi ressemble notre quotidien ? On se cache, on s'enfuit, on se demande sans cesse quand un hélicoptère va venir nous mitrailler. Une existence de rats attendant les exterminateurs. Jusque-là, on n'a pensé qu'à survivre. Crois-moi, si tu me donnes une chance de rendre les coups, je la saisirai.

– On ne vous demande pas de risquer vos vies, ai-je déclaré. Je ne peux exiger de vous une chose pareille. Mais vos armes seront les bienvenues.

Mark a éclaté de rire :

– « Risquer nos vies » ? Ce n'est pas une vie ! Bobby, tu as affaire à des gens qui ont perdu l'espoir. Ce que tu nous dis est notre premier rayon de soleil depuis des lustres. Est-ce que tu crois un seul instant que, si on a enfin l'occasion d'abattre Ravinia, aussi impossible que cela puisse paraître, on se défilera ?

J'avais l'impression d'être surveillé. J'ai regardé autour de moi pour voir que plusieurs des collègues crasseux de Mark traînaient dans le coin dans l'espoir de surprendre notre conversation. Une bonne vingtaine d'hommes et de femmes se tenaient à l'arrière d'un des hélicos et nous regardaient. Ils avaient tout entendu.

– Alors c'est vrai ? leur ai-je lancé. Vous êtes prêts à attaquer le Conclave ?

Ils ont échangé des regards hésitants. Tout d'abord, j'ai cru qu'ils ne savaient pas quoi répondre, mais j'ai vite compris qu'en fait, ils se demandaient qui allait prendre la parole. Finalement, une fille s'est avancée. C'était Maddie, la conductrice folle. Ses yeux jetaient des éclairs.

– Quand tu voudras, a-t-elle répondu simplement.

Patrick a souri :

– De mieux en mieux.

Mark est resté très terre à terre :

– On peut vous proposer plus que de simples missions de reconnaissance. On a nous-mêmes tiré des plans d'invasion. Pourquoi ne pas les intégrer au tien ?

J'ai regardé les visages avides des rebelles et ajouté :

– Au risque de perdre la moindre confiance que vous puissiez nous accorder, il n'y a pas de véritable plan d'invasion. On improvise en cours de route. Alors si vous avez des idées…

Mark s'est tourné vers ses amis. Je m'attendais à ce qu'ils soient déçus. Au contraire, ils semblaient encore plus enthousiastes.

– Je devrais peut-être te dévoiler *notre* plan, a dit Mark.

Il m'a alors raconté dans le détail la série d'attaques façon guérilla qu'ils avaient menées contre le Conclave. Ils se doutaient bien qu'ils ne feraient pas grand mal aux Raviniens, mais si on rajoutait une véritable armée opérationnelle, ces coups de main à échelle réduite devenaient soudain les bases d'un assaut d'une autre ampleur.

On a échangé nos idées sur la façon dont on pourrait réussir l'impossible. C'est ainsi qu'on a fini par échafauder un nouveau plan.

– Ça peut marcher, a convenu Mark. Ça dépend de pas mal de facteurs, mais ça peut marcher.

– Il le faut, ai-je ajouté.

– Je vais mobiliser tous les individus valides dans un rayon de soixante-dix kilomètres pour tout préparer, a expliqué Mark. On a des caches d'armes aux quatre coins de Manhattan. Les exilés en auront-ils ?

– Ils ont des canons portables capables de neutraliser les dados.

Mark a ouvert de grands yeux. Il s'est tourné vers ses amis. Comme lui, ils avaient l'air impressionnés.

– Ça peut servir, a-t-il dit, ce qui était évident. On n'a plus à s'inquiéter de mélanger les territoires ?

– Plus maintenant, ai-je répondu. La Convergence a unifié Halla sous la botte de Saint Dane.

– Où doit-on se rassembler ? a demandé Patrick à Mark. Il faudra pas mal de place pour loger soixante-dix mille personnes.

Mark y réfléchit un instant, puis :

– La plupart de nos armes sont entreposées dans le centre-ville. Pour moi, le meilleur point de ralliement est Washington Square.

– Adjugé ! me suis-je écrié. C'est là qu'on fera déboucher le flume.

– En admettant que tu y arrives, a ajouté Mark avec une pointe de scepticisme. Et que tu puisses convaincre les exilés de te suivre.

– On le peut, a affirmé Patrick, confiant. Et on le fera.

Le professeur timide qui menait une existence parfaite en Troisième Terre avait bien changé. Peut-être parce que, plus que n'importe lequel d'entre nous, son monde avait été mis sens dessus dessous. Si on avait tous constaté les bouleversements sociaux que Ravinia avait provoqués chez nous, c'était son territoire qui avait le plus régressé. Parfois, je craignais que Patrick nous claque entre les doigts, mais il a toujours affronté les événements sans faiblir. Sa capacité à dominer ses peurs démontrait que, par bien des aspects, il était le plus courageux de nous tous.

On a laissé Mark et les siens faire les préparatifs nécessaires. Patrick et moi sommes sortis pour nous isoler quelques instants.

– Il faut croire que tu avais raison, lui ai-je dit.

– À quel propos ?

– C'est bien en Troisième Terre que tout va se nouer. Le dernier territoire. C'est à toi de jouer.

Le regard de Patrick s'est fait lointain. Je crois qu'à ce moment, il revoyait ce qu'avait été ce monde futuriste… jadis. Son chez lui. Ce qui était écrit. Il est revenu à la réalité avec un air déterminé que je ne lui connaissais pas.

– Alors j'ai intérêt à en profiter à fond, a-t-il déclaré d'un ton presque crâneur.

Le Voyageur de Troisième Terre était prêt.

J'ai pu passer encore quelques instants avec Mark. On avait fait un long chemin, mon ami et moi. Que ce soit ensemble ou séparément, et même *avant* que je devienne un Voyageur. C'était mon plus vieil ami. C'était mon frère.

– Alors… elle va bien ? a-t-il demandé.

– Oui. Et plus encore. Bientôt, tu pourras lui poser la question face à face.

– Tu crois qu'elle va suivre les exilés ? a-t-il demandé, osant à peine l'espérer.

J'ai éclaté de rire :

– Tu charries ? C'est Courtney, non ?

Lui aussi s'est mis à rire :

– Oui, question idiote. Elle va probablement leur ouvrir la marche.

On s'est regardés sans savoir que dire. Puis on s'est étreints fraternellement.

– Tu sais, a-t-il murmuré, la seule chose qui m'a poussé à continuer, ce sont les souvenirs de notre vie chez nous, à Stony Brook.

– Je sais. Je crois que chacun d'entre nous pourrait dire la même chose.

– Cette époque me manque.

– À moi aussi.

– Est-ce qu'on va vraiment l'emporter ? a-t-il chuchoté pour que les autres ne l'entendent pas.

– Il le faut.

C'était la seule réponse que je puisse lui donner.

Il s'est dégagé. Ses yeux brillaient.

– Je l'espère. J'ai envie de rentrer chez moi.

– Moi aussi.

C'était bien la première fois que je n'étais pas tout à fait honnête avec Mark. Bien sûr que je voulais rentrer chez moi. En Seconde Terre. À Stony Brook. Reprendre mon ancienne existence. Mais quoi qu'il arrive, ce n'était pas possible. Je n'étais pas de Seconde Terre. Je n'étais qu'un visiteur. Cette vie que je connaissais était un leurre. Devoir l'accepter me déchirait le cœur. Mais il était hors de question de le révéler à Mark. Du moins pas à ce stade. Notre amitié comptait bien trop pour moi.

Patrick nous a rejoints. Il était temps de partir.

– Restez sur vos gardes, leur ai-je dit. Et tenez-vous prêts.

– Bonne chance, a répondu Patrick.

Je leur ai décoché un dernier regard, puis j'ai fait un pas pour quitter ce territoire et entamer la mission la plus importante que j'ai jamais effectuée en tant que Voyageur. Je devais convaincre une multitude de civils qu'ils avaient encore une bataille à remporter.

Qu'ils le veuillent ou non, ils étaient le dernier espoir de Halla.

Journal n° 37
Chapitre 36

Gunny et moi nous sommes retrouvés en bordure de la Cité des Eaux Noires.

C'était là qu'il m'attendait. Comme prévu. Durant tout le temps qu'il avait passé avec les gars d'Eelong, ils avaient fini par lui faire confiance, et à Spader également. Mais je ne pensais pas qu'il soit bon d'emmener l'aquanier dans une telle mission diplomatique. L'heure n'était pas à l'enthousiasme et aux « Hobie, matelots, tous sur eux ! ». Si on voulait convaincre les exilés, il nous faudrait un guide fiable. Gunny était le meilleur choix. Il m'attendait, assis sur un rocher dominant le village.

– Comment ça s'est passé, demi-portion ? a-t-il demandé d'un ton tout naturel comme s'il me demandait s'il faisait beau.

– Mark et ses hommes sont de notre côté. S'il se passe quelque chose en Troisième Terre, Patrick nous préviendra.

Gunny a secoué la tête. Il avait l'air fatigué.

– Incroyable, a-t-il remarqué en essuyant son front couvert de sueur tout en regardant la Cité des Eaux Noires. Tout devient si compliqué.

C'était le plus âgé des Voyageurs. Durant le cours de sa vie – enfin, sa *vraie* vie – il avait amassé bien plus d'expérience que nous tous. C'était dur pour tout le monde d'admettre qu'on était juste des esprits de Solara, mais pour lui, cela avait dû être particulièrement difficile. Il avait vécu une existence presque complète en Première Terre avant d'apprendre qu'il était un Voyageur. Il avait une perspective différente de la nôtre.

– Ça va, Gunny ? ai-je demandé. Je veux dire, ces derniers temps, on a tous pas mal encaissé.

– Tu sais, fiston, j'ai soixante-cinq ans. Du moins, je crois. J'ai perdu le compte depuis le temps. Même avant d'avoir entendu parler des Voyageurs, j'ai pas mal bourlingué. Pour un vieux schnoque comme moi, ce n'est pas évident d'accepter la nouveauté. Au départ, je n'étais pas sûr de pouvoir assimiler qu'on était des esprits d'une autre dimension. Et pourtant, un détail particulier m'a convaincu.

– Lequel ?

Gunny a tendu ses deux mains. Oui, je ne sais pourquoi je ne l'avais pas encore remarqué, mais il les avait à nouveau. J'ai cligné des yeux. Comment était-ce possible ? Il y avait des années qu'un tang lui en avait arraché une. Et maintenant, elle était là, comme si de rien n'était. Il a étiré ses doigts et serré le poing pour me montrer qu'elle était bien réelle.

– Mais…

C'est tout ce que j'ai pu émettre.

– Je ne sais pas exactement. Lorsqu'on a débarqué ici, Spader et moi, mon ancienne main m'a suivi, aussi bizarre que ça puisse paraître. Comme si je ne l'avais jamais perdue. J'imagine que je devrais être content, et d'une certaine façon, je le suis. Mais plus que tout, ça me confirme qu'on n'est pas vraiment de cette Terre On est des êtres imaginaires, et c'est pour ça que ces esprits ont pu me donner une nouvelle paluche. Tu parles d'un truc.

– Mais c'est plutôt cool, non ?

– Bien sûr, sauf que ça me rend un peu triste. J'aimais bien mon ancienne vie.

– Comme je vous comprends.

– Et ça m'a fait piger encore une chose. Pour autant que je me souvienne, j'ai toujours été pauvre. J'ai dû apprendre à lire et à écrire tout seul. Avant de m'engager dans l'armée, je n'avais jamais porté un seul vêtement qui n'ait pas déjà appartenu à un autre. Mais j'ai fini par devenir quelqu'un. Le capitaine des grooms du Manhattan Tower Hotel. J'en étais fier. Je n'étais peut-être pas au sommet du monde, mais tout le monde m'appréciait, et j'étais heureux.

– Que peut-on demander de plus ?

– C'est précisément ce que je veux dire. En fait, dans cette nouvelle société, un type comme moi n'aurait pas une chance.

Dans le monde de Ravinia, il n'y a pas de place pour l'homme de la rue. Il y a une poignée de grosses légumes qui ont le monde à leurs pieds, et il y a tous les autres. Il y a toujours eu des privilégiés qui possédaient plus que le commun des mortels, mais maintenant, les gens ordinaires n'ont même pas un espoir de se construire une vie dont ils puissent être fiers. On a beau philosopher, théoriser, menacer et définir des buts grandioses, tout ça peut se résumer de façon très simple : Saint Dane retire aux gens ordinaires toute possibilité de trouver le bonheur.

Gunny venait de faire un résumé parfait de la situation. Ça semblait évident, mais quel que soit son monde d'origine, tout le monde a envie d'être heureux, non ? C'est un droit élémentaire. N'est-ce pas inscrit dans la déclaration d'indépendance de mon pays ? La vie, la liberté et la poursuite du bonheur ? Saint Dane retirait ce droit inaliénable à tout le monde, à l'exception d'une poignée d'élus. Et c'est un type de soixante-cinq ans qui avait vécu presque toute son existence sans savoir ce qu'étaient les Voyageurs, Halla ou ces esprits censés nous guider qui avait la meilleure perspective.

– Et c'est pourquoi je suis content que vous soyez là, ai-je dit à mon ami. Vous et moi, il faut qu'on persuade ces gens qu'ils ont une dernière chance de reprendre ce droit et de pouvoir trouver le bonheur.

Gunny a inspiré profondément et s'est levé. Il avait retrouvé son énergie.

– Alors, allons-y.

Peu après, Gunny et moi avons retrouvé les chefs des gars au centre des bâtiments composant la Cité des Eaux Noires. Les convaincre de nous écouter fut assez facile. Aron était toujours un des anciens du village. La plupart des autres n'avaient pas oublié Gunny, et lui étaient reconnaissants pour les efforts qu'il avait faits pour éduquer les gars pendant qu'il était piégé ici avec Spader. Certains se souvenaient même encore de moi. On était leurs amis. Ils avaient confiance en nous.

Les représentants des Yanks étaient aussi présents. Des années plus tôt, ils avaient divisé le groupe en dix unités distinctes afin de faciliter leur organisation. Chaque groupe élisait un chef qui répondait aux anciens des gars. La liaison en sens inverse, entre les gars et les chefs des Yanks, n'était autre que Courtney. Elle était également présente à l'audience. Elle avait un pied dans chaque camp. Elle connaissait les Eaux Noires, mais était native de Seconde Terre. Elle pouvait parler intelligemment aux deux groupes. Cela semblait être un bon moyen d'organiser un village qui venait subitement de tripler de taille. La preuve : non seulement il fonctionnait à merveille, mais ils avaient également pu travailler de concert pour organiser une ligne de défense solide contre les klees. Tout le monde était plutôt content.

Cela me faisait mal de devoir les ramener à la réalité.

Je ne vais pas détailler tout ce que j'ai révélé au groupe. J'en ai déjà raconté la majeure partie plus tôt dans ce même journal. En gros, Gunny et moi avons dû leur faire comprendre qu'ils avaient certes vaincu les klees, mais que ceux-ci reviendraient. Inlassablement. Et plus important encore, on leur a appris qu'il se préparait une invasion bien plus massive que tout ce que les klees pourraient leur balancer. Une armée telle qu'ils n'en avaient encore jamais vu se préparait à marcher sur la Cité des Eaux Noires dans le seul but d'exterminer les Yanks. Les gars n'étaient pas forcément visés, mais vu l'ampleur de l'attaque, il y avait peu de chances qu'ils soient épargnés.

– La question n'est pas de savoir *si* cette attaque va avoir lieu, mais *quand*, ai-je conclu. Et je crois que c'est pour bientôt.

Les chefs des gars et des Yanks ont échangé des regards mal à l'aise. C'était dur à avaler.

– Que proposes-tu, Pendragon ? a demandé Aron.

Je leur ai exposé les grandes lignes de notre plan. Je savais que ce serait difficile. Non seulement il faudrait convaincre plusieurs milliers de personne de sauter dans un flume – une fois de plus – mais lorsqu'ils arriveraient de l'autre côté, ils se retrouveraient face à un ennemi qui semblait invincible. Son niveau de résistance dépendait encore de bien des facteurs sur lesquels on n'avait aucune influence. Maintenant que je devais expliquer tout ça à voix haute et que je m'écoutais parler, toute cette histoire semblait impossible. Voire démentielle. Non, mais qu'est-ce que j'avais en tête ? Plus j'avançais dans ma description, plus je réalisais que ces types n'accepteraient jamais de me suivre. Si j'étais à leur place, je refuserais sûrement. C'était du suicide. J'ai fini sur un gémissement, prêt à me faire jeter à grands coups de pied.

Avant que quiconque ait pu répondre, Gunny s'est levé :

– Je ne peux qu'imaginer ce que vous pensez, a-t-il commencé. Et croyez-moi, je suis comme vous. On vous demande de prendre de sacrés risques, et rien ne garantit qu'on remportera la victoire. Il y aura des morts. Des milliers, peut-être. J'ai deux choses à vous dire. Vous êtes dans une situation précaire. Bientôt, la Cité des Eaux Noires va connaître une nouvelle invasion, menée par une force bien plus vaste et bien plus mortelle que celle que vous venez de vaincre. Vos défenses pourront en arrêter une partie, mais les chiffres jouent contre vous. Leur armée est immense. Elle ne cessera d'attaquer, vague après vague, jusqu'à ce qu'elle ait tué tous ceux qui viennent de Seconde Terre. C'est un fait, triste mais indéniable. Et lorsque tout sera terminé, Dieu sait dans quel état ils laisseront la ville. C'est alors que les klees viendront finir le travail. Ne vous y trompez pas. Que vous choisissiez de suivre notre plan ou de rester ici pour vous défendre, vous devrez affronter cette armée. Le seul choix qui vous reste, c'est de l'attendre ici même ou de prendre d'assaut leur forteresse. On aimerait qu'il y ait une troisième solution, mais il n'y en a pas.

Tout le monde a murmuré, mal à l'aise.

– Encore autre chose, a continué Gunny. À ceux qui viennent de Terre, vous devez comprendre que cette invasion sera dirigée par les mêmes ennemis qui vous ont arraché à votre monde d'origine. À ce moment-là, ils voulaient vous tuer tous. Et sans l'intervention d'une femme, ils y seraient arrivés. Les Raviniens vous ont éliminés parce que vous menaciez leurs plans, c'est toujours le cas. C'est même pour ça qu'ils vont venir vous chercher. Et vous, les gars des Eaux Noires, vous êtes dans la même situation. Vous avez vu comment Ravinia a changé Eelong. Vous aviez fait la paix avec les klees. Je le sais, j'y ai contribué. Mais Ravinia a annulé tous les progrès que vous aviez faits et vous a rabaissés au rang de gibier tout juste bon à être chassé et mangé. Voilà le genre de société que Ravinia a créé. D'une façon ou d'une autre, ils dévorent leurs ennemis. Vous autres gars n'avez pas vu ces mondes multiples, mais les Yanks, si. Vous savez ce que sont les flumes. Vous en avez déjà emprunté un. Vous savez qu'il y a d'autres sociétés, d'autres planètes, d'autres vies. Ravinia les contrôle toutes, et son règne a commencé le jour où ils vous ont bannis de chez vous. C'est votre chance de reconquérir ce qui est à vous. D'empêcher ceux qui vous ont fait tant de mal de nuire encore davantage. De tout arranger.

Gunny s'est rassis, à bout de souffle, mais ses yeux étaient clairs et concentrés. Son plaidoyer était si limpide qu'il était difficile de le contredire. Du moins, je l'espérais.

L'un des chefs Yanks s'est levé :

– Il y a peut-être une troisième solution. Et si les nôtres se rassemblaient pour quitter les Eaux Noires ? Si les Raviniens nous prennent pour cible, peut-on mettre en danger les gars par notre simple présence ?

– Une proposition bien noble, a répondu Aron, mais sans les Yanks, je doute que nous ayons la force de repousser à nouveau les klees. Je crois pouvoir parler pour l'ensemble des gars en disant que quoi que nous fassions, nous devons le faire ensemble. Gars et Yanks réunis.

Un chef gar est intervenu :

– Si cette fameuse armée est composée de créatures comme celles qui ont attaqué les Eaux Noires, nos armes peuvent les arrêter.

– Vraiment ? ai-je repris. De combien de ces canons radio disposez-vous ? Quelle est leur puissance ? Est-elle sans limites ? Là, on parle de plusieurs milliers de dados. Même si vous en détruisez la moitié, il en restera encore assez pour vous submerger. Vous sauveront-ils d'une telle armée ?

Leurs regards noirs ont été assez éloquents. Courtney s'est levée à son tour :

– Si je peux ajouter quelque chose, je n'ai pas vu de mes yeux cette armée que les Raviniens assemblent en Troisième Terre, mais je sais de quoi leur chef est capable. Nous tous, les gars comme les Yanks, représentons le dernier rempart susceptible de contrecarrer son plan pour conquérir Halla. Ça, je le crois. Et je crois également que Saint Dane, le leader de Ravinia, fera tout ce qui est en son pouvoir pour nous éliminer. Il ne cesse de se rapprocher, et rien ne le fera reculer. Je dirais qu'il vaut mieux accepter le plan de Pendragon. Si je suis condamnée de toute façon, je préfère mourir en luttant pour une cause juste.

Elle s'est alors rassise et m'a décoché un petit sourire penaud.

Les chefs se sont regardés sans trop savoir qui devait prendre la parole. C'est Aron qui a pris l'initiative :

– Tu as une idée de quand cette attaque peut avoir lieu ?

– Tout ce que je sais, c'est qu'ils sont en train de mobiliser cette même armée. J'ignore si ça signifie que l'invasion est imminente ou si on a encore quelques jours devant nous. Quoi qu'il en soit, je crois qu'il vaut mieux ne pas traîner.

Aron a acquiescé d'un air pensif :

– Si ça ne vous ennuie pas, nous voudrions en discuter entre nous.

On s'est levés, Gunny, Courtney et moi.

– Non, Courtney, reste, a ajouté Aron. Maintenant, tu es des nôtres.

– Merci, a-t-elle répondu avant de se rasseoir en me souriant.

C'était bizarre de penser que Courtney était désormais une gar, mais si cela nous donnait une voix supplémentaire susceptible de les convaincre d'adopter notre plan, ça en valait la peine.

– Quelle que soit votre décision, je la respecterai, ai-je affirmé avant d'ajouter : mais je vous en prie, ne tardez pas trop.

On nous a attribué une hutte où Gunny et moi pourrions nous détendre. Nous détendre et nous reposer. Ben voyons. Ils nous ont apporté à manger, ce qui a fait mon bonheur. Cela faisait des siècles que j'avais l'estomac vide.

– Qu'en dis-tu ? ai-je demandé à Gunny.

– À quel propos ? De notre plan, ou de la possibilité qu'ils se joignent à nous ?

– Les deux.

– Je ne sais pas s'ils vont accepter, a-t-il répondu. Quelle que soit leur décision, elle n'aura rien pour me surprendre. Quant à notre plan, eh bien…

Il a haussé les épaules. Il ne voulait pas l'exprimer, mais il était clair qu'il n'avait pas beaucoup d'espoir.

Je pouvais difficilement le lui reprocher. Je ne me berçais guère d'illusions, moi non plus. On avait concocté un plan qui impliquait non seulement un minutage précis, mais également de déplacer des milliers de gens à travers le temps et l'espace. Oh oui, tout dépendait de notre capacité à créer un flume géant. Cette histoire commençait à ressembler à un conte de fées. Mais c'était tout ce qu'on avait à proposer. Il n'y avait pas de plan B.

Les heures ont passé, toujours pas de réponse. J'ai essayé de dormir, en vain. C'était comme d'avoir à côté de soi un réveil susceptible de sonner à tout instant. Impossible de sombrer avec une telle épée de Damoclès au-dessus de la tête. Pas moyen de savoir combien de temps ils mettraient à prendre une décision. Pire, on ignorait la marge dont on disposait avant que les dados quittent la Troisième Terre. À chaque seconde, mon angoisse ne cessait de croître.

Gunny ne s'en tirait pas mieux. Il gisait sur le dos, les yeux clos, mais je n'étais pas dupe. Il ne dormait pas. Je le savais, parce qu'il ne cessait de taper du pied suivant un rythme régulier. Finalement, la porte s'est ouverte et Courtney est entrée. Aussitôt, Gunny et moi avons sauté sur nos pieds.

– Ça ne me dit rien, a-t-elle annoncé. La majorité des Yanks veut se joindre à nous, mais ils ont convenu d'en décider à l'unanimité. Or tous ne sont pas d'accord.

– Et Aron ? a demandé Gunny.

Courtney a baissé les yeux :

– Il est contre.

De rage, j'ai donné un coup de poing contre le mur.

– Ils en débattront encore lorsque les dados viendront frapper à leur porte !

– Ils ont fait venir plusieurs membres de leur communauté pour leur demander leur avis, a ajouté Courtney. Des Yanks comme des gars.

– Super, ai-je repris, sarcastique. Encore des idées. Ça va être très utile.

– Ils ont raison, Bobby, a affirmé Gunny calmement. On leur en demande beaucoup.

– Je sais. Mais il faut bien que je me défoule. Je peux sortir prendre l'air ?

On y est allés tous les trois. La nuit était tombée. C'était toujours une consolation. Je doutais fort que l'armée de Saint Dane attaque avant le lever du jour.

– Encore huit heures jusqu'à l'aube, a annoncé Courtney comme si elle lisait dans mes pensées. Tu crois qu'ils vont débarquer demain ?

– Je n'en ai pas la moindre idée.

– Moi si, a repris une voix familière.

On s'est retournés pour tomber sur la dernière personne que j'avais envie de voir à ce moment précis. Bon, il y en avait peut-être quelques autres, mais si Patrick était venu sur Eelong, ça n'annonçait rien de bon.

– Ils se sont mis en marche, Pendragon, a-t-il déclaré d'une voix tremblante. Tous. Les dados ont franchi la distance qui sépare le camp ravinien du bras d'eau.

– L'endroit parfait pour ouvrir un immense flume, ai-je remarqué.

– À mon avis, a soupiré Gunny, il ne nous reste plus beaucoup de temps.

Il fallait faire quelque chose, mais quoi ? Inutile de retourner sur les lieux de cette réunion pour les secouer en hurlant que l'armée était en marche. Ce n'est pas comme s'ils risquaient de dire : « Oh, vraiment ? En ce cas, on est avec vous. » Pas de danger.

– Dois-je y retourner ? a demandé Courtney.

J'ai pris une décision. Plutôt désespérée, mais c'était tout ce qui me passait par la tête.

– Oui. Dis-leur d'arrêter de discutailler et de se préparer à se défendre, parce que les dados sont en chemin.

– Et que vas-tu faire, toi ?

– Je ne sais pas.

Courtney allait insister, mais a préféré y renoncer. Elle est partie en courant vers le village.

– Que fait-on, demi-portion ? a demandé Gunny.

– On repart sur Solara.

***

Gunny, Patrick et moi avons été accueillis par tous les autres Voyageurs, y compris l'oncle Press. Ils se sont massés autour de nous, avides de nouvelles.

– Ça se passe mal, ai-je annoncé. En Troisième Terre, Mark et les siens sont de notre côté. Mais les exilés et les gars se demandent encore ce qu'ils doivent faire.

– Et les dados de Troisième Terre sont en mouvement, a ajouté Patrick. Ils sont prêts à partir.

Gunny a continué :

– Il semblerait qu'ils vont créer leur flume et attaquer les Eaux Noires aux premières heures de l'aube. On n'a plus une seconde devant nous.

Personne n'a su que dire. Je commençais à croire que la bataille était perdue avant même d'avoir commencé.

– Ont-ils une chance de pouvoir défendre la Cité des Eaux Noires ? a demandé Elli.

J'ai secoué la tête :

– Pour un temps, peut-être. Ils peuvent se servir de leurs canons radio, mais ces armes sont limitées. Face à une telle armée, ils seront vite dépassés.

– Alors c'est tout ? a crié Siry. On reste là et on attend que Solara tombe en miettes ?

– Non, me suis-je empressé de répondre. Si vous voulez mon avis, on crée notre flume quand même.

La plupart des Voyageurs se sont écriés « quoi ? », « non ! », « pourquoi faire ? », mais l'oncle Press a calmé le jeu :

– Explique-toi, Bobby.

– Les dados vont attaquer. Ça, on le sait. Les gars et les exilés ne pourront les contenir bien longtemps. Lorsque les canons radio seront à court d'énergie, ce sera la fin des haricots. Ça aussi, on le sait. Ce nouveau flume est leur seul espoir de survie. On se retrouve face à deux possibilités. Soit on rallie les exilés et on les convainc de se battre en Troisième Terre, soit ce flume servira de voie d'évasion pour qu'ils survivent à la chute des Eaux Noires.

L'oncle Press a réfléchi, calculant rapidement toutes les possibilités.

– Si on crée ce flume, a demandé Aja, que deviendra Solara ?

– La même chose que si on ne fait rien, ai-je affirmé. Soit on épuise le peu d'esprit qui lui reste pour notre opération, soit on attend que les dados aient massacré les exilés, et Solara mourra de toute façon. Au moins, comme ça, on a une chance de rendre les coups.

L'oncle Press avait l'air perplexe… comme tout le monde, en fait.

– Si quelqu'un a une meilleure idée, ai-je ajouté, c'est le moment de l'exposer.

J'ai fixé tour à tour chaque Voyageur droit dans les yeux, attendant une réponse. Elli, Gunny, Siry, Alder. Personne n'a cillé. Kasha, Patrick, Aja, puis Loor m'ont rendu mon regard en silence.

Finalement, je me suis tourné vers Spader :

– Qu'en dis-tu, matelot ? lui ai-je demandé.

– J'en dis qu'on n'a qu'à creuser ce fichu tunnel, a-t-il déclaré avec conviction. Qu'est-ce qu'on risque ?

J'ai regardé l'oncle Press.

– Bonne question. Qu'est-ce qu'on risque ?

***

La nuit était tombée sur la Cité des Eaux Noires. La seule lumière était celle des étoiles.

On s'est mis en cercle. Tous les onze. On s'était installés non loin des fermes bordant le village, du côté opposé à la vallée où le tunnel s'ouvrait sous la cascade. Un endroit comme un autre pour ouvrir un flume. Serrés épaule contre épaule, on a décrit un cercle assez étroit pour que chacun sente pulser le cœur de ses voisins. Et croyez-moi, ils battaient la chamade.

– Je ne peux affirmer avec certitude que ça va marcher, nous a avertis l'oncle Press. En tout cas, ça va certainement épuiser le peu d'énergie positive qui reste sur Solara.

– Ce qui veut dire qu'on va l'achever ? a demandé Elli.

– Je ne sais pas, a répondu honnêtement l'oncle Press.

– N'est-ce pas précisément ce que veut Saint Dane ? a insisté Elli.

– Oui, mais les exilés continueront d'exister. J'espère que leur esprit empêchera la destruction totale de Solara.

– Donc, a conclu Gunny, plus que jamais, il est important d'assurer leur sécurité.

Il y eut un murmure collectif. On était tous d'accord.

– Encore une chose, a repris l'oncle Press. L'esprit de Solara nous donne la possibilité de faire notre devoir de Voyageurs. Lorsque son pouvoir sera épuisé, je ne sais ce que cela signifiera pour nous tous.

– Tu veux dire qu'on ne pourra plus voyager ? a demandé Patrick.

– Ce serait le dernier de nos soucis, a répondu l'oncle Press d'un ton grave. Il est possible que l'on cesse d'exister.

Personne n'a fait le moindre commentaire. Que voulez-vous répondre à ça ?

– Nul n'a jamais tenté ce qu'on va faire, a-t-il continué. Enfin, à part Saint Dane. On est en territoire inconnu. Et une fois qu'on aura commencé, on ne pourra plus revenir en arrière.

On a tous acquiescé.

– Quelqu'un a des scrupules ? a repris l'oncle Press en parcourant des yeux le petit groupe.

On s'est regardés. Personne ne s'est dégonflé.

– Comment fait-on ? a demandé Spader.

– Le pouvoir de Solara s'écoule en chacun d'entre nous, a répondu l'oncle Press. Il faut le concentrer ici, de la même façon qu'il nous sert pour voyager d'un territoire à l'autre. Je doute que n'importe lequel d'entre nous puisse invoquer assez d'énergie à lui seul, c'est pourquoi il est impératif qu'on fasse ça ensemble. (Il a retiré son anneau de Voyageur et l'a jeté au centre du cercle.) La matière sombre qu'ils contiennent servira de prisme pour concentrer cette énergie.

Un par un, on a retiré nos anneaux pour les poser les uns à côté des autres. C'était une drôle de d'impression, comme la fin d'une époque. D'une façon ou d'une autre, tout serait bientôt terminé, et on n'en aurait plus besoin. Néanmoins, c'était bien pénible d'abandonner mon anneau. À en juger la mine sombre des autres, le sentiment était partagé.

– Maintenant, a continué l'oncle Press, concentrez-vous. Visualisez. Comme lorsque vous passez d'un territoire à un autre, imaginez ce tunnel qu'on a tous parcouru tant de fois.

J'ai fixé la pile des onze anneaux gisant sur la terre en refusant de penser que tout ceci était ridicule. En temps normal, je serais le premier à me moquer d'une bande d'abrutis blottis en rond dans un champ pour invoquer une énergie cosmique. Mais pas cette nuit-là. Je devais me persuader que c'était possible. J'ai senti la présence de tous mes amis Voyageurs comme si j'étais une partie de chacun d'eux. On ne s'est pas pris les mains ou quoi que ce soit de ce genre, et pourtant, c'était comme si on formait un cercle ininterrompu. Nos onze cœurs battaient à l'unisson. Nos respirations étaient synchronisées. L'oncle Press parlait toujours, mais je ne l'entendais plus. On aurait dit une expérience de détachement astral. Quoique, il ne s'agissait pas de sortir de mon propre corps, plutôt d'en créer un. J'avais l'impression de ne plus être moi-même. Je me suis élevé pour voir ce cercle d'individus liés à tout jamais par le destin.

J'ai perçu comme un picotement. Ce n'était pas déplaisant. En fait, on aurait dit… de l'électricité. Je me suis demandé si les autres ressentaient la même chose, mais je n'ai pas osé regarder autour de moi. Je suis resté concentré sur les anneaux. Les anneaux de Voyageurs. Ensemble.

Une par une, les pierres de ces anneaux se sont mises à luire. Elles s'activaient. Il se passait quelque chose. Ce n'était pas que des âneries *New Age*. Elles ont émis une lumière de plus en plus intense. Davantage que lorsqu'elles se contentaient de déposer un journal. La clarté de chaque anneau se mêlait à celle des autres pour devenir un seul globe incandescent qui s'est peu à peu répandu sur le sol, s'étendant depuis son centre. J'ai senti, plus que pensé, qu'il fallait qu'on s'écarte pour élargir le champ. On ne se touchait pas, du moins pas physiquement, mais on était tous connectés. On ne faisait plus qu'un. On s'est éloignés de plus en plus jusqu'à décrire un cercle d'au moins vingt mètres de diamètre.

La lumière nous a suivis comme de l'eau jaillissant d'un puits, ne cessant de s'étendre tout en devenant de plus en plus brillante. J'ai entendu un bruit. Qu'est-ce que c'était ? Oui ! C'était la musique que j'avais entendue tant de fois quand je voyageais dans les flumes. Il n'y avait pas de véritable mélodie. Juste un mélange de douces notes qui m'a fait sourire. Voilà qui m'était familier. C'était incroyable. Ça marchait. On arrivait bel et bien à invoquer le pouvoir de Solara.

Le cercle a continué de croître jusqu'à frôler les pieds des Voyageurs. La musique est devenue assourdissante, la lumière si intense qu'elle en oblitérait tout le reste. C'est alors que j'ai entendu s'élever la voix de l'oncle Press. Il n'a dit que deux mots – mais deux mots d'une logique imparable.

– Troisième Terre.

Le cercle de lumière a réagi aussitôt. Il s'est enfoncé dans le sol. Ce n'était pas aussi spectaculaire que quand l'étoile ravinienne s'était mise à tourner, ouvrant le flume en plein milieu du Yankee Stadium, mais le résultat fut le même. La lumière éblouissante s'est forée un chemin de plus en plus profond dans la terre. Le pouvoir qui s'écoulait à travers moi était plus fort que jamais. J'avais l'impression de trembler comme une feuille, bien que je sache qu'il n'en était rien. C'était un sentiment si intense qu'en regardant les autres Voyageurs, je m'attendais presque à les voir luire. En fait, c'était exactement le contraire. À certains moments, ils semblaient devenir transparents. Une seconde plus tard, leur image réapparaissait, mais les autres Voyageurs se fanaient à leur tour pour revenir à la normale. J'ai lutté contre un accès de panique. Était-ce la fin ? Était-on allés trop loin en cherchant à créer ce phénomène impossible ? Avait-on épuisé les dernières forces de Solara, si bien qu'il ne nous restait plus qu'à nous éteindre avec elle ?

Sous le rebord du cercle, j'ai vu la première rangée de pierres grises qui, je le savais, se prolongeraient jusqu'à devenir un tunnel vers l'infini. Au fur et à mesure qu'elle s'enfonçait, la lumière a décru. J'ai regardé les autres Voyageurs, redoutant qu'ils fassent de même. Mais tout le monde était là, solide comme le roc.

Un peu plus tard, la musique s'est tue. La lumière s'est éteinte. J'ai levé les yeux pour m'assurer que les Voyageurs étaient tous là. J'en ai compté dix. Plus moi. On est restés plantés là, au milieu du cercle, comme éblouis. J'ai regardé le sol. Là, à mes pieds, s'ouvrait un grand trou rond d'une vingtaine de mètres de diamètre. On avait réussi.

On avait créé un nouveau flume.

Et on était toujours là.

– Eh bien, ai-je déclaré d'un ton tout naturel, on ne voit pas ça tous les jours.

Spader fut le premier à éclater de rire, suivi de l'oncle Press, puis de Patrick. Bientôt, tous leur ont fait écho. Pas à cause de ma petite remarque, mais de soulagement. On l'avait fait, et on avait survécu. L'oncle Press est venu passer ses bras autour de mes épaules.

– Pour être franc, je ne pensais pas qu'on y arriverait, a-t-il avoué.

– Oh. Et c'est *maintenant* que tu me le dis ?

Ce moment de triomphe a fini par passer. Créer ce flume n'était que le début. On s'est regardés les uns les autres sans trop savoir quoi faire.

C'est Aja qui a pris la parole :

– Je pense que Patrick devrait se rendre en Troisième Terre pour voir où en sont les préparatifs de l'invasion.

– Je ne peux pas, a-t-il répondu.

– Pourquoi ? a-t-elle demandé.

– Parce que je viens d'essayer. Ça n'a pas marché.

– Tu as essayé de te rendre en Troisième Terre ? ai-je aussitôt répété. Là, tout de suite ? Et tu es encore là ?

– Je crois que Press avait raison, a-t-il répondu d'un ton sinistre. Nos pouvoirs de Voyageurs nous ont été retirés.

– Mais on est encore là, a souligné Alder. On existe toujours.

– Que s'est-il passé, oncle Press ? ai-je demandé.

Il a soupiré.

– Je pourrais me montrer optimiste et dire que maintenant, vous êtes ceux que vous avez toujours cru être. Il ne reste plus que vos enveloppes charnelles.

– Alors on ne peut plus se guérir entre nous ? a demandé Gunny. Fini les voyages ? Et si on meurt, que deviendront nos esprits ?

L'oncle Press a haussé les épaules.

– Mieux vaut ne pas avoir à le découvrir.

– Alors que fait-on maintenant ? a repris Siry.

– Ça ne change rien, ai-je lancé. Les dados sont toujours en route. Je vais chercher Courtney et tenter à nouveau ma chance avec les exilés. Vous devriez tous vous rendre en Troisième Terre. Trouvez Mark et tenez-vous prêts.

– Tu n'as pas écouté, Pendragon ? a fait Siry. On ne peut plus voyager.

J'ai regardé le jeune Jakill d'Ibara. C'était un gamin courageux et dévoué. Mais il ne réfléchissait pas toujours avant de parler. Je me suis dirigé vers l'embouchure du flume et l'ai désigné en ouvrant grand les bras.

– Oh, a-t-il ajouté, gêné. C'est vrai.

– *Troisième Terre !* ai-je crié.

Le tunnel s'est animé. La musique est revenue. Les lumières aussi. Les affaires reprenaient.

– Je vous rattrape tout de suite, ai-je lancé avant de partir en courant vers le village.

Je comptais retourner à la réunion du conseil et leur donner un ultime avertissement à propos de l'armée qui allait débarquer à leurs portes. J'espérais qu'en leur montrant le flume, je gagnerais en crédibilité. Dans le pire des cas, s'ils préféraient rester défendre la Cité des Eaux Noires, ils sauraient que si le combat tournait en leur défaveur, ils pourraient s'en servir pour évacuer le village. Ou plutôt *quand* le combat leur serait défavorable. J'ai passé en revue dans mon esprit mes arguments et mes options. Je devais rester positif. Il fallait que je les convainque.

Ce n'est qu'après être entré dans le village pour gagner le bâtiment central que j'ai compris qu'il se passait quelque chose d'inhabituel. Il n'y avait pas le moindre bruit et personne dans les rues. Pas le moindre signe de vie. C'était bizarre et plutôt inquiétant. Où était tout le monde ? Pourvu qu'à cette heure de la nuit, ils soient allés se coucher. Je m'attendais à devoir aller les réveiller, quitte à m'introduire chez eux…

Lorsque la corne d'alarme a résonné. Ce *woup woup* régulier et assourdissant a envahi ce paisible village. J'étais inquiet et certain que ce n'était pas qu'un exercice. J'ai couru à l'autre bout de la cité, vers les montagnes et le tunnel donnant sur la vallée aux cascades. Je m'attendais à voir jaillir les Yanks et les gars, se précipitant vers leurs positions.

Pourtant non. J'étais seul. J'en ai conclu qu'ils étaient peut-être déjà en ordre de bataille. C'était la seule explication. Mais lorsque j'ai atteint le pourtour du village, j'ai vu que les postes de défense étaient déserts. Pas de gars manipulant les canons radio ou regardant par les meurtrières, prêts à décocher leurs flèches. Les cabanes étaient sombres et silencieuses.

Que se passait-il à la fin ?

J'ai enfin surpris un mouvement, mais il n'a fait qu'ajouter à mon malaise. J'ai vu ce qui ressemblait à un point de lumière brillant sur le flanc de la montagne. Il devait se trouver à une vingtaine de mètres en haut de la pente, là où la façade rocheuse devenait trop escarpée pour être gravie. Je n'avais encore jamais rien vu de tel. Était-ce une nouvelle technologie développée par les exilés ? Une alarme visuelle accompagnant la corne ? Un signal d'urgence ? Je me suis arrêté net, fasciné. Le point lumineux a grandi. Un faisceau en a jailli, striant le ciel nocturne au-dessus des cabanes vides de la Cité des Eaux Noires. Je n'ai rien pu faire sinon regarder ce spectacle, émerveillé. Le faisceau a continué de croître, illuminant le flanc de la montagne. Celui-ci est devenu un cercle qui s'est mis à grandir. C'est là que j'ai réalisé ce qui se passait, avant même d'entendre les notes musicales qui ne manqueraient pas de suivre.

J'assistais à la naissance d'un nouveau flume.

Des lumières ont jailli du cercle, dévorant la pierre, découpant une nouvelle ouverture. Puis vint la musique, de plus en plus sonore, de plus en plus discordante. J'ai regardé en arrière pour voir si les gars sortaient de leurs cachettes pour profiter du spectacle. Mais le village restait désert. J'étais seul. En une minute, le trou lumineux avait grandi jusqu'à atteindre trente mètres de diamètre. C'est alors que le phénomène s'est arrêté. Ce gigantesque couloir était complet. Même à une telle distance, j'ai reconnu ses parois de roche grise.

L'autoroute était ouverte.

Je savais ce qui allait suivre.

Saint Dane n'attendrait pas le matin.

La lumière jaillissant du flume était si intense que j'ai pu distinguer tout ce qui se passait. Ce tunnel débouchait sur un autre monde. De ses profondeurs, marchant en pas, apparut la première ligne d'invasion, portant des drapeaux raviniens rouges. Ils s'avancèrent jusqu'à l'embouchure du nouveau tunnel et continuèrent leur chemin sur la pente menant au village. Mais il y en avait encore d'autres. Beaucoup d'autres. Même en regardant au plus profond du flume, je n'en ai pas vu le bout. Comme un vol de sauterelles rouges, l'armée ravinienne s'est écoulée des entrailles de l'infini pour remplir sa mission de mort.

Saint Dane avait envoyé ses légions marcher sur la Cité des Eaux Noires.

L'ultime bataille pour Halla venait de commencer.

Journal n° 37
Chapitre 37

Vague après vague, les dados sont sortis du flume pour se diriger vers la Cité des Eaux Noires.

Certains portaient les uniformes des soldats raviniens, d'autres les tenues vertes et le casque doré des dados de sécurité de Quillan. Il y avait même des centaines de klees robotiques. Tous étaient munis de ces barres argentées capables de tuer par simple contact. Contrairement à la précédente vague qui avait cherché à envahir le refuge des gars, ils n'entendaient pas faire de prisonniers. C'était une armée d'exécuteurs. Pour autant que je puisse dire, tous les dados que j'avais vus dans cette usine de Troisième Terre avaient fait le voyage. Ça voulait dire que Saint Dane jouait son va-tout. C'était son dernier assaut. Il voulait mettre fin à sa quête en détruisant les exilés, tous jusqu'au dernier.

Mais où étaient-ils tous passés ?

C'est de derrière une des cabanes formant le premier cercle de défenses que j'ai regardé ce déploiement de forces. Ce qui a confirmé mes pires craintes : les gars et les Yanks ne les retiendraient pas longtemps. Selon la puissance des canons radio, ils pouvaient en abattre un millier, plus peut-être, mais il y en aurait encore autant pour prendre leur place. Et d'autres encore. En guise de consolation, je pouvais toujours me dire que j'avais raison dès le départ. C'était sidérant de contempler une telle multitude.

Ce n'est que lorsque j'ai senti les poils de mes bras se hérisser que je suis sorti de ma transe. L'un des envahisseurs devait m'avoir vu et tiré dessus. Non, mais qu'est-ce que je fichais là, tout seul face à une armée entière ? Il était temps d'aller voir ailleurs si j'y étais.

J'ai couru vers le centre du village sans trop savoir si je devais me diriger vers le conseil pour chercher Courtney ou retourner droit au flume et filer en Troisième Terre. Je suis passé devant des maisons vides. Toutes les lumières étaient allumées, mais il n'y avait personne à l'intérieur.

Paf! Paf! Deux décharges d'énergie ont fait vibrer l'air non loin de moi. Les dados s'étaient lancés à ma poursuite. Je me suis empressé de virer dans une ruelle étroite pour me retrouver face à deux Raviniens en chemise rouge qui braquaient leurs armes sur moi. Je me suis dégagé d'un bond au moment où une autre décharge passait près de moi. Trop près. Je ne pouvais pas les laisser me toucher. Pas question. Si les esprits de Solara étaient hors service, le mien ne survivrait pas à la mort de mon corps physique. Si je me faisais descendre maintenant, ce serait fini. Pour de bon. Maintenant, je travaillais sans filet.

Partout, j'ai entendu des dados aboyer des ordres et abattre des portes dans leur quête des exilés. Courir au milieu des cercles concentriques de bâtiments était comme de sillonner un labyrinthe. Je n'ai cessé de changer de direction dans l'espoir de semer mes poursuivants. Malheureusement, je n'ai réussi qu'à me perdre. Je voulais retrouver le flume, mais où était-il? Je craignais de revenir involontairement en arrière pour me retrouver au beau milieu des Raviniens. J'ai tenté de m'orienter par rapport aux montagnes entourant la Cité des Eaux Noires, mais c'était impossible. Elles formaient une chaîne continue. Il n'y avait pas le moindre élément de relief susceptible de servir de repère. C'était comme de tourner en rond dans une cuvette. À chaque détour, j'espérais apercevoir un gar, mais le village était désespérément vide.

À l'exception d'une seule créature solitaire.

En tournant à l'angle d'une rue, je suis tombé sur un klee. Un klee dado. C'est l'uniforme ravinien qui l'a trahi. Il semblait aussi surpris de me voir que je l'étais. Je me suis figé sur place. Il a levé son arme. Je ne pouvais pas lui échapper. Il n'y avait pas le moindre abri en vue.

– Je m'appelle Pendragon! ai-je crié dans l'espoir que cela puisse servir à quelque chose.

Peut-être Saint Dane préférait-il me prendre vivant. C'était une tentative de dernier recours… qui n'a pas marché. Le klee a levé son arme argentée et l'a braquée sur moi. J'ai plongé à terre et ai roulé sur moi-même. Autant ne pas faire une cible trop facile. J'aurais peut-être de la chance. Le félin a porté l'arme à son épaule pour viser…

Mais un tourbillon s'est jeté sur lui. C'était un autre klee, qui a sauté d'une fenêtre et a envoyé le Ravinien bouler au sol.

– Boon ! ai-je crié.

J'ai sauté sur mes pieds pour courir vers les deux félins en pleine bagarre.

– Ce truc ne doit pas te toucher ! l'ai-je prévenu, sachant qu'une simple caresse de ce bâton argenté le transformerait en cendres.

Les mâchoires puissantes du klee se sont refermées sur la nuque du Ravinien. Bien sûr, ce dernier n'a pas réagi. C'était un dado. Mais alors qu'il essayait de se libérer, j'ai bondi et lui ai arraché le bâton d'un coup de pied. L'arme a cliqueté sur le sol, hors de sa portée. Le Ravinien a tenté de la récupérer, mais j'ai été plus rapide. Je me suis emparé du bâton en hurlant :

– Lâche-le, Boon !

Celui-ci a fait un bond en arrière, me permettant de poignarder le dado avec sa propre arme. Il s'est aussitôt immobilisé.

Boon, hors d'haleine, ouvrait de grands yeux.

– Qu'est-ce qui se passe ? a-t-il crié. Pourquoi est-ce qu'il n'y a personne ?

– Tu n'en sais rien ?

Il a secoué la tête.

– Je dormais près du village. Ils savent que je ne leur veux aucun mal, mais je suis toujours un klee. Donc, j'ai préféré garder mes distances. Lorsque l'alarme a sonné, je suis revenu voir ce qui se passait, mais il n'y avait plus personne !

– Et les dados de Troisième Terre ont lancé leur offensive. Il faut qu'on s'en aille.

Boon et moi sommes partis en courant, mais quel que soit le chemin qu'on prenne, on tombait sur des dados. Puisqu'il n'y avait personne pour les arrêter, le village en était infesté.

– Il y a un autre flume ! lui ai-je dit. Au sud de la ferme. Mais ils nous barrent la route.

Boon m'a pris la main et m'a entraîné :

– Je sais par où on peut passer.

On a décrit un itinéraire tortueux jusqu'au centre du village, là où s'élevait le grand bâtiment qui servait d'hôtel de ville version gar. Boon m'a emmené à l'intérieur.

– Il y a un tunnel ou quelque chose comme ça ? ai-je demandé.

– Non. Au contraire.

On a gravi des escaliers. Boon s'est mis à quatre pattes pour aller encore plus vite. J'ai eu du mal à rester à sa hauteur. J'avais confiance en lui, mais la manœuvre ne me plaisait pas plus que ça. Et si on se retrouvait pris au piège sur le toit sans moyen de s'échapper ?

– Durant la courte trêve entre les gars et les klees, a-t-il expliqué, il y a eu des échanges de technologie. Tout allait bien jusqu'à ce que Ravinia s'en mêle.

– Quel genre de technologie ?

On a atteint le haut des escaliers. Boon a ouvert une porte donnant sur le toit.

– Celle-là.

Là, au beau milieu d'un grand espace découvert, il y avait trois gigs jaunes.

– Tu sais les faire voler, j'espère ? ai-je demandé.

– Kasha ne voudrait jamais l'admettre, mais à ce petit jeu, je suis meilleur qu'elle.

Il n'a pas eu besoin d'insister. Je l'ai dépassé pour me diriger vers l'un des petits hélicoptères. Boon a sauté sur le siège du pilote pendant que je m'attachais côté passager. Il a aussitôt démarré le moteur. Le rotor s'est animé.

– Attends, ai-je dit, il n'y a pas de soleil. D'où tire-t-il sa puissance ?

– Comme je l'ai dit, c'est une nouvelle technologie. Découverte par les gars. Un moyen d'emmagasiner l'énergie. À Lyandra, ils n'ont même pas ça. On doit avoir de quoi rester en l'air pendant une bonne heure.

En fait, cette nouvelle m'a mis en colère. C'était une preuve supplémentaire que les gars n'étaient pas de vulgaires animaux. La fusion entre les deux tribus, les deux espèces, avait bénéficié à tout Eelong. Jusqu'à ce que Ravinia vienne tout gâcher.

– Plus qu'à espérer que les dados ignorent comment fonctionnent les canons radio, a ajouté Boon.

Oh. Oui. Ça, là.

Boon a tiré sur le manche à balai et on s'est élevés… juste à temps. La porte menant au toit s'est ouverte en coup de vent et trois dados raviniens en ont jailli en tirant dans le tas. J'ai senti les décharges d'énergie frapper le fuselage du gig. Mais ce n'était pas des canons radio. Ils ne pouvaient pas nous arrêter.

– Fais-nous survoler le village, ai-je dit à Boon. Je veux voir ce qui se passe.

Il a fait monter le gig dans le ciel nocturne, juste au-dessus du centre de la ville abandonnée. De là-haut, on avait une vue imprenable sur la vallée tout entière. C'était comme de regarder un match de football depuis un dirigeable. J'ai aperçu le flume qui était apparu sur le flanc de la montagne. Il continuait de cracher de la lumière… et de dégorger des dados. Leur nombre était terrifiant. Ils remplissaient tout l'espace entre le flume et le pourtour du village. Ils étaient là, prêts à fondre sur la Cité des Eaux Noires.

Plusieurs d'entre eux couraient dans les rues. Sans doute les éclaireurs. Ils étaient rapides et mobiles, à l'affût du moindre signe de vie. Mais le village était désert. Boon a décrit un cercle afin qu'on puisse scruter les lieux. Je me suis demandé si les gars avaient bâti un abri quelque part, une planque où battre en retraite pour une occasion comme celle-ci. Ça semblait être l'explication la plus logique. Peut-être que Courtney avait fini par les convaincre que l'invasion était imminente et qu'ils avaient décidé de se terrer dans leur trou plutôt que se joindre à nous. En ce cas, combien de temps pouvaient-ils tenir? Les gars et les exilés n'étaient pas tous prêts à partir en guerre. Il y avait des enfants. Des bébés. Et des vieillards. Avaient-ils de quoi rester en planque jusqu'à ce que les dados finissent par laisser tomber et lever le camp? Au mieux, cela ressemblait plutôt à une solution temporaire.

– Et maintenant ? a demandé Boon. On n'a pas assez d'énergie pour rester en l'air indéfiniment.

J'ai regardé au sud de la ferme. Même à cette distance, je pouvais voir l'ombre noire et ronde qui, je le savais, était l'embouchure du flume des Voyageurs.

Le gig a fait un bond en avant. Je savais ce que ça signifiait. Boon également.

– Il faut croire qu'ils ont compris comment on manie les canons radio, ai-je remarqué.

– Il faut qu'on s'en aille d'ici, a conclu Boon en faisant accélérer l'appareil.

L'hélico a été secoué encore deux fois. Boon a lutté pour le contrôler.

– Par là ! ai-je crié en désignant la ferme.

Boon se battait toujours avec ses instruments. On a viré brutalement sur la droite. Il a fait de son mieux pour continuer vers le Sud.

– Il faut qu'on se pose, a-t-il déclaré.

– Non ! ai-je crié. Continue !

– Mais on va s'écraser !

On a essuyé une autre décharge. Le gig est parti du côté opposé, projetant ma tête en arrière.

– On va voir si tu es vraiment un si bon pilote, ai-je lancé. Dirige-toi vers ce trou !

– Quel trou ? a demandé Boon terrifié.

– Fais-moi confiance.

On perdait de l'altitude. Si on heurtait le sol, on n'était pas sûrs de pouvoir s'en sortir. Je savais qu'on n'aurait qu'une seule chance. Il faudrait faire entrer le gig dans le flume.

Boon a vu l'ouverture et a dirigé le petit appareil dans sa direction.

– Je ne crois pas pouvoir le faire passer sans casser du bois ! a-t-il crié.

– Mais si, tu peux. Concentre-toi !

Le trou noir a grandi au fur et à mesure qu'on se rapprochait. On descendait toujours aussi vite. L'embouchure du tunnel était juste assez large pour le gig, mais il s'en faudrait de peu.

– Pendragon ! a-t-il lancé.

– Vas-y !

Boon a levé le pied, nous faisant descendre. J'ai fait la grimace, m'attendant à ce que le rotor heurte le bord du tunnel. Je ne savais si Boon contrôlait encore cet engin de malheur ou si on tombait en chute libre.

– *Troisième Terre !* ai-je hurlé par-dessus le gémissement du moteur.

Sous nos pieds, le couloir s'est illuminé.

– Pendragon ! a crié à nouveau Boon terrifié.

– Rapproche-toi ! ai-je répondu.

– J'ai perdu le contrôle de cet engin !

– C'est bon, ai-je répondu calmement. On peut s'en passer.

Tout autour de nous, les murs de pierre se sont transformés en cristal. L'hélico s'est tortillé. Au lieu de tomber, on s'est retrouvés en train de foncer en avant. On était à bord du gig, dans le flume, en route vers la Troisième Terre.

J'ai jeté un coup d'œil à Boon. Il regardait droit devant lui, fixant le tunnel de ses grands yeux de chat.

– Tu as réussi, ai-je dit.

– Quoi ? Qu'est-ce que c'est ?

– Ton premier voyage en flume.

Sa patte enserrait le manche à balai comme si sa vie en dépendait. J'ai posé ma main dessus pour lui faire lâcher prise, ce qu'il a fait, mais à contrecœur. Le gig a gardé son équilibre et a foncé droit dans le flume. Il a viré au bon moment pour se mettre à monter et descendre au hasard du relief. Le rotor a continué de tourner, dangereusement près des parois du tunnel, mais je ne m'en suis pas inquiété. On s'en sortirait, je n'en doutais pas un seul instant. On était entourés d'étoiles brillant au-delà des murs de cristal. Les images enchevêtrées de Halla n'étaient plus là.

– Comme c'est beau, a soupiré Boon, enfin détendu.

– Ça vaut mieux. On a payé le prix fort pour créer ce machin.

Boon m'a jeté un regard perplexe, mais je n'ai pas pris la peine de m'expliquer.

Droit devant, j'ai vu de la lumière. On n'était pas très loin de l'extrémité du flume.

– Garde le manche à balai en main, ai-je ordonné. Lorsqu'on ressortira de là, tu devras reprendre le contrôle de cet engin.

Impossible de savoir à quel endroit de la Troisième Terre débouchait ce nouveau flume. Une idée terrible m'a frappé : s'il s'ouvrait sur une caverne, on était mal barrés. J'avais toujours présumé qu'il donnerait sur un espace découvert, comme les plus grands d'entre eux. Mais on ne le saurait qu'à l'arrivée.

– Prépare-toi, ai-je dit.

À quoi ? Je l'ignorais.

La lumière s'est accrue. J'ai retenu mon souffle. Le gig est entré dans la flaque éblouissante. J'ai senti la gravité reprendre ses droits, me pressant sur mon siège. Quelques secondes se sont écoulées sans qu'on s'écrase contre quelque chose. Ce qui voulait dire qu'on était sortis… et qu'on montait en chandelle.

– Redresse ! ai-je ordonné.

On avait jailli du flume, le nez en avant, et le gig filait dans le ciel comme une fusée. Boon a repris le contrôle de l'appareil. Un instant, j'ai eu l'impression de ne plus rien peser tandis qu'on fonçait dans le vide… avant que Boon redresse. J'avais le cœur au bord des lèvres et le cerveau en déroute. J'étais complètement désorienté.

– Essaie d'immobiliser cet engin, ai-je dit, ce qui était difficile vu que j'avais la cervelle en compote. Il faut qu'on détermine où on est.

Boon ne semblait pas affecté. Il a maîtrisé le gig avec brio, interrompant notre mouvement ascendant. J'ai fermé les yeux dans l'espoir que mon cerveau cesse de tournoyer dans mon crâne.

Boon a éclaté de rire.

– Ça n'est pas drôle, ai-je grogné. J'ai envie de gerber.

– Je ne me moque pas de toi, a répondu Boon. Il faut que tu voies ça.

J'ai ouvert prudemment les yeux. La première chose que je me suis dit, c'est qu'il faisait jour. Des nuages gris sillonnaient le ciel. On se serait crus de retour en Troisième Terre.

– Que suis-je censé voir ? ai-je demandé.

– Là, en bas ! a-t-il crié.

J'ai remué pour regarder le long du flanc du gig. Les bâtiments décrépits prouvaient qu'on survolait une ville. On avait réussi. On était en Troisième Terre. Droit en dessous de nous, il y avait une grande place carrée. La plupart des immeubles qui l'entouraient avaient été réduits en miettes. Une construction se détachait du lot, parce qu'elle était intacte, en plein milieu de ce rectangle. Une grande arche de marbre que j'ai reconnue tout de suite: c'était le monument qui décorait le parc de Washington Square.

– Incroyable, non? a fait Boon hilare.

Il ne parlait pas des immeubles. Ni de l'arche. Ou du fait qu'on soit arrivés en Troisième Terre en un seul morceau. C'était autre chose qui le faisait rire avec abandon, quelque chose qui se trouvait dans le parc. Et qui débordait dans les rues avoisinantes. En voyant ce spectacle, j'ai éclaté de rire à mon tour. Ce qu'on a vu en contrebas, c'étaient des gens. Des milliers.

Les exilés étaient rentrés chez eux.

On aurait dit que tous les gars de la Cité des Eaux Noires les avaient accompagnés. Je n'avais jamais vu autant de monde réuni au même endroit. Le parc, les trottoirs, les rues, ils étaient partout. Et au beau milieu de ce parc, il y avait le flume dont on venait de sortir. Le mystère de la disparition des gars et des exilés était résolu. Ils s'étaient réfugiés en Troisième Terre. Ils s'en étaient tirés.

Ils étaient hors de danger.

Pourvu qu'ils soient prêts à partir en guerre.

Journal n° 37
Chapitre 38

Boon s'est posé à côté du flume.

Il y avait une grande zone dégagée près de l'arche. Les gens se sont massés pour nous laisser de la place. On a touché terre au milieu d'un cercle composé de milliers de personnes… qui nous acclamaient. C'est vrai. Tous les yeux étaient braqués sur nous. Je n'aurais su dire pourquoi, mais ils nous applaudissaient avec entrain.

J'ai regardé Boon :

– Il faut croire qu'ils apprécient ta façon de piloter.

Il ne savait pas que penser, lui non plus. Ses yeux de chat étaient écarquillés.

L'oncle Press fut le premier à venir vers nous.

– Qu'est-ce qui se passe ? ai-je demandé.

– Tu ne le sens pas ? a-t-il demandé avec un grand sourire.

– Je sens surtout un léger mal de l'air, ai-je râlé en descendant du gig.

– Leur esprit. Il est déjà en train de revitaliser Solara.

J'ai regardé la foule qui nous acclamait. Il y avait des exilés de Terre et des gars d'Eelong. Leur enthousiasme était vertigineux. Je n'osais imaginer ce qu'ils pouvaient avoir en tête. Je ne savais même pas comment ils étaient arrivés ici.

Soudain, des bras se sont refermés sur moi pour m'étreindre.

– On a réussi ! s'est exclamée Courtney.

Oui, elle aussi était là. Et le reste des Voyageurs nous a rejoints.

– Que s'est-il passé ? lui ai-je crié. Je n'y comprends rien.

– Les gars et les Yanks avaient décidé de se joindre à nous avant même mon retour ! a-t-elle hurlé pour couvrir les acclamations.

Lorsque vous êtes retournés sur Solara pour créer le flume, ils avaient déjà entrepris de se mobiliser. Ils ont évacué la Cité des Eaux Noires, tous jusqu'au dernier. Lorsqu'ils ont vu le flume, leurs doutes se sont dissipés. C'est incroyable, non ? Ils sont avec nous, Bobby. Ils sont avec *toi*.

J'ai jeté un autre coup d'œil à cette masse humaine. Leur enthousiasme n'avait rien à voir avec notre petit tour de manège en gig. C'était une démonstration de soutien. Pour nous, et pour nos chances de rendre à Ravinia la monnaie de sa pièce. C'était plus que j'aurais osé l'espérer. Non, je retire cette déclaration. Pourvu que ces gens soient tout aussi joyeux lorsque le soleil se coucherait sur cette journée fatidique. Sur Eelong, j'avais raté l'évacuation de peu. La population tout entière devait être sortie du village au moment même où je cavalais dans son centre. Incroyable. J'aurais voulu profiter de ce moment, et de leurs acclamations, mais ce n'était pas terminé. Loin de là. Jusque-là, notre plan avait fonctionné, mais il s'en était fallu de peu.

Alors que les applaudissements retombaient, j'ai dit à l'oncle Press :

– On a évité le pire. Saint Dane est passé à l'action. Il a créé un flume. Toute l'armée des dados est aux Eaux Noires.

Les Voyageurs ont échangé des regards nerveux.

– Hobie, a hoqueté Spader. C'était un peu trop près à mon goût.

– Où est le flume ? a demandé l'oncle Press.

– Sur Eelong, il est exactement à l'opposé du nôtre. Ici, je ne sais pas.

– Moi si, a déclaré une voix familière.

Mark Dimond a fendu la foule. Il tenait un talkie-walkie bien terrien pressé contre son oreille.

– Il se trouve juste devant le Conclave de Ravinia… on avait raison.

Jusque-là, tout se passait comme prévu. Plus ou moins.

– Le temps presse, a averti Mark.

Ce n'était pas le moment d'avoir des doutes ou des scrupules. Maintenant que les dados étaient retenus sur Eelong, on devait mettre en pratique notre plan.

– Tu es prêt ? ai-je demandé à Mark.

– On attend ton signal, a-t-il répondu d'une voix pleine d'assurance.

Courtney l'a pris dans ses bras en souriant aux anges.

– Non, mais tu as vu notre Mark ? Ce qu'il est devenu ?

C'était un moment d'exception. On était à nouveau réunis, tous les trois. Durant toute cette aventure, on était restés ensemble en esprit ; il était logique qu'on soit là en chair et en os pour voir sa fin.

– Il faut qu'on y aille, a affirmé l'oncle Press, très sérieux.

– Aron est parmi vous ? ai-je crié à la cantonade.

– Je suis là, Pendragon, a répondu le leader des gars en se frayant un chemin vers nous.

Aron et les gars portaient leurs tenues brun foncé. Là, sur Terre, on aurait dit des nains. Il nous a rejoints en même temps que le chef des Yanks qu'on avait déjà rencontré.

– Je n'aurais jamais dû douter de toi, Pendragon, a dit Aron. Excuse-moi.

– Non, c'est moi qui devrais m'excuser. Et te remercier. J'aimerais pouvoir te faire comprendre l'importance de ce que ces gens vont entreprendre aujourd'hui.

– On en est pleinement conscients, m'a-t-il assuré.

– Entre les Yanks et les gars, a ajouté Courtney, il doit y avoir environ quarante-cinq mille personnes en état de se battre. On les a placées à l'avant et au centre. Les enfants, les malades et les personnes âgées ont été orientés vers les rues adjacentes.

J'ai regardé une fois de plus la foule. Soudain, la tâche qui nous attendait semblait monumentale ou même impossible. Comment pourrait-on mobiliser tant de monde et les faire tous se déplacer dans la bonne direction ? Et entrer en guerre ? Un instant, face à l'énormité et, oui, la stupidité de toute cette entreprise, mon cerveau s'est bloqué.

– Tu as l'air soucieux, Pendragon, a remarqué Aron. Ne t'en fais pas. Nos combattants sont bien entraînés. Peu importe à quoi ressemblera le champ de bataille. Nous sommes organisés et disciplinés. Il y a vingt unités plus réduites, chacune avec son propre leader et ses propres subdivisions. (Aron m'a montré un de leurs cubes de communication.) On est tous en contact permanent. Je resterai à tes côtés. Lorsque tu donneras un ordre, il sera aussitôt relayé.

– Les gars et les Yanks vont lutter côte à côte ? a demandé Gunny.

– Aujourd'hui, a répondu Aron, nous ne faisons plus qu'un peuple. Les Yanks ont protégé notre refuge. Maintenant, ils viennent reconquérir ce pays qui est le leur. Les gars combattront à leurs côtés. Il n'y a pas à en discuter.

Je n'avais pas de mots pour exprimer le courage et l'abnégation dont faisaient preuve Aron et les siens. Je voulais leur dire qu'ils étaient l'incarnation même de l'esprit de Solara, mais ils n'auraient pas compris. Ou peut-être l'avaient-ils déjà intégré sans réaliser pleinement ce que cela signifiait.

Le chef des gars a senti mon trouble. Il a souri :

– Tu avais besoin d'une armée pour défaire Ravinia, Pendragon ? Tu as frappé à la bonne porte.

J'ai jeté un coup d'œil à l'oncle Press. Il a souri à son tour. Il avait compris. Peut-être avait-il toujours su.

– J'ai assigné cinq de mes hommes à chacun de leurs groupes, a ajouté Mark. Ils sont tous accompagnés par quelqu'un qui connaît la ville. Et la cible.

– Et les canons radio ? ai-je demandé.

– On a dû évacuer les Eaux Noires de façon précipitée, a répondu Aron. On n'a pas pu en emporter autant qu'on l'aurait voulu, mais nous sommes armés. Comme tu l'avais demandé.

– On dispose de transports pour amener le matériel, a ajouté Mark. Mais c'est tout. J'ai bien peur que les hommes doivent s'y rendre à pied.

Je me suis tourné vers Aron :

– Il faut y aller dès maintenant.

Il a acquiescé :

– On est prêts à partir.

Mon esprit s'est emballé. Avait-on pensé à tout ? Non, c'était impossible. Notre plan était d'une complexité incroyable. Tout pouvait encore tourner au vinaigre, et dans ce cas, il se solderait par un échec. Mais on n'en avait pas d'autre. Tout ce qu'on pouvait faire, c'était se dépêcher et garder l'espoir.

Je me suis tourné vers l'oncle Press :

– Tu devrais peut-être faire un discours à ces gens. La plupart d'entre eux ne savent pas dans quoi ils s'engagent.

– Tu as raison, a-t-il répondu. Il faut leur dire quelque chose. Mais ce n'est pas à moi de le faire.

Tous les regards étaient braqués sur moi. Aïe. Soudain, je regrettais mon idée géniale. Pourtant, je ne pouvais pas me défiler. C'était moi qui les avait amenés ici. Je devais prendre mes responsabilités. C'était à moi de haranguer cette armée.

– On n'a pas de haut-parleurs, Bobby, a remarqué Mark. Tu ne peux pas t'adresser à tous ces gens.

– Mais si, a insisté Aron en levant son cube de communication. La plupart d'entre nous en ont un, et ceux qui n'en ont pas peuvent écouter celui de leur voisin.

Je ne savais pas trop comment m'adresser à cette foule. Parmi tous ces valeureux combattants, beaucoup manqueraient à l'appel le lendemain. Ils méritaient au moins de savoir que, quoi qu'il arrive, ils avaient pris la bonne décision. J'ai tendu une main tremblante pour prendre le cube. Aron l'a déposé dans ma paume. Je l'ai regardé et ai hoché la tête. Il a activé le lien. Le matériau d'une belle couleur ambrée s'est mis à luire.

– Un, deux ? ai-je demandé. Ça marche, vous m'entendez ?

La foule m'a acclamé. Ils me recevaient cinq sur cinq. Ma surprise fut telle que j'ai bien failli lâcher le cube.

– Pas de panique, cow-boy, a fait Courtney. Tu veux que je le tienne ?

J'ai secoué la tête, me suis éclairci les idées et ai repris la parole.

– Vous ne me connaissez pas. Je m'appelle Bobby Pendragon.

Ils m'ont à nouveau acclamé. Peut-être que certains d'entre eux se souvenaient de moi. J'ai attendu qu'ils se calment pour reprendre :

– Depuis des années maintenant, mes amis et moi affrontons une puissance que, je crois, vous connaissez tous. Ravinia.

La foule a hué ce nom. Ils connaissaient Ravinia. Ils ne la connaissaient même que trop. J'ai regardé le groupe de Voyageurs qui m'entourait. Ils ont hoché la tête pour m'encourager.

– Vous savez ce qu'est Halla et les mondes qui le composent. Ce qui est arrivé sur Eelong et sur chacun de ces mêmes mondes. Regardez autour de vous. Vous êtes chez les Yanks. Ce n'est pas la planète qu'ils ont laissée. Ravinia a détruit une cité qui, jadis, était immense et prospère. Comme tout le reste de ce monde. Nous qui sommes là aujourd'hui, nous représentons son dernier espoir. Et pas uniquement pour cette planète qu'on appelle la Terre. Mais aussi pour Denduron, Zadaa, Quillan, Veelox, Cloral et Eelong.

Après ce dernier nom, je m'attendais à ce qu'ils applaudissent à nouveau, mais non. La foule a gardé le silence. Étrange. Il y avait là des dizaines de milliers de personnes, et pourtant, on aurait dit que les rues étaient désertes. Ce qui m'a rappelé qu'ils savaient très bien ce qu'ils affrontaient. Ce n'était pas un jeu. C'était très sérieux.

– L'avenir de tous ces mondes dépendra des événements qui se dérouleront aujourd'hui. Le Conclave des Raviniens se trouve à quelques kilomètres d'ici. C'est le centre névralgique de Ravinia sur Terre et pour tout Halla. Notre but est de s'y introduire pour nous en emparer.

Cette fois, ils m'ont acclamé. J'ai jeté un coup d'œil aux Voyageurs. Eux aussi applaudissaient. Cela m'a redonné confiance.

– La bataille à venir ne vise pas seulement à conquérir un bout de terre ou à faire payer ceux qui ont choisi le parti de Ravinia. Ce n'est même pas une vengeance. Il s'agit de rendre justice. Ceux d'entre vous qui ont été aspirés dans le flume du Yankee Stadium l'ont été parce qu'ils ont entrevu la vérité. Vous connaissiez le danger que représentait Ravinia et avez osé vous opposer à ses plans. Et pour ça, ils vous ont punis. Ils vous ont exilés. C'est votre esprit qui a maintenu l'espoir. Le fait que vous soyez là, et les gars avec vous, prouve qu'une partie de la population désire revenir à la raison. Nous ne pouvons pas perdre. En rendant les coups, on posera les fondations des générations à venir. Quel que soit le résultat, cette bataille sera le premier pas vers la rénovation de Halla. Tel qu'il était écrit. C'est le commencement d'une nouvelle histoire… et c'est à nous de l'écrire. Bonne chance à tous.

La foule a explosé instantanément, comme un coup de tonnerre. Ils m'ont ovationné. Cette démonstration d'enthousiasme m'a bouleversé. Courtney s'est penchée sur Mark. J'ai vu des larmes briller dans ses yeux. Les Voyageurs étaient à nouveau unis comme les doigts de la main. Ils étaient prêts. J'ai rendu le cube à Aron qui m'a tapoté l'épaule avec chaleur.

L'oncle Press s'est penché pour chuchoter à mon oreille afin que je puisse l'entendre par-dessus les acclamations :

– Il y a bien longtemps, je t'ai dit qu'on avait besoin de toi. Voilà de quoi je parlais. Tu as porté le fardeau de toutes les âmes de Halla, et tu n'aurais pas pu faire mieux. Je suis fier de toi, Bobby. (Il a posé une main sur mon épaule et a ajouté :) Encore une chose.

– Quoi ?

– Saint Dane croit avoir vaincu.

– Je sais, ai-je répondu avec un sourire.

Je me suis tourné vers Mark. Il s'est redressé et a dit avec une confiance absolue :

– J'attends ton ordre, Bibs.

Il a employé le surnom que me donnait ma petite sœur, ce qu'il n'avait pas fait depuis notre enfance. C'était parfait. Ça m'a fait penser à mes parents et à mon existence passée. Lorsqu'on avait encore une famille et que la vie était plus douce. C'était vrai pour chacun d'entre nous. Il était temps de se battre en leur nom. Il était temps de devenir dangereux. J'ai inspiré profondément. C'était mon dernier moment de calme avant la tempête, et je voulais en profiter à fond. Une fois que j'aurais appuyé sur la détente, rien ne serait plus jamais comme avant. Seul le temps nous dirait si nous avions vraiment réussi. J'ai parcouru des yeux l'assemblée des Voyageurs, et leurs regards confiants m'ont redonné du courage.

– D'accord, ai-je dit. On y va.

Aussitôt, Mark a pris son talkie-walkie et aboyé dans l'écouteur :

– On bouge.

L'engrenage s'était mis en branle. On ne pouvait plus reculer. Je me suis tourné vers les Voyageurs :

– Elli. Aja. Gunny. Patrick. Je veux que vous restiez à l'arrière.

Ils ont grogné des protestations, mais ils savaient que c'était futile. Ils n'étaient pas entraînés au combat. Cependant, leur rôle serait tout aussi important.

– Faites évacuer la zone. Il vaut mieux que tout le monde soit le plus loin possible lorsque les dados découvriront l'autre bout du flume sur Eelong.

Mark s'est avancé :

– Dans tout Manhattan, il y a des sanctuaires prêts à recevoir les non-combattants. On aura besoin d'aide si on veut les répartir et les accompagner.

Les Voyageurs ont acquiescé. Ils comprenaient. Et ils l'acceptaient.

– On fera tout notre possible, a affirmé Gunny.

Précision inutile. Je le savais déjà.

– Tu peux me rendre un service ? a demandé Aja.

– Oui ?

– Lorsque tu leur casseras la figure, pense à nous.

J'ai acquiescé. L'oncle Press a ajouté :

– Les autres feront le trajet à pied avec les gars et les exilés.

– Boon ! ai-je crié. Tu es prêt ?

– Qu'est-ce que tu crois ? a répondu le klee.

– Bien, ai-je ordonné. Suis les Voyageurs.

– Compris, a-t-il répondu avec enthousiasme.

J'étais content qu'il soit là. On aurait besoin de toute l'aide possible.

– Et moi ? a demandé Courtney.

– Courtney, Mark, avec moi. Kasha, j'ai aussi besoin de toi.

Son poil s'est hérissé. J'ai vu la fourrure de son dos se gonfler.

– Quoi ? Non ! Ce n'est pas ce qui était prévu ! Je dois suivre les autres.

– Désolé, ai-je repris. Pas de discussion.

Elle m'a dévisagé d'un air furieux, mais n'a rien dit de plus. La machine était en marche, et elle était assez intelligente pour ne pas se mettre sur son passage.

Je me suis tourné vers l'oncle Press, et à ses côtés, Siry, Alder, Spader et Loor. Contrairement aux autres Voyageurs, ceux-là étaient prêts à se battre.

– Cela fait longtemps qu'on attend ce jour, a remarqué Alder.

– Tu es prêt, Pendragon ? a demandé Loor. Nous le sommes tous.

– Tu sais quoi ? ai-je repris. On *est* prêts.

– Alors, allons-y ! s'est écrié Siry impatient.

– On sera juste derrière toi, a affirmé l'oncle Press.

Je leur ai jeté un dernier regard en me demandant un bref instant si je les reverrais un jour. Quelque part.

– À bientôt, dans le Conclave, ai-je dit.

Sur ce, on s'est séparés.

J'ai guidé Kasha, Mark et Courtney à travers le parc. En cours de route, on a vu quatre hélicoptères noirs apparaître au sud, au-dessus des bâtiments. Comme prévu, ils étaient là, prêts à partir dès que Mark leur en donnerait le signal.

– Il faut dégager une zone d'atterrissage, a déclaré Mark.

– Ce n'est pas la peine, ai-je répondu sans cesser de courir. Qu'ils restent tous en l'air.

Mark a froncé les sourcils. Ça, ce n'était pas prévu. Mais il n'a pas discuté. Il ne savait pas pourquoi je changeais tout d'un coup tout notre plan… du moins jusqu'à ce qu'il voie le gig avec lequel Boon et moi avions fui Eelong.

Mark a éclaté de rire et a sorti son talkie-walkie pour contacter les hélicoptères en approche.

– Restez en formation. On a trouvé un autre transport. (Il s'est tourné vers moi et a ajouté :) Bien joué.

Kasha m'a décoché un regard rusé :

– Je me doutais bien que tu ne m'empêcherais pas de combattre, a-t-elle déclaré, soulagée.

– C'est absolument hors de question. C'est toi qui vas mener l'assaut.

Elle a sauté sur le siège du pilote.

– Monte à ses côtés, ai-je dit à Mark.

Il a obéi pendant que Courtney et moi nous installions à l'arrière. La foule s'est égaillée alors que les rotors se mettaient à tourner.

– Tu me guides ? a demandé Kasha à Mark.
– Tout droit jusqu'à la cible.
Dès que les hélices ont pris suffisamment de vitesse, on s'est élevés du sol pour monter en chandelle. J'ai jeté un œil en bas pour voir ceux qui se lanceraient bientôt à l'assaut du Conclave descendre la Cinquième Avenue. Ça m'a rappelé le départ du grand marathon de New York. Mais le trajet ne durerait que quinze kilomètres… la distance les séparant de Ravinia.
– Regardez, ai-je dit.
Dans toutes les directions convergeaient des dizaines de taxis jaunes.
– C'est comme ça qu'on transporte ces espèces de canons et les armes, a expliqué Mark. Ils arriveront sur place avant la foule.
– Bien avant, j'espère, ai-je répondu.
– Ils seront là, a affirmé Mark avec confiance.
– Parfait. Tu as fait un travail incroyable, Mark.
– Ne chante pas mes louanges trop tôt. Ce n'est que le début.
On s'est immobilisés au-dessus du parc. Un par un, les quatre hélicoptères se sont mis en formation juste derrière nous. Mark s'est assuré qu'ils soient tous en place. J'ai baissé à nouveau les yeux sur la foule qui continuait de s'écouler le long de la Cinquième Avenue. C'était une vision réconfortante. À l'avant, l'oncle Press ouvrait la route, accompagné par Loor, Alder, Spader et Siry. Aron et Boon, le gar et le klee, les suivaient de près. Cette armée avait un long chemin à parcourir. Mais c'était tout aussi bien, parce qu'en attendant, on avait de quoi s'occuper.
Mark a porté le talkie-walkie à ses lèvres.
– Vous êtes prêts ? a-t-il aboyé.
Il a obtenu quatre réponses.
« Go un. »
« Go deux. »
« Go trois. »
« Go quatre. »
– Suivez-nous, les enfants, a ordonné Mark.
Il a éteint son talkie et a fait signe à Kasha de mettre les gaz.
Le gig a bondi pour survoler la Cinquième Avenue. J'ai baissé les yeux pour voir les exilés et les gars nous faire de grands

signes. On les a dépassés pour prendre la tête de la formation aérienne, la pointe d'une flèche composée des quatre autres hélicos noirs.

Des engins d'assaut.

Les soldats de Halla étaient en route.

Jusque-là, tout s'était passé conformément à notre plan, mais la situation semblait ne tenir qu'à un fil. Chaque nouveau pas était indispensable au succès de l'étape suivante. Maintenant, c'était à nous de jouer. Si on accomplissait notre mission, on aurait une chance de réussir. Sinon, toute cette histoire pouvait virer au bain de sang avant même qu'on n'atteigne le conclave de Ravinia.

Alors qu'on fonçait vers le nord, Courtney m'a pris la main. On a gardé le silence. Qu'avions-nous à nous dire ? On était en plein dans l'instant. On aurait tout le temps de discuter plus tard. Du moins, je l'espérais.

On a traversé le brouillard gris et les tourbillons de poussière qui étaient désormais familiers en Troisième Terre. Pourvu que Mark puisse se guider dans toute cette crasse. Il était difficile de distinguer le sol, et devant nous, il n'y avait rien du tout. J'avais confiance en lui, comme bien d'autres fois auparavant. Kasha a suivi consciencieusement ses moindres instructions et, à sa demande, effectué les corrections de trajectoire nécessaires.

On était à une quinzaine de kilomètres du Conclave. En hélicoptère, ce n'est pas bien loin. Ça ne nous laissait guère le temps de se concentrer sur ce qui nous attendait. Au bout de quelques minutes à peine, Mark a dit à Kasha :

– Ce pont est notre repère. Lorsqu'on passera au-dessus, descend. *Très* vite. Le brouillard se dissipera. Dès qu'on aura repéré la cible, vire sur la gauche et remonte. On ne veut pas s'interposer. Ça pourrait mal finir.

Kasha a acquiescé. Elle avait compris.

Pourvu que le brouillard ne cache pas le sommet du pont. Il valait mieux éviter de rentrer dedans.

– On n'est plus très loin, a annoncé Mark.

J'ai senti la tension qui vibrait dans sa voix. Il était concentré. Il s'est penché en avant comme si ces quelques centimètres pouvaient l'aider à mieux voir. Courtney m'a serré la main. Où était le pont ? Je ne distinguais que des volutes grises.

Mark n'y a plus tenu :

– On doit être tout près, a-t-il déclaré sans s'adresser à quelqu'un en particulier tout en prenant son talkie-walkie. Préparez-vous.

En quelques secondes, on lui a répondu :

« Un, armé. »

« Deux, armé. »

« Trois, armé. »

C'était le moment de vérité. Dix secondes se sont écoulées. J'ai vu une goutte de sueur s'écouler le long de la tempe de Mark. Ses mâchoires s'escrimaient furieusement. Il a rapproché le talkie de ses lèvres et allait parler lorsque…

– Quatre, armé. Pardon, Mark.

– Tu veux ma mort, Tony ? Tu es prêt ?

– Oui.

– Sûr ?

– Montre-nous la voie, patron.

– Là ! s'est écriée Kasha.

Le sommet du pont nous est apparu, à peine visible dans le brouillard.

– Le voilà, a fait Mark soulagé. Un peu plus à droite… encore un peu…

On est passés à gauche du pont, frôlant sa pile de quelques mètres à peine. Mark a soulevé son walkie.

– Stop, a-t-il annoncé. On y est. (Il a attendu encore deux secondes, puis a crié à Kasha :) Allez, descends !

La klee a poussé sur son manche à balai. On a plongé sur le plancher. Les quatre hélicos étaient juste derrière nous. Soudain, le brouillard s'est éclairci et l'énorme muraille entourant le Conclave est apparue droit devant nous.

– Oh, bon sang ! s'est écriée Courtney, qui contemplait pour la première fois cette construction massive.

J'avais plutôt envie de voir quelque chose d'autre. La dernière pièce du puzzle. Si elle n'était pas là, on serait mal barrés.

Elle était là. Exactement là où je l'espérais.

– Clair et précis, a déclaré Mark. Détruisez-le. (Il a fait signe à Kasha de s'arrêter.) Sors-nous de là !

Elle a mis pleins gaz pour virer abruptement sur la gauche. Les hélicos, eux, sont restés sur place, perpendiculaires à leur cible.

L'embouchure du flume de Saint Dane.

Kasha a décrit un grand cercle afin qu'on puisse assister au bombardement. Les hélicoptères étaient armés du même genre de roquettes qui avaient détruit le bâtiment du zoo. Les deux premiers appareils ont ouvert le feu. Des traits blancs ont jailli de leurs ventres, filant vers le trou béant. Et ils l'ont frappé. Durement. Les explosions furent assourdissantes. Ils avaient tapé dans le mille. Les deux hélicos ont rompu la formation, évitant de peu la muraille du Conclave, pour laisser la voie libre aux deux suivants. Ceux-ci ont ouvert le feu à leur tour, touchant également leur cible. Des débris ont volé à travers les airs. Comme il y avait de la fumée partout, il était difficile de constater l'étendue des dégâts. Le second duo d'hélicos a dégagé la voie pour que les deux premiers puissent faire un nouveau passage. Ils ont envoyé la purée encore une fois, pulvérisant le sol autour du flume.

– Cessez le feu, a commandé Mark dans le talkie. Voyons ce qu'il en reste.

Les quatre appareils ont décrit un grand cercle. On a regardé le sol en attendant que la fumée se dissipe. Le plan qu'on avait concocté pour affronter Saint Dane et ses robots était plutôt serré. Il dépendait entièrement de notre minutage. Détruire le flume pouvait être tout ce qui ferait la différence entre la victoire et la défaite. Comme on savait que Saint Dane enverrait son armée sur Eelong, on en avait tenu compte. Il fallait qu'il use de ses pouvoirs pour fabriquer un flume. On tenait à ce que les dados aillent se faire pendre ailleurs. Tous jusqu'au dernier. Mais on ne voulait pas qu'il puisse les rappeler. Du moins pas trop vite.

– Ils finiront bien par trouver l'autre embouchure, a dit Courtney d'un ton grave.

– À un moment ou à un autre, ai-je répondu. Plus qu'à espérer que ce soit trop tard.

– Pourquoi ne pas détruire aussi l'autre ? a demandé Kasha.

Mark a répondu sans quitter l'amas de fumée des yeux :

– On a balancé tout ce qu'on avait dans cette attaque. On est à court de roquettes.

C'était prévu depuis le début. On avait juste assez de puissance de feu pour détruire un des deux flumes. Que ça nous plaise ou non, il faudrait bien affronter l'armée des dados. On espérait avoir plus de chances en les repoussant de derrière les murailles de cette forteresse. Enfin, c'est ce qu'on s'était dit. Il restait encore pas mal de chemin à faire avant d'en arriver là. On devait envahir cette forteresse et en prendre le commandement.

Un jeu d'enfants.

– Je le vois ! s'est exclamée Kasha.

La fumée s'est dissipée, révélant une grande étendue de pierre fracassée, de poussière et de débris. Le flume était scellé.

– Je pense qu'ils savent qu'on est là, ai-je déclaré.

– Oui, a renchéri Mark. C'est *maintenant* qu'on peut commencer à avoir la frousse.

Journal n° 37
Chapitre 39

On avait conçu un plan particulièrement audacieux pour conquérir le Conclave de Ravinia.

Les exilés et les gars avaient accepté de se battre à nos côtés. On avait réussi à évacuer la Cité des Eaux Noires pour les faire venir en Troisième Terre. Comme Nevva l'avait prédit, Saint Dane avait créé un flume et s'était servi de son énergie noire pour envoyer son armée de dados sur Eelong.

Puis on avait détruit son embouchure, juste devant la muraille du Conclave. Les légions de Ravinia étaient désormais prisonnières.

Du moins jusqu'à ce qu'ils découvrent le second flume. J'étais sûr que, dès qu'ils comprendraient qu'ils n'étaient pas sur le bon territoire, ils sauteraient dedans pour rentrer en Troisième Terre. Notre joker, c'était le temps qu'il leur faudrait pour réagir et faire face à l'inattendu. J'espérais que la taille même de cette armée jouerait en notre faveur. Il ne serait pas facile de rassembler tous ces soldats pour les faire marcher vers le second flume. Du moins c'était ce qu'on espérait.

Jusque-là, on avait l'avantage de la surprise. Plus maintenant. En tirant ces missiles qui avaient détruit le flume de Saint Dane, on les avait prévenus de notre arrivée. L'heure tournait. Notre but était de prendre le Conclave de Ravinia avant le retour des dados. Mieux valait les affronter de derrière ses murailles protectrices. C'était notre objectif immédiat. Franchir ce mur. Et vite.

– Les voilà, a déclaré Mark.

En effet, ils se sont élevés au-dessus de l'usine située derrière les portes du Conclave. Des hélicoptères raviniens. J'en ai compté douze. Comme on s'y attendait.

– Pose-nous, ai-je ordonné à Kasha.

Elle a aussitôt fait descendre le gig vers le bord de la rivière séparant Manhattan du Bronx. On a touché terre face au Conclave. Mieux valait ne pas rester en l'air, parce qu'on savait ce qui allait se passer. Les rebelles qui avaient détruit le flume étaient partis depuis longtemps. Ils étaient au courant, eux aussi.

Mark a aboyé un ordre simple et bref dans son talkie :

– Descendez-les.

On s'est tous tournés vers l'autre rive du fleuve. Là, sur plusieurs centaines de mètres, il y avait toute une rangée de taxis jaunes alignés côte à côte. Et accroupis devant chaque calandre, il y avait deux gars.

Munis de canons radio.

Les tubes verts étaient posés sur leurs épaules, braqués vers le ciel. Le piège était tendu.

Les hélicoptères raviniens étaient déjà en formation d'attaque. C'était un spectacle impressionnant. Même de là où je me tenais, je pouvais voir leurs lance-roquettes. Ils étaient chargés jusqu'à la gueule, je n'en doutais pas un seul instant. L'escadrille a fait du surplace le temps de resserrer sa formation, puis avec un bel ensemble, ils sont partis vers Manhattan et l'armée des gars et des exilés.

Et nos canons radio.

– Dis-moi que ces engins marchent vraiment, a déclaré Mark d'une voix douce.

– Regarde, ai-je répondu.

Courtney s'est penchée contre moi. D'une façon ou d'une autre, ça ne serait pas beau à voir.

L'escadrille a franchi le mur de la forteresse pour survoler le flume détruit. J'ai entendu s'amplifier le bruit de leurs moteurs. Ils étaient prêts à semer la mort. Ils allaient traverser le bras d'eau lorsque le piège s'est refermé.

Il n'y eut pas un bruit. Pas d'explosions, pas de sillages de fumée. La seule chose qui nous prouvait que ces canons étaient bien entrés en action, c'était de voir les hélicoptères se mettre à tourner sur eux-mêmes. On aurait dit qu'ils venaient d'être frappés par une force invisible. Les gars ne les avaient pas loupés. Les appareils ont continué d'avancer, mais plus personne ne les contrôlait. Leur formation s'est éparpillée. Deux d'entre eux se sont aussitôt abattus au sol, et leurs roquettes ont explosé sous la violence du choc.

– Wow, a hoqueté Mark.

Deux autres hélicos se sont rentrés dedans et ont volé en éclats. Les flammes en ont englouti un troisième qui se trouvait juste derrière. Je crois que les pilotes dados n'ont jamais compris ce qui leur arrivait. Ils progressaient en bon ordre, prêts à passer à l'assaut. Quand tout d'un coup, se sont abattus sur eux le chaos et la destruction.

Trois autres appareils sont allés s'écraser au sol. Les abords immédiats du Conclave étaient devenus un tourbillon de flammes et de métal tordu. À ma grande satisfaction, j'ai constaté que deux des hélicos s'étaient abattus dans l'embouchure du flume. Si notre bombardement ne l'avait pas complètement scellé, maintenant il l'était.

Les quelques engins qui avaient échappé au tir de barrage ont cherché à rendre les coups. Ils devaient se tenir assez en arrière pour voir cet alignement de taxis et deviner d'où venait l'étrange phénomène qui perturbait leurs instruments. Ils ont ouvert le feu, et leurs roquettes ont frappé deux voitures. J'ai dû détourner les yeux. Les Raviniens avaient versé le premier sang. On était arrivés jusque-là sans essuyer la moindre perte. Ça ne pouvait pas durer, je le savais, et malheureusement, j'en avais désormais la confirmation. J'ignore combien de gars et de rebelles ont succombé à ce déluge de feu, mais ce que je peux dire avec certitude, c'est que pas un seul n'a déserté sa position. Jusqu'au bout, ils n'ont cessé de mitrailler les hélicos.

– Quel courage, a murmuré Kasha.

C'étaient des héros. Leurs esprits se retrouveraient sur Solara, je n'en doutais pas un seul instant.

D'autres taxis ont été pris pour cibles. Malgré les roquettes qui martelaient le sol tout autour d'eux, les gars n'ont pas flanché. Ils ont orienté leurs canons radio pour suivre le mouvement et garder ces machines volantes dans leur ligne de mire. La dernière vague de Raviniens a atteint le fleuve. Tout s'est passé si vite qu'aucun d'entre eux n'a eu le temps rompre le combat pour éviter les ondes.

Ils ne s'attendaient pas à ça et n'ont pas su réagir à temps. Et c'est pourquoi ils ont tous succombé. La dernière phalange est tombée en chandelle. Leurs roquettes sont parties, mais se sont perdues. Inoffensives. Les quatre appareils se sont abîmés dans le fleuve de chaque côté du pont branlant. Cela n'avait pris que quelques minutes, et pourtant, toutes les forces aériennes de Ravinia avaient été éradiquées.

Sur l'autre rive, les gars survivants se sont levés et ont poussé des cris de joie. Mark m'a souri avant d'aboyer dans son talkie :

– Ne criez pas victoire trop vite, il peut en venir d'autres !

La célébration n'a pas duré. Sous nos yeux, avec l'aide des rebelles et des exilés, les gars ont vite repris leur position au cas où une nouvelle vague d'hélicoptères s'annoncerait.

Dans mon esprit, j'en étais déjà à la prochaine phase du plan. L'essentiel de notre stratégie avait été calculée par les rebelles. Depuis des années, ils vivaient dans l'ombre et faisaient tout leur possible pour mettre des bâtons dans les roues de leurs ennemis. Ils avaient détourné les hélicoptères et volé des armes et des boucliers tout en échappant encore et encore aux Raviniens – qui avaient tout fait pour les débusquer et les exterminer –, disparaissant comme des fantômes aux quatre coins de la ville. Mais ce qui leur manquait le plus, c'étaient des troupes. Vu leur nombre réduit, ils ne pouvaient guère qu'asticoter Ravinia. Ils avaient élaboré des plans de grande envergure, mais n'avaient jamais pu les mettre en œuvre.

Du moins jusqu'à maintenant.

Mark a changé la fréquence de son talkie pour lancer :

– Allez, on rentre.

– On arrive, lui a-t-on répondu.

J'ai regardé au-delà du brasier qu'étaient les hélicos abattus pour voir le Conclave de Ravinia. Sa muraille semblait plus imposante que jamais. Les immenses portes métalliques étaient fermées. Une rangée de silhouettes noires est apparue en haut des remparts. Des défenseurs. Bien qu'ils semblent insignifiants comparés à l'ampleur de l'armée des dados ou de la flotte aérienne, je savais que c'étaient eux qui nous donneraient le plus de fil à retordre. Du moins si la phase suivante du plan était un succès.

– Dis-moi qu'on va prendre la voie express, ai-je lancé à Mark.

Celui-ci a changé une fois de plus de fréquence et a aboyé :

– J'espère que les nouvelles sont bonnes.

– À ton signal, lui a-t-on répondu.

Mark m'a décoché un clin d'œil.

– Tout le monde à bord.

J'ai jeté un autre coup d'œil à la muraille du Conclave. Malgré les scènes de destruction qui nous entouraient, un calme étrange était retombé. Du moins je le croyais, parce que je savais ce qui allait se passer maintenant. La bataille ne s'arrêterait pas à cause de quelques hélicoptères bons pour la casse. Au contraire, elle ne faisait que commencer.

– Vas-y, ai-je dit.

Aussitôt, Mark a appuyé sur le bouton d'envoi.

– À vous de jouer.

– On arrive, lui a-t-on répondu. Il vaut peut-être mieux que vous vous reculiez.

Devant nous, le sol s'est mis à trembler. Des bruits mécaniques se sont élevés, couvrant le crépitement des flammes qui dévoraient les épaves. Comme la première fois, une fissure est apparue entre la rive et la grande porte rectangulaire rouge du Conclave. Le sol s'est écarté pour dévoiler le rail qui se trouvait en dessous. En même temps, la surface des eaux s'est mise à bouillonner, suivie par le long tube servant de tunnel qui est sorti de la cavité pour se connecter au rail.

Mark a secoué la tête, impressionné.

– Ça fait des lustres qu'on se prépare à ce moment. Je ne croyais pas qu'il viendrait un jour.

– Rien de tel qu'une bonne vieille attaque de train, cow-boy, ai-je répondu.

Un coup de sifflet a résonné de l'intérieur du tunnel. Suivi d'un deuxième. C'était un avertissement. *Ôtez-vous de mon chemin*. En levant les yeux vers le rail, j'ai constaté qu'il passait sous l'épave d'un des hélicos. Mark l'a vu également.

– Ça ne devrait pas les gêner, a-t-il dit. Enfin, tant qu'il ne reste pas de roquettes non explosées dans les débris.

Il était trop tard pour s'en inquiéter. Une seconde plus tard, le train doré a jailli du tunnel. Il fonçait à toute allure, bien plus rapidement que celui que Patrick et moi avions emprunté. Ils devaient avoir pris assez d'élan pour emmagasiner un maximum de vitesse avant de sortir. C'était bien vu. Ils en auraient besoin.

À peine le train était-il sorti de l'ouverture que trois hommes sont descendus d'un bond. Ou plutôt deux hommes poussant un troisième. C'étaient des rebelles de Mark, et le troisième était le conducteur de la rame. D'après notre plan, ils devaient s'emparer du train à la gare de Penn Station et obliger ce pauvre bougre à le mener jusqu'ici. Et comme on n'avait plus besoin de lui pour la fin de ce voyage imprévu qui ne serait qu'un aller simple, ils l'évacuaient sans autre forme de procès. Tous trois ont roulé au sol, indemnes.

Il n'y avait qu'une locomotive. Ils s'étaient débarrassés des wagons en chemin : ils n'auraient fait que les ralentir. À côté de moi, j'ai senti Courtney se crisper alors que le train atteignait l'épave. Le nez doré a percuté la masse de métal embrasée, l'envoyant dégringoler hors de son chemin comme un fétu de paille. La carcasse a rebondi sur le sol pendant que la loco fonçait de l'avant, droit vers les immenses portes rouges protégeant le Conclave.

– Nous y voilà, a déclaré Mark.

J'ai frémi. La collision s'annonçait spectaculaire. La loco lancée à pleine vitesse s'est jetée sur la porte dans un fracas terrifiant. Le métal a heurté le métal. Le moteur a rugi furieusement. Le bas des panneaux a cédé en premier dans un grincement d'outre-tombe. Le train a poussé inlassablement la porte jusqu'à ce que les gonds du haut cèdent à leur tour. Ce qui ne fut pas sans conséquences. Le train doré est sorti de son rail, mais sans cesser d'avancer. Il avait trop d'inertie. Trop de masse en mouvement. Une partie du support de la porte s'est effondrée. L'immense panneau rouge s'est abattu à terre à l'endroit où s'était trouvée la loco.

La fumée et la poussière étaient si denses que je pouvais à peine y voir, mais ça m'a suffi. De l'autre côté de la porte ravagée, le train s'était renversé. Aussi énorme soit-il, il décrivait des tonneaux comme un vulgaire jouet. Lorsqu'il a fini par s'immobiliser, c'était à une bonne trentaine de mètres à l'intérieur du Conclave.

Pourvu qu'il ait raté la statue de David

– Eh bien, a déclaré Courtney, *ça*, au moins, ça a marché.

La locomotive folle avait laissé une énorme plaie béante dans la muraille.

– Le plus dur reste à faire, a repris Mark, très grave.

On s'était frayé un passage. Le Conclave de Ravinia était à notre portée. La suite des opérations était extrêmement prévisible et pas particulièrement subtile. Lorsque les exilés et les gars arriveraient, on passerait à l'assaut. Rien de bien élaboré, rien de bien compliqué. On comptait sur notre masse pour défaire ceux qui étaient restés pour protéger le Conclave. Il y aurait des morts. Seule la quantité de dados encore présents derrière cette muraille déterminerait le nombre des victimes. Les exilés le savaient. Tout comme les rebelles. Les gars également. Et bien sûr, les Voyageurs. Mais on était tous prêts à risquer nos vies pour notre cause.

– Ils sont loin d'être arrivés, a remarqué Kasha.

– C'est aussi bien, a répondu Mark. On a besoin de temps pour se préparer.

Il nous a menés vers le bord de la rivière. Sur les flots, on a vu deux énormes bateaux se diriger vers nous. On avait fait venir tous ces gens de très loin, mais s'ils ne pouvaient pas traverser ce cours d'eau, cela ne servirait à rien. Mark avait trouvé une solution : que les rebelles amènent deux barges afin d'édifier un pont rudimentaire. Une fois côte à côte, elles couvriraient toute la largeur de la rivière. Des pilotes rebelles étaient aux commandes. Ils ont fait manœuvrer soigneusement les bateaux afin de souder leurs ponts l'un à l'autre pour former une seule surface solide. C'était un processus long et ardu qui me rendait cinglé. Je ne savais de combien de temps on disposait avant que l'armée des dados revienne. Ou que les Raviniens nous réservent une mauvaise surprise. Je ne cessais de regarder vers le sud en me demandant quand arriveraient les Voyageurs et les exilés. Rester là, au bord du fleuve, à attendre en souhaitant que les événements se précipitent, était une véritable torture.

– Est-ce qu'ils seront prêts ? ai-je demandé nerveusement. Je veux dire, quand ils arriveront ?

– Ils le seront, m'a-t-il affirmé.

Mark avait déjà accompli l'impossible. Plusieurs fois. Comparé aux autres miracles qu'il avait réalisés aujourd'hui, faire manœuvrer deux péniches sur cette rivière était une partie de rigolade. Ce qui ne m'empêchait pas d'être sur le gril.

Finalement, avec un grincement de métal torturé, les bateaux se sont immobilisés. Sur chacun d'entre eux, les pilotes rebelles ont levé le pouce. Le pont était en place.

– Tu veux passer en premier ? a demandé Mark.

– Allons-y tous ensemble.

Je suis parti vers la rive pour sauter sur le plancher de bois de la barge. Il m'avait l'air solide. Kasha, Mark et Courtney ont suivi le mouvement. La traversée semblait sans danger, mais on n'était que quatre. Qu'en serait-il lorsque quatre cents personnes monteraient à bord ? J'ai préféré oublier mes doutes et continuer mon chemin. Lorsque je suis arrivé de l'autre côté et ai grimpé sur la rive, un agréable spectacle m'attendait.

Droit devant nous, les taxis et les gars munis de leurs canons étaient toujours en position de tir, prêts à affronter tout ce que les Raviniens pourraient leur envoyer. Mais cela n'avait rien de surprenant. Ce qui se trouvait derrière eux l'était davantage. À quatre rues de là, marchant droit sur nous, j'ai vu l'oncle Press… et les quarante mille autres visages familiers qui l'accompagnaient.

– Ben dis donc ! a hoqueté Courtney.

Oui, c'était une bonne description. L'oncle Press ouvrait la voie, ainsi qu'Aron et Boon et les autres Voyageurs. Ils étaient suivis par une masse humaine si immense qu'elle m'a coupé le souffle. Beaucoup d'entre eux portaient des boucliers ressemblant à des protections anti-émeutes. Les rebelles les leur avaient distribués, ainsi que des armes ressemblant à de courtes carabines. Fournies par les Raviniens. Ou plutôt, c'était un cadeau de Ravinia… volé par les rebelles. Certes, on avait besoin de toutes les armes disponibles, mais comparé à ce qui nous attendait de l'autre côté, ces boucliers semblaient pitoyables.

L'oncle Press a fait avancer ses troupes jusqu'à la rangée de taxis, puis un signal fut transmis à l'aide des cubes de communication. En une seconde, la masse humaine s'est immobilisée. Aron avait raison. Les ordres circulaient vite.

– C'est fait ! me suis-je exclamé. La porte est abattue, le pont en place.

– Et les hélicos ? a demandé l'oncle Press.

– Quels hélicos ? a demandé Mark. Oh, tu veux dire ces carcasses en flammes ?

L'oncle Press a souri.

– Il y a des gardes postés tout le long de la muraille, a remarqué Courtney. Ils nous attendent.

– On ne va pas les faire languir plus longtemps, ai-je affirmé.

L'oncle Press a regardé notre cible droit devant, puis s'est retourné pour contempler l'armée que nous avions fait venir d'Eelong.

– Ce que nous allons accomplir aujourd'hui, a-t-il déclaré, nous le ferons au nom des peuples de Halla. À partir de là, nous pouvons entretenir bien des espoirs, mais plus important encore, nous devons tout faire pour qu'une telle situation ne se reproduise plus jamais.

Sur ces mots, l'assaut de Ravinia pouvait commencer.

Journal n° 37
Chapitre 40

Mais tout d'abord, il fallait traverser la rivière.

Faire passer tout ce monde sur le pont improvisé – ou du moins assez de combattants pour passer à l'attaque – prendrait des lustres. Alder, Loor et Siry contrôlaient les opérations ; ils dirigeaient les mouvements de troupes. C'était un drôle de spectacle. Personne ne parlait. La tension était presque palpable. C'était l'heure de vérité, et ils le savaient tous.

Je suis passé en premier aux côtés de Mark, Courtney et de l'oncle Press. On a fait quelques pas en direction du Conclave avant de nous arrêter tout en signalant à la première ligne de ne pas franchir cette limite. Une poignée de gars munis de canons radio ont pris la tête. Ils joueraient un rôle crucial : ils devraient abattre les dados postés au sommet de cette muraille. Suivirent de nombreux gars et exilés munis soit de boucliers argentés, soit des armes volées – celles-là mêmes qui avaient repoussé les dados lorsque Mark, Elli et moi étions coincés dans l'usine. On aurait dit des carabines avec des canons plus larges. Et elles étaient efficaces. J'avais pu le constater de mes yeux. Je me suis retourné vers la rivière et ai jeté un œil pour voir que les barges n'étaient pas aussi stables que je l'aurais voulu, mais semblaient tenir bon. En moyenne, je dirais qu'elles devaient supporter le poids d'une centaine de personnes à la fois. Elles tanguaient et grinçaient, mais comme la charge était répartie de façon égale, il n'y eut pas de catastrophe à déplorer.

Je suis retourné rejoindre l'oncle Press et les autres à l'avant. Une armée imposante s'assemblait sous mes yeux. Je pouvais à peine imaginer ce que devaient penser les Raviniens. J'espérais qu'ils commençaient à angoisser.

Je me suis demandé où était Saint Dane. Il devait savoir ce qui se déroulait. Était-il prêt ? Ou était-il sur Eelong, à chercher frénétiquement un moyen de rallier son armée de dados ? Avait-il prévu un coup de main comme celui-ci ? Saint Dane avait toujours plusieurs longueurs d'avance. Il était bien possible qu'une fois à l'intérieur, on s'aperçoive qu'il nous avait réservé une mauvaise surprise. C'était bien ce qui me fichait le plus la frousse.

À partir de là, notre mission était simple : prendre le contrôle du Conclave de Ravinia. Et pour ça, on devait éliminer les dados, tous jusqu'au dernier. Ensuite, il faudrait rassembler toutes les ressources à notre disposition pour nous défendre contre l'armée qui ne manquerait pas de revenir d'Eelong. J'étais sûr qu'on dominait les forces de sécurité mécaniques à cent contre un. Ce qui me faisait peur, c'était la réaction des Raviniens humains. S'ils décidaient de combattre, ce serait un massacre. Des deux côtés.

En regardant nos troupes qui se rassemblaient, je me suis dit qu'on avait attendu assez longtemps. Aron est venu nous expliquer la logistique de l'invasion telle qu'il l'avait planifiée durant sa longue marche depuis le centre-ville.

– Il y aura quatre vagues, a-t-il expliqué. La première manipulera les canons radio et sera chargée de neutraliser les dados. Ils seront également munis de fusils et de boucliers. Ceux qui les porteront devront dégager le chemin pour que les suivants puissent entrer dans le Conclave.

– Ils vont essuyer le plus gros des tirs, a déclaré gravement l'oncle Press.

C'était logique. La première vague était cruciale. Ils devraient charger sous le feu des défenses raviniennes. La triste réalité était inévitable : c'étaient eux qui subiraient les plus lourdes pertes.

L'oncle Press a continué :

– Je pense que les Voyageurs et Aron et Boon devraient faire partie de la deuxième vague. Une fois à l'intérieur, on aura besoin d'eux.

– J'irai avec la première, a affirmé Loor.

C'était une affirmation. Il était inutile d'en discuter. Elle n'allait pas se cacher derrière qui que ce soit.

– Moi aussi, a renchéri Alder.

– Et moi ? a lancé Spader. J'aimerais bien être parmi les premiers à cogner ces vilains-pas-beaux. On l'a largement mérité, non ?

– Moi aussi ! s'est écrié Siry.

– Et moi, a ajouté Boon.

L'oncle Press s'est tourné vers Aron, qui a haussé les épaules :

– Ce n'est pas le moment de se montrer prudent.

L'oncle Press a secoué la tête en soupirant :

– Bon, bon. Et d'abord, qui vous a sélectionnés ?

– Ça doit être toi, matelot, a répondu Spader. Et à mon avis, tu as eu le nez creux.

– Mark, ai-je déclaré, tu dois rester en retrait.

– Jamais de la vie ! s'est-il écrié.

– Il le faut. Tu es le seul qui puisse coordonner les rebelles. On n'a pas la moindre idée de ce qui nous attend. Si tu prends un mauvais coup, on est fichus.

Il aurait voulu en discuter. Mais il a préféré opter pour un compromis :

– Je ferai partie de la deuxième vague.

Je n'ai pas discuté.

– Courtney, reste avec lui.

– Je surveillerai ses arrières, a-t-elle dit de son ton crâneur habituel. Surveille les tiens.

– Oh, je ne manque pas de volontaires pour ça, ai-je affirmé.

– Tu n'y vas pas, m'a lancé l'oncle Press.

Je lui ai jeté un regard surpris.

– Tu veux rire ?

– Pour toi, Bobby, ça ne peut pas se terminer ici. Pas comme ça.

– Que dalle. Pas question de demander à quelqu'un de faire le sale boulot à ma place.

– Il le faut. Il ne s'agit pas seulement d'investir le Conclave de Ravinia. On peut y entrer, prendre possession de la forteresse et même repousser l'armée des dados. Mais ce n'est pas là notre véritable but. Ce qui compte, c'est de faire revenir l'esprit de Halla. Qu'il reprenne son cours tel qu'il était écrit, et dissiper ce nuage noir qui a altéré le temps et l'espace. Comme je l'ai dit, il n'y a qu'une seule façon d'y parvenir. Et pour ça, nous comptons tous sur toi.

Tout d'abord, je n'ai rien pigé à ce qu'il me racontait. Que signifiait ce double langage ? Il n'espérait tout de même pas me faire renoncer au combat ? J'ai regardé les autres Voyageurs, cherchant leur appui, mais ils semblaient tous savoir ce que voulait dire l'oncle Press.

C'est Alder qui l'a exprimé :

– Ce qu'il veut te faire comprendre, c'est qu'une tâche bien plus importante t'attend.

Lorsque j'ai fini par percuter, ma colère s'est aussitôt apaisée. Je ne pouvais courir le risque de succomber durant cet assaut. Ma destinée allait bien au-delà. Si on devait triompher une bonne fois pour toutes, il fallait que Saint Dane cesse d'exister.

Et c'était à moi de m'en assurer.

– Je voudrais être là avec vous tous, ai-je dit.

– Tu le seras, a répondu Alder.

– Tu as toujours été avec nous, a ajouté Loor. Depuis le début, ton esprit nous a servi de guide. Il n'en sera pas autrement aujourd'hui.

Je crois que c'est le plus grand compliment qu'on m'ait jamais fait. Pourvu qu'elle ne se trompe pas. J'espérais pouvoir être à la hauteur.

– Reste avec moi, Boon, ai-je ordonné. On passera par-dessus le sommet.

– Oui, chef ! a-t-il répondu avec enthousiasme en venant se tenir à mes côtés.

J'ai jeté un dernier coup d'œil à mes amis Voyageurs. Alder, Spader, Siry, Kasha et mon oncle, Press Tilton. Le Voyageur de Seconde Terre avant moi. Chacun portait un bouclier argenté, sauf Loor qui avait déjà tiré son casse-tête et se tenait prête.

– Et c'est reparti, ai-je dit.

L'oncle Press a regardé Aron et acquiescé. Le gar a tiré son cube radio :

– Première vague, parée, a-t-il affirmé.

Aussitôt, les guerriers postés à l'avant se sont crispés. On s'est écartés de leur chemin, Boon, Mark, Courtney et moi. On s'est vite frayé un chemin au milieu de la masse humaine pour nous diriger vers le gig posé près de la rivière.

Soudain, j'ai entendu ce que j'ai pris pour une grande clameur. Sauf que je me trompais. C'était un cri de guerre. Je me suis retourné pour voir la première vague de gars et d'exilés courir vers le Conclave. L'assaut avait commencé. Mon estomac s'est retourné. Tous ces gens courageux étaient prêts à donner leur vie pour un monde meilleur. Ou plutôt pour le monde meilleur qu'ils avaient connu avant celui-ci. Ils ont chargé à découvert, sans la moindre protection, sinon de vulgaires boucliers. Ils étaient des milliers. Je me suis demandé combien seraient encore debout lorsqu'ils arriveraient à destination.

Et aussi ce que deviendraient les Voyageurs.

Les dados n'ont pas attendu qu'ils se rapprochent pour ouvrir le feu. Le *paf, paf, paf* régulier de leurs armes a résonné au-dessus du champ de bataille. Plusieurs des nôtres ont été touchés et immédiatement réduits en cendres. Ces décharges avaient le même effet que lorsqu'on avait vu les gardes raviniens exécuter ce pauvre bougre à l'intérieur du conclave. Incinération instantanée. Pourvu que ça ne soit pas trop douloureux. Au bruit des tirs s'ajoutait une sorte de tintement métallique.

– Qu'est-ce que c'est ? ai-je demandé.

– Ces boucliers repoussent les décharges de leurs fusils, a expliqué Mark. Il y a longtemps qu'on les a piqués aux Raviniens. On ne croyait pas s'en servir un jour.

Ce qui me donnait un peu d'espoir. Au moins, ils avaient un semblant de protection. Mais il devait y avoir des centaines de dados en haut de cette muraille, dominant le champ de bataille, prêts à tirer dans le tas. Ils n'avaient même pas besoin de viser pour être sûrs de toucher l'un des nôtres. C'est dire si on était nombreux. Deux gars sont tombés sur un genou, ont braqué leurs canons radio et ont riposté. Ils ont aligné les dados l'un après l'autre. On se serait crus dans un stand de tir. Et ceux qui tombaient ne se relevaient pas.

Boon a couru vers le gig et s'est empressé de démarrer.

– Il faut que j'y aille, ai-je dit à Mark et Courtney.

– On se retrouve à l'intérieur, a répondu Courtney.

On s'est brièvement étreints tous les trois.

– Ramène-nous à la maison, Bobby, a déclaré Mark à voix basse.

J'ai fait un pas en arrière pour regarder mes deux meilleurs amis. Il y avait longtemps qu'on n'était plus ces gamins qui avaient grandi ensemble à Stony Brook. Pourtant, on restait nous-mêmes. Qui aurait pu se douter de ce qu'on allait devenir ? J'étais fier de nous et de ce qu'on avait accompli, mais ce n'était pas ce qui était écrit. Ça me rendait triste et presque en colère.

– Je vous aime, les gars, ai-je dit sobrement avant de courir vers le gig.

Il fallait que je m'en aille. Je ne voulais certainement pas donner libre cours à mes émotions en pensant qu'il était possible que je ne les revoie jamais.

Les rotors du gig prenaient de la vitesse. J'ai sauté à côté de Boon et ai bouclé ma ceinture.

– On y va bille en tête ? lui ai-je demandé.

– Non. On reste en vol stationnaire en attendant qu'ils soient entrés.

On s'est élevés en douceur. Après avoir fait un signe de la main à Mark et Courtney, on est montés en chandelle pour contempler les opérations d'en haut. On aurait dit un de ces champs de bataille de la guerre civile ou de la Première Guerre mondiale. Des milliers d'assaillants fonçaient vers la forteresse pendant que les Raviniens tentaient de les repousser. C'était un combat à l'ancienne mené avec des armes modernes. La seule différence était qu'il n'y avait pas de cadavres jonchant le sol. Parce qu'ils avaient été pulvérisés. Des victimes, il ne restait rien. Du moins jusqu'à présent.

L'oncle Press et les Voyageurs ouvraient la voie. Ils évitaient les carcasses fumantes des hélicos et, tant que possible, s'en servaient pour se protéger. Ils tentaient de progresser en zigzag.

Bien vu: comme ça, ils formaient des cibles plus difficiles à atteindre.

– Aïe, a dit Boon.

J'ai levé les yeux pour voir que deux autres appareils s'étaient élevés du conclave et se dirigeaient vers le champ de bataille. Je craignais qu'ils se mettent à balancer leurs roquettes sur la foule. Ces petits boucliers argentés ne pourraient rien contre un tel tir de barrage.

– Fonce-leur dessus ! ai-je crié.

– Quoi ?

– Distrais-les ! Fais quelque chose !

Boon a fait avancer le gig pour partir droit vers les hélicos.

Le premier a tiré une fusée en direction de la foule. Elle a heurté le sol dans une violente explosion. Je préférais ne pas me demander combien des nôtres avaient péri en une seule seconde. Une deuxième roquette a jailli pour frapper au cœur même de notre armée. L'explosion a déchiré le sol et pulvérisé le béton. Des corps ont volé dans tous les sens comme des fétus de paille.

– Vas-y ! ai-je hurlé à Boon.

Le klee est passé à deux doigts du nez du premier appareil. Le pilote a changé de cible et fait pivoter son engin pour partir à notre poursuite. Boon a frôlé l'autre, décrivant un huit entre les deux engins. Bon, peut-être que je m'étais trompé: Boon était effectivement meilleur pilote que Kasha. Nos petites acrobaties ont paru confondre les Raviniens, ce qui était ce qu'on pouvait espérer de mieux. Tout ce que je voulais, c'était qu'ils cessent de tirer assez longtemps pour…

Soudain, les hélicos se sont mis à tournoyer follement. Ils avaient échappé à tout contrôle, et je croyais savoir pourquoi. Ils ont continué de lancer des roquettes sans pouvoir les diriger. Plusieurs d'entre elles ont frappé la muraille du Conclave. Mais elles ont épargné les nôtres.

– Remonte ! ai-je crié.

Boon a filé vers le haut, nous éloignant des appareils condamnés. Comme ils étaient incontrôlables, il valait mieux éviter qu'ils nous rentrent dedans. Les chasseurs étaient devenus les proies. Les gars leurs tiraient dessus depuis le sol avec leurs canons radio, ce qui voulait dire qu'ils ne tarderaient pas à s'écraser. Je ne savais pas si les armes venues des Eaux Noires affectaient les commandes des hélicos eux-mêmes où si leurs rayons grillaient les neurones des pilotes dados. Peu importe. Quoi qu'il en soit, ces engins étaient fichus. Un instant, j'ai eu peur qu'ils s'abattent sur le champ de bataille… avec les conséquences tragiques qu'on imagine. J'ai retenu mon souffle en les regardant s'agiter comme des papillons pris de folie. Ils se sont fracassés au sol à quelques secondes d'intervalle… mais pas sur les nôtres. Tous deux ont frappé le toit de l'usine à dados.

– Ouaaaais ! ai-je crié de surprise… et de soulagement.

Les explosions ont déchiré le toit. D'autres ont retenti beaucoup plus bas… bien plus que n'auraient pu en provoquer les roquettes que les appareils emportaient.

– C'est là qu'ils construisent les hélicoptères, ai-je dit à Boon. Ils doivent aussi y ranger leurs munitions…

J'ai été coupé par une nouvelle explosion assourdissante provenant de l'intérieur de l'usine. Un immense nuage de fumée en forme de champignon a jailli, faisant sauter le toit comme un bouchon de champagne. La vague de chaleur a secoué notre petit gig. Boon a eu du mal à en reprendre le contrôle.

– Il faut croire qu'ils y mettaient aussi leur carburant, ai-je ajouté.

On a éclaté de rire tous les deux. C'était un coup de chance monumental. Pourvu que les dégâts s'étendent jusqu'à l'entrepôt où attendaient les légions de dados.

J'ai entendu des détonations moins importantes en provenance du sol. À part les carabines fournies par les rebelles, les nôtres disposaient aussi d'armes avec un peu plus de puissance. J'ai vu des combattants tomber à genoux pour poser un autre type de fusil en appui contre le sol. Lorsque les servants ont actionné la détente, une flamme a jailli du canon. Ces mortiers devaient avoir un sacré recul. Quelques secondes plus tard, des explosions ont secoué la terre près de la porte abattue de la forteresse.

– C'est une espèce de lance-grenades ! ai-je lancé à Boon, comme s'il pouvait savoir ce que c'était. Ils se rapprochent !

Des dados se rassemblaient déjà dans l'entrée béante pour défendre le point d'attaque le plus évident. Ils étaient des dizaines, tous brandissant leurs armes argentées, et tiraient sans cesse sur la foule qui se rapprochait. Tous ceux qui se trouvaient à l'avant étaient équipés d'un bouclier chacun. Les *pings* métalliques m'ont appris qu'ils renvoyaient les décharges des Raviniens.

D'autres grenades ont mis les défenseurs en pièces, repoussant les survivants à l'intérieur de la forteresse. Plusieurs personnes ont formé un mur de boucliers pour protéger les gars qui avançaient, portant leurs canons radio. Lorsqu'ils se sont retrouvés à une quarantaine de mètres de la porte, les tireurs d'élite ont mis un genou en terre avant d'ouvrir le feu. Les dados ont été fauchés comme des épis de blé.

Nos premiers rangs étaient presque entrés dans la forteresse.

J'ai regardé en arrière pour voir que la deuxième vague avait commencé à charger. Pourvu que la première puisse entrer dans le Conclave et neutraliser les dados, parce que les nouveaux venus n'étaient pas équipés de boucliers.

Au sommet de la muraille, les gardes s'étaient faits rares. Soit les gars les avaient abattus, soit ils étaient descendus défendre la porte.

– Ils vont y arriver, a déclaré Boon.

En effet, les attaquants avaient réussi à se frayer un chemin. Ils étaient entrés. Impossible de dire s'il y avait des Voyageurs parmi eux.

– Maintenant ! ai-je crié.

Boon a mis pleins gaz et nous a fait survoler la muraille, nous permettant de voir ce qui se passait à l'intérieur. Nos troupes se déversaient par la porte défoncée, dépassant l'épave de la locomotive dorée. Il restait encore pas mal de gardes raviniens au sol, et ils se battaient comme des lions, mais plus nombreux encore étaient ceux qui gisaient à terre. Morts. Alors que les gars et les exilés forçaient le passage, tous ceux qui n'avaient pas encore d'arme ramassaient les bâtons argentés sur les cadavres des dados. Notre puissance de feu ne cessait de croître.

Ce qui marqua le chant du cygne des défenseurs du Conclave. Mais les gardes n'ont pas battu en retraite. Cela n'entrait pas dans leur programmation. Ils ignoraient la peur. Ils lutteraient jusqu'à la fin. Sauf que celle-ci était proche. Au bout de quelques minutes, les pelouses du parc furent jonchées par les carcasses de centaines de dados.

J'ai regardé plus loin à l'intérieur du Conclave, craignant une contre-attaque – soit d'une nouvelle légion de dados, soit de Raviniens humains. Comme je l'ai déjà écrit, c'étaient ces derniers que je redoutais le plus. Si les Raviniens cherchaient à tenir tête à notre armée, ils seraient vite submergés et mourraient tous. Et on n'était pas là pour ça. On ne voulait pas commettre un massacre. De notre position élevée, loin au-dessus du camp, je n'ai pas vu l'ombre d'un mouvement suspect. En fait, les Raviniens brillaient surtout par leur absence. J'en ai entrevu quelques-uns au loin, mais ils s'enfuyaient à toutes jambes. Ils ne voulaient pas combattre. Les dados étaient là pour les protéger.

Et ils avaient échoué.

– Pose-nous, ai-je demandé à Boon.

On est descendus rapidement vers le sol pour atterrir en douceur sur la pelouse. On avait réussi. On était entrés. Un flot constant d'exilés et de gars s'écoulait par la porte. Certains ont ramassé des armes et sont allés se poster au sommet de la muraille. Tous savaient que la bataille n'était gagnée qu'à moitié. Les assaillants ne tarderaient pas à devenir des défenseurs, et ce serait à notre tour de repousser une armée pour l'empêcher d'entrer dans le Conclave.

J'ai couru vers la porte abattue, cherchant des yeux l'oncle Press et les Voyageurs. Là, j'ai eu un accès de panique. Avaient-ils été touchés ? La foule s'est écoulée autour de moi pour s'enfoncer dans le Conclave. Ils savaient ce qu'ils devaient faire. Chercher les derniers dados et les détruire. Ils patrouilleraient par groupes de vingt pour passer les lieux au peigne fin. Il ne devait plus en rester un seul. Un autre groupe se dirigerait vers l'usine pour voir s'il y avait encore quelque chose de vivant, mais j'étais sûr qu'ils ne trouveraient que des débris embrasés. La mission était un succès sur toute la ligne.

Mais où étaient les Voyageurs ?

J'ai enjambé un dado abattu… et le robot m'a empoigné la jambe. Il était à terre, mais pas mort. Il m'a pris par surprise.

Je n'ai même pas eu la présence d'esprit de me défendre. Il m'a fait mordre la poussière, ou plutôt la pelouse, et je me suis aussitôt retourné en m'attendant à ce qu'il attaque à nouveau. Il tenait toujours son arme argentée et l'a levée pour me tirer dessus… mais il s'est pris un coup de casse-tête sur le crâne. Le dado est tombé à genoux pour recevoir un nouveau coup. C'était peut-être un robot, mais cet assaut était trop violent pour lui. Il a lâché son arme, a tenté de la récupérer, l'a empoignée par le mauvais côté… et est retombé aussitôt, raide mort.

– Je préfère faire les choses à l'ancienne, a affirmé Loor en faisant tournoyer triomphalement son casse-tête.

– Ce n'est pas toi qui l'as tué, mais sa propre arme, ai-je répondu pour l'asticoter.

– Il était déjà presque mort, a-t-elle rétorqué.

– Oui, si tu veux. Merci.

Loor m'a décoché un petit sourire.

– Devrai-je donc toujours être là pour te protéger, Pendragon ?

– J'espère que non !

– Bobby ! a crié l'oncle Press.

Il a couru vers nous, hors d'haleine. Derrière lui, Alder, Spader, Kasha et Siry. Boon nous a rejoints, lui aussi. On est tous restés là, à se regarder les uns les autres. Puis Spader s'est mis à rire. Alder a fait de même, puis Siry, l'oncle Press et même Kasha et Loor. C'était un triomphe. On avait réussi. On avait mis un pied à l'intérieur du Conclave de Ravinia. Ce n'était pas vraiment drôle ; notre hilarité était le contrecoup d'un mélange d'enthousiasme et de soulagement.

– Où est Aron ? ai-je demandé.

L'oncle Press a cessé de rire. Les autres également. Aussitôt, l'humeur générale s'est assombrie.

– Il a bien failli s'en tirer, a répondu l'oncle Press. Il était presque arrivé à la porte. Mais un dado qu'on croyait mort lui a tiré dessus.

J'ai reçu un choc. Je n'arrivais pas à y croire. Aron était le leader des gars, et ce depuis ma première visite à la Cité des Eaux Noires. C'était un visionnaire qui avait aidé à civiliser les siens et gagné leur respect. Difficile de croire qu'il n'était plus là. Son esprit était sûrement devenu une partie de Solara, et celle-ci ne s'en porterait que mieux.

– Hé ! a lancé une voix familière.

Mark et Courtney nous ont rejoints en courant.

– On a réussi, ai-je déclaré. Incroyable, non ?

– Ce n'est pas encore fini, a répondu Mark, très sérieux.

Son ton ne correspondait pas à ce moment de victoire. J'ai regardé par-dessus son épaule pour voir des centaines des nôtres s'écouler dans le Conclave. Je ne comprenais pas. De mon point de vue, la bataille était gagnée, c'était indéniable.

– Que veux-tu dire ? ai-je demandé.

Mark a tendu son talkie-walkie :

– Ils l'ont trouvé.

On savait tous de qui il voulait parler.

– Quand ? ai-je demandé.

– Il y a quelques minutes de cela, a répondu Courtney, le flume du centre s'est animé. Depuis, il ne cesse de dégorger des dados. Et ils se dirigent par ici.

On est restés là, plongés dans un silence abasourdi. Notre triomphe serait de courte durée. Certes, on s'attendait à les voir débarquer, mais savoir que cela se produisait là, en ce moment, restait un choc.

– D'après moi, a repris Mark, il nous reste deux heures avant qu'ils nous rejoignent.

L'oncle Press a regardé autour de lui et a déclaré :

– On sait ce qu'on doit faire. Amenez tous les canons radio dans l'enceinte. Rappelez les hélicos. Ramassez toutes les armes disponibles et donnez-les aux gars ou aux Yanks.

Les Voyageurs se sont éparpillés pour obéir aux ordres. Je suis resté là en compagnie de Mark, Courtney et de l'oncle Press.

– Deux heures, a dit ce dernier en me regardant.

– On peut le faire, a répondu Mark. On *va* le faire.

L'oncle Press n'a rien ajouté. Il me regardait.

– Deux heures, a-t-il répété.

Son regard grave était éloquent. J'ai hoché la tête pour lui montrer que je comprenais.

Il s'est redressé de toute sa taille, m'a regardé droit dans les yeux et a déclaré :
– Va lui régler son compte.

Journal n° 37
Chapitre 41

Il était là.

J'en étais sûr. Je le sentais. Je savais même où le trouver. Pour la première fois, je comprenais comment, où que je sois, quoi que je fasse, il semblait toujours au courant. Je ne vois pas comment l'exprimer autrement, mais je percevais sa présence.

Notre conquête du Conclave de Ravinia signifiait bien plus que d'envahir une citadelle ennemie. On reprenait des forces. L'esprit de Solara lui revenait. Alimenté par l'abnégation et les efforts d'un groupe de gens qui, en forçant la porte de Ravinia, avaient repris en main leur propre destin. Difficile de définir ce que je ressentais, mais cela remontait du plus profond de moi-même. J'étais plus fort. J'étais plein d'espoir. Je ne croyais pas une seule seconde que la bataille soit terminée, mais alors que je traversais le Conclave au pas de course, pour la première fois depuis longtemps, j'étais vraiment convaincu qu'on avait une chance d'inverser la vapeur. Qu'on ne menait plus un combat perdu d'avance.

Tandis que je cavalais sur les pelouses, je n'ai pas croisé beaucoup de Raviniens. Ceux que j'ai vus avaient l'air terrifiés. Comme leur petit monde parfait était menacé, ils couraient se terrer dans leurs maisons luxueuses et jetaient des regards épouvantés par leur fenêtre. J'ai compris que je n'avais pas à m'inquiéter : ils ne risquaient pas de vouloir défendre leur cité. Ils n'avaient pas le cran nécessaire. Du coup, ma confiance s'est accrue. Tel était le véritable héritage de Ravinia. Des lâches qui se rangeaient derrière la puissance de leur mentor.

De Saint Dane.

Tout ceci ne se terminerait que lorsque son influence maléfique serait mise hors d'état de nuire une bonne fois pour toutes. Et pour ça, son esprit devait disparaître. Ce qui m'attendait était un combat à mort. Cela faisait longtemps que je me doutais que cette histoire finirait ainsi. L'angoisse. J'ai tenté d'ignorer ma peur. J'espérais bien qu'il y aurait une autre solution.

Je me berçais d'illusions.

Ce jour était venu. C'était inévitable. Dès le début, ce conflit n'avait jamais été qu'un duel entre deux forces. Deux façons de penser. Deux esprits. Saint Dane… et moi.

Il était temps d'y mettre un terme.

J'ai couru au centre du Conclave pour gagner l'endroit où je savais le trouver : au Taj Mahal. Au premier coup d'œil, j'ai remarqué que quelque chose avait changé. Pas de gardes raviniens en vue. On devait les avoir tous envoyés à l'avant pour défendre le Conclave. Ce qui voulait dire qu'ils étaient morts. J'ai dépassé les fontaines, traversé les jardins soigneusement entretenus et grimpé les escaliers à côté de l'endroit où on avait feint d'exécuter Mark. Ou du moins le dado qui se faisait passer pour lui. Ce n'était pas vraiment un bon souvenir, mais il m'a préparé à affronter ce qui m'attendait là-dedans. Enfin, encore plus. C'est d'un pas sûr que je suis entré dans le bâtiment. Je n'ai pas cherché à faire preuve de discrétion. Je voulais qu'il sache que j'étais là. Je suis allé tout droit au centre du bâtiment, là où ces escaliers tapissés de rouge me mèneraient à la plate-forme et ce fauteuil doré. Le trône d'un roi dont le règne touchait à sa fin.

Et il était bien là où je l'attendais. Seul. Mais lorsque je l'ai effectivement vu, j'ai eu une surprise. Fini les longs cheveux noirs et l'air juvénile. Saint Dane était redevenu tel qu'il était la première fois que j'avais posé mes yeux sur lui. Ses cheveux avaient viré au gris. Son visage avait vieilli. Il portait toujours les vêtements rouges et luxueux d'un roi ravinien, mais semblait avoir rétréci. Il était là, affalé sur son fauteuil comme un vieil homme. Déjà vaincu. S'il le fallait, c'était une preuve supplémentaire que l'esprit de Solara ne cessait de croître. Et que celui de Saint Dane diminuait.

– Par une si belle journée, lui ai-je lancé, vous ne devriez pas rester enfermé. Vous ratez un sacré spectacle.

Il n'a pas réagi. Je n'étais même pas sûr qu'il m'ait entendu. Ses yeux étaient vides. Mais peu m'importait. Même s'il avait eu l'air mort et enterré, je n'aurais pas baissé ma garde pour autant. Le moins qu'on puisse dire de Saint Dane, c'est qu'il était imprévisible. Comme je l'ai déjà précisé, c'est lorsqu'elle se sent piégée qu'une bête sauvage est la plus dangereuse.

– L'armée des dados ne tardera pas à revenir, ai-je continué d'un ton railleur. On le sait et on les attend de pied ferme. Les faire voyager d'un bout à l'autre de Halla a dû vous coûter pas mal d'énergie, non ? Est-ce pour ça que vous avez l'air si mal en point ? Votre pouvoir sombre est presque épuisé ?

Ses yeux ont bougé d'un millimètre pour se poser sur moi. Il avait beau avoir l'air vieux et fatigué, ses pupilles d'un bleu glacier avaient toujours la même intensité. Il n'était pas mort. Loin de là.

– C'est ce que t'a expliqué Nevva ? a-t-il répondu en un grondement sourd. Afin de me vaincre, il suffit d'épuiser l'esprit qu'on a eu tant de mal à accumuler ?

– Plus ou moins, ai-je répondu d'un ton tout naturel. C'est un bon conseil, non ?

– Elle m'a trahi, a-t-il répondu en un murmure à peine perceptible.

– Vous vous êtes trahi vous-même, ai-je rétorqué.

Ses yeux ont jeté des éclairs. Il n'a pas fait un geste, et pourtant, il était clair qu'il bouillonnait de rage.

– J'ai mis longtemps à m'en apercevoir, mais laissez-moi vous dire une bonne chose : vous n'avez jamais eu la moindre chance.

– Je contrôle l'univers, a-t-il sifflé.

– Vous le *contrôliez*. C'est là toute la différence.

– Dans tout Halla, il y a des millions de gens qui ne seraient pas d'accord, a-t-il marmonné.

– Pour l'instant oui. Mais ça ne durera pas. Ça ne peut pas durer.

Maintenant, il m'écoutait. Et le pire, c'est que je ne bluffais pas. Je croyais vraiment ce que je lui disais. J'avais mis longtemps à entrevoir la vérité, mais maintenant, j'avais confiance en moi. Durant cet échange, je suis resté au pied des escaliers. Je préférais éviter de me rapprocher de lui. On n'est jamais trop prudent.

– Dès le départ, cette bataille était pour le destin des peuples. La liberté contre la surveillance. La domination contre la tolérance. Combien de fois m'avez-vous répété que vous ne faisiez que donner aux peuples de Halla ce qu'ils veulent ? Vous prétendiez qu'ils étaient égoïstes et mesquins, et qu'on ne pouvait les laisser prendre en main leur propre avenir. Et c'est là que vous interveniez pour leur montrer le chemin. Vous avez tout donné aux élites et asservi les faibles – et tout ça dans le but de créer une utopie. Ou du moins votre idée d'une utopie.

– Et ils m'ont suivi comme les moutons qu'ils sont, a-t-il craché. Des moutons stupides. Ils ont eux-mêmes provoqué tout ce qui leur arrive.

– Et pourtant non ! ai-je rétorqué. Vous saviez qu'ils se révolteraient. Vous n'êtes pas resté fidèle à votre propre vision.

Il a penché la tête sur le côté comme un chien intrigué.

– Que vous puissiez l'admettre ou pas, ne serait-ce qu'à vos propres yeux, vous n'avez jamais cru que les peuples de Halla soient vraiment si faibles. Vous n'avez aucune confiance en votre propre philosophie. Bien sûr, prétendre que vous leur donniez ce qu'ils voulaient était utile, mais à la base, vous ne vous imaginiez tout de même pas que vos Raviniens seraient assez nombreux pour épuiser leur esprit, non ?

– Je ne comprends rien à ce que tu racontes, a-t-il feulé.

– Bien sûr. Si vous croyiez vraiment en votre vision – si vous pensiez qu'il vous suffisait d'user de votre influence par ci, d'un coup de pouce par là, d'attiser les plus bas instincts de l'homme, pour que tout Halla tombe à vos pieds – alors pourquoi aviez-vous besoin de créer les dados ?

– Oh, mais ce n'est pas moi, a-t-il raillé. C'est l'œuvre de ton grand ami. D'un habitant de Halla.

– Oh, arrêtez ! ai-je crié. Dès le départ, vous avez influencé Mark pour qu'il développe sa découverte, conformément à votre plan. Si vous pouviez vous débrouiller seul, sans aide extérieure, pourquoi avoir agi ainsi ? D'après moi, vous saviez que quoi que vous fassiez, quelle que soit l'emprise que vous preniez sur les peuples de Halla pour les pousser à prendre de mauvaises décisions, ils finiraient par revenir à la raison. Comme ils l'ont toujours fait. N'importe qui peut faire une erreur, grosse ou petite, mais les peuples s'en remettent. Ils survivent. Ils s'en sortent. Ils corrigent leurs fautes. Mais cette fois, vous ne vouliez pas qu'ils tentent de revenir en arrière, et pour ça, il vous fallait une assurance. C'est pourquoi vous vous êtes donné une armée pour intimider tous ceux qui refusaient de vous suivre.

– C'est ce qu'on appelle se raccrocher aux branches, a-t-il gloussé.

– Vraiment ? Je l'ai constaté dans tout Halla. Sur Quillan, Blok s'est servi des dados pour asseoir son autorité. Ces mêmes dados qui ont bien failli détruire Ibara, et Veego les y a ramenés. Sur Eelong et en Seconde Terre, les Raviniens ont pris le pouvoir par la force, toujours grâce aux dados. Et maintenant, ils sont sur Cloral et Denduron. Ils sont votre force de frappe. Face à un ennemi capable de rendre coup pour coup, vous n'arrivez plus à vous en sortir. Personne n'est dupe. J'ai vu tout ça. Croyez-vous un seul instant que Ravinia aurait pu prendre le pouvoir aussi vite sans un petit coup de main ?

– Ils sont un instrument, rien de plus, a-t-il répondu, battant nerveusement des paupières en évitant de croiser mon regard.

– Un instrument ? Pour faire quoi ? Vous savez ce que je pense ? Peut-être qu'au départ, vos petits discours comme quoi vous vouliez guider les peuples de Halla étaient sincères. Peut-être qu'à un moment donné, vous n'aviez que de bonnes intentions, mais vous les avez vite oubliées lorsque votre ego a pris le dessus. Prétendre que vous vouliez orienter le destin des peuples afin de les sauver d'eux-mêmes n'était qu'un prétexte. Vous étiez un esprit de Solara, et sur quoi a débouché votre noble quête ? Un château ! Un trône ! Vous vous êtes entouré d'objets d'art et des plus belles merveilles architecturales que ce monde peut offrir. Je suis sûr que vous avez des palais comme celui-ci sur chaque territoire, non ?

Il n'a pas répondu. C'était inutile.

– Vous ne vous contentez plus de tirer les ficelles depuis les coulisses. Fini les déguisements, fini les jeux de rôle. Non, mais regardez-vous ! Vous vous êtes mis en valeur, vous vous êtes donné des habits princiers pour impressionner les masses. Je crois qu'en vérité, vous enviez les peuples de Halla. Vous voulez être leur roi. Leur dieu. Ce n'est pas ce qui était écrit, même avec l'aide des dados. L'esprit positif de Solara alimente à nouveau Halla. C'était inévitable. Sans les exilés et les gars, ç'aurait été quelqu'un d'autre. Les Batu de Zaada ou les miséreux de Quillan. Partout, il y a toujours quelqu'un prêt à se soulever et rendre les coups. Ce que vous êtes incapable de comprendre, c'est que la vraie force de Halla réside dans ses peuples. C'est leur esprit qui alimente Solara. Ils l'ont créé. Et vous savez quoi ? Ils sont sur le point de vous *dé-créer*.

Saint Dane a bondi de son trône pour se jeter sur moi. Ce fut si brutal que je n'ai pas eu le temps de réagir. Il m'a percuté de plein fouet. Je me suis cramponné, prêt à un choc violent. Mais lorsque j'ai heurté le sol, j'ai levé les yeux pour constater que je n'étais plus dans le Taj Mahal. Le ciel était devenu noir. Des vents furieux hurlaient. Saint Dane m'avait littéralement renversé pour m'envoyer dans un lieu qui m'était inconnu.

– Tu crois savoir qui je suis ? a-t-il hurlé. Moi qui ai des éons d'avance sur toi !

Il m'a relevé et m'a donné un grand coup dans les côtes. J'avais raison. Il était encore très dangereux. J'ai roulé sur moi-même et ai essayé de me relever, mais il m'a attaqué par-derrière. Je me suis écrasé sur une surface rocheuse. Quoi que ce soit, c'était dur et ça brûlait. J'ai à peine eu l'occasion de regarder autour de moi. Le ciel était sillonné d'éclairs, et pourtant, il faisait un noir d'encre. J'ai senti des formes sombres tout autour de nous. Je n'aurais su dire si c'étaient des bâtiments ou des montagnes. J'avais la tête ailleurs.

J'ai ramené mon coude en arrière et ai cogné le nez de Saint Dane avec un craquement satisfaisant. Cela signifiait qu'il était encore solide et, donc, qu'il ne se servait plus de ses pouvoirs pour se transformer. En était-il encore capable ? Ou est-ce qu'il avait choisi de m'affronter sous sa forme humaine ? Je me suis détaché de lui. Il a sauté sur ses pieds, du sang jaillissant de son nez cassé… mais je n'ai pas ressenti la moindre pitié. J'ai couru vers lui pour le faire retomber. Il a grogné en perdant l'équilibre. Mais lorsqu'on a touché le sol…

On était de retour au Taj Mahal. Saint Dane s'est à nouveau relevé pour s'emparer d'une arme argentée gisant au pied des escaliers. Il l'a agitée dans ma direction, fendant l'air d'un côté, puis de l'autre en riant, se moquant de moi.

– Vous êtes pitoyable, ai-je lancé. Vous n'êtes même pas capable de vous battre tout seul comme un grand.

Il a poussé un cri de rage, a laissé tomber le bâton et s'est jeté sur moi. Je l'ai évité d'un geste souple, mais il s'est cabré pour me donner un coup de pied en pleine poitrine. Il ne m'a pas raté. Je suis tombé en arrière…

… pour me retrouver dans ce territoire sombre et sinistre. Des éclairs ont zébré le ciel, illuminant certaines des silhouettes qui m'entouraient. J'ai cru voir une pyramide d'Utopias et un bâtiment évoquant un temple qui pouvait venir de Faar. C'est alors que j'ai compris où j'étais. Sur Solara. Celle de Saint Dane. C'était là qu'il amassait son énergie négative. Et d'après ce que je pouvais en voir, cet endroit était en pleine tourmente.

Saint Dane était à la fois présent… et insaisissable. Il a surgi de nulle part et m'a décoché un coup de poing en plein visage. Je me suis reculé. Il m'a frappé à nouveau, dans l'estomac cette fois-ci. À chaque impact, j'avais l'impression de distinguer un nouvel éclair. Ou peut-être était-ce juste moi qui étais déstabilisé… ce qui est normal lorsqu'on se prend une grêle de coups. Des images m'ont assailli de tous les côtés. J'ai vu les marches de la bibliothèque de New York flanquées de deux lions de pierre pendant que le gigantesque *Hindenbourg* passait dans le ciel. Au loin, j'ai vu l'ombre des pyramides géantes de Zaada. C'était comme de distinguer les images qui flottaient derrière les parois du flume alors que la Convergence se rapprochait. Sauf que cette fois, elles semblaient bien réelles. Substantielles. Saint Dane avait créé un monde qui n'était qu'un reflet déformé de Halla. Tous ces monuments étaient une vision pervertie de l'original.

J'ai continué de tituber en arrière jusqu'à ce que mon dos heurte un mur. Je m'en suis arraché au moment où Saint Dane me décochait un autre coup de poing. Je l'ai évité en me baissant et me suis retrouvé une fois de plus au Taj Mahal. J'ai regardé autour de moi dans l'espoir de trouver quelque chose pour me défendre. J'ai senti quelque chose me frapper par-derrière et me suis retourné…

J'étais de retour sur cette Solara en négatif, et des images tournaient autour de moi comme des vautours. Un serpent géant sinuait sur le sol, plus grand que tous ceux que j'avais jamais vus… sauf sur Zadaa. C'était un quig. Et il n'était pas seul. Une meute de chiens furieux aux yeux jaunes a bondi de derrière un mur brisé. Un grondement sourd sur ma droite a attiré mon attention. Un ours-quig de Denduron se tenait là, dressé sur ses pattes de derrière, prêt à attaquer. Je me suis retourné pour voir les yeux bleu glacier de Saint Dane luire dans les ténèbres, braqués sur moi. Il s'apprêtait à attaquer à nouveau. Je devais commencer à rendre les coups. Il m'a balancé un uppercut. Je l'ai évité et l'ai frappé en pleine poitrine.

On était de retour au Taj Mahal. Son genou a remonté, visant ma poitrine.

J'ai vu l'image d'un tang démesuré jaillir d'un des bâtiments de cette Solara sombre. Je suis tombé en fauchant les jambes de Saint Dane.

Et à nouveau le Taj Mahal. Il a empoigné ma chemise pour m'entraîner à sa suite. On s'est abattus sur un amas de cailloux d'azur bleu vif en provenance de Denduron. Leurs bords acérés ont tailladé mes côtes. Les doigts de Saint Dane se sont refermés sur ma gorge. J'ai agrippé ses poignets pour tenter de les desserrer. En levant les yeux, j'ai aperçu le dôme du Taj Mahal. En Troisième Terre. Il a serré encore plus fort. Des éclairs ont zébré le ciel. Le dôme s'est transformé en tunnel de cristal s'étendant à l'infini. Les yeux de ce démon brûlaient d'une haine à peine concevable. Pas moyen de respirer. Le flume s'est transformé à nouveau pour devenir la gueule béante bordée de crocs acérés d'un requin-quig. En un éclair, elle est devenue le visage du Docteur Zetlin, de Veelox. Il hurlait de rire. Je ne tarderais pas à tomber dans les pommes. Je ne savais pas si tout ceci était bien réel ou si ce n'était qu'un horrible cauchemar. Des éclairs ont illuminé à nouveau la scène. Derrière la tête de Saint Dane, j'ai aperçu la plus saisissante de toutes ces images. C'était ma propre maison de Seconde Terre. Je ne l'avais pas revue depuis que j'étais monté à l'arrière de la moto de l'oncle Press pour devenir un Voyageur. Et elle était là, devant moi. J'avais l'impression de pouvoir la toucher… jusqu'à ce qu'elle explose dans un jaillissement de flammes. Au lieu de me faire péter un câble, ça m'a redonné de l'énergie. J'ai lâché les poignets de Saint Dane, ai passé mes deux mains entre les siennes et ai employé toute la force qui me restait pour arracher ses doigts rivés à ma gorge.

Je me suis empressé de me mettre sur le flanc en hoquetant. Puis il m'a attaqué à nouveau. Il a sauté sur mon dos à pieds joints, me faisant mordre la poussière. J'ai vite roulé sur moi-même pour le déséquilibrer. Dès que je l'ai senti tomber, je me suis relevé d'un bond. L'adrénaline affluait dans mes veines. Je devais reprendre le contrôle de la situation. Je me suis jeté sur Saint Dane avec une rage telle que je n'aurais jamais cru en être capable. Il avait peut-être des éons d'expérience, mais au moins, moi, je savais me battre. Je lui ai décoché une grêle de coups comme sur un punching-ball. Il en a paré quelques uns, mais je n'ai pas ralenti ma cadence et ai continué de le marteler, préférant les directs secs aux grands crochets. Chaque impact devait compter. Et à chaque fois que je le frappais, le monde se modifiait. Passant des ténèbres à la lumière. De la réalité à la démence. De la solidité tangible au chaos. Je l'ai ressenti plus que je ne l'ai vu, puisque je ne quittais pas mon adversaire des yeux. C'était le moment de mettre un terme à cette histoire. J'ai invoqué ces années passées à haïr Saint Dane de toutes mes forces pour propulser mes poings. J'étais hors de moi et en même temps parfaitement concentré. Je l'ai roué de coups. Les mondes n'ont cessé de se succéder, mais je le remarquais à peine. Des créatures putrides volaient tout autour de moi, me défiant de les regarder, mettant ma santé mentale à l'épreuve, mais en vain. Je n'ai pas succombé à la tentation. Rien ne pouvait me détourner de mon but – à savoir réduire mon vieil adversaire en bouillie.

Il commençait à fatiguer. Il a cessé de parer mes coups, puis de les rendre. Ça ne m'a pas arrêté. J'ai continué à cogner jusqu'à ce qu'il s'effondre au sol. Une fois à terre, il n'a plus bougé.

Il était K.-O., et moi aussi.

J'étais hors d'haleine et j'avais mal partout tant mon corps souffrait. Je ne sentais plus mes poings. Je suis resté là, face à son corps inerte, cherchant à m'éclaircir les idées. On était de retour au Taj Mahal. Parfait. Je ne voulais plus remettre les pieds dans cet autre lieu. Jamais. Saint Dane gisait à mes pieds. Un vieil homme brisé. Pourtant, ce n'était pas encore terminé. Son corps n'était qu'une plaie, mais son esprit lui survivait.

C'était notre ultime bataille.

Je me suis baissé, ai empoigné sa robe et l'ai soulevé de terre. Il n'était pas assommé, mais était à peine conscient. Je l'ai pris par le col de sa veste de costard et l'ai entraîné vers la porte. Il a titubé sur des jambes mal assurées. Il n'était plus d'humeur à combattre. Son esprit était épuisé. Il n'a cherché ni à changer de forme, ni même à s'échapper. On a marché vers la façade du Taj Mahal. Il m'a suffi de le pousser deux fois pour le faire avancer. Je voulais absolument le ramener à l'avant du Conclave avant que l'armée des dados débarque. Je tenais à ce qu'on soit tous deux témoins de ce qui allait se passer. Lorsqu'on a atteint la grande porte, je l'ai poussé à nouveau. Il s'est cogné le front contre le panneau. C'était bien le cadet de mes soucis. Il a fait un pas en arrière pour ouvrir les battants.

On est sortis dans la lumière brillante du soleil. J'ai dû plisser les yeux en attendant que ma vision s'accoutume. Lorsque j'ai pu y voir quelque chose, je me suis arrêté net. Nous n'étions pas seuls. Là, devant le Taj Mahal, il y avait des gens. Par milliers.

J'avais trouvé les Raviniens.

Journal n° 37
Chapitre 42

La foule est restée là, à nous dévisager en silence. Ou alors c'était le Taj Mahal qui attirait leur attention. Impossible de le savoir. Personne ne disait rien. C'était pour le moins étrange. Saint Dane et moi sommes restés plantés en haut des marches, à leur rendre leur regard.

Alors Saint Dane s'est mis à rire. Il était vaincu, en sang, pouvait à peine respirer, mais il riait. Il m'a jeté un coup d'œil torve :

– Maintenant, on va bien voir quel esprit tient Halla sous sa coupe.

– Ce n'est pas l'esprit qui contrôle Halla, ai-je répondu. Ce sont les peuples de Halla qui contrôlent l'esprit.

Son sourire s'est aussitôt effacé.

Un cri s'est alors élevé de la foule :

– Qu'avez-vous fait ? Quelle calamité nous avez-vous apportée ?

Saint Dane a levé les mains :

– J'assure votre protection. En ce moment même, notre armée est sur le chemin du retour pour exterminer la vermine qui a osé envahir notre…

– Non ! a crié quelqu'un. Ils ne nous veulent aucun mal. Ils se sont contentés de détruire les gardes. Ils cherchent un refuge.

– Un refuge ? a répété Saint Dane. Nous sommes Ravinia ! Nous ne donnons pas d'asile !

– Et pourquoi pas ? a demandé un autre.

Ils se sont tous mis à brailler en même temps. Visiblement, Saint Dane ne savait pas comment réagir. Ses fidèles se rebellaient, et il n'avait plus de dados à sa disposition pour les remettre sur le droit chemin. Il a tendu les mains pour les calmer, mais ils n'en ont hurlé que plus fort.

C'était magnifique.

Quelqu'un s'est détaché de la foule pour monter l'escalier. C'était Siry. Il s'est dirigé tout droit vers Saint Dane pour s'arrêter quelques marches en dessous de nous. Il s'est retourné vers la masse de gens et a levé les mains pour demander le silence. Tout le monde s'est tu. Il s'est alors adressé à moi :

– Ça va ?

– Maintenant oui, ai-je répondu.

– J'ai quelque chose à te montrer.

Siry s'est tourné vers la foule et a lancé :

– Je vous en prie, laissez-nous passer.

La foule a obéi. Elle s'est fendue docilement. C'était incroyable.

– Qu'est-ce que c'est ? ai-je demandé, sous le choc.

Siry a eu un sourire :

– Il faut que tu le voies de tes yeux. (Il a regardé Saint Dane et ajouté d'un ton rogue :) Vous aussi.

On a pris chacun Saint Dane par un bras et on lui a fait descendre les marches. Une fois en bas, on a continué dans le couloir que la foule nous avait elle-même dégagé. Personne n'a prononcé un mot. Un silence de mort planait sur cette scène. Les Raviniens sont tous restés là sans rien dire, à regarder passer Saint Dane. J'ai lu la haine brûlant dans leurs yeux.

J'ai repensé au moment où Mark allait être exécuté. Saint Dane leur avait monté la tête pour qu'ils le condamnent à mort, mais nombreux étaient ceux qui avaient résisté à la vague d'émotions qu'il avait suscitée. Ils avaient des doutes. Cela m'avait fait espérer qu'il reste encore une trace d'humanité dans le cœur des Raviniens. Ce que j'ai vu, alors qu'on passait au milieu d'eux, me l'a confirmé.

Je me suis demandé si Saint Dane le remarquait également. Si c'était le cas, il n'en a rien laissé deviner. Il marchait la tête haute, les yeux braqués droit devant lui, sans croiser le moindre regard.

En cours de route, j'ai réalisé qu'il n'y avait pas que des Raviniens dans cette foule. Plus on avançait, plus j'ai vu d'autres personnes qui s'y étaient infiltrées. Des gars et des exilés crados. J'ai même reconnu quelques rebelles. Tout ce beau monde était massé ensemble, épaule contre épaule, jusqu'au mur du Conclave. Tous regardaient passer Saint Dane en silence.

Je me suis tourné vers Siry et ai haussé les épaules pour lui demander ce qui se passait.

– Attends un peu, a-t-il répondu.

Je ne savais trop que penser. Les dados pouvaient attaquer à tout moment. Que faisaient tous ces exilés maintenant qu'ils étaient rentrés à l'intérieur du Conclave ? Ils auraient dû se préparer à défendre l'enceinte. On avait presque atteint la muraille. Droit devant, j'ai vu les Voyageurs qui attendaient au bas des marches menant à son sommet. Ils étaient tous là. Gunny, Patrick, Aja et Elli également.

On a amené Saint Dane jusqu'à l'oncle Press. Ils sont restés là, face à face, à se toiser d'un regard furieux. Deux vieux amis. Deux adversaires. Deux guerriers qui étaient arrivés au bout de leur combat.

– J'ai commis une grosse erreur, a déclaré l'oncle Press.

– Une seule ? a répondu Saint Dane.

L'oncle Press a acquiescé :

– Oui, une seule. J'aurais dû faire davantage confiance aux peuples de Halla, parce qu'au final, ce sont eux qui ont remporté la bataille. Et c'est ce qui était écrit.

Saint Dane a froncé les sourcils. Il ne voyait pas où voulait en venir l'oncle Press. Moi non plus, d'ailleurs. Il nous a fait signe d'escorter ce démon en haut des escaliers. Je n'y comprenais plus rien. À quoi jouait-il ? Siry et moi avons poussé Saint Dane devant nous. L'oncle Press et les autres Voyageurs nous ont emboîté le pas. Tout en haut des marches, il y avait une petite plate-forme située à six mètres du rebord de la muraille. Elle était assez basse pour qu'on puisse regarder de l'autre côté et assez haute pour nous éviter de tomber. Siry et moi y avons immobilisé Saint Dane avant d'attendre que les autres nous rejoignent. On était tous là. Onze Voyageurs, plus Boon.

Mark et Courtney fermaient la marche. Cette dernière est venue me toucher la joue. J'ai fait la grimace. Ça faisait un mal de chien.

– Tu n'es pas beau à voir, a-t-elle remarqué.

J'ai haussé les épaules. Elle a toisé Saint Dane avant de revenir à moi :

– Mais *lui*, il est encore plus mal en point, a-t-elle ajouté en souriant. Géant.

Durant toute notre marche depuis le Taj Mahal, je n'avais cessé de me demander pourquoi Saint Dane ne cherchait pas à s'échapper en se transformant en oiseau, en nuage de fumée ou Dieu sait quoi. Mais c'était l'oncle Press qui détenait la réponse. Il s'est dirigé vers le bord de la plate-forme et a regardé en bas. Puis il s'est à nouveau tourné vers Saint Dane.

– L'esprit positif de Solara est en cours de restauration, a-t-il commencé. Grâce à ce qui s'est passé ici aujourd'hui. Tout aussi important, l'esprit négatif de ta Solara ne cesse de décroître.

Et voilà ma réponse. Saint Dane avait perdu ce pouvoir, tout simplement.

– Ce ne sont pas les Voyageurs qui ont décidé de la victoire finale. Ni les exilés de Seconde Terre ou les gars d'Eelong. Ce sont les Raviniens eux-mêmes.

Pour la première fois depuis notre départ du Taj Mahal, Saint Dane a réagi. Je l'ai vu se crisper.

– Que veux-tu dire ? a-t-il grondé.

– Pour eux, cet endroit n'était qu'une prison. Une prison dorée, mais une prison tout de même. Ils savaient qu'ils étaient sous surveillance constante, et ils n'avaient pas le moindre espoir de recouvrer leur liberté. Jusqu'à ce jour. Jusqu'à notre arrivée. Jusqu'à ce qu'on élimine ta garde rapprochée. Pour la première fois depuis longtemps, ces gens ont compris qu'ils étaient libres de prendre en main leur destinée au lieu de se contenter de suivre celle que tu leur imposais.

Saint Dane avait l'air secoué.

– Mais… ils vivent dans le luxe. Ils sont les élus.

– Ils étaient esclaves de ta vision, comme presque tout le monde aux quatre coins de Halla. Aujourd'hui, nous leur avons rendu leur liberté.

– Je n'y crois pas, a rétorqué Saint Dane. Je suis leur bienfaiteur. Je les protège. Je les récompense.

– Tout ce qu'ils désiraient, a continué l'oncle Press, c'était le droit de recouvrer leur liberté, et aujourd'hui, nous la leur avons rendue.

– Comment?

L'oncle Press nous a fait signe de regarder par-dessus la rambarde. Saint Dane et moi nous sommes avancés lentement. Alors que la scène en contrebas se dévoilait peu à peu, j'ai cru contempler une peinture, ou une photo. Non, je ne plaisante pas. C'est dire si cela semblait impossible. Saint Dane a émis un petit hoquet. Il était tout aussi surpris que moi.

En bas, aussi loin que puisse se porter mon regard, j'ai vu des dados. Des milliers. C'était l'armée qui avait marché sur Eelong. Il y avait des Raviniens vêtus de rouge, les uniformes verts et les casques dorés des gardes de Quillan, des milliers de sosies de Mark et tout autant de klees. Ils étaient sortis du flume du centre-ville et avaient emprunté le même itinéraire que les exilés et les gars pour atteindre le Conclave. C'est là que s'était terminé leur périple.

Parce qu'ils ne feraient pas un pas de plus.

Ils étaient figés sur place. Désactivés. Morts. On se tenait face à une véritable mer de dados immobiles comme des statues. Cette foule emplissait tout l'espace compris entre la muraille du Conclave et la rivière pour continuer sur les deux barges jusqu'à l'autre rive et se prolongeait dans la ville. Elle semblait s'étirer à l'infini.

– C'est l'œuvre de tes Raviniens, a repris l'oncle Press. Ils se sont infiltrés dans le centre de contrôle des dados et les ont désactivés, tous jusqu'au dernier. Ils ont mis fin à cette guerre. Ce que tu vois là n'est qu'une gigantesque décharge.

Maintenant, je comprenais pourquoi il y avait si peu de Raviniens présents durant l'attaque. Je les avais pris pour des lâches, mais en réalité, ils avaient vu une opportunité et l'avaient saisie. Les dados étaient des robots, pas des créatures magiques. Il y avait forcément un poste de contrôle quelque part, et les Raviniens savaient où il se trouvait. Au final, l'esprit positif de Solara avait triomphé des bas instincts de l'homme. Les élus de Saint Dane avaient fait le bon choix.

Le démon s'est détaché de la muraille, ses yeux soudain fuyants. Il avait l'air pris de panique.

– Je n'y crois pas ! a-t-il crié. C'est impossible !

Il a couru le long de la plate-forme pour regarder à l'intérieur du Conclave et la multitude qui se tenait là, à le dévisager.

– Gens de Ravinia ! a-t-il crié. Il n'est pas trop tard ! Vous pouvez encore revenir en arrière ! Vous êtes l'élite ! Les élus ! L'avenir de Halla !

Ils ont continué de le fixer, muets, impassibles. Son discours ne semblait guère les toucher.

– Reprenez la place qui est la vôtre ! Vous l'avez méritée en démontrant votre excellence. Vous ne voulez pas vivre comme des bêtes ! Vous avez choisi de prouver votre supériorité. De prospérer. Vous n'êtes pas soumis aux mêmes règles triviales que vos inférieurs !

Les Voyageurs ont gardé le silence. Saint Dane s'est tourné vers eux. Impossible de savoir s'il s'attendait à ce qu'on dise quelque chose – ni quoi. Il était hors d'haleine. En fait, il avait l'air au bout du rouleau. Il semblait… vieilli. Était-ce possible ? Son visage avait changé une fois de plus. Il se détériorait à vue d'œil.

– Écoutez-moi ! a-t-il lancé à la foule. Vous ne pouvez abandonner en quelques instants ce que vos ancêtres ont mis des siècles à bâtir ! Vous valez mieux que ça. Beaucoup mieux. Ensemble, nous pourrons rebâtir ce monde. Ravinia s'étendra bien au-delà de ces murs. Mais ça ne sera possible que si nous éliminons ceux qui n'ont pas votre niveau d'excellence.

Tout le monde a continué de fixer Saint Dane en silence. C'était presque surnaturel.

Courtney est venue près de moi et m'a pris le bras :

– Tu as vu ? a-t-elle chuchoté.

Oui, j'avais vu. Un bref instant, Saint Dane était devenu transparent.

– Regardez tous ceux qui vous entourent ! a-t-il braillé. Ces racailles qui ont envahi notre sanctuaire. Est-ce ce que vous voulez ? Est-ce avec ces gens-là que vous désirez partager vos vies ?

C'est arrivé à nouveau. L'image de ce démon s'est brouillée avant de réapparaître. Je me suis tourné vers l'oncle Press. Il a acquiescé d'un air entendu. Il savait.

Saint Dane s'est arraché à sa position. Il était au bout du rouleau. Ses yeux bleus farouches ont reflété sa frayeur. Il a tenté de s'adresser aux Voyageurs :

– Il y a toujours un espoir. On a encore le temps. J'ai peut-être été un peu trop déterminé. Je veux bien l'admettre. Oui, je peux même dire que je me suis montré trop arrogant. Mais il y a moyen de tout arranger. Nous pouvons bâtir un meilleur Halla. Nous tous. Ensemble. Cela a toujours été mon but.

Les Voyageurs n'ont pas réagi. Il a regardé chacun d'entre nous tour à tour comme pour chercher une confirmation. Ou un peu d'espoir. Eux non plus n'ont pas réagi. Ils l'ont dévisagé, impassibles. Saint Dane vieillissait à vue d'œil. Il semblait petit et voûté, comme s'il n'arrivait plus à se tenir droit.

Il s'est adressé à l'oncle Press :

– Dans le temps, nous étions amis. Tu sais bien que je n'avais que de bonnes intentions.

– Peut-être, a répondu l'oncle Press, très froid. À un moment ou à un autre.

– On peut y revenir ! s'est exclamé Saint Dane. Cet esprit peut redevenir ce qu'il était. C'est vrai ! Tout ce que je voulais, c'était aider les peuples de Halla. Tu le sais bien !

L'oncle Press n'a rien ajouté. Alors Saint Dane s'est tourné vers moi. On est restés là, à se regarder en chiens de faïence. Nos visages portaient encore les traces de notre affrontement. Il a empoigné ma chemise.

– Pendragon, a-t-il hoqueté d'une voix de plus en plus râpeuse, mon vieil ennemi. Nous ne sommes pas si différents, toi et moi.

Son image a clignoté une fois de plus. Un instant, j'ai vu à travers lui.

– Tous deux, nous voulons le bien de Halla. Nous ne sommes pas d'accord sur la façon d'y arriver, c'est tout. Réfléchis. Réfléchis, Bobby. Ensemble, toi et moi, nous sommes tout ce qui fait Solara. Il n'y pas de bien ni de mal, il n'y a que l'équilibre. Ensemble, toi et moi, nous pouvons rétablir cet équilibre et guérir ses blessures.

– Vous voulez dire celles que vous lui avez infligées ? ai-je répondu.

Saint Dane perdait des forces. Il s'est mis à pleurer. Il est tombé sur un genou sans me lâcher pour autant.

– Ça ne devait pas se passer comme ça, a-t-il sangloté. J'ai commis des erreurs. J'ai été faible. Je me suis laissé séduire par ma propre vision. Toi entre tous, tu devrais comprendre ça. Tu sais à quel point Halla est imparfait, et je suis l'incarnation de Halla. Pardonne-moi. Je t'en implore. Sauve-moi.

– Je ne peux pas, ai-je répondu.

– Pourquoi ? a-t-il gémi.

Saint Dane était secoué de sanglots. Son image a clignoté à nouveau pour revenir, mais pas entièrement. Il a levé la tête, et pour la dernière fois, je me suis plongé dans ses yeux d'un bleu de glace.

– Parce que c'est ce qui est écrit.

Saint Dane a laissé retomber sa tête, a poussé un cri guttural et a disparu pour de bon.

Ce démon était mort. Son esprit venait de se dissoudre. Au final, ce n'était pas moi qui avais détruit Saint Dane. C'étaient ceux qu'il avait cherché à maintenir sous sa coupe. Les peuples de Halla eux-mêmes lui avaient réglé son compte. Et ainsi, ils avaient repris leur liberté.

Journal n° 37

SUITE...

Quelques semaines se sont écoulées depuis ce grand jour qui a vu la fin de Saint Dane et de ses ambitions de forger un nouvel Halla. J'ai encore l'impression d'évoluer dans un rêve bizarre. J'ai du mal à croire que tout soit terminé. Pendant presque cinq ans, j'ai consacré toute mon énergie à ma quête pour arrêter ce démon. Ma vie a irrémédiablement changé. Non, mettons que j'ai découvert une façon de vivre dont j'ignorais jusqu'alors l'existence. Je sais, ça peut sembler bizarre, mais maintenant que j'ai fini par accepter cette réalité, je me sens plus triste que jamais. Qu'on ne s'y trompe pas : vaincre Saint Dane fut un véritable triomphe. C'est la meilleure chose que j'aie jamais faite. Néanmoins, il m'est encore difficile d'admettre qu'en mettant fin à son esprit, on a remis Halla sur ses rails, libre de suivre le cours naturel de son histoire. Je sais que c'est vrai, mais il faut bien admettre que c'est un peu dur à avaler.

Les autres Voyageurs sont à peu près dans le même état d'incrédulité. On s'est installés ici, dans le Taj Mahal. C'est là que j'écris mon ultime journal. Comme nous tous. L'oncle Press nous a demandé de prendre le temps de réfléchir à ce qui s'est passé et de raconter les événements tels qu'on s'en souvient. Je ne sais pas pourquoi cela semble si important. Peut-être veut-il avoir dix points de vue différents. Il n'a pas dit ce qu'il compte faire de nos pages d'écriture, mais d'après moi, si un jour Saint Dane fait mine de revenir d'entre les morts, nos journaux serviront d'avertissement. Il est toujours conseillé d'apprendre des erreurs du passé.

Et c'est pour ça que je gratte inlassablement. Pour décrire tout ce qui est arrivé, jusqu'au moindre détail. Du moment où j'ai embrassé Courtney devant ma maison de Seconde Terre à celui où Saint Dane a disparu sous mes yeux. Cela a peut-être un rapport avec le fait que je ne suis pas tout à fait humain. Peut-être que j'invoque les esprits de Solara dans ma propre conscience afin de me rappeler tous ces détails. J'aurais bien voulu pouvoir en faire autant en cours d'algèbre.

Bien sûr, personne n'a encore osé aborder le sujet qui nous hante tous. On passe l'essentiel de notre temps à revivre le passé pour remplir les trous. Tout ce qui est arrivé à chacun d'entre nous lorsqu'on était séparés. Tout ce qui complète cette vaste saga. Mais il reste une grande question que personne n'a abordée.

Maintenant, qu'allons-nous devenir ?

Dans ma tête, je suis toujours Bobby Pendragon de Seconde Terre. Je comprends ce qu'on m'a expliqué à propos de Solara et de l'esprit de l'humanité. C'est vrai. C'est la réalité. Je le sais : je l'ai vu de mes yeux. L'idée que nous autres Voyageurs sommes des esprits arrachés à Solara et dotés d'une apparence physique pour combattre Saint Dane ne me semble pas si absurde. Plus ou moins. Ce que je n'arrive pas à concevoir, c'est l'avenir. Notre avenir. Et personne ne nous en a parlé. J'ignore si on est prêts à apprendre la vérité. En tout cas, moi, je ne le suis pas.

Heureusement, les événements se sont succédé, nous faisant oublier ces notions cosmiques.

Les gars sont retournés sur Eelong en héros. Ils ont regagné la Cité des Eaux Noires. En se joignant aux exilés, ils ont montré à tous ce qu'était l'esprit de Solara, et ils ont risqué leur vie pour affronter Saint Dane. Ça ne fait aucun doute : ils sont chez eux sur Eelong, et ils y sont retournés pour reprendre le cours de leur existence et leur combat pour gagner le respect des klees.

Bien sûr, Boon les a accompagnés. Eelong était également son monde. Kasha et lui ont fait leurs adieux dans la plus stricte intimité. En voyant briller des larmes dans leurs yeux, je me suis dit que je me retrouverais bientôt dans la même position vis-à-vis de mes amis. Mais j'ai chassé cette idée de mon esprit. Je préférais ne pas y penser. Pas avant d'y être obligé.

Plus difficile encore : que faire des exilés ? Ces gens étaient originaires de Seconde Terre, tout comme la plupart des rebelles de Mark. Devaient-ils y retourner ?

La réponse à cette question fut assez sèche. C'était non. L'oncle Press a été clair sur ce point. Il n'y avait plus de territoires, uniquement les sept mondes de Halla. Renvoyer ces gens dans le passé perturberait une fois de plus l'ordre des choses. Ou ce qu'elles étaient devenues. Pour lui, Halla devait être reconstruit à partir des événements qui venaient de se dérouler. Sur tous ses mondes. Fini les voyages. Solara ne devait plus interférer. Selon lui, l'ordre naturel avait été restauré, et ce serait une erreur de renvoyer ces gens dans le passé de leur propre planète alors qu'ils savaient de quoi son avenir serait fait.

On en a longuement discuté avec les exilés et les chefs qu'ils s'étaient choisis. Ils étaient partagés. Certains voulaient retourner chez eux, d'autres comprenaient qu'il valait mieux ne pas insister. Finalement, ils ont accepté d'entamer une nouvelle vie dans l'avenir du monde où ils étaient nés.

Une fois leur décision prise et acceptée par tous, le flume a été détruit. Grâce à des explosifs pris dans l'armurerie des Raviniens, on a scellé le dernier tunnel à travers l'espace et le temps. À tout jamais. Il n'y en aurait plus d'autres.

Je suis heureux de vous dire que les Raviniens ont accueilli les exilés à bras ouverts. Ils vivaient dans une prison dorée. Rares étaient ceux qui avaient l'autorisation de quitter le Conclave, et lorsqu'ils le faisaient, c'était généralement pour gagner une autre enclave ravinienne. Ils n'avaient pas accès au reste du monde. Pour eux, cette liberté nouvelle était assez enthousiasmante. Les exilés seraient répartis entre les différents Conclaves édifiés aux quatre coins du monde. À partir de ces centres névralgiques, une nouvelle civilisation pourrait croître. Comme Halla, la Terre était née une seconde fois.

Il était impossible de savoir ce qui se passait sur les autres territoires. Du moins pour l'instant. J'ai présumé qu'une fois qu'on retournerait sur Solara pour nous fondre à nouveau dans son esprit, on pourrait assister à ce qui arrivait aux quatre coins de l'univers. Certes, il ne serait pas question d'y participer, juste de servir de témoins et influencer en douceur le cours des événements, ce qui était la marque de Solara. Je ne voyais pas exactement comment ça pourrait marcher, mais mon petit doigt me disait que je ne tarderais pas à le savoir. Je crois aussi que, privée de l'influence de Saint Dane, l'emprise des Raviniens sur les sociétés diverses de Halla finirait par s'affaiblir jusqu'à disparaître complètement. L'esprit positif de l'humanité est trop fort pour leur permettre de garder le pouvoir. Impossible de dire combien de temps prendrait ce processus sur chaque territoire, mais après ce qui s'était passé ici, sur Terre, j'étais sûr que les jours de Ravinia étaient comptés et que chaque monde reprendrait son cours naturel. Ce qui était écrit. Toutes ces grandes décisions me semblaient logiques. Je les acceptais et les encourageais. Mais c'étaient les questions personnelles les plus difficiles.

Qu'allaient devenir Mark et Courtney ?

Si la théorie qui nous avait empêchés de renvoyer les exilés remonter le temps était correcte, elle s'appliquait également à mes amis. Ça me déchirait, et pourtant, j'étais d'accord. J'étais si fier de mes acolytes ! Dès le premier jour, ils avaient surmonté tous les défis qui s'étaient présentés. Ou plutôt tout ce que je leur avais balancé. Et maintenant qu'on avait remporté la bataille, ils ne comptaient pas s'arrêter en si bon chemin. Ils avaient travaillé dur dans leurs rôles d'ambassadeurs. Mark connaissait les rebelles, Courtney connaissait les exilés. Ensemble, ils ont œuvré pour resserrer les liens entre les deux communautés et les aider à n'en faire qu'une. Leur connaissance des nouveaux venus les mettait en position idéale pour faire de même avec les Raviniens. Ils ont servi d'agents de liaison. Et ils s'en sont tirés comme des chefs. C'est justement parce que je les adore qu'il m'est d'autant plus pénible de vous relater ce qui s'est passé.

C'est arrivé un soir après le dîner. En guise de remerciement, les Raviniens avaient préparé un grand festin auquel on était conviés, Mark, Courtney, l'oncle Press et moi. Croyez-le ou non, la fête avait lieu dans le Taj Mahal. En fait, c'était plutôt marrant. Nos hôtes n'étaient pas vraiment des cuisiniers émérites. De par le passé, ils se défaussaient de tous les menus travaux sur les dados… ou sur leurs esclaves non raviniens. Mais ils ne voulaient pas en démordre et ont tenu à faire la cuisine en personne. La plupart des plats avaient un goût de vieille semelle, mais c'était l'intention qui comptait.

Après le repas, je me suis assis aux côtés de Mark et Courtney, rien que nous trois sur le piédestal où s'était tenu le trône que Saint Dane avait fait construire pour son usage personnel. Mark a passé la main sur les gravures d'or élaborées et a dit d'un ton pensif:

– Vers la fin, il était devenu précisément le genre de personne qu'il méprisait. Égocentrique, vaniteux, borné.

– Il l'était depuis le début, a renchéri Courtney. Mais il n'en était pas conscient.

– Je crois qu'au début, ai-je ajouté, il croyait vraiment faire le bien. Je veux dire, c'était un esprit de Solara. Une création de l'homme.

– Oui, a rétorqué Courtney. Le monstre de Frankenstein aussi, et on sait comment il a tourné.

– Tu dois avoir raison, ai-je convenu. Je ne peux m'empêcher de penser qu'il y a dû y avoir un bogue quelque part. Que quelqu'un aurait dû l'empêcher de nuire beaucoup plus tôt. Ce qui me donne à penser que l'histoire pourrait se répéter.

– Qui sait? a répondu Mark.

– Toi, Bobby, a ajouté Courtney. Dès que tu seras de retour sur Solara.

Et voilà. Elle avait abordé ce sujet que je faisais tout pour éviter. J'avais horreur d'y penser, et ses implications étaient plus angoissantes encore.

– Et puisqu'on en est à parler de l'avenir, a ajouté Courtney, que va-t-on devenir, Mark et moi?

Ce qui, bien sûr, était *l'autre* sujet auquel je préférais ne pas penser. C'était bien du genre de Courtney de l'évoquer sans prendre de gants. Je n'ai pas répondu tout de suite. Je voulais choisir les bons termes. Des mots qu'ils puissent comprendre. Je voulais ne pas trop les bousculer. Ils étaient mes amis. Ils avaient contribué à sauver Halla. Ils méritaient tout le respect et la considération que je pouvais leur témoigner.

– On ne rentre pas chez nous, n'est-ce pas ? a-t-elle demandé.

Oui, on pouvait aussi faire comme ça.

J'avais toujours du mal à trouver mes mots. Comment leur annoncer qu'après tout ce qu'ils avaient enduré, ils étaient condamnés à vivre jusqu'au restant de leurs jours dans un futur inconnu, loin de leurs familles et de tout ce qu'ils aimaient ? Ce n'était pas juste.

– Non.

C'est tout ce que j'ai réussi à sortir.

On s'est assis sur le rebord de la plate-forme, tous les trois.

– Ce n'est pas grave, Bobby, a dit Mark d'un ton rassurant.

– Oui, a ajouté Courtney, on s'en doutait un peu.

– Les mondes doivent rester distincts, ai-je repris. Fini les voyages en flume. Saint Dane a chamboulé l'évolution naturelle de Halla et a bien failli provoquer sa destruction. Il reste à s'assurer que cela ne se reproduira pas.

– Mais il y a un problème, a répondu Courtney.

– Quoi ?

– J'ai emprunté ce livre à la bibliothèque et je dois avoir, oh, trois mille ans de retard. Qui va payer l'amende ?

Courtney a toujours eu le don de me faire rire. Elle a passé ses bras autour de mes épaules et a ajouté :

– Ce n'est rien. À vrai dire, je ne suis même pas sûre qu'on ait envie de retourner chez nous. Bobby, nous ne sommes plus les mêmes. Que ferait-on de nos journées ? Retourner au lycée de Davis Gregory High ? Jouer au volley ? Regarder la téloche ? Après avoir altéré le cours de l'univers, c'est dur de retourner mener sa petite vie comme si de rien n'était.

– Quoique, a ajouté Mark, je me ferais bien un cornet de frites au Garden Poultry.

– Tu peux toujours monter une équipe de volley ici, ai-je proposé.

– Bien sûr. Ça ferait passer le temps pendant qu'on rebâtit une civilisation. Sympa.

On a éclaté de rire à nouveau avant de laisser retomber le silence. C'était bon de blaguer entre nous, mais ce qui nous attendait était très sérieux.

– Il n'y a pas de mots pour exprimer l'admiration que j'ai pour vous deux, ai-je commencé. Je devrais dire que je suis désolé de vous avoir entraînés dans cette histoire de fous, mais ce serait mentir. Sans vous, on ne serait pas ici en ce moment. Vous avez vaincu Saint Dane.

– On l'a tous vaincu, a corrigé Mark.

– Mais c'est vrai qu'on a donné un petit coup de main, a ajouté Courtney.

– Tout ce que je peux dire, c'est… Merci. Je vous aime.

On s'est étreints, tous les trois. Un moment de tristesse et de beauté mélangées.

– Il reste encore une question, a déclaré Mark. Et *toi*, Bobby, qu'est-ce que tu vas faire ?

– C'est vrai, a repris Courtney. C'est une chose de recommencer sa vie ici, mais je ne peux m'imaginer le faire sans toi.

J'avais la réponse. Enfin, du moins je le croyais. Même si je n'avais aucune envie de l'entendre.

– En vérité, je l'ignore. Mais j'ai l'impression que je ne resterai pas très longtemps ici.

Voilà. C'était fait.

Et alors, il s'est passé quelque chose que j'aurais cru impossible.

Courtney Chetwynde s'est mise à pleurer.

Journal n° 37

… *ET FIN.*

On se tenait rassemblés pour ce qui, dans nos esprits, devait être la dernière fois. Les dix Voyageurs et l'oncle Press. Notre ultime rencontre se déroulait au même endroit où j'avais fait mes adieux à Mark et à Courtney. Dans la rotonde située au centre du Taj Mahal. C'était là que l'oncle Press nous avait convoqués, et on savait pourquoi.

Il était temps de passer à autre chose.

On décrivait un cercle, comme on l'avait fait après la destruction du flume. L'oncle Press se tenait au centre, foulant des pieds l'étoile ravinienne. Mais le sentiment général était bien différent de notre dernière rencontre. À ce moment-là, on croyait avoir tout perdu. Maintenant, si l'on éprouvait toujours un sentiment de crainte, cette fois-ci, c'était la peur de l'inconnu qui nous tenaillait. Personne ne savait de quoi l'avenir serait fait.

– Il s'est passé tant de choses, a commencé l'oncle Press. La plus importante de toutes est certainement la victoire de l'esprit positif de l'humanité. Et nous y avons joué un rôle. Nous y avons été obligés. Saint Dane ne nous a pas laissé le choix. Mais au final, c'est le peuple qui a remporté la bataille. Et c'est ce qui est écrit.

– Et les autres territoires ? a demandé Gunny.

– Pas les territoires, a corrigé l'oncle Press, les mondes. Ayez la foi dans l'esprit de l'humanité. Débarrassés de l'influence de Saint Dane, ils reprendront leur voie naturelle. Ils sont à nouveau maîtres de leur destin. Mais tout ne va pas changer en un jour.

Ravinia a encore bien des points d'ancrage. Mais cela finira par arriver. J'en suis persuadé, et une fois de retour sur Solara, vous le serez également.

Et voilà. Il l'avait dit. On retournait sur Solara. Pour de bon. J'ai senti une onde de nervosité parcourir le groupe – et mon estomac. C'est Aja qui a posé la question qui nous hantait tous :

– Et nous, que va-t-on devenir ? Nos personnalités vont-elles se dissoudre ? Ne suis-je déjà plus Aja Killian ? Pourra-t-on seulement se rappeler de qui nous étions ?

– Oui, a répondu l'oncle Press. Et vous vous souviendrez de toutes ces autres existences que vous avez vécues, de tout ce qu'elles vous ont appris. N'ayez pas peur. Je sais que vous voyez tout ça par les yeux des êtres physiques que vous êtes devenus. Mais cela va changer. Ne pleurez pas vos vies passées. Au contraire, réjouissez-vous, car vous en avez encore beaucoup d'autres à vivre.

– Celle-ci me plaisait bien, a dit Spader avec un gloussement nerveux. Elle me manquera.

– Justement non, a répondu l'oncle Press. Crois-moi. Tu n'as rien à perdre et tout à gagner.

– Est-ce qu'on se reconnaîtra ? a demandé Alder. Pourra-t-on communiquer entre nous ?

– C'est une bonne question, a ajouté Loor. Nous avons forgé des liens assez forts, et cela me rend triste de penser qu'ils puissent être dissous.

– Ces liens ne seront pas rompus, a affirmé l'oncle Press. Je le promets. Vous ne faites qu'un. Vous faites tous partie de l'esprit de Solara. Vous serez toujours ensemble.

À ces mots, je crois que tout le monde s'est senti mieux. Pas un seul d'entre nous ne savait ce que ça signifiait, mais on faisait confiance à l'oncle Press. S'il affirmait qu'on resterait ensemble, on le croyait. Et le fait qu'on ait retrouvé nos proches le rendait encore plus crédible. Le soulagement général était presque palpable.

– Vous avez tous bien agi, a repris l'oncle Press. Mais votre tâche n'est pas terminée, et elle ne le sera jamais vraiment. Comme tous les esprits de Solara, vous allez continuer de guider les êtres physiques de Halla. Vous ne marcherez pas avec eux, mais vous serez bien là. C'est quelque chose de merveilleux. C'est ce pourquoi nous existons. N'ayez pas peur, au contraire, réjouissez-vous.

Mes angoisses commençaient à s'apaiser, mais je me sentais toujours aussi triste. J'aimais bien être Bobby Pendragon. Malgré les bonnes paroles de l'oncle Press, j'avais toujours l'impression qu'il me manquerait.

– Le temps est venu, a-t-il affirmé.

Il a regardé Elli. Elle n'avait jamais été aussi rayonnante, et je savais pourquoi. Malgré tout ce que Nevva, sa fille, avait pu faire au nom de Saint Dane, au final, elle avait joué un rôle majeur dans le salut de Halla. En cela, Elli avait trouvé la paix. Elle nous a regardés tour à tour, a souri, puis a disparu.

L'oncle Press est passé à Siry.

– Reverrai-je un jour les Jakills ? a demandé ce dernier.

– Quand tu le voudras.

Ce qui parut le satisfaire. Il a hoché la tête, puis a disparu à son tour.

Alors l'oncle Press s'est tourné vers Patrick.

– Je ne vais pas mentir, a dit ce dernier, constater la déchéance de mon monde m'a anéanti. De tous les territoires de Halla, c'est celui qui est tombé le plus bas. Il était si… parfait !

– La perfection n'est pas de ce monde, a affirmé l'oncle Press. Je suis sûr qu'il reviendra à son niveau initial, et j'espère que toi aussi.

Patrick a acquiescé avant de disparaître. J'ai sincèrement espéré qu'il se sente mieux.

Aja était la prochaine.

– En fait, j'ai hâte d'y être. J'aime bien l'idée de tout voir et tout savoir.

– En ce cas, a répondu l'oncle Press avec un gloussement, tu es en bonne voie.

Aja s'est empressée de s'effacer du paysage.

Kasha a fait un pas en avant :

– J'ai peur pour les gars.

– Tu as tort, a répondu l'oncle Press. Ils avaient fait pas mal de progrès avant que Saint Dane s'en mêle. Ils sauront se débrouiller.

– Je m'excuse, Kasha ! ai-je crié.

– Pourquoi ? a-t-elle répondu.

– J'avais promis de ramener tes cendres sur Eelong.

Elle a haussé les épaules.

– Je comprends, Pendragon. Dans une autre vie, peut-être.

Sur ce, elle a souri, et nous a laissés.

Au tour de Spader.

– Vous parlez d'une aventure ! a-t-il déclaré en riant.

– Hé, lui ai-je lancé, peut-être qu'ils ont des sniggers sur Solara !

Il a ouvert de grands yeux. Il n'avait pas pensé à ça.

– Le dernier arrivé paie sa tournée !

À son tour de disparaître. L'oncle Press s'est tourné vers Gunny, qui a déclaré :

– J'ai vécu bien longtemps dans mon monde. Bien plus que n'importe lequel de mes jeunes amis. Et en fait, j'avoue que j'ai hâte de découvrir ce qui m'attend.

– Tu ne seras pas déçu, a fait l'oncle Press.

Gunny m'a regardé avec aux lèvres ce sourire entendu et chaleureux que j'avais appris à aimer. Ses yeux brillaient d'enthousiasme.

– Je vous aime tous. Merci d'avoir supporté un vieil homme jusqu'au bout.

Et il a disparu.

Alder est venu en courant me serrer dans ses bras :

– Je suis fier de te considérer comme mon frère. Il s'est passé tant de choses. Tant de batailles. Tant de décisions à prendre. On a tous joué un rôle dans cette guerre. Mais sans toi, Halla serait fini.

Je ne savais que répondre à ça. J'ai eu bien du mal à ravaler mes larmes. Il s'est détaché de moi :

– J'attends avec impatience ma prochaine aventure en ta compagnie, Pendragon.

Sur ce, Alder a disparu.

Maintenant, c'était au tour de Loor. Elle se tenait en face de moi de l'autre côté de l'étoile. Lentement, elle s'est avancée pour me regarder dans les yeux :

– J'ai eu des doutes, a-t-elle commencé. À notre première rencontre, je t'ai cru faible et inutile.

– C'était vrai, ai-je remarqué.

– Non, c'était faux, a-t-elle corrigé. Tu ne savais pas où tu en étais. Comme nous tous. Mais je me suis vite rendue à l'évidence. Tu étais notre lumière, Pendragon. Notre âme. Tu as surmonté tes angoisses. C'est ce qu'il y a de plus difficile. Être un guerrier n'a rien de compliqué. Il est bien plus difficile d'être un leader, quelqu'un qui inspire la confiance et non la peur. Toi, Bobby Pendragon, m'as inspiré.

On s'est étreints. Mes sentiments pour Loor étaient profonds.

– Tu m'as mis au défi, m'as poussé et m'as aidé à devenir le Voyageur que je devais être, ai-je déclaré.

– Et je le referais sans hésiter, a-t-elle répondu. Et peut-être que si j'en avais encore l'occasion, je te donnerais le baiser que je t'ai refusé cette nuit-là, sous la pluie.

– Promis juré ?

Loor m'a décoché un de ses rares sourires, puis s'est tournée vers l'oncle Press. Ce dernier a cligné de l'œil. Elle a fait un pas en arrière. Et la guerrière de Zadaa est partie mener un nouveau combat.

Je me suis retrouvé seul avec l'oncle Press. On est restés là, tous les deux, à fouler du pied l'étoile de Ravinia. Non, l'étoile qui désignait l'emplacement des flumes.

– Donc, a-t-il déclaré avec un sourire torve – redevenant l'espace d'un instant l'oncle Press de mon enfance, celui que j'aimais tant –, je ne racontais pas de craques en disant qu'on avait besoin de ton aide.

– Oui, mais tu n'as pas précisé que c'étaient tous ceux qui existent et existeront. Tu as omis ce petit détail.

Il a gloussé :

– Si je l'avais fait, est-ce que tu m'aurais suivi ?

– Jamais de la vie !

On a éclaté de rire tous les deux. J'ai repensé à ce soir-là, il y a si longtemps, lorsque l'oncle Press était venu me chercher chez moi pour commencer cette incroyable odyssée qui était maintenant sur le point de se terminer.

– J'ai besoin d'encore un peu de temps, ai-je déclaré.

– Pour quoi faire ? a-t-il demandé, intrigué.

– Il faut que je termine mon journal. Il ne sera pas complet tant que je n'aurai pas relaté ce qui s'est passé ces derniers temps et la façon dont tout le monde est retourné sur Solara. Il faut bien que cette histoire ait une conclusion, non ?

L'oncle Press a acquiescé :

– D'accord. J'attendrai.

Je repartais vers ma chambre lorsqu'il m'a lancé :

– Bobby ?

Je me suis retourné.

– Tout ce que tu as fait est incroyable, a-t-il dit avec sincérité. Je t'admire.

J'ai haussé les épaules.

– Ouais. Moi aussi.

On a gloussé tous les deux. Je suis reparti… pour m'arrêter une fois de plus. Il y avait encore quelque chose qui me dérangeait. Je n'avais pas l'intention d'en parler, mais je ne pouvais m'en empêcher.

– Tu sais, tout ce qui s'est passé me convient. Enfin, en général. Je ne regrette pas de t'avoir suivi ce soir-là, ni les sacrifices que j'ai dû faire, ni d'avoir dû me battre alors que je n'avais rien demandé. Je comprends. Je sais pourquoi on nous a créés tels que nous sommes, pourquoi on nous a donné la vie, et pourquoi on est devenus une partie de nos territoires respectifs. Je comprends tout maintenant.

– Mais ?

– Mais je trouve ça un peu injuste. Si on est partis en guerre, c'était pour préserver tout ce qu'on aimait dans ces mêmes territoires. C'était notre motivation première, et tu en es bien conscient. C'est pour ça qu'on a subi une telle préparation. Notre passé était ce qui nous définissait. On aimait nos petites vies. On les aimait même tellement qu'on était prêts à tout sacrifier pour les protéger. Et qu'est-ce qu'on reçoit en retour ? Après avoir lutté si dur pour retrouver ces mêmes existences, au final, on nous dit que c'est impossible. (J'ai haussé tristement les épaules.) Je comprends, mais cela me semble tout de même injuste.

– Bobby Pendragon fera toujours partie de toi, a-t-il affirmé.

– Il faut croire. Mais c'est un type dont la vie a pris fin alors qu'il avait à peine quatorze ans, juste avant le match de basket le plus important de sa vie. Il ne saura jamais s'il l'aurait gagné. Ou s'il plaisait vraiment à Courtney. Ou un million d'autres choses. C'est plutôt triste, tu ne trouves pas ?

L'oncle Press a froncé les sourcils. Il allait prendre la parole, puis s'est arrêté. Lui qui avait réponse à tout.

Mais pas cette fois.

– Tu as raison, a-t-il dit d'un air sombre. Ce n'est pas juste.

J'ai acquiescé, content d'avoir enfin pu lui dire ce que j'avais sur le cœur.

– C'est bizarre, ai-je ajouté. Après avoir sauté d'un monde à l'autre, d'un siècle à l'autre, tout ce que je demande, c'est qu'on me laisse encore un peu de temps.

J'ai laissé l'oncle Press planté là, sur cette étoile.

Je devais finir mes pages d'écriture. Durant mes aventures, mes journaux avaient toujours été là pour me tenir compagnie. Ils m'avaient servi à analyser ce qui semblait peu clair. À me défouler. Les rédiger m'avait aidé à accomplir ma mission.

À sauver Halla.

Maintenant que je rédige ces derniers mots, je ne sais si quelqu'un les lira un jour. Personne, peut-être. Mais si vous tombez un jour sur mon histoire, sachez que ce qui m'est arrivé, ce qui *nous* est arrivé, était exceptionnel. On a prouvé sans l'ombre d'un doute la suprématie de l'esprit humain. Face à l'adversité, il finira toujours par triompher. Dans la vie, il n'y a pas de réponses simples. Dans tout ce qui existe, y compris les individus, il y a une part de bien et une part de mal. Il n'y a pas de décision sans conséquences. Pas de chemin qui ne débouche sur un autre. Le plus important, c'est de faire en sorte que ces chemins restent ouverts, car nul ne sait sur quelles merveilles ils peuvent déboucher.

Pour la dernière fois, j'écris ces mots : « Et nous voilà repartis ». C'est ma façon de dire que je suis prêt pour la prochaine aventure. Le chapitre suivant. Le défi suivant. Quoi qui puisse m'attendre au tournant, je suis prêt à l'affronter.

Parce que c'est vraiment ce qui est écrit.

Fin du journal n° 37

Ultime journal de Bobby Pendragon

TERRE

La porte s'ouvrit lentement.

Là, fixant nerveusement l'espace ainsi dégagé, se tenait Courtney Chetwynde. La grande Courtney Chetwynde. La fille aux yeux gris si expressifs que Bobby connaissait depuis le jardin d'enfants. Elle avait le don de lui couper le souffle.

– Yo, fit Bobby en une tentative d'avoir l'air cool.

Il le regretta aussitôt. On ne disait pas « yo » à moins de vouloir imiter Sylvester Stallone, et plus personne ne cherchait à imiter Sylvester Stallone. Plus personne ne se souvenait de lui.

– Yo, railla Courtney. Qu'est-ce que ça signifie ?

Elle avait le don de le forcer à marcher sur des œufs. C'était ce qu'il aimait chez elle. Entre autres choses. Beaucoup d'autres.

– Interprète ça comme tu veux. Tout ce qui sort de ma bouche est intéressant, tu le sais bien.

– Oui, pour mon plus grand malheur.

Courtney entra dans la pièce, regarda la lampe et plissa les yeux.

– Ça fait mal. Et d'abord, qu'est-ce que tu fabriques là-dedans ? Tu plantes des géraniums ?

Elle éteignit la lumière, plongeant la salle dans une pénombre qu'une petite lampe de bureau peinait à dissiper.

– Quoi, tu te la joues romantique ?

– Dans tes rêves.

Bobby gloussa.

– Et *toi*, qu'est-ce que tu fais là ?

– Je ne suis pas la bienvenue ?

Bobby ne jugea pas bon de répondre.

– Je n'arrivais pas à dormir.

Courtney était nerveuse. Ça ne lui ressemblait pas. Bobby le sentit aussitôt.

– Qu'y a-t-il ? demanda-t-il avec sincérité.

Elle avait du mal à le regarder dans les yeux. Elle avait quelque chose sur le cœur, ça, au moins, c'était évident. Elle tenait à bien choisir ses mots.

– C'est que, commença-t-elle d'un ton hésitant, j'ai quelque chose à te dire. J'ai la drôle d'impression que si je ne le fais pas maintenant, je n'aurai pas d'autres occasions.

– Oooh, te voilà bien lugubre, plaisanta Bobby.

Courtney fronça les sourcils.

– Désolé, concéda Bobby. Alors, qu'est-ce qu'il y a de si important ?

Courtney inspira profondément :

– Juste que… je t'aime.

Bobby attendit qu'elle continue.

– Oui, et alors ? demanda-t-il.

– Quoi, ça ne te suffit pas ? rétorqua-t-elle.

– Euh, non, c'est bien. Mais je ne comprends pas pourquoi tu as eu tant de mal à cracher le morceau. Ce n'est pas comme si tu ne me l'avais pas déjà dit une ou deux fois… ou quelques milliers.

Courtney lui saisit les mains. Bobby les regarda. Ce spectacle le prit par surprise, comme à chaque fois qu'elle lui rappelait ce qu'il avait délibérément choisi d'ignorer. Voir ce qu'étaient devenues ses propres mains était toujours un choc. Un jour, elles avaient été grandes et fortes, assez larges pour empoigner un ballon de basket. Maintenant, il avait du mal à ne pas trembler en levant une tasse de thé… lorsqu'on le laissait en boire, ce qui n'arrivait pas souvent. Elles semblaient avoir rétréci. Sa peau – qui à ses yeux, avait viré au gris, bien qu'il sache que ce soit impossible – se marbrait de taches de vin apparaissant avec une régularité inquiétante. Il avait l'impression de manquer de soleil, mais il ne sortait plus beaucoup au grand air. Ce n'était pas autorisé.

Dans son esprit, il restait un jeune homme plein de vie et de confiance qui dévorait le monde à belles dents et avec bonne humeur. La confiance et la bonne humeur étaient toujours là, mais il n'était plus un jeune homme. Du moins pas physiquement. Dans ses rêves, il pouvait toujours courir avec l'abandon de la jeunesse. Il ne savait plus trop les distinguer de la réalité. À vrai dire, il lui arrivait de ne plus savoir s'il dormait ou s'il était éveillé. Les heures se succédaient de façon monotone. Le temps avait perdu toute signification. Dans son esprit, il était quelqu'un d'autre. Celui qu'il était autrefois. Bien sûr, ce n'était pas toujours le cas. Autant que possible, il évitait les miroirs.

– Qu'est-ce qui te travaille, Courtney ? demanda-t-il doucement.

Courtney lui caressa les mains avec affection. Elle faisait de son mieux pour ne pas pleurer. Elle ne voulait pas devoir se détourner pour écraser une larme.

– Désolée, renifla-t-elle. J'agis comme une vieille idiote.

– Eh bien, comme ça, on est deux, répondit Bobby d'un ton qui se voulait léger.

Courtney sourit. Bobby aimait bien ce spectacle. Même après toutes ces années, ses yeux étaient toujours aussi brillants et pleins de vie. Elle avait toujours les cheveux longs, même s'ils étaient désormais d'un beau gris argenté luisant où il restait encore quelques traces de châtain. Dans le temps, il lui affirmait qu'ils étaient couleur ambrée. Elle n'avait jamais vraiment compris ce qu'il voulait dire par là, mais comme ça semblait plutôt flatteur, elle ne s'en offusquait pas. Bien que sa peau ait perdu la vitalité de la jeunesse et qu'elle soit incapable de marcher plus de quelques mètres sans s'aider d'une canne, aux yeux de Bobby, elle était toujours la plus belle fille au monde. Tout ce qui importait, tout ce qui avait toujours importé, c'était son regard.

– Je ne sais pas pourquoi je suis comme ça, reprit-elle avec un petit rire nerveux. Je… j'avais juste l'impression qu'il fallait absolument que je vienne te trouver. Maintenant. Ce soir.

– On s'est vus pas plus tard que cet après-midi, a repris Bobby en faisant de son mieux pour ne pas avoir l'air sarcastique.

Courtney acquiesça. Elle s'assit à ses côtés sur le lit d'hôpital. Celui-là même où il reposait depuis près de deux semaines.

– Je sais.

– Tu as toujours le béguin pour moi, pas vrai ? demanda Bobby en lui clignant de l'œil. Fais attention, sinon, les infirmières vont finir par se douter de quelque chose.

Courtney gloussa. Bobby la faisait toujours rire. Même dans ses moments de désespoir. *Surtout* dans ses moments de désespoir.

Bien qu'il refusât de l'admettre, Bobby savait ce qu'elle avait en tête.

Il ressentait la même chose.

Depuis un an, ses problèmes de santé l'obligeaient à entrer et sortir de l'hôpital régulièrement. Les examens n'en finissaient pas. Les résultats n'étaient jamais positifs. La liste de ses maux était trop longue pour qu'il puisse les décompter. Il avait fini par cesser d'écouter les docteurs. Pour lui, leurs découvertes n'avaient pas d'importance. Il savait d'où venaient tous ses maux. Il était vieux. Très vieux. Lorsque sa dernière heure viendrait, les médecins donneraient certainement une raison spécifique à sa mort. Une crise, une défaillance quelconque. Mais ça ne serait qu'une formalité. Simple question de paperasserie. C'était la loi. Il fallait bien écrire quelque chose dans la rubrique « cause du décès », et on n'y mettait jamais « vieillesse ». Mais c'était néanmoins ce dont souffrait Bobby Pendragon. C'était aussi simple que ça.

Et en plongeant dans les yeux de Courtney, il comprit ce qui la travaillait.

Ils ne seraient plus longtemps ensemble.

Bien qu'ils aient le même âge, Courtney était en meilleure santé que Bobby. C'était un fait qu'elle n'hésitait pas à lui rappeler à la moindre occasion. Au fil des années, ils n'avaient cessé de s'asticoter. Et Bobby n'aurait jamais souhaité qu'il en soit autrement. Il ne regrettait rien. Il avait bien vécu et, avec le recul, pouvait être fier de ce qu'il avait fait de son existence. Ces derniers temps, il passait pas mal de temps à revivre le passé. Surtout en prenant de l'âge.

Dans sa jeunesse, Bobby avait été un garçon plein de promesses, et il les avait toutes tenues. À sa sortie du lycée, il avait décroché une bourse et s'était inscrit à l'ancien collège de son père, celui de Villanova University. Et là, il avait continué de jouer au basket dans l'équipe locale, les Wildcats, qui était assez réputée. Mais aussi doué soit-il, Bobby n'avait pas l'étoffe d'un pro. Du moins pas au départ. Mais il jouait quand même. Lorsque les Wildcats avaient besoin d'un remplaçant, c'était à lui de s'y coller. Bobby était plus petit que la moyenne des futurs professionnels. Il était loin d'avoir leur expérience du terrain. Quand l'équipe de Nova avait eu la chance d'être sélectionnée au tournoi de la NCAA, il eut même une occasion de faire ses preuves lors d'un match national. Une des expériences les plus mémorables et les plus enrichissantes de toute son existence.

Bobby n'avait aucune envie de se faire basketteur professionnel. Et à la fin de ses études, ce jeu avait cessé de lui plaire. La vie était riche de possibilités et d'occasions ; l'ennui, c'est qu'il ignorait lesquelles lui convenaient le mieux. Pendant un temps, il s'était laissé vivre en effectuant de petits boulots. Ses parents désiraient qu'il entre en fac de droit. Ils croyaient qu'il pouvait changer le monde. Il ne voulait pas les décevoir, mais n'était pas assez motivé. Il avait une vocation, il en était sûr ; il lui restait juste à découvrir laquelle.

À part le basket, il y avait une chose qu'il appréciait plus que tout. Il aimait raconter des histoires. Il avait le don pour prendre des concepts complexes et les coucher sur le papier de façon à les rendre abordables. Pour lui, il n'y aurait rien de mieux que de faire carrière dans un domaine qu'il adorait. L'écriture. Mais ça ne fut pas une mince affaire. Tout d'abord, il n'arriva pas à placer ses textes. Ou les faire publier. Pas un seul. Il aborda tous les genres et tous les types de récits, de l'aventure épique aux feuilletons en ligne. Il cessa même de se faire appeler Bobby pour reprendre le nom inscrit sur son état civil, celui de Robert Pendragon, afin de faire plus professionnel. Mais rien ne semblait y faire. Après avoir subi une lettre de refus de trop, Bobby en vint au point de laisser tomber pour, comme disait son père, prendre un « vrai travail ». Et bien sûr, c'est à ce moment que la chance lui sourit. Un magazine accepta une de ses nouvelles qui parlait de prisonniers devenant esclaves de firmes privées japonaises durant la Seconde Guerre mondiale. C'était une fiction, mais basée sur des faits réels. Non seulement ce fut sa première publication professionnelle, mais elle marqua le début de dix années d'une fructueuse carrière d'écrivain.

Contrairement aux espoirs de ses parents, Bobby ne devint pas avocat, mais à sa façon, il réussit à changer le monde. Il se spécialisa dans l'écriture de fictions basées sur des événements authentiques. Il donna une certaine réalité aux faits historiques, les rendant accessibles à un lectorat qui, autrement, ne s'y serait pas intéressé. Parmi ses nombreux sujets, il traita du travail des enfants dans le tiers-monde, devant affronter la maladie sans bénéficier de la moindre couverture sociale, et du dur combat contre l'illettrisme. Il choisissait toujours des sujets ayant une certaine pertinence sociale. Il voulait entraîner ses lecteurs au-delà de son histoire et illustrer des défis majeurs de son temps tout en les rendant passionnants. On loua sa façon de créer des personnages mémorables donnant un nouvel éclairage à des problèmes d'actualité. La plupart des livres de Robert Pendragon finirent dans les programmes scolaires. Ses œuvres ne firent pas sa fortune, mais il eut la satisfaction de savoir que son travail avait servi à quelque chose.

Après le lycée, Courtney et lui se perdirent plus ou moins de vue. Elle alla à l'Université de New York, où elle obtint un diplôme de communication tout en jouant au volley et au softball dans l'équipe locale. C'est alors qu'elle partit pour Los Angeles où elle fit carrière en tant que productrice de bulletins d'actualité télévisés. Bobby et elle restaient en contact, mais ne se rencontraient guère, du moins jusqu'au jour où Bobby fut invité à un rallye visant à collecter des fonds au bénéfice des professeurs de Californie. Bobby sauta sur l'occasion : cette cause ne lui tenait pas particulièrement à cœur, mais il savait que Courtney serait là pour couvrir l'événement. Lorsqu'ils se retrouvèrent, ce fut comme s'ils s'étaient quittés le jour d'avant.

Ils ne se séparèrent plus jamais. Deux ans plus tard, ils étaient mari et femme.

Ensuite, c'est ensemble qu'ils parcoururent le monde. Que ce soit pour les recherches de Bobby ou le travail de Courtney, ils virent des lieux dont la plupart des gens ne peuvent que rêver.

Tous les deux. Lorsqu'ils envoyaient des mails à leurs amis, ils les signaient toujours : « Les Voyageurs ».

Leur seul regret fut de ne pas avoir d'enfants. Oh, ils en voulaient, mais il faut croire que ce n'était pas ce qui était écrit. Le fait de ne pas avoir de descendance ne les empêcha pas de jouer un rôle important dans les vies de trois jeunes gens bien particuliers. Ils s'appelaient Alice, Claire et Teddy. C'étaient le fils et les filles de Mark Dimond.

Mark, lui, suivit le chemin que tout le monde lui avait prédit. Après le lycée, il entra au MIT, le prestigieux Institut de Technologie du Massachusetts. Logique, non ? Durant son séjour dans cette institution, il conçut un système permettant d'enregistrer et de diffuser des images en 3D digitalisées. Cette technologie révolutionnaire servit non seulement pour l'industrie des loisirs, mais également la recherche biologique, l'imagerie médicale et les communications. Ce qui fit de lui un homme riche, même si cela n'avait rien d'évident au premier coup d'œil. Il continua de s'habiller n'importe comment et de passer trop rarement chez le coiffeur.

Il épousa Marie, une fille de Boston, où il finit par s'installer. Mais ils continuèrent de voir régulièrement Bobby et Courtney, ensemble ou séparément. Ils étaient comme une seconde famille. Bobby et Courtney achetèrent une maison sur une île face au Maine, où les enfants de Mark et Marie venaient souvent leur rendre visite. À peine eurent-ils l'âge de marcher que Bobby les emmena à l'aventure. Bobby et Courtney leur firent faire de la randonnée dans les Sierras et descendre le fleuve Colorado. Bobby leur apprit la plongée sous-marine et à piloter un bateau. Et l'alpinisme. Et à pêcher. Et à conduire. Et, et, et… Bobby devint l'oncle dont tout le monde rêve. Comme il le disait toujours, c'était facile pour lui, qui avait été à bonne école. Il promit à Mark qu'il serait toujours là pour ses gamins comme l'oncle Press avait toujours été là pour lui. Et Bobby tint parole. Bobby Pendragon tenait toujours ses promesses.

Il n'avait pas beaucoup de goût pour les honneurs, mais il y avait un souvenir qu'il chérissait par-dessus tout. C'était une coupure du *Stony Brook Time*, le journal de sa ville natale. Il parlait de deux diplômés du lycée de Stony Brook qui, chacun, avaient réussi au-delà de toute espérance dans des domaines très différents tout en restant bons amis. L'article était illustré par une photo de ces deux hommes. Bobby et Mark. Bobby l'avait fait encadrer et accroché au-dessus de son bureau. Cette coupure devint plus importante encore lorsque Bobby reçut le coup de fil qui devait tout changer.

C'était Marie, qui lui annonça la tragique nouvelle. Subitement, Mark était tombé malade. Il n'y eut pas le moindre signe avant-coureur. Une crise cardiaque l'avait emporté alors qu'il n'avait même pas quarante ans. Bobby n'eut même pas l'occasion de lui faire ses adieux. Ce fut une dure leçon : la vie vous réserve bien des surprises, et pas toujours agréables.

À l'enterrement de Mark, Courtney et Bobby se chargèrent de son éloge funèbre. Courtney parla de l'importance de l'amitié et de pousser les gens à réaliser leurs rêves. Bobby déclara qu'il était fier de Mark, non pas pour les incroyables prouesses qu'il avait réalisées durant sa courte existence, mais parce qu'il avait consacré sa vie à faire ce qu'il aimait avant tout. « Ainsi, conclut-il, Mark nous a donné une leçon bien plus précieuse que toutes ses inventions. »

Bobby tint sa promesse. Courtney et lui firent tout leur possible pour assister Marie et les enfants. Les Dimond n'avaient pas besoin d'argent, mais d'amitié et de stabilité. Et Bobby et Courtney furent là pour eux. Toujours. Leur seconde famille resta unie, malgré cette tragédie. Ou peut-être à cause d'elle.

– Marie et les enfants sont passés hier, dit Bobby.

– Tous les enfants ? demanda Courtney.

Elle aida Bobby à s'asseoir sur le lit en redressant les oreillers pour qu'il puisse s'y adosser.

– Oui. Tu sais, ils ne sont plus des gamins. Incroyable mais vrai, maintenant, ils ont leurs propres gosses. Et ils continuent de m'appeler oncle Bibs !

– C'est pour la vie, répondit Courtney.

Ils restèrent un moment silencieux, puis Bobby reprit :

– Je me demande si eux aussi avaient l'impression de devoir venir me voir sans plus tarder.

Courtney s'assit au bord du lit. Elle n'avait pas à répondre à cette question. Bien sûr qu'ils étaient venus pour ça.

Ils continuèrent de se tenir les mains. Il était tard. Bien au-delà des heures de visite. Le silence régnait dans la chambre. Il n'était pas branché à des moniteurs. Bobby n'en voulait pas. Il se fichait pas mal de ses signes vitaux. « Tant que je respire, ça me suffit », disait-il. Les docteurs s'en contentaient.

– Tu sais, affirma Bobby, pour moi, ce n'est pas si grave. Je me suis habitué à cette idée.

Courtney acquiesça.

– Et tu devrais t'y faire également, ajouta-t-il.

– Je le suis. C'est que… j'ai pris l'habitude de t'avoir auprès de moi.

– T'es-tu jamais demandé ce qui se serait passé si tu n'étais pas venue chez moi ce soir-là ?

– Le soir du match de basket ?

Bobby acquiesça.

– Ça n'aurait rien changé, reprit Courtney. C'est marrant, le destin. Lorsque quelque chose est écrit, ça devient inévitable. On serait toujours là, deux vieux schnoques qui passent plus de temps à se souvenir du passé qu'à profiter du présent.

– Parle pour toi, s'empressa de répondre Bobby. Moi, je profite à fond de tes mains.

Courtney se pencha en avant pour embrasser Bobby. Il aimait ses lèvres. Depuis toujours. Mais une voix étrangère les interrompit :

– Oh, pardon. Excusez-moi.

Ils levèrent les yeux, gênés d'avoir été surpris en pleine intimité. Là, dans l'entrée, se tenait un homme d'une quarantaine d'années. Il portait un long manteau brun clair, un jean et une chemise à carreaux. Ses cheveux châtains tombaient sur ses oreilles. Apparemment, cela faisait plusieurs jours qu'il ne s'était pas rasé.

– Je ne voulais pas vous déranger.

Il baissait les yeux, mais Bobby vit qu'il souriait.

– Qu'y a-t-il ? lança Bobby d'une voix faible. Vous n'avez jamais vu deux amoureux se bécoter ?

– Je vous en prie, ne vous interrompez pas pour moi ! reprit le nouveau venu en se reculant. Je peux revenir plus tard !

– Oh, ça va ! cria Bobby. Grâce à vous, on n'est plus vraiment d'humeur. Qui cherchez-vous ?

L'homme rentra pour de bon dans la pièce en dissimulant toujours son sourire, et alla se planter devant le lit :

– J'ai là quelque chose à vous remettre. C'est bon ?

– Bien sûr, répondit Bobby, du moment que c'est quelque chose à manger. Entre les saletés qu'ils vous servent ici et mon régime draconien, ça fait des semaines que je n'ai rien eu de comestible. Je prendrais volontiers une portion de frites.

Le nouveau venu gloussa et se recula vers la porte.

– Pourquoi êtes-vous passé si tard ? demanda Courtney.

– Parce que le moment est venu.

Bobby et Courtney échangèrent un regard. Qui était ce type ? Le visiteur atteignit l'embrasure et se pencha pour prendre quelque chose qu'il avait laissé à l'extérieur. Lorsqu'il se redressa, ils virent que c'était une grosse boîte en carton blanc.

– Ça ne peut pas être pour moi ! déclara Bobby.

– Et pourtant, si.

Il souleva le couvercle et en tira un rouleau de papiers jaunis retenus par une lanière de cuir.

– On dirait une carte de pirate, remarqua Courtney.

– Si vous pensez pouvoir nous entraîner dans une course au trésor à la noix, ajouta Bobby, vous arrivez un peu tard.

– Non, répondit le visiteur, j'arrive juste au bon moment. Mais oui, il est bien question d'un trésor. Enfin, si l'on veut.

– À quoi jouez-vous, jeune homme ? demanda Courtney impatiente. M. Pendragon n'est pas en bonne santé. Inutile de l'importuner avec…

– Pardon, je ne voulais pas vous déranger. Mais j'aimerais que vous fassiez quelque chose pour moi.

– Quoi ? demanda Bobby.

– Lire.

– Lire ? répéta Bobby.

– Exact. Dans cette boîte, il y a une histoire. Plutôt bonne. Divisée en trente-sept chapitres. (Il tendit le rouleau en ajoutant :)

Voici le premier. Le reste est là-dedans. Certains sont sous forme de livres imprimés. D'autres enregistrés selon une technologie bien particulière qui nécessite l'emploi d'une liseuse. Mais ce sont tous les différentes parties du même récit.

– Quel genre de récit ? demanda Courtney.

– Il faudra le découvrir par vous-mêmes, mais croyez-moi, vous ne le regretterez pas.

L'homme leur tendit le rouleau de papier. Courtney le prit et l'examina avec curiosité. Bobby le lui prit des mains et passa ses doigts sur la surface rugueuse comme s'il espérait en tirer des informations sur son contenu.

Il jeta un regard plein de suspicion à cet étrange visiteur.

– Je vous connais ? demanda-t-il. Je suis sûr de vous avoir déjà vu quelque part.

– Je doute que vous vous souveniez de moi, répondit l'homme. C'était il y a longtemps.

– Je n'oublie jamais rien, et vous me rappelez quelqu'un, j'en mettrais ma main au feu. Vous n'êtes jamais passé par Stony Brook ?

– Comme je l'ai dit, c'était il y a longtemps.

Bobby regarda fixement le visiteur. Quelque chose chatouillait les confins de sa mémoire. Il avait déjà rencontré cet homme. Il en était sûr et certain. Puis, comme on allume une lampe, le souvenir lui revint.

– J'y suis ! s'écria-t-il en se redressant sur son lit.

Courtney tenta de le recoucher comme si cet effort pouvait lui être néfaste. Aussitôt, Bobby se détendit. Son enthousiasme était retombé.

– Mais… c'est impossible ! reprit-il alors que Courtney l'aidait à se radosser à ses oreillers. Et pourtant, vous lui ressemblez comme deux gouttes d'eau.

– Oui, on me le dit souvent, répondit l'homme avec un clin d'œil entendu.

Bobby ne quittait pas le visiteur du regard. Il était impossible qu'il soit celui dont il se souvenait, mais cet étranger avait quelque chose de familier. De très, très familier. Quelque chose qui soufflait à Bobby qu'il pouvait lui faire confiance.

– D'accord, mon gars, je vais lire votre histoire, finit-il par conclure.

– Ce n'est pas la mienne, corrigea l'inconnu.

– Alors c'est celle de qui ?

– Vous verrez bien.

– Et que dois-je en faire lorsque j'aurai fini ?

– Je reviendrai la chercher.

– Eh bien ! ajouta Courtney sarcastique. Vous ne pouvez pas être encore plus mystérieux ?

Cela fit rire l'inconnu.

– Parfait ! s'exclama-t-il.

Courtney se tourna vers Bobby et haussa les épaules. L'inconnu se dirigea vers la porte.

– Pourquoi partez-vous ? demanda Bobby.

– Il faut que j'y aille, répondit l'homme. J'ai encore neuf colis comme celui-ci à livrer.

Il allait s'en aller lorsqu'il s'arrêta et se tourna vers eux, l'air soudain très sérieux :

– Vous devriez vous y mettre sans plus tarder.

Il avait l'air sincère. Bobby et Courtney le comprirent. Il cligna de l'œil une fois de plus et ajouta :

– Mais d'abord, jetez un coup d'œil dans la boîte. Bonne nuit, Bobby. Bonne nuit, Courtney. À bientôt.

Sur ce, il repartit. Les deux vieillards restèrent là, à fixer la porte. Bobby fut le premier à prendre la parole :

– En principe, cette visite devrait m'émouvoir plus que ça.

– Je m'en doute, répondit Courtney. À qui te fait-il penser ?

– Laisse tomber, c'est n'importe quoi, répondit Bobby avec dérision. Jette un coup d'œil dans le carton.

Courtney se leva pour se diriger vers le ciel du lit.

Elle regarda dans l'emballage pour voir encore d'autres rouleaux de papier, certains semblables au premier, d'autres de couleur vert clair. Il y avait des feuilles volantes et des volumes reliés, et même un petit appareil qui devait être cette « liseuse » dont avait parlé ce mystérieux inconnu.

– De plus en plus bizarre, déclara-t-elle.

– Pourquoi ?

Elle passa la main dans le carton pour en tirer une petite boîte blanche avec une mince poignée de métal. Elle la montra à Bobby :

– On dirait qu'il a oublié son repas à emporter.

– Vite, ferme la porte ! s'exclama Bobby. Je ne veux pas que ces maudites infirmières le voient et nous le confisquent !

Courtney ouvrit le petit carton, regarda à l'intérieur et sourit.

– Ça sent bon, remarqua Bobby. Qu'est-ce que c'est ?

Courtney gloussa :

– Ça fait combien de temps que tu n'as pas eu droit à des frites de chez Garden Poultry ?

Elle renversa la boîte afin que Bobby puisse voir les longs bâtonnets dorés qu'elle contenait. Encore tout chauds. Assaisonnés à la perfection. Bobby ouvrit de grands yeux pleins de ravissement.

– On lira tout ça plus tard ! s'exclama-t-il.

En quelques minutes, ils firent un sort au cornet de frites. Une expérience qui éveilla de vieux souvenirs enfouis. De très bons souvenirs. Ils mangèrent en silence, craignant de rompre la magie de ce moment. Lorsque la dernière frite eut disparu et qu'ils eurent fini de se lécher les doigts, Courtney regarda Bobby :

– Maintenant, tu veux commencer ta lecture ?

– Je pense qu'il le faut. Par contre, j'aurai besoin de ton aide. Mes yeux ne sont plus ce qu'ils étaient.

Il n'avait pas besoin d'entrer dans les détails. Elle comprenait.

– Avec plaisir.

Elle chaussa ses propres lunettes de lecture, retira la brindille qui retenait les feuilles de papier et allait les déplier lorsqu'elle s'arrêta et ajouta :

– On a vraiment eu une vie bien remplie, non ?

Bobby prit les mains de son épouse et les serra :

– On ne pouvait rêver mieux.

Elle se pencha pour l'embrasser sur la joue.

– Prêt ?

– C'est reparti, répondit Bobby.

Courtney lui jeta un regard intrigué :

– Tu répètes toujours ça. Qu'est-ce que ça signifie exactement ?

Il haussa les épaules :

– C'est ce que je dis lorsque je suis prêt à aller de l'avant. Ce qui sort de ma bouche est toujours intéressant. L'ai-je déjà précisé ?

Courtney gloussa :

– Oui, il me semble.

Lorsqu'on considère l'ordre des choses et la marche de l'univers, dix années équivalent à un simple clin d'œil. Un moment fugace. Mais pour les âmes qui habitent Halla, chaque seconde compte. Le temps est d'or. La question est d'en profiter au maximum. Savoir que faire de son passage sur cette Terre est un don précieux. Tout le monde maîtrise son propre destin. Prend les décisions qui importent. Choisit la voie à suivre. Pas toujours de la meilleure des façons, mais c'est ce qui est écrit. Ce qui doit être, et il en sera toujours ainsi.

Bobby Pendragon avait obtenu ce qu'il désirait. Un peu plus de temps. Maintenant que celui-ci touchait à sa fin, il pouvait regarder en arrière et se dire qu'il l'avait bien employé.

Pour lui, il était temps de retourner sur Solara. Néanmoins, avant d'entreprendre cet ultime voyage, il devait s'y préparer.

Et pour ça, il devait lire.

– Je ne sais pas pourquoi, dit-il, mais j'ai vraiment hâte d'entendre cette histoire.

– Alors autant ne pas perdre une seconde de plus.

Courtney monta sur le lit, s'allongea sur les oreillers à côté de Bobby, s'assura qu'ils soient tous les deux bien installés, et déplia le rouleau.

D'une voix forte et confiante, elle commença :

– Journal N° 1. Denduron. Mark, j'espère que tu pourras lire ces lignes...

Fin

PARU EN 2010

La trilogie des *Voyageurs avant la guerre*

Composition et mise en pages réalisées par
Sud Compo – 66140 – Canet-en-Roussillon
091/2010

Éditions du Rocher
28, rue du Comte-Félix-Gastaldi
98000 Monaco
www.editionsdurocher.fr

Achevé d'imprimer sur Roto-Page
par l'Imprimerie Floch à Mayenne
en mai 2010

Imprimé en France
Dépôt légal : juin 2010
N° d'impression : 76833